Agrarpreisbildung

Ulrich Koester · Stephan von Cramon-Taubadel
(Hrsg.)

Agrarpreisbildung

Theorie und Anwendung

Hrsg.
Ulrich Koester
Institut für Agrarökonomie
Christian-Albrechts-Universität Kiel
Kiel, Deutschland

Stephan von Cramon-Taubadel
Department für Agrarökonomie und Rurale Entwicklung, Universität Göttingen
Göttingen, Deutschland

ISBN 978-3-658-33210-5 ISBN 978-3-658-33211-2 (eBook)
https://doi.org/10.1007/978-3-658-33211-2

Die Deutsche Nationalbibliothek verzeichnet diese Publikation in der Deutschen Nationalbibliografie; detaillierte bibliografische Daten sind im Internet über http://dnb.d-nb.de abrufbar.

Planung/Lektorat: Nora valussi
Springer Gabler ist ein Imprint der eingetragenen Gesellschaft Springer Fachmedien Wiesbaden GmbH und ist ein Teil von Springer Nature.
Die Anschrift der Gesellschaft ist: Abraham-Lincoln-Str. 46, 65189 Wiesbaden, Germany

Vorwort

In der volkswirtschaftlichen Lehre gibt es im Allgemeinen keine Lehrveranstaltungen, die sich lediglich den Grundlagen der Preisbildung in einem bestimmten Sektor widmen. Es liegt daher die Frage nahe, warum es sinnvoll sein kann, einen Text zu einer Lehrveranstaltung Agrarpreisbildung zu schreiben. Hierfür sprechen folgende Gründe.

Deutsche und auch amerikanische Lehrbücher zur Preistheorie auf dem Niveau des Bachelorstudiums erklären die Preisbildung in der Regel auf der Basis der neoklassischen ökonomischen Theorie. Diese Theorie abstrahiert von einigen für die Preisbildung wichtigen Bestimmungsfaktoren auf realen Märkten, sie ermöglicht es aber damit, die allgemeinen Bestimmungsgründe der Preisbildung darzustellen. Im Mittelpunkt der Darstellung steht das Konstrukt des *Homo oeconomicus*. Der Homo oeconomicus ist kein realer Mensch, sondern ein gedanklich vorgestellter ökonomischer Agent, d. h. ein Individuum, ein Unternehmen, ein Haushalt, das/der durch bestimmte Eigenschaften in einer bestimmten unterstellten ökonomischen Umwelt seine Entscheidungen fällt. Der Homo oeconomicus zielt darauf ab, seinen Nutzen zu maximieren, seine Nutzenfunktion ist stetig, stabil und sozial unabhängig, er weiß alles über seine ökonomische und soziale Umwelt und damit auch über alle seine Alternativen, er braucht Reaktionen anderer als Folge seines Handelns nicht zu berücksichtigen. In der Welt des Homo oeconomicus spielt daher Unsicherheit über das Verhalten anderer oder über Änderungen der ökonomischen Umwelt keine Rolle. Er weiß alles. Untersucht werden vornehmlich Bestimmungsgründe des Marktgleichgewichts und seiner Änderungen als Folge der Änderungen exogener Faktoren. Eine komparativ statische Betrachtung ist vorherrschend und dynamische Pfade zwischen Gleichgewichten werden in der Regel nicht behandelt.

Der neoklassische Ansatz führt dazu, dass die untersuchten Probleme weitgehend zu einer technischen Lösung führen. So ist das Problem von Robinson Crusoe ohne die Anwesenheit von Freitag das gleiche wie mit seiner Anwesenheit, obwohl Crusoe bei seiner Entscheidung gut beraten wäre, wenn er jeweils die Reaktionen von Freitag bei alternativen Entscheidungen berücksichtigen würde (siehe hierzu z. B. Homann und Suchanek 2000).

Das ökonomische Problem einer Gesellschaft ist jedoch nicht vornehmlich technisch zu lösen. Es gilt allgemein, die Wohlfahrt von Individuen und der Gesellschaft durch Sicherung bestimmter Rahmenbedingungen und Maßnahmen zu erhöhen. Neuere Forschungsarbeiten (z. B. Besley und Persson 2011; Acemoglu und Robinson 2012; Deaton, 2013; Reinert 2007) belegen, dass der Wohlstand der Nationen vornehmlich durch geeignete Institutionen erhöht werden kann. Einige Autoren haben gefolgert, dass die neoklassische Ökonomie daher irrelevant sei (Boettke 1997). Diese Meinung wird im Folgenden nicht vertreten. Es empfiehlt sich, zum einen zwischen dem Instrumentarium der Neoklassik, wie es in der Regel im Bachelorstudium dargestellt wird, und zum anderen eine Ergänzung bei der Analyse spezieller Preisbildung auf einzelnen Märkten mit dem Instrumentarium der Institutionenökonomie zu unterscheiden. Mithilfe des Instrumentariums (der Mathematik und insbesondere der Marginalanalyse) kann gezeigt werden, wie ökonomische Agenten auf Anreize reagieren, und wie sich ökonomische Situationen als Folge von Anreizen unter bestimmten Bedingungen ändern können. Koordination individueller Entscheidungen durch den Preismechanismus beruht auf individuellen ökonomischen Anreizen. Der Fokus auf die Marginalanalyse und damit auf ein wichtiges Element der Neoklassik ist wichtig für die Lösung der meisten ökonomischen Probleme. Weiterhin kann das Instrumentarium der Neoklassik auch in anderen Bereichen der Ökonomik verwandt werden. Die ökonomische Forschung der letzten Jahrzehnte hat gezeigt, dass die Vorgehensweise der Neoklassik auch erfolgreich in den Bereichen der Neuen Politischen Ökonomie und der Neuen Institutionenökonomik verwendet werden kann.

Hier wird daher versucht, das Instrumentarium der neoklassischen Preistheorie um Erkenntnisse der Neuen Institutionenökonomie zu erweitern. Unter Institutionen sind in der Neuen Institutionenökonomie Normen zu verstehen, die als Randbedingungen auf das Sozialverhalten der Individuen einwirken. Zu den so verstandenen Institutionen gehören einmal formlose Beschränkungen wie Sitten und Gebräuche, formgebundene Regelungen wie Gesetze, Eigentumsrechte oder Verträge sowie Instrumente, die zur Durchsetzung institutioneller Vorgaben eingesetzt werden können. Von Interesse sind diese Regeln („the rules of the game" nach North 1990, S. 7), da sie individuelle Entscheidungen einschränken und das menschliche Verhalten vorhersehbar machen. Regeln von besonderer Bedeutung für die Preisbildung auf Agrarmärkten sind z. B. das traditionelle Verhalten der Landwirte bezüglich ihrer Präferenzen für landwirtschaftliche Tätigkeit und Übernahme von Neuerungen, Erbgesetze und Hofnachfolgeregelungen, Vorschriften bezüglich der Bewirtschaftung der landwirtschaftlichen Flächen, Grundstücksverkehrsgesetze, die Besteuerung des Einkommens aus landwirtschaftlicher Tätigkeit und Veräußerung von landwirtschaftlichen Flächen, Vorschriften bezüglich der Verwendung von landwirtschaftlichen Pflanzenschutzmitteln und Futtermitteln, Einfuhr und Außenhandelsreglungen, sowie die Quotierungen der Produktion.

Unter Organisation versteht man in der Neuen Politischen Ökonomie eine Gruppe von Personen mit einem gemeinsamen Ziel. North (1990) vergleicht die Organisation mit den Spielern eines Spiels. Zu den Organisationen von Bedeutung für die Agrarpreisbildung gehören z. B. landwirtschaftliche Betriebe unterschiedlicher Rechtsformen, private und öffentlich-rechtliche Beratungsorganisationen, unterschiedliche landwirtschaftliche Verwaltungseinheiten, private und öffentliche Vermarktungseinheiten, Warenterminmärkte, sowie private und öffentlich-rechtliche Qualitätskontrollunternehmen. Da sich Institutionen und Organisationen im Agrarbereich häufig von denen in anderen Sektoren unterscheiden, weichen die Bestimmungsgründe der Agrarpreise von dem Modell der neoklassischen Preisbildung, wie diese im Bachelorstudium meist dargestellt wird, ab.

Die Erklärung der Agrarpreisbildung beinhaltet eine angewandte Preisbildung. Damit geht dieser Text über den Inhalt bekannter einführender Lehrbücher zur Volkswirtschaftslehre, wie dem Standardwerk von Mankiw (2014), und den Lehrbüchern zur Mikroökonomie, wie von Varian (2010), oder Pindyck und Rubinfeld (2012), hinaus. Auch in den amerikanischen Lehrbüchern zur Agrarpreisbildung wie von Tomek und Kaiser (2014), Helmberger und Chavas (1996) und Hudson (2007) wird nur begrenzt auf die Bedeutung von Institutionen und Organisationen für die Agrarpreisbildung eingegangen. Das vorliegende Lehrbuch kann daher auch als ein Versuch gesehen werden, eine Lücke in den Lehrbüchern zu schließen; ausgehend vom neoklassischen Lehrgebäude der Preistheorie wird eine Ergänzung durch Berücksichtigung der Erkenntnisse der Institutionenökonomie bei der Erklärung der Agrarpreisbildung vorgenommen.

Ulrich Koester
Stephan von Cramon-Taubadel

Danksagung

Dieses Werk ist umfangreicher und später druckreif geworden, als geplant. Der Anfang der zeitlichen Planung liegt im vorletzten Jahrzehnt des vorigen Jahrhunderts. Einer der Herausgeber hatte zu damaliger Zeit mit Hilfe einiger seiner Mitarbeiter ein Manuskript zur Vorlesung Agrarpreisbildung erstellt. Dieses Skript beschränkte sich weitgehend auf die Erklärung von Agrarpreisen mit Hilfe des neoklassischen Ansatzes. Arbeiten zur Transformation ehemaliger planwirtschaftlichen Länder zeigten die Grenzen der Anwendung des neoklassischen Instrumentariums für die Erklärung der Änderung von Agrarpreisen und deren Wirkung. Es wurde daher von den beiden Herausgebern beschlossen, ein Buch zur Agrarpreisbildung unter Einbeziehung der Erkenntnisse der Institutionenökonomie zu schreiben.

Wir befürchteten bereits zu Beginn der Arbeit, dass viel Zeit bis zum Ende verstreichen könnte. Es wurde daher mit dem Leipzig Institut für Agrarentwicklung in

Transformationsökonomien (IAMO) vereinbart, dass druckreiche Kapitel zunächst als Discussion Paper in der entsprechenden Reihe des IAMO veröffentlicht werden konnten. Die Discussion Paper wurden editiert und formatiert von Frau Katja Bose, die für Mediengestaltung und Korrektorat in der Abteilung Administration des IAMO tätig ist. Wir danken Frau Bose für ihre Hilfsbereitschaft und die äußerst gründliche Arbeit. Die Herren Jan Simon Erchinger und Manuel Droste, beide studentische Hilfskräfte in Göttingen, haben alle Kapitel gründlich durchgesehen, viele Abbildungen gestaltet und für die Ausgaben beim IAMO und Springer Verlag vorbereitet. In Kiel hat Frau Kirsten Kriegel M.A. alle Kapitel sorgfältig durchgesehen und verbessert. Danken möchten wir auch der Lektorin Frau Nora Valussi vom Springer Verlag für die effiziente und harmonische Zusammenarbeit. Nicht zuletzt gebührt unseren Co-Autoren, die einzelne Kapitel beigetragen haben, wodurch dieses Buch umfassender und vielseitiger wurde, großer Dank.

Literatur

Acemoglu D, Robinson J (2012) Why Nations Fail. The Origins of Power, Prosperity, and Poverty. Crown, New York.

Besley T, Persson T (2011) Pillars of Prosperity. The Political Economics of Development Clusters. Princeton University Press, Princeton.

Boettke PJ (1997) Where did economics go wrong? Modern economics as a flight from reality. Critical Review doi:10.1080/08913819708443443.

Deaton A (2013) The Great Escape: Health, Wealth, and the Origins of Inequality. Princeton University Press, Princeton.

Helmberger PG, Chavas J-P (1996) The Economics of Agricultural Prices. Prentice Hall, New Jersey.

Homann K, Suchanek A (2000) Ökonomik. Eine Einführung. Mohr (Siebeck), Tübingen.

Hudson D (2007) Agricultural Markets and Prices. Blackwell Publishing, Malden.

Mankiw NG (2014) Principles of Economics, 7. Auflage. Cengage Learning, Boston.

North D (1990) Institutions, Institutional Change and Economic Performance. Cambridge University Press, Cambridge.

Pindyck R, Rubinfeld D (2013) Microeconomics, 8. Auflage. Pearson, Boston.

Reinert E (2007) How Rich Countries got Rich and Why Poor Countries Stay Poor. Constable and Robinson, London.

Tomek WA, Kaiser HM (2014) Agricultural Product Prices, 4. Auflage. Cornell University Press, Ithaca.

Varian HR (2010) Intermediate Microeconomics: a modern approach. W.W. Norton, New York.

Inhaltsverzeichnis

1 Die Bedeutung von Institutionen für die Agrarpreisbildung

Ulrich Koester und Stephan von Cramon-Taubadel

Zusammenfassung

In diesem Kapitel werden verschiedene Dimensionen der Bedeutung von Institutionen für die Agrarpreisbildung erläutert. Die neoklassische Theorie, welche als Ausgangspunkt für die Analyse der Preisbildung gilt, vernachlässigt Institutionen, die auf mehreren Ebenen das Geschehen auf Agrarmärkten beeinflussen können. Beispielsweise indem sie Strukturen und Technologien auf der Angebotsseite und Präferenzen auf der Nachfrageseite bestimmen. Zudem spielen Institutionen eine wichtige Rolle bei der Bestimmung der Höhe von Transaktionskosten, die die Preisbildung auf Agrarmärkten beeinflussen. Schließlich werden Entstehung und Durchsetzung von staatlichen Regelungen, die die Agrarpreisbildung maßgeblich beeinflussen, auch von Institutionen entscheidend geprägt.

1.1 Einleitung und Lernziele

Die neoklassische Ökonomie zielt darauf ab, die notwendigen Bedingungen für eine optimale Allokation der Faktoren darzustellen. Optimal ist die Allokation, wenn durch eine Änderung der Faktorverwendung die mit Marktpreisen bewertete Güterproduktion

U. Koester
Universität Kiel, Kiel, Deutschland
E-Mail: UKoester@ae.uni-kiel.de

S. von Cramon-Taubadel (✉)
Universität Göttingen, Göttingen, Deutschland
E-Mail: scramon@gwdg.de

U. Koester und S. von Cramon-Taubadel (Hrsg.), *Agrarpreisbildung*,
https://doi.org/10.1007/978-3-658-33211-2_1

nicht ausgeweitet werden kann. In dieser Situation müssen bestimmte Marginalbedingungen gelten, die u. a. auch das Entgelt für Kapital und Arbeit, sowie die Marktpreise der einzelnen Produkte festlegen. In Kap. 2 wird ausführlicher erläutert, wie gleichgewichtspreise sich unter neoklassischen Bedingungen einstellen und damit die Effizienz des Faktoreinsatzes und die Wohlfahrt in der Gesellschaft maximiert werden kann.

Wie bei jeder Theorie hängt die Aussage von den gesetzten Prämissen ab, d. h. den zugrunde gelegten Hypothesen und Definitionen. Wie genau eine bestimmte Theorie eine spezifische aktuelle ökonomische Situation, d. h. die Realität, erklären kann, ist daher auch von der Realitätsnähe dieser Prämissen abhängig. Die neoklassische Theorie zeichnet sich insbesondere durch die Form der mathematischen Analyse aus und hat sich in sehr vielen Situationen als guter Ausgangspunkt für die Erklärung der ökonomischen Realität erwiesen. Sie ist jedoch häufig nur ein Ausgangspunkt und nicht bereits eine angemessene Erklärung. Diese Aussage gilt nicht zuletzt auch für die Erklärung der Höhe und der Entwicklung der Agrarpreise.

In diesem Kapitel soll gezeigt werden,

Übersicht

- wie die Preisbildung für Produkte und Faktoren des Agrarsektors ausgehend von den Prämissen der Neoklassik und deren Erweiterung durch die Erkenntnisse der Neuen Institutionenökonomik erklärt werden kann,
- wie durch Erweiterung der Prämissen einzelner Theorien die Erklärung spezieller ökonomischer Situationen und deren Veränderung verbessert werden kann.

Die neue Institutionenökonomie wird demnach nicht als Substitut für die neoklassische Analyse verstanden, sondern als Komplement, mit dem wichtige Einschränkungen der Neoklassik reduziert bzw. überwunden werden können.

1.2 Zum Begriff Institutionen und zur Bedeutung der Institutionenökonomie

In der Literatur wird zwischen der **Alten und der Neuen Institutionenökonomik** unterschieden. Die Unterschiede zwischen der Alten und der Neuen Institutionenökonomik beruhen weniger auf den unterschiedlichen Begriffen für Institutionen als auf der Methodik. Elinor Ostrom[1] definiert **Institutionen** wie folgt:

[1] Elinor Ostrom erhielt im Jahr 2009 gemeinsam mit Oliver Williamson, der im weiteren Verlauf dieses Kapitels zitiert wird, den Alfred-Nobel-Gedächtnispreis für Wirtschaftswissenschaften.

„Institutionen lassen sich definieren als Menge von Funktionsregeln, die man braucht, um festzulegen, wer für Entscheidungen in einem bestimmten Bereich in Frage kommt, welche Handlungen statthaft oder eingeschränkt sind, welche Aggregationsregeln verwendet werden, welche Verfahren eingehalten werden müssen, welche Information geliefert oder nicht geliefert werden muss, und welche Entgelte den einzelnen entsprechend ihren Handlungen zugebilligt werden. ... Alle Regeln enthalten Vorschriften, die eine Handlung oder ein Ergebnis verbieten, gestatten oder verlangen. Funktionsregeln sind diejenigen Regeln, die tatsächlich angewendet, kontrolliert und durchgesetzt werden, wenn Einzelpersonen Entscheidungen über ihre zukünftigen Handlungen treffen". (Ostrom, zitiert in Richter und Furbotn 1999, S. 7).

North definiert Institutionen etwas kürzer:

„Institutions are the rules of the game in a society or, more formally, are the humanly devised constraints that shape human interactions" (North 1990, S. 7).

Diesen Definitionen wird weitgehend im Schrifttum gefolgt. Einige Autoren subsumieren unter dem Begriff Institutionen, Regeln und Organisationen. Erstere werden als **Regeln eines Spiels** interpretiert und **Organisationen** als die Spieler. Mitunter werden Institutionen nur als Regeln definiert. So schreibt die Weltbank: *„Institutions are rules, enforcement mechanisms, and organizations"* (World Bank 2002, S. 7). Der Unterschied in der Definition ist für den Inhalt der Neuen Institutionenökonomik unbedeutend, da unabhängig von der Definition sowohl Institutionen im engeren Sinn als auch Organisation in der Neuen Institutionenökonomik erforscht werden.

Die Alte Institutionenökonomik etablierte sich bereits zu Beginn des vorigen Jahrhunderts. Sie zielte auf eine Kritik des marktwirtschaftlichen Systems und war im Gegensatz zur Neuen Institutionenökonomik weitgehend deskriptiv. Als Begründer der Alten Institutionenökonomik werden häufig folgende Autoren genannt: Veblen (1903), Commons (1893, 1934) und Mitchell (1903, 1914). Die Neue Institutionenökonomik fokussiert ebenso wie die Alte Institutionenökonomik auch auf den Begriff Institutionen, aber anders als die Alte Institutionenökonomie lehnt sie die Untersuchungsmethode und Ergebnisse der Neoklassik nicht ab, sondern versucht, diese durch realitätsnahe Prämissen zu erweitern.

Als Ausgangspunkt der Neuen Institutionenökonomik wird das Werk von Coase (1937) angesehen. Coase zeigte, dass die von der damaligen neoklassischen Analyse vernachlässigten Transaktionskosten eine große Bedeutung für die Erklärung ökonomischer Probleme und damit auch für die Wirkungsweise marktwirtschaftlicher und planwirtschaftlicher Systeme haben.[2] Auch wenn dieses grundlegende Werk bereits im Jahr 1937 erschien und grundsätzliche Schwächen der neoklassischen Problemanalyse aufzeigte, führte es zunächst nicht zu einer Erweiterung der neoklassischen Ökonomie. Der Begriff Neue Institutionenökonomik wurde erst später vor allem durch Williamson (1975) in

[2]Transaktionskosten werden ausführlicher in Abschn. 1.3 und in Kap. 2 behandelt.

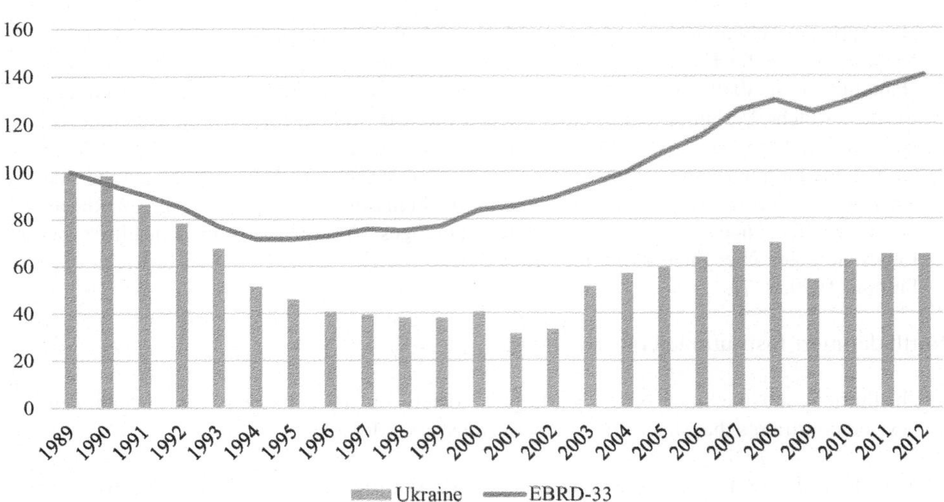

Abb. 1.1 Entwicklung des realen Sozialprodukts der Ukraine und von 33 Transformationsländern (Index 1989 = 100). Quelle: EBRD (2012, S. 157), Eigene Darstellung

der Literatur verankert. In den 80er und 90er Jahren entstand eine umfangreiche neue institutionsökonomische Literatur, die beispielsweise in einem Übersichtsartikel von Williamson (2000) zusammengefasst wird.

Nicht zuletzt in der Agrarökonomie wurde die Bedeutung der Neuen Institutionenökonomik insbesondere durch die Erfahrungen ehemals planwirtschaftlicher Länder mit Beginn des Übergangs zu mehr marktwirtschaftlich organisierten Wirtschaftsordnungen ab 1989 verdeutlicht. Abb. 1.1 und 1.2 zeigen, dass selbst mehr als 20 Jahre nach Beginn der Transformation das Sozialprodukt in der Ukraine und Russland sowie in vielen anderen Ländern des ehemaligen Ostblocks erheblich unter dem Niveau von 1989 lag. Darüber hinaus haben sich die per-Kopf Einkommensunterschiede innerhalb dieser Länder erheblich erhöht. Es müssen demnach viele Menschen deutlich ärmer geworden sein.

Wie unterschiedlich die Transformation der Landwirtschaft verlief und welche Bedeutung Institutionen für den Verlauf dieser Transformation gespielt haben, kann durch einen Vergleich der Entwicklung der Agrarproduktion in den neuen Bundesländern der Bundesrepublik und in der Ukraine mit Abb. 1.3 und 1.4 veranschaulicht werden. Auf dem Gebiet der ehemaligen DDR blieb die Agrarproduktion bis Mitte der 90er Jahre annähernd konstant. Dagegen sank die landwirtschaftliche Beschäftigung aber erheblich. In der neuen Republik Ukraine – stellvertretend für andere ehemalige Länder der Sowjetunion – veränderte sich die Beschäftigung nur geringfügig, aber die Produktion sank drastisch. Die in der Ukraine überraschende Entwicklung der Agrarproduktion trat ein, obwohl vor Beginn der Transformation viele westliche Agrarökonomen eine

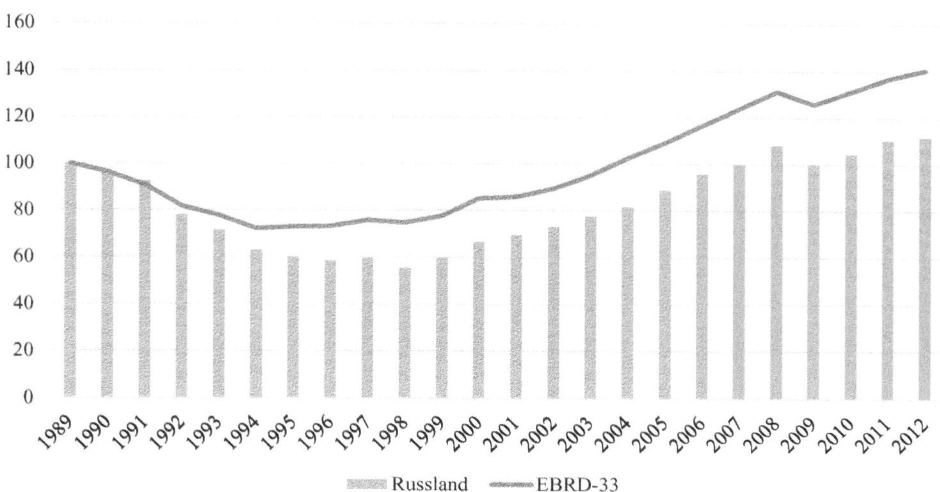

Abb. 1.2 Entwicklung des realen Sozialprodukts Russlands und von 33 Transformationsländern (Index 1989 = 100). (Quelle: EBRD (2012, S. 141), Eigene Darstellung)

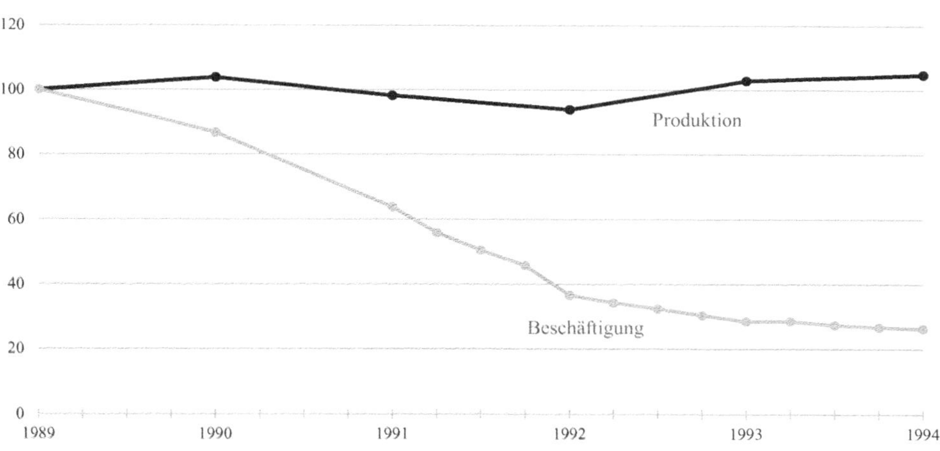

Abb. 1.3 Entwicklung der Agrarproduktion und der Beschäftigung in der Landwirtschaft auf dem Gebiet der ehemaligen DDR, 1989 bis 1994 (Index 1998 = 100). (Quelle: Statistisches Bundesamt (1994, versch. Seiten; 1995, S. 680); Sachverständigenrat (1996, S. 376), Eigene Darstellung)

erhebliche Ineffizienz des Faktoreinsatzes, insbesondere der Arbeit, in der ukrainischen Landwirtschaft vermuteten. Weiterhin war bekannt, dass die Erträge pro Hektar oder Tiereinheit wegen nicht effizient genutzter Technologien erheblich unter denen in westlichen Ländern lagen. Die Erwartung war somit eine erhebliche Steigerung der Agrar-

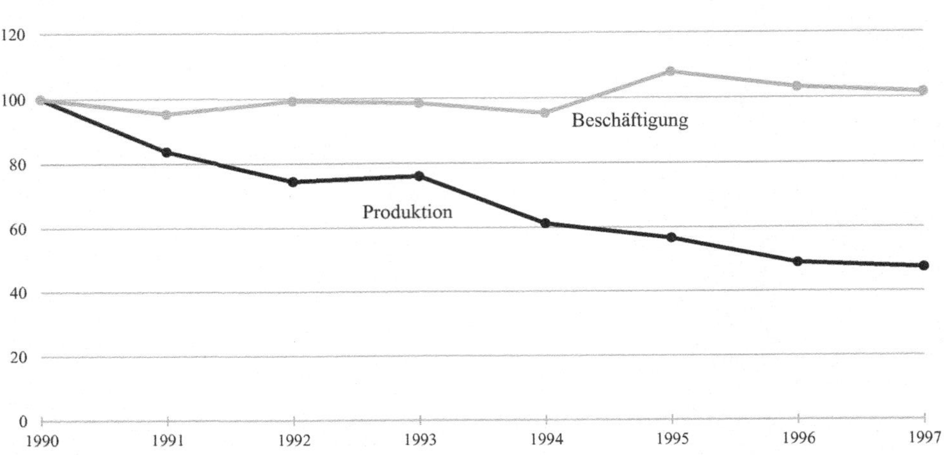

Abb. 1.4 Entwicklung der Agrarproduktion und Beschäftigung in der Ukraine 1990–1997 (Index 1990 = 100). (Quelle: State Committee of Statistics (o. J.), eigene Darstellung)

produktion. Die tatsächliche Entwicklung nach Beginn der Transformation konnte mit dem Instrumentarium der Neoklassik nicht erklärt werden. Es lag daher näher, sich mit dem Instrumentarium der Neuen Transaktionenökonomie, einem wichtigen Baustein der Institutionenökonomik, und anderen Elementen der Institutionenökonomie zu beschäftigen.

Was und wie viel an einzelnen Gütern von einer Gesellschaft produziert wird, wird in der Neoklassik mit Hilfe einer **Transformationskurve** oder **Produktionsmöglichkeitenkurve** erklärt. Im einfachsten Fall werden laut Annahme nur zwei Güter ($q1$ und $q2$) produziert. Die Produktmengenkombinationen, die maximal produziert werden können, hängen laut Definition von der gegebenen Ressourcenausstattung und der gegebenen Technologie ab. Es ergibt sich demnach ein Kurvenverlauf einer Transformationskurve wie in Abb. 1.5 dargestellt.[3]

Zur Erklärung der realen Entwicklung in Transformationsökonomien ist davon auszugehen, dass die Produktionsmenge in einer Volkswirtschaft nicht nur von der vorhandenen Ressourcenausstattung und der Technologie abhängt, sondern auch von den vorhandenen Regeln und Organisationen (den Institutionen). So kann beispielsweise eine Änderung der Gesetze, z. B. der Arbeitsmarktregelungen, zu einer Verlagerung der Transformationskurve führen oder auch dazu, dass die technisch mögliche Produktionskapazität nicht voll ausgeschöpft werden. Es wird dann ein Produktionspunkt unterhalb der Transformationskurve realisiert. Als Alternative bietet sich daher eine abgeänderte Definition der Transformationskurve an. Eine Transformationskurve ist der geometrische

[3]Die Ableitung der Transformationskurve wird in Kap. 2 ausführlich erläutert.

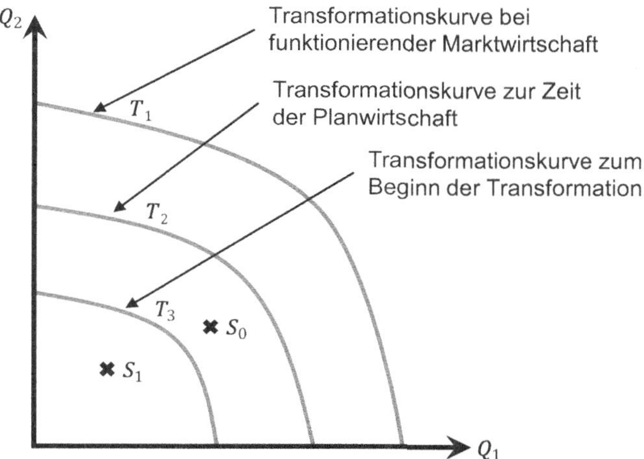

Abb. 1.5 Die aus neoklassischer Sicht erwartete und tatsächlich eingetretene Entwicklung der Produktion in einzelnen Transformationsländern. (Quelle: Eigene Darstellung)

Ort aller maximal möglichen Produktkombinationen, die bei gegebener Ressourcenausstattung, gegebener Technologie und gegebenen Institutionen produziert werden können.

Die Ausgangssituation in den Transformationsländern kann mit dem neoklassischen Instrumentarium wie folgt dargestellt werden. In Abb. 1.5 ist eine hypothetische Transformationskurve T_1 gezeichnet, welche die Produktionsmöglichkeiten in einer Marktwirtschaft mit adäquaten Institutionen aufzeigen soll. Diese Kurve liegt oberhalb der Transformationskurve T_2, die in den Transformationsländern unter planwirtschaftlichen Bedingungen gegolten hätte. Die planwirtschaftliche Produktion war weniger effizient als die marktwirtschaftliche, weil z. B. die Planer nicht ausreichende Informationen hatten, um die individuellen Entscheidungen optimal zu koordinieren. Der Unterschied zwischen den beiden Kurven beruht darauf, dass ein marktwirtschaftliches System andere spezifische Institutionen, z. B. einen Ordnungsrahmen, zur Verwirklichung einer effizienten Produktion benötigt als ein planwirtschaftliches System. Tatsächlich produzieren aber weder planwirtschaftliche Länder noch marktwirtschaftliche Länder auf der technisch möglichen Transformationskurve, da nicht alle geltenden Institutionen durchgesetzt werden. In Abb. 1.5 wird angenommen, dass das betrachtete Transformationsland einen Produktionspunkt S_0 vor Beginn der Transformation verwirklicht und mit Beginn der Transformation den Produktionspunkt S_1. Die Produktion ist demnach reduziert worden.

Der Übergang von planwirtschaftlichen zu marktwirtschaftlichen Systemen hätte nur dann zu einer Produktionssteigerung führen können, wenn gleichzeitig die in der Planwirtschaft geltenden Institutionen grundlegend geändert und an diejenigen in effizienten

Marktwirtschaften angepasst worden wären. Diese Änderung benötigt aber Zeit. Das alte Netzwerk aus planwirtschaftlicher Zeit kann gelegentlich noch einige Zeit überleben: Die Gründung neuer Organisationen, wie z. B. ein Rechtssystem für privatwirtschaftliche Rechtsstreitigkeiten, eine Steuerbehörde mit qualifizierten Steuerfachleuten, ein Rechnungshof zur Kontrolle staatlicher Ausgaben und vor allem die Etablierung und Sicherung des Privateigentums benötigen Zeit. Institutionen in der Form von Gesetzen können zwar relativ schnell erlassen werden, aber die Durchsetzung dieser Gesetze bereitet häufig zumindest temporäre Probleme.

Hinzu kommt, dass die Verhaltensweisen der Individuen in planwirtschaftlichen Ländern anders sind als in marktwirtschaftlichen Ländern. Es ist daher verständlich, dass die Transformationskurve T_3 zumindest in den ersten Jahren unterhalb derjenigen zur Zeit der Planwirtschaft lag. Die von Eucken (1952) formulierten konstituierenden und regulierenden Prinzipien[4] einer marktwirtschaftlichen Ordnung erfordern einen starken Staat, in dem die Regierung (und auch die Bevölkerung) von den Vorteilen einer marktwirtschaftlichen Ordnung überzeugt und auch in der Lage ist, diese Prinzipien durchzusetzen. Es war abwegig zu erwarten, dass die Regierungen einzelner Transformationsländer zu Beginn der Transformation in der Lage seien, ein effizientes marktwirtschaftliches System zu institutionalisieren und auch durchzusetzen. In Abb. 1.5 wird daher angenommen, dass der tatsächliche Produktionspunkt S_1 wegen mangelnder Durchsetzung der bereits etablierten rechtlichen Regelungen unterhalb der Transformationskurve T_3 lag.

Nicht nur der wirtschaftliche Abschwung zahlreicher Transformationsländer auf der einen Seite, sondern auch die in diesen Ländern zu unterschiedlichen Zeitpunkten später eintretenden wirtschaftlichen Erholungen und der wirtschaftliche Aufstieg nur teilweise liberalisierender Länder wie China und Vietnam auf der anderen Seite, haben bei der Suche nach ökonomischen Erklärungen zu einer stärkeren Betonung der Institutionenökonomie geführt. Dies gilt auch in der Agrarökonomie. Hierzu hat beigetragen, dass viele Agrarökonomen erwartet haben, dass insbesondere der Agrarsektor ein großer Gewinner der Transformation sein würde und nicht nur die Agrarproduktion steigen, sondern sich auch die Organisation landwirtschaftlicher Betriebe von großen Betrieben zu effizienteren kleineren Familienbetrieben ändern würde. Diese Erwartungen wurden nicht bestätigt.

Bei der folgenden Darstellung bedeutender Institutionen für die Agrarpreisbildung wird verstärkt auf den oben genannten Übersichtsartikel von Williamson (2000) zurückgegriffen. Es werden ausgewählte Institutionen im Bereich der Agrarmärkte identifiziert. Spezielle Institutionen, die nicht in den folgenden Kapiteln detailliert für die Agrarpreis-

[4]Die konstituierenden Prinzipien sind nach Eucken (1952): 1. funktionierendes Preissystem, 2. Währungsstabilität, 3. offene Märkte, 4. Vertragsfreiheit, 5. Privateigentum, 6. Haftung und 7. eine aktive Anti-Monopol-Politik. Die regulierenden Prinzipien sind 1. Das Monopolproblem, 2. Einkommenspolitik, 3. Wirtschaftsrechnung (externe Effekte), 4. Anomales Verhalten des Angebotes.

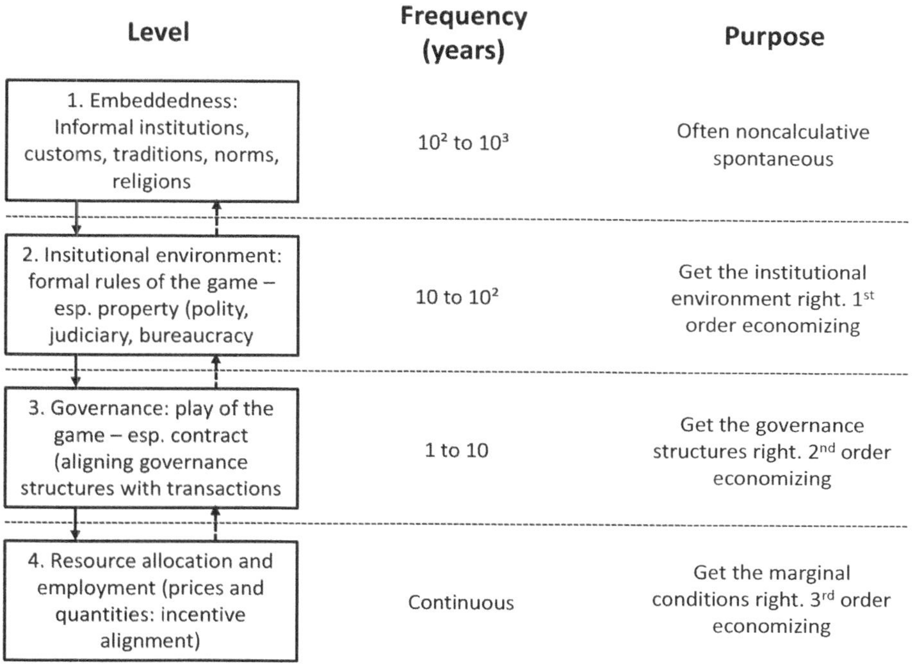

Level	Frequency (years)	Purpose
1. Embeddedness: Informal institutions, customs, traditions, norms, religions	10^2 to 10^3	Often noncalculative spontaneous
2. Insitutional environment: formal rules of the game – esp. property (polity, judiciary, bureaucracy	10 to 10^2	Get the institutional environment right. 1st order economizing
3. Governance: play of the game – esp. contract (aligning governance structures with transactions	1 to 10	Get the governance structures right. 2nd order economizing
4. Resource allocation and employment (prices and quantities: incentive alignment)	Continuous	Get the marginal conditions right. 3rd order economizing

Abb. 1.6 Systematik von Institutionen nach Williamson (2000). Quelle: Williamson (2000, S. 597), eigene Darstellung

bildung auf ausgewählten Produkt- oder Faktormärkten herangezogen werden, werden im Folgenden in ihrer Bedeutung für die Besonderheit des Agrarsektors und damit insbesondere auch für die intensive staatliche Regelung der Agrarmärkte in den meisten Ländern analysiert. Zunächst unterscheidet Williamson zwischen vier hierarchisch angeordneten **Ebenen oder Stufen von Institutionen,** die in Abb. 1.6 dargestellt sind. Unter den Institutionen der ersten Stufe versteht man Verhaltensweisen von Produzenten, Nachfragern und politischen Akteuren, die nicht auf rationaler Überlegung basieren. Man macht es wie in der Vergangenheit, weil man es immer so gemacht hat, weil es alle anderen in der Gesellschaft so machen und gut finden und/oder, weil man ohne nähere Reflektion davon ausgeht, dass dieses Verhalten für sich und/oder die Gesellschaft, der man sich verbunden fühlt, gut ist. Dieses Verhalten ist u. a. von der Kultur einer bestimmten Gesellschaft abhängig und damit auch von der betrachteten Zeitperiode. Da diese Verhaltensweisen tief im Denken der Individuen verankert sind, spricht man in der (englischen) Fachsprache von ***embedded institutions.*** Diese prägen die mentalen Modelle der wirtschaftlichen Akteure.

Welche Rolle spielen embedded institutions für die Preisbildung auf Agrarmärkten? Zunächst ist es zweckmäßig, zwischen embedded institutions auf der Angebotsseite der Agrarmärkte und auf der Nachfrageseite zu differenzieren.

1.2.1 Die Bedeutung von embedded institutions auf der Angebotsseite

Auf der Angebotsseite wird im einfachen neoklassischen Modell von der Annahme ausgegangen, dass die Anbieter die Zielsetzung Gewinnmaximierung verfolgen und über exakte Informationen verfügen. Der Marktpreis ist für den Anbieter gegeben und die Grenzkostenkurve ist steigend und bekannt. Diese Annahmen erfassen bei Berücksichtigung der Institutionen der ersten Ebene nicht voll die Realität der Anbieter von Agrarprodukten.

Erstens ist die Zielsetzung vieler landwirtschaftlicher Produzenten nicht stets auf Gewinnmaximierung ausgerichtet. Landwirte bewirtschaften in Westeuropa in der Regel Höfe, die schon im Eigentum der Vorfahren waren. Die Weiterführung des Hofes in der Hand der Familie nimmt daher häufig einen großen Stellenwert für die Entscheidung ein, nicht rentable Betriebe zu übernehmen oder weiterzuführen. Dazu trägt auch häufig bei, dass die Entscheidung, Landwirt zu werden, auch eine Entscheidung für eine bestimmte Lebensart ist. Zu diesen kulturell und traditionsbedingten institutionellen Faktoren kommt, dass in der Vergangenheit gefällte Entscheidungen selbst bei der Zielsetzung Gewinnmaximierung nicht einfach revidiert werden können, da für die erworbenen Qualifikationen der Arbeit und für das investierte Kapital ein geringeres Entgelt zu erhalten ist als bei der zeitlich zurückliegenden Entscheidung für die Tätigkeit als Landwirt erwartet wurde.

Hinzu kommt, dass einige Landwirte befürchten, bei ihren Kollegen und in ihrem sozialen Umfeld an Reputation zu verlieren, wenn sie die Tätigkeit ändern. Sie können es sich auch wegen des hohen Eigenkapitals, insbesondere durch den Wert des Bodens, erlauben, von Jahr zu Jahr Eigenkapitalverluste hinzunehmen und die Aufgabe des Hofes in die nächste Generation zu verschieben. So ist es nicht erstaunlich, dass in den Agrarberichten der Bundesregierung in der Zeit von 1990 bis 2015/16 bis auf zwei Jahre die Eigenkapitalverluste der Haupt- oder Vollerwerbsbetriebe in den einzelnen Jahren über 40 % und in 8 Jahren sogar über 50 % des Buchkapitals lagen; nur in drei Jahren betrugen die Eigenkapitalverluste weniger als 40 % des Eigenkapitals.[5] Zu den erfolglosen Betrieben gehörten jedes Jahr weitgehend die gleichen Betriebe.

---

[5]Diese Informationen sind den Agrarberichten oder Materialbänden über die Situation der Landwirtschaft in der Bundesrepublik zu entnehmen.

Diese Faktoren tragen zusammen zu einer Abweichung von der Zielsetzung Gewinnmaximierung bei, die eine besondere Wirkung auf den Verlauf der Angebotskurve hat. Die aggregierten individuellen Angebotskurven sind nicht identisch mit der sektoralen Grenzkostenkurve. Es gilt daher nicht die neoklassische Entscheidungsregel Preis gleich Grenzkosten, da zumindest einige Betriebe bereit sind, zu Preisen anzubieten, die ihre Grenzkosten nicht vollständig decken. Hierdurch kommt es zu einer suboptimalen Allokation der Produktionsfaktoren und zu einer Verlangsamung des Strukturwandels in der Landwirtschaft, der bei bodenabhängiger Produktion von Aufgabe einzelner Betriebe und Wachstum anderer Betriebe gekennzeichnet ist. Der Marktmechanismus führt somit auf den Agrarmärkten aufgrund embedded institutions und der damit verbundenen speziellen Zielfunktion einzelner Landwirte nicht stets zu einer gesamtwirtschaftlich optimalen Allokation der Produktionsfaktoren.

Zweitens können embedded institutions in Form von kulturellen und religiösen Normen das Angebotsverhalten in der Landwirtschaft beeinflussen. Hierzu gehören z. B. Vorschriften, die das Arbeiten an bestimmten Tagen, die Nutzung bestimmter Technologien, oder den Arbeitseinsatz von Frauen, Kindern oder Mitgliedern bestimmter sozialer Gruppen regeln. Auch die Kooperationsbereitschaft zwischen Landwirten und damit die Nutzung bzw. Auslastung von Technologien, die durch Skaleneffekte gekennzeichnet sind, oder beispielsweise die Bereitschaft zu produktivitätssteigernden Maßnahmen wie eine Flurbereinigung, werden von embedded institutions in Form von Traditionen und kulturellen Normen beeinflusst. Landwirtschaftliche Betriebsinhaber, die einen besonderen Wert auf Unabhängigkeit legen und daher nicht oder nur eingeschränkt zur Kooperation bereit sind, können somit zu einer aus gesamtwirtschaftlicher Sicht suboptimalen Nutzung der Produktionsfaktoren beitragen. Die Bereitschaft, Innovationen einzuführen und mit neuen Verfahren zu experimentieren, kann stark davon abhängen, wie tradiert und hierarchisch eine Gesellschaft strukturiert ist, z. B. ob jüngere, experimentierfreudigere Individuen Freiräume ausnutzen dürfen. In manchen Gesellschaften entscheiden Häuptlinge oder *elders* über die Zuteilung von kommunalen Flächen und anderen Ressourcen wie Wasser und haben somit einen erheblichen Einfluss auf die Allokation von knappen landwirtschaftlichen Produktionsfaktoren. Kulturelle Normen über die Vererbung von landwirtschaftlichen Betrieben bzw. Flächen spielen in diesem Zusammenhang auch eine wichtige Rolle: Eine tradierte informale Vererbungsregelung mit gleicher Aufteilung der Flächen eines Betriebs auf die Erben erster Ordnung kann beispielsweise zu einer immer kleineren und ineffizienteren Agrarstruktur beitragen.

Wirtschaftsordnungen gehören auch zu den embedded institutions, die erhebliche und langandauernde Auswirkungen auf die individuellen Verhaltensweisen haben und damit auch auf die Intensität der Neuerungen in einer Gesellschaft. Alesina und Fuchs-Schündeln (2007) belegen empirisch, dass ehemals kommunistische Systeme langandauernde Wirkung auf die Verhaltensweisen der Individuen einer Gesellschaft haben. So fordern beispielsweise marktwirtschaftliche Wirtschaftsordnungen private Anreize und damit auch die Suche nach Neuerungen stärker als eine planwirtschaftliche Wirtschaftsordnung.

Daher ist es nicht verwunderlich, dass in ehemaligen Planwirtschaften die individuellen Neigungen gering ausgeprägt waren, eine bäuerliche Familienwirtschaft zu übernehmen. Koester (2005) und Koester und Petrick (2010) folgern, dass embedded institutions darüber hinaus zu einem Überleben der extrem großen sog. Agro-Holdings in Russland beigetragen haben.

1.2.2 Die Bedeutung von embedded institutions auf der Nachfrageseite

Landwirtschaftliche Güter sind nicht homogen. Landwirte produzieren z. B. private und öffentliche Güter. Die Nachfrage nach öffentlichen Gütern wird durch politische Entscheidungen bestimmt, ist aber vornehmlich vom Bewusstsein der Bevölkerung bezüglich Umwelt, Biodiversität, Tierwohl und Landschaft bestimmt. In welchem Umfang diese Güter nachgefragt und damit von der Gesellschaft finanziert werden, hängt somit auch von den embedded institutions ab. Dies wird z. B. deutlich, wenn aufgrund romantischer Vorstellungen über die Vorteile kleinbäuerlicher Landwirtschaft und regionaler Produktion diese subventioniert werden.

Die Nachfrage nach Nahrungsmitteln wird ebenfalls von embedded institutions bestimmt. Essgewohnheiten unterscheiden sich von Land zu Land und sogar von Familie zu Familie bedingt durch Tradition, Religion und die Bereitschaft, Neues auszuprobieren. Ein offensichtliches Beispiel hierfür sind religiöse Vorschriften wie Koscher-Regeln; aber auch die bei vielen deutschen Konsumenten vorhandene Abneigung dem Verzehr von Pferdefleisch gegenüber ist ein Beispiel für die Bedeutung von embedded institutions. Eine besondere Rolle für die Nachfrage nach Nahrungsmitteln kann in der Präferenz für ökologische, regionale, nicht-gentechnisch veränderte, oder vegetarische Produkte bestehen. Sogar die kulturbedingte Frage, ob mit Messer und Gabel oder mit Stäbchen gegessen wird, kann das, was gegessen wird, beeinflussen.

1.2.3 Die Bedeutung von embedded institutions für Politikentscheidungen

Embedded institutions beeinflussen nicht nur das Angebot und die Nachfrage auf Agrarmärkten, sondern auch politische Entscheidungen über die Regulierung dieser Märkte. Welche Regeln (Gesetze) eingeführt werden, wird selbst in demokratischen Systemen nicht allein durch die Präferenzen der Bürger, sondern auch durch deren Repräsentanten, die Abgeordneten als Legislative und die Regierung als Exekutive bestimmt. Das Ergebnis der Entscheidungen und deren Umsetzung werden mitunter erheblich durch embedded institutions der Entscheidenden bestimmt. Embedded institutions führten z. B. in der

Geschichte häufig dazu, dass Landwirte als besonders ehrliche, aufrichtige und damit auch förderungswürdige gesellschaftliche Gruppe galten. Schon Cato der Ältere war von den besonderen Qualitäten von Landwirten überzeugt:

> „... it is from the farming class that the bravest men and the sturdiest soldiers come, their calling is most highly respected, their livelihood is most assured and is looked on with the least hostility, and those who are engaged in that pursuit are least inclined to be disaffected." Cato der Ältere (ca. 160 v. Chr.)

Einer der Gründungsväter der USA, Thomas Jefferson, äußerte eine ähnliche, heute als ***Jeffersonian ideal*** bekannte Wertschätzung:

> „Those who labour in the earth are the chosen people of God, if ever he had a chosen people, whose breasts he has made his peculiar deposit for substantial and genuine virtue. It is the focus in which he keeps alive that sacred fire, which otherwise might escape from the face of the earth. Corruption of morals in the mass of cultivators is a phaenomenon of which no age nor nation has furnished an example." Jefferson (1787, Kapitel XIX)

Das 1955 beschlossene und noch heute in der Bundesrepublik geltende Landwirtschaftsgesetz wurde von einer vergleichbaren Haltung der Landwirtschaft gegenüber geprägt, denn der damalige Kanzler Adenauer äußerte sich u. a. wie folgt zur Bedeutung der Landwirtschaft und zu den Zielen der Agrarpolitik:

> „Ich bin immer ein Freund der Landwirtschaft gewesen, schon aus dem einen Grunde, weil ich zutiefst davon durchdrungen bin, dass die Erhaltung eines gesunden Bauernstandes auch in unserer Zeit eine der fundamentalsten Aufgaben einer verständigen und vernünftigen Staatsführung ist. ... Das landwirtschaftliche Preisniveau, das weitgehend durch innerwirtschaftliche und handelspolitische Maßnahmen beeinflusst werden kann, muss meiner Überzeugung nach in einer Parität zu den übrigen Preisen der deutschen Wirtschaft gehalten werden, insbesondere auch zu den Löhnen und hier wiederum in erster Linie zu den landwirtschaftlichen Löhnen. Die Bundesregierung wird alle geeigneten Maßnahmen treffen, um eine Preisentwicklung zu sichern, die den tatsächlichen Erzeugungskosten entspricht. ... Wir werden durch eine Steigerung der Inlandsproduktion, die mit einem Herunterdrücken der Einfuhr verbunden ist, viel unabhängiger und stabiler werden. Das ist im Interesse der Festigung unseres ganzen Staatswesens ein außerordentlich wertvoller Erfolg." Adenauer (1951)

Diese tief verankerte Überzeugung hatte eine entscheidende Bedeutung nicht nur für das deutsche Landwirtschaftsgesetz von 1955, sondern auch später auch für die Gestaltung der ersten europäischen Marktordnungen (siehe hierzu Koester, U. 2000).

Abschließend kann zusammengefasst gefolgert werden: Für die Ausprägung der gegenwärtigen Situation auf vielen nationalen Agrarmärkten und damit die Situation und Entwicklung der Weltmärkte sind embedded institutions von großer Bedeutung.

1.2.4 Die Bedeutung der institutionellen Rahmenbedingungen für die Agrarpreisbildung

Williamson (2000) nennt die Institutionen der zweiten Stufe (s. Abb. 1.6) *institutional environment,* was mit **institutionellen Rahmenbedingungen** übersetzt werden kann. Diese Rahmenbedingungen entsprechen die formalen Regeln des Spiels. Da die Landwirtschaft in Form von privaten Gütern nicht nur Suchgüter, sondern auch Erfahrungsgüter und Vertrauensgüter produziert, sind die Märkte dieser Produkte in einzelnen Ländern mehr oder weniger stark durch Gesetze und deren Durchsetzung beeinflusst. Diese Gesetze dienen dem Schutz der Käufer als Produzent von Agrarprodukten beim Erwerb von landwirtschaftlichen Betriebsmitteln und Vorleistungen und auch dem Handel und den Konsumenten. Von besonderer Bedeutung sind Gesetze für die Zulassung bestimmter Betriebsmittel (z. B. Pflanzenschutzmittel), bestimmter Produkte (z. B. genetisch veränderter Organismen) und für die Zulassung bestimmter Standorte für die Produktion von tierischen Produkten (z. B. Baurecht). Rechtliche Regelungen, die den Bodenmarkt betreffen, sind auch von besonderer Bedeutung für die Agrarpreisbildung; dieser Aspekt wird in Kap. 3 im Detail dargestellt.

Da diese Gesetze in den einzelnen Ländern unterschiedlich sind, mitunter selbst innerhalb der EU, beeinflussen sie auch die internationale Wettbewerbsfähigkeit der Landwirtschaft sowie der vor- und nachgelagerten Sektoren. Es stellt sich daher die Frage, ob diese staatlichen Regeln eine Verzerrung der internationalen Wettbewerbsfähigkeit verursachen und zu einer Begründung staatlicher Maßnahmen zur Kompensation der Wirkung dieser Regeln führen sollten.

Grundsätzlich gilt, dass agrarpolitische oder generell wirtschaftspolitische Maßnahmen nur dann zu erwägen sind, wenn sich dadurch eine Erhöhung der gesellschaftlichen Wohlfahrt ergibt. Eine solche Situation könnte sich z. B. durch Beseitigung der Effekte, die durch Marktversagen oder durch agrarpolitische Maßnahmen entstehen, die zu unerwünschten Nebenwirkungen führen. Im Optimum sollten stets die sozialen Grenzkosten gleich den nationalen Schattenpreisen sein. Die sozialen Grenzkosten sind identisch mit dem marginalen Verzicht auf Wohlfahrt als Folge der Produktion einer zusätzlichen Produkteinheit. Der staatliche Eingriff, der z. B. auf die Vermeidung von Umweltschäden abzielt, stellt zwar für den betroffenen Produzenten eine Schlechterstellung dar, aber eine Verbesserung für die Gesellschaft. Offensichtlich hat hier nach Meinung der politischen Entscheidungsträger der Produzent nicht die gesamten Opportunitätskosten berücksichtigt. Die rechtliche Maßnahme zielt daher auf Angleichung von privaten und sozialen Grenzkosten ab. Eine Zahlung von Subvention zur Kompensation der zusätzlichen privaten Grenzkosten würde somit zu einer suboptimalen Situation führen, und wäre höchstens aus verteilungspolitischer Sicht zu rechtfertigen.

Die Argumentation kann auch durch eine andere Darstellung veranschaulicht werden. Wie oben bereits dargestellt, wird die Transformationskurve eines Landes nicht nur durch die vorhandenen Ressourcen und die gegebene Technologie bestimmt, sondern auch durch die geltenden Institutionen. Zu diesen gehören nicht nur die oben besprochenen embedded institutions, sondern auch gesetzliche Regelungen (institutionellen Rahmenbedingungen), die zwar Produzenten negativ beeinflussen, aber zumindest nach Meinung der Politiker aus Sicht der Gesellschaft erwünscht sind. Hierzu zählen neben Regelungen, die aus Umweltgründen eingeführt werden, auch die zahlreichen sozialrechtlichen Gesetze und arbeitsrechtliche Regelungen. Wenn z. B. diese Regelungen zu einer zunehmenden politischen und wirtschaftlichen Stabilität der Gesellschaft beitragen, können sie sogar die Wettbewerbsfähigkeit eines Landes stärken; sie werden dann zu einer Verlagerung der Transformationskurve nach außen beitragen.

Ob staatliche Regelungen aber die Agrarpreise eines Landes beeinflussen, hängt zum einen bei international handelbaren Gütern von der Außenhandelsregelung für die einzelnen Produkte, der relativen Größe des Landes[6] und der Höhe der Transaktionskosten ab. Bei international nicht-handelbaren Gütern werden sich die Preise in Abhängigkeit von der Änderung der privaten Kosten und den Preiselastizitäten von Angebot und Nachfragekurve als Folge der staatlichen Regelungen ändern. Bei handelbaren Gütern in einem großen Land beeinflussen staatliche Regelungen die Preisbildung im Inland und im Ausland. Bei handelbaren Gütern in einem kleinen Land kommt es auf die Art der staatlichen Regelung an – Maßnahmen wie Zölle oder Exportsteuern werden die Preise verändern, aber Maßnahmen, die lediglich die Produktions- oder Konsummengen im Inland beeinflussen, werden keine Auswirkungen auf das Preisniveau haben.

1.2.5 Die Bedeutung von Governance für die Agrarpreisbildung

Gesetze als Teil des institutionellen Rahmens und als Spielregeln für die wirtschaftlichen Akteure wirken sich häufig nur dann auf das Ergebnis koordinierten wirtschaftlichen Verhaltens aus, wenn sie geeignet sind, effizient zu einer wirtschaftlichen Koordination der Marktteilnehmer beizutragen und wenn sie auch durchgesetzt werden. Von wem Gesetze beschlossen werden und wie diese durchgesetzt werden, wird unter dem Begriff ***Governance*** zusammengefasst. Von Williamson (2000) wird Governance in der dritten Ebene seiner Systematik aufgeführt (s. Abb. 1.6).

Wie bedeutend die rechtliche und administrative Durchsetzung der Gesetze in der EU ist, hat insbesondere der Europäische Rechnungshof in einer Reihe von Berichten moniert. In diesen Berichten stellt der Rechnungshof fest, dass die Wirkung einzelner EU-Gesetze nicht angemessen überprüfbar ist und daher auch keine gesamtwirtschaftliche Kosten/Nutzenanalyse dieser Gesetze vorgenommen werden kann. Diese Aussage gilt beispielsweise für EU-Gesetze, die zu einer Verbesserung der Umwelt einschließlich

---

[6]Ein Land ist nach ökonomischer Definition unabhängig von seiner Fläche oder Bevölkerung relativ groß, wenn inländische Maßnahmen einen Einfluss auf die Höhe der Weltmarktpreise haben.

der Biodiversität führen sollen; sie gilt auch für Maßnahmen, die zur Erreichung des Ziels einer angemessenen Lebenshaltung für die in der Landwirtschaft tätigen Individuen gewählt werden (s. z. B. Europäischer Rechnungshof 2016).

Ein besonderes Problem der Wirksamkeit formaler Gesetze liegt in Ländern vor, in denen ein hoher Anteil des Bruttoinlandsproduktes illegal produziert wird, d. h. auf Schwarzmärkten. Je nach Ausmaß dieser Produktion kann sie die Preisbildung auf offiziellen Märkten beeinflussen. Der Zusammenhang kann exemplarisch für den Milchmarkt veranschaulicht werden. In den meisten Ländern ist es gesetzlich verboten, Rohmilch direkt von Betrieben an Haushalte oder über offizielle Bauern- oder Wochenmärkte zu verkaufen. Trotz dieses Verbots wird aber z. B. in einigen zentralasiatischen Ländern Rohmilch unter Umgehung des offiziellen Vermarktungsweges verkauft. Offensichtlich wird das Risiko für die Händler, eine Strafe zahlen zu müssen, monetär geringer eingeschätzt als der zusätzliche Gewinn durch Umgehung des offiziellen Vermarktungsweges. Als Folge ist sowohl das Angebot als auch die Nachfrage auf den offiziellen Märkten geringer.

In der EU gibt es zahlreiche Beispiele, die eine administrative Durchsetzung bestimmter Gesetze in einzelnen EU Mitgliedsländern beschränkten. So zeigte sich vor einigen Jahren, dass die von der EU durch Subventionen geförderte Produktion von Hartweizen auf der Insel Sardinien zu einer offiziell geförderten Anbaufläche geführt hatte, die oberhalb der gesamten Fläche der Insel lag. Offensichtlich war die Administration Italiens nicht in der Lage, die von den Produzenten angegebenen Anbauflächen zu überprüfen. Vergleichbare Probleme gab es bei der Überprüfung der Olivenproduktion. Auch hier gab es eine spezielle finanzielle Förderung durch die EU und eine überhöhte Angabe der Zahl der Olivenbäume. Die italienische Regierung hat die von der EU beschlossene Milchquote, die ab April 1984 in Kraft getreten war, bis 1995 nicht vollständig eingeführt.[7] Die EU-Kommission hat auch gegen Deutschland mehrere sog. Vertragsverletzungsverfahren geführt, darunter wegen mangelnder Umsetzung der Nitrat-Richtlinie (EU Kommission 2020).

1.3 Die Bedeutung von Transaktionskosten für die Agrarpreisbildung

Embedded institutions, die institutionalen Rahmenbedingungen und Governance sind wichtiger Bestimmungsfaktoren für die Funktionsfähigkeit von Märkten und insbesondere von Agrarmärkten, da sie die Höhe der **Transaktionskosten** bestimmen.

[7] 1995 stand eine Erweiterung der EU um die Länder Österreich, Finnland und Schweden an. Erweiterungen der EU setzen einen einstimmigen Beschluss auf EU Ebene voraus. Italien war nur bereit zuzustimmen, wenn die Strafzahlung wegen Nicht-Einführung der Quote gekürzt und die zugewiesene Quote erhöht wurde.

Transaktionskosten entstehen im Zusammenhang mit dem Tauschprozess. Zur allgemeinen Kategorie der Transaktionskosten zählen:

- Such- und Informationskosten,
- Verhandlungs- und Entscheidungskosten,
- Überwachungs- und Durchsetzungskosten (Richter und Furubotn 1999).

Im einfachen neoklassischen Modell wird von Transaktionskosten abstrahiert. Märkte können sich unter diesen Bedingungen spontan entwickeln. Transaktionskosten können aber das Entstehen von Märkten verhindern und das Marktvolumen wesentlich beeinflussen.

Da Tausch nicht nur über Märkte erfolgt, sondern auch implizit in Unternehmen, wenn ein Auftraggeber (in der Literatur über Transaktionskosten häufig der ‚Prinzipal' genannt) eine bestimmte Leistung vom einem oder mehreren Auftragnehmern (in der Literatur als ‚Agenten' bezeichnet) fordert und der Agent für diese Leistung ein Entgelt erwartet, kann man zwischen Markt- und unternehmensinternen Transaktionskosten als Folge von Hierarchien unterscheiden. Im Folgenden wird zunächst die Bedeutung der Transaktionskosten auf den Märkten für die Agrarpreisbildung dargestellt.

1.3.1 Die Bedeutung der Markttransaktionskosten für die Agrarpreisbildung privater Güter

Such- und Informationskosten sind auf landwirtschaftlichen Produkt – und Inputmärkten ausgeprägt. Auf den Produktmärkten trägt die Unterscheidung der von der Landwirtschaft produzierten privaten Güter in Such-, Erfahrungs- und Vertrauensgüter zur Höhe der Transaktionskosten bei. Die Heterogenität der Güter und die Vielzahl der in Raum und Zeit unterschiedlichen Anbieter und Nachfrager beeinflussen die Höhe der Such- und Informationskosten. Diese Kosten beinhalten nicht nur diejenigen Kosten, die bei der Suche nach dem Käufer oder Verkäufer entstehen, die zur gewünschten Zeit über die Produkte verfügen bzw. diese nachfragen können. Kosten der Informationssuche beinhalten auch Informationen über die spezielle Qualität der zu transferierenden Produkte und über die Vertragstreue der Vertragspartner. Naturgemäß sind diese Kosten höher, wenn es für die gleiche Produktkategorie, z. B. Weizen, sehr unterschiedliche Qualitäten gibt und die Durchsetzung der Verträge wegen unterschiedlicher, nicht zuverlässiger Rechtswege, z. B. wegen Korruption, unsicher und teuer ist. Such- und Informationskosten sind daher bei potenziellen Vertragsabschlüssen mit bisher unbekannten Vertragspartnern höher als bei Geschäften mit langjährigen Partnern. Es ist daher verständlich, dass Käufer von ökologisch produzierten Produkten, die Vertrauensgüter sind, in der Regel Käufe beim Produzenten vorziehen. Die persönliche Beurteilung des Verkäufers und die Besichtigung der Produktionsstätte können das Vertrauen stärken. Andererseits kann es bei Suchgütern, die international gehandelt werden, sein, dass sie zwar eindeutig definiert sind, aber leicht gegen sehr ähnliche andere Suchgüter durch den Verkäufer ausgetauscht werden können.

Transaktionskosten für den Handel mit Agrarprodukten können sich durch Änderungen des internationalen Handels sowie durch Änderungen der Technologie in der Agrarproduktion ergeben und zu marktinduzierten neuen Institutionen beitragen. Die folgenden Beispiele können das veranschaulichen.

1. In den letzten Jahrzehnten des 19. Jahrhunderts änderten sich die Außenhandelspositionen bei Weizen von Frankreich und Russland grundlegend. Frankreich wurde zu einem Nettoimporteur von Weizen und Russland zu einem Exporteur. Französische Importeure von Weizen aus Russland hatten darunter zu leiden, dass die Qualität des importierten Weizens nicht der vereinbarten Qualität entsprach. Um sich zukünftig kostspielige Rechtsstreitigkeiten mit unsicherem Ausgang zu ersparen, engagierten die französischen Importeure ein in der Schweiz im Jahr 1878 neu gegründetes Unternehmen, die *Société Générale de Surveillance* (SGS 2020). Dieses Unternehmen bietet heute weltweit Dienstleistungen in den Bereichen Inspektionen, Tests, Zertifizierungsleistungen und Verifizierungen an. Im Bereich Inspektionen geht es um die Prüfung und den Nachweis der Menge, des Gewichts und der Qualität der gehandelten Waren. Die SGS verringerte somit die Unsicherheit für den Käufer, der im Gegenzug bereit ist, direkte monetäre Transaktionskosten für die Inanspruchnahmen der Leistungen des Unternehmens zu zahlen.
2. Der erste Warenterminmarkt für Getreide wurde 1848 in Chicago durch Initiativen von privaten Unternehmen gegründet. Das Ziel war, die in den Jahren zuvor erheblich gestiegenen Transaktionskosten durch den Einsatz von Mähdreschern zu senken. Die Technologie des Mähdreschers wurde 1835 in den USA patentiert und der Mähdrescherdrusch verbreitete sich in den USA schnell. Hierdurch sanken zwar die Kosten für die Getreideernte, doch stiegen die Transaktionskosten der Händler für die Vermarktung des Getreides. Vor dem Einsatz der Mähdrescher wurde das Getreide auf dem Halm in den Scheunen gelagert und im Jahresablauf mit immobilen Dreschmaschinen gedroschen. Der Verkauf des Getreides zog sich daher über mehrere Monate hinaus, und die Getreidehändler benötigten nur begrenzte Lagerkapazitäten, da sie das aufgekaufte Weizen in der Regel gleich an Mühlen weiterverkaufen konnten. Das Aufkommen der Mähdrescher erhöhte die Saisonalität der Getreideverkäufe landwirtschaftlicher Betriebe erheblich. Da Landwirte zunächst nur geringe Lagerkapazitäten auf ihren Höfen hatten, versuchten sie, einen großen Teil der Ernte direkt nach dem Mähdrusch zu verkaufen. Für die Händler gab es zwei Probleme: Zum einen benötigten sie größere Lagerkapazitäten und zum anderen erhöhte sich das Preisrisiko durch längere Lagerzeiten. Für die Händler erhöhten sich somit die Transaktionskosten durch die neue Technologie in der Getreideernte. Einige Händler initiierten die Etablierung eines Terminmarktes für Getreide in Chicago, sie schufen also eine neue Institution. Diese neue Institution ermöglichte den Landwirten und auch den Händlern, ihr Risiko bei der Weizenvermarktung zu reduzieren.

3. Kikuchi und Hayami (1999) zeigen in einer Studie, dass Gemeinschaften von Kleinbauern in den Philippinen durch Änderung der Ernteverfahren von Reis bestehende Regeln auf den Arbeitsmärkten ohne Mitwirken der Regierung angepasst haben.
4. In den letzten Jahrzehnten haben sich die Transaktionskosten auf vielen Agrarmärkten erheblich durch neue Informationstechnologien geändert. In einer richtungsweisenden Untersuchung zeigt Jensen (2007) wie die Einführung von Mobiltelefonie entlang der Küste Keralas in Indien die Preisbildung auf lokalen Fischmärkten radikal veränderte, zum großen Vorteil für Produzenten und Konsumenten. Vor Einführung der Mobiltelefonie gab es auf einzelnen Märkten je nach der täglichen Fangmenge, die entlang der Küste von Tag zu Tag erheblich variieren kann, nicht selten große Überschüsse, sodass zum Marktschluss mangels Möglichkeiten zur gekühlten Lagerung Fische weggeworfen werden mussten. Am gleichen Tag konnte es aber anderenorts entlang der Küste zu Defiziten kommen und damit verbundene sehr hohe Preise. Mit Mobiltelefonen können Fischer untereinander die Verteilung des täglichen Fangs auf die einzelnen Märkte koordinieren, was die Preise stabilisiert und Verschwendung bzw. Ausverkäufe erheblich reduzierte.

Diese Beispiele zeigen, dass sich Institutionen im Zeitablauf auch ohne staatliche Aktivität ändern können. Ein großer Teil der Änderungen, insbesondere durch Gesetze, geht dennoch auf staatliche Aktivität zurück.

Transaktionskosten sind nicht nur abhängig von den gehandelten Produkten, sondern auch von dem erwarteten Verhalten der Partner. **Unsicherheit** als bedeutendes Element der Transaktionskosten kann auch durch nicht vorhersehbare Verhaltensweisen der Handelspartner entstehen. Handelspartner können aus opportunistischen Gründen ihre Vertragspflichten nicht erfüllen oder auch aufgrund von ihnen nicht vorhersehbaren externen Ursachen. So kann ein Landwirt möglicherweise wegen einer extrem schlechten Ernte seine im Rahmen eines Forwardkontrakts vertraglich festgelegten Lieferverpflichtungen nicht nachkommen.[8] Oder er erfüllt diese Verpflichtungen nicht, weil zum Zeitpunkt der Erfüllung die Kassapreise höher als die vertraglich vereinbarten Preise sind. In letzterem Fall liegt somit **opportunistisches Verhalten** vor.

Es ist einleuchtend, dass selbst für vollkommen homogene Güter die Markttransaktionskosten für einzelne Käufer oder Verkäufer unterschiedlich sind, wenn die Erwartungen bezüglich der Kontrakttreue der Handelspartner unterschiedlich sind. So waren in den Transformationsländern Osteuropas die Transaktionskosten für den Verkäufer von Agrarprodukten Anfang der 1990er Jahre generell relativ hoch, weil man nicht auf die Erfahrung von zurückliegenden Transaktionen mit den einzelnen potenziellen Partnern zurückgreifen konnte. Es ist daher verständlich, dass Markttransaktionen vornehmlich in der Form von **Tauschhandel** vorgenommen wurden.

[8]Die Funktionsweise von Forwardkontrakten wird in Kap. 11 erläutert.

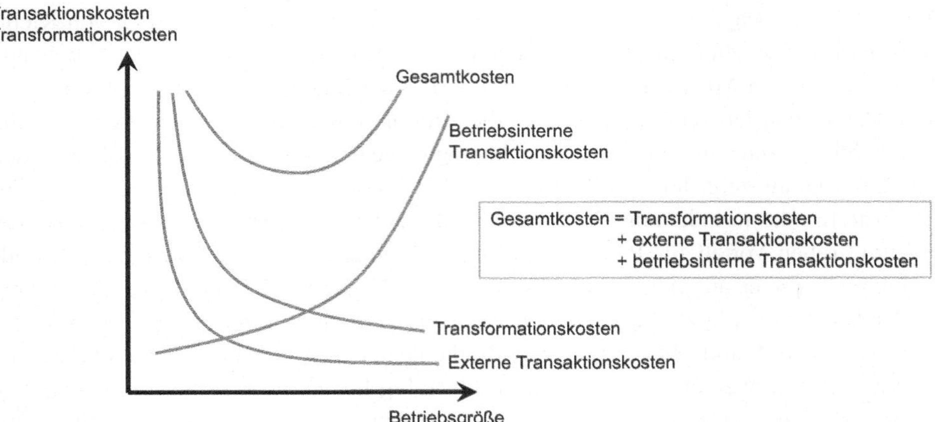

Abb. 1.7 Bedeutung der Transaktionskosten zur Bestimmung der optimalen Betriebsgröße. Quelle: Eigene Darstellung

Beim Tausch sind aber die Transaktionskosten sehr viel höher als auf funktionierenden Märkten, denn beim Tauschhandel müssen hohe Suchkosten in Kauf genommen werden, um einen Partner zu finden, der a) nach einem Produkt sucht, das man anbietet, und der seinerseits ein Gut anbietet, das man haben möchte, und b) die angebotenen Mengen als gleichwertig betrachtet.

Der Tauschhandel hat allerdings den Vorteil, dass die kontrahierenden Parteien *uno actu* ihre Pflichten erfüllen. Bei normalen Markttransaktionen erhöht sich die Zahl der Transaktionen, da der Verkäufer Geld erhält und diese Geldmenge für die von ihm gewünschte Ware verwenden kann. Da zwischen den beiden Transaktionen, insbesondere bei Agrarprodukten und landwirtschaftlichen Betriebsmitteln, eine Zeitdifferenz vorliegt und der Verkäufer daher nicht weiß, welche Mengen des gewünschten Produktes er für die eingenommene Geldsumme erwerben wird, entsteht Unsicherheit. Diese Unsicherheit ist besonders groß, wenn sich der Wert des Geldes im Zeitablauf stark ändert. So lag z. B. die Inflationsrate in der Ukraine im Jahr 1993 bei über 4700 % (Statista 2000). Käufer und Verkäufer haben sich daher gescheut, Ware gegen Geld auszutauschen; sie bevorzugten den Tauschhandel.

Der Tauschhandel führt des Weiteren dazu, dass die landwirtschaftlichen Betriebe sich auf die Produktion solcher Produkte spezialisieren, die von Arbeitskräften und ihren Familien auch verwendet werden können, und die leicht in andere Waren auf regionalen Märkten getauscht werden können. Diese Form des Handels wirkt der Arbeitsteilung zwischen Betrieben und Regionen entgegen und verringert damit die Effizienz der Ressourcennutzung. Die Folge in den Transformationsländern war z. B., dass die tierische Produktion auf den Großbetrieben stark reduziert wurde und der Anteil der tierischen Produktion in den kleinbetrieblichen Haushaltsbetrieben erheblich anstieg.

1.3.2 Transaktionskosten und landwirtschaftliche Betriebsgröße und Unternehmensformen

Transaktionskosten bestimmen selbst bei freier Marktpreisbildung und Abwesenheit von embedded institutions die Betriebsgrößenstrukturen in einem Land. In Abb. 1.7 werden die Bestimmungsfaktoren der Wahl der optimalen Betriebsgröße schematisch dargestellt. In Abb. 1.7 wird angenommen, dass die gewählte Technologie abhängig ist von der Betriebsgröße und dass die durchschnittlichen Produktionskosten mit steigender Betriebsgröße fallen. Diese Kurve ist im Schaubild als Transformationskostenkurve bezeichnet, da auf ihr im Betrieb eingesetzte Inputs in fertige Agrarprodukte transformiert werden. Die betriebsinterne Transaktionskostenkurve zeigt die Kosten an, die durch Überwachung des Einsatzes der Arbeitskräfte entstehen. Es wird im Schaubild unterstellt, dass diese Kosten mit steigender Betriebsgröße steigen, da mit der Betriebsgröße auch die Zahl der zu überwachenden Beschäftigten steigt. Im Einzelfall hängt diese Beziehung auch von der betrieblichen Technologie und den Möglichkeiten der Motivation und Überwachung der Arbeitskräfte ab. Steigende interne Transaktionskosten können auch durch innerbetriebliche Transportkosten entstehen.

Neben den Produktionskosten und den betriebsinternen Transaktionskosten spielen externe Transaktionskosten auch eine wichtige Rolle. Zu diesen Kosten gehören die oben diskutierten Transaktionskosten. Größere Betriebe können z. B. über Lagermöglichkeiten verfügen und die Wahl des Verkaufszeitpunktes wählen. Größere Betriebe können sich z. B. eher auf Terminmärkten absichern und mit Händlern günstigere Konditionen verhandeln. Betriebliche Transportkosten beim Verkauf sind niedriger als bei geringen Verkaufsmengen. So erzielen Milchviehbetriebe mit großen Ablieferungsgemengen an die Molkereien bei gleicher Entfernung häufig höhere Ab-Hof-Preise für die abgelieferte Milch.

In den meisten marktwirtschaftlichen Ländern sind die landwirtschaftlichen Betriebe als Familien oder Personengesellschaften organisiert. Die Wahl der Organisationsform wird auch durch die Transaktionskosten zwischen Prinzipal und Agenten bestimmt. Bei Kapitalgesellschaften wird der Betriebsleiter durch die Kapitaleigentümer gewählt und auch überwacht. Erfahrungen in Osteuropa und Zentralasien zeigen, dass die Überwachung der Agenten (Betriebsleiter) durch die Eigentümer (Prinzipal) wegen der Vielzahl von wirtschaftlichen Aktivitäten auf landwirtschaftlichen Großbetrieben und der Vielzahl von Verkauf- und Kaufaktivitäten problematisch ist. Es ist relativ leicht für den Agenten, sich von Händlern geringere Verkaufspreise und höhere Einkaufspreise auf dem Papier dokumentieren zu lassen und sich die Differenz in bar auszahlen zu lassen. Noch wichtiger mag sein, dass man von einem Agenten nicht immer den gleichen engagierten und flexiblen Arbeitseinsatz wie von einem Eigentümer erwarten kann.

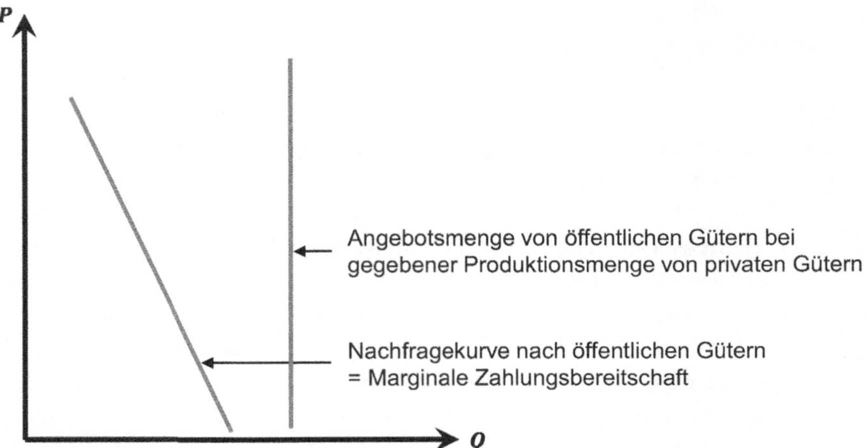

Abb. 1.8 Hypothetische Nachfrage- und Angebotskurve für öffentliche Güter. Quelle: Eigene Darstellung

1.3.3 Transaktionskosten auf landwirtschaftlichen Inputmärken

Informationskosten auf landwirtschaftlichen Inputmärkten sind für die Agrarpreisbildung von besonderer Bedeutung. Die wichtigsten landwirtschaftlichen Inputfaktoren sind Boden, Arbeit und Kapital.[9]

Der Einsatz von Kapital, Boden sowie das Erlernen von landwirtschaftlichen Fachkenntnissen sind mit Investitionen verbunden, die häufig kreditfinanziert sind und sich über eine zum Zeitpunkt der Investition unsichere Zukunft auszahlen sollen. Daher ist das Risiko für Investoren und Kreditgeber relativ hoch. Kreditoren haben mehr Vertrauen in den Kreditnehmer, wenn sie ihn durch langfristige Geschäftsbeziehungen kennen oder wenn die Kreditnehmer Sicherheiten bieten können. Es ist daher nicht verwunderlich, dass in Entwicklungsländern und Transformationsländern häufig private Händler als Kreditoren auftreten und sich durch eine Verpfändung der Ernte absicherten. Allerdings können diese Kredite zunächst nur der Finanzierung kurzfristiger Investitionen dienen, wie z. B. dem Kauf von landwirtschaftlichen Betriebsmitteln. Zugang zu langfristigen Krediten setzt ein höheres Vertrauen der Kreditgeber voraus. Dieses Vertrauen wird gestärkt, wenn die Kreditnehmer Sicherheiten durch marktfähige Aktiva bieten können. Daher ist der Zugang zu landwirtschaftlichen Krediten durch Eigentumsflächen erleichtert. Folglich wurde und wird die landwirtschaftliche Entwicklung in vielen

[9]Auf die Preisbildung bei den Faktoren Boden, Arbeit und Kapital wird in Kap. 3, 4 und 5 detailliert eingegangen.

Transformationsländern durch unterlassene bzw. beschränkte Privatisierung des landwirtschaftlichen Bodens erheblich gehemmt.

1.3.4 Die Bedeutung der Transaktionskosten für die von der Landwirtschaft produzierten öffentlichen Güter

Die Landwirtschaft kann entweder als Nebenprodukt **öffentliche Güter** produzieren oder aber als Gegenleistung für ein Entgelt. Eine marktwirtschaftlich organisierte Gesellschaft wird nicht bereit sein, für öffentliche Güter ein Entgelt zu zahlen, wenn die gesellschaftliche (soziale) Nachfragekurve die Abszisse links von der angebotenen Menge schneidet (s. Abb. 1.8). Diese theoretische Überlegung ist allerdings wenig hilfreich, da es schwierig ist, die marginale Zahlungsbereitschaft für öffentliche Güter zu ermitteln. Man kann vermuten, dass die Zahlungsbereitschaft von dem Einkommen der potentiellen Nachfrager abhängt und je nach Art der Güter unterschiedlich sein wird. Da sich kein Markt bilden wird, ist der Staat gefordert, die Allokation von Ressourcen durch Förderung der Produktion öffentlicher Güter zu unterstützen. Die Ermittlung der optimalen Produktion von öffentlichen Gütern und deren Förderung ist mit erheblichen Transaktionskosten verbunden. Diese Kosten werden in Abhängigkeit davon, ob es sich um regionale, supranationale oder internationale öffentliche Güter handelt, unterschiedlich sein. So wird es zum Beispiel leichter sein, die Zahlungsbereitschaft eines lokalen öffentlichen Gutes zu ermitteln, das nur in einer bestimmten Region produziert und auch nur von Bewohnern dieser Region genutzt wird. Schwieriger wird es dagegen, wenn die zur Förderung anstehenden öffentlichen Güter national oder gar international nachgefragt werden (wie z. B. die Eindämmung des Klimawandels).

Weiterhin wird ein wesentlicher Bestimmungsfaktor der optimalen Förderung die Form der Finanzierung der Produktion der öffentlichen Güter sein. Es ist häufig schwierig, die Kosten der Produktion dieser Güter zu ermitteln, da sie als Koppelprodukte anfallen und ihre Produktionskosten von Region zu Region und von Betrieb zu Betrieb sehr unterschiedlich sein können. Wenn kollektiv, z. B. durch Parlamente über die Höhe der Kostenerstattung entschieden wird, ist es naheliegend, dass man sich aufgrund von Wirtschaftsrechnungen an den durchschnittlichen Kosten der Ressourcen, die zur Produktion notwendig sind, orientiert. Es werden somit alle Landwirte, die geringere Kosten als der Durchschnitt haben, überkompensiert. Noch eindeutiger ist die Überkompensation, wenn der Staat eine Prämie anbietet und die Landwirte frei entscheiden können, ob sie an dem Programm teilnehmen wollen. In diesem Fall ist zu erwarten, dass nur diejenigen Landwirte teilnehmen, die sich dadurch besserstellen, die also überkompensiert werden.

Wird einzelnen EU Ländern eine Finanzierungsquote zugewiesen, die auf Verhandlungen beruht, ist zu erwarten, dass einzelne Länder mehr dieser öffentlichen Güter produzieren, als sie dieses bei nationaler Finanzierung tun würden. Die Gemeinsame Agrarpolitik (GAP) der EU liefert zu diesen Überlegungen gute Beispiele. Im Jahr 1992 wurde die sog. 2. Säule der GAP mit der Umweltpolitik und der Politik zur Förderung ländlicher Räume eingeführt. Vor diesem Zeitpunkt spielte die ländliche Entwicklungspolitik nur in Großbritannien eine bedeutende Rolle. Durch die gemeinsame Finanzierung ist das nationale Interesse der anderen EU-Länder an der Förderung ländlicher Räume stark gestiegen. Zu den Problemen dieser Politik hat sich der Europäische Rechnungshof mehrmals negativ geäußert, so z. B. im Jahre 2000:

> "The 'accompanying measures' to the changes made by the 1992 reform … included: an agri-environment measure, which aimed at compensating farmers for using environmentally beneficial but costly farming techniques; and an afforestation measure, which aimed at compensating farmers for relevant expenses and loss of agricultural income resulting from planting trees on their farmland. …. However, neither the Community nor the Member States targeted the use of Community funds according to pre-established environmental priorities … In consequence funds were not allocated to the zones with the greatest agri-environmental problems and/or potential. … The effectiveness of some programmes is hampered by inadequacies in programme design. In some cases aid rates are too low to attract farmers to environmentally friendly farming techniques; in other cases, because aid rates are based on the average cost to farmers of compliance with programme requirements, farmers received rates of aid significantly in excess of their actual costs …." European Court of Auditors (2000, S. 2).

Auch wenn in der Zusammenfassung des Berichts das Wort Transaktionskosten nicht vorkommt, sind die aufgezeigten Probleme auf Transaktionskosten zurückzuführen. Diese Feststellung des Europäischen Rechnungshofs zeigt somit, dass Transaktionskosten bei Entscheidungen über die Produktion von landwirtschaftlichen Umweltgütern von großer Bedeutung sein können.

1.3.5 Bedeutung der Transaktionskosten bei der Beschließung neuer Gesetze und deren Implementierung für die Agrarpreisbildung von privaten Gütern

Agrarpreise ergeben sich nicht nur durch das freie Spiel der Marktkräfte, sondern auch durch eine Vielzahl staatlicher Regulierungen (Gesetze) und deren Durchsetzung. Transaktionskosten entstehen bei der Entscheidung über die Begründung staatlicher Aktivität in Form der Beeinflussung der Agrarpreisbildung, bei der Auswahl der Instrumente und Dosierung der Instrumente, bei der Durchsetzung der Gesetze und bei der Überprüfung der Wirkung der Instrumente.

1.3.6 Transaktionskosten bei der Entscheidung über die Einführung neuer oder Änderung bisheriger Eingriffe auf den Agrarmärkten

Neue Gesetzesvorschläge können unterschiedlich begründet sein. Es kann z. B. Marktversagen diagnostiziert werden; es kann eine mangelnde Effektivität und Effizienz bestehender Gesetze festgestellt worden sein; es kann eine Erhöhung des Zielerreichungsgrades nicht ökonomischer Ziele gewünscht werden; es kann die ehemalige Begründung bestehender Gesetze als Folge der Änderung ökonomischer und/oder politischer Rahmenbedingungen entfallen sein.

Die Kosten der Beschlussfassung wären gering, wenn es eindeutige Diagnosen geben würde. Eindeutig wären die Diagnosen nur dann, wenn alle am Beschluss beteiligten Personen der Diagnose zustimmen würden. Eine solche Eindeutigkeit ist in demokratischen Systemen nicht oder nur selten zu erwarten. In der Regel wird es – selbst wenn Einigkeit über die Fakten besteht – Unterschiede in der Bewertung der Fakten und über die Auswahl der Instrumente zur Verbesserung geben. Häufig werden selbst die gesetzlich vorgeschriebenen Informationen vor der Beschlussfassung nicht beschafft. So schreibt z. B. das Gesetz über die Grundsätze des Haushaltsrechts des Bundes und der Länder (Haushaltsgrundsätzegesetz) vor: „Für alle finanzwirksamen Maßnahmen sind angemessene Wirtschaftlichkeitsuntersuchungen durchzuführen" (Bundesregierung 1969, Artikel 6, Absatz 2). Eine **Wirtschaftlichkeitsuntersuchung** ist eine gesamtwirtschaftliche Kosten-Nutzen-Untersuchung; sie beschränkt sich damit nicht nur auf finanzielle Effekte, sondern sie hat auch zu überprüfen, ob durch das Gesetz und seine Implementierung ein positiver Zielbeitrag effizient erreicht werden kann.

Auf EU-Ebene gab es ein solches Gesetz erst ab 2013. Erst mit der Verordnung (EU) 1306/2013 ist die EU Kommission beauftragt, agrarpolitische Maßnahmen zu überwachen und zu bewerten „Jede GAP-Maßnahme sollte überwacht und bewertet werden, um ihre Qualität zu verbessern und ihre Wirksamkeit aufzuzeigen" (EU 2013). Allerdings werden Indikatoren vorgeschlagen, die für eine adäquate Kosten-Nutzen-Untersuchung nicht ausreichend sind. Wenn aber keine gesamtwirtschaftlichen Bewertungen einzelner Maßnahmen vorliegen, fehlt Politikern die Grundlage für ökonomisch rationale Entscheidungen.

Hinzu kommt, dass selbst bei Vorliegen einer gesamtwirtschaftlichen Kosten-Nutzen-Analyse Interessenkonflikte zwischen den einzelnen Entscheidungsträgern vorliegen können. Ferner ist nicht davon auszugehen, dass alle Entscheidungsträger eine Maximierung der gesamtwirtschaftlichen Wohlfahrt anstreben wollen oder können: meistens möchten sie auch noch die Verteilungswirkungen von möglichen Eingriffen berücksichtigen; häufig sind sie dem Druck von Interessensgruppen und ihre Lobbyisten ausgesetzt; und mitunter ist ihr Entscheidungsspielraum durch internationale Verträge und Verpflichtungen eingeschränkt.

Da Landwirte von der Preisbildung auf Agrarmärkten in der Regel direkter und stärker betroffen sind als Nichtlandwirte und Konsumenten, werden sie entsprechend mehr Ressourcen in Lobbyarbeit zur Beeinflussung des agrarpolitischen Entscheidungsprozesses investieren. Entsprechend werden Politiker in demokratischen Systemen häufig dazu neigen, die Interessen der Landwirte stärker zu berücksichtigen als die Interessen anderer Gruppen. Jede Entscheidung, in Märkte einzugreifen, beruht in Brüssel auf einem zeit- und kostenaufwendigen Prozess der Informationssammlung, der Bewertung der Informationen und der Interessenharmonisierung. Die entstehenden Informationskosten können durch ökonomischen Sachverstand nicht selten reduziert werden, aber nicht gänzlich vermieden. Eine Bewertung der gegenwärtigen Situation und der Wirkung von alternativen Maßnahmen enthält auch subjektive Werturteile und ist nicht nur eine technische Angelegenheit.

1.3.7 Transaktionskosten bei der Implementierung alternativer Politiken

Eingriffe in Märkten sind stets mit administrativen Kosten verbunden. Je mehr ein Eingriff auf direkte Informationen von landwirtschaftlichen Betrieben angewiesen ist, umso größer sind die administrativen Kosten. So sind Maßnahmen, die an den Außengrenzen eines Landes implementiert werden (z. B. Importzölle und Abschöpfungen), in der Regel mit vergleichsweise geringeren administrativen Kosten verbunden als Einschränkungen landwirtschaftlicher Betriebe durch Vorschriften über zulässige Produktionsmengen (Quoten) oder Auflagen bezüglich des Faktoreinsatzes, z. B. durch Umweltmaßnahmen oder Maßnahmen zur Verbesserung der Biodiversität. Generell ist davon auszugehen, dass Direktzahlungen, die an die Fläche gebunden sind und bestimmte Produktionsmethoden verlangen (z. B. gute landwirtschaftliche Praxis) höhere administrative Kosten erfordern als Außenhandelsmaßnahmen. Allerdings können die Transaktionskosten, die mit einigen Außenhandelsmaßnahmen verbunden sind (wie z. B. mit komplexen sog. *Rules of Origin* in einer Freihandelszone oder mit Zollkontingenten), auch erheblich sein. Und in einem Land wie die Ukraine, in der ca. 20.000 große Betriebe (1000 ha und mehr) über 80 % der Agrarfläche bewirtschaften (Vlasenko und Vlasovets 2016, S. 160), werden die Kosten der betriebsindividuellen Umsetzung von Maßnahmen viel geringer ausfallen als beispielsweise Deutschland mit über 200.000 Betrieben.

Je umfangreicher direkte Informationen von landwirtschaftlichen Betrieben oder von nach- bzw. vorgelagerten Unternehmen für die Durchsetzung bestimmter Maßnahmen oder für die Beurteilung der Wirkung dieser Maßnahmen notwendig sind, umso höher sind die administrativen Kosten. So haben die Reduzierung der Agrarpreisstützung durch Abbau des Außenschutzes und der Übergang zu Direktzahlungen sowie weiteren betriebsbezogenen Maßnahmen seit der sog. MacSharry-Reformen der GAP ab 1992 dazu geführt, dass in einzelnen EU-Ländern zunehmend Unregelmäßigkeiten (so ist der EU Jargon) und Betrug bei der Durchsetzung der agrarpolitischen Maßnahmen aufgetreten sind. Insgesamt hat der Europäische Rechnungshof in mehreren Berichten festgestellt, dass die Durchsetzung einzelner agrarpolitischer Maßnahmen in Ländern, die unter relativ hoher Korruption leiden, Probleme bereitet. Das Ausmaß der Korruption bei der Durchsetzung bestimmter agrarpolitischer Maßnahmen ist somit mit einer Zunahme volkswirtschaftlicher Kosten außerhalb des Agrarsektors verbunden und müsste bei einer adäquaten Evaluierung der Maßnahmen miteinbezogen werden.

1.3.8 Transaktionskosten bei der *ex post* Evaluierung von politischen Maßnahmen mit Wirkungen auf Agrarpreise

Relativ leicht sind die direkten Preiswirkungen von administrativen Maßnahmen auf international gehandelte Produkte zu ermitteln, wenn diese lediglich als Folge tarifärer Handelshemmnisse auftreten. Doch selbst in diesem Fall entstehen erhebliche Kosten, wenn auch die Wirkungen auf die Preise der nicht international gehandelten Agrarprodukte zu ermitteln sind. Die Preise der gehandelten Güter werden über die Preisinterdependenz auch die Preise der nicht gehandelten Güter beeinflussen.[10] Verhängt z. B. ein Importland ein Embargo auf Einfuhren von handelbaren Milchprodukten wie Butter und Käse, so wird diese Maßnahme auch die Inlandspreise für nicht-handelbare Milchprodukte wie Rohmilch und Frischmilch beeinflussen. Die Quantifizierung der Wirkungen des Embargos kann daher mit erheblichen Kosten verbunden sein. Noch höher sind die Kosten der Wirkungsanalyse einer Maßnahme auf die Preise, wenn die Maßnahme keine direkten Preiswirkungen hervorruft, sondern wenn diese lediglich als Folge von Interdependenzen auftreten.

1.4 Schlagwörter und Begriffe

- Alte und Neue Institutionenökonomik
- Embedded institutions
- Governance
- Institutionelle Rahmenbedingungen
- Institutionen
- Jeffersonian Ideal
- Öffentliche Güter
- Opportunistisches Verhalten
- Organisationen
- Produktionsmöglichkeitenkurve

[10]Verschiedene Aspekte dieser Preisinterdependenzen werden in Kap. 8 ausführlicher erläutert.

- Regeln des Spiels
- Tauschhandel
- Transaktionskosten
- Transformationskurve
- Unsicherheit
- Williamsons Ebenen von Institutionen
- Wirtschaftlichkeitsuntersuchung

1.5 Übungsaufgaben

Fragen

1. Diskutieren Sie, warum der Übergang zur Marktwirtschaft in den meisten Transformationsländern aufgrund mangelnder Institutionen die Wohlfahrt der Menschen nicht oder nur verzögert erhöht hat.
2. Diskutieren Sie: "Der Erfolg der ländlichen Entwicklungspolitik kann an der Änderung der Zahl der ländlichen Bevölkerung abgelesen werden. Wenn die Bevölkerung in einer Region im Laufe der Zeit zunimmt, ist das positiv, wenn sie abnimmt, ist das negativ."
3. Kultur spielt eine Rolle: Die Gesellschaft der Mongolei betrachtet Land und Wasser als Gemeingut.
   a. Ist das gut oder schlecht?
   b. Was sind die Auswirkungen auf die Faktorallokation und die Nutzung von Land?
4. Diskutieren Sie, welcher spezifische moralische Standard in einem Land eine bedeutende wirtschaftliche Auswirkung für die Produktivität haben könnte (Berücksichtigen Sie auch die Bedeutung der Religion und der Geschichte. Wählen Sie u. a. Indien).
5. Erklären Sie, dass Privateigentum am landwirtschaftlichen Boden mit zunehmender Kapitalintensität zunimmt.

Literatur

Adenauer A (1951) Deutsche Bauern-Korrespondenz 4. Jg. Nr. 4 vom 26.02.1951. Zitiert von Puvogel C (1957) Der Weg zum Landwirtschaftsgesetz. Bayerischer Landwirtschaftsverlag, Bonn, S.30.

Alesina A, Fuchs-Schündeln N (2007) Good-Bye Lenin (or Not?): The Effect of Communism on People's Preferences. American Economic Review 97: 1507–1528.

Bundesregierung (1969) Haushaltsgrundsätzegesetz. https://www.gesetze-im-internet.de/bundesrecht/hgrg/gesamt.pdf. Zugegriffen 30. Oktober 2020.

Cato der Ältere (ca. 160 v. Chr.) De agri cultura. Übersetzung von Hooper WD, Ash HB (1922), https://penelope.uchicago.edu/Thayer/E/Roman/Texts/Cato/De_Agricultura/A*.html#0. Zugegriffen 30. Oktober 2020.

Coase R (1937) The Nature of the Firm. Economica 4:386–305.

Commons JR (1893) The Distribution of Wealth. Macmillan and Co., New York.

Commons JR (1934) Institutional Economics: Its place in political economy. The Macmillan Company, New York.

Eucken W (1952) Grundsätze der Wirtschaftspolitik. JCB Mohr, Tübingen.

Europäischer Rechnungshof (2016) Stützung der Einkommen von Landwirten: Ist das Leistungsmessungssystem der Kommission gut konzipiert und basiert es auf soliden Daten? Sonderbericht No. 01, Europäischer Rechnungshof, Luxemburg. https://www.eca.europa.eu/Lists/ECADocuments/SR16_01/SR_FARMERS_DE.pdf. Zugegriffen am 30. Oktober 2020.

EU Kommission (2020) Vertragsverletzungsverfahren: Kommission leitet in 17 Fällen rechtliche Schritte gegen Deutschland ein. https://ec.europa.eu/germany/news/20190725-vertragsverletzungsverfahren_de. Zugegriffen am 30. Oktober 2020.

Europäische Union (2013) Verordnung(EU) Nr. 1306/2013 des Europäischen Parlaments und des Rates vom 17. Dezember 2013. Ziffer 68.

EBRD (European Bank for Reconstruction and Development) (2012) Integration Across Borders: Transition Report 2012. EBRD, London.

European Court of Auditors (2000) Special Report No 14/2000 on "Greening the CAP" together with the Commission's replies. https://www.eca.europa.eu/Lists/ECADocuments/SR00_14/SR00_14_EN.PDF. Zugegriffen 30.10.2020.

Jefferson T (1787) Notes on the State of Virginia. Digitised by the University of Virginia American Studies Program 1998–99. https://www.xroads.virginia.edu/~Hyper/JEFFERSON/header.html. Zugegriffen 30. Oktober 2020.

Jensen R (2007) The Digital Provide: Information (Technology), Market Performance, and Welfare in the South Indian Fisheries Sector. Quarterly Journal of Economics 122: 879–924.

Kikuchi M, Hayami Y (1999) Technology, Market, and Community in Contract Choice: Rice Harvesting in the Philippines. Economic Development and Cultural Change 47: 371–86.

Koester U (2000) The role of Germany in the Common Agricultural Policy. In: Tangermann S (Hrsg) Agriculture in Germany. DLG-Verlag, Frankfurt, S. 209–230.

Koester U (2005) A revival of large farms in Eastern Europe—how important are institutions? Agricultural Economics 32: 103–113.

Koester U, Petrick M (2010) Embedded Institutions and the Persistence of Large Farms in Russia. IAMO Discussion Paper No. 131, https://www.iamo.de/fileadmin/documents/dp131.pdf. Zugegriffen 30. Oktober 2020.

Mitchell WC (1903) A History of the Greenbacks. University of Chicago Press, Chicago.

Mitchell WC (1914) Human Behavior and Economics. A Survey of Recent Literature. Quarterly Journal of Economics 29: 1–47.

North D (1990) Institutions, Institutional Change and Economic Performance. Cambridge University Press, Cambridge.

Richter R, Furubotn E (1996) Neue Institutionenökonomik. 2.Auflage. Mohr Siebeck, Tübingen.

Sachverständigenrat (1996) Jahresgutachten des Sachverständigenrates zur Begutachtung der gesamtwirtschaftlichen Entwicklung 1995/96. Wiesbaden.

SGS (Société Générale de Surveillance) (2020) SGS in Kürze. https://www.sgsgroup.de/de-de/our-company/about-sgs/sgs-in-brief. Zugegriffen 30. Oktober 2020.

State Committee of Statistics (o.J.) Ukraine Economic Trends. Unveröffentlichtes Dokument. Kiev.

Statistisches Bundesamt (1994) Fachserie 18, Reihe 1.3. Wiesbaden.

Statistisches Bundesamt (1995) Statistisches Jahrbuch. Wiesbaden.

Statista (2020) Ukraine: Inflationsrate von 1993 bis 2019 und Prognosen bis 2021. https://de.statista.com/statistik/daten/studie/232421/umfrage/inflationsrate-in-der-ukraine/. Zugegriffen 30. Oktober 2020.

Veblen TR (1903) The Theory of the Leisure Class: An Economic Study of Institutions…

Vlasenko T, Vlasovets V (2016) Status and trends of agricultural enterprises in Ukraine in terms of market agricultural machinery. ECONTECHMOD 5:159–170.

Williamson OE (1975) Markets and Hierarchies: Some Elementary Considerations. American Economic Review 63:316–325.

Williamson OE (2000) The New Institutional Economics: Taking Stock, Looking Ahead. Journal of Economic Literature 38: 595–613.

World Bank (2002) World Development Report. World Bank, Washington DC.

Ableitung optimaler Preisrelationen in einer geschlossen und in einer offenen Volkswirtschaft

2

Ulrich Koester und Stephan von Cramon-Taubadel

Zusammenfassung

In diesem Kapitel werden optimale Produkt- und Faktorpreisrelationen in geschlossenen und offenen Volkswirtschaften unter neoklassischen Bedingungen abgeleitet. Das Kapitel ist vornehmlich für Studierende gedacht, die bisher mit dem Instrumentarium der Neoklassik, wie es in Standardlehrbüchern dargestellt wird, nicht vertraut sind. Zunächst werden die Bedingungen sowohl für Tausch- als auch für Produktionseffizienz in einer geschlossenen Volkswirtschaft abgeleitet. Anschließend werden optimale Preisrelationen für handelbare und nicht-handelbare Güter in einer offenen Volkswirtschaft abgeleitet, und es wird gezeigt, wie diese Preisrelationen davon abhängen, ob ein Land groß oder klein im Sinne der Handelstheorie ist.

2.1 Einleitung und Lernziele

In diesem Kapitel soll gezeigt werden, wie sich unter neoklassischen Bedingungen gleichgewichtspreise einstellen und damit die Effizienz des Faktoreinsatzes und die Wohlfahrt in der Gesellschaft maximiert werden kann. Dieses Kapitel ist vornehmlich für Studierende gedacht, die bisher mit dem Instrumentarium der Neoklassik, wie

U. Koester
Universität Kiel, Kiel, Deutschland
E-Mail: UKoester@ae.uni-kiel.de

S. von Cramon-Taubadel (✉)
Universität Göttingen, Göttingen, Deutschland
E-Mail: scramon@gwdg.de

U. Koester und S. von Cramon-Taubadel (Hrsg.), *Agrarpreisbildung*,
https://doi.org/10.1007/978-3-658-33211-2_2

es in Standardlehrbüchern dargestellt wird, nicht vertraut sind. Es wird daher auf eine Ergänzung der Analyse mit dem Instrumentarium der Institutionenökonomie verzichtet. Das Kapitel besteht aus drei Teilen. Zunächst wird die Preisbildung für Konsumgüter in einer geschlossenen Volkswirtschaft behandelt. Anschließend wird auf die Preisbildung auf den Faktormärkten bei gleichgewichtigen Konsumgüterpreisen, und zum Schluss Teil werden Besonderheiten der Preisbildung in einer offenen Volkswirtschaft dargestellt.

2.2 Verwirklichung optimaler Preisrelationen im Konsumbereich durch Tausch

Einleitung und Lernziele
In diesem ersten Teil des Kapitels soll gezeigt werden:

Übersicht

- wie optimale Produktpreisrelationen im Konsumbereich in einer geschlossenen Tauschwirtschaft abgeleitet werden können,
- wie Tauschgleichgewichte mittels Geldes in einem marktwirtschaftlichen System verwirklicht werden,
- welche Bedeutung Transaktionskosten und die Rolle des Geldes als Institution haben,
- wie der Preismechanismus zu einem gesamtwirtschaftlichen Optimum führen kann.

Im Anhang 2.1 (Gl. 2.49) wird gezeigt, dass das Maximum der gesamtwirtschaftlichen Zielfunktion u. a. durch folgende Bedingung gekennzeichnet ist:

$$\frac{\frac{\partial U^1}{\partial Q_1^{D1}}}{\frac{\partial U^1}{\partial Q_2^{D1}}} = \frac{\frac{\partial U^2}{\partial Q_1^{D2}}}{\frac{\partial U^2}{\partial Q_2^{D2}}} \tag{2.1}$$

Die Ausdrücke auf der linken und rechten Seite von Gl. 2.1 werden als **Grenzraten der Substitution** zwischen den Gütern 1 und 2 für Individuen 1 bzw. 2 bezeichnet. Sie geben die Steigung der Indifferenzkurven der jeweiligen Person an[1]. Gl. 2.1 besagt somit, dass im Optimum die Grenzraten der Substitution für alle Individuen gleich sein müssen bzw. dass alle Individuen Güterkombinationen konsumieren sollen, bei denen ihre

[1]Der Anstieg der Indifferenzkurve lässt sich durch die Bildung des totalen Differentials aus der Nutzenfunktion $U^i\left(Q_1^{Di}, Q_2^{Di}\right)$ und gleichsetzen mit Null ermitteln. Man erhält für das Individuum i:

$$dU^i = \frac{\partial U^i}{\partial Q_1^{Di}} dQ_1^{Di} + \frac{\partial U^i}{\partial Q_2^{Di}} dQ_2^{Di} = 0 \text{ und damit} -\frac{dQ_2^{Di}}{dQ_1^{Di}} = \frac{\frac{\partial U^i}{\partial Q_1^{Di}}}{\frac{\partial U^i}{\partial Q_2^{Di}}}.$$

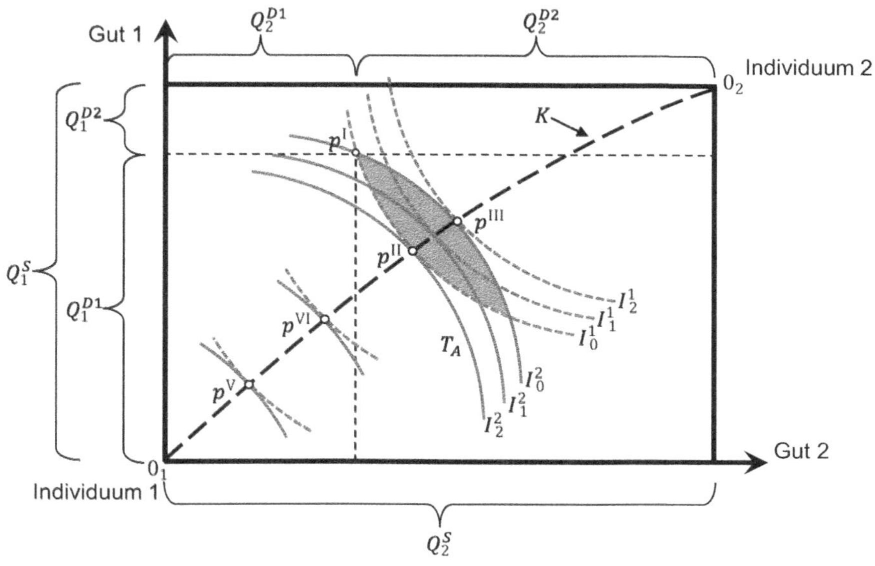

Abb. 2.1 Edgeworth-Box-Diagramm. Quelle: Eigene Darstellung

Indifferenzkurven die gleiche Steigung aufweisen, mit anderen Worten sich tangieren. Diese Bedingung wird in den Wirtschaftswissenschaften **Tauscheffizienz,** im Englischen *exchange efficiency,* genannt.

Die Tauscheffizienz kann mit Hilfe eines sog. **Edgeworth-Box-Diagramms** veranschaulicht werden. Im Edgeworth-Box wird von einer einfachen Welt mit zwei Individuen und zwei Gütern ausgegangen; das Konzept und alle wichtigen Ergebnisse können jedoch für den Fall mit beliebig vielen Individuen und Gütern mathematisch abgeleitet werden. In Abb. 2.1 beträgt die gesamte zur Verfügung stehende Gütermenge Q_1^S bzw. Q_2^S. In der Ausgangssituation, gekennzeichnet durch den Punkt p^I, verfügt das Individuum 1 über die Gütermengen Q_1^{D1} und Q_2^{D1}, und das Individuum 2 über Q_1^{D2} und Q_2^{D2}. Diese Gütermengenkombination in der Ausgangssituation charakterisiert ein bestimmtes Nutzenniveau für die beiden Individuen, gekennzeichnet durch die Indifferenzkurve I_0^1 für das Individuum 1 und die Indifferenzkurve I_0^2 für das Individuum 2.

Individuum 1 würde seinen Nutzen erhöhen, wenn es eine Indifferenzkurve oberhalb der Indifferenzkurve I_0^1 erreichen könnte. Das Individuum 2 würde dementsprechend seinen Nutzen erhöhen, wenn es auf eine Indifferenzkurve oberhalb von I_0^2 gelangen könnte. Durch Tausch (Individuum 1 tauscht Gut 1 gegen Gut 2, und umgekehrt) ist beides möglich. Alle Tauschergebnisse, die von p^{I} zu einem Punkt innerhalb der schraffierten ‚Linse' in Abb. 2.1 führen, bedeuten zumindest für eines der Individuen eine Erhöhung des Nutzens gegenüber der Situation in p^{I}.

Von p^{I} aus sind folglich **Pareto-Verbesserungen** möglich; p^{I} selbst kann daher kein **Pareto-Optimum** sein. Bestimmte Punkte innerhalb der schraffierten Fläche, die durch Tausch erreichbar wären, stellen aber Pareto-Optima dar. Die Bedingung für einen Pareto-optimalen Punkt ist, dass sich zwei Indifferenzkurven tangieren. Dies gilt z. B. in Abb. 2.1 für den Punkt p^{II}. Ist eine solche Verbrauchsmengenkombination verwirklicht, kann keines der Individuen seinen Nutzen erhöhen, ohne dass der Nutzen des anderen Individuums reduziert wird. Da sich die Indifferenzkurven I_0^1 und I_2^2 in Punkt p^{II} tangieren, müssen sie in diesem Punkt die gleiche Steigung aufweisen. Wie oben gezeigt wurde, gibt die Grenzrate der Substitution die Steigung einer Indifferenzkurve an. In einem Pareto-optimalen Punkt wie p^{II} müssen folglich die Grenzraten der Substitution für beide Individuen gleich sein, was das algebraische Ergebnis in Gl. 2.1 bestätigt.

Aus der Darstellung des Edgeworth-Box-Diagramms in Abb. 2.1 wird deutlich, dass auch der Punkt p^{III}, wo sich die Indifferenzkurven I_2^1 und I_0^2 tangieren, ein Pareto-Optimum darstellt. In der Tat gibt es zwischen p^{II} und p^{III} eine Vielzahl von Pareto-optimalen Punkten, die durch Tausch von der Ausgangssituation in p^{I} ausgehend erreicht werden können. Welcher Punkt erreicht wird, hängt von dem relativen Verhandlungsgeschick bzw. der Macht der einzelnen Individuen ab. Würde sich z. B. ein Tauschgleichgewicht auf der ursprünglichen Indifferenzkurve des Individuums 1 ergeben (p^{II}), so hätte das Individuum 2 eine Wohlfahrtssteigerung durch den Tausch erreicht, während das Individuum 1 seine Wohlfahrt nicht erhöht hätte. In p^{III} würde das Umgekehrte gelten. Obwohl die Verteilung des Nutzens in p^{II} sich eindeutig von der Verteilung des Nutzens in p^{III} unterscheidet, sind aber beide Punkte nach dem Pareto-Kriterium gleich zu bewerten. Das Pareto-Kriterium ermöglicht eine Unterscheidung zwischen optimalen und suboptimalen Allokationen (im soeben untersuchten Fall: verschiedene Allokationen der vorhandenen Gütermengen zwischen Individuen 1 und 2). Es ermöglicht aber keine Unterscheidung zwischen verschiedenen Optima nach ihrer Verteilungswirkungen.

Nicht nur zwischen p^{II} und p^{III} in Abb. 2.1, sondern zwischen 0_1 und 0_2 existieren eine Vielzahl von Pareto-Optima (hierzu gehören z. B. auch p^{IV} und p^{V}). Der geometrische Ort all solcher Pareto-Optima wird **Tausch-** oder **Kontraktkurve** genannt. Von der Kontraktkurve kann eine Nutzenmöglichkeitenkurve abgeleitet werden. An jedem Punkt auf der Kontraktkurve wird der erreichte Nutzen des Individuums 1 und des Individuums 2 ermittelt. Die entsprechenden Koordinaten (Nutzen-Paare) werden anschließend in eine Graphik eingezeichnet, in der der Nutzen des Individuums 1 auf der Ordinate und der Nutzen des Individuums 2 auf der Abszisse abgetragen wird. Die **Nutzenmöglichkeitenkurve** ist demnach der geometrische Ort aller möglichen Kombinationen der maximalen Nutzenniveaus zweier Individuen bei gegebener Gütermenge.

2.2.1 Transaktionskosten und die Verwirklichung von Tauschgleichgewichten in einem marktwirtschaftlichen System

In der Darstellung des Tauschgleichgewichts wurde davon ausgegangen, dass der Tausch keine Kosten verursacht. Eine Gesellschaft wäre aber schlecht beraten, wollte sie wirklich versuchen, durch tatsächlichen Tausch – sog. **Barterhandel** – ein Optimum zu verwirklichen. Denn soll in einer Naturaltauschwirtschaft Ware gegen Ware ausgetauscht werden, ist eine **doppelte Koinzidenz** notwendig: Der Anbieter einer Ware muss einen Tauschpartner finden, der eine vom Anbieter quantitativ und qualitativ gewünschte Ware besitzt. Dieser Tauschpartner muss zum Tausch seiner Ware bereit sein und gleichzeitig die Ware des Anbieters in Quantität und Qualität seiner eigenen Ware vorziehen. Es ist zu erwarten, dass potenzielle Tauschpartner in der Regel lange suchen werden, bis die notwendige Koinzidenz gefunden wird. Diese Suche wird mit Kosten verbunden sein, die so hoch sein können, dass Tausch nur selten stattfindet und die Mitglieder einer Gesellschaft sich überwiegend selbst versorgen, d. h. die Vorteile einer arbeitsteiligen Wirtschaft nicht realisieren werden können.

North (1990, S. 30) unterteilt die Produktionskosten eines Gutes in **Transformationskosten** und **Transaktionskosten.**[2] Transformationskosten entstehen bei der physischen Umwandlung von Gütern; sie stellen die ‚Produktionskosten' dar, die in der neoklassischen Theorie in der Regel behandelt werden. Transaktionskosten fallen nach North durch den Austausch der Güter an. Die Kosten der oben erwähnten Suche nach Tauschpartnern im Barterhandel stellen typische Transaktionskosten dar. In einer empirischen Studie zeigt North, dass sich die Transaktionskosten für bestimmte Güter in den USA auf über 40 % belaufen. Die Höhe der Transaktionskosten wird neben der Eigenart der Güter durch Institutionen bestimmt. Schafft eine Gesellschaft Institutionen, die für die potenziellen Marktpartner Such- und Informationskosten reduzieren, so werden die Transaktionskosten nach der Definition von North gesenkt und die Grundlage für eine Arbeitsteilung in der Volkswirtschaft verbessert. Eine aktive Rolle des Staates bei der Schaffung und Überwachung von Institutionen kann somit als notwendig zur Erhöhung der Effizienz wirtschaftlicher Systeme angesehen werden.

Die Transaktionskosten des Gütertausches können in einem marktwirtschaftlichen System durch die Einführung von Geld verringert werden. Statt Ware gegen Ware zu tauschen, wird dann Ware gegen Geld und Geld gegen Ware getauscht. Der Tauschakt wird demnach in zwei Teile zerlegt, die miteinander nur mittelbar verbunden sind, und zwar dadurch, dass sich die gesamten Einnahmen und Ausgaben jedes Individuums zumindest langfristig (aus Liquiditätsgründen eventuell auch kurzfristig) im Gleichgewicht befinden müssen. Geld übernimmt dabei die Funktionen als Recheneinheit,

[2] Douglas C. North erhielt im Jahr 1993 den Nobelpreis für Wirtschaftswissenschaften.

Tab. 2.1 Austauschverhältnisse zwischen vier Gütern

Produkt	Getreide	Leder	Gutachten	Metall
Getreide	1	5	20	10
Leder	0,2	1	4	2
Gutachten	0,05	0,25	1	0,5
Metall	0,1	0,5	2	1

Tauschmittel und Wertaufbewahrungsmittel. Durch die Akzeptanz der Institution des Geldes können Transaktionskosten erheblich reduziert werden. Zum einen entfällt die mit dem Barterhandel einhergehende Notwendigkeit der doppelten Koinzidenz und zum anderen wird die Anzahl der möglichen Tauschbeziehungen – und somit der Informationsbedarf der Wirtschaftssubjekte – erheblich reduziert. Dies kann wie folgt gezeigt werden:

Zunächst wird von den vier Produkten Getreide, Leder, Metall und Gutachten ausgegangen. Die möglichen Austauschbeziehungen sind in der Tab. 2.1 abgebildet. Insgesamt gibt es n^2 solcher Beziehungen (mit $n = 4$ in dem vorliegenden Beispiel). Für das Verhältnis von Getreide zu Leder gilt z. B., dass 5 kg Getreide gegen 1 kg Leder getauscht werden oder auch 0,2 kg Leder gegen 1 kg Getreide.

Von potenziellen Austauschpartnern brauchen aber nicht über alle diese Beziehungen Informationen eingeholt werden. Es ist offensichtlich, dass die Austauschbeziehungen, die durch die Werte auf der Diagonalen in Tab. 2.1 angegeben werden, keinen Informationswert besitzen. Darüber hinaus sind die Werte oberhalb der Diagonalen lediglich invers zu den Werten unterhalb der Diagonalen. Es ergeben sich somit lediglich sechs relevante Tauschbeziehungen. Im n-Güterfall reduziert sich somit die Zahl der relevanten Tauschbeziehungen auf:

$$\frac{n^2 - n}{2} = \frac{n(n-1)}{2} \tag{2.2}$$

Durch die Einführung von Geld als Bezugseinheit (auch **Numéraire** genannt) ist es nicht mehr notwendig, alle Austauschrelationen zu ermitteln. Es ergeben sich dann nur noch n Austauschverhältnisse. Diese Austauschverhältnisse geben die Preise der einzelnen Güter an. Im Beispiel mit vier Gütern müssen statt sechs Austauschverhältnisse nur vier Preise ermittelt werden. In einer Welt mit vielen tausend z. T. sehr heterogenen Gütern ist dieser Unterschied noch viel größer.

Die Verwirklichung von Tauschgleichgewichten erfordert somit nicht, dass auch wirklich Ware gegen Ware getauscht wird. Durch die Einführung des Geldes kann das Problem der doppelten Koinzidenz gelöst werden und die Anzahl der zu ermittelnden Austauschbeziehungen erheblich reduziert werden.

2.2.2 Wie der Markt- und Preismechanismus zu optimalen Preisrelationen führt

In Einführungsvorlesungen zur Volkswirtschaftslehre wird gezeigt, wie ein Individuum die optimale Verwendung seines Einkommens für den Kauf zweier Güter plant. Als Ergebnis wird abgeleitet, dass das individuelle Optimum an einem Tangentialpunkt zwischen der Budgetgeraden und der Indifferenzkurve erreicht wird.[3] Für diesen Punkt gilt:

$$\frac{\frac{\partial U}{\partial Q_1}}{\frac{\partial U}{\partial Q_2}} = \frac{P_1}{P_2} \tag{2.3}$$

Oben wurde folgende Bedingung für die Verwirklichung eines gesamtwirtschaftlichen Optimums im Konsumbereich präsentiert:

$$\frac{\frac{\partial U^1}{\partial Q_1^{D1}}}{\frac{\partial U^1}{\partial Q_2^{D1}}} = \frac{\frac{\partial U^2}{\partial Q_1^{D2}}}{\frac{\partial U^2}{\partial Q_2^{D2}}} \tag{2.1}$$

Die Notation in (Gl. 2.1) spiegelt im Vergleich zu Gl. 2.3 die Tatsache wider, dass nun zwei Konsumenten berücksichtigt werden. Es kann leicht gezeigt werden, dass in einer Welt mit n Konsumenten, folgende Bedingung gelten muss:

$$\frac{\frac{\partial U^1}{\partial Q_1^{D1}}}{\frac{\partial U^1}{\partial Q_2^{D1}}} = \frac{\frac{\partial U^2}{\partial Q_1^{D2}}}{\frac{\partial U^2}{\partial Q_2^{D2}}} = \ldots = \frac{\frac{\partial U^n}{\partial Q_1^{Dn}}}{\frac{\partial U^n}{\partial Q_2^{Dn}}} \tag{2.4}$$

Entscheidend ist, dass sowohl in Gl. 2.3 als auch in Gl. 2.1 bzw. Gl. 2.4 die Grenzrate der Substitution erscheint. Die Bedingung in Gl. 2.3 beinhaltet, dass das Individuum sein Nutzen maximiert, wenn es einen Konsumpunkt wählt, bei dem die Grenzrate der Substitution gleich dem Preisverhältnis der beiden Güter ist. Die Bedingung in Gl. 2.4 beinhaltet, dass das gesamtwirtschaftliche Optimum erreicht wird, wenn die Grenzrate der Substitution für alle Konsumenten gleich ist.

In einer Marktwirtschaft mit vollständiger Konkurrenz sind alle Konsumenten Mengenanpasser. Alle Konsumenten werden sich demnach an den gleichen Preisverhältnissen orientieren und, wenn sie sich an die Bedingung in Gl. 2.3 halten, im Optimum Konsumpunkte wählen, die durch die gleichen Grenzraten der Substitution gekennzeichnet sind. Folglich werden sie durch die Orientierung ihrer Konsumentscheidungen an den gegebenen Preisverhältnissen, gleichzeitig die Bedingung für die Verwirklichung eines gesamtwirtschaftlichen Optimums im Konsumbereich in Gl. 2.4 einhalten.

---

[3] Siehe z. B. Chiang et al. (2011, S. 243 ff.)

2.3 Optimale Faktorpreisrelationen in einer geschlossenen Volkswirtschaft

Einleitung und Lernziele

Im vorherigen Abschnitt wurde gezeigt, welche Produktpreisrelationen gelten müssen, damit ein pareto-optimales Wirtschaftsergebnis erreicht wird. Im Folgenden soll analog dazu für den Produktionsbereich einer Wirtschaft gezeigt werden, welche Faktorpreisrelationen unter pareto-optimalen Bedingungen gelten müssen. Analog, denn die Überlegungen für den Konsumbereich und den Produktionsbereich sind sich in vielerlei Hinsicht ähnlich. Im Konsumbereich setzen Konsumenten Güter und Dienstleistungen ein, um Nutzen zu generieren. Im Produktionsbereich setzen Unternehmen Produktionsfaktoren ein, um Güter und Dienstleistungen zu produzieren.

Es besteht ein wichtiger Zusammenhang zwischen diesen beiden Bereichen. Denn Haushalte brauchen Einkommen, um die Güter und Dienstleistungen, die sie wünschen, von den anbietenden Firmen zu kaufen. Dieses Einkommen erzielen die Haushalte, indem sie den Firmen Produktionsfaktoren, die sich in ihrem Besitz befinden, gegen Entlohnung zur Verfügung stellen. **Allgemeines Gleichgewicht** in einer Volkswirtschaft wird dann erreicht, wenn die durch die Faktoreinkommen bestimmte Nachfrage nach Gütern und Dienstleistungen sich mit dem durch den Faktoreinsatz bestimmten Angebot an erzeugten Gütern und Dienstleistungen deckt. Das Angebot und die Nachfrage auf den Faktormärkten sowie die Entstehung von Faktoreinkommen sind Gegenstand der sog. Grenzproduktivitätstheorie.

Auch in diesem Kapitel wird weiterhin von dem vereinfachten Modell einer **geschlossenen Volkswirtschaft** mit zwei Gütern, zwei Individuen und zwei Produktionsfaktoren ausgegangen. Anschließend werden wichtige Aspekte der Grenzproduktivitätstheorie dargestellt. Im abschließenden Teil wird der Zusammenhang zwischen den Optimalbedingungen im Konsumbereich einerseits und im Produktionsbereich andererseits näher beleuchtet.

In diesem zweiten Teil des Kapitels soll daher gezeigt werden:

Übersicht

- wie optimale Faktorpreisrelationen in einer geschlossenen Volkswirtschaft abgeleitet werden,
- wie der Markt- und Preismechanismus zur Verwirklichung eines gesamtwirtschaftlichen Optimums im Produktionsbereich führen kann,
- welcher Zusammenhang zwischen Produktpreisrelationen und optimalen Faktorpreisrelationen unter optimalen Bedingungen zustande kommt.

2.3.1 Verwirklichung von Produktionsgleichgewichten

Im Anhang 2.1 (Gl. 2.53) wird gezeigt, dass ein Maximum der gesamtwirtschaftlichen Zielfunktion durch folgende Bedingung der sog. **Produktionseffizienz,** im Englischen *production efficiency,* gekennzeichnet ist:

$$\frac{\frac{\partial Q_1^S}{\partial K_1}}{\frac{\partial Q_1^S}{\partial A_1}} = \frac{\frac{\partial Q_2^S}{\partial K_2}}{\frac{\partial Q_2^S}{\partial A_2}} \tag{2.5}$$

Die Ausdrücke auf der linken und der rechten Seite von Gl. 2.5 werden als **Grenzraten der Substitution** zwischen Kapital und Arbeit in der Produktion der Güter 1 bzw. 2 bezeichnet. Im ersten Teil dieses Kapitels wurden andere Grenzraten der Substitution vorgestellt; diese bezogen sich für den Haushaltsbereich auf die Steigung der Indifferenzkurven und somit auf die Möglichkeit eines Individuums, Gut 1 gegen Gut 2 ohne Änderung des erreichten Nutzenniveaus zu substituieren. Die Grenzraten der Substitution in Gl. 2.5 beziehen sich stattdessen auf die Steigung von **Isoquanten.** Eine Isoquante ist der geometrische Ort aller technisch möglichen und effizienten Kombinationen der verwendeten Produktionsfaktoren, die bei gegebenem technischem Wissen zum gleichen Output führen. Folglich ist die Grenzrate der Substitution zwischen Faktoren ein Maßstab für die Möglichkeit eines Unternehmens, ohne Änderung des erreichten Produktionsniveaus Faktoren gegeneinander zu substituieren[4]. Die Grenzrate der Substitution zwischen Faktoren im Produktionsbereich wird auch **Grenzrate der Faktorsubstitution** genannt, um sie von der Grenzrate der Substitution im Konsumbereich zu unterscheiden.

Wie für den Haushaltsbereich in Abschn. 2.2 kann auch für den Produktionsbereich ein Edgeworth-Box-Diagramm herangezogen werden, um die Bedingung in Gl. 2.5) zu erläutern (Abb. 2.2). Es wird von zwei Firmen ausgegangen, wobei Unternehmen 1 Gut 1 und Unternehmen 2 Gut 2 produziert. Die Isoquanten des Unternehmens 1 sind nach Südwesten konvex und die Isoquanten des Unternehmens 2 nach Nordosten. Die horizontale (vertikale) Größe des Edgeworth Box in Abb. 2.2 stellt die gesamte in der Wirtschaft angebotene Menge des Faktors Kapital (Arbeit) dar, und jeder Punkt innerhalb des Edgeworth Box demnach eine Aufteilung dieser Faktormengen zwischen Unternehmen 1 und 2. Bei dem unterstellten Verlauf der Isoquanten wird von begrenzter Substituierbarkeit der Faktoren ausgegangen. Es zeigt sich, dass im Punkt p das Produktionsoptimum nicht verwirklicht werden kann. Durch Tausch von Faktoren zwischen den beiden Unternehmen ist es möglich, den Output eines Unternehmens oder

[4]Die Identität zwischen der Grenzrate der Substitution zweier Produktionsfaktoren und der Steigung der Isoquante lässt sich durch die Bildung des totalen Differentials der Produktionsfunktion $Q_j^S(K_j, A_j)$ und Gleichsetzen mit null ermitteln. Man erhält für das Gut j: $dQ_j^S = \frac{\partial Q_j^S}{\partial K_j} dK_j + \frac{\partial Q_j^S}{\partial A_j} dA_j = 0$ und damit $-\frac{dA_j}{dK_j} = \frac{\frac{\partial Q_j^S}{\partial K_j}}{\frac{\partial Q_j^S}{\partial A_j}}$

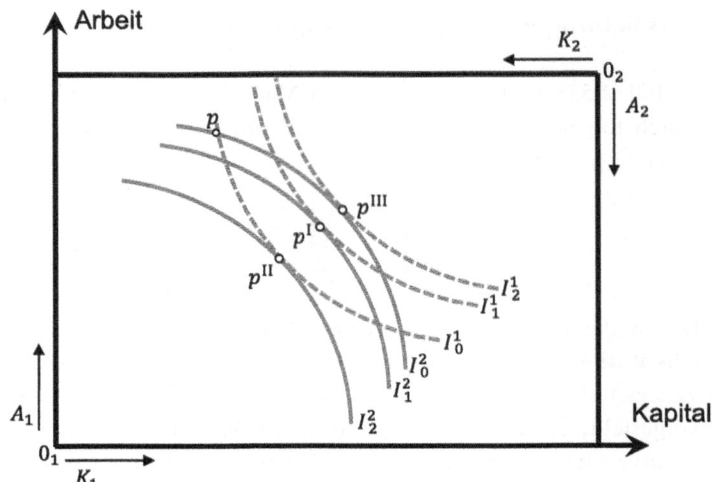

Abb. 2.2 Edgeworth-Box-Diagramm im Produktionsbereich. Quelle: Eigene Darstellung

auch beider Unternehmen zu erhöhen. Das Produktionsoptimum liegt im Tangentialpunkt zweier Isoquanten, also dort, wo die Grenzrate der Substitution zwischen den Faktoren für beide Unternehmen gleich ist.

Auch im Produktionsbereich gibt es eine Vielzahl von pareto-optimalen Produktionspunkten, die alle dadurch gekennzeichnet sind, dass sich zwei Isoquanten berühren (z. B. p^{I}, p^{II}, und p^{III} in Abb. 2.2). Jedem dieser Punkte ist eine bestimmte Kombination der Outputmengen von Gut 1 und Gut 2 (Q_1^S und Q_2^S) zuzurechnen. So wie eine Nutzenmöglichkeitenkurve von der Kontraktkurve des Edgeworth-Box-Diagramms für den Haushaltsbereich abgeleitet werden konnte, so kann eine sog. **Transformationskurve** für den Produktionsbereich anhand der pareto-optimalen Produktionspunkte abgeleitet werden (s. Abb. 2.3). Die Transformationskurve ist der geometrische Ort aller pareto-optimalen Kombinationen von Q_1^S und Q_2^S, die bei gegebener Faktorausstattung und gegebener Technologie produziert werden können. In Abb. 2.3 sind die Punkte p, p^{I}, p^{II} und p^{III} aus Abb. 2.2 übertragen worden. Wird eine Produktmengenkombination produziert, die wie p unterhalb der Transformationskurve liegt, so bedeutet dies, dass eine ineffiziente Faktorallokation vorliegt. Eine Änderung der Produktmengenkombination in Richtung Nordosten stellt eine Effizienzsteigerung dar.

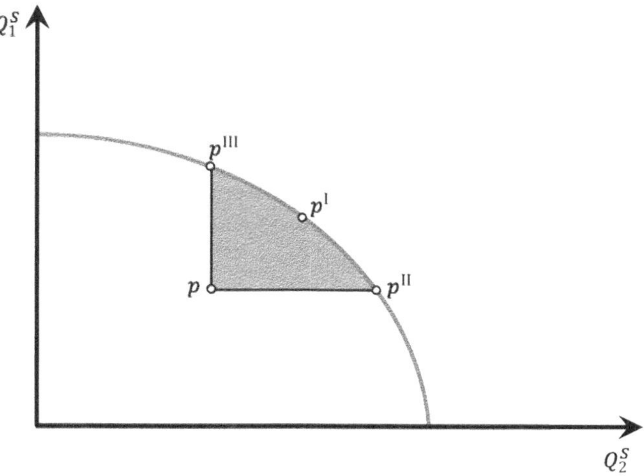

Abb. 2.3 Die Transformationskurve

2.3.2 Wie der Markt- und Preismechanismus zu einem pareto-optimalen Ergebnis im Produktionsbereich führt

Ist davon auszugehen, dass der Markt- und Preismechanismus zur Realisation eines pareto-optimalen Punktes auf der Transformationskurve führen wird? In Anhang 2.2 Gl. 2.65 wird folgende Bedingung für die Gewinnmaximierung eines Unternehmens abgeleitet:

$$\frac{\frac{\partial Q_j^S}{\partial K_j}}{\frac{\partial Q_j^S}{\partial A_j}} = \frac{P_K}{P_A} \tag{2.6}$$

Nach dieser Bedingung wird jedes gewinnmaximierende Unternehmen bei der Produktion eines Gutes j die Faktorkombination wählen, bei der die Grenzrate der Faktorsubstitution gleich der Faktorpreisrelation ist. In einer Marktwirtschaft mit vollständiger Konkurrenz sind alle Firmen Mengenanpasser, d. h. sie betrachten alle Produkt- und Faktorpreise als gegeben. Alle Unternehmen, die die Bedingung in Gl. 2.6 einhalten, werden im Optimum Faktorkombinationen wählen, die durch die gleiche Grenzrate der Faktorsubstitution gekennzeichnet sind. Folglich wird gleichzeitig die Bedingung in Gl. 2.5 für die Verwirklichung eines gesamtwirtschaftlichen Optimums im Produktionsbereich (Produktionseffizienz) erfüllt.

2.3.3 Grundlagen der Grenzproduktivitätstheorie

Da man kurzfristig davon ausgehen kann, dass das gesamte Faktorangebot in einer Volkswirtschaft in etwa gegeben ist, werden die Faktorpreise durch die Faktornachfrage bestimmt. Kern der Faktornachfrage ist die **Wertgrenzproduktivität,** d. h. die physische Grenzproduktivität multipliziert mit dem Produktpreis. In Anhang 2.2 (Gl. 2.61 und 2.62) werden folgende Bedingungen für das Gewinnmaximum eines Unternehmens abgeleitet:

$$P_j \frac{\partial Q_j^S}{\partial K_j} = P_K \quad (2.7)$$

$$P_j \frac{\partial Q_j^S}{\partial A_j} = P_A \quad (2.8)$$

In den Gl. 2.7 und 2.8 ist der Ausdruck auf der linken Seite die Wertgrenzproduktivität des jeweiligen Faktors. Auf der rechten Seite steht der jeweilige Faktorpreis. Im Optimum ist daher die Wertgrenzproduktivität dem Faktorpreis gleichzusetzen. Da sich die Unternehmen auf vollkommenen Märkten mit gegebenen Preisen konfrontiert sehen, können sie zur Erfüllung dieser Bedingungen nur die Faktoreinsatzmengen und damit die Grenzproduktivitäten der einzelnen Faktoren regeln. Daher bezeichnet man den Teil der Preistheorie, der sich mit der Nachfrage der Unternehmen nach Produktionsfaktoren beschäftigt, als **Grenzproduktivitätstheorie.**

Um die Grundlagen diese Theorie darzustellen, wird von einer strikt quasi-konkaven Produktionsfunktion ausgegangen, wobei einer der beiden Produktionsfaktoren (A und K) variabel (A) und der andere ($\overline{K}$) konstant gehalten wird. Die davon abhängige produzierte Menge des Gutes i (Q_i^S) wird mit dem konstanten Produktpreis P_i bewertet. Die monetäre Produktionsfunktion (Beziehung zwischen der Faktoreinsatzmenge und der mit dem Produktpreis multiplizierten Outputmenge, auch **Ertragsfunktion** genannt) ist in Abb. 2.4 dargestellt. Von der Produktionsfunktion sind die Grenz- und Durchschnittsproduktivitätskurven des Faktors A ableitbar; von der Ertragsfunktion die entsprechenden Wertgrenz- und Wertdurchschnittsproduktivitätskurven.

Die maximale Wertgrenzproduktivität wird durch den Wendepunkt der Ertragsfunktion (p^I) bestimmt. Der Tangentialpunkt p in Abb. 2.4, der durch einen Fahrstrahl vom Ursprung an die Ertragskurve gebildet wird, gibt die Faktoreinsatzmenge an, bei der das Maximum der Wertdurchschnittsproduktivitätskurve erreicht ist. In p gilt:

$$\tan\alpha = P_i \frac{Q_i^S(A_i)}{A_i} = P_i \frac{\partial Q_i^S}{\partial A_i} \quad (2.9)$$

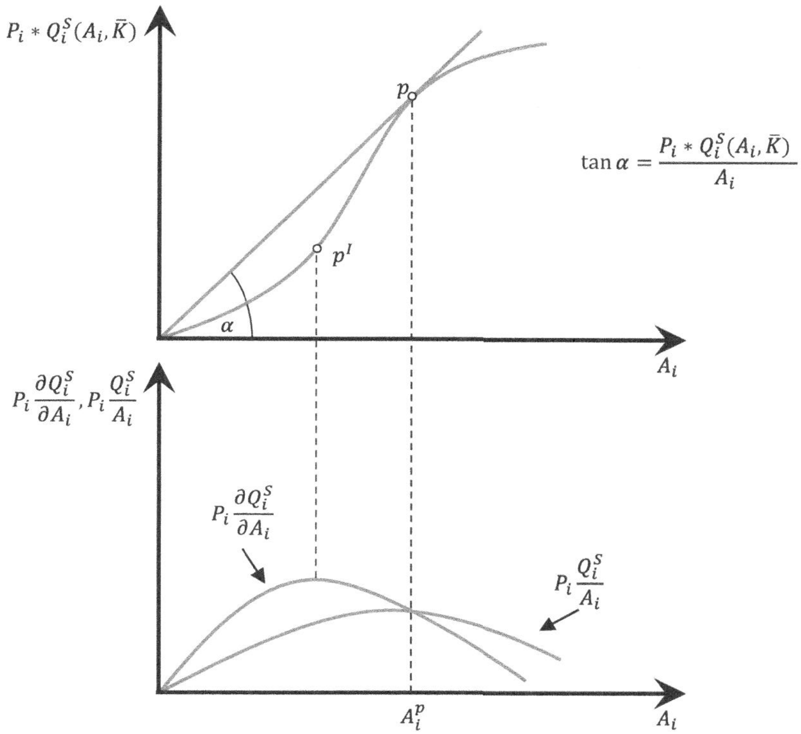

Abb. 2.4 Beziehung zwischen Produktions- und Faktornachfragefunktion. Quelle: Eigene Darstellung

Fahrstrahl und Tangente an die monetäre Produktionsfunktion haben dort die gleiche Steigung. Bei der zu p gehörigen Faktoreinsatzmenge A_i^p schneiden sich daher die Wertgrenzproduktivitätskurve und die Wertdurchschnittsproduktivitätskurve.

Die **Faktornachfragekurve** eines Unternehmens, bei vollständiger Konkurrenz auf dem Produkt- und Faktormarkt, ist identisch mit dem fallenden Teil der Wertgrenzproduktivitätskurve beginnend von deren Schnittpunkt mit der Wertdurchschnittsproduktivitätskurve (d. h. rechts von A_i^p in Abb. 2.4). Im Folgenden wird bewiesen, dass Faktoreinsatzmengen, die kleiner A_i^p sind, mit gewinnmaximierendem Verhalten nicht vereinbar sind. Würde z. B. ein Unternehmen eine Faktoreinsatzmenge einsetzen, die links von A_i^p läge (z. B. A_i^* in Abb. 2.5), wäre die Wertdurchschnittsproduktivität des Faktors kleiner als seine Wertgrenzproduktivität. Geht man nun davon aus, dass Produktionsfaktoren nach ihrem Wertgrenzprodukt entlohnt werden (s. oben), müsste bei A_i^* ein Faktorpreis in Höhe P_A^* gezahlt werden. Das Faktoreinkommen entspräche also der Fläche des Rechtecks *0bce* in Abb. 2.5. Ein Faktoreinkommen in dieser Höhe wäre aber nicht realisierbar, da der gesamte Erlös des Unternehmens *(0ade)* geringer ist.

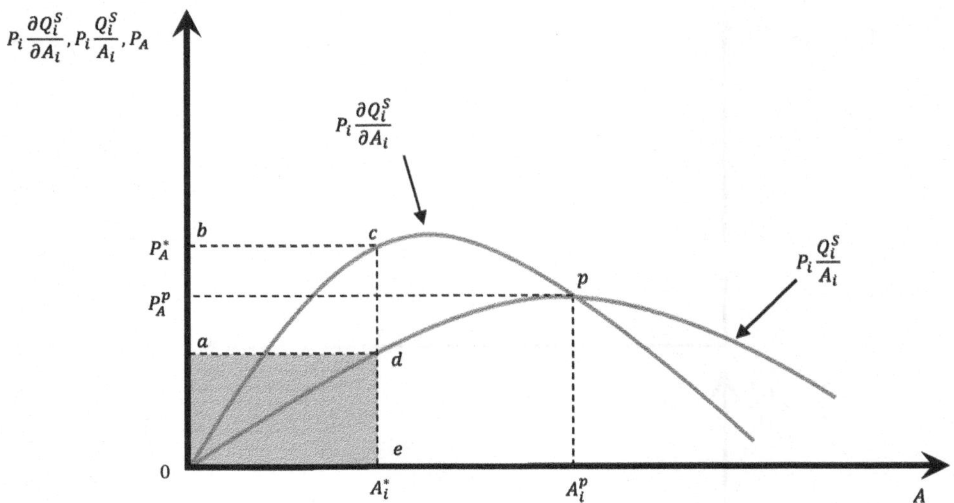

Abb. 2.5 Zur Spezifizierung der Faktornachfrage. Quelle: Eigene Darstellung

Bei der Faktormenge von genau A_i^p müsste dagegen ein Faktorpreis in Höhe P_A^p gezahlt werden. Bei A_i^p gilt die Gl. 2.9 (Wertgrenzprodukt = Wertdurchschnittsprodukt). Bei einer Entlohnung der Faktoren nach dem Wertgrenzprodukt ergibt sich für das gesamte Faktoreinkommen von A in der Produktion des Gutes i:

$$P_A^p A_i^p = P_i \frac{Q_i^S}{A_i^p} A_i^p \tag{2.10}$$

oder

$$P_A^p A_i^p = P_i Q_i^S \tag{2.11}$$

Die Gl. 2.11 besagt, dass das Einkommen des variablen Faktors A in der Produktion des Gutes i gleich dem gesamten Wert der Produktion ist. In diesem Fall würde für die Entlohnung des fixen Faktors $\overline{K}$ kein Erlös mehr übrigbleiben. Der Einsatz dieses Faktors bzw. die Produktion des Gutes i wäre dann nur möglich, wenn $\overline{K}$ ein freies, mit anderen Worten kein knappes Gut wäre.

Somit ist klar, dass kein gewinnmaximierendes Unternehmen Faktoreinsatzmengen wählen würde, die kleiner A_i^p sind. Der Teil der Wertgrenzproduktivitätskurve vor dem Schnittpunkt mit der Wertdurchschnittsproduktivitätskurve (d. h. links von A_i^p) ist daher ohne Bedeutung für die Faktornachfrage. Nun soll bewiesen werden, dass Faktoreinsatzmengen, die größer A_i^p sind (z. B. A_i^{**} in Abb. 2.6) mit gewinnmaximierendem Verhalten vereinbar sind. Bei dieser Menge ist das Wertgrenzprodukt kleiner als das Wertdurchschnittsprodukt. Der variable Faktor erhält den Faktorpreis P_A^{**} gemäß seines Wertgrenzprodukts. Seine Entlohnung entspricht der Fläche *0ade* in Abb. 2.6. Diese

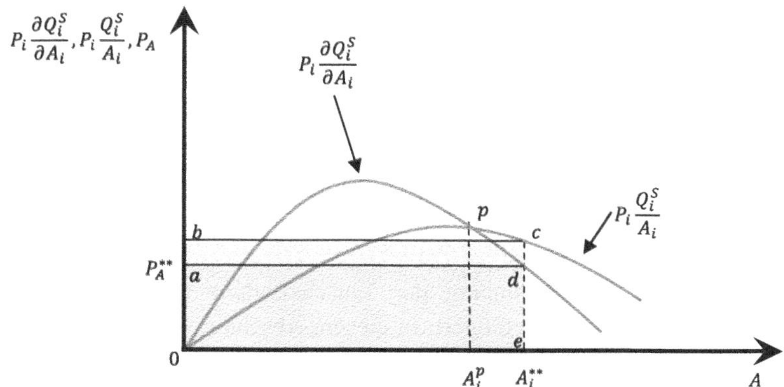

Abb. 2.6 Entlohnung der variablen und fixen Faktoren nach der Grenzproduktivitätstheorie. Quelle: Eigene Darstellung

Faktorentlohnung ist kleiner als der Erlös des Unternehmens, welcher der Fläche *0bce* entspricht. Folglich wäre es in diesem Fall möglich, den fixen Faktor $\overline{K}$ zu entlohnen. Die höchst mögliche Entlohnung des Faktors $\overline{K}$ in der Produktion des Gutes i ermittelt man, indem man von dem Erlös die Entlohnung des variablen Faktors A abzieht. Rechnerisch ergibt sich:

$$P_K \overline{K_i} = P_i Q_i - P_A^{**} A_i^{**} \tag{2.12}$$

was der Fläche *abcd* entspricht.

Die vorliegende Darstellung erlaubt es, die **funktionale Einkommensverteilung** zu ermitteln. Die funktionale Einkommensverteilung gibt die Aufteilung des gesamten Einkommens auf die Faktoren (z. B. Arbeit und Kapital) an. Kenngrößen der funktionalen Einkommensverteilung sind z. B. die **Lohnquote** und die **Kapitaleinkommensquote.** Die Definitionen lauten:

$$\text{Lohnquote} = \frac{P_A A_i}{P_i Q_i^S}, \text{ und} \tag{2.13}$$

$$\text{Kapitaleinkommensquote} = \frac{P_K K_i}{P_i Q_i^S} \tag{2.14}$$

Bei den obigen Überlegungen wurde davon ausgegangen, dass die Summe der Faktorentlohnungen gleich dem gesamten Erlös des Unternehmens ist. Dies wird nur der Fall sein, wenn die Produktionsfunktion durch **konstante Skalenerträge** gekennzeichnet ist. Konstante Skalenerträge bedeuten, dass sich bei einer Veränderung aller Faktoreinsatzmengen um den gleichen Prozentsatz auch die Produktionsmenge um den gleichen Prozentsatz verändert. Sogenannte linear-homogene Produktionsfunktionen sind durch konstante Skalenerträge gekennzeichnet und spielen daher in der Preistheorie eine wichtige Rolle. In Anhang 2.3 werden die Eigenschaften linear-homogener Produktionsfunktionen dargestellt.

2.3.4 Simultanes Optimum im Konsumbereich und im Produktionsbereich

In Abschn. 2.2 wurde die Bedingung der Tauscheffizienz (gleiche Grenzraten der Substitution für alle Individuen) erläutert. In diesem Abschnitt wurde die Bedingung der Produktionseffizienz (gleiche Grenzraten der Faktorsubstitution in allen Produktionsprozessen) erläutert. Eingangs dieses Kapitels wurde aber auch darauf hingewiesen, dass es zwischen den Optimalbedingungen im Konsum- und Produktionsbereich einen wichtigen Zusammenhang gibt, denn die Nachfrage, die durch die im Produktionsprozess entstehenden Faktoreinkommen bestimmt wird, muss ausreichen, um die dabei produzierten Güter und Dienstleistungen zu Marktpreisen zu kaufen. Ist das Verhältnis zwischen Nachfrage und Angebot bei auch nur einem Gut oder einer Dienstleistung nicht ausgeglichen, dann befindet sich die Volkswirtschaft nicht im allgemeinen Gleichgewicht.

Der Zusammenhang zwischen dem Gleichgewicht im Konsum- und im Produktionsbereich kann zunächst durch Abb. 2.7 veranschaulicht werden: Bei gegebenem Faktoreinsatz A_i^* wird entsprechend der geltenden Produktionsfunktion eine bestimmte Güter- oder Dienstleistungsmenge Q_i^s produziert (Quadrant 1). Wird diese Menge auf dem Produktmarkt angeboten, so wird sich bei der gegebenen Produktnachfragefunktion (Quadrant 4) der Produktpreis P_i^* einstellen. Das Angebot und damit der Faktoreinsatz werden nur dann optimal sein, wenn sich auch auf dem Faktormarkt ein Gleichgewicht einstellt (Quadrant 2). Das wird dann der Fall sein, wenn sich beim Faktoreinsatz A_i^* ein Schnittpunkt von Faktorangebots- und Faktornachfragekurve ergibt. Dies ist in Abb. 2.7 beim Faktorpreis P_A^* der Fall.

Die Darstellung in Abb. 2.7 ist aber noch nicht vollständig. Soll die Produktion des Gutes bzw. der Dienstleistung i auf Dauer aufrechterhalten und somit die Beschäftigung der Produktionsfaktoren gewährleistet werden, dann muss die Kaufkraft, die durch die Summe der Faktorentlohnungen entsteht, ausreichen, um die gesamte Produktion zu kaufen. Im oben dargestellten Fall muss folglich gelten (der Faktor K wird der Einfachheit halber vernachlässigt):

$$P_A^* A_i^* = P_i^* Q_i^{S*} \tag{2.15}$$

bzw. dass die Flächen *0cp'd* und *0ap''b* in Abb. 2.7 gleich groß sind.

Natürlich wird in einer modernen Volkswirtschaft eine Vielzahl von Gütern und Dienstleistungen unter Verwendung mehrerer Produktionsfaktoren produziert. In unserem bisherigen Modell mit zwei Gütern und zwei Faktoren muss analog zu Gl. 2.15

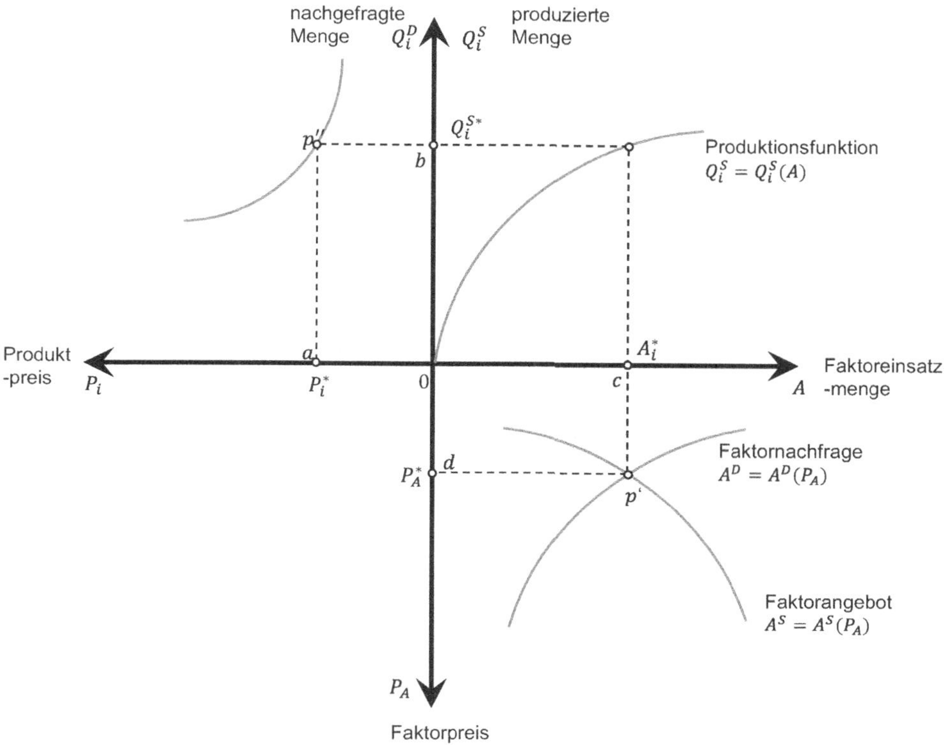

Abb. 2.7 Simultanes Gleichgewicht auf Produkt- und Faktormärkten. Quelle: Eigene Darstellung

folgende Bedingung eingehalten werden, damit sich die Volkswirtschaft im Gleichgewicht befindet:

$$\sum_{i=1}^{2} P_A^* A_i^* + \sum_{i=1}^{2} P_K^* K_i^* = \sum_{i=1}^{2} P_i^* Q_i^{S*} \tag{2.16}$$

In allgemeiner Form (für n Güter und m Produktionsfaktoren) wird Gl. 2.16 **Walras' Law** genannt.[5]

[5]Der französische Ökonom Léon Walras (1834–1910) hat grundlegende Beiträge zur Entwicklung der allgemeinen Gleichgewichtstheorie in der Volkswirtschaftslehre geleistet.

2.4 Zur Ableitung optimaler Preisrelationen in einer offenen Volkswirtschaft

Einleitung und Lernziele

In den bisherigen Teilen des Kapitels wurde von einer geschlossenen Volkswirtschaft ausgegangen, d. h. eine Volkswirtschaft, die keinen (Außen-)Handel betreibt. In einer geschlossenen Volkswirtschaft muss für alle Güter im Gleichgewicht gelten, dass das inländische Angebot gleich der inländischen Nachfrage ist. Eine **offene Volkswirtschaft** dagegen betreibt Handel mit anderen Volkswirtschaften. Je nachdem, ob eine offene Volkswirtschaft groß oder klein im ökonomischen Sinne ist, ergeben sich unterschiedliche optimale Preisrelationen für **handelbare** und **nicht handelbare Güter.** Diese Preisrelationen können von denen für eine geschlossene Volkswirtschaft abweichen. Da die meisten Volkswirtschaften – nicht zuletzt bei Agrargütern – Handel betreiben, dürfte einleuchtend sein, weshalb die preistheoretische Analyse offener Volkswirtschaften von großem praktischem Nutzen ist. Im folgenden Abschnitt werden die Ergebnisse der bisherigen Abschnitte entsprechend modifiziert und ergänzt.

In diesem dritten Teil des Kapitels soll daher gezeigt werden:

Übersicht

- worin der Unterschied zwischen handelbaren und nicht handelbaren Gütern besteht,
- welche Bedeutung die Preisrelationen auf den Weltmärkten für die Wohlfahrtsmaximierung einer kleinen Volkswirtschaft haben,
- welche optimale Preisrelationen für eine ökonomisch große Volkswirtschaft gelten,
- welche agrarpolitischen Implikationen aus der obigen Analyse abgeleitet werden können.

2.4.1 Handelbare und nicht handelbare Güter

In einer offenen Volkswirtschaft mit Freihandel muss zwischen international handelbaren und international nicht handelbaren Gütern unterschieden werden. International nicht handelbare Güter sind entweder wegen ihrer spezifischen Eigenschaft (z. B. Immobilität) nicht handelbar oder weil sich aufgrund der inländischen Angebots- und Nachfragebedingungen Preise einstellen, die ohne Außenhandel höher sind als die Exportpreise des Landes für das gleiche Gut, aber niedriger sind als die Importpreise. Für international nicht handelbare Güter gilt also folgende Gleichung:

$$P_{Ex} \leq P \leq P_{Im} \tag{2.17}$$

mit:

P_{Ex} = Exportpreis,
P = Inlandspreis für das international nicht handelbare Gut, und
P_{Im} = Importpreis.

Entscheidend ist, dass die Einteilung in international handelbare und international nicht handelbare Güter meistens nicht bei den physischen Eigenschaften der Güter ansetzt, sondern bei ihrer internationalen Wettbewerbsfähigkeit. Güter, die zu einem bestimmten Zeitpunkt international nicht handelbar sind, können zu einem späteren Zeitpunkt handelbar werden, wenn sich inzwischen die inländischen Marktbedingungen, die Bedingungen auf dem Weltmarkt oder aber auch die Transportkosten geändert haben.

Aus Gl. 2.17 folgt ferner: Ob ein Land für ein bestimmtes Produkt Exporteur oder Importeur ist, hängt nicht allein von den Produktions- und Nachfragebedingungen in dem betreffenden Land ab, sondern auch von der Höhe der Weltmarktpreise und dem Unterschied zwischen P_{Im} und P_{Ex}. Dieser Unterschied ergibt sich aus der Entfernung des betroffenen Landes zu den Weltmärkten, wobei Ferne sowohl geografische Distanz beinhaltet (z. B. ist Neuseeland von vielen potentiellen Handelspartner weit entfernt) als auch von der vorhandenen Infrastruktur abhängt (verfügt das Land über Häfen bzw. gute Transportwege zu Häfen oder ist es von potenziellen Handelspartner trotz geografischer Nähe effektiv abgeschnitten). Je entfernter ein Land von seinen potenziellen Handelspartnern, desto größer die Differenz zwischen P_{Im} und P_{Ex}.

Für international nicht handelbare Güter ergeben sich die Inlandspreise über inländische Angebots- und Nachfragekurven. Daher gilt für international nicht handelbare Güter, dass der Markt nur dann geräumt wird, wenn die angebotene Menge aus Inlandsproduktion gleich der im Inland nachgefragten Menge ist. In einem zwei-Personen-Modell kann diese Bedingung wie folgt dargestellt werden:

$$P_j\left(Q_j^{D1} + Q_j^{D2}\right) = P_j Q_j^S \tag{2.18}$$

mit:

Q_j^S = die im Inland produzierte Menge des Gutes j
P_j = der Preis des Gutes j und
Q_j^{Di} = die von Individuum i nachgefragte Menge des Gutes j.

Für international handelbare Güter wird im Folgenden der Einfachheit halber von dem oben diskutierten Unterschied zwischen Import- und Exportpreisen abgesehen. Es wird demnach unterstellt, dass sowohl im Importfall als auch im Exportfall die Inlandspreise gleich dem Weltmarktpreis P_W sind. Für international handelbare Güter soll gelten, dass der Wert der importierten Gütermenge gleich dem Wert der exportierten Gütermenge ist. Daraus folgt, dass der Wert der im Inland nachgefragten Menge aller handelbarer Güter, inklusive die, die exportiert bzw. importiert werden ist gleich dem entsprechenden Wert der angebotenen Menge aller handelbarer Güter.

$$\sum\nolimits_{i=1}^{H} P_i\left(Q_i^D - Q_i^S\right) = 0 \tag{2.19}$$

mit: $i = 1, 2, \ldots, H$ handelbare Güter[6].

Das Modell in Anhang 2.1 kann zur Berücksichtigung handelbarer Güter erweitert werden, indem die Marktgleichgewichts-Nebenbedingungen in Gl. 2.37 durch Gl. 2.19 ersetzt werden. Da die formale Ableitung analog zu Anhang 2.1 erfolgt, wird auf die Präsentation der Gleichungen verzichtet. In den Ergebnissen besteht lediglich ein wesentlicher Unterschied: Für international handelbare Güter müssen die Inlandspreise gleich den Weltmarktpreisen sein. Daraus folgt, dass die Weltmarktpreise entscheidend für die inländische Produktions- und Konsumstruktur sind. Die Bedeutung dieser Aussage soll im Folgenden etwas näher diskutiert werden.

2.4.2 Die Bedeutung der Preisrelationen auf den Weltmärkten für die Wohlfahrtsmaximierung im Inland

Es mag bezweifelt werden, ob eine Gesellschaft wirklich gut beraten wäre, wenn sie die Weltmarktpreise als Grundlage für inländische Produktions- und Konsumentscheidungen wählen würde. Die Weltmarktpreise sind – nicht zuletzt auf den Agrarmärkten – das Ergebnis einer Vielzahl staatlicher Eingriffe auf den einzelnen nationalen Märkten In vielen Ländern liegen die Inlandspreise für Agrarprodukte über den Weltmarktpreisen; in einigen Ländern liegen sie darunter. Produzenten von Agrargütern argumentieren deshalb oft, dass die Weltmarktpreise für Agrarprodukte verfälscht sind und daher nicht als Grundlage für die inländische Preisbildung verwandt werden sollten.

In der Tat kann bezweifelt werden, dass die Weltmarktpreise bei der Mehrzahl der Agrarprodukte das Ergebnis unverfälschter Marktkräfte widerspiegeln. Aus Sicht einer einzelnen Volkswirtschaft ist dieses jedoch nicht von Bedeutung. Hier interessiert lediglich, ob die Gesellschaft zu den geltenden Weltmarktpreisen die gewünschten Mengen auch einkaufen oder verkaufen kann. Muss damit gerechnet werden, dass sich die Weltmarktpreise durch inländische Produktions- und Konsumentscheidungen und damit Verschiebungen der Import- oder Nachfragemengen verändern, so wäre eine Gesellschaft tatsächlich schlecht beraten, wenn sie langfristige Produktions- und Konsumentscheidungen an den heutigen Weltmarktpreisen orientieren würde. In diesem Fall könnte zwar kurzfristig für diese Gesellschaft eine Wohlfahrtssteigerung eintreten, aber langfristig könnten, durch das Vertrauen auf die heutigen Weltmarktpreise, Wohlfahrtsverluste entstehen. Dieses potenzielle Problem gilt vor allem für im Sinne der Außenhandelstheorie **große Länder,** die auf den Weltmärkten nicht als Mengenanpasser reagieren, sondern durch ihre – auch agrarpolitisch bedingten – Import- und Exportentscheidungen Einfluss auf die Weltmarktpreise ausüben können. Optimale Preisrelationen für große Länder werden unten in Abschn. 2.4.3 dieses Kapitels näher untersucht.

[6]Also gilt, Gut 1 wird importiert, wenn $Q_1^D \geq Q_1^S$ bzw. Gut 2 wird exportiert, wenn$Q_2^S \geq Q_2^D$.

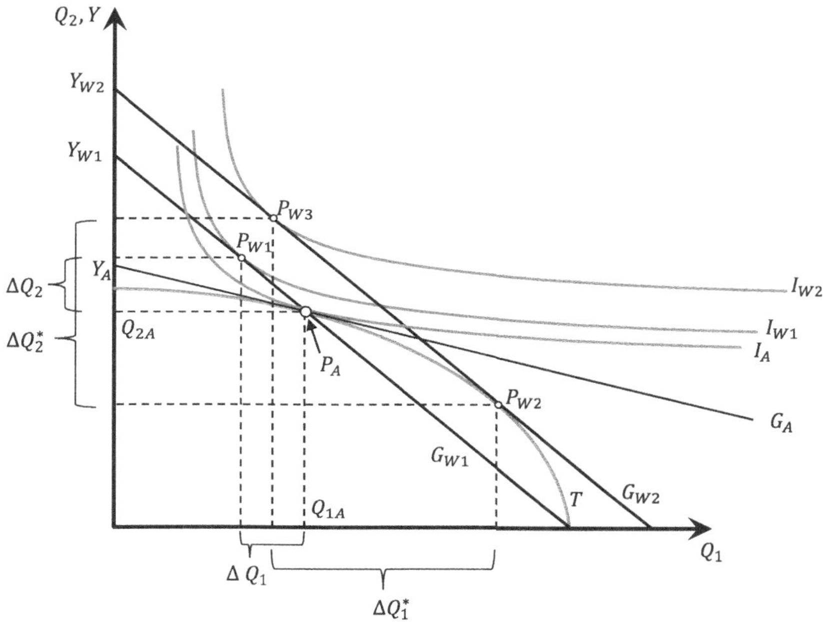

Abb. 2.8 Wohlfahrtsgewinne durch Anpassung der Inlandspreisrelation an die Weltmarktpreisrelation. Quelle: Eigene Darstellung

Für **kleine Länder** ist es aber realistisch anzunehmen, dass inländische Produktions- und Konsumentscheidungen weder eine Auswirkung auf die gegenwärtige noch auf die zukünftige Höhe der Weltmarktpreise haben werden. Solche Länder können ihre Wohlfahrt dann maximieren, wenn die Inlandspreise gleich den Weltmarktpreisen für international handelbare Güter sind. Hieraus folgt natürlich, dass die Weltmarktpreise auch einen direkten Einfluss auf die Preisbildung für nicht handelbare Güter haben, z. B., wenn handelbare Güter als Inputs in der Produktion nicht handelbarer Güter verwendet werden (z. B. der Diesel für eine Taxifahrt) oder zwischen handelbaren und nicht handelbaren Gütern substitutive Beziehungen im Konsum oder der Produktion bestehen.

Die Wohlfahrtsgewinne, die sich durch die Anpassung der inländischen Preisrelationen an die Preisrelationen auf dem Weltmarkt verwirklichen lassen, sind in Abb. 2.8 veranschaulicht. In der Ausgangssituation wird angenommen, dass kein Handel betrieben wird. Das Land ist also autark, was durch die Bezeichnung A gekennzeichnet wird. Entsprechend den Optimalbedingungen muss die Grenzrate der Transformation gleich der Grenzrate der Substitution sein. Eine solche Situation ist in P_A verwirklicht. Hier tangiert die Indifferenzkurve I_A die gegebene Transformationskurve T. Es ergibt sich eine Preisrelation, die dem Anstieg der **Isoerlöskurve** G_A entspricht. In der Autarkiesituation sind demnach die im Inland produzierten Mengen Q_{1A} und Q_{2A}.

Im Folgenden soll nun gezeigt werden, dass die Gesellschaft durch eine Anpassung sowohl der Konsumstruktur als auch der Produktionsstruktur an die Weltmarktpreisrelationen Wohlstandsgewinne verwirklichen kann. Um den ersten Effekt zu zeigen, wird zunächst davon ausgegangen, dass im Inland weiterhin die Mengen Q_{1A} und Q_{2A} produziert werden. Gedanklich können wir uns vorstellen, dass dieses Land entweder eine Transformationskurve hat, die keine Änderung der inländischen Produktionsstruktur zulässt (es wäre demnach eine Transformationskurve, die als möglichen Produktionspunkt lediglich den Punkt P_A aufweist) oder aber, dass das Land z. B. aus politischen Gründen (z. B. politischer Widerstand gegen die Schließung von bestimmten Standorten der Produktion) die inländische Produktionsstruktur nicht ändern will. Es wird aber zugelassen, dass sich die inländische Verbrauchsstruktur an den Weltmarktpreisrelationen orientiert. Die Weltmarktpreisrelationen werden durch die Steigung der Gerade G_{W1} wiedergegeben. Die Gerade G_{W1} verläuft durch den Punkt P_{W1} und tangiert die Indifferenzkurve I_{W1}. Durch die Anpassung der Verbrauchsstruktur würde das Land die Menge ΔQ_1 exportieren und die Menge ΔQ_2 importieren. Aufgrund dessen wäre ein Wohlstandsgewinn zu erzielen, der dem Übergang vom Nutzenniveau I_A zum Nutzenniveau I_{W1} entspricht.

Werden nicht nur die inländischen Konsumenten, sondern auch die Produzenten mit den Weltmarktpreisrelationen konfrontiert, so ergibt sich auch eine Änderung der inländischen Produktionsstruktur. Es wird nun im Punkt P_{W2} produziert und im Punkt P_{W3} konsumiert. In P_{W2} ist die Grenzrate der Transformation identisch mit den Weltmarktpreisrelationen. Das heißt, dass die Relation der inländischen Grenzkosten gleich der Relation der Weltmarktpreise ist. Als Folge der Anpassung der inländischen Produktionsstruktur steigt das Realeinkommen der Gesellschaft. Die Gerade G_{W2} tangiert eine Indifferenzkurve I_{W2}, die oberhalb der Indifferenzkurve I_{W1} liegt. Der Übergang von I_{W1} zu I_{W2} stellt demnach den Wohlfahrtsgewinn dar, der durch die Anpassung der inländischen Produktionsstruktur entsteht. Durch die Anpassung der Verbrauchsstruktur und der Produktionsstruktur würde das Land die Menge ΔQ_1^* exportieren und die Menge ΔQ_2^* importieren.

Aus Abb. 2.8 wird auch deutlich, unter welchen Bedingungen eine Übernahme der Weltmarktpreisrelationen im Inland zu Wohlstandseffekten führt. Eine notwendige Bedingung ist demnach nicht, dass es komparative Kostenunterschiede zwischen den Ländern gibt und damit die Transformationskurven unterschiedlich verlaufen. Eine notwendige Bedingung ist lediglich (bei Vernachlässigung von Transaktionskosten), dass die Preisrelationen im Autarkiezustand von denen abweichen, die sich bei internationalem Handel einstellen würden. Dies könnte, auch bei identischen Transformationskurven, die Folge unterschiedlicher Präferenzen der Konsumenten sein. Das Ausmaß der Wohlstandsgewinne hängt darüber hinaus von den Anpassungsmöglichkeiten der inländischen Produktions- und Verbrauchsstruktur ab, demnach von der Krümmung der Transformations- und Indifferenzkurven.

Mithilfe der Abbildung kann auch gleichzeitig gezeigt werden, wie man die Gewinne aus dem internationalen Handel quantifizieren kann. Auf der Konsumseite kann der

Gewinn durch den möglichen Mehrverbrauch des Gutes Q_2, als Folge der Anpassung an Weltmarktpreisrelationen, ermittelt werden. Wählt man als Maßstab für die Bewertung der Güter in der betrachteten Volkswirtschaft den Preis des Gutes Q_2 und setzt diesen Preis gleich eins (d. h., wird Q_2 als Numéraire gewählt), so geben die Schnittpunkte der Geraden G_A, G_{W1} und G_{W2} mit der Ordinate gleichzeitig das Realeinkommen (Y_A,Y_{W1} bzw. Y_{W2}) der Volkswirtschaft an. Analog dazu könnte auch das Gut Q_2 als Numéraire und die entsprechenden Schnittpunkte auf der Abszisse herangezogen werden. Dem Übergang von einer Indifferenzkurve zu einer höheren Indifferenzkurve kann demnach eine eindeutige Änderung des Realeinkommens in der Gesellschaft zugeordnet werden.

2.4.3 Optimale Preisrelationen für ein großes Land

Ein großes Land kann bei der internen Preissetzung berücksichtigen, dass es in der Lage ist, auf dem Weltmarkt Marktmacht auszuüben. Es sieht sich als Nachfrager einer positiv geneigten Angebotskurve der Exportländer gegenüber; die Nachfrageänderung des Landes führt demnach auf dem Weltmarkt zu Preisänderungen. Je mehr (weniger) das Land auf dem Weltmarkt nachfragt, umso höher (niedriger) werden die Importpreise sein. Daraus folgt, dass für die Preissetzung nicht die Weltmarktpreise entscheidend sind, sondern die **Grenzausgaben.** Die Grenzausgaben geben an, um wieviel Einheiten sich die Ausgaben eines Landes für Importprodukte ändern, wenn es die Importmenge um eine Einheit verändert. Analoge Überlegungen gelten für ein großes Land, das als Anbieter auf den Weltmärkten auftritt. Hier ist zu bedenken, dass die Exportpreise umso niedriger sein werden, je größer die Exportmenge ist. Der Grenzerlös liegt somit unter den Weltmarktpreisen.

Die angesprochene Problemstellung des großen Importeurs ist in Abb. 2.9 veranschaulicht. Im Fall eines Importbedarfs tritt das relativ große Land auf dem Weltmarkt als Nachfrager auf. Ohne Berücksichtigung der Marktstellung würde dieses Land die Menge Q_0 zum Preis P_{W0} importieren. Die Grenzausgabenkurve des Importeurs verläuft aber oberhalb der Angebotskurve, weil durch Variation der Importmengen auch die Weltmarktpreise variieren; jede zusätzlich importierte Mengeneinheit führt zu einem Preisanstieg für ***alle*** bisher zu einem niedrigeren Preis eingeführten Mengeneinheiten; die Grenzausgabe ist damit höher als der Preis. Das Land kann sich daher wie ein **Teilmonopsonist**[7] verhalten. Es wird die Menge nachfragen, bei der die Grenzausgabenkurve die Nachfragekurve schneidet. Bei dieser Importmenge Q_1 ergibt sich ein Weltmarktpreis in Höhe P_{W1}. Der Importeur spart demnach für die Importmenge Q_1 Ausgaben in Höhe $Q_1(P_{W0} - P_{W1})$. Dieses ist der sog. **Terms of Trade Effekt.** Gleichzeitig entstehen dem Importeur Verluste an eigentlichem Handelsgewinn und Spezialisierungs-

[7]Der Teilmonopsonist ist zwar nicht alleiniger Nachfrager wie der Monopsonist, aber seine Nachfrage beeinflusst den Preis, während alle anderen Nachfrager sich als Polypolisten verhalten.

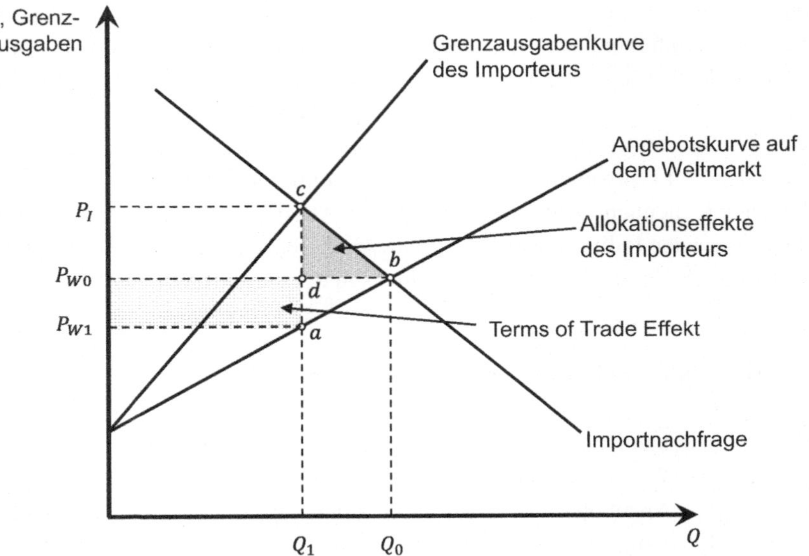

Abb. 2.9 Nachfrage eines relativ großen Landes auf dem Weltmarkt. Quelle: Eigene Darstellung

gewinn in Höhe des Dreiecks *bcd*. Der maximale Gewinn des Importlandes ist die Summe beider Effekte. Die Welt insgesamt verliert jedoch die Fläche *abc*. Aus Sicht des relativ großen Landes ist dennoch ein Optimum erreicht, weil sowohl in der Produktion als auch im Verbrauch eine Situation verwirklicht wird, in der die Grenzausgabe sowohl den Grenzkosten als auch der marginalen Zahlungsbereitschaft der Inländer gleich ist.

Durch die Erhebung eines Zolls (in Höhe der Strecke *ac* in Abb. 2.9) kann demnach die Wohlfahrt eines großen Landes erhöht werden. Im Folgenden soll die Höhe des **Optimalzolls** algebraisch abgeleitet werden. Laut Definition gilt:

$$P_I = P_W(1 + t) \tag{2.20}$$

mit:

P_I = der Inlandspreis,
t = der Zollsatz und
P_W = der Weltmarktpreis.

Die Ausgaben für die Importmengen ergeben sich aus dem Produkt von Importmenge und Weltmarktpreis. Daher gilt:

$$A = P_W Q_{Im} \tag{2.21}$$

mit:

A = die Importausgaben und
Q_{Im} = die Importmenge.

Durch Ableiten von Gl. 2.21 nach Q_{Im} folgt für die Grenzausgaben $\frac{\partial A}{\partial Q_{\mathrm{Im}}}$:

$$\frac{\partial A}{\partial Q_{Im}} = P_W + Q_{Im} \frac{\partial P_W}{\partial Q_{Im}} \tag{2.22}$$

Der letzte Ausdruck in Gl. 2.22 wird mit $\frac{P_W}{P_W}$ multipliziert, was die Umformung zu folgendem Ergebnis ermöglicht:

$$\frac{\partial A}{\partial Q_{Im}} = P_W \left(1 + \frac{1}{\varepsilon_{Ex}}\right) \tag{2.23}$$

mit: ε_{Ex} = Preiselastizität des Exportangebots auf dem Weltmarkt.

Da der Inlandspreis den Grenzausgaben entsprechen muss, um das Optimum für ein großes Land zu erreichen (s. Abb. 2.9), folgt:

$$P_I = \frac{\partial A}{\partial Q_{Im}} = P_W \left(1 + \frac{1}{\varepsilon_{Ex}}\right) \tag{2.24}$$

Aber gleichzeitig gilt Gl. 2.20 und somit:

$$P_I = P_W(1 + t) = P_W \left(1 + \frac{1}{\varepsilon_{Ex}}\right)$$

bzw.

$$1 + t = 1 + \frac{1}{\varepsilon_{Ex}}$$

oder

$$t = \frac{1}{\varepsilon_{Ex}} \tag{2.25}$$

Der Optimalzoll ist nach Gl. 2.25 dann gegeben, wenn er in seiner Höhe dem Kehrwert der Preiselastizität des Angebots auf dem Weltmarkt entspricht.

Analog lässt sich der Fall einer Exportsituation eines relativ großen Landes darstellen (Abb. 2.10). Ohne Berücksichtigung der Marktstellung würde dieses Land die Menge Q_0 zum Preis P_{W0} exportieren. Die Grenzerlöskurve verläuft aber unterhalb der Nachfragekurve, weil durch Variation der Exportmengen auch die Weltmarktpreise variieren. Das Land kann sich daher wie ein Teilmonopolist verhalten. Es wird die Menge angeboten, bei der die Grenzerlöskurve die Angebotskurve schneidet. Bei dieser Importmenge Q_1 ergibt sich ein Weltmarktpreis in Höhe P_{W1}. Das Land erzielt demnach für die Exportmenge Q_1 zusätzliche Erlöse in Höhe $Q_1(P_{W1} - P_{W0})$ (Terms of Trade Effekt). Gleichzeitig entstehen dem Monopolisten Verluste an Spezialisierungsgewinn in Höhe des

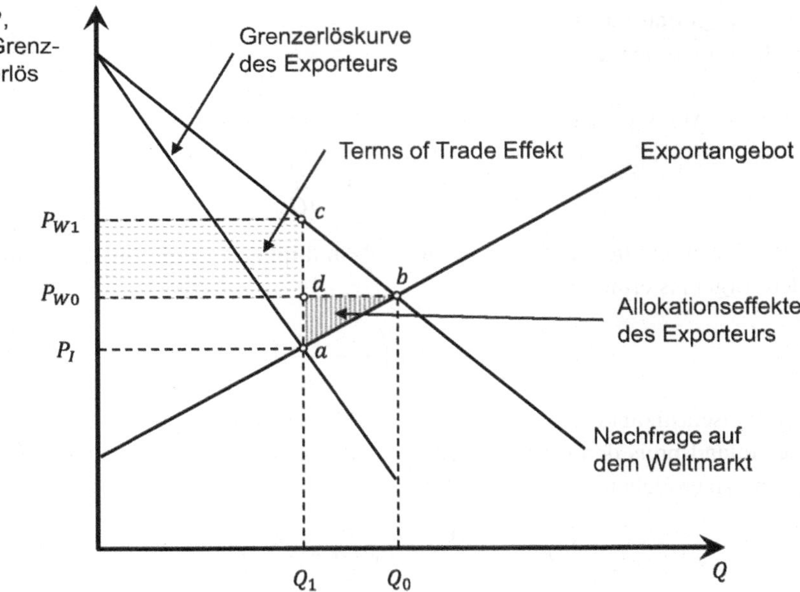

Abb. 2.10 Angebot eines relativ großen Landes auf dem Weltmarkt. Quelle: Eigene Darstellung

Dreiecks *abd*. Der maximale Gewinn des Monopolisten ist die Summe beider Effekte. Die Welt insgesamt verliert die Fläche *abc*.

Analog zu der Ableitung des Optimalimportzolls im Fall eines großen Importlandes kann gezeigt werden, dass die **Optimalexportsteuer** eines großen Exportlandes durch folgende Bedingung gegeben ist:

$$s = \frac{1}{\varepsilon_{Im}} \tag{2.26}$$

mit:

s = die Exportsteuer und

ε_{Im} = die Preiselastizität der Importnachfrage auf dem Weltmarkt.

Der Exportsteuersatz ist somit nach Gl. 2.26 optimal, wenn er dem Kehrwert der Preiselastizität der Weltmarktnachfrage entspricht.

2.4.4 Ausgewählte agrarmarktpolitische Implikationen

Den obigen Ausführungen kann man entnehmen, dass es aus wohlfahrtstheoretischer Sicht für ein relativ kleines Land günstig ist, keinen Außenhandelsschutz zu betreiben. Freihandel ist geeignet, die Wohlfahrt einer Gesellschaft unter den oben genannten

Bedingungen zu maximieren. In der Realität ist aber häufig zu beobachten, dass in den Außenhandel eingegriffen wird. Auf den Agrarmärkten sprechen hierfür in der Regel politische Gründe. Häufig beanspruchen inländische Produzenten einen Schutz vor ausländischer Konkurrenz. Im Folgenden soll nun angenommen werden, dass ein solcher Schutz aus politischen Gründen auch gewährt werden soll, und dass als einziges Instrument eine staatliche Beeinflussung der Agrarpreise möglich ist. Es stellt sich dann die Frage, wie der Staat die einzelnen Agrarpreise stützen soll.

Aus den Optimalbedingungen für ein relativ kleines Land folgt, dass die Wohlfahrtsverluste, die durch den Außenschutz entstehen, umso geringer sind, je weniger die inländischen Preisrelationen von den Preisrelationen auf dem Weltmarkt abweichen (das heißt, wenn eine geringe Verzerrung der Inlandspreisrelationen vorliegt). Wäre es möglich, alle inländischen Preise um den gleichen Prozentsatz über dem Niveau der Weltmarktpreise zu halten, so wären die Inlandspreisrelationen gleich den Weltmarktpreisrelationen. In einem solchen Fall würde die nominale Protektionsrate für alle Produkte gleich sein. Die **nominale Protektionsrate** *(NPR)* ist wie folgt definiert:

$$NPR = \frac{P_I - P_W}{P_W} = \frac{P_I}{P_W} - 1 \tag{2.27}$$

Die nominale Protektionsrate gibt also an, um wieviel Prozent die inländischen Preise über den Weltmarktpreisen liegen. Nehmen wir nun an, dass für zwei betrachtete Produkte die nominale Protektionsrate gleich ist. Es gilt demnach:

$$\frac{P_{I1}}{P_{W1}} - 1 = \frac{P_{I2}}{P_{W2}} - 1 \tag{2.28}$$

wobei der Index 1 und 2 für die unterschiedlichen Produkte steht. Aus Gl. 2.28 folgt:

$$\frac{P_{I1}}{P_{W1}} = \frac{P_{I2}}{P_{W2}} \text{ bzw. } \frac{P_{I1}}{P_{I2}} = \frac{P_{W1}}{P_{W2}} \tag{2.29}$$

und somit sind die Inlandspreisrelationen den Weltmarktpreisrelationen gleich. Für die Nachfrager nach den Produkten hat sich demnach als Folge des Außenschutzes keine Änderung in den objektiven Gegebenheiten auf den Märkten ergeben. Es werden daher auch keine Substitutionseffekte in der Nachfrage auftreten. Der Außenschutz führt somit weder zu einer Verzerrung der Verbrauchsstruktur noch zu Wohlfahrtsverlusten auf der Nachfrageseite.

Wenn auf der Angebotsseite und damit im Produktionsbereich Wohlfahrtsverluste vermieden werden sollen, darf sich durch den Außenschutz die Relation der Wertschöpfung zwischen den Produkten nicht verändern. Hieraus folgt, dass die **effektiven Protektionsraten** gleich sein müssen. Die effektive Protektionsrate *EPR* ist definiert als:

$$EPR = \frac{WS_I - WS_W}{WS_W} = \frac{WS_I}{WS_W} - 1 \tag{2.30}$$

mit: WS = Wertschöpfung zu Inlands- (I) bzw. zu Weltmarktpreisen (W).

Die effektive Protektionsrate gibt somit an, um wieviel Prozent die inländische Wertschöpfung als Folge des Außenschutzes über der Wertschöpfung liegt, die sich bei Weltmarktpreisen ergeben würde. Im Folgenden soll gezeigt werden, dass bei gleichen nominalen Protektionsraten für Output- und Inputpreise die effektive Protektionsrate identisch mit der nominalen Protektionsrate ist. Um dieses zu zeigen, wird von der Definitionsgleichung für die Wertschöpfung ausgegangen. Es gilt für die inländische Wertschöpfung:

$$WS_I = P_{OI}Q_O - P_{VI}Q_V \tag{2.31}$$

mit:

P_{OI} und P_{VI} = die Inlandspreise des Outputs bzw. des Vorleistungsgutes und
Q_O und Q_V = die produzierten bzw. verwendeten Mengen des Outputs bzw. des Vorleistungsgutes.

Für die Wertschöpfung zu Weltmarktpreisen gilt entsprechend:

$$WS_W = P_{OW}Q_O - P_{VW}Q_V \tag{2.32}$$

wobei der Index W angibt, dass der Preis sich auf den Weltmarkt bezieht.

Für die Inlandspreise gilt:

$$P_{OI} = (1 + t)P_{OW} \tag{2.33}$$

und

$$P_{VI} = (1 + t)P_{VW} \tag{2.34}$$

Durch Einsetzen von Gl. 2.33 und Gl. 2.34 in Gl. 2.31 folgt:

$$WS_I = (1 + t)WS_W \tag{2.35}$$

und daher:

$$EPR = t = NPR. \tag{2.36}$$

Während die nominale Protektionsrate bei den Outputpreisen dazu führt, dass die Sektoren indirekt eine staatliche Förderung erhalten (Markttransfer in Höhe von $P_{OI} - P_{OW}$), führt die nominale Protektionsrate bei den Inputpreisen dazu, dass die Produzenten indirekt besteuert werden (negativer Markttransfer in Höhe von $P_{VI} - P_{VW}$). Ist die nominale Protektionsrate bei den Outputpreisen höher als bei den Inputpreisen, so ist die prozentuale Stützung der Wertschöpfung höher als durch die nominale Protektionsrate angegeben. Wird dagegen auf der Output- und Inputseite durch den gleichen prozentualen Außenschutz eingegriffen, so wird die Wertschöpfung prozentual um den gleichen Satz angehoben wie die Output- und Inputpreise.

In der Realität wird man natürlich nicht verwirklichen können, dass alle inländischen Produkte prozentual gleich über das Niveau der Weltmarktpreise angehoben werden.

Außenhandelsschutz kann direkt nur die Preise der international handelbaren Güter beeinflussen. Die Preise der international nicht handelbaren Güter werden zwar durch die Preisanhebung für international handelbare Güter indirekt beeinflusst, aber in der Regel prozentual weniger. Weiterhin dürfte es auch nicht sinnvoll sein, die Preise aller international handelbaren Güter prozentual gleich anzuheben. Wollte man dies tun, so brauchte man keinen Außenschutz, sondern man könnte dies bereits durch eine Abwertung des Wechselkurses erreichen.

Somit kann das oben abgeleitete Ergebnis (gleicher prozentualer Außenschutz für alle Produkte) nur annähernd in die praktische Politik umgesetzt werden, und zwar dahin gehend, dass die Protektionsraten für die in der Produktion oder im Verbrauch stark substituierbaren Produkte gleich sind. Ansonsten würden für stark substituierbare Produkte durch die Politik verursachte Änderung der Preisrelation zu großen Produktions- bzw. Verbrauchsänderungen führen.

Aus der Erkenntnis, dass gleiche effektive Protektionsraten weniger wohlfahrtsmindernd sind als ungleiche effektive Protektionsraten, lässt sich eine wichtige agrarmarktpolitische Folgerung ableiten. Es sei politische Zielsetzung, die Einkommen der in einem Sektor eingesetzten sektorspezifischen Faktoren zu erhöhen. Als sektorspezifisch werden solche Faktoren bezeichnet, die kurz- und mittelfristig keine alternative Verwendung haben. Hierzu gehören also vornehmlich der in der Landwirtschaft eingesetzte Boden, die landwirtschaftlichen Arbeitskräfte sowie ein großer Teil der landwirtschaftlichen Gebäude und Maschinen. Die Politiker seien bei der Wahl des agrarmarktpolitischen Mitteleinsatzes so eingeschränkt, dass sie nur mit dem Instrument der Preisstützung, z. B. mit Zöllen, auf eine Zielverwirklichung hinwirken können. Unter diesen Annahmen ist es nicht sinnvoll, das Sektoreinkommen einfach durch Anheben der Outputpreise, d. h. durch eine indirekte Subventionierung, zu erhöhen. Es ist aus gesamtwirtschaftlicher Sicht günstiger, gleichzeitig mit der Produktpreiserhöhung die Verwendung der Inputgüter zu besteuern.

Ungleiche Protektionsraten für Output- und Inputpreise führen umso stärker zu produktionsverzerrenden Wirkungen, je mobiler die Inputs sind. Je mobiler die Inputs, desto mehr führt eine Preisstützungspolitik dazu, dass die Produktion in dem protektionierten Sektor ausgedehnt wird, mit anderen Worten, dass andere Sektoren implizit besteuert werden da ihre Produktionsfaktoren teurer und knapper werden. Da die Mobilität der Inputs in der Regel mit dem Entwicklungsstand der Volkswirtschaft (Grad der Arbeitsteilung) steigt, folgt daraus, dass die Wohlfahrtsverluste, die mit der Preisstützungspolitik einhergehen, mit zunehmendem Entwicklungsstand einer Volkswirtschaft steigen.

2.5 Schlagwörter und Begriffe

- Allgemeines Gleichgewicht
- Barterhandel

- Cobb–Douglas-Funktion
- Doppelte Koinzidenz
- Edgeworth-Box-Diagramm
- Effektive Protektionsrate
- Ertragsfunktion
- Euler'sche Theorem
- Faktornachfragekurve
- Funktionale Einkommensverteilung
- Geschlossene Volkswirtschaft
- Grenzausgaben
- Grenzproduktivitätstheorie
- Grenzrate der Faktorsubstitution
- Grenzrate der Substitution
- Große und kleine Länder im Sinne der Handelstheorie
- International handelbare und international nicht-handelbare Güter
- Isoerlöskurve
- Isoquanten
- Konstante Skalenerträge
- Kontrakt- oder Tauschkurve
- Linear-homogene Produktionsfunktion
- Lohnquote und Kapitaleinkommensquote
- Nominelle Protektionsrate
- Numéraire
- Nutzenmöglichkeitenkurve
- Offene Volkswirtschaft
- Optimalzoll bzw. Optimalsteuer
- Pareto-Optimum
- Pareto-Verbesserung
- Produktionseffizenz
- Produktionselastizität
- Skalen- oder Niveauelastizität
- Tauscheffizienz
- Teilmonopsonist
- Terms of Trade Effekt
- Transaktionskosten
- Transformationskosten
- Transformationskurve
- Walras' Law
- Wertgrenzproduktivität

Tab. 2.2 Chinas Handel mit Reis und Weizen

Jahr	Netto-Reisexport		Netto-Weizenimport	
	Menge	Preis	Menge	Preis
1970	1819	115	4973	71
1971	2116	122	3398	75
1972	1997	120	4696	81
1973	3500	200	5386	104
1974	2883	326	5346	214
1975	2722	321	3347	191
1976	2186	299	1998	170

2.6 Übungsaufgaben

Fragen

1. Ein Betrieb produziert 200 Mengeneinheiten eines Produktes zum Preis von 5,00 €. Vom Faktor x_1 werden 40 Mengeneinheiten zum Preis von 4,00 € eingesetzt. Vom Faktor x_2 setzt der Betrieb 20 Mengeneinheiten ein. Die Produktionsfunktion ist linear-homogen und der Betrieb verhält sich als Mengenanpasser auf den Produkt- und Faktormärkten. Berechnen Sie:
   a. die physische Grenzproduktivität des Faktors x_1,
   b. die physische Grenzproduktivität des Faktors x_2,
   c. die Faktoreinkommensanteile von x_1 und x_2.
2. Dem Betrieb in Aufgabe 1 ist die Änderung der Faktorintensitäten nur über eine Variation des Faktors x_1 möglich (x_2 ist z. B. Boden). Der Preis von x_1 erhöht sich auf 6,00 €. Der Betrieb setzt daher nur 30 Einheiten dieses Faktors ein und produziert 180 Mengeneinheiten des Produktes zum unveränderten Preis von 5,00 €. Berechnen Sie:
   a. die physische Grenzproduktivität des Faktorsx_1,
   b. die physische Grenzproduktivität des Faktorsx_2,
   c. die Faktoreinkommensanteile von x_1 undx_2,
   d. begründen Sie verbal und grafisch, warum sich die Grenzproduktivität des Faktors x_2 verändert hat.
3. Erklären Sie mithilfe der Grenzproduktivitätstheorie, dass bei statischer Betrachtung Auslandsinvestitionen sowohl das Einkommen der Inländer als auch der Bevölkerung im Investitionsland erhöhen können. Wovon hängt dies ab?
4. Die Produktionsfunktion sei linear-homogen. Der Arbeitseinsatz steigt um 5 %. Die Produktionselastizität der Arbeit sei 0,7. Wie verändern sich
   a. die Lohneinkommens- und die Kapitaleinkommensquote,
   b. die gesamte Produktion,
   c. die Arbeitsproduktivität,
   d. die Grenzproduktivität der Arbeit?

5. Die Produktionsfunktion sei linear-homogen. In einer autarken Region seien die Flächenerträge von Cassava doppelt so hoch wie für Hirse. An anderen Produktionsfaktoren haben beide Produkte die gleichen Ansprüche. Die Bewohner dieser Region verzehren außerdem Cassava und Hirse gleich gern. Erklären Sie, wie durch Änderung der Produktionsstruktur eine Pareto-Verbesserung erreicht werden kann. Zeigen Sie anschließend graphisch diesen Sachverhalt.
6. Die Lohnquote in Deutschland (und in vielen anderen Ländern) hat sich im Laufe der Jahrzehnte geändert. Welche Annahmen, die in Abb. 2.7 getroffen wurden, um das simultane Gleichgewicht auf Produkt- und Faktormärket abzuleiten, treffen in der Realität nicht zu?
7 Steigende Weltmarktpreise für Öl führen zu der folgenden Diskussion zweier Minister eines ölimportierenden Landes.
Minister A: „Die Kosten für die Subventionierung der Ölimporte mit dem Ziel eines niedrigen inländischen Preisniveaus werden sehr hoch, und das Geld muss mit Steuern erhoben werden. Aber wir müssen fair sein, wir können es uns nicht leichtmachen und den Inlandspreis auf das Weltmarktpreisniveau steigen lassen, weil das untragbare Belastungen für Familien mit geringem Einkommen mit sich bringen würde".
Minister B: „Ich meine aber doch, dass wir uns alle besser stehen würden, wenn wir den Inlandspreis auf das Weltmarktpreisniveau steigen lassen und stattdessen eine direkte Einkommensübertragung in Form einer negativen Einkommenssteuer durchführen. Wir könnten die Einkommensübertragung an Familien mit geringem Einkommen selbst dann durchführen, wenn sie keine Einkommenssteuer bezahlen".
Minister A: „Aber damit ziehen wir doch nur Geld in Form des Ölpreises aus der einen Tasche und stecken es in die andere Tasche in Form der direkten Einkommensübertragung. In Wirklichkeit würde sich nichts ändern".
Wie würden Sie dieses Problem als Ökonom analysieren, und welchen Rat würden Sie geben? Betrachten Sie zwei repräsentative Familien, eine steuerzahlende Familie und eine Familie mit geringem Einkommen ohne Steuerzahlung.
8. Im Jahre 1977 wurde ein chinesisches Ökonomenteam beauftragt, den chinesischen Getreideaußenhandel zu begutachten. Das Team konnte auf folgende Informationen zurückgreifen: Der Kaloriengehalt von Weizen beträgt ca. 90 % des Kaloriengehalts von Reis. In China ist der Reisertrag in dt/ha 2,58-mal so groß wie der Weizenertrag. Von 1961 bis 1976 war Chinas Getreideaußenhandel durch Reisexporte und Weizenimporte gekennzeichnet (vgl. Tab. 2.2). Die Schlussfolgerung des Gutachtens lautete, dass China in jedem Jahr seit 1971 besser weniger Weizen und mehr Reis produziert hätte.
   a.
      I. Wie haben die Experten ihr Urteil begründet?

II. Welche allgemeine Bedingung muss aus makroökonomischer Sicht erfüllt sein, damit eine Substitution von Weizen- gegen Reisproduktion profitabel ist? (Annahme: Einkommen aus der Produktion ist gleich dem Erlös).

III. Um wieviel Prozent hätte der Weizenverbrauch gesteigert werden können (1970–1976), wenn die gesamte Weizenproduktion durch eine Reisproduktion substituiert worden wäre?

b. Zusätzlich befanden die Experten, dass sich die chinesische Gesellschaft bessergestellt hätte, wenn weniger Reis und mehr Weizen konsumiert worden wäre.

I. Berechnen Sie am Beispiel des Jahres 1976 die Kalorienverbrauchszunahme in Prozent des Kalorienexports.

II. Warum ist der Selbstversorgungsgrad irreführend, wenn es um die Beurteilung der chinesischen Ernährungssituation geht?

Anhang

Anhang 2.1 Optimalbedingungen in einem Modell mit zwei Individuen, zwei Gütern und zwei Produktionsfaktoren

Es wird von zwei Individuen mit deren Nutzenfunktionen, zwei Gütern, zwei Produktionsfaktoren und gegebenen neoklassischen Produktionsfunktionen ausgegangen. Ziel ist es, das gesamtgesellschaftliche Nutzen, bestehend aus dem Nutzen der beiden Individuen durch eine optimale Allokation der Produktionsfaktoren und der mit diesen Faktoren produzierten Güter, zu erreichen.

Die zu maximierende Lagrangefunktion lautet demnach:

$$\begin{aligned} L = {} & W\left[U^1\left(Q_1^{D1}, Q_2^{D1}\right), U^2\left(Q_1^{D2}, Q_2^{D2}\right)\right] - \lambda_1\left[P_1 Q_1^S(K_1, A_1) - P_1\left(Q_1^{D1} + Q_2^{D2}\right)\right] \\ & - \lambda_2\left[P_2 Q_2^S(K_2, A_2) - P_2\left(Q_2^{D1} + Q_2^{D2}\right)\right] - \lambda_3[K - K_1 - K_2] - \lambda_4[A - A_1 - A_2] \end{aligned} \tag{2.37}$$

Die hieraus abzuleitende 8 Bedingungen 1. Ordnung sind:

$$\frac{\partial L}{\partial Q_1^{D1}} = \frac{\partial W}{\partial U^1}\frac{\partial U^1}{\partial Q_1^{D1}} + \lambda_1 P_1 = 0 \tag{2.38}$$

$$\frac{\partial L}{\partial Q_2^{D1}} = \frac{\partial W}{\partial U^1}\frac{\partial U^1}{\partial Q_2^{D1}} + \lambda_2 P_2 = 0 \tag{2.39}$$

$$\frac{\partial L}{\partial Q_1^{D2}} = \frac{\partial W}{\partial U^2}\frac{\partial U^2}{\partial Q_1^{D2}} + \lambda_1 P_1 = 0 \tag{2.40}$$

$$\frac{\partial L}{\partial Q_2^{D2}} = \frac{\partial W}{\partial U^2}\frac{\partial U^2}{\partial Q_2^{D2}} + \lambda_2 P_2 = 0 \tag{2.41}$$

$$\frac{\partial L}{\partial K_1} = -\lambda_1 P_1 \frac{\partial Q_1^S}{\partial K_1} + \lambda_3 = 0 \tag{2.42}$$

$$\frac{\partial L}{\partial K_2} = -\lambda_2 P_2 \frac{\partial Q_2^S}{\partial K_2} + \lambda_3 = 0 \tag{2.43}$$

$$\frac{\partial L}{\partial A_1} = -\lambda_1 P_1 \frac{\partial Q_1^S}{\partial A_1} + \lambda_4 = 0 \tag{2.44}$$

$$\frac{\partial L}{\partial A_2} = -\lambda_2 P_2 \frac{\partial Q_2^S}{\partial A_2} + \lambda_4 = 0 \tag{2.45}$$

Aus den Gl. 2.38 bis Gl. 2.41 folgt:

$$\frac{\partial W}{\partial U^1} \frac{\partial U^1}{\partial Q_1^{D1}} = \frac{\partial W}{\partial U^2} \frac{\partial U^2}{\partial Q_1^{D2}} \tag{2.46}$$

und

$$\frac{\partial W}{\partial U^1} \frac{\partial U^1}{\partial Q_2^{D1}} = \frac{\partial W}{\partial U^2} \frac{\partial U^2}{\partial Q_2^{D2}} \tag{2.47}$$

Folglich gilt:

$$\frac{\frac{\partial W}{\partial U^1}}{\frac{\partial W}{\partial U^2}} = \frac{\frac{\partial U^2}{\partial Q_1^{D2}}}{\frac{\partial U^1}{\partial Q_1^{D1}}} = \frac{\frac{\partial U^2}{\partial Q_2^{D2}}}{\frac{\partial U^1}{\partial Q_2^{D1}}} \tag{2.48}$$

und daher:

$$\frac{\frac{\partial U^1}{\partial Q_1^{D1}}}{\frac{\partial U^1}{\partial Q_2^{D1}}} = \frac{\frac{\partial U^2}{\partial Q_1^{D2}}}{\frac{\partial U^2}{\partial Q_2^{D2}}} \tag{2.49}$$

bzw., dass die Grenzraten der Substitution zwischen Gut 1 und Gut 2 für beide Individuen gleich sind. Diese Bedingung wird oben in Abschn. 2.2 des Kapitels erläutert und anhand des Edgeworth-Box-Diagramms in Abb. 2.1 illustriert.

Aus Gl. 2.42 bis Gl. 2.45 folgt:

$$-\lambda_1 P_1 \frac{\partial Q_1^S}{\partial K_1} = -\lambda_2 P_2 \frac{\partial Q_2^S}{\partial K_2} \tag{2.50}$$

und

$$-\lambda_1 P_1 \frac{\partial Q_1^S}{\partial A_1} = -\lambda_2 P_2 \frac{\partial Q_2^S}{\partial A_2} \tag{2.51}$$

Folglich gilt:

$$\frac{\lambda_1 P_1}{\lambda_2 P_2} = \frac{\frac{\partial Q_2^S}{\partial K_2}}{\frac{\partial Q_1^S}{\partial K_1}} = \frac{\frac{\partial Q_2^S}{\partial A_2}}{\frac{\partial Q_1^S}{\partial A_1}} \tag{2.52}$$

und daher

$$\frac{\frac{\partial Q_1^S}{\partial K_1}}{\frac{\partial Q_1^S}{\partial A_1}} = \frac{\frac{\partial Q_2^S}{\partial K_2}}{\frac{\partial Q_2^S}{\partial A_2}} \tag{2.53}$$

bzw., dass die Grenzraten der Substitution zwischen Kapital und Arbeit in der Produktion der Güter 1 und 2 gleich sind. Diese Bedingung wird im Abschn. 2.3 des Kapitels und anhand des Edgeworth-Box-Diagramms in Abb. 2.2 erläutert.

Aus Gl. 2.38 und 2.39 folgt schließlich:

$$\frac{\partial W}{\partial U^1}\frac{\partial U^1}{\partial Q_1^{D1}} = -\lambda_1 P_1 \tag{2.54}$$

und

$$\frac{\partial W}{\partial U^1}\frac{\partial U^1}{\partial Q_2^{D1}} = -\lambda_2 P_2 \tag{2.55}$$

Diese Gleichungen werden in Gl. 2.42 und 2.43 eingesetzt:

$$\frac{\partial W}{\partial U^1}\frac{\partial U^1}{\partial Q_1^{D1}}\frac{\partial Q_1^S}{\partial K_1} = -\lambda_3 \tag{2.56}$$

$$\frac{\partial W}{\partial U^1}\frac{\partial U^1}{\partial Q_2^{D1}}\frac{\partial Q_2^S}{\partial K_2} = -\lambda_3 \tag{2.57}$$

Daher gilt:

$$\frac{\partial U^1}{\partial Q_1^{D1}}\frac{\partial Q_1^S}{\partial K_1} = \frac{\partial U^1}{\partial Q_2^{D1}}\frac{\partial Q_2^S}{\partial K_2} \tag{2.58}$$

$$\frac{\frac{\partial U^1}{\partial Q_2^{D1}}}{\frac{\partial U^1}{\partial Q_2^{D1}}} = \frac{\frac{\partial Q_2^S}{\partial K_2}}{\frac{\partial Q_1^S}{\partial K_1}} \tag{2.59}$$

bzw., dass die Grenzrate der Substitution zwischen Gut 1 und Gut 2 (die laut Gl. 2.48 für alle Konsumenten gleich ist) gleich der Grenzrate der Transformation zwischen den Gütern 1 und 2 ist. Diese Bedingung wird auch in Abschn. 2.3 des Kapitels erläutert.

Anhang 2.2 Die optimale Faktorkombination eines Unternehmens

Das Entscheidungsproblem eines Unternehmens lautet: Mit welcher Kombination der Faktoren Kapital und Arbeit wird welche Menge des Guts *j* produziert? Wenn davon ausgegangen werden kann, dass die gewinnmaximierende Faktorkombination und Outputmenge gewählt wird, lautet das Entscheidungsproblem des Unternehmens

$$Max : \pi = P_j Q_j^S(K_j, A_j) - P_K K_j - P_A A_j \tag{2.60}$$

mit:
π = Gewinn und

P_K und P_A die Preise der Produktionsfaktoren Kapital und Arbeit.

Das Maximum wird durch Bildung und Nullsetzen der ersten partiellen Ableitungen der Gewinnfunktion Gl. 2.60 erhalten (Bedingungen 1. Ordnung)[8]:

$$\frac{d\pi}{dK_j} = P_j \frac{\partial Q_j^S}{\partial K_j} - P_K = 0 \tag{2.61}$$

$$\frac{d\pi}{dA_j} = P_j \frac{\partial Q_j^S}{\partial A_j} - P_A = 0 \tag{2.62}$$

Aus Gl. 2.61 und 2.62 ergeben sich:

$$P_j = \frac{P_K}{\frac{\partial Q_j^S}{\partial K_j}} \tag{2.63}$$

$$P_j = \frac{P_A}{\frac{\partial Q_j^S}{\partial A_j}} \tag{2.64}$$

Daraus folgt:

$$\frac{P_K}{\frac{\partial Q_j^S}{\partial K_j}} = \frac{P_A}{\frac{\partial Q_j^S}{\partial A_j}} \text{ bzw. } \frac{\frac{\partial Q_j^S}{\partial K_j}}{\frac{\partial Q_j^S}{\partial A_j}} = \frac{P_K}{P_A} \tag{2.65}$$

D. h. im Optimum wählt das Unternehmen eine Faktorkombination, bei der die Grenzrate der Substitution gleich der Faktorpreisrelation ist.

[8]Die Erfüllung der Bedingungen 2. Ordnung für ein Maximum wird durch die angenommene strenge Quasikonkavität der Produktionsfunktion gewährleistet. Siehe z. B. Chiang et al. (2011, S. 236 ff.). Die optimale Faktorkombination eines Unternehmens kann sowohl als Ergebnis einer Gewinnmaximierung (wie hier vorgenommen), als auch als Ergebnis einer Kostenminimierung abgeleitet werden (wie beispielsweise in Chiang et al. 2011, S. 252 ff.).

Anhang 2.3: Die linear-homogene Produktionsfunktion

Homogenität einer Funktion vom Grad λ bedeutet, dass eine Multiplikation der unabhängigen Variablen mit einer Konstanten k den Wert der Funktion um den Faktor k^λ verändert. Für eine Funktion f, die homogen vom Grad λ ist, gilt folglich:

$$f(kx_1, kx_2, \ldots, kx_n) = k^\lambda * f(x_1, x_2, \ldots, x_n) \tag{2.66}$$

Die Funktion

$$y = 3x^2 + 2z^2 \tag{2.67}$$

z. B. ist homogen vom Grad 2, da eine Ver-k-fachung der unabhängigen Variablen x und z zu einer Veränderung des Werts der Funktion um den Faktor k^2 führt.

Die Begriffe **homogen vom Grad 1** und **linear homogen** werden häufig synonym verwandt. Dies kann zu Verwirrungen führen, denn eine linear homogene Funktion – d. h. eine Funktion, die homogen vom Grad 1 ist – muss nicht linear sein: das Adjektiv 'linear' beschreibt die Homogenität der Funktion und nicht die Funktion selbst. Folgende Funktion, z. B. ist nicht-linear in x und z, aber homogen vom Grad 1 und daher linear homogen:

$$y = 3x^{0,25} + 2z^{0,75} \tag{2.68}$$

In der Ökonomie wird die **Cobb–Douglas-Funktion** oft zur Abbildung von Produktionsprozessen verwandt.[9] Die Cobb–Douglas Funktion lautet im Allgemeinen:

$$y = \beta_0 x^{\beta_1} z^{\beta_2} \tag{2.69}$$

Dabei ist die Cobb–Douglas-Funktion nur linear-homogen, wenn $\beta_1 + \beta_2 = 1$.

Eine typische Cobb–Douglas-Produktionsfunktion mit zwei Inputs, A und K, und Output Q lautet:

$$Q = \beta_0 A^{\beta_1} K^{\beta_2} \tag{2.70}$$

In Gl. 2.70 sind β_1 und β_2 sog. partielle **Produktionselastizitäten.** Die partielle Produktionselastizität ist definiert als prozentuale Änderung der produzierten Menge bei einer ein-prozentigen Änderung des Einsatzes eines Faktors. Für den Faktor Arbeit, z. B., ist die partielle Produktionselastizität wie folgt definiert:

$$\frac{\frac{\partial Q}{Q}}{\frac{\partial A}{A}} = \frac{\partial Q}{\partial A}\frac{A}{Q} \tag{2.71}$$

[9] Charles Wiggins Cobb und Paul Howard Douglas haben die Verwendung dieser Funktionsform zur Abbildung von Produktionsfunktionen vorgeschlagen, aufbauend auf Arbeiten früherer Ökonomen. Zur Geschichte der Cobb–Douglas-Produktionsfunktion siehe Sandelin (1976).

Die Identität der partiellen Produktionselastizität in Gl. 2.71 mit dem Koeffizienten β_1 in Gl. 2.70 kann durch Logarithmierung und totales Differenzieren von Gl. 2.70 bewiesen werden:

$$\ln Q = \ln \beta_0 + \beta_1 \ln A + \beta_2 \ln K \tag{2.72}$$

bzw.

$$d(\ln Q) = d(\ln \beta_0) + d(\beta_1 \ln A) + d(\beta_2 \ln K) \tag{2.73}$$

Da die Änderung einer logarithmierten Größe gleich der Änderungsrate der ursprünglichen Größe ist (d. h. $d(\ln x) = \frac{dx}{x}$), und da β_0 eine Konstante ist (d. h.$d(\ln \beta_0) = 0$), kann Gl. 2.73 wie folgt umgeformt werden:

$$\frac{dQ}{Q} = \beta_1 \frac{dA}{A} + \beta_2 \frac{dK}{K} \tag{2.74}$$

Wird nun die Einsatzmenge des Faktors K konstant gehalten folgt:

$$\frac{\frac{dQ}{Q}}{\frac{dA}{A}} = \beta_1 \text{ bzw. bei konstantem Faktor A entsprechend } \frac{\frac{dQ}{Q}}{\frac{dK}{K}} = \beta_2. \tag{2.75}$$

Linear-homogene Produktionsfunktionen haben mehrere Eigenschaften, die eine wichtige Rolle in der Preistheorie spielen. Diese Eigenschaften werden im Folgenden vorgestellt.

1. Die Skalen- oder Niveauelastizität einer linear-homogenen Produktionsfunktion ist gleich eins. Die **Skalen- oder Niveauelastizität** gibt an, um wie viel Prozent sich die Produktionsmenge ändert, wenn sich der gesamte Faktoreinsatz um 1 % ändert. Eine Skalenelastizität von eins bedeutet, dass sich bei einer Erhöhung aller Faktoreinsatzmengen um 1 % auch die Produktionsmenge um 1 % erhöht. Da für eine linear-homogene Funktion gilt:

$$f(kx_1, kx_2, \ldots, kx_n) = k{*}f(x_1, x_2, \ldots, x_n) \tag{2.76}$$

folgt, dass die Skalenelastizität einer solchen Funktion gleich eins sein muss.

Im Falle einer Skalenelastizität von eins bringt eine Verdoppelung oder sonstige proportionale Vergrößerung des Unternehmens für den Produzenten keine Wettbewerbsvorteile, denn bei einer Vergrößerung ändern sich seine Kosten und seine Produktionsmenge um den gleichen Prozentsatz, sodass seine Stückkosten unverändert bleiben. Ein anderer Ausdruck für Skalenelastizität ist Skalenerträge oder im Englischen *returns to scale*. Eine Skalenelastizität von eins wird auch *constant returns to scale* genannt; bei einer Skalenelastizität von größer eins (d. h. eine Produktionsfunktion, die homogen vom Grad$>$1 ist) wird von *increasing returns to scale* (steigende Skalenerträge) gesprochen.

Die Annahme einer Skalenelastizität von eins ist für die Existenz eines Konkurrenzgleichgewichts von entscheidender Bedeutung. Bei steigenden Skalenerträgen z. B. sinken die Stückkosten mit steigender Betriebsgröße. Sind steigenden Skalenerträgen gegeben, können demnach größere Produzenten kleinere vom Markt verdrängen, was früher oder später zur Entstehung von Monopolstrukturen führen muss. Wie in Abschn. 2.2 dargestellt wurde, kann aber der Markt- und Preismechanismus nur zu einem Pareto-Optimum führen, wenn vollständige Konkurrenz auf allen Gütermärkten herrscht.

2. *Die Summe der partiellen Produktionselastizitäten einer linear-homogenen Produktionsfunktion ist gleich eins.* Diese Eigenschaft folgt direkt aus der ersten. Da die Skalenelastizität einer linear-homogenen Funktion gleich eins ist, wissen wir, dass eine Änderung aller Inputmengen um einen bestimmten Prozentsatz eine Änderung der Outputmenge um den gleichen Prozentsatz bewirkt (d. h. bei gleichem $\frac{dA}{A}$ und $\frac{dK}{K}$ ist$\frac{dQ}{Q} = \frac{dA}{A} = \frac{dK}{K}$). Gl. 2.74 kann daher wie folgt umgeformt werden:

$$\frac{dQ}{Q} = (\beta_1 + \beta_2)\frac{dK}{K} \tag{2.77}$$

bzw.

$$\frac{\frac{dQ}{Q}}{\frac{dK}{K}} = (\beta_1 + \beta_2) = 1 \tag{2.78}$$

Aus der Tatsache, dass sich die partiellen Produktionselastizitäten zu eins aufaddieren, ergibt sich ein wichtiges Theorem, das **Euler'sche Theorem.** Es besagt, dass bei einer Entlohnung aller Faktoren nach der Wertgrenzproduktivität die Summe der Faktoreinkommen gleich dem Wert der Produktion ist. Dies kann wie folgt gezeigt werden:

Ausgangspunkt des Beweises ist die Gl. 2.78:

$$\beta_1 + \beta_2 = \frac{dQ}{dA}\frac{A}{Q} + \frac{dQ}{dK}\frac{K}{Q} = 1 \tag{2.79}$$

Wird diese Gleichung mit $P * Q$ multipliziert, so ergibt sich:

$$PQ = \frac{\partial Q}{\partial A}PA + \frac{\partial Q}{\partial K}PK \tag{2.80}$$

und bei einer Entlohnung nach der Wertgrenzproduktivität folglich:

$$PQ = P_A A + P_K K \tag{2.81}$$

da $\frac{\partial Q}{\partial A}P = P_A$ und$\frac{\partial Q}{\partial K}P = P_K$. Gilt das Euler'sche Theorem, gibt es folglich kein Residualeinkommen und alle Faktoren können nach ihren marginalen Produktionsbeiträgen entlohnt werden. Offensichtlich ist diese Aussage für das Funktionieren eines marktwirtschaftlichen Konkurrenzsystems von großer Bedeutung.

3. In einer linear-homogenen Produktionsfunktion hängt die Faktorproduktivität nur von der Faktorintensität ab. Die Produktivität eines Faktors ist definiert als Quotient aus der Produktionsmenge und der Einsatzmenge des Faktors:

$$\frac{Q}{A} \text{ bzw. } \frac{Q}{K} = \text{Produktivität des Faktors A bzw. K.}$$

Die Faktorintensität gibt die Relation der Faktoreinsatzmengen an:

$$\frac{A}{K} \text{ oder } \frac{K}{A} = \text{Faktorintensität}$$

Es soll nun gezeigt werden, dass die Faktorproduktivität nur von der Faktorintensität abhängt, also:

$$\frac{Q}{A} = f\left(\frac{A}{K}\right) \tag{2.82}$$

Hierzu wird von der Produktionsfunktion ausgegangen:

$$Q = f(A, K) \tag{2.83}$$

Dividiert man die Gleichung durch$A$, so ergibt sich:

$$\frac{Q}{A} = f\left(1, \frac{K}{A}\right) = f\left(\frac{K}{A}\right) \tag{2.84}$$

Die Produktivität des Faktors A ist also umso höher, je größer die Intensität des Faktors K ist.

Dieser Zusammenhang lässt sich konkret auch für die Cobb–Douglas-Produktionsfunktion $Q = \beta_0 A^{\beta_1} K^{\beta_2}$ ableiten. Dividiert man durch$A$, und unter Berücksichtigung der Tatsache, dass $\beta_1 + \beta_2 = 1$ ergibt sich:

$$\frac{Q}{A} = \frac{\beta_0 A^{\beta_1} K^{\beta_2}}{A} = \frac{\beta_0 K^{\beta_2}}{A^{1-\beta_1}} = \frac{\beta_0 K^{\beta_2}}{A^{\beta_2}} \tag{2.85}$$

woraus deutlich wird, dass die Faktorproduktivität $\frac{Q}{A}$ ausschließlich von der Faktorintensität $\frac{K}{A}$ abhängt.

Literatur

Chiang AC, Wainwright K, Nitsch H (2011) Mathematik für Ökonomen: Grundlagen, Methoden und Anwendungen. 4. Auflage. Vahlen, München.

North DC (1990) Institutions, Institutional Change and Economic Performance. Cambridge University Press, Cambridge.

Sandelin B (1976) On the origin of the Cobb-Douglas production function, Economy and History, 19: 117–123.

3 Preisbildung auf dem Bodenmarkt

Ulrich Koester und Stephan von Cramon-Taubadel

Zusammenfassung

In diesem Kapitel wird die Preisbildung auf dem Markt für landwirtschaftlichen Boden dargestellt. In der Landwirtschaft spielt der immobile und nicht vermehrbarer Faktor Boden eine besondere Rolle. Zunächst wird das Konzept der Grundrente erläutert und die Grundrente in ihren wichtigsten Komponenten (Intensitätsrente, Qualitätsrente und Lagerente) zerlegt. Anschließend werden die Beziehungen zwischen Bodenpacht- und Kaufpreisen abgeleitet. Dabei wird insbesondere auf die Bedeutung von Erwartungen bezüglich der zukünftigen Entwicklung der Gewinne in der Landwirtschaft hingewiesen. In den beiden letzten Abschnitten des Kapitels werden zum einen die Auswirkungen von verschiedenen institutionellen Faktoren und von Transaktionskosten und zum anderen die Folgen staatlicher Eingriffe wie Produktquotierungen und Flächenstilllegungsprogrammen auf die Bodenpreisbildung diskutiert.

U. Koester
Universität Kiel, Kiel, Deutschland
E-Mail: UKoester@ae.uni-kiel.de

S. von Cramon-Taubadel (✉)
Universität Göttingen, Göttingen, Deutschland
E-Mail: scramon@gwdg.de

U. Koester und S. von Cramon-Taubadel (Hrsg.), *Agrarpreisbildung*,
https://doi.org/10.1007/978-3-658-33211-2_3

3.1 Einleitung und Lernziele

Die Faktormobilität ist eine bestimmende Kraft des Strukturwandels in allen Wirtschaftsbereichen. In der Landwirtschaft spielt der immobile Faktor Boden eine besondere Rolle. Vergleichbare Konstellationen gibt es nur in einigen anderen Sektoren, die z. B. von seltenen Bodenschätzen oder Fanggebieten abhängig sind. Da der Boden im Raum verteilt ist, kommt eine Betrachtung des Bodenmarkts als Punktmarkt nicht infrage: Wir müssen uns daher im folgenden Kapitel zunächst mit Aspekten der räumlichen Preisbildung auseinandersetzen.

Landwirtschaftliche Betriebe können Boden pachten und/oder kaufen. Die Entscheidung, Flächen zu pachten, wird in der Regel aufgrund von kurz- bis mittelfristiger Überlegungen getroffen. Der Flächenkauf, hingegen beruht im Normalfall auf langfristigen Überlegungen. Die Kaufpreise für Boden spiegeln daher die langfristigen Erwartungen der im Sektor Tätigen wider, und die Beziehung zwischen Kauf- und Pachtpreisen lässt Rückschlüsse über die Erwartungen der Bodennachfrager und -anbieter über die zukünftige Entwicklung in der Landwirtschaft zu.

In diesem Kapitel wird:

- das Konzept der Grundrente erläutert und die Grundrente in ihre wichtigsten Komponenten zerlegt,
- der Zusammenhang zwischen Grundrente und Bodenpacht erläutert,
- der Zusammenhang zwischen Bodenpacht- und Kaufpreisen diskutiert,
- die Bedeutung der Erwartungen für die Bodenpreisbildung dargestellt und,
- die Bedeutung der Institutionen und Transaktionskosten aufgezeigt.

3.2 Begriffliche Klärungen

Zunächst sollen einige Begriffe erläutert werden, auf die im weiteren Verlauf des Kapitels zurückgegriffen wird.

Eine **Rente** im ökonomischen Sinne ist ein Einkommen, das oberhalb der Opportunitätskosten liegt. Renten sind somit **Residualeinkommen.** Die Opportunitätskosten sind die Einkommen bei der bestmöglichen alternativen Verwendung der Faktoren. Renten entstehen dauerhaft nur bei begrenztem Angebot und begrenzter Substituierbarkeit eines Faktors, so z. B. bei Produktionsquoten oder Patentrechten. Ist das Angebot eines Faktors elastisch oder ist dieser Faktor substituierbar, so werden eventuell entstehende Renten durch Konkurrenz abgebaut.

Wenn der Produktionsfaktor Boden ein knapper Faktor in der Landwirtschaft ist, so erhält er ein Einkommen, das über dem Einkommen liegt, das nötig wäre, um ihn in die landwirtschaftliche Produktion zu lenken. Die **Grundrente** ergibt sich somit aus der erwirtschafteten Wertschöpfung in einem bestimmten Zeitraum (gleich Summe aller Faktoreinkommen) abzüglich der Einkommen der außer dem Boden im gleichen Zeitraum eingesetzten Faktoren, die mit ihrem Wertgrenzprodukt entlohnt werden. In der Regel wird ein Jahr als Betrachtungszeitraum verwendet. Der Bodenpreis (genauer – der Pachtpreis für einjährige Nutzung) ergibt sich demnach als Residualeinkommen bei vollkommener Mobilität aller anderen Faktoren und deren Entlohnung nach der Wertgrenzproduktivität. Hierbei wird zunächst in der gesamtwirtschaftlichen Perspektive davon ausgegangen, dass die Opportunitätskosten des Bodens Null sind, mit anderen Worten eine nicht-landwirtschaftliche Nutzung – z. B. als Bauland – ausgeschlossen ist. Diese Annahme trifft an vielen Orten in einem dicht besiedelten Land wie Deutschland freilich nicht zu. Aus betriebswirtschaftlicher Perspektive, wenn eine landwirtschaftliche Nutzung des Bodens vorausgesetzt wird, werden die Opportunitätskosten des Bodens durch die bestmögliche alternative Frucht oder Verwendung (z. B. Beweidung) bestimmt.

Der **Deckungsbeitrag** ist das Einkommen, das zur Entlohnung aller fixen Faktoren zur Verfügung steht. Da langfristig alle Faktoren variabel sind, kann der Deckungsbeitrag pro ha nur größer als die Grundrente sein, wenn die Anpassung der anderen Faktoren unvollkommen ist und/oder die anderen Faktoren nicht in Höhe ihrer Wertgrenzproduktivität entlohnt werden.

Der **Pachtpreis** ist das Entgelt, das der Nutzer des Bodens für die zeitlich begrenzte Nutzung des Bodens zu zahlen hat. Es wird zwischen **Hofpacht** und **Parzellenpacht** unterschieden. Bei vollkommener Anpassung aller Faktoren, d. h. bei der Zielsetzung Gewinnmaximierung und Entlohnung aller Faktoren nach der Wertgrenzproduktivität, ist der Pachtpreis meist höher als die Grundrente und die Parzellenpacht höher als die Hofpacht.

Der **Kaufpreis** ist das Entgelt für die Übertragung aller Verfügungsrechte am Boden. Die Bestimmungsgründe der Beziehung zwischen Kauf- und Pachtpreis sowie zwischen Kauf- und Grundrente werden unten untersucht.

3.3 Erklärung der Preise für Bodennutzung mithilfe der Grundrententheorie

Mit der sog. **Grundrententheorie** wird versucht, die Preisbildung für Bodennutzung aufgrund der Nachfrage nach Bodennutzung zu erklären. Dabei wird angenommen, dass das Bodenangebot vollkommen unelastisch ist und eine linear-homogene Produktionsfunktion gilt.[1] Die Annahme eines vollkommen unelastischen Bodenangebots ist für viele Länder und insbesondere für die meisten Industrieländer realistisch.

[1]Zu ausgewählten Eigenschaften linear-homogener Produktionsfunktionen siehe Anhang 2.3 in Kap. 2.

Man unterscheidet drei verschiedene Elemente der Grundrente; die **Intensitätsrente,** die **Qualitätsrente** und die **Lagerente,** die im Folgenden erläutert werden sollen. Bei folgender Darstellung wird angenommen, dass Boden homogen ist, d. h. dass es keine Qualitätsunterschiede für Boden unterschiedlicher Lage, keine Präferenzen für bestimmte Standorte und damit keine Unterschiede in der Zahlungsbereitschaft für unterschiedliche Parzellen gibt. Weiterhin wird unterstellt, dass die gesamte Bodenmenge nur zur landwirtschaftlichen Nutzung zur Verfügung steht. Zur Vereinfachung wird unterstellt, dass in der Agrarproduktion neben dem Boden lediglich der Faktor Arbeit eingesetzt wird.

3.3.1 Intensitätsrente

Diese spezielle Grundrente entsteht als Folge der Intensität (Verwendung von Arbeit und Kapital) der Bewirtschaftung, und hängt somit z. B. von der Höhe des Arbeitseinsatzes pro Flächeneinheit ab. In Abb. 3.1 wird angenommen, dass die Faktornachfrage nach Boden einem völlig unelastischen Bodenangebot gegenübersteht. Ferner wird in der Ausgangssituation von einem Gleichgewicht ausgegangen, in der die Grundrente gleich null ist. In dieser Situation, mit Arbeitseinsatz Q_0^A pro Bodeneinheit (z. B. ein Hektar) und Lohnsatz P_0^A ist eine Entlohnung für den Faktor Boden nicht möglich, da der gesamte Wert der Produktion allein dem Faktor Arbeit zufällt. Dieser Fall kann nur eintreten, wenn bei Nachfrage D_0 nach Boden mindestens Q_0^B an Boden zur Verfügung steht, so dass sich der Bodenpreis P_0^B bildet. Dies ist in Abb. 3.1 für die Angebotskurve S der Fall.

Eine exogene Senkung des Lohnsatzes von P_0^A auf P_1^A führt zu einer Erhöhung der Intensität der Bodenbewirtschaftung (Bewegung von Q_0^A nach Q_1^A) und einer Erhöhung der Faktornachfrage nach Boden. Die Nachfragekurve verschiebt sich nach rechts (Bewegung von D_0 nach D_1), wodurch sich der Faktorpreis P_1^B einstellt. Der Boden

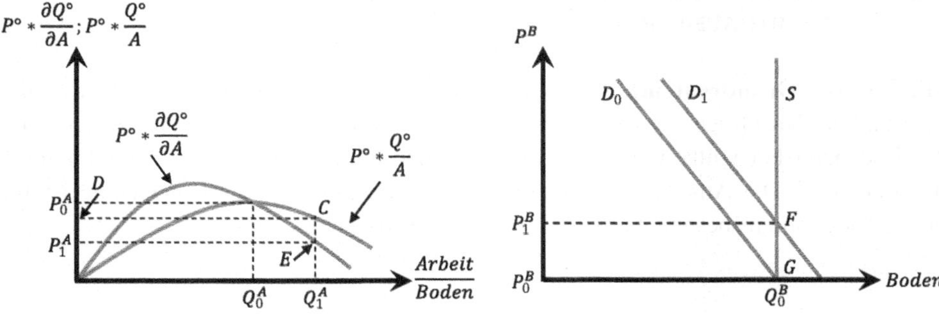

Abb. 3.1 Die Grundrente als Intensitätsrente. (Quelle: Eigene Darstellung)

erhält ein Einkommen das gleich der Wertgrenzproduktivität $P^\circ * \partial Q^\circ/\partial B = P_1^B$ ist, multipliziert mit der Bodeneinsatzmenge, die aufgrund des vollkommen unelastischen Angebots weiterhin bei Q_0^B liegt. Die Grundrente entspricht in Abb. 3.1 bei einem Arbeitseinsatz von Q_1^A der Fläche CDP_1^AE. Da im linken Teil der Abbildung auf der Abszisse die Arbeitsmenge pro Bodeneinheit abgetragen ist, ist die Größe dieser Flächen identisch mit der Entlohnung eines Hektars: $CDP_1^AE = P_1^B$.

Die Höhe der Grundrente als Intensitätsrente richtet sich also nach dem Arbeitseinsatz bei gegebenem Einsatz der anderen Faktormengen. Im betrachteten Modell wird neben der Arbeit nur der Faktor Boden eingesetzt. Je arbeitsintensiver bewirtschaftet wird, desto höher ist der Arbeitseinsatz je Einheit Boden, desto geringer wird bei linear-homogener Produktionsfunktion die Grenzproduktivität der Arbeit und desto höher wird jene des Bodens.

3.3.2 Qualitätsrente

Diese Rente entsteht durch Qualitätsunterschiede beim Faktor Boden. Die Qualitätsrente gehört zu den klassischen Beispielen einer dauerhaften Rente und wurde bereits von Ricardo (2004) identifiziert. Zur Darstellung wird vereinfachend davon ausgegangen, dass es nur guten und schlechten Boden gibt (s. Abb. 3.2). Wenn der Preis des Faktors Arbeit nicht höher als P^{A^*} liegt wird zunächst nur der gute Boden bearbeitet. Unterhalb dieses Preises (wo für guten Boden Wertgrenzproduktivität der Arbeit = Wertdurchschnittsproduktivität der Arbeit) erhält dieser Boden eine Rente. Solange der Preis des Faktors Arbeit zwischen P^{A^*} und P^A liegt, erzielt nur der gute Boden, bei Arbeitseinsatzmengen rechts vom Punkt E, eine Rente. Folglich wird nur der gute Boden bearbeitet. Ist jedoch der Preis des Faktors Arbeit kleiner als P^A, so erzielt auch der schlechte Boden

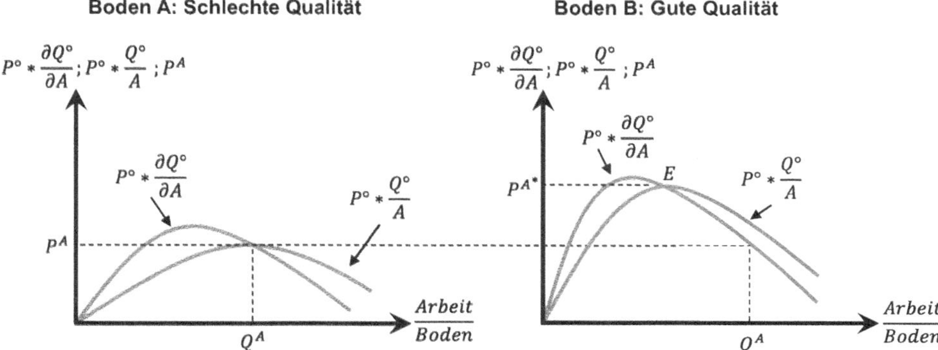

Abb. 3.2 Die Grundrente als Qualitätsrente. (Quelle: Eigene Darstellung)

eine Rente. In diesem Fall werden der gute und der schlechte Boden bearbeitet. Aus der Bedingung, dass die Wertgrenzproduktivität der Arbeit in allen Verwendungen (auf guten und schlechten Standorten) gleich sein muss, ergeben sich unterschiedliche Wertgrenzproduktivitäten des Bodens. Die Höhe der Qualitätsrente richtet sich nach der Qualität des Bodens und wird bei einem guten Boden höher sein als bei einem schlechteren Boden.

3.3.3 Lagerente

Die Lagerente entsteht durch unterschiedliche ab-Hof-Produktpreise, die sich aus der unterschiedlichen Entfernung der Produktionsstätten zum Verbrauchsort ergeben. Die Lagerente gehört auch zu den in der Ökonomie bekannten klassischen Beispielen einer dauerhaften Rente und spielte in von Thünens (1910) Standorttheorie eine wichtige Rolle. Da sich bei veränderten Produktpreisen der Produktionswert und somit die Wertgrenzproduktivität ändern, müssen sich folglich auch die Entlohnung der Faktoren und damit die Faktorintensitäten in Abhängigkeit vom Standort verändern (siehe Abb. 3.3). Wird die Entfernung zum Verbrauchsort reduziert, so erhöht sich der Produktpreis aufgrund sinkender Transportkosten. Als Folge sind die Wertgrenzproduktivitäts- und Wer tdurchschnittsproduktivitätskurven des Faktors Arbeit an marktnahen Standorten höher als am marktfernen. Dabei bleiben ihre Abszissenschnittpunkte (zum einen am Ursprung und zum anderen dort, wo die Wertgrenzproduktivität bzw. die Wertdurchschnittsproduktivität gleich Null sind) unverändert, d. h., lediglich die Konkavität der Kurven erhöht sich. Für eine gegebene Einsatzmenge des Faktors Arbeit Q^A erhöht sich damit die Grundrente (von P^ABCD auf P^AEFG in Abb. 3.3). Je näher am Verbrauchermarkt produziert wird, desto höher werden der erzielte ab-Hof-Produzentenpreis und damit auch die Lagerente sein.

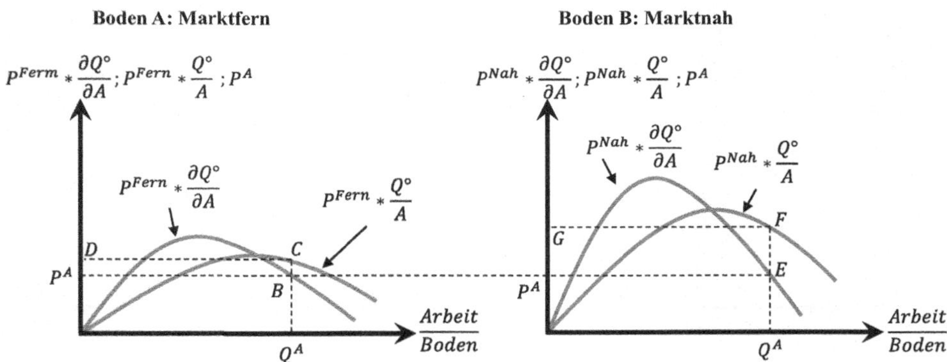

Abb. 3.3 Die Grundrente als Lagerente. (Quelle: Eigene Darstellung)

3.3.4 Grundrente, Deckungsbeitrag und Bodennutzungspreis

In der Realität ist Boden sehr heterogen bezüglich der Bodenqualität, des Klimaeinflusses auf die Ertragsfähigkeit und der geografischen Lage. Es ergibt sich daher ein komplexes Muster verschiedener Grundrenten und somit verschiedener **Bodennutzungspreise** (= Pachtpreise) im Raum. Unter Bedingungen des vollkommenen Wettbewerbs, wird der Bodennutzungspreis im Gleichgewicht, d. h. bei einer Entlohnung aller Faktoren nach der Wertgrenzproduktivität, der Grundrente entsprechen. Die Grundrente wird demnach den Bodeneigentümern zufließen, und reine Pachtbetriebe werden langfristig – wenn alle Faktoren nach der Wertgrenzproduktivität und nach ihren Opportunitätskosten entlohnt werden – keine Grundrente erhalten.

In Abb. 3.4 ist die insgesamt zur Verfügung stehende Bodenmenge zwischen zwei Pachtbetrieben *X* und *Y* aufgeteilt. Bei vollständiger Konkurrenz und bei vollkommener Anpassung ist der Bodennutzungspreis für beide Betriebe gleich und entspricht den Grundrenten der Betriebe. Die Wertgrenzproduktivitätskurven der beiden Betriebe werden sich daher schneiden. Also wird sich in der Ausgangssituation der Bodenpreis P_0^B herausbilden und Betrieb *X* wird die Bodenmenge B_0^X bewirtschaften und Betrieb *Y* die Menge B_0^Y. Die schnellere Einführung technischer Fortschritte im Betrieb Y führt dazu, dass die Wertgrenzproduktivitätskurve für Boden in diesem Betrieb von WGP_0^Y auf WGP_1^Y steigt. Die Grundrente des letzten Hektars auf Betrieb *Y* steigt demnach von GR_0^Y auf GR_1^Y. Betrieb *Y* ist demnach in der Lage, höhere Pachtpreise als Betrieb *X* für den Boden zu zahlen. Bei vollständiger Konkurrenz findet eine Wanderung des Faktors Boden von Betrieb *X* zu Betrieb *Y* statt und ein neues Gleichgewicht wird wieder erreicht, wenn die Grundrente auf beiden Betrieben gleich ist. Dies ist bei einem Bodenpreis von P_1^B und einer Bodenaufteilung B_1^X und B_1^Y der Fall.

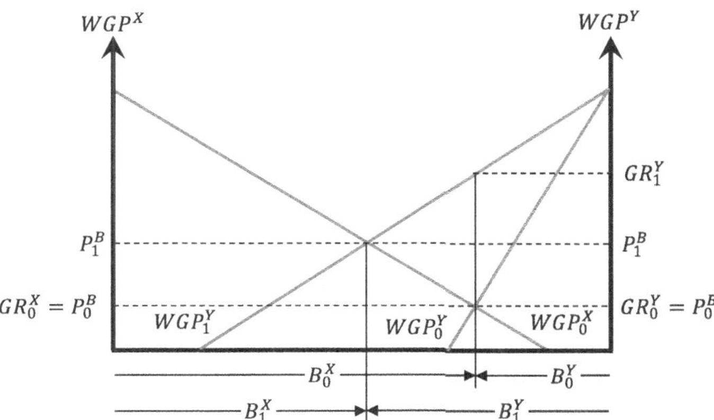

Abb. 3.4 Die Mobilität des Faktors Boden zwischen landwirtschaftlichen Betrieben bei volkommener Anpassung unter neoklassischen Bedingungen. (Quelle: Eigene Darstellung)

In der Praxis sind regionale Bodenmärkte selten polypolistisch, sondern vielmehr oligopolistisch oder monopolistisch strukturiert. Oft stehen sich nur wenige Anbieter und/oder Nachfrager gegenüber und nicht selten stehen diese in komplexe Beziehungen (Verwandtschaft, Rivalität) zueinander. Ferner werden Pachtverträge über längere Zeiträume geschlossen, sodass sich der Bodennutzungspreis nicht unbedingt sofort an Änderungen der Grundrente anpassen kann. Weiterhin können Pachtverträge aber auch Klauseln enthalten, wie z. B. eine Bindung des Pachtpreises an einen Index der Getreidepreise, die dazu führen, dass zumindest eine mittelbare Bindung des Bodennutzungspreises an die Grundrente vorliegt.

3.4 Die Beziehung zwischen Bodenpacht- und Kaufpreisen

Bisher haben wir die Bildung des Pachtpreises für Boden in der Landwirtschaft betrachtet, d. h. der Preis für einjährige Nutzung. Durch den Kauf einer bestimmten Fläche kann sich der Käufer die Summe aller zukünftigen Pachteinnahmen sichern, die auf dieser Fläche erwirtschaftet werden können. Folglich besteht ein Zusammenhang zwischen Bodenpacht- und Kaufpreisen, der im Folgenden untersucht wird. Zunächst wird davon ausgegangen, dass die Wirtschaftssubjekte über vollkommene Information verfügen. Bekanntlich wird damit von der Realität abstrahiert. Begrenzte Informationen spielen insbesondere bei langlebigen Produktionsfaktoren wie dem Boden eine besondere Bedeutung. Daher wird in einem anschließenden Abschnitt die Bedeutung der Erwartungsbildung über zukünftige Entwicklungen für die Bodenpreisbildung erläutert.

3.4.1 Die Beziehung zwischen Bodenpacht- und Kaufpreisen bei vollkommener Information

Wie oben erläutert, spiegelt der jährliche Pachtpreis unter polypolistischen Bedingungen bei vollkommener Anpassung die jährliche Grundrente wider. Durch den Kauf einer bestimmten Fläche kann sich der Käufer daher die Summe aller zukünftigen Grundrenten sichern, die auf dieser bestimmten Fläche erwirtschaftet werden können. Grundrenten, die in der Zukunft erwirtschaftet werden, müssen diskontiert werden, um einen Gegenwartswert zu bilden. Ein gewinnmaximierender Bodenkäufer, der ausschließlich die landwirtschaftliche Nutzung einer Fläche anstrebt, wird nicht bereit sein, mehr als die **diskontierte Summe aller zukünftigen Grundrenten,** die auf dieser Fläche erwirtschaftet werden können, als Kaufpreis zu bezahlen.[2] Wenn von einer im Zeitablauf

[2]Es wird von spekulativen Kaufmotiven, die z. B. in der Erwartung begründet sein können, dass eine bestimmte landwirtschaftliche Fläche in Bauland umgewidmet wird, abgesehen.

konstanten Grundrente und ebenso konstantem Zinssatz ausgegangen wird, ergibt sich demnach folgender Zusammenhang zwischen den Pacht- und Kaufpreisen für Boden:

$$P^{B,Kauf} = P_0^{B,Pacht} + P_1^{B,Pacht}(1-r) + P_2^{B,Pacht}(1-r)^2 + \ldots + P_T^{B,Pacht}(1-r)^T \tag{3.1}$$

mit:

$P^{B,Kauf}$ = Kaufpreis für Boden,
$P_t^{B,Pacht}$ = der Pachtpreis für Boden zum Zeitpunkt t,
r = Zinssatz, und.
T = der Planungshorizont in Jahren.

Wenn von im Zeitablauf konstanten Pachtpreisen bzw. einer konstanten Grundrente und von einer unendlichen Pachtdauer ausgegangen wird, kann Gl. 3.1 wie folgt umgeformt werden:

$$P^{B,Kauf} = P^{B,Pacht}\left[1 + (1-r) + (1-r)^2 + \ldots + (1-r)^{\infty}\right] \tag{3.2}$$

Allgemein gilt für $|x| < 1$:

$$1 + x + x^2 + \ldots + x^{\infty} = \frac{1}{1-x} \tag{3.3}$$

Wird $x = (1-r)$ gesetzt, erhalten wir aus Gl. 3.2

$$P^{B,Kauf} = P^{B,Pacht}\left(\frac{1}{1-(1-r)}\right) = P^{B,Pacht}\left(\frac{1}{r}\right) \tag{3.4}$$

Somit gilt

$$r = \frac{P^{B,Kauf}}{P^{B,Pacht}} \tag{3.5}$$

Nach Gl. 3.5 ergibt das Verhältnis zwischen Pacht- und Kaufpreisen für Boden unter Bedingungen der vollkommenen Information die (als konstant angenommene) **Diskontrate,** mit der zukünftige Pachteinnahmen diskontiert werden. Ist der Kaufpreis im Verhältnis zum Pachtpreis hoch, dann ergibt sich eine niedrige Diskontrate, was darauf hindeutet, dass zukünftige Pachteinnahmen einen relativ hohen Gegenwartswert haben. Ist der Kaufpreis im Verhältnis zum Pachtpreis niedrig, ergibt sich eine hohe Diskontrate, was darauf hindeutet, dass zukünftige Pachteinnahmen einen niedrigen Gegenwartswert haben.

In der Realität wird sich die Relation zwischen Pacht- und Bodenpreisen nicht einfach durch Gl. 3.5 einstellen. Niemand weiß zu einem gegebenen Zeitpunkt mit Sicherheit, wie sich zukünftige Grundrenten und Zinssätze entwickeln werden. Daher ist die Diskontrate in der Realität auch nicht mit dem gesamtwirtschaftlich erzielten Zinssatz identisch.

3.4.2 Die Auswirkung einer einmaligen und unendlich andauernden Produktpreisanhebung auf die Bodenpreise

Einmalige Produktpreisänderungen kann es z. B. durch plötzliche Änderungen auf den Weltagrarmärkten, durch agrarpolitische Änderungen wie z. B. der Wegfall von Handelsschranken oder als Folge der Einführung von Preisstützungsmaßnahmen geben. Es ist natürlich unwahrscheinlich, dass Marktteilnehmer wirklich erwarten, dass das Agrarpreisniveau einmalig steigt oder fällt und danach unendlich lange auf dem neuen Niveau verharren wird. Die Diskussion dieses Spezialfalles wird dennoch gewählt, weil sie dazu dient, die grundsätzliche Beziehung zwischen Produktpreisänderungen und Bodennutzungspreisen aufzuzeigen.

Es wird von folgender Definitionsgleichung ausgegangen:

$$Erl\ddot{o}s = PQ = \sum_i P^i Q^i = P^A Q^A + P^K Q^K + P^V Q^V + P^B Q^B \tag{3.6}$$

Mit

Q = die Menge des produzierten Agrarproduktes;
P = der Preis des Agrarproduktes;
Q^i = die eingesetzte Menge des i-ten Produktionsfaktors, mit i = Arbeit (A), Kapital (K), Vorleistungsgüter (V), und Boden (B); und.
P^i = der Preis des entsprechenden i-ten Produktionsfaktors.

Der Einfachheit halber wird in Gl. 3.6 unterstellt, dass alle Agrarprodukte zu dem Gut Q aggregiert werden können; P ist demnach der Durchschnittspreis. Entsprechende Annahmen gelten für die Variablen auf der rechten Seite der Gleichung.

Um die Beziehung zwischen dem Produktpreis P und der Grundrente P^B zu ermitteln, benötigt man einige Hypothesen. Es möge gelten:

$$Q = f\left(Q^A, Q^K, Q^V, Q^B\right) \tag{3.7}$$

Gl. 3.7 gibt eine Produktionsfunktion an. Es wird angenommen, dass diese Funktion linear-homogen[3] ist. Weiterhin werden folgende Annahmen getroffen:

$$P^A = \overline{P}^A \tag{3.8}$$

$$P^K = \overline{P}^K \tag{3.9}$$

$$P^V = \overline{P}^V \tag{3.10}$$

[3]Vgl. Anhang 2.3 in Kap. 2.

$$Q^B = \overline{Q}^B \tag{3.11}$$

Mit den Gl. 3.8 bis Gl. 3.10 wird ausgedrückt, dass der Faktoreinsatz von Arbeit, Kapital und Vorleistungen variabel ist, dass das Angebot dieser Faktoren vollkommen elastisch ist, und dass die Landwirtschaft somit diese Faktoren zu konstanten Preisen nachfragt. Solche Annahmen sind für einen relativ kleinen Sektor realistisch. Langfristig sind alle Faktoren, die in der Landwirtschaft außer Boden eingesetzt werden, vollkommen variabel und ihr Preis hängt von der Entlohnung in anderen Sektoren ab. Nach Gl. 3.11 ist die Bodenmenge konstant.

Die in den Gl. 3.7 bis Gl. 3.11 enthaltenen Annahmen werden in Gl. 3.6 eingesetzt. Man erhält:

$$P\left(f\left(Q^A, Q^K, Q^V, \overline{Q}^B\right)\right) = \overline{P}^A Q^A + \overline{P}^K Q^K + \overline{P}^V Q^V + P^B \overline{Q}^B \tag{3.12}$$

Anschließend werden aus Gleichung (3.12) Änderungsraten berechnet. Zunächst wird das totale Differential gebildet.

$$QdP + P\left(\frac{\partial Q}{\partial Q^A} dQ^A + \frac{\partial Q}{\partial Q^K} dQ^K + \frac{\partial Q}{\partial Q^V} dQ^V\right) = \overline{P}^A dQ^A + \overline{P}^K dQ^K + \overline{P}^V dQ^V + \overline{Q}^B dP^B \tag{3.13}$$

Durch Division durch PQ erhält man:

$$\frac{dP}{P} + \left(\frac{\partial Q}{Q}\frac{Q^A}{\partial Q^A}\frac{dQ^A}{Q^A} + \frac{\partial Q}{Q}\frac{Q^K}{\partial Q^K}\frac{dQ^K}{Q^K} + \frac{\partial Q}{Q}\frac{Q^V}{\partial Q^V}\frac{dQ^V}{Q^V}\right) = \frac{Q^A \bar{P}^A}{PQ}\frac{dQ^A}{Q^A} + \frac{Q^K \bar{P}^K}{PQ}\frac{dQ^K}{Q^K} + \frac{Q^V \bar{P}^V}{PQ}\frac{dQ^V}{Q^V} + \frac{\bar{Q}^B P^B}{PQ}\frac{dP^B}{P^B} \tag{3.14}$$

Es gilt:

$$\frac{\partial Q}{Q}\frac{Q^i}{\partial Q^i} = \frac{\frac{\partial Q}{Q}}{\frac{\partial Q^i}{Q^i}} = \varepsilon_{Q,Q_i}$$

mit ε_{Q,Q_i}, die Produktionselastizität des Faktors i. Ferner gilt bei Entlohnung der Produktionsfaktoren nach der Wertgrenzproduktivität:

$$\frac{\partial Q}{\partial Q^i} P = P^i, \text{ bzw. } \frac{\partial Q}{\partial Q^i} = \frac{P^i}{P}.$$

und somit

$$\varepsilon_{Q,Q_i} = \frac{\partial Q}{Q}\frac{Q^i}{\partial Q^i} = \frac{\partial Q}{\partial Q^i}\frac{Q^i}{Q} = \frac{P^i}{P}\frac{Q^i}{Q}$$

So ergibt sich aus Gl. 3.14:

$$\frac{dP}{P} + \left(\varepsilon_{Q,Q^A} \frac{dQ^A}{Q^A} + \varepsilon_{Q,Q^K} \frac{dQ^K}{Q^K} + \varepsilon_{Q,Q^V} \frac{dQ^V}{Q^V} \right) = \left(\varepsilon_{Q,Q^A} \frac{dQ^A}{Q^A} + \varepsilon_{Q,Q^K} \frac{dQ^K}{Q^K} + \varepsilon_{Q,Q^V} \frac{dQ^V}{Q^V} \right) + \frac{\overline{Q}^B P^B}{PQ} \frac{dP^B}{P^B} \tag{3.15}$$

und damit

$$\frac{dP}{P} = \frac{\overline{Q}^B P^B}{PQ} \frac{dP^B}{P^B} \tag{3.16}$$

bzw.

$$\frac{dP^B}{P^B} = \frac{dP}{P} \frac{PQ}{\overline{Q}^B P^B} \tag{3.17}$$

Nach Gl. 3.17 ist die prozentuale Änderung der Grundrente gleich der prozentualen Änderung der Produktpreise multipliziert mit dem Kehrwert des Kostenanteils des Faktors Boden an dem Gesamterlös. Da dieser Kostenanteil stets kleiner 1 ist, muss sein Kehrwert stets größer 1 sein, und somit ist die prozentuale Änderung der Grundrente stets größer als die prozentuale Änderung der Produktpreis, die sie ausgelöst hat. Ist z. B. der Anteil des Bodeneinkommens am Wert der Produktion 15 %, so führt eine 1 %ige Produktpreisänderung zu einer 6,6 %igen Änderung der Grundrente.

Diese Zusammenhänge machen deutlich, dass langfristig bei vollkommener Anpassung Änderungen der Produktpreise sich zwar auch in mengenmäßige Änderungen der Produktion niederschlagen, aber nicht zu einer höheren Entlohnung der von der Landwirtschaft eingesetzten Faktoren außer Boden führen. Langfristig sind bei vollkommener Anpassung nur die Bodeneigentümer Gewinner (Verlierer) eine Produktpreiserhöhung (-Senkung). Diese Aussage trifft allerdings nur zu, wenn alle Landwirte Gewinnmaximierer sind. Vergleiche hierzu die Ausführungen weiter unten. Diese Aussage trifft auch nur unter der oben getroffenen Annahme, dass die Landwirtschaft ein relativ kleiner Sektor ist, für den die Preise von Produktionsfaktoren außer Boden (Arbeit, Kapital und Vorleistungsgüter) fix sind. In vielen Entwicklungsländern und Schwellenländer ist die Landwirtschaft allerdings ein relativ großer Sektor in dem 30 % oder mehr der Arbeitskräfte beschäftigt sind. In solchen Ländern kann eine Anhebung der Produktpreise eine Ausdehnung der Agrarproduktion auslösen, die zu einer Erhöhung nicht nur der Bodenpreise, sondern auch der Preise für den Faktor Arbeit (d. h. die Löhne) führt. Die Berücksichtigung dieser Lohneffekte ist von entscheidender Bedeutung, wenn es um die Beurteilung der Auswirkungen von hohen Agrarpreisen

(z. B. im Zuge der sog. Agrarpreiskrise von 2007/08) auf Armut und Hunger in Entwicklungsländern geht.[4]

3.4.3 Die Auswirkung einer im Zeitablauf konstanten Änderungsrate der Grundrente[5]

Wird von einer im Zeitablauf konstanten Änderungsrate der Grundrente (w) ausgegangen, müssen zukünftige Grundrenten nicht nur diskontiert, sondern auch um dieser Änderungsrate entsprechend aufgewertet werden, um einen Gegenwartswert zu bilden. Es ergibt sich folgende Beziehung zwischen Bodenpacht- und Kaufpreisen:

$$P^{B,Kauf} = P_0^{B,Pacht} + P_1^{B,Pacht}(1-r)(1+w) + P_2^{B,Pacht}(1-r)^2(1+w)^2 + \ldots + P_2^{B,Pacht}(1-r)^T(1+w)^T \tag{3.18}$$

Wenn wie im vorherigen Abschnitt von im Zeitablauf konstanten Pachtpreisen und von einer unendlichen Pachtdauer ausgegangen wird, kann Gl. 3.18 wie folgt umgeformt werden:

$$P^{B,Kauf} = P^{B,Pacht}\begin{bmatrix} 1 + ((1-r)(1+w)) + ((1-r)(1+w))^2 + \ldots \\ +((1-r)(1+w))^{\infty} \end{bmatrix} \tag{3.19}$$

Die Summe in eckigen Klammern in Gl. 3.19 ist nur endlich, wenn $((1-r)(1+w)) < 1$. Ist diese Bedingung nicht erfüllt, ist die Summe in eckigen Klammern und somit auch der Kaufpreis für Boden unendlich. Die Bedingung $((1-r)(1+w)) < 1$ ist immer erfüllt, wenn der Zinssatz r positiv, und die erwartete Änderungsrate der Grundrente w negativ ist. In diesem Fall werden zukünftige Grundrenten nicht nur diskontiert, sondern sie sinken auch nominell im Zeitablauf. Ansonsten, wenn sowohl die Diskontrate als auch die Änderungsrate der Grundrente positiv sind, ist die obige Bedingung erfüllt, wenn $r < w$. Ist dies der Fall kann Gl. 3.19 wie folgt umgeformt werden:

$$P^{B,Kauf} = P^{B,Pacht}\frac{1}{1-((1-r)(1+w))} = P^{B,Pacht}\frac{1}{r-w+rw} \tag{3.20}$$

Folglich gilt:

$$\frac{P^{B,Pacht}}{P^{B,Kauf}} = r - w + rw \tag{3.21}$$

Die Bedeutung dieser Relation von Diskontrate und Änderungsrate der Grundrente kann durch Abb. 3.5 und Tab. 3.1 verdeutlicht werden. Zunächst bestätigen die Ergebnisse in Tab. 3.1, dass der Kaufpreis für Boden unendlich wird, wenn die Änderungsrate der

[4]Siehe hierzu z. B. Ivanic und Martin (2014).

[5]Die folgende Darstellung geht weitgehend auf Nienhans (1966) zurück.

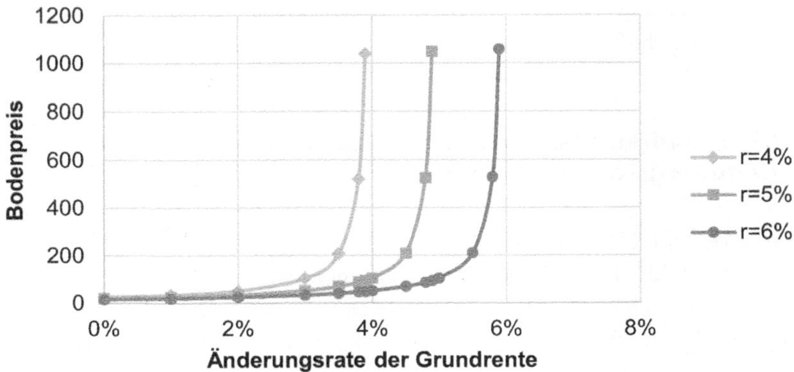

Abb. 3.5 Bodenpreise in Abhängigkeit von der Änderungsrate der Grundrente und der Diskontrate. (Quelle: Eigene Darstellung)

Tab. 3.1 Das Verhältnis Bodenkaufpreis zu Bodenpachtpreis in Abhängigkeit von der Änderungsrate der Grundrente und der Diskontrate

w in %	Diskontierungsrate in %		
	r = 4%	***r*** = 5%	***r*** = 6%
0,0 %	25	20	17
1,0 %	34	25	20
2,0 %	51	34	26
3,0 %	103	52	34
3,5 %	207	69	41
3,8 %	519	87	47
3,9 %	1039	94	49
4,0 %	∞	104	52
4,5 %	∞	209	70
4,8 %	∞	524	87
4,9 %	∞	1049	95
5,0 %	∞	∞	105
5,5 %	∞	∞	211
5,8 %	∞	∞	529
5,9 %	∞	∞	1059

Quelle: Eigene Darstellung

Grundrente den Betrag der Diskontrate übersteigt ($w > r$). Ansonsten ist ersichtlich, dass bei gegebener Änderungsrate der Grundrente bzw. des Pachtpreises w die Kaufpreise für Boden stark auf eine Änderung der Diskontrate r reagieren. Die Änderung der Bodenpreise ist bei einer Änderung der Diskontierungsrate umso höher je höher die erwartete Änderung der Grundrente ist. Ist z. B. die erwartete Änderung der Grundrente, z. B. wegen steigender Weltmarktpreise, sehr hoch, so werden die Bodenpreise durch eine Senkung der Diskontierungsrate relativ stärker steigen als bei geringfügigen Änderungsraten der Grundrente. Es ist daher nicht verwunderlich, wenn in Zeiten steigender Weltmarktpreise – wie in den Jahren nach 2007/08 – und extrem niedriger Zinssätze die Bodenpreise besonders stark steigen. Aus dieser Tatsache kann man folgern, dass die Landbewirtschaftung in diesen Perioden auch besonders profitabel ist.

3.4.4 Unsichere Erwartungen bezüglich zukünftiger Grundrenten und zukünftiger Zinssätze

In der Realität wird es nicht nur eine einzige Diskontrate geben. Die Diskontrate r besteht im Wesentlichen aus zwei Komponenten. Die erste Komponente ergibt sich aus den Opportunitätskosten des beim Bodenkauf verwendeten Kapitals. Die zweite Komponente kann als Risikoprämie interpretiert werden, denn zukünftige Pachteinnahmen bzw. Grundrenten sind u. a. von unvorhersehbaren agrarpolitischen Entwicklungen sowie witterungs- und produktionsbedingten Risiken abhängig (Weersink et al. 1999). Dieser Zusammenhang zwischen Grundrente und Agrarpolitik, über z. B. Stützungspreise, wurde oben erläutert (siehe die Ableitung von Gl. 3.17). Die Entwicklung des Verhältnisses Pachtpreis zu Kaufpreis im Zeitablauf kann demnach als Indikator für die **Erwartungshaltung der Landwirte** bezüglich der zukünftigen Entwicklung der Agrarpolitik interpretiert werden. Erhöht sich die implizite Diskontierungsrate (z. B. sinkt bei konstanter Pacht der Kaufpreis), kann man von einer Verschlechterung der Erwartungen über die künftige Entwicklung der Grundrente ausgehen und umgekehrt.

In Abb. 3.6 wird die Entwicklung des Verhältnisses der Pacht- zu Kaufpreisen für landwirtschaftlichen Boden in Deutschland zwischen 1975 und 1994 dargestellt. Zunächst fällt auf, dass diese implizite Diskontrate über den gesamten Zeitraum sehr niedrig ist. Eine Erklärung hierfür könnte darin liegen, dass der Bodenkauf mit wesentlich höheren Transaktionskosten belegt ist als Bodenpacht, was das Verhältnis Pacht- zu Kaufpreis künstlich drückt.[6] Ferner führt die zur Ableitung von Gl. 3.5 getroffene Annahme eines unendlichen Zeithorizonts zu einer Unterschätzung der Diskontrate. Auch muss bedacht werden, dass die Höhe des Bodenpreises auch von der Nachfrage

[6] Lence und Miller (1999) untersuchen den Einfluss von Transaktionskosten auf den Zusammenhang zwischen Bodenpacht- und Bodenkaufpreisen in dem US-Bundesstaat Iowa zwischen 1900 und 1994.

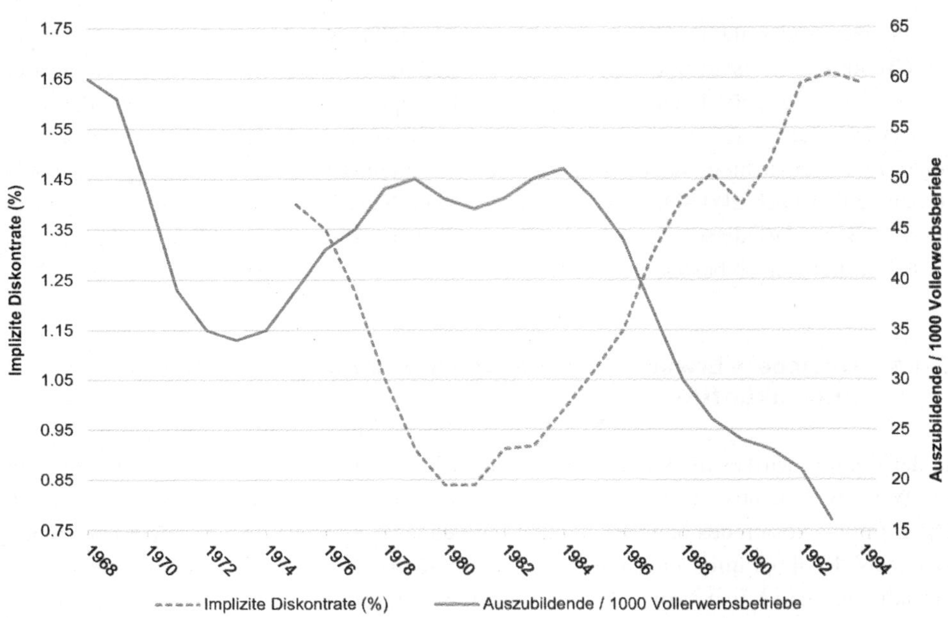

Abb. 3.6 Das Verhältnis zwischen Pacht- und Kaufpreisen für Boden (implizite Diskontrate) sowie Anzahl der in der Landwirtschaft Auszubildenden pro 1000 Vollerwerbsbetrieben in Deutschland. (Quelle: BLE (versch. Jg.), BMEL (versch. Jg.), Statistisches Bundesamt (versch. Jg.), eigene Berechnungen)

nach Boden für nicht landwirtschaftliche Nutzung und den Erwartungen künftiger Nachfrage sowie von Steuergesetzen (Einkommenssteuer, Erbschaftssteuer) bestimmt wird.

In Abb. 3.6 wird auch für den Zeitraum 1968 bis 1994 die Entwicklung der Anzahl der in der Landwirtschaft Auszubildenden pro tausend Vollerwerbsbetriebe in Deutschland dargestellt. Die Entwicklung dieser Reihe dürfte ein guter Indikator für die Erwartungshaltung in der Landwirtschaft sein.[7] So ist bemerkbar, dass die Anzahl der Auszubildenden pro tausend Vollerwerbsbetriebe mit der Hochpreisphase 1973/74 ansteigt und mit dem Beginn der sogenannten restriktiven Preispolitik der EU Mitte der 80er Jahre sinkt. Die zu dieser Reihe eindeutig gegenläufige Entwicklung der impliziten Diskontrate (Verhältnis Pacht- zu Kaufpreise für Boden) deutet darauf hin, dass letztere in der Tat auch als Indikator für die Erwartungshaltung in der Landwirtschaft angesehen werden kann.

[7]Allerdings sollte bei der Interpretation der Anzahl der Auszubildende pro Vollerwerbsbetrieb auch die demographische Struktur der landwirtschaftlichen Bevölkerung berücksichtigt werden.

3.5 Erweiterungen des einfachen Modells

Bisher wurde angenommen, dass Boden homogen ist, und dass es keine Unterschiede in der Zahlungsbereitschaft für unterschiedliche Parzellen gibt. Weiterhin wurde angenommen, dass Landwirte Gewinnmaximierer sind, und dass die Eigentumsrechte und Nutzungsrechte über landwirtschaftliche Flächen nicht eingeschränkt sind. Im Folgenden wird die Bedeutung dieser und weiterer Annahmen untersucht.

3.5.1 Inhomogenität des Bodens

Unter neoklassischen Bedingungen gibt es bei vollständiger Konkurrenz nur einen Preis. Wie bereits oben mit dem Thünen-Modell (Lagerente) gezeigt wurde, ist der Boden weder physisch noch ökonomisch ein homogenes Gut. Boden in unterschiedlichen Lagen und unterschiedlicher Bonität wird von Käufern und Verkäufern unterschiedlich bewertet. Die Nachfrager nach landwirtschaftlich genutztem Boden sind in den Industrieländern vornehmlich Landwirte. Die Zahlungsbereitschaft einzelner Landwirte nach bestimmten Parzellen wird wesentlich davon abhängen, ob die zugekaufte Parzelle zu einer Arrondierung der landwirtschaftlichen Flächen des kaufenden Betriebes beitragen oder aber zu weiterer Zerstückelung der Betriebsflächen führen würde. Die Zahlungsbereitschaft wird auch von den unterschiedlichen individuellen Erwartungshaltungen der einzelnen Landwirte abhängen (s. Abschn. 3.4.4). Daraus folgt, dass die Zahlungsbereitschaft potenzieller Käufer für bestimmte Parzellen unterschiedlich sein wird. Hinzu kommt, dass potenzielle Käufer zu bestimmten Zeitpunkten häufig nur begrenzte Kaufalternativen haben. Verkäufer sind i. d. R. nur Landwirte, welche die landwirtschaftliche Produktion einstellen; es wird daher zu einem bestimmten Zeitpunkt nur wenige Anbieter – häufig nur einen – und wenige potenzielle Nachfrager mit unterschiedlich hoher Zahlungsbereitschaft geben. Es ist daher verständlich, dass es erhebliche Unterschiede in den regionalen Bodenpreisen gibt und die Preise im Zeitablauf eine große Varianz aufweisen. Es wird daher nicht nur einen Preis – wie im neoklassischen Marktmodell – geben.

3.5.2 Nicht gewinnmaximierendes Verhalten der Landwirte

Landwirte sind häufig keine Gewinnmaximierer und der Bodenpreis bildet sich nicht auf einem vollkommenen Markt. Die europäische Landwirtschaft ist weitgehend durch bäuerliche Familienbetriebe geprägt. Der Beruf des Landwirts als Betriebsinhaber wird häufig ergriffen, weil der Hof bereits seit Generationen in der Hand der Familie ist und der Hofnachfolger das Ererbte vermehren oder zumindest erhalten will. Das Leben als

Landwirt wird als eine besondere Lebensweise betrachtet und nicht nur am erzielten Einkommen bewertet. Es bestehen mitunter somit ausgeprägte Präferenzen für eine landwirtschaftliche Tätigkeit und das Leben auf dem Land. Die Mobilität der Inhaber von Familienbetrieben ist daher sehr beschränkt.

Es ist daher verständlich, dass die tatsächlich erwirtschafteten Grundrenten zwischen den Betrieben erheblich variieren. Agrarberichte zeigen, dass einzelne Landwirte Jahr für Jahr erheblich Vermögensverluste erwirtschaften. Sie würden ökonomisch bessergestellt, wenn sie das Land verkaufen oder verpachten würden. Diese Alternative wird aber häufig erst im Generationswechsel gewählt, weil die aktiven Landwirte wenig geneigt sind, die landwirtschaftliche Tätigkeit einzustellen – selbst wenn das Einkommen aus Pacht oder Verkauf höher wäre als aus eigene Bewirtschaftung, und insbesondere, wenn sie außerhalb der Landwirtschaft keine weitere Beschäftigung finden, was besonders bei älteren Landwirten zu erwarten ist. Als Folge dieses Verhaltens ist das Volumen der Markttransaktionen geringer als unter neoklassischen Bedingungen und die Bodenpreise sind höher, da einer gegebenen Nachfrage ein – im Vergleich zu neoklassischen Bedingungen – verringertes Angebot gegenübersteht.

Es kann beobachtet werden, dass für Parzellenpacht höhere Pachtpreise als für Hofpachten gezahlt werden. Diese Beobachtung ist plausibel: Hofpachten orientieren sich mehr an der erwarteten durchschnittlichen Grundrente für eine Vielzahl von Parzellen; bei Parzellenpachten, und insbesondere bei kurzfristigen Pachtverträgen, ist die Zahlungsbereitschaft der potenziellen Pächter mehr am marginalen Deckungsbeitrag der zusätzlichen Flächen orientiert. Der marginale Deckungsbeitrag einer zusätzlichen Flächenausstattung kann erheblich über der Grundrente liegen, wenn im Betrieb freie Maschinenkapazitäten und Arbeitskapazitäten vorhanden sind.

3.5.3 Pfadabhängigkeit der Bodenpreisentwicklung

Von **Pfadabhängigkeit** wird gesprochen, wenn die vergangene Entwicklung bestimmter Variablen einen Einfluss auf die zukünftige Entwicklung hat. Im neoklassischen Modell ist die Vergangenheit nur für heutige Entscheidungen von Bedeutung, wenn dadurch gewinnorientierte Entscheidungen beeinflusst werden. So haben nach der Neoklassik Fixkosten, die durch Investitionen der Vergangenheit entstanden sind, keinen Einfluss auf heutige Entscheidungen. Heutige Entscheidungen orientieren sich lediglich an erwarteten Erlösen und Opportunitätskosten.

Für die Entwicklung der Bodenpreise spielt die heutige und vergangene Agrarstruktur eine Rolle. Eine Agrarstruktur, die durch **Realteilung** in der Vergangenheit beeinflusst wurde, besteht aus einer Vielzahl bäuerlicher Familienbetriebe. Da die Betriebsleiter – wie oben ausgeführt – häufig an der Scholle kleben, ist zu erwarten, dass in landwirtschaftlich kleinstrukturierten Regionen die Bodenpreise höher sind als in Regionen, in denen das **Anerbenrecht** gilt.

3.5.4 Die Bedeutung der Verfügungsrechte

Verfügungsrechte können in **Eigentumsrechte** und **Nutzungsrecht** klassifiziert werden. Das Eigentumsrecht kann individualisiert sein – wie weitgehend in Marktwirtschaften – oder es kann zentralisiertes Staatseigentum mit oder ohne **Allmende,** d. h. z. B. Eigentum einer Dorfgemeinschaft sein. Bei individualisiertem Eigentumsrecht ist der Eigentümer weitgehend frei in der Nutzung des Bodens und auch in der Übertragung des Eigentums oder auch nur des Nutzungsrechts. Bei zentralisiertem Staatseigentum ist das individuelle Eigentum am Boden nicht vorhanden. In der realen Ausprägung gibt es aber nicht diese klare Abgrenzung. Private Eigentumsrechte und Nutzungsrechte sind zu einem gewissen Grad in allen Ländern eingeschränkt, selbst in marktwirtschaftlich organisierten Ländern durch spezielle Agrar- und Umweltgesetze. Eine Beschränkung des Eigentums z. B. liegt vor, wenn der Eigentümer nicht frei in der Wahl eines Käufers ist und im Verhandeln über den Verkaufspreis. Eine Einschränkung des Nutzungsrechts besteht auch, wenn die Nutzung durch gesetzliche Auflagen oder auch nur durch Tradition eingeschränkt wird.

Einschränkungen von Eigentums- und Nutzungsrechten unterscheiden sich zwischen einzelnen Ländern erheblich. Es gibt Länder der ehemaligen Sowjetunion (Weißrussland, Tadschikistan, Usbekistan) in denen Privateigentum an landwirtschaftlichem Boden nicht zugelassen ist. In der Mongolei ist Privateigentum an Weideflächen nicht möglich. In den vielen ehemaligen planwirtschaftlichen Ländern war es für eine Reihe von Jahren nicht erlaubt, das zugeteilte Bodeneigentum zu verkaufen. In der Ukraine z. B. wurde ein Moratorium auf den Verkauf und Kauf von Land im Jahr 2001 verhängt und seitdem neunmal verlängert.[8] In zahlreichen Ländern ist der Kauf von Agrarflächen durch Ausländer verboten oder nur unter Auflagen möglich. In einigen Ländern werden Landtransaktionen von Behörden überprüft. Landwirten kann ein Vorkaufsrecht eingeräumt werden oder Nichtlandwirten kann auch in einzelnen Ländern der Kauf von Land untersagt werden.

Es ist offensichtlich, dass diese Regeln (Gesetze) einen Einfluss auf den Landmarkt haben. Einige dieser Gesetze unterdrücken sogar das Entstehen eines Landmarktes. Von Interesse ist aber nicht nur die Wirkung auf einen offiziellen Landmarkt – diese Wirkung kann Null sein, wenn es keinen Landmarkt gibt – sondern auch auf die private und gesamtwirtschaftliche Höhe der Grundrente. Im Folgenden sollen einige ausgewählte Beschränkungen der Funktion des Bodenmarktes analysiert werden.

[8] Am 31. März 2020 hat das Ukrainische Parlament ein neues Bodengesetzt verabschiedet, welches die Aufhebung des Moratoriums ab den 1. Juli 2021 vorsieht.

3.5.4.1 Unbeschränkte individuelle Nutzung des staatlichen Bodeneigentums

Bei unbeschränkter individueller Nutzung staatlichen Bodeneigentums kann sich nach Hardin (1968) bei individuellem und nicht kooperativem Gewinnstreben eine *Tragedy of the Commons* ergeben. Der Einzelne vergleicht bei individueller Nutzenmaximierung und Vernachlässigung der möglichen Aktivitäten anderer Nutzer des Allgemeineigentums den erwarteten privaten Nutzen mit den erwarteten Kosten. Er wird aufgrund dieser Überlegungen zu einer intensiveren Nutzung des Bodens neigen als bei privatem Eigentum. Als Konsequenz zeigt sich eine Überweidung und damit eine Verschlechterung der Ertragsfähigkeit des Bodens.

Natürlich wird in diesem Fall lediglich dann ein Allokationsproblem auftreten, wenn der Boden knapp wird, wenn also die marginale private Zahlungsbereitschaft bei der vorhandenen Landmenge größer als Null ist. Der Sachverhalt ist im Abb. 3.7 dargestellt. Die Darstellung geht zunächst von neoklassischen Bedingungen aus. Es wird also angenommen, dass der Boden homogen ist. Bei der vorhandenen Bodenmenge ($\overline{Q}$) ist die marginale Zahlungsbereitschaft Null. Eine solche Situation lag für die Weltlandwirtschaft in vergangenen Jahrtausenden vor. Für Jäger und Sammler sowie für die ersten Landwirte war Boden nicht knapp; es bestand daher keine Notwendigkeit, private Verfügungsrechte zu definieren. Die Abbildung macht auch deutlich, dass unbeschränkte private Nutzung des Bodens umso mehr zu Problemen führen kann, je höher die marginale Zahlungsbereitschaft bei vorhandener Bodenmenge ist.

Was sind weitere Konsequenzen nicht begrenzter privater Nutzungsrechte? In der Realität ist Boden natürlich nicht homogen. Es kann daher selbst in Ländern, die über eine relativ große Ausstattung an Land verfügen – wie die Mongolei – für qualitativ hochwertiges Land eine positive marginale Zahlungsbereitschaft vorliegen, aber nicht für Boden schlechter Qualität und ungünstiger Lage. Ein unbegrenztes Nutzungsrecht für Land kann daher – im Vergleich zu einer Situation mit Preisen für die Nutzung – eine Übernutzung des hochwertigen Landes und eine verringerte Nutzung ökonomisch

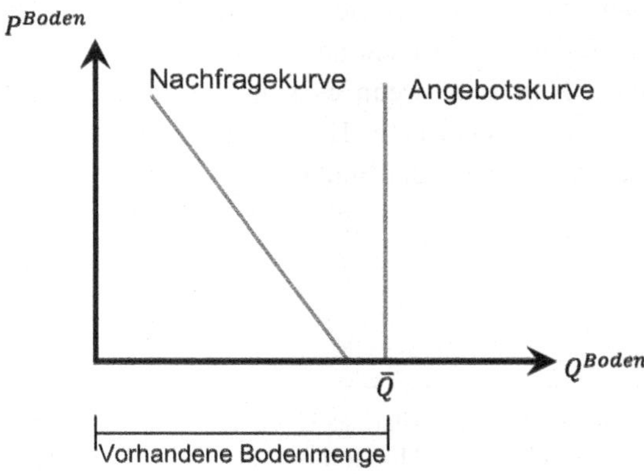

Abb. 3.7 Unbegrenzte Verfügungsrechte für Land bei nicht knapper Bodenmenge. (Quelle: Eigene Darstellung)

weniger wertvollen Landes bewirken. Da die Qualität des Landes auch durch die Entfernung von Verbrauchszentren, Wohnsiedlungen und Zugang zu Wasserversorgung bestimmt ist, führt das freie Nutzungsrecht zu einer geografisch unterschiedlichen intensiven Nutzung des Landes, mit Überweidung in einigen Regionen und geringer oder gar keiner Nutzung in anderen Regionen.

Bei unbeschränktem Nutzungsrecht gibt es natürlich keine Marktpreise für Boden, aber dennoch gibt es eine Grundrente. Jeder einzelne Bodennutzer kann berechnen, ob der erwartete Nutzen gleich oder höher als die variablen Kosten ist. Ist die Differenz positiv, liegt eine positive marginale Zahlungsbereitschaft vor. Die aggregierte marginale Zahlungsbereitschaft aller Nutzer einer gegebenen Landfläche wird allerdings geringer sein als bei individuell beschränkter Nutzung, da der von dem einzelnen Nutzer erwartete Ertrag durch die Nutzung anderer Nutzer geringer sein wird als bei beschränktem Zugang zu der Nutzung. Als Folge ergibt sich eine ineffiziente Nutzung des Landes, die sich selbst dann ergeben wird, wenn keine Übernutzung und im Zeitablauf sinkende Ertragskraft des Bodens auftreten. Es gibt keine privaten Anreize, die Ertragsfähigkeit des Bodens durch eine angemessene Bewirtschaftung im Zeitablauf zu optimieren.

Es wird sich nicht nur eine ineffiziente Landnutzung einstellen, sondern auch eine ineffiziente Nutzung anderer Faktoren. Der Viehbestand kann bei allgemeiner Bodenknappheit höher sein als bei durchgesetzten privaten Nutzungsrechten am Boden. Hinzu kommt, dass in Regionen – wie z. B. Zentralasien – bei hartem Winter die Futtergrundlage durch Beweidung nicht ausreichend ist und Tierverluste auftreten. Weiterhin wird sich ein Markt für Futtermittel, insbesondere Heu, nicht bilden, da die Heuproduktion bei uneingeschränkter Nutzung des Landes nicht durch private Wirtschaftssubjekte stattfinden kann. Nachteilig sind auch die Auswirkungen auf Investitionen und Zugang zu Krediten. Investitionen werden sich vornehmlich auf eine Vergrößerung der Zahl der Tiere, auf eine Verbesserung der Winterquartiere für die Tiere und auf Verbesserung der Vermarktungsmöglichkeiten, z. B. Transportmittel beschränken. Der Zugang zu Krediten ist begrenzt, da Boden nicht beliehen werden und somit Kreditgebern nicht als Sicherheiten angeboten werden kann. Bewirtschafter von Land mit uneingeschränkter Nutzung des Bodens werden daher bei Kreditaufnahmen, die z. B. in harten Wintern zum Kauf von Futtermitteln oder Lebensmitteln notwendig sein können, auf inoffizielle Kreditmärkte mit häufig hohen Zinsen beschränkt.

3.5.4.2 Staatseigentum und private Nutzung durch Kommunen

Staatseigentum kann auch zu unterschiedlicher Einschränkung individueller Nutzung des Landes – in der Regel Weideflächen – führen. Ein typischer Fall ist die **Allmende.** Eine Kommune darf z. B. Weideflächen in bestimmtem Flächenumfang nutzen, das Land ist aber in Staatseigentum, während die Tiere in Privateigentum sind. Als traditionelle Wirtschaftsform sind Allmenden heute noch im Alpenraum, auf der schwedischen Insel Gotland, vereinzelt im Nord- und im Südschwarzwald (Hotzenwald) und Südbayern, vor allem aber in ländlichen Gebieten der Entwicklungsländer verbreitet. Die Kommunen regeln die Nutzung. Private Tierhalter dürfen nur eine bestimmte Anzahl von Tieren halten. Ein solches System kann funktionieren, entscheidend ist aber, wie eine Anpassung an geänderte Umweltbedingungen (wie z. B. geänderte Tragfähigkeit der Landfläche oder verbesserte Leistungsfähigkeit der Tiere als Folge von Züchtungsfortschritten oder verbesserter Futtertechnik) umgesetzt wird. Solche Änderungen erfordern, dass gemeinschaftliche Änderungen in der Festlegung der Zahl der Tiere notwendig sind und dass die Zuteilung der Gesamtzahl der Tiere auf die einzelnen Eigentümer vorgenommen und durchgesetzt werden kann. Da aber technische Fortschritte in der Regel nicht von allen Produzenten erkannt und eingeführt werden, ist die Wahrscheinlichkeit groß, dass eine Bewirtschaftung der Allmende im Vergleich zu Privateigentum am Boden suboptimal ist und die gemeinschaftlich erwirtschaftete Grundrente niedriger ist als diejenige bei Privateigentum am Boden.

3.5.4.3 Staatseigentum und private Nutzung durch Pächter

Boden könnte grundsätzlich auch effizient genutzt werden, wenn der Nutzer nicht auch der Eigentümer ist. Bewirtschaftung durch Eigentümer der Flächen und Pächter ist in marktwirtschaftlichen Systemen weit verbreitet. Hier soll die spezielle Situation analysiert werden, wenn der Staat als Eigentümer der einzige Verpächter ist und nur Pachtflächen bewirtschaftet werden, eine solche Situation liegt z. B. in Israel vor.

Wenn eine effiziente Nutzung des Landes angestrebt wird, muss der Staat das Land an den potenziellen Pächter verpachten, von dem erwartet wird, dass er in der Zukunft das Land am effizientesten landwirtschaftlich nutzt. Zum Zeitpunkt des Abschlusses des Pachtvertrags hat der Staat aber keine Informationen über die zukünftige Bewirtschaftung durch potenzielle Pächter. Es kann angenommen werden, dass der wahrscheinlich effizienteste Pächter auch bereit wäre unter Wettbewerbsbedingungen den höchsten Pachtpreis zu zahlen. Der Staat als Anbieter müsste daher versuchen, die Zahlungsbereitschaft potenzieller Pächter zu ermitteln. Wenn der Staat die Transaktionskosten niedrig halten will, wird er möglichst ganze Betriebe oder große Flächen, die zu einer Betriebsgründung als ausreichend angesehen werden, anbieten. In der Regel werden sich dann aber nur wenige Interessenten melden. Es ist fraglich, ob diese Nachfrager wirklich ihre maximale Zahlungsbereitschaft offenbaren. Es scheint daher realistisch, dass der Staat einen bestimmten Pachtpreis fordert und in Verhandlungen mit potenziellen Pächtern tritt. Diese Situation liegt z. B. in der Bundesrepublik bei der Verpachtung von Domänen vor. Hier orientieren sich der Staat, bzw. die Bundesländer an marktüblichen Pachtpreisen oder beim Verkauf an geschätzten Bodenwerten. In die Schätzung gehen die Verkaufspreise der Vergangenheit ein.

Orientierung des Verkaufs oder der Verpachtung an vergangenen durchschnittlichen Preisen kann aber nicht zu einer effizienten Nutzung des Bodens führen. Heutige Marktpreise für langlebige Produktionsfaktoren orientieren sich nicht an Preisen, die in der

Vergangenheit gezahlt wurden, sondern an erwarteten monetären Erträgen und Kosten. Hinzu kommt, dass Durchschnittswerte der Vergangenheit ohnehin wenig Hilfe bei der Preisfindung bieten können. Marktpreise bilden sich durch Grenzanbieter und Grenznachfrager. Eine Orientierung an durchschnittlichen Preisen der Vergangenheit ist umso problematischer je größer die Unterschiede in den marginalen Zahlungsbereitschaften potenzieller Nachfrager in der Vergangenheit waren und je größere Änderungen des Status quo in der Zukunft erwartet werden. Auf große Unterschiede in der marginalen Zahlungsbereitschaft für Flächen deuten die erheblichen Unterschiede in den betrieblichen Erfolgszahlen in einzelnen Ländern hin. Durchschnittswerte der Vergangenheit sind daher wenig hilfreich für eine marktorientierte Preisfindung. Wie sich der Status quo zukünftig ändern wird, ist nicht prognostizierbar. Für den Nachfrager nach Boden ist die erwartete Grundrente von Bedeutung. Diese hängt – wie oben bereits aufgezeigt – von erwarteten Produktpreisen und technischen Fortschritten in der Bewirtschaftung des Landes ab, aber auch von den Opportunitätskosten der Arbeit und den Preisen, die für Inputs bezahlt werden müssen. Außerdem werden persönliche Präferenzen die marginale Zahlungsbereitschaft für Landflächen in einer bestimmten Region beeinflussen. Da die zukünftige Entwicklung der Bestimmungsfaktoren der Grundrente wesentlich von subjektiver Einschätzung abhängt, wird es eine große Varianz in der marginalen Zahlungsbereitschaft für Landpacht geben. Es wird dem Staat als alleinigem Anbieter von Pachtflächen daher nicht möglich sein, Pachtpreise zu vereinbaren, die zu optimaler Effizienz des Bodeneinsatzes führen.

Dies wird auch aus einem anderen Grund der Fall sein. Die zu einem bestimmten Zeitpunkt vereinbarten Pachtpreise hängen auch von der zu diesem Zeitpunkt erwarteten Entwicklung der Bestimmungsfaktoren der Grundrente und der Diskontraten ab. Da sich die erwartete Entwicklung im Zeitablauf ändert, verändern sich auch die optimalen Pachtpreise im Zeitablauf. Wenn demnach zu einem bestimmten Zeitpunkt langfristige Pachtpreise vereinbart werden, so können diese zwar zu diesem Zeitpunkt optimal sein, aber mit großer Wahrscheinlichkeit nicht zu späteren Zeitpunkten. Das Problem wird umso gravierender je längerfristig die Pachtverträge sind. Daraus könnte man schließen, dass kurzfristige Pachtverträge mehr der im Zeitablauf variablen Grundrente entsprechen als langfristige Verträge und daher zu einer höheren Allokationseffizienz beitragen. Bei der Wahl der Befristung der Pachtverträge ist aber zu bedenken, dass Pächter von Bodenflächen im Umfang eines landwirtschaftlichen Betriebes langfristige Verträge bevorzugen; eine effiziente Nutzung des Landes erfordert auch den Einsatz von Kapital in unterschiedlicher Form. Dieses Kapital ist zwar vor der Betriebsaufnahme vor Pachtbeginn variabel, aber danach quasi-fix. Der Wiederverkaufswert ist niedriger – und häufig erheblich niedriger – als der Buchwert. Die eingeschränkte Mobilität des Kapitals führt dazu, dass Hofpachten in der Regel langfristige Verträge sind. Diese Tatsache trägt aber dazu bei, dass der Staat als alleiniger Anbieter von Pachtland nicht in der Lage ist, einen Pachtpreis durchzusetzen, der zu gleicher Allokationseffizienz führt wie eine Agrarverfassung mit vollem Privateigentum.

3.5.5 Die Bedeutung von Pacht und Eigentum landwirtschaftlicher Flächen in marktwirtschaftlichen Systemen

In marktwirtschaftlichen Systemen besteht weitgehend uneingeschränktes Eigentum an landwirtschaftlich genutztem Boden. Das bedeutet aber nicht, dass die landwirtschaftlichen Betriebe lediglich Eigentumsflächen bewirtschaften. Der Pachtanteil variiert zwischen den Ländern erheblich, er liegt in den EU-Ländern zwischen 15 und 90 % (vgl. Tab. 3.2). Der Unterschied beschränkt sich aber nicht nur auf die Pachtanteile, sondern auch auf den Anteil von Hofpacht und Parzellenpacht an der gesamten Pachtfläche. Dieses Nebeneinander von Parzellenpacht und Hofpacht kann zu einer höheren Allokationseffizienz des Bodens im Vergleich zu nur Pacht oder nur Eigentum beitragen.

3.5.5.1 Bedeutung von Unsicherheit für die relative Vorzüglichkeit von Pacht im Vergleich zu Kauf

Die Unsicherheit des Landkäufers ist höher als die des Pächters, weil zum Zeitpunkt der Transaktion eine weit in die Zukunft reichende Entscheidung gefällt wird. Da auch mehr Kapital als bei der Pacht gebunden wird, sind die Folgen einer falschen Einschätzung zukünftiger Entwicklung größer als bei der Pacht. Die Relation zwischen Kauf- und Pachtpreisen wird zum einen durch die Unsicherheit der Marktpartner bestimmt, aber auch von der Agrarstruktur (siehe oben). Da die Unsicherheit und die Folgen einer falschen Einschätzung der Zukunft bei Zukauf von Parzellen geringer sind als bei Kauf von landwirtschaftlichen Betrieben, ist zu erwarten, dass in Regionen mit relativ großem Anteil von Eigentumsflächen und vornehmlich Parzellenpacht der Pachtpreis in Relation zum Kaufpreis relativ hoch ist.

Auffallend ist, dass die Kaufpreise für landwirtschaftliche Nutzflächen in den Niederlanden viel höher sind als in Dänemark. Laut Eurostat (2018) lag der durchschnittliche Preis pro Hektar landwirtschaftlicher Nutzfläche in den Niederlanden im Jahr 2016 bei ca.

Tab. 3.2 Anteile des Pachtlandes an der landwirtschaftlichen Fläche in EU Ländern (2007)

Anteil der Pachtflächen in %	EU Länder
15–30	Irland (16,5 %), Polen (27,5 %), Dänemark (28,3 %)
30–45	Österreich (31 %), Slowenien (31,8 %), Portugal (31,8 %), Spanien (33,6 %), Finnland (34,8 %), Italien (38,8 %), Niederlande (40,3 %)
45–60	Luxemburg (50,7 %), **EU (52,5 %)**, Schweden (53,4 %), Estland (59,8 %)
60–75	Litauen (60,1 %), Zypern (64,0 %), Ungarn (67,2 %), Belgien (74,1 %)
75–90	Malta (81,2 %), Frankreich (84,5 %), Tschechische Republik (87,9 %), Bulgarien (89 %)
Über 90	Slovakei (96,3 %)

Quelle: Střeleček et al. (2011)

63.000 €; zur gleichen Zeit lag dieser Durchschnittspreis in Dänemark bei ca. 22.000 €. In beiden Ländern ist die Landwirtschaft relativ effizient, sodass man annähernd gleiche Preise für landwirtschaftliche Nutzflächen bzw. zumindest keinen so großen Unterschied erwarten könnte. Der erhebliche Preisunterschied kann durch folgende institutionelle Regelungen erklärt werden. In Dänemark ist ein hoher Anteil der Bodenkäufe auf gesamte Betriebe konzentriert. Die Hofnachfolger – selbst, wenn sie Nachkommen des Eigentümers sind – erwerben den Betrieb von dem Vorgänger durch Kauf. In den Niederlanden konzentrieren sich die Landkäufe dagegen vornehmlich auf Parzellenkauf zur Vergrößerung einzelner Betriebe. Wie oben erläutert ist zu erwarten, dass die Preise für Parzellen höher sind als für Höfe. Weiterhin trägt zu den relativ niedrigen Kaufpreisen in Dänemark bei, dass die Transaktionen vornehmlich zwischen Familienmitgliedern stattfinden und daher persönliche Präferenzen den Preis mitbestimmen.

3.5.5.2 Die Bedeutung des Strukturwandels für die relative Vorzüglichkeit von Pacht im Vergleich zu Kauf

Landtransfer durch Pacht im Vergleich zu Kauf kann zu einer Beschleunigung des **Strukturwandels** führen. Landeigentümer werden eher geneigt sein – insbesondere in unsicheren Zeiten – Boden zu verpachten statt zu verkaufen. Es kann daher erwartet werden, dass der Umfang des Bodentransfers sich bei Unsicherheit der Anbieter und Nachfrager mehr auf Pacht und weniger auf Pacht konzentriert. Während z. B. in der EU-15 in den letzten Jahrzehnten etwa 7 % der Bodentitel übertragen wurden, waren es in Mittel- und Osteuropa weniger als 1–2 % (Schulze 1999). Die Unsicherheit in den Ländern Mittel- und Osteuropas hat auch dazu geführt, dass die Preisrelation zwischen Pacht- und Kaufpreisen in vielen Ländern sehr viel höher ist als in Deutschland.

3.5.5.3 Die Bedeutung von Transaktionskosten für die relative Vorzüglichkeit von Pacht im Vergleich zum Kauf

Transaktionskosten auf dem Bodenmarkt können unterschiedliche Gründe haben. Zum einen können unvollkommene Märkte solche Kosten verursachen und zum anderen gesetzliche Regelungen. Transaktionskosten verursacht durch unvollkommene Märkte liegen z. B. vor, wenn die wirtschaftliche und politische Situation im Land sehr unsicher ist und es daher nicht möglich ist, die Entwicklung der Bodenpreis bestimmenden Variablen – wie z. B. Produkt- und Faktorpreise – zu prognostizieren. Die Folge wird dann sein, dass Transaktionen auf dem Pachtmarkt vor denen auf dem Kaufmarkt präferiert werden.

Die Wirkung von Transaktionskosten auf Pacht- und Kaufmärkte ist in Abb. 3.8 aufgezeigt. Die Angebots- und Nachfragekurven werden für den Pachtmarkt und den Kaufmarkt sowohl ohne (S bzw. D) als auch mit Transaktionskosten ($S + T^S$ bzw. $D + T^D$) dargestellt. Es wird – im Einklang mit realen Beobachtungen – angenommen, dass die Transaktionskosten beim Kauf sowohl für Anbieter als auch für Nachfrager höher sind als bei Pacht (T^S und T^D sind höher im rechten Teil von Abb. 3.8). Auf beiden Märkten zeigt sich, dass der Transfer von Boden als Folge der Transaktionskosten (Q^1) geringer

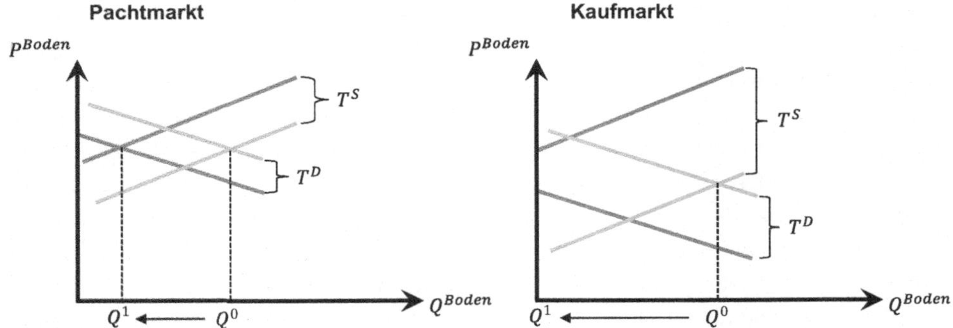

Abb. 3.8 Bedeutung der Transaktionskosten für den Umfang der Transaktionskosten auf dem Landmarkt. (Quelle: Eigene Darstellung)

ist, als er ohne Transaktionskosten wäre (Q^0). Ferner zeigt sich, dass dieser Rückgang auf dem Kaufmarkt aufgrund der höheren Transaktionskosten dort am stärksten ist. Es kann sich sogar eine Situation ergeben, bei der auf dem Kaufmarkt und eventuell auch auf dem Pachtmarkt keine Transaktionen getätigt werden (wie im rechten Teil von Abb. 3.8). Tatsächlich war in einigen Transformationsländern zu beobachten, dass landwirtschaftlich nutzbarer Boden brachlag, obwohl es Betriebe gab, die grundsätzlich bereit waren, ihre Landflächen zu erweitern.

Zu einer solchen Situation kann es aus zwei Gründen kommen. Zum einen können die Eigentumsrechte nicht gesichert sein. Verpächter können nicht sicher sein, dass die Pachtzahlung auch geleistet wird, das Pachtland auch zum Ende der Vertragszeit in gutem Zustand wieder übergeben wird. Der Käufer kann nicht sicher sein, ob er bei nicht eindeutig festgelegten Eigentumsrechten auch rechtmäßig der Eigentümer wird. Doch auch wenn die Eigentumsrechte eindeutig sind, kann es zweitens bei hoher Unsicherheit auf den Märkten zu ungenutzten Landparzellen kommen. Wie oben ausgeführt, werden die Verpächter kurzfristige anstelle langfristiger Pachtverträge bevorzugen. Da aber häufig der Boden in Transformationsländern in den ersten Jahren bei intensiverer Bewirtschaftung wenig ertragreich ist und erst nach einigen Jahren der Bewirtschaftung voll ertragreich ist, sind potenzielle Pächter nicht an kurzfristigen Verträgen interessiert.

3.5.5.4 Die Bedeutung des Kapitalbedarfs und des Zugangs zum Kreditmarkt für die relative Vorzüglichkeit von Pacht im Vergleich zum Kauf

Moderne Landwirtschaft in marktwirtschaftlichen Ländern gehört zu den kapitalintensivsten Wirtschaftssektoren. Landwirte auf effizienten Betrieben sind daher in der Regel auf den Einsatz von Fremdkapital angewiesen. Der Zugang zum Kapitalmarkt ist bei hohem Anteil von Eigenkapital einfacher als bei weitgehender Fremdfinanzierung.

Pachtbetriebe haben daher einen schlechteren Zugang zum Kapitalmarkt als Betriebe mit umfangreichen Eigentumsflächen. Dieser Nachteil für Pachtbetriebe im Vergleich zu Betrieben mit Eigentumsflächen kann aber gesamtwirtschaftlich bei gut funktionierenden Kapitalmärkten ein Vorteil sein. Je mehr sich die Kreditgeber vornehmlich an der Sicherheit der Kreditrückzahlung und daher an der Höhe des Eigenkapitals orientieren und nicht vornehmlich an der erwarteten Rentabilität der mit dem Kredit finanzierten Investition, kann es zur Kreditierung von unrentablen Investitionen bei Betrieben mit hohem Eigentumsflächenanteil und zur Nichtkreditierung von Pachttrieben kommen. Diese Tatsache hatte eine besondere Bedeutung in Regionen und Ländern während der Zeit der Transformation von Planwirtschaften zu Marktwirtschaften. So hatten die neuen Genossenschaften in der ehemaligen DDR besondere Probleme bei der Kreditaufnahme. Die Betriebe waren nicht Eigentümer der Flächen; diese gehörten entweder Alteigentümern oder ehemaligen Eigentümern nach DDR-Recht oder dem Staat. Außerdem konnte die Leitung der Betriebe die Kreditwürdigkeit nicht durch vergangenes Verhalten in marktwirtschaftlichen Systemen untermauern.

3.6 Staatliche Eingriffe auf den Agrarprodukt- und Faktormärkten in der BRD und EU

Staatliche Eingriffe auf Produkt- und Faktormärkten sind selbst in marktwirtschaftlich orientierten Ländern verbreitet. Durch ausgewählten Instrumenteneinsatz soll eine verbesserte Verwirklichung agrarpolitischer Ziele erreicht werden. Bei der Wahl der Instrumente wird aber häufig nicht bedacht, dass Eingriffe auf den Produktmärkten auch zu Änderungen auf den Faktormärkten führen und insbesondere die Bodenpreisbildung beeinflussen. Oben wurde bereits gezeigt, wie sich in dem einfachen neoklassischen Modell Produktpreisänderungen in Bodenpreisänderungen niederschlagen. Im Folgenden soll gezeigt werden, wie sich Produktionsquotierungen, Flächenstilllegungsprogrammen und direkte Einkommensübertragungen auf die Bodenpreisbildung wirken.

3.6.1 Produktionsquotierungen und Bodenpreise

Quotierung von landwirtschaftlicher Produktion wird von Politikern nur dann erwogen, wenn die Inlandspreise über dem Niveau der Weltmarktpreise gesetzt werden, wenn also politische Preise gelten, und wenn bei diesen Preisen die Inlandsproduktion größer wäre als die Inlandsnachfrage. So wurde 1984 in der EU eine Quotierung der Milchproduktion eingeführt, um die subventionierten Exporte von Milchprodukten zu verringern.[9] Natürlich hätte man auch die Exportmengen durch Preissenkungen für Milchprodukte

[9]In ▸ Kap. 8 werden Folgen der früheren EU-Zuckerquote ausführlich diskutiert.

(Butter und Magermilchpulver) verringern können, doch wurde diese Alternative von Politikern trotz Empfehlung von Wissenschaftlern nicht gewählt. Man wollte ein zu starkes Sinken der landwirtschaftlichen Einkommen verhindern. Im Folgenden wird gezeigt, dass eine Quotierung der Produktion vornehmlich zu einer Senkung der Grundrente führt.

Ausgangspunkt der Analyse ist Abb. 3.9. Auf dem Produktmarkt (linke Seite der Abbildung) liegt bei politisch gesetzten Inlandspreisen (P^D) das Angebot (Q^A) über der Nachfrage (Q^N). Der Exportüberschuss ($Q^A - Q^N$) muss durch Zahlung von Exporterstattungen in Höhe von $P^D - P^W$ auf dem Weltmarkt zu Preisen von P^W verkauft werden. Dem Staat entstehen somit Ausgaben in Höhe von $\left(P^D - P^W\right)\left(Q^A - Q^N\right)$.

Um die Ausgaben zu verringern, beschließen die Agrarpolitiker, die Produktionsmenge durch staatliche Vorgaben zu beschränken. Von nun an benötigen Produzenten von Milch eine Lizenz, um eine bestimmte Menge zu produzieren. In der Abbildung wird angenommen, dass die aggregierte neue Produktionsmenge $\overline{Q}$ sei. Landwirte benötigten somit zur Produktion von Milch nicht nur die originären Produktionsfaktoren Arbeit, Boden und Kapital, sondern auch Lizenzen für die Produktion von $\overline{Q}$. Die Quotierung bedeutete somit inhaltlich die Einführung eines weiteren Produktionsfaktors. Während vor der Quotierung die Wertschöpfung der Milch produzierenden Betriebe identisch mit der Summe der Faktoreinkommen bestehend aus Arbeits-, Kapital- und Bodeneinkommen war, fällt mit Einführung der Quotierung ein Teil der Wertschöpfung dem Wert der Lizenzen zu. Dabei ist es – bei Vernachlässigung von Transaktionskosten – unerheblich, ob die Quoten gehandelt werden dürfen oder nicht. Entscheidend ist lediglich, ob eine individuelle Zahlungsbereitschaft für zusätzliche Produktionsrechte besteht. Die Zahlungsbereitschaft (*ZB* in Abb. 3.9) ist ablesbar an der Differenz zwischen Grenzkosten und Marktpreis bei der Menge $\overline{Q}$. Die Produzenten könnten bei Ausweitung der Produktion über $\overline{Q}$ einen höheren Deckungsbeitrag erwirtschaften; sie sind daher bei der Zielsetzung Gewinnmaximierung bereit, einen Preis für die Berechtigung, die

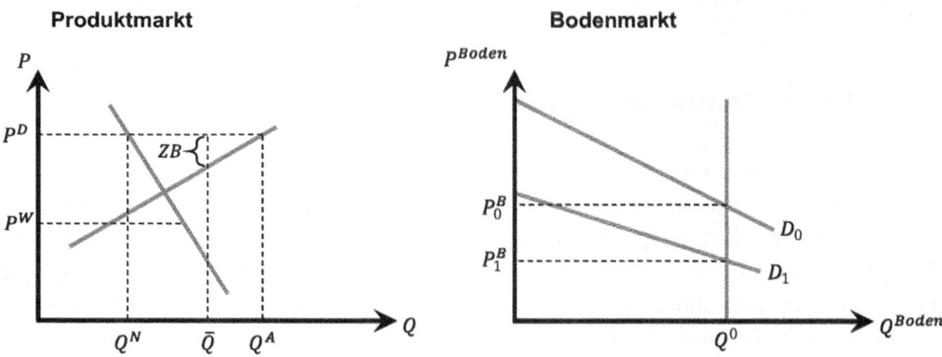

Abb. 3.9 Wirkung einer Produktquotierung auf die Bodenpreise. (Quelle: Eigene Darstellung)

Produktionsmenge auszudehnen, zu zahlen. Das Recht zu produzieren kann somit als zusätzlicher Produktionsfaktor betrachtet werden. Die zu klärende Frage ist, wie die Wertschöpfung mit Quotierung auf die vier Produktionsfaktoren aufgeteilt wird.

Oben wurde bereits aufgezeigt, dass Bodeneinkommen als Residualeinkommen betrachtet werden kann. Erfolgt z. B. die Entlohnung der Faktoren nach den Opportunitätskosten und haben sich diese als Folge der Quotierung nicht verändert, wird lediglich der Einsatz von Arbeit und Kapital sinken. Wie in der rechten Seite von Abb. 3.9 zu sehen ist, wird der reduzierte Einsatz von Arbeit und Kapitel zu einem Rückgang der Wertgrenzproduktivität des Bodens und somit der Nachfrage nach Boden führen (von D_0 auf D_1) und schließlich zu fallenden Bodenpreisen (von P_0^B auf P_1^B). Erfolgt die Entlohnung von Arbeit und Kapital nicht vollkommen in Höhe der Opportunitätskosten, d. h. ist die Mobilität dieser Faktoren begrenzt, dann verringert sich als Folge der Quotierung auch das Arbeits- und Kapitalentgelt.

3.6.2 Wirkung von Flächenstilllegungspolitiken

Eine staatlich verordnete Nichtnutzung eines Teiles der landwirtschaftlichen Nutzfläche wurde in der EU erstmalig 1988 beschlossen, um die Exportmengen von Agrarprodukten und die damit verbundenen Exporterstattungen zu reduzieren. Den Landwirten wurden Anreize gegeben, um Flächen aus der Produktion zu nehmen. 1992 wurde die **Flächenstilllegung** als Teil der sog. MacSharry-Reformen obligatorisch. Schließlich wurde die Flächenstilllegung 2008 im Zuge der sog. Health Check-Reform der Gemeinsamen Agrarpolitik abgeschafft.

Zunächst soll überprüft werden, wie eine obligatorische Flächenstilllegung ohne Anreize (d. h. ohne Prämienzahlung) auf die Bodennutzungspreise wirkt.

Obligatorische Flächenstilllegung ohne Prämienzahlung

Wird die Flächennutzung per Gesetz um x Prozent reduziert, wird sich kurzfristig bei unverändertem Arbeits- und Kapitaleinsatz das Bodeneinkommen insgesamt erhöhen, verringern oder konstant bleiben. Die Wirkung hängt von der Preiselastizität der Bodennachfrage ab. Einschlägige Studien zeigen, dass die Preiselastizität der Bodennachfrage absolut kleiner als Eins ist. Das gesamte Bodeneinkommen wird daher aufgrund einer obligatorischen Flächenstilllegung steigen.

Langfristig würden sich bei vollkommener Mobilität von Arbeit und Kapital andere Wirkungen einstellen. Oben wurde bereits ausgeführt, dass das Bodeneinkommen ein Residualeinkommen ist. Wird Arbeit und Kapital nach den Opportunitätskosten entlohnt, führt die Flächenstilllegung zu verringertem Einsatz von Arbeit und Kapital. Bei homogenen Faktoren und linear homogener Produktionsfunktion würde der Rückgang des Faktoreinsatzes für alle Faktoren prozentual gleich hoch sein, wie die staatlich verordnete Flächenstilllegung. Der Bodennutzungspreis wäre dann nach Anpassung genauso hoch wie ohne Flächenstilllegung. Da aber insbesondere die Mobilität der

Arbeit begrenzt ist, würde eine Flächenstilllegung ohne Prämie auch langfristig zu erhöhten Bodennutzungspreisen führen.

Freiwillige Flächenstilllegung und Prämienzahlung
Die langfristige Erhöhung der Bodennutzungspreise wird noch ausgeprägter sein, wenn die Flächenstilllegung freiwillig ist und Landwirte in Abhängigkeit von der Qualität der Flächen eine Prämie erhalten. Ein solches System galt in der Bundesrepublik von 1988 bis 1992. Die Höhe der Prämie wurde in Anlehnung an die ökonometrisch ermittelte Relation zwischen Bodenzahlen und Deckungsbeitrag in einzelnen Regionen ermittelt. Je größer die Bodenzahl, umso höher war die Prämie pro ha, da eine lineare Beziehung zwischen Bodenzahl und Deckungsbeitrag je ha erwartet wurde. Diese Beziehung wurde auch mithilfe einer Einfachregression ermittelt; das Ergebnis ergab einen signifikanten Regressionskoeffizienten. Möglicherweise hatte man jedoch übersehen, dass eine Vielzahl von Beobachtungsvariablen nicht direkt auf der Regressionsgeraden liegt, sondern um die Gerade gestreut ist. Das Angebot, Flächen freiwillig stillzulegen und die Prämie zu beantragen, wird bei rationalem Verhalten nur von den Landwirten angenommen, die unterdurchschnittlich hohe Deckungsbeiträge erwirtschaften, d. h. solche deren Beobachtungspunkte unterhalt der Regressionsgeraden liegen. Die Folge war, dass eine Überkompensation vorlag und der Bodennutzungspreis auch nach Anpassung als Folge der Maßnahme stieg.

3.6.3 Wirkung von direkten produktionsneutralen Einkommensübertragungen im Vergleich zu Produktpreissenkungen

Mit Beginn der MacSharry-Reform von 1992 ist man schrittweise von Preisstützung zu direkten Einkommensübertragungen übergegangen. Die erste Preissenkung bei Getreide (um 30 %) wurde durch an die Getreideanbaufläche gebundene Direktzahlungen kompensiert. Die Absicht war, den entstandenen Einkommensverlust der Produzenten voll zu ersetzen. Die Wirkung der Änderung des agrarmarktpolitischen Instruments auf die Bodennutzungspreise hängt weitgehend von der Ausgestaltung der Direktzahlungen und deren Höhe im Vergleich zu der Maßnahme, die vor der Änderung eingesetzt wurde, ab.

Bei der Bemessung der Höhe der Preisausgleichszahlungen gab es drei grundsätzliche Probleme: Erstens brauchte man Informationen über die Höhe der Getreideerträge in den einzelnen Regionen vor der Änderung. Diese Informationen lagen verlässlich für Regionen in den alten Bundesländern vor. Die vergleichbaren Informationen für die neuen Bundesländer waren dagegen als Basis für die Berechnung nicht akzeptabel, da die dortigen Betriebe nach der Wende noch nicht genügend Zeit hatten, sich an marktwirtschaftliche Bedingungen anzupassen. In der Statistik war aber nachzuweisen, dass die Regionen in den Neuen Bundesländern vor Beginn des 2. Weltkriegs höhere Erträge erwirtschafteten als die Betriebe in den Alten Bundesländern. Man ging daher bei der Berechnung der Höhe der Preisausgleichszahlungen davon aus, dass sich die gleiche Ertragsrelation zwischen Ost und West wie vor 1938/39 wieder nach Anpassung einstellen würde. Die Regionen in den Neuen Bundesländern wurden daher unabhängig von dem Entwicklungspotenzial zunächst eindeutig überkompensiert.

Zweitens hätte man Informationen über den Rückgang der Erträge als Folge der Preissenkung benötigt. Da man diese Informationen nicht hatte, ging man davon aus, dass die Erträge nicht von der Höhe der Preise beeinflusst werden würden. Diese Annahme ist kurzfristig auch realistisch. Es führte aber zu einer Überschätzung der Höhe der Einkommensverluste und damit der Preisausgleichszahlung.

Drittens brauchte man Informationen über die tatsächliche Senkung der Erzeugerpreise. Man ging davon aus, dass die Senkung der politisch gesetzten Preise – die Senkung der Interventionspreise – identisch mit der Senkung der Erzeugerpreise sein würde. Diese Annahme war durch die Fakten der Vergangenheit nicht zu erwarten und wurde auch durch die Senkung der Interventionspreise nicht bestätigt. Auch aus diesem Grund kam es daher in Ost und West, aber in Ost mehr als in West, zu einer weiteren Überkompensation.

Die Überkompensation hatte eine tendenzielle Erhöhung des Durchschnitts der Bodennutzungspreise zur Folge, aber auch eine Änderung des Grundrentenprofils. Landwirte, die in ihren Regionen aufgrund ihrer Qualifikation überdurchschnittliche Erträge erzielten, wurden im Vergleich zum Durchschnitt der Landwirte unterkompensiert, während unterdurchschnittliche Landwirte überkompensiert wurden. Als Folge dürfte die Eigennachfrage nach Land zugenommen haben mit weiter preiserhöhender Wirkung.

3.7 Schlagwörter und Begriffe

- Allmende
- Anerbenrecht
- Bodennutzungspreis
- Deckungsbeitrag
- Direkte Einkommensübertragungen
- Diskontierte Summe aller zukünftigen Grundrenten
- Diskontrate
- Eigentumsrechte
- Erwartungshaltung der Landwirte
- Flächenstilllegung
- Grundrente
- Grundrententheorie
- Hofpacht
- Intensitätsrente
- Kaufpreis

- Lagerente
- Nutzungsrechte
- Pachtpreis
- Parzellenpacht
- Pfadabhängigkeit
- Qualitätsrente
- Quotierungen
- Realteilung
- Rente
- Residualeinkommen
- Strukturwandel
- Tragedy of the Commons
- Verfügungsrechte

3.8 Übungsaufgaben

Fragen

1. In der amerikanischen Literatur wird behauptet, dass sich staatlich erhöhte Agrarpreise vornehmlich in einer Erhöhung der Bodenpreise niederschlagen. Begründen Sie diese Behauptung! (Berücksichtigen Sie die einzelnen Faktorangebotsfunktionen!). Erklären Sie, warum aus institutionellen Gründen die Überwälzung nicht vollkommen sein wird.
2. Zeigen Sie, welche Wirkung ein Verbot für Ausländer oder Nicht-Landwirte, Land zu kaufen, auf die Landpreise haben wird.
3. Erklären Sie, dass obligatorische Flächenstilllegung unter neoklassischen Bedingungen (vollkommene Information, vollkommene Mobilität der Faktoren und homogener Boden) langfristig keinen Einfluss auf die Höhe der Bodenpreise haben würde. Warum wird sich in der Realität ein anderes Ergebnis einstellen?
4. Erklären Sie, dass unter neoklassischen Bedingungen eine Direktzahlung, die an die Fläche gebunden ist, sich voll in einer Änderung der Bodenpreise niederschlägt. Warum wird sich in der Realität ein anderes Ergebnis einstellen?
5. Diskutieren Sie folgendes Zitat: „Ein asymmetrischer Kauf von Ackerboden liegt vor, wenn Preise aufgerufen werden, die ein Mehrfaches über dem Betrag liegen, der sich mit landwirtschaftlicher Produktion refinanzieren ließe.“ (Bachmann 2014, S. 3)
6. Erklären Sie mithilfe der Grenzproduktivitätstheorie, warum kleinere landwirtschaftliche Betriebe geneigt sein müssten, höhere Pacht- und Bodenpreise zu zahlen als größere landwirtschaftliche Betriebe. Warum kann man diese Erwartung durch die Realität nicht bestätigen? Geben Sie einige Gründe an!

7. 1993 wurde die sogenannte MacSharry-Reform der EU-Agrarpolitik eingeführt. Im Rahmen dieser Reform wurde unter anderem die Preisstützung für Getreide gesenkt und die Landwirte wurden mit flächenbezogene direkte Einkommensübertragungen für die dadurch entstehenden Einkommenseinbußen kompensiert. Welche Auswirkung auf die in Abschn. 3.4 diskutierte implizite Diskontrate (siehe Abb. 3.6) wird die Einführung der MacSharry-Reform gehabt haben?
8. Nehmen Sie an, dass der Staat eine Prämie für unbegrenzt große Flächenstilllegung zahlt. Die Prämie sei höher als die zuvor gezahlten Pachtpreise. Welche Wirkung wird diese Maßnahme für die Bodennutzung haben?

Literatur

Bachmann G (2014) Abgestimmte Strategie für die Böden fehlt. Ernährungsdienst Agrar-zeitung, 8. August 2014.

BLE (Bundesanstalt für Landwirtschaft und Ernährung) (versch. Jg.) Statistik über die praktische Berufsbildung in der Landwirtschaft der Bundesrepublik Deutschland. BLE, Bonn.

BMEL (Bundesministerium für Ernährung und Landwirtschaft) (versch. Jg.) Statistik der Fachschulen in der Land- und Forstwirtschaft und in der ländlichen Hauswirtschaft. BMEL, Berlin.

Eurostat (2018) Land prices vary considerably between and within Member States. Eurostat Newsrelease 48/2018. Eurostat, Luxembourg. https://ec.europa.eu/eurostat/documents/2995521/8756523/5-21032018-AP-EN.pdf/b1d0ffd3-f75b-40cc-b53f-f22f68d541df. Zugegriffen am 10. November 2020.

Ivanic M, Martin W (2014) Short- and Long-Run Impacts of Food Price Changes on Poverty. World Bank Policy Research Working Paper No. 7011, World Bank Development Research Group, Washington DC. https://openknowledge.worldbank.org/handle/10986/20350. Zugegriffen 9. November 2020.

Lence SH, Miller DJ (1999) Transaction Costs and the Present Value Model of Farmland: Iowa, 1990 - 199. American Journal of Agricultural Economics 81: 257–272.

Niehans J (1966) Eine vernachlässigte Beziehung zwischen Bodenpreis, Wirtschaftswachstum und Kapitalzins. Schweizerische Zeitschrift für Volkswirtschaft und Statistik 102: 1–10.

Ricardo D (2004) Principles of Political Economy and Taxation. Dover Publications, Mineola. Neudruck nach Ausgabe von 1817.

Statistisches Bundesamt (versch. Jg.) Statistisches Jahrbuch. Statistisches Bundesamt, Wiesbaden.

von Thünen JH (1910) Der isolierte Staat in Beziehung auf Landwirtschaft und Nationalökonomie. Gustav Fischer Verlag, Jena. Neudruck nach Ausgabe von 1850.

Schulze E (1999) Zur Entwicklung von Boden- und Pachtmärkten in mittel- und osteuropäischen Ländern. Vortrag auf dem 13. Mittel- und Osteuropäischem Seminar, IAMO, Halle. https://www.uni-kiel.de/agrarmarketing/Gewisola99/posterschulze.pdf. Zugegriffen am 10. November 2020.

Střeleček F, Lososova J, Zdeněk R (2011) Farm land rent in the European Union. Acta Universitatis Agriculturae et Silviculturae Mendelianae Brunensis 59: 309–318.

Weersink A, Clark S, Turvey CG, Sarker R (1999) The Effect of Agricultural Policy on Farmland Values. Land Economics 75: 425–439.

4 Besonderheiten der landwirtschaftlichen Arbeitsmärkte

Ulrich Koester und Stephan von Cramon-Taubadel

Zusammenfassung

In diesem Kapitel werden die Besonderheiten der Preisbildung auf landwirtschaftlichen Arbeitsmärkten erläutert. Zunächst wird die Preisbildung auf landwirtschaftlichen Arbeitsmärkten unter neoklassischen Annahmen abgeleitet. Besonderes Augenmerk wird dabei auf das Entscheidungsproblem der Landwirte bei der Wahl zwischen selbstständiger landwirtschaftlicher und abhängiger nicht-landwirtschaftlicher Beschäftigung gelegt. Anschließend werden die neoklassischen Annahmen gelockert und die Auswirkungen von Transaktionskosten, Institutionen und ausgewählte agrarpolitische Maßnahmen auf landwirtschaftliche Arbeitsmärkte untersucht. Die Folgen von Konjunkturschwankungen für die Arbeitsentgelte der in der Landwirtschaft tätigen Personen werden mittels eines mathematischen Modells abgeleitet.

4.1 Einleitung und Lernziele

Landwirtschaftliche Arbeitsmärkte spielen für die Gestaltung der Agrarpolitik in der Mehrzahl der weitgehend marktwirtschaftlich organisierten Länder eine besondere Rolle. So ist die Bundesregierung nach Paragraph 1 des heute noch gültigen **Land-**

U. Koester
Universität Kiel, Kiel, Deutschland
E-Mail: UKoester@ae.uni-kiel.de

S. von Cramon-Taubadel (✉)
Universität Göttingen, Göttingen, Deutschland
E-Mail: scramon@gwdg.de

U. Koester und S. von Cramon-Taubadel (Hrsg.), *Agrarpreisbildung*,
https://doi.org/10.1007/978-3-658-33211-2_4

wirtschaftsgesetz von 1955 verpflichtet, mit den Mitteln der allgemeinen Wirtschafts- und Agrarpolitik die soziale Lage der in der Landwirtschaft tätigen Menschen an die vergleichbarer Berufsgruppen anzugleichen. Damit wird implizit unterstellt, dass der Marktmechanismus ohne staatliche Eingriffe nicht zu der gewünschten Entlohnung der Arbeitskräfte in der Landwirtschaft führt.

Für die EU-Agrarpolitik gibt es entsprechende Zielsetzungen. Im EWG **Vertrag von Rom** aus dem Jahr 1957 heißt es bezüglich der Arbeitsmärkte in Artikel 39:

„Ziel der gemeinsamen Agrarpolitik ist es:

a. die Produktivität der Landwirtschaft durch Förderung des technischen Fortschritts, Rationalisierung der landwirtschaftlichen Erzeugung und den bestmöglichen Einsatz der Produktionsfaktoren, insbesondere der Arbeitskräfte, zu steigern;
b. auf diese Weise der landwirtschaftlichen Bevölkerung, insbesondere durch Erhöhung des Pro-Kopf-Einkommens der in der Landwirtschaft tätigen Personen, eine angemessene Lebenshaltung zu gewährleisten". (EU Kommission 1957).[1]

In diesem Kapitel wird gezeigt:

Übersicht

- wie sich die Preise auf dem Arbeitsmarkt bei Gültigkeit einfacher Annahmen eines neoklassischen Modells bilden,
- welche Besonderheiten auf den landwirtschaftlichen Märkten die Preisbildung auf den landwirtschaftlichen Arbeitsmärkten beeinflussen,
- wie landwirtschaftliche Arbeitsmärkte zusätzlich durch Institutionen und ausgewählte agrarpolitische Maßnahmen beeinflusst werden.

Der folgende Text soll sich mit den Besonderheiten der Preisbildung für landwirtschaftliche Arbeitskräfte beschäftigen. In den ersten Abschnitten wird analysiert, welche Entlohnung der Arbeitskräfte sich ohne staatliche Eingriffe ergeben würde. Aus didaktischen Gründen wird zunächst davon ausgegangen, dass eine geschlossene Volkswirtschaft mit einem relativ kleinen Agrarsektor vorliegt. Ebenfalls aus didaktischen Gründen wird zu Beginn auch ein einfaches neoklassisches Modell bei vollkommenen Märkten angenommen. Die einfachen Annahmen werden anschließend schrittweise aufgegeben.

[1]Artikel 39 des Vertrags von Rom hat alle bisherigen Änderungen der EWG- bzw. EU-Verträge ohne Anpassung überlebt, lediglich seine Nummerierung wurde zwischendurch geändert. Ein Überblick über die verschiedenen EWG- bzw. EU-Verträge bietet das Europäische Parlament (2020). Der derzeit gültige *Vertrag über die Arbeitsweise der Europäischen Union* ist unter EU-Kommission (2012) abrufbar.

Natürlich kann man die Preisbildung auf landwirtschaftlichen Arbeitsmärkten in der Realität nicht losgelöst von der Vielzahl der vorhandenen Institutionen in den untersuchten Ländern erklären. Ab Abschn. 4.7 werden daher ausgewählte *embedded institutions* nach Williamson (2000) im Hinblick auf die Beeinflussung der Preisbildung auf dem landwirtschaftlichen Arbeitsmarkt dargestellt.[2] Landwirtschaftliche Arbeitsmärkte werden in der Realität auch durch institutionelle Rahmenbedingungen (*institutional environment* nach Williamson 2000), wie z. B. Gesetze, beeinflusst. Einige dieser Institutionen, die von besonderer Bedeutung sind, werden bei einer Erweiterung der neoklassischen Modelle für die Preisbildung auf landwirtschaftlichen Arbeitsmärkten berücksichtigt.

4.2 Preisbildung auf landwirtschaftlichen Arbeitsmärkten bei neoklassischer Betrachtungsweise: Annahmen

Es wird zunächst von folgenden Annahmen ausgegangen:

a. Die Preise für alle landwirtschaftlichen Produkte und Produktionsfaktoren bilden sich auf vollkommenen Märkten.
   I. Die Akteure auf diesen Märkten sind Gewinn- bzw. Nutzenmaximierer,
   II. ihre Nutzenfunktionen sind sozial unabhängig,
   III. es liegen keine persönlichen, sachlichen oder zeitlichen Präferenzen vor, und
   IV. die Information ist vollkommen.
b. Die Produktions- und Nutzenfunktionen sind linear homogen und doppelt differenzierbar. Die Grenzproduktivitäten der Faktoren sinken demnach mit steigendem partiellen Faktoreinsatz, die Grenznutzen der konsumierten Güter mit steigender Gütermenge und der Grenznutzen der Freizeit sinkt mit steigender Freizeit.
c. Die Akteure können auf Änderungen der Marktdaten sofort ohne Berücksichtigung von Transaktionskosten reagieren.
d. Die zu betrachtenden Produkte und Faktoren sind homogen; daraus folgt, dass die Arbeit eines einzelnen Anbieters oder Nachfragers von Arbeit unendlich teilbar ist und durch die Arbeit jedes anderen Anbieters eins-zu-eins substituiert werden kann. Ferner haben die Eigentumsverhältnisse der Produktionsfaktoren, insbesondere von Boden, keine Bedeutung für die Beschäftigung und deren Preis.
e. Arbeitskräfte sind vollkommen mobil.
f. Es liegen keine staatlichen Preis- oder Mengeneingriffe auf dem Arbeitsmarkt vor. Daraus folgt, dass die Wertgrenzproduktivität der Arbeit gleich dem Nettoentgelt der

[2] Zur Klassifizierung von Institutionen nach Williamson siehe auch Kap. 1.

Arbeit ist. Dies führt zu dem Ergebnis, dass die Entlohnung bei Vollbeschäftigung den Opportunitätskosten entspricht.

g. Die Preise bilden sich bei vollständiger Konkurrenz. Es gibt demnach keine Marktmacht auf den einzelnen Märkten.

4.3 Das Problem selbständiger Beschäftigung in der Landwirtschaft bei neoklassischen Bedingungen

Landwirte in marktwirtschaftlichen Volkswirtschaften arbeiten weitgehend selbständig als Eigentümer oder Pächter des Betriebes. Der optimale Einsatz der Arbeit soll im Folgenden mithilfe des neoklassischen Modells dargestellt werden.

Zur Einführung wird zunächst von einem Ein-Perioden-Modell ausgegangen. Ein Individuum hat die Nutzenfunktion:

$$U = U(Y, F) \tag{4.1}$$

mit:

U = Nutzen.
Y = Realeinkommen.
F = Freizeit.

Das **Realeinkommen** charakterisiert das Güterbündel, das sich das Individuum mit einem gegebenen Einkommen Y beschaffen kann. Da wir ein Ein-Perioden-Modell betrachten, gibt es keine Ersparnis; das gesamte Einkommen wird somit für den Kauf von Konsumgütern ausgegeben. Es wird angenommen, dass das Individuum seinen Nutzen maximieren will. Weiterhin wird angenommen, dass die Präferenzen des Individuums eine substitutive Beziehung zwischen dem Einkommen und der Freizeit beinhalten; dieses wird durch die vom Ursprung her gesehene Konvexität der Indifferenzkurve I in Abb. 4.1 zum Ausdruck gebracht[3]. In der Praxis bedeutet dies, dass das Individuum bereit ist, auf relativ viel Einkommen zu verzichten, um in den Genuss der ersten Stunden Freizeit zu kommen, aber auf zunehmend weniger Einkommen für jede zusätzliche Stunde Freizeit.

Bezüglich des Einkommenserwerbs soll gelten, dass das Individuum lediglich Einkommen aus selbständiger Tätigkeit durch Arbeitseinsatz erzielen kann. Es gilt folgende Funktion:

$$Y = Y(A) \tag{4.2}$$

[3]Die notwendige Konvexität der Indifferenzkurven, die von der Nutzenfunktion Gl. 4.1 abgeleitet werden, wird dadurch gewährleistet, dass diese Nutzenfunktion streng quasikonkav ist. Vgl. hierzu Chiang et al. (2011, S. 242 ff.).

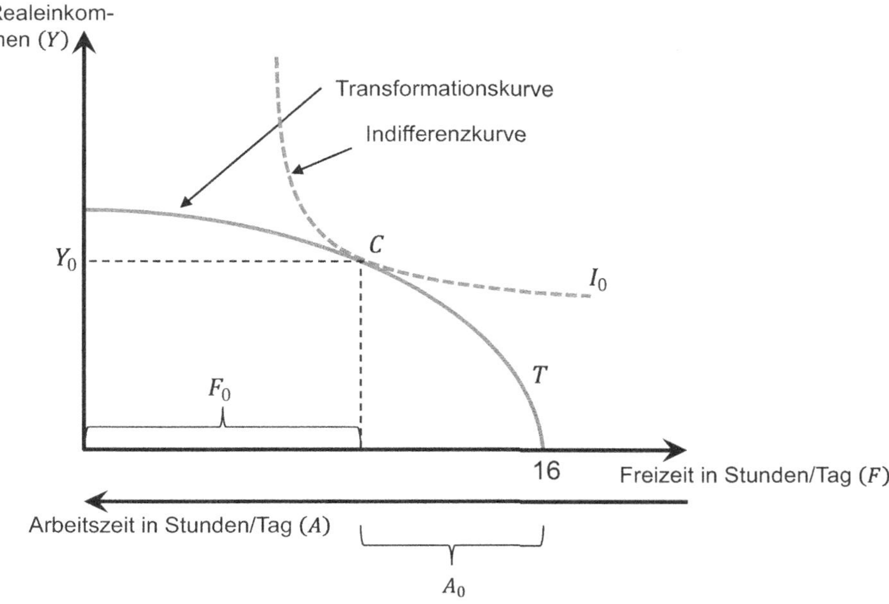

Abb. 4.1 Wahl von Arbeitszeit und Realeinkommen bei selbstständiger Beschäftigung. (Quelle: Eigene Darstellung)

mit:

A = Arbeitszeit, und
$\frac{\partial Y}{\partial A} > 0$ und $\frac{\partial^2 Y}{\partial A^2} < 0$.

Mit der zugrundeliegenden Funktionsform wird somit unterstellt, dass ein erhöhter Arbeitseinsatz auch zu höherem Einkommen führt, dass aber der Einkommenszuwachs mit steigendem Arbeitseinsatz abnimmt.

Da für jeden einzelnen Arbeitstag gelten muss:

$$A + F + X = 24 \tag{4.3}$$

ergibt sich die Arbeitszeit durch:

$$A = 24 - F - X \tag{4.4}$$

wobei X die für Erholung und Nahrungsaufnahme notwendige Zeit – in Abb. 4.1 werden z. B. 8 h angenommen – angibt. Eine Funktion, welche die so definierten Arbeitszeit/Einkommensmöglichkeiten angibt, weist die in Abb. 4.1 mit T (Transformationskurve) bezeichnete Form auf.

Das Individuum wird eine optimale Kombination zwischen Freizeit und Einkommen gefunden haben, wenn die Indifferenzkurve die Transformationskurve tangiert. Dies ist in Abb. 4.1 der Punkt C. In C ist der Anstieg der Transformationskurve gleich dem Anstieg der Indifferenzkurve. Der Anstieg der Indifferenzkurve lässt sich durch die Bildung des totalen Differentials aus der Gl. 4.1 und Gleichsetzen mit Null ermitteln. Man erhält:

$$dU = \frac{\partial U}{\partial Y}dY + \frac{\partial U}{\partial F}dF = 0 \tag{4.5}$$

und

$$\frac{\frac{\partial U}{\partial F}}{\frac{\partial U}{\partial Y}} = -\frac{dY}{dF} \tag{4.6}$$

Der Anstieg der Transformationskurve[4] ist ebenfalls $-dY/dF$. In C hat das Individuum die objektiven Möglichkeiten, dargestellt durch die Transformationskurve, mit den subjektiven Bewertungen, dargestellt durch die Indifferenzkurve, optimal aufeinander abgestimmt. Für jeden Punkt, der von C abweicht, gilt: der Zuwachs (Verlust) an Einkommen, der durch mehr (weniger) Arbeit bzw. weniger (mehr) Freizeit möglich wäre, wird vom Individuum schlechter bewertet als die Situation im Punkt C.

Das Individuum muss bei der Festlegung der optimalen Arbeitsmenge folgende Größen berücksichtigen:

- den **Grenznutzen des Einkommens,**
- den **Grenznutzen der Freizeit** und
- den **monetären Grenzertrag der Arbeit.**

Hieraus wird deutlich, dass sich das Optimum ändert, wenn:

- sich die Präferenzstruktur des Individuums ändert. Die Präferenzen für Einkommen und Freizeit können sich z. B. mit dem Alter verändern, oder wenn der Arbeitnehmer eine Familie gründet. Daraus folgt gleichzeitig, dass der optimale Arbeitseinsatz für Individuen unterschiedlicher Präferenzen unterschiedlich sein wird.
- sich die Transformationskurve verändert. Dies kann z. B. aufgrund technischer Fortschritte, die die Produktivität und somit den monetären Ertrag einer Arbeitsstunde erhöhen, geschehen.

[4]Der Anstieg der Transformationskurve in Gl. 4.2 ist $\frac{dY}{dA}$. Aus der totalen Differenzierung von Gl. 4.4 ergibt sich $dA = -dF$. Folglich gilt $\frac{dY}{dA} = -\frac{dY}{dF}$.

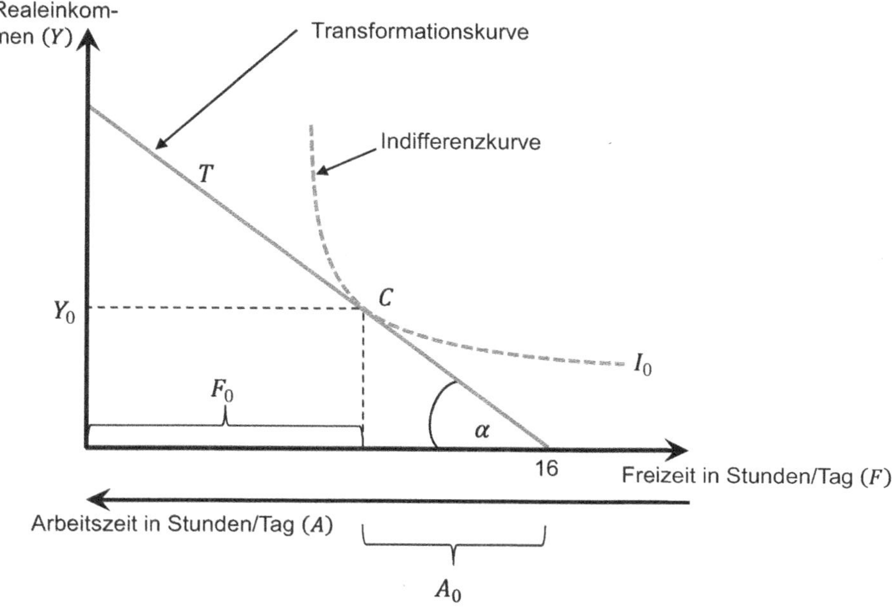

Abb. 4.2 Wahl von Arbeitszeit und Realeinkommen bei abhängiger Beschäftigung. (Quelle: Eigene Darstellung)

In diesem einfachen Fall ist das individuelle Optimum mit dem gesamtwirtschaftlichen Optimum identisch. Andere Mitglieder der Gesellschaft werden durch Variation des individuellen Arbeitseinsatzes weder positiv noch negativ betroffen, da ein Ein-Perioden-Modell ohne Ersparnis angenommen wurde, d. h. das Individuum erwirtschaftet durch die Produktion ein Einkommen, das vollständig für die konsumierte Gütermenge ausgegeben wird.

Aus dieser Darstellung lässt sich für das Entscheidungsproblem von Landwirten Folgendes entnehmen: Eine selbständige Beschäftigung in der Landwirtschaft wird nur dann gewählt, wenn bei abhängiger Beschäftigung außerhalb der Landwirtschaft ein geringeres Nutzenniveau erreicht wird. Das geringere Nutzenniveau bei außerlandwirtschaftlicher Beschäftigung kann selbst bei höherem Einkommen vorliegen, wenn durch die vorgegebene Arbeitszeit keine optimale Kombination zwischen Realeinkommen und Freizeit erreicht werden kann.

4.4 Beschäftigung im nichtlandwirtschaftlichen Bereich bei freier Wahl der Arbeitszeit

Es kann zu jedem Zeitpunkt Landwirte geben, die erwägen, von landwirtschaftlicher in nichtlandwirtschaftliche Beschäftigung zu wechseln. Das Entscheidungsproblem soll zunächst mithilfe des neoklassischen Modells unter der Bedingung, dass eine freie Wahl der Arbeitszeit möglich ist, dargestellt werden.

Das Entscheidungsproblem wird in Abb. 4.2 dargestellt. Die Transformationskurve ist bei gegebenem Lohnsatz eine Gerade, wobei der Anstieg der Geraden (der Tangens des Winkels α) den Lohnsatz angibt. Das Individuum findet wieder eine optimale Kombination zwischen Freizeit und Einkommen in Punkt C, wo die Indifferenzkurve die Transformationskurve tangiert. Das Individuum möchte demnach bei den gegebenen Funktionen die Arbeitszeit A_0 anbieten. Ob dieses Angebot aber auch auf Nachfrage stößt, hängt von der Nachfrage nach Arbeit ab. Ist der Lohnsatz, zu dem Arbeitgeber Arbeitskräfte beschäftigen, vorgegeben, so kann zwar das Individuum aufgrund eigener Präferenzen bestimmen, wieviel Arbeitszeit es anbieten möchte, es kann aber nicht sicher sein, dass auch genau die individuell angebotenen Arbeitsstunden nachgefragt werden. Bei abhängiger Beschäftigung kann das Individuum demnach anders als bei selbstständiger Beschäftigung nicht mehr frei über den eigenen Arbeitseinsatz bestimmen.

Hier spielen gesetzliche Arbeitsmarktregelungen eine wichtige Rolle. Da Menschen unterschiedliche Präferenzen und Fähigkeiten besitzen, ist aber davon auszugehen, dass das individuelle Optimum nur in Ausnahmefällen erreicht wird. Die meisten Individuen in der Gesellschaft werden entweder zu viel (Wertgrenzproduktivität<Lohnsatz) oder zu wenig (Wertgrenzproduktivität>Lohnsatz) Arbeit anbieten wollen. Da im Rahmen von Tarifabschlüssen nicht nur Löhne, sondern auch Arbeitszeiten festgelegt werden, ist davon auszugehen, dass die meisten Individuen sich nur in einem restringierten Optimum (unter der Nebenbedingung, dass die vorgegebene Arbeitszeit eingehalten wird) befinden werden.

4.5 Das Entscheidungsproblem von Landwirten zur Nebenerwerbslandwirtschaft bei freier Wahl der Arbeitszeit

Landwirte haben wie andere Selbständige auch die Möglichkeit, eine Erwerbskombination zwischen selbständiger und abhängiger Beschäftigung zu wählen. Das Entscheidungsproblem soll für diesen Fall mit Hilfe von Abb. 4.3 verdeutlicht werden.

Für die selbständige Tätigkeit wird auch hier die Produktionsfunktion in Gl. 4.2 zugrunde gelegt, für die $\partial Y/\partial A > 0$ und $\partial^2 Y/\partial A^2 < 0$ gilt, und die in Abb. 4.3 als T_S bezeichnet wird. Für die abhängige Beschäftigung gelte ein konstanter Lohnsatz, der dem Tangens des Winkels α entspricht. Eine optimale Aufteilung der Arbeitszeit auf selbständige und abhängige Tätigkeit liegt vor, wenn der marginale Ein-

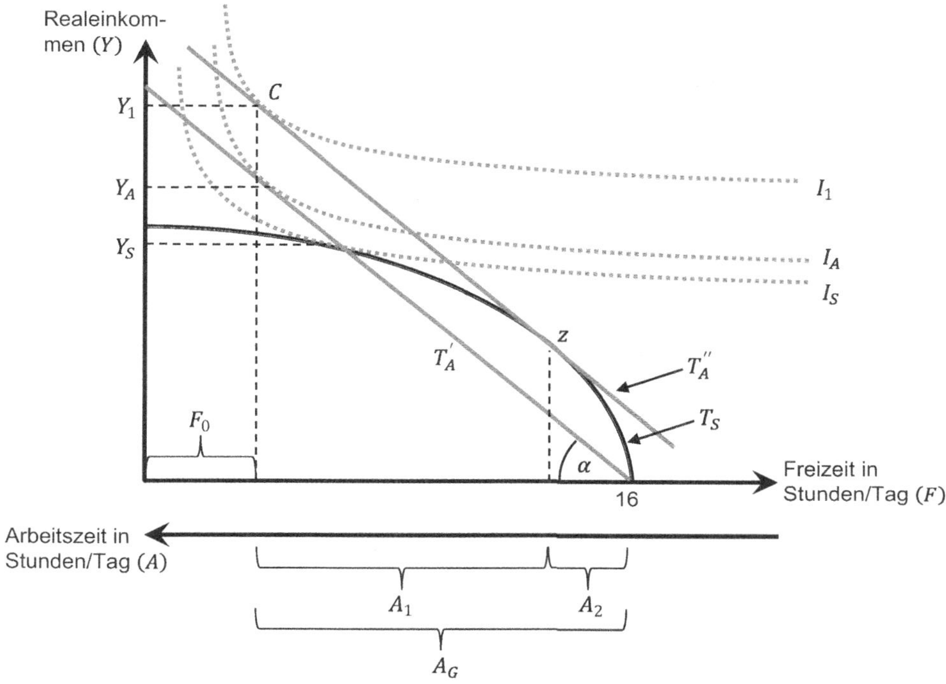

Abb. 4.3 Wahl von Arbeitszeit und Realeinkommen bei teils abhängiger Beschäftigung. (Quelle: Eigene Darstellung)

kommensbeitrag der Arbeit in den beiden alternativen Beschäftigungen gleich ist. Sonst könnte das Individuum durch eine Umschichtung seiner gegebenen Arbeitszeit zwischen selbständiger und abhängiger Arbeit sein Einkommen erhöhen, ohne auf Freizeit verzichten zu müssen. Geometrisch ist dies dadurch ersichtlich, dass die Transformationsgerade bei abhängiger Beschäftigung (T_A'') die Transformationskurve bei selbständiger Beschäftigung (T_S) in Punkt z tangiert. Links dieses Punktes gilt, dass die Steigung $\partial Y/\partial A$ auf der Kurve T_A'' größer ist als die entsprechende Steigung auf der Kurve T_S, d. h. das Individuum könnte sein Einkommen durch eine Umverteilung seiner Arbeitszeit zugunsten abhängiger Arbeit erhöhen. Rechts des Punktes z verhält es sich andersherum.

In Abb. 4.3 erreicht das Individuum durch die Erwerbskombination die Indifferenzkurve I_1. Die gesamte Arbeitszeit A_G wird im Umfang A_1 als abhängig Beschäftigter erbracht und im Umfang A_2 als Selbständiger. Würde das Individuum statt einer kombinierten Erwerbstätigkeit entweder nur als Selbständiger oder als abhängig Beschäftigter tätig sein, so wäre das erreichbare Nutzenniveau lediglich I_S bzw. I_A.

Die bisherige Analyse zeigt, dass selbst bei den Bedingungen des einfachen neoklassischen Models zu erwarten ist, dass die landwirtschaftlichen Betriebe in einem marktwirtschaftlichen System sehr unterschiedlich organisiert sein können; als Familienbetriebe ohne Lohnarbeitskräfte, als Familienbetriebe mit Lohnarbeitskräften, als Betriebe, die im **Nebenerwerb** oder **Zuerwerb** oder auch nur von Lohnarbeitskräften geführt werden. Zu der Vielfalt der Betriebsformen tragen die unterschiedlichen Produktionsmöglichkeiten der Betriebe und unterschiedliche Präferenzen bezüglich Einkommen und Freizeit bei landwirtschaftlicher und nicht landwirtschaftlicher Tätigkeit bei. Zu der Vielfalt der Betriebsformen tragen natürlich auch die unterschiedlichen Fähigkeiten der einzelnen Landwirte bei (z. B. ist der eine in der Lage, einen höheren Stundenlohn außerhalb der Landwirtschaft zu erzielen als der andere), auch wenn diese Heterogenität im einfachen neoklassischen Grundmodell zunächst ausgeklammert wurde.

Vermerke: Unter den getroffenen Annahmen gibt es kein Markt- oder Politikversagen und damit keine Notwendigkeit für staatliche Eingriffe auf den landwirtschaftlichen Arbeitsmärkten. Bei Gültigkeit der neoklassischen Annahmen stellen sich auf allen Arbeitsmärkten die folgenden Bedingungen ein:

1. Die individuelle Entlohnung je Zeiteinheit entspricht der Wertgrenzproduktivität der Arbeit und ist für jede der individuellen Beschäftigungsmöglichkeiten gleich.
2. Die individuelle Arbeitszeit ist unterschiedlich.

4.6 Erweiterungen des neoklassischen Modells

4.6.1 Bedeutung der Transaktionskosten für den landwirtschaftlichen Arbeitsmarkt

Selbständige Landwirte können in der Regel nicht einfach in eine andere Beschäftigung wechseln. Für einige von ihnen würde ein Wechsel des Arbeitsplatzes mit erheblichen **Transaktionskosten** verbunden sein. Einige könnten möglicherweise am gleichen Wohnort verbleiben, hätten aber monetäre Kosten für die Fahrt zum und vom Arbeitsplatz aufzubringen. Selbst bei vollkommener Mobilität aller Faktoren müssten die einkommensmaximierenden, potenziellen Abwanderer aus der Landwirtschaft die Reisekosten und damit vermindertes verfügbares Einkommen berücksichtigen. In Abb. 4.2 bedeutet dies, dass der Winkel α kleiner ist als ohne Reisekosten, und von Betrieb zu Betrieb in Abhängigkeit von der Entfernung zu außerlandwirtschaftlichen Erwerbsmöglichkeiten variiert. Eine Abwanderung oder auch Nebenerwerbslandwirtschaft kann daher weniger gewinnbringend sein.

Zu den Transaktionskosten auf dem Arbeitsmarkt gehört auch die Sicherheit des Arbeitsplatzes. Selbständige Landwirte sind unkündbar. Sie brauchen daher nicht wie Beschäftigte außerhalb der Landwirtschaft das Risiko der Arbeitslosigkeit zu berücksichtigen. Bei rationaler Betrachtung kann daher selbst dann eine gewinnmaximale Entscheidung getroffen worden sein, wenn die Einkommen der Arbeitskraft in der Landwirtschaft niedriger sind als in anderen Sektoren. Der Winkel α verringert sich durch die Berücksichtigung von möglicher Arbeitslosigkeit in der Zukunft.

Im obigen neoklassischen Ansatz wurde unterstellt, dass alle Faktoren nach dem Wertgrenzprodukt entlohnt werden. Wir brauchten daher das Einkommen der landwirtschaftlichen Arbeitskräfte aus Boden- und landwirtschaftlichem Anlagekapital nicht zu berücksichtigen. Es kann aber u. a. wegen Transaktionskosten auf dem Bodenmarkt und dem Markt für landwirtschaftliche Anlagegüter sein, dass Landwirte durch eigene Bewirtschaftung ihrer Betriebe ein höheres Entgelt als bei Verkauf oder Verpachtung erzielen. Sie müssen unter diesen Bedingungen berücksichtigen, dass bei einem Arbeitsplatzwechsel die Opportunitätskosten nicht mit dem Arbeitseinkommen außerhalb der Landwirtschaft identisch sind, sondern dass diese um das verringerte Einkommen aus Boden und landwirtschaftlichem Kapital zu reduzieren sind. Als Ergebnis zeigt sich dann, dass in Abb. 4.3 der Winkel α kleiner ist und daher eine Abwanderung oder auch Nebenerwerbslandwirtschaft weniger Gewinn bringen.

4.6.2 Bedeutung gesetzlicher oder tariflicher Regelungen der Arbeitszeiten

Aus der einfachen Darstellung kann man entnehmen, dass tariflich oder gesetzlich festgelegte minimale oder maximale Arbeitszeiten bei einzelnen Arbeitnehmern zu suboptimalen Arbeitszeiten führen. Allerdings kann es wirtschaftliche und soziale Gründe für die Festlegung von maximalen täglichen oder wöchentlichen Arbeitszeiten geben. Landwirtschaftliche Betriebe werden durch die Festlegung von täglichen oder wöchentlichen Arbeitszeiten für Arbeitnehmer besonders betroffen, wenn sie saisonale Produkte produzieren. Ernteverluste werden bei Begrenzung der täglichen oder wöchentlichen Arbeitszeiten während der Erntezeiten höher als bei flexibler Arbeitszeit sein. Landwirtschaftliche Betriebe mit **Saisonarbeitskräften** werden durch eine entsprechende Gesetzgebung stärker betroffen als bäuerliche Familienbetriebe, die auch in Erntezeiten nicht auf Lohnarbeitskräfte zurückgreifen. Es ist daher einleuchtend, dass gesetzlich festgelegte Arbeitszeiten besonders die Wettbewerbsfähigkeit von landwirtschaftlichen Betrieben mit stark saisonaler Produktion und saisonalen Arbeitskräften treffen. Es werden ökonomische Anreize entstehen, um Arbeitskräfte durch Mechanisierung zu ersetzen.

4.6.3 Bedeutung landwirtschaftlicher Betriebsgröße und Arbeitsverfassung

Landwirtschaftliche Produkte werden mit sehr unterschiedlichen Technologien erstellt. Es gibt Betriebe, die mit hoher Arbeitsintensität und andere, die hoch kapitalintensiv produzieren. Würde für jeden Betrieb die gleiche linear homogene Produktionsfunktion gelten (siehe hierzu Anhang 2.3 in Kap. 2), so könnte erwartet werden, dass der zum Verkauf oder Verpachtung zur Verfügung stehende Boden zu den Betrieben wandert, die eine hohe Arbeitsintensität und daher eine hohe Wertgrenzproduktivität des Bodens aufweisen. Die kleineren Betriebe könnten dann durch die Vergrößerung der landwirtschaftlichen Nutzflächen die Grenzproduktivität der Arbeit steigern und bei einer Entlohnung nach dem Wertgrenzprodukt das Arbeitsentgelt erhöhen.

Die Arbeitseinkommen der kleineren Betriebe könnten dann durch Vergrößerung der landwirtschaftlichen Nutzfläche steigen. Zu beobachten ist aber, dass kleinere Betriebe auf dem Bodenmarkt weniger wettbewerbsfähig sind als große Betriebe. Diese Beobachtung führt zu der Schlussfolgerung, dass die Produktionsfunktionen zwischen den Betrieben variieren. Hierzu trägt auch bei, dass landwirtschaftliche Betriebe in den westlichen Industrieländern vornehmlich Familienbetriebe sind. Die landwirtschaftlichen Arbeitskräfte sind daher vornehmlich Betriebsleiter oder mithelfende Familienangehörige.

4.6.4 Bedeutung der Inhomogenität des Faktors Arbeit

Der Faktor Arbeit wäre homogen, wenn es keine fachlichen, persönlichen und räumlichen Unterschiede zwischen den auf den Märkten angebotenen und nachgefragten Arbeitseinheiten gäbe. Es wurde somit im einfachen neoklassischen Modell unterstellt, dass es keine spezifischen fachlichen Qualitätsunterschiede der Arbeitseinheiten gibt. Weiterhin wurde unterstellt, dass die unterschiedlichen regionalen Märkte zu einem homogenen Arbeitsmarkt aggregiert werden können und die Arbeitskräfte keine Präferenzen für bestimmte Tätigkeiten haben. Diese Annahmen werden im Folgenden aufgegeben.

Landwirtschaftliche Arbeitskräfte, insbesondere, wenn sie Betriebsleiter sind, weisen eine spezifische Qualifikation in vielfacher Hinsicht auf. Betriebsleiter müssen über ökonomische und technische Kenntnisse verfügen, entscheidungsfreudig sein, bereit sein, den häufig physisch und mental anspruchsvollen Arbeitseinsatz weit über das tariflich übliche Niveau von festangestellten Arbeitskräften zu erbringen. Es ist daher naheliegend, dass einerseits individuell der Anspruch besteht, dass das Einkommen selbständiger Landwirte höher sein sollte als das von abhängig Beschäftigten. Andererseits werden aber die Marktkräfte nicht stets dazu beitragen, dass die Einkommen der Landwirte auf das individuell gewünschte Niveau steigen. Das würde nur dann eintreten, wenn Landwirte bei subjektiv wahrgenommenen zu niedrigen Einkommen zu alternativer Beschäftigung wechseln würden. Ein solcher Wechsel, d. h. Abwanderung aus der Landwirtschaft, tritt aber nur begrenzt bzw. verzögert ein. Landwirte erzielen in der Regel nur ein Alternativeinkommen, dass nicht auch ein Entgelt für alle Qualifikationen, die in der Landwirtschaft zumindest teilweise entlohnt werden, beinhaltet. Bei sektorspezifischen Qualifikationen, die durch eine spezielle Ausbildung erworben wurden, kann es bei schrumpfenden sektoralen Arbeitsmärkten zu **Einkommensdisparitäten** kommen. Von einer Einkommensdisparität spricht man in der Agrarpolitik, wenn die Einkommen der Landwirte unter den Einkommen vergleichbarer Berufsgruppen liegen.

4.6.5 Bedeutung der Arbeitsverfassung für den landwirtschaftlichen Arbeitsmarkt

Wie bereits oben angesprochen sind landwirtschaftliche Betriebe in westlichen und marktwirtschaftlich organisierten Volkswirtschaften weitgehend als Familienbetriebe im Haupterwerb oder Nebenerwerb organisiert. Von einem **Familienbetrieb** spricht man dann, wenn die Produktionsmittel ganz oder zum großen Teil Familieneigentum sind, und der Betriebsleiter und seine Familienangehörigen die Arbeit überwiegend allein bewältigen.

Im **Haupterwerbsbetrieb** erzielen der Betriebsleiter und die mithelfenden Familienmitglieder mehr als 50 % des gesamten Erwerbseinkommens aus Tätigkeit in der Landwirtschaft. **Nebenerwerbsbetriebe** erzielen dagegen weniger als 50 % ihres Erwerbseinkommens aus landwirtschaftlicher Tätigkeit. Für die Existenz unterschiedlicher Betriebsformen in der Landwirtschaft sprechen unterschiedliche Gründe. Hier soll zunächst nur auf die Bedeutung der Teilbarkeit der Tätigkeit auf unterschiedliche Wirtschaftssektoren und auf selbständige und unselbständige Arbeit eingegangen werden.

Ein landwirtschaftlicher Betrieb kann zwar bei gegebener Flächenausstattung in Abhängigkeit von der Produktionsrichtung mit unterschiedlicher Arbeitsintensität organisiert werden. Jedoch wird es bei geringer Flächenausstattung und hohen alternativen Erwerbseinkommen schwieriger in der Landwirtschaft sein, ein Arbeitseinkommen in Höhe eines Alternativeinkommens aus Tätigkeit in anderen Wirtschaftssektoren zu erzielen. Landwirte haben häufig die Möglichkeit, eine Tätigkeit in der Landwirtschaft mit einer Tätigkeit außerhalb der Landwirtschaft zu kombinieren.

4.6.6 Bedeutung persönlicher Präferenzen

Berufsentscheidungen werden bei Berufsanfängern wahrscheinlich nur selten ausschließlich am zu erwartenden Einkommen orientiert sein. So zeigt z. B. Abb. 4.4, dass die Ausbildungsvergütung selbst bei gleicher Schulausbildung zwischen unterschiedlichen Berufen einen großen Unterschied aufweist. Bei Berufsanfängern mit universitärem Abschluss sind die Anfangsgehälter und auch die Lebenseinkommen je nach Beruf ebenfalls sehr unterschiedlich. Die Gehaltsunterschiede sind nicht durch Unterschiede in der formalen Ausbildung zu erklären. Betrachtet man die Arbeitsentgelte als einen Preis des Faktors Arbeit, so wären die Preisunterschiede durch unterschiedlich Angebots- und Nachfragefaktoren zu erklären. Hätten die Beschäftigten keine persönlichen Präferenzen, müsste bei gleicher formaler Ausbildung die Angebotskurve für jede einzelne Beschäftigungsart auf einem Punktmarkt – in diesem Fall können die Arbeits-

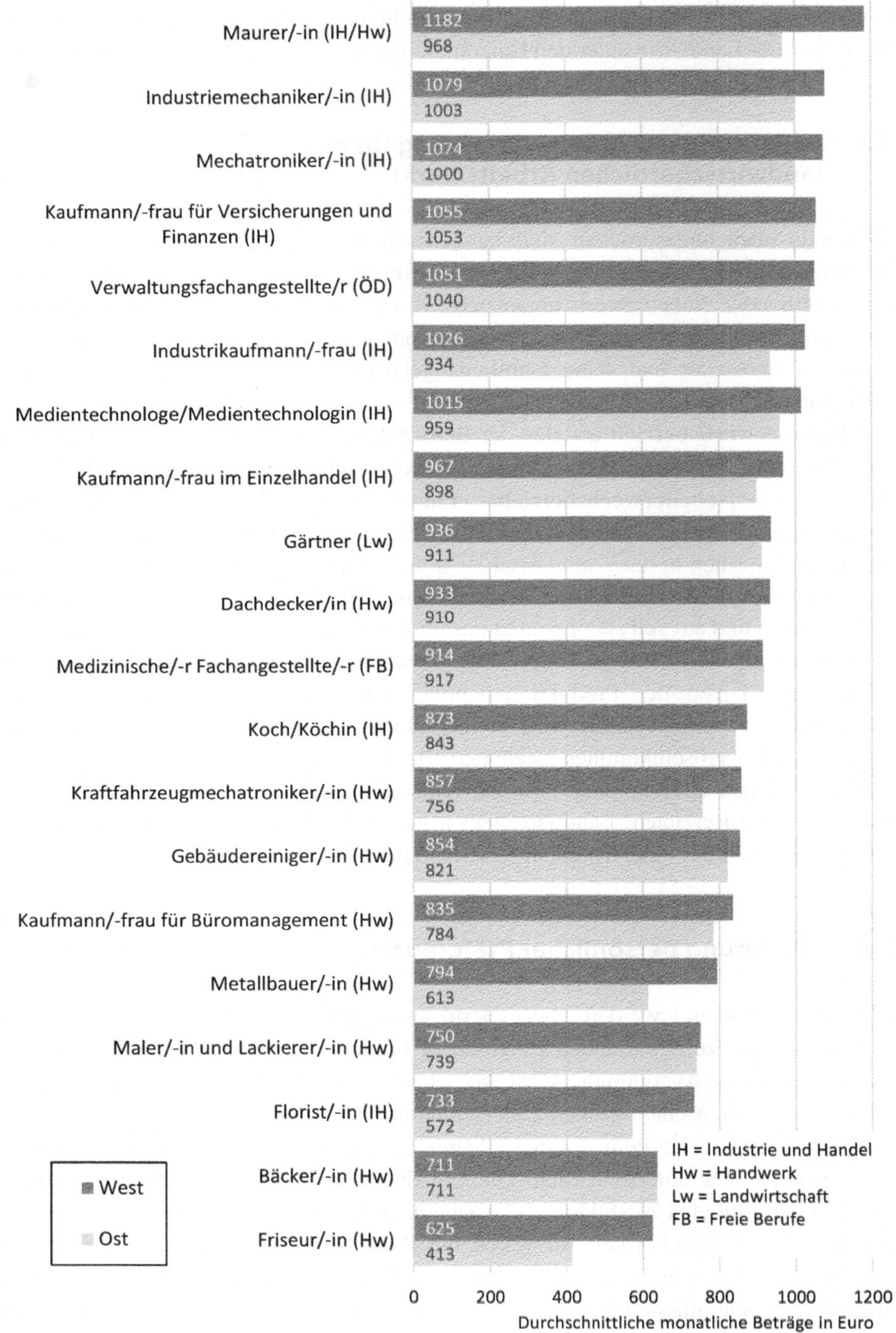

Abb. 4.4 Ausbildungsvergütung in 20 ausgewählten Berufen 2014. (Quelle: Bundesinstitut für Berufsausbildung (2020), eigene Darstellung)

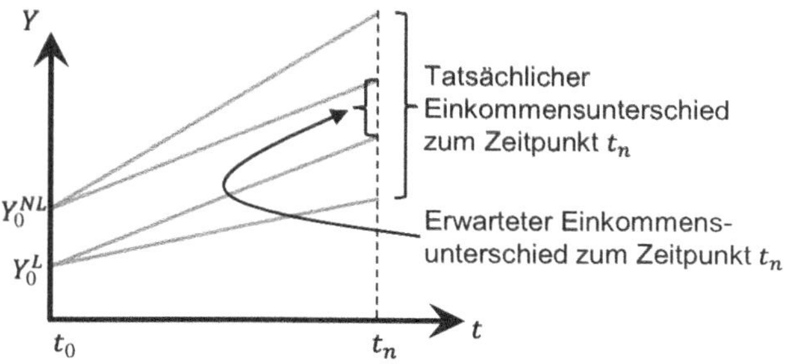

Abb. 4.5 Entwicklung der Einkommen bei Tätigkeiten in der Landwirtschaft und in anderen Sektoren (schematisch). (Quelle: Eigene Darstellung)

kräfte ohne Transaktionskosten von einem Markt zum anderen wechseln – horizontal zur Abszisse verlaufen; das Angebot müsste somit vollkommen elastisch sein. Unterschiede in den Einkommen zwischen alternativen Beschäftigungen kann es unter diesen Bedingungen nur durch persönliche Präferenzen geben. Erhebliche Unterschiede selbst bei Beginn der Beschäftigung deuten auf heterogene persönliche Präferenzen hin.

Persönliche Präferenzen sind wahrscheinlich für die in der Landwirtschaft Beschäftigten von besonderer Bedeutung, insbesondere, wenn Familienbetriebe vorherrschen. Inhaber und Erben landwirtschaftlicher Betriebe sehen es häufig als Aufgabe an, das Erbe für zukünftige Generationen zu erhalten. Landwirte sind in der Regel auch in dörfliche Strukturen eingebunden, die eine starke Auswirkung auf die Gestaltung und Wertschätzung der Freizeit ausüben (Freiwillige Feuerwehr, Dorffeste usw.). Die Zielsetzung eines Landwirts ist daher nicht ausschließlich eine Maximierung des monetären Einkommens. Hinzu kommt, dass von Landwirten wahrscheinlich der Wohnwert höher und der Freizeitwert geringer bewertet werden als von Nichtlandwirten.

Es kann somit gefolgert werden: Disparitäten zwischen Arbeitseinkommen und Einkommen in anderen Sektoren können bei unterschiedlichen Präferenzen für alternative Beschäftigungsmöglichkeiten erwartet werden.

4.6.7 Bedeutung von unvollkommener Information und Unsicherheit für landwirtschaftliche Arbeitsmärkte

Hätten alle Landwirte vollkommene Information über ihre Einkommensmöglichkeiten über das gesamte Leben zum Zeitpunkt der Berufswahl, würden Einkommensunterschiede nur auf Unterschieden in den Talenten der Einzelnen und auf den individuellen Präferenzen beruhen. Da aber niemand die Zukunft exakt prognostizieren kann, ist es nicht unwahrscheinlich, dass die individuellen Erwartungen zum Zeitpunkt der

Entscheidung, eine bestimmte Ausbildung zu beginnen, sich *ex post* als suboptimal erweist. Hierfür spricht u. a., dass in den meisten marktwirtschaftlichen Ländern eine Abwanderung von landwirtschaftlichen Arbeitskräften zu beobachten ist.

Das Entscheidungsproblem der in der Landwirtschaft Tätigen kann durch Abb. 4.5 veranschaulicht werden. Es wird angenommen, dass zum Zeitpunkt t_0 die Entscheidung für die Berufswahl gefällt wird. Zu diesem Zeitpunkt ist bekannt, dass die Einkommen in der Landwirtschaft (Y_O^L) niedriger sind als bei einer alternativen Beschäftigung (Y_O^{NL}); der Einkommensunterschied in Höhe von Y_O^{NL} minus Y_O^L wird aber akzeptiert, da Präferenzen für die Tätigkeit in der Landwirtschaft vorliegen. Zum Zeitpunkt t_0 wird erwartet, dass sich dieser Einkommensunterschied im Zeitablauf nicht vergrößert. Die monetäre Bewertung der persönlichen Präferenzen entspricht zum Zeitpunkt t_0 der Einkommensdifferenz zwischen Einkommen in alternativer Beschäftigung, den Opportunitätskosten und den Einkommen in der Landwirtschaft. Es wird erwartet, dass die Einkommensdifferenz sich während der Erwerbstätigkeit nicht verändert und stets der monetären Bewertung der persönlichen Präferenzen entspricht.

Zum Zeitpunkt t_n wird eine größere Einkommensdifferenz festgestellt. Die Einkommen außerhalb der Landwirtschaft sind stärker gestiegen als in der Landwirtschaft. Falls die erhöhte Einkommensdifferenz nicht durch eine höhere monetäre Bewertung der persönlichen Präferenzen ausgeglichen wird, kann eine Abwanderung erwogen werden. Zum Zeitpunkt t_n sind aber die Opportunitätskosten der Landwirte nicht genauso hoch wie die durchschnittlichen Einkommen außerhalb der Landwirtschaft. Landwirte haben während ihrer Erwerbstätigkeit spezifische Qualifikationen erworben, die zwar bei einer Tätigkeit in der Landwirtschaft zumindest zum Teil entlohnt werden, aber nur geringer oder gar nicht bei einer Tätigkeit in anderen Sektoren. Landwirte müssen daher häufig bei einem Wechsel in eine nicht landwirtschaftliche Tätigkeit ein Einkommen akzeptieren, dass sich an weniger qualifizierten Arbeitskräften orientiert. Ihre Opportunitätskosten entsprechen daher nicht mehr den von qualifizierten Arbeitnehmern außerhalb der Landwirtschaft – wie das bei Aufnahme der Erwerbstätigkeit der Fall war – sondern dem Einkommen der weniger qualifizierten Arbeitskräfte. Es kann daher sinnvoll sein, dass Landwirte trotz eines niedrigeren Einkommens in der Landwirtschaft im Vergleich zu ähnlich qualifizierten Arbeitskräften in nicht landwirtschaftlichen Tätigkeiten weiterhin landwirtschaftlichem Erwerb nachgehen.

Eine Studie aus den USA von Gisser und Davila (1998) liefert hierzu interessante Daten. Die Autoren vergleichen die Löhne von in der Landwirtschaft und außerhalb der Landwirtschaft angestellten Personen und stellen fest, dass die in der Landwirtschaft angestellten im Durchschnitt 27,1 % niedrigere Nominallöhne erzielen. Wenn die unterschiedlichen Lebenshaltenskosten im ländlichen und städtischen Raum berücksichtigt werden, schrumpft dieser Unterschied auf ca. 13,5 %. Wird aber die gesamte Stichprobe nach dem Alter in zwei Gruppen aufgeteilt wird (unter 35 Jahre und größer-gleich 35 Jahre) zeigt sich, dass die reale Lohndisparität in der Gruppe unter 35 im Durchschnitt nur 1,2 % beträgt (und statistisch insignifikant ist), während die Lohndisparität in der älteren Gruppe 21,4 % beträgt. Hieraus kann geschlossen werden, dass jüngere in der Landwirtschaft angestellte Personen leichter in nicht-landwirtschaftliche Tätigkeiten wechseln können als ältere und diese höhere Mobilität zu einer fast vollständigen Lohnparität zwischen Landwirtschaft und nicht-Landwirtschaft führt. Für ältere in der Landwirtschaft Angestellte ist jedoch ein Wechsel mit höheren Transaktionskosten verbunden, weshalb sie daher bereit sind, im Zeitablauf zunehmende Lohndisparitäten hinzunehmen.

Nicht erwartete Entwicklungen sektoraler Arbeitsentgelte sind ein Bestimmungsfaktor für Arbeitswanderungen zwischen den Sektoren. Arbeitskräfte können durch **Sog- oder Druckeffekte** aus der Landwirtschaft abwandern. Ein Sog entsteht, wenn ein Anreiz entsteht, eine Tätigkeit mit höherer Entlohnung in einem anderen Sektor aufzunehmen. Es kann sogar sein, dass die Einkommen in der Landwirtschaft stärker gestiegen sind, als bei Beginn der Erwerbstätigkeit erwartet. Der Anreiz, ein noch höheres Einkommen zu erwerben, kann das Motiv der Abwanderung sein. Eine Abwanderung ist daher nicht stets die Folge von niedrigen Einkommen in der Landwirtschaft.

Ein Druck zur Abwanderung liegt vor, wenn die in der Landwirtschaft erzielten individuellen Einkommen nicht zu einer subjektiv bewerteten ausreichenden Lebenshaltung ausreichen. Die Entwicklung der Vergangenheit zeigt, dass selbständige Landwirte ihre Abwanderungsentscheidung aber nicht nur an dem erzielten Arbeitseinkommen und möglichen Alternativeinkommen orientieren, sondern am gesamten erzielten Einkommen in der Landwirtschaft und dem zusätzlich realisierbaren Vermögensabbau. So zeigen einzelbetriebliche Auswertungen landwirtschaftlicher Buchführungsergebnisse, dass die Betriebe in Deutschland, die 2018/19 Gewinne im untersten Drittel der Gewinnverteilung erwirtschafteten, Eigenkapitalverluste von 204 €/ha zu verzeichnen hatten (BMEL 2020, Tabellenteil S. 34).[5] Diese Betriebe hätten demnach ein höheres Einkommen erzielt, wenn sie z. B. ihre landwirtschaftlichen Nutzflächen verpachtet hätten, wenn sie landwirtschaftliches Kapital veräußert, und wenn sie abhängige Tätigkeiten auf anderen landwirtschaftlichen Betrieben oder außerhalb der Landwirtschaft aufgenommen hätten.[6] Durch die Weiterbewirtschaftung verlustbringender Betriebe haben diese Landwirte ihre Präferenzen deutlich gemacht. Sie waren offensichtlich nicht vornehmlich an einer Maximierung ihres nominalen Einkommens orientiert. Die Eigenkapitalbasis erlaubte es ihnen, den Anreizen eines höheren Einkommens zu widerstehen. Es ist einleuchtend, dass bei einem solchen Verhalten die durchschnittlichen Arbeitseinkommen der selbständigen Landwirte unter den Einkommen, die in anderen Sektoren erzielt werden, liegen werden.

---

[5]Die gleiche Quelle zeigt, dass die Betriebe im obersten Drittel der Gewinnverteilung positive Eigenkapitalveränderungen von 335 €/ha realisiert haben.

[6]Diese Aussage trifft nur dann zu, wenn zunächst keine außerlandwirtschaftlichen Einkommen vorhanden sind. Denn es könnte sein, dass die Privatausgaben eines landwirtschaftlichen Haushalts über das landwirtschaftliche Betriebskonto laufen und dort für negative Eigenkapitalveränderungen sorgen, während positive Eigenkapitalveränderungen auf einem anderen Konto (z. B. einer Photovoltaik- oder eine Biogasanlage) entstehen.

Die Bedeutung selbständiger und abhängiger Beschäftigung in der Landwirtschaft kann insbesondere am Beispiel der Entwicklung der Zahl der in der Landwirtschaft Beschäftigten in den Neuen Bundesländern veranschaulicht werden. Bekanntlich war eine private Bewirtschaftung landwirtschaftlicher Flächen in der ehemaligen DDR nur in Hauswirtschaften möglich. Der Übergang von einer staatlich geplanten Landwirtschaft mit Kollektiveigentum führte zu einer drastischen Reduzierung des Arbeitseinsatzes in der Landwirtschaft. Die ehemals in der Landwirtschaft beschäftigten Arbeitskräfte standen unter starkem Druck, die Arbeitsstelle zu verlassen, und die Beschäftigung in der Landwirtschaft ging entsprechend schnell zurück (siehe Abb. 1.3 in Kap. 1). Die Alternative zur landwirtschaftlichen Beschäftigung war sehr häufig nur Arbeitslosigkeit.

Diese Überlegungen führen zu einer einfachen Folgerung: Auch bei vollkommener Information zum Zeitpunkt der Berufswahl wird es Einkommensunterschiede zwischen den Beschäftigten in unterschiedlichen Wirtschaftssektoren geben. Wenn die tatsächlichen individuellen Einkommen zu einem Zeitpunkt t_n und auch weiterhin unter den erwarteten Einkommen bei Beginn der Ausbildung und Berufswahl liegen, liegt es an falschen Erwartungen. Wichtige Gründe für falsche Erwartungen können in der Unterschätzung der Einkommenssteigerungen bei zukünftiger Beschäftigung im nicht landwirtschaftlichen Bereich liegen.

4.7 Bedeutung von Konjunkturschwankungen für die Arbeitsentgelte der in der Landwirtschaft Tätigen

Konjunkturschwankungen mit unterschiedlicher Auslastung der Produktionskapazität in der Volkswirtschaft können sektoral unterschiedliche Anpassungsnotwendigkeiten bewirken, wenn im Konjunkturverlauf Produkt- und/oder Faktormärkte einzelner Sektoren unterschiedlich beeinflusst werden. Im Folgenden soll die Situation eines Konjunktureinbruchs mit gesamtwirtschaftlich fallenden Realeinkommen detailliert in ihrer Wirkung auf den Agrarsektor analysiert werden.

Zunächst könnte vermutet werden, dass der Agrarsektor durch ein Sinken gesamtwirtschaftlichen Einkommens und der Nachfrage weniger negativ als andere Sektoren betroffen wird: Da die Nachfrage nach Nahrungsmitteln insgesamt auf der Erzeugerstufe in den Industrieländern einkommensunelastisch ist, wird die Nachfragekurve nach Agrargütern weniger stark zum Ursprung verlagert als jene nach anderen Gütern. Die Wirkung eines Konjunktureinbruchs auf die sektorale Preis- und Einkommensentwicklung wird aber außerdem auch durch die Preiselastizität der Nachfrage, die Preiselastizität des Angebots sowie die Verlagerungen der Angebotskurve bestimmt. Das Zusammenspiel dieser Einflussfaktoren wird durch das untenstehende Marktmodell aufgezeigt. Es gelten die folgenden Gleichungen:

$$\text{Nachfragefunktion}: Q^D = Q^D(Y, P) \tag{4.7}$$

$$\text{Angebotsfunktion}: Q^S = Q^s(P, T) \tag{4.8}$$

$$\text{Marktgleichgewichtsbedingung}: Q^D = Q^s \tag{4.9}$$

$$\text{Pro} - \text{Kopf} - \text{Einkommen(Wertschöpfung)in der Landwirtschaft}: Y^L = \frac{P * Q^S - K}{L} \tag{4.10}$$

Mit:

Q^D = nachgefragte Menge,
Q^S = angebotene Menge,
Y = Volkseinkommen,
P = Marktpreis,
T = die verfügbare Technologie,
Y^L = Pro-Kopf-Einkommen in der Landwirtschaft,
L = Arbeitskräfte in der Landwirtschaft, und
K = Vorleistungswert der Landwirtschaft.

Zunächst werden Gl. 4.7 und Gl. 4.8 total differenziert. Man erhält:

$$dQ^D = \frac{\partial Q^D}{\partial Y} dY + \frac{\partial Q^D}{\partial P} dP \tag{4.11}$$

sowie

$$dQ^S = \frac{\partial Q^S}{\partial T} dT + \frac{\partial Q^S}{\partial P} dP \tag{4.12}$$

Gleichungen Gl. 4.11 und Gl. 4.12 werden durch Q^D bzw. Q^S geteilt, und weitere Ergänzungen werden vorgenommen, um Gleichungen in Änderungsraten zu erhalten:

$$\frac{dQ^D}{Q^D} = \frac{\partial Q^D}{\partial Y}\frac{Y}{Q^D}\frac{dY}{Y} + \frac{\partial Q^D}{\partial P}\frac{P}{Q^D}\frac{dP}{P} \rightarrow \frac{dQ^D}{Q^D} = \eta\frac{dY}{Y} + \varepsilon^D\frac{dP}{P} \tag{4.13}$$

bzw.

$$\frac{dQ^S}{Q^S} = \frac{\partial Q^S}{\partial T}\frac{T}{Q^S}\frac{dT}{T} + \frac{\partial Q^S}{\partial P}\frac{P}{Q^S}\frac{dP}{P} \rightarrow \frac{dQ^S}{Q^S} = \frac{dT}{T} + \varepsilon^S\frac{dP}{P} \tag{4.14}$$

Mit

η = Einkommenselastizität der Nachfrage,
ε^D = Preiselastizität der Nachfrage,

ε^S = Preiselastizität des Angebots.[7]

Aus Gl. 4.9 folgt $\frac{dQ^D}{Q^D} = \frac{dQ^S}{Q^S}$. Durch Einsetzen von Gl. 4.13 und Gl. 4.14 erhalten wir

$$\eta \frac{dY}{Y} + \varepsilon^D \frac{dP}{P} = \frac{dT}{T} + \varepsilon^S \frac{dP}{P} \tag{4.15}$$

und für die Änderungsrate der Preise:

$$\frac{dP}{P} = \frac{1}{\varepsilon^S - \varepsilon^D} \left(\eta \frac{dY}{Y} - \frac{dT}{T} \right) \tag{4.16}$$

Die Änderung der Preise hängt zunächst von dem Koeffizienten $(\eta/(\varepsilon^S - \varepsilon^D))$ ab. Da bei normalen Verläufen von Angebots- und Nachfragekurven der Koeffizient positiv ist, bedeutet eine negative Änderungsrate des Einkommens in der Regel eine negative Änderungsrate der sektoralen Preise. Die Preisänderung wird umso kleiner sein,

- je kleiner η,
- je absolut größer ε^D, und
- je größer ε^S ist.

Bei völlig elastischem Angebot ($\varepsilon^S = \infty$) sinken die sektoralen Preise selbst bei einem Konjunktureinbruch nicht, aber dies wird vor allem kurzfristig nicht der Fall sein. Für einen relativ kleinen konjunkturellen Einfluss auf die Agrarpreise spricht zwar der niedrige Koeffizient der Einkommenselastizität, doch die niedrigen Koeffizienten der Preiselastizität der Nachfrage und des Angebots deuten auf einen großen konjunkturellen Einfluss hin.

Hinzu kommt, dass der technische Fortschritt, der nach Gl. 4.16 preissenkend wirkt, im Agrarsektor auch während eines Konjunktureinbruchs weiterhin wirkt. Während andere Sektoren bei nicht ausgelasteten Kapazitäten keine Erweiterungsinvestitionen vornehmen und technische Fortschritte vor allem zur Kostenreduzierung ohne Produktionssteigerungen eingeführt werden, werden für den Agrarsektor produktionssteigernde technische Fortschritte im Konjunkturtal relativ vorzüglicher. Inputsparende technische Fortschritte sind insbesondere bezüglich des Faktors Arbeit weniger vorteilhaft, da die Abwanderungsmöglichkeiten aus der Landwirtschaft im Konjunkturtal begrenzt sind. Diese Überlegungen sprechen dafür, dass die Verlagerung der Angebotskurve nach rechts durch den technischen Fortschritt im Konjunkturtal weiterhin erfolgt und sogar zunehmen kann. Im industriellen Bereich ist dagegen im Konjunkturtal eher mit einer Verlagerung der Angebotskurve nach links zu rechnen. Konjunktureinbrüche

[7] Die Technologieelastizität des Angebots $\frac{\partial Q^S}{\partial T} \frac{T}{Q^S}$ wird definitionsgemäß gleich Eins gesetzt.

führen häufig zu einem Ausscheiden der Grenzanbieter, so dass sich die aggregierte Angebotskurve nach links verlagert.

Weitere Ableitungen, die in Anhang 1 ausführlich dargestellt werden, führen zu der folgenden Gleichung für die Änderung des Pro-Kopf-Einkommens:

$$\frac{dY^L}{Y^L} = \frac{E}{W}\left[\frac{dY}{Y}\left(\frac{\eta\left(1+\varepsilon^S\right)}{\varepsilon^S-\varepsilon^D}\right) - \frac{dT}{T}\left(\frac{\left(1+\varepsilon^D\right)}{\varepsilon^S-\varepsilon^D}\right)\right] - \frac{dK{*}K}{K{*}W} - \frac{dL}{L} \quad (4.17)$$

Mit

$E = \left(P * Q^S\right)$ (die Erlöse der Landwirtschaft), und.
$W = Y^L * L = \left(P * Q^S\right) - K$ (die Wertschöpfung der Landwirtschaft).

Die Konjunkturreagibilität der Agrarpreise trägt nach der Gl. 4.17 zu einer vergrößerten Konjunkturabhängigkeit der Pro-Kopf-Einkommen in der Landwirtschaft bei. Das Pro-Kopf-Einkommen geht aber auch aus anderen Gründen im Konjunkturtal stärker zurück als die Agrarpreise. Verstärkend wirkt zum einen der Multiplikator in Gl. 4.17. Zum anderen wird die Änderungsrate der Pro-Kopf-Einkommen auch durch die Abwanderungsrate $\frac{dL}{L}$ bestimmt. Da die Abwanderungsrate im Konjunkturtal aber geringer ist als bei normaler Konjunkturlage, wird hierdurch ein zusätzlicher Druck auf das Pro-Kopf-Einkommen in der Landwirtschaft ausgeübt. In der Landwirtschaft sind somit – insbesondere bei freier Preisbildung, aber auch bei unveränderten administrierten Preisen – die Einkommen im Konjunkturtal nach unten flexibel. Während andere Sektoren versuchen, sich durch Einschränkung der Zahl der Beschäftigten einem Konjunktureinbruch anzupassen und den weiterhin Beschäftigten zumindest in etwa den gleichen Nominallohn zu zahlen, beschäftigt der Agrarsektor im Konjunkturtal häufig mehr Erwerbstätige als bei normaler Konjunkturlage. Gewerbliche Sektoren externalisieren damit zumindest teilweise die Wirkungen des Konjunktureinbruchs. Die entlassenen Arbeitskräfte werden nicht mehr allein vom entlassenen Sektor unterstützt, sondern von der gesamten Volkswirtschaft. Die Landwirtschaft leistet hingegen einen Beitrag zur Entlastung des Arbeitsmarktes.

Der beschriebene Beschäftigungseffekt der Landwirtschaft ist aber nur aus kurzfristiger Sicht eindeutig positiv. Bei mittel- und langfristiger Betrachtung ist zu bedenken, dass jeder Konjunktureinbruch auch strukturelle Effekte auf den Agrarsektor hat und demnach den Entwicklungspfad in Form der Output/Input-Relation oder auch in Form der Kosten des gegenwärtigen agrarpolitischen Systems verändert. Ein verstärkter Zugang von Berufsanfängern in der Landwirtschaft im Konjunkturtal sowie ein Nichtausscheiden landwirtschaftlicher Betriebe aus der Produktion kann zu einer Verlangsamung des strukturellen Wandels und damit zu erhöhten volkswirtschaftlichen Kosten führen. Es wäre daher aus gesamtwirtschaftlicher Sicht bedenklich, würde man im Konjunkturtal das Einkommen der Landwirte verstärkt durch protektionistische Maßnahmen stützen. Zwar würde man dadurch neben den Einkommensumverteilungseffekten zugunsten der Landwirte eine Entlastung des Arbeitsmarktes erreichen, jedoch um den Preis zunehmend **versteckter Arbeitslosigkeit** in der Landwirtschaft und nach Liebenstein (1966) zu zunehmender zukünftiger „X-Ineffizienz" in der Landwirtschaft.[8]

4.8 Wirkung agrarpolitischer Maßnahmen auf die Entgelte der Arbeitskräfte in der Landwirtschaft

Es gibt in der EU eine Vielzahl von Maßnahmen, die darauf abzielen, das Entgelt für landwirtschaftliche Arbeitskräfte zu erhöhen. Deutsche und EU Politiker können dies mit Verweis auf die in der Einleitung genannten Gesetze bzw. Verträge begründen. Im folgenden Abschnitt soll zunächst überprüft werden, ob ausreichende Informationen für die Konzeption zielgerichteter Politikmaßnahmen vorliegen. Daran anschließend wird untersucht, was bei der Auswahl gezielter Maßnahmen zu berücksichtigen ist. In einem abschließenden Abschnitt werden die Wirkungen von ausgewählten Politikmaßnahmen der EU und der nationalen Politik überprüft.

4.8.1 Notwendige Informationen für eine zielgerichtete Politik zur Erhöhung der Arbeitsentgelte in der Landwirtschaft

Staatliche Eingriffe auf den landwirtschaftlichen Arbeitsmärkten könnten aus allokationspolitischen Gründen – das Sozialprodukt ist höher als Folge von staatlichen Eingriffen als ohne diese – oder auch aus verteilungspolitischen Gründen erfolgen. Diese beiden Grundsätze sind auch in den oben zitierten Gesetzen explizit oder implizit genannt. Gesetze garantieren aber nicht stets eine zielgerichtete und effiziente Politik. Eine Politik wird als zielgerichtet bezeichnet, wenn sie vornehmlich auf das vorgegebene Ziel bei Minimierung der Nebenwirkungen gerichtet ist. Die Politik ist effizient, wenn sie die volkswirtschaftlichen Kosten der Zielerreichung minimiert.

Berechnungen der EU-Kommission, die zeigen, wie sich die Durchschnittseinkommen der landwirtschaftlichen Haupterwerbsbetriebe im Vergleich zu anderen Einkommen in den einzelnen Volkswirtschaften oder in der EU insgesamt entwickelt haben, informieren somit nicht über die in den Gesetzen geforderte Zielerreichung. Vor allem zeigen die vorhandenen Berechnungen nicht, wie hoch die monetären und nicht monetären Einkommen aus landwirtschaftlicher und nicht landwirtschaftlicher Tätigkeit im Vergleich zu Referenzgruppen in der Vergangenheit waren und welchen Beitrag politische Maßnahmen zu dieser Entwicklung geleistet haben. Das Fehlen von

[8]X-Ineffizienz nach Liebenstein (1966) ist Ineffizienz, die nicht auf eine suboptimale Faktorallokation zurückzuführen ist, sondern auf fehlenden Wettbewerbsdruck und mangelnde Motivation der Betriebsleiter und der Mitarbeiter.

verlässlichen Statistiken insbesondere zu den nicht-landwirtschaftlichen Einkommen der landwirtschaftlichen Haushalte in Deutschland und anderen EU-Mitgliedsländern wurde wiederholt vom Europäischen Rechnungshof kritisiert In einem Sonderbericht zur Einkommensstützung für Landwirte in der EU im Jahre 2016 stellte der Rechnungshof z. B. folgendes fest:

> „Die Kommission hat die statistischen Daten, die zur effektiven Bewertung der Leistung von GAP-Maßnahmen zur Stützung der Einkommen von Landwirten notwendig sind, nicht eindeutig ermittelt. Zum verfügbaren Einkommen landwirtschaftlicher Haushalte stehen keine repräsentativen Daten zur Verfügung, mit denen beurteilt werden könnte, ob das Vertragsziel der Sicherstellung eines angemessenen Lebensstandards für Landwirte erreicht wurde. Außerdem gibt es kein zuverlässiges System, das Vergleiche zwischen landwirtschaftlichen Einkommen und Einkommen in anderen Wirtschaftssektoren ermöglicht, wodurch EU-Einkommensbeihilfen für Landwirte gerechtfertigt werden könnten.“ (Europäischer Rechnungshof 2016, S. 8).

4.8.2 Divergenzen auf dem landwirtschaftlichen Arbeitsmarkt als Begründung staatlicher Eingriffe

Von Divergenzen wird gesprochen, wenn es Unterschiede zwischen privaten Grenzkosten und sozialen Grenzkosten oder zwischen privater und sozialer marginaler Zahlungsbereitschaft gibt. Solche Divergenzen können auf den landwirtschaftlichen Arbeitsmärkten vorliegen, wenn die privaten Anreize z. B. zu einer Abwanderung führen, die aus gesamtwirtschaftlicher Sicht nicht positiv zu bewerten ist. Wären Landwirte nur an der monetären Höhe des Arbeitseinkommens interessiert, so würden sie eine landwirtschaftliche Tätigkeit zugunsten einer nicht landwirtschaftlichen Tätigkeit aufgeben, wenn dadurch ihr Einkommen steigen würde. Das wäre dann der Fall, wenn das Wertgrenzprodukt der Arbeit im nicht landwirtschaftlichen Bereich unter Berücksichtigung von Transaktionskosten zuzüglich der Differenz der Einkommen aus Vermögen (insbesondere Pacht) höher wäre als im landwirtschaftlichen Bereich. Durch eine größere Abwanderung würde dann das gesamte Einkommen der Volkswirtschaft steigen; die private Entscheidung wäre aus gesamtwirtschaftlicher Sicht positiv zu bewerten. Die Reaktion auf private Anreize wäre in diesem Fall sozial kompatibel.

Oben wurde ausgeführt, dass Landwirte sich wahrscheinlich nicht nur an dem monetären Einkommen orientieren, sondern auch nicht monetäre Variablen in ihre Entscheidung einbeziehen. Bedingt durch dieses Verhalten kann das Verhalten einzelner Landwirte aus gesamtwirtschaftlicher Sicht, d. h. bezogen auf das Ziel der Maximierung des monetären Werts der produzierten Güter und Dienstleistungen, nicht optimal sein. Dieses Verhalten ist dennoch rational, wenn durch Wechsel der Tätigkeit von landwirtschaftlicher zu nichtlandwirtschaftlicher Tätigkeit die aggregierte individuelle Nutzenänderung nicht erhöht werden kann. Da aber eine Quantifizierung individueller Nutzenänderungen nicht möglich ist, kann man sich nur an den enthüllten individuellen

Präferenzen orientieren. Wenn Arbeitskräfte nicht in alternative Beschäftigungen wandern, haben sie damit kundgetan, dass sie mit der gegenwärtigen Situation eine höhere Wohlfahrt genießen als mit einer alternativen. Diese Feststellung gilt aber nur dann, wenn die individuellen Entscheider voll über die gegenwärtigen und zukünftigen Situationen informiert wären und andere Individuen von einer individuellen Entscheidung nicht positiv oder negativ beeinflusst würden.

Natürlich ist niemand über zukünftige Situation vollkommen informiert und andere können durch unterlassene individuelle Reaktion auf nicht bestätigte Erwartungen Nachteile erleiden. Dieser Fall kann bezüglich notwendiger landwirtschaftlicher Abwanderungsraten zur Erreichung eines höheren Einkommens vorliegen. Zu einer geringeren Abwanderungsrate können folgende Gründe führen: Spezifische Qualifikation landwirtschaftlicher Tätigkeit, hohe individuelle Bewertung landwirtschaftlicher Tätigkeit und auch mit dem Arbeitsort verbundene Transaktionskosten. Wenn die Einkommensunterschiede zwischen landwirtschaftlicher und nichtlandwirtschaftlicher Tätigkeit lediglich auf Präferenzunterschiede zwischen den alternativen Beschäftigungen zurückzuführen sind, wäre eine suboptimale gesamtwirtschaftliche Allokation der Arbeitskräfte nur dann gegeben, wenn andere Individuen durch die unterlassene Abwanderung negativ beeinflusst werden. Da eine Abwanderung aus einer bäuerlichen Landwirtschaft häufig mit Betriebsaufgabe verbunden ist, wird eine verringerte Abwanderung das Flächenwachstum anderer Betriebe verringern und damit zu verringertem Wachstum dieser Betriebe führen. Es gilt in diesem Fall demnach nicht, dass das individuelle an Marktdaten orientierte Verhalten keine Effekte auf andere ausübt; es wird möglicherweise externalisiert.

Ein anderer externer Effekt kann auftreten, wenn die Abwanderung aus der Landwirtschaft in einer ländlichen Region dazu führt, dass eine kritische Schwelle der Bevölkerungsdichte unterschritten wird, und dadurch die Aufrechterhaltung wichtiger Elemente der Daseinsvorsorge, z. B. in den Bereichen Bildung, Kultur, Verkehr und Gesundheit, in Gefahr gerät. Wenn hierdurch die Region für die Ansiedlung oder Aufrechterhaltung von Betrieben in anderen nicht-landwirtschaftliche Branchen unattraktiv wird, kann eine Abwärtsspirale der lokalen wirtschaftlichen Entwicklung eintreten. Diese Gefahr ist vielleicht nicht so präsent in einem insgesamt dicht besiedelten und dezentralisierten Land wie Deutschland; sie ist aber durchaus relevant in manchen Flächenstaaten wie beispielsweise Kanada oder Kasachstan.

4.8.3 Politische Maßnahmen zur Verringerung der Divergenz auf dem Arbeitsmarkt

Grundsätzlich sollten effiziente Maßnahmen möglichst direkt an der Ursache der Divergenz ansetzen. Wenn die Abwanderungsrate aus der Landwirtschaft aus gesamtwirtschaftlicher Sicht zu niedrig ist, wären Instrumente zu erwägen, die zu einer Erhöhung dieser Rate beitragen. Die Abwanderungsrate, d. h. die Verringerung der

Zahl der Beschäftigten im Agrarsektor, ergibt sich einerseits durch Ausscheiden landwirtschaftlicher Arbeitskräfte wegen Krankheit und Ruhestand, durch Wechsel in nicht landwirtschaftliche Tätigkeiten und zum anderen durch Aufnahme einer landwirtschaftlichen Tätigkeit. Politische Instrumente könnten darauf abzielen, die Zahl der landwirtschaftlichen Arbeitskräfte durch Erhöhung der Ausscheidungsrate zu verändern, z. B. durch Förderung vorzeitiger Betriebsübergabe, durch sozialökonomische Beratung und Angebote von Umschulungsmaßnahmen. Politischer Einfluss kann auch auf den Zugang zu landwirtschaftlicher Tätigkeit genommen werden. Insbesondere die Entscheidung, ob ein Betrieb in der nächsten Generation weitergeführt wird oder nicht, ist in dieser Beziehung von großer Bedeutung. So führt eine bessere Information über die Entwicklungschancen einzelner landwirtschaftlicher Betriebe zu einer Verringerung der Zahl der Betriebsnachfolger. Die Förderung ländlicher Entwicklung, kann auch zu einer erhöhten Abwanderung beitragen, wenn dadurch Arbeitsplätze auf dem Land geschaffen werden.

4.8.4 Produktionsbezogene Maßnahmen

Maßnahmen, die auf eine Änderung der Produktpreise, z. B. durch Preisstützung oder produktbezogene Direktzahlungen wirken, sind nicht gezielt und können daher auch nicht effizient sein. Bei vollkommen elastischem Angebot aller Faktoren außer Boden führen Änderungen der Produktpreise oder der produktbezogenen Direktzahlungen lediglich zu einer Änderung der Bodenpreise (vgl. Kap. 3). Da aber angenommen werden kann, dass der Arbeitseinsatz von bäuerlichen Familienbetrieben nicht nur an der Wertgrenzproduktivität der Arbeit bei landwirtschaftlicher Beschäftigung und den Alternativeinkommen orientiert ist, sondern am gesamten Einkommen, wird jede agrarpolitische Maßnahme, die zu einer Erhöhung der Einkommen aus landwirtschaftlicher Tätigkeit führt, auch zu einer Erhöhung bzw. einer geringeren Reduzierung des Arbeitseinsatzes in der Landwirtschaft beitragen. Die aus gesamtwirtschaftlicher Sicht negativen Nebenwirkungen beinhalten eine Verzögerung des Strukturwandels und führen zu erhöhten Ineffizienzen der Faktornutzung im Agrarsektor.

4.8.5 Maßnahmen, die direkt auf den Arbeitseinsatz zielen

Es gibt in der EU Agrarpolitik und der deutschen Agrarpolitik nur wenige Maßnahmen, die direkt auf Entgelte der landwirtschaftlichen Arbeitskräfte zielen. Hierzu gehören die EU-Direktzahlungen, die derzeit allerdings insgesamt ca. 41,5 Mrd. € pro Jahr umfassen (ca. 70 % aller Agrarausgaben der EU), davon ca. 4,8 Mrd. in Deutschland (EU Kommission 2019). Agrarpolitiker argumentieren häufig, dass diese Direktzahlungen als einkommensstützende Maßnahme notwendig sind. Da sie aber pro Hektar bewirtschaftete Fläche ausgezahlt werden, kann nicht davon ausgegangen werden, dass sie vornehmlich und gezielt bei einkommensschwachen Betrieben ankommen. Eine diesbezügliche Kritik des Europäischen Rechnungshofs wurde in Abschn. 4.8.1 bereits zitiert. Ferner ist davon auszugehen, dass die Direktzahlungen den Strukturwandel in der Landwirtschaft bremsen und somit eine ineffiziente Faktornutzung fördern.

Eine weitere Maßnahme ist die Förderung der Junglandwirte. Es wird von der Überlegung ausgegangen, dass Junglandwirte häufig eine Verbesserung der Produktionsgrundlage des übernommenen Betriebes planen, um die Effizienz des betrieblichen Faktoreinsatzes zu erhöhen. Eine spezielle staatliche Unterstützung dieser Betriebsinhaber könnte demnach als positive Wirkung eine betriebliche und gesamtwirtschaftliche Effizienzsteigerung erreichen. Als negativer Effekt könnte aber entstehen, dass nicht alle Empfänger der Zahlungen auch tatsächlich gesamtwirtschaftlich rentable Investitionen vornehmen. Ein Teil der Zahlungen ist daher nicht zielgerichtet. Von größerem Nachteil kann aber sein, dass Anreize für Betriebsübernahmen gegeben werden und damit die Zahl der Arbeitskräfte im Agrarsektor höher ist, als ohne diese Maßnahmen. Holst und von Cramon-Taubadel (2017) zeigen, dass in Deutschland keine Notwendigkeit besteht, anhand von Fördermaßnahmen wie der Junglandwirteprämie der EU weitere junge Betriebsleiterinnen und Betriebsleiter zu akquirieren.

4.9 Schlagwörter und Begriffe

- Direktzahlungen
- Einkommensdisparität
- Erwerbskombination
- Familienbetrieb
- Förderung der Junglandwirte
- Haupterwerb
- Landwirtschaftsgesetzt von 1955
- Nebenerwerbsbetrieb
- Realeinkommen
- Saisonarbeitskräften
- Sog- und Druckeffekte
- Transaktionskosten
- Versteckte Arbeitslosigkeit
- Vertrag von Rom
- Zuerwerbsbetrieb

4.10 Übungsaufgaben

Fragen

1. Diskutieren Sie die folgende Aussage: Wenn die Arbeitsproduktivität in einem Sektor weniger steigt als in anderen Sektoren, kann die Wohlfahrt in der Gesellschaft durch Abwanderung vom Sektor mit geringerer Arbeitsproduktivitätssteigerung zum Sektor mit höherer Arbeitsproduktivitätssteigerung erhöht werden.
2. Diskutieren Sie, ob bei einem sektoralen Arbeitseinkommen, das niedriger liegt als die Arbeitseinkommen in anderen Sektoren, die individuellen Wohlfahrten in diesem Sektor dennoch höher sein können als in anderen Sektoren.
3. Erklären Sie, welche Bestimmungsgründe das Nebeneinander von Voll- und Nebenerwerbslandwirtschaft bestimmen.
4. Erklären Sie, ob eine langfristige Erhöhung der Weltmarktpreise für Agrarprodukte in einer offenen Volkswirtschaft die Arbeitseinkommen in der Landwirtschaft a) bei vollkommener Mobilität der Arbeitskräfte oder b) bei eingeschränkter Mobilität haben könnte.
5. Nehmen Sie an, die Regierung möchte die Arbeitseinkommen in der Landwirtschaft erhöhen und kann diese Wirkung nur durch externe Protektion erreichen. Erklären Sie, dass Maßnahmen, die nur auf die Märkte der Agrarprodukte abzielen, wohlfahrtstheoretisch weniger effizient sind als Maßnahmen, die auch zu einem Preisanstieg für variable Inputfaktoren führen.

Anhang

Anhang 4.1: Die Ableitung der Änderung des Pro-Kopf-Einkommens in der Landwirtschaft (Gl. 4.17)

Ausgangspunkt ist die Definition des Pro-Kopf-Einkommens in der Landwirtschaft in Gl. 4.10.

$$Y^L = \frac{P{*}Q^S - K}{L} \quad \text{bzw.} \quad Y^L{*}L = \left(P{*}Q^S\right) - K \tag{4.18}$$

Totales Differenzieren führt zu

$$\left(dY^L{*}L\right) + \left(dL{*}Y^L\right) = \left(dP{*}Q^S\right) + \left(dQ^S{*}P\right) - dK \tag{4.19}$$

$$\left(dY^L{*}L\right) = \left(dP{*}Q^S\right) + \left(dQ^S{*}P\right) - dK - \left(dL{*}Y^L\right) \tag{4.20}$$

$$\frac{dY^L}{Y^L} = \frac{\left(dP{*}Q^S\right)}{Y^L{*}L} + \frac{\left(dQ^S{*}P\right)}{Y^L{*}L} - \frac{dK}{Y^L{*}L} - \frac{\left(dL{*}Y^L\right)}{Y^L{*}L} \tag{4.21}$$

bzw.

$$\frac{dY^L}{Y^L} = \frac{1}{W}\left[\left(dP{*}Q^S\right) + \left(dQ^S{*}P\right)\right] - \frac{dK{*}K}{W{*}K} - \frac{dL}{L} \tag{4.22}$$

mit $W = Y^L * L = \left(P * Q^S\right) - K$ (die Wertschöpfung der Landwirtschaft).

Der Term in eckigen Klammern auf der rechten Seite von Gl. 4.22 wird ergänzt durch $E = \left(P * Q^S\right)$ (die Erlöse der Landwirtschaft):

$$\frac{dY^L}{Y^L} = \frac{E}{W}\left[\left(\frac{dP{*}Q^S}{P{*}Q^S}\right) + \left(\frac{dQ^S{*}P}{P{*}Q^S}\right)\right] - \frac{dK{*}K}{K{*}W} - \frac{dL}{L} \tag{4.23}$$

$$\frac{dY^L}{Y^L} = \frac{E}{W}\left[\left(\frac{dP}{P}\right) + \left(\frac{dQ^S}{Q^S}\right)\right] - \frac{dK{*}K}{K{*}W} - \frac{dL}{L} \tag{4.24}$$

Durch Einsetzen von Gl. 4.16 für $\frac{dP}{P}$ sowie Gl. 4.14 für $\frac{dQ^S}{Q^S}$ erhält man

$$\frac{dY^L}{Y^L} = \frac{E}{W}\left[\frac{1}{\varepsilon^S - \varepsilon^D}\left(\eta\frac{dY}{Y} - \frac{dT}{T}\right)\right] + \frac{dT}{T} + \frac{\varepsilon^S}{\varepsilon^S - \varepsilon^D}\left(\eta\frac{dY}{Y} - \frac{dT}{T}\right) - \frac{dK{*}K}{K{*}W} - \frac{dL}{L} \tag{4.25}$$

und nach einigen Umformungen gelangt man schließlich zu

$$\frac{dY^L}{Y^L} = \frac{E}{W}\left[\frac{dY}{Y}\left(\frac{\eta\left(1+\varepsilon^S\right)}{\varepsilon^S - \varepsilon^D}\right) - \frac{dT}{T}\left(\frac{\left(1+\varepsilon^D\right)}{\varepsilon^S - \varepsilon^D}\right)\right] - \frac{dK{*}K}{K{*}W} - \frac{dL}{L} \tag{4.17}$$

Literatur

Bundesinstitut für Berufsbildung (2020) Datenbank Ausbildungsvergütung: Tarifliche Ausbildungsvergütungen 2019 in Ost- und Westdeutschland. https://www.bibb.de/dokumente/pdf/2019_Dav_Gesamtuebersicht_Ausbildungsverguetungen_Ost_West.pdf. Zugegriffen am 11. November 2020.

Bundesministerium für Ernährung und Landwirtschaft (BMEL) (2020) Die wirtschaftliche Lage der landwirtschaftlichen Betriebe: Buchführungsergebnisse der Testbetriebe des Wirtschaftsjahres 2018/19. https://www.bmel-statistik.de/fileadmin/daten/BFB-0111001-2019.pdf. Zugegriffen am 12. November 2020.

Chiang AC, Wainwright K, Nitsch H (2011) Mathematik für Ökonomen: Grundlagen, Methoden und Anwendungen. 4. Auflage. Vahlen, München.

EU-Kommission (1957) Vertrag zur Gründung der Europäischen Wirtschaftsgemeinschaft. https://eur-lex.europa.eu/legal-content/DE/TXT/PDF/?uri=CELEX:11957E/TXT&from=EN. Zugegriffen am 11. November 2020.

EU-Kommission (2012) Vertrag über die Arbeitsweise der Europäischen Union (Konsolidierte Fassung). Amtsblatt der Europäischen Union C 326/47. https://eur-lex.europa.eu/legal-content/DE/TXT/PDF/?uri=CELEX:12012E/TXT&from=DE. Zugegriffen am 11. November 2020.

EU-Kommission (2019) Indicative Figures on the Distribution of Aid, by Size-Class of Aid, Received in the Context of Direct Aid Paid to the Producers According to Council Regulation

(EC) No 1307/2013 (Financial Year 2018). https://ec.europa.eu/info/sites/info/files/food-farming-fisheries/farming/documents/direct-aid-indicative-figures-2018_en.pdf. Zugegriffen am 11. November 2020Henc.

EU-Parlament (2020) Die Verträge und das Europäische Parlament. https://europarl.europa.eu/about-parliament/de/in-the-past/the-parliament-and-the-treaties. Zugegriffen am 11. November 2020.

Europäischer Rechnungshof (2016) Stützung der Einkommen von Landwirten: Ist das Leistungsmessungssystem der Kommission gut konzipiert und basiert es auf soliden Daten? Sonderbericht 2016 Nr. 1. Europäischer Rechnungshof, Luxembourg.

Gisser M, Dávila A (1998) Do Farm Workers Earn Less? An Analysis of the Farm Labor Problem. American Journal of Agricultural Economics 80: 669-682Leibenstein H (1966) Allocative Efficiency vs. "X Efficiency". The American Economic Review 56: 392–415.

Holst C, von Cramon-Taubadel S (2017) Zukünftige Herausforderungen der deutschen Landwirtschaft vor dem Hintergrund der aktuellen Alters- und Ausbildungsstruktur landwirtschaftlicher Betriebsleiterinnen und Betriebsleiter. Schriftenreihe der Rentenbank 33: 43–74. Hrsg. Edmund Rehwinkel-Stiftung der Landwirtschaftlichen Rentenbank, Frankfurt am Main.

Williamson OE (2000) The New Institutional Economics: Taking Stock, Looking Ahead. Journal of Economic Literature 38: 595–613.

5 Besonderheiten der landwirtschaftlichen Kreditmärkte

Ulrich Koester und Stephan von Cramon-Taubadel

Zusammenfassung

Die Landwirtschaft gehört in Industrieländern zu den kapitalintensivsten Sektoren. Kapitalmärkte und insbesondere der Zins – der Preis, der vom Kreditnehmer für die Überlassung von Kaufkraft an den Kreditgeber zu zahlen ist – sind daher von großer Bedeutung für die Entwicklung der Landwirtschaft. In diesem Kapitel wird gezeigt, dass die Herausbildung und Funktionsweise von landwirtschaftlichen Kreditmärkten insbesondere vom Vertrauen der Marktpartner abhängt. Staatliche, aber auch private Institutionen zur Verbesserung der Informationsgrundlage auf Kreditmärkten können dieses Vertrauen erhöhen und auch sonst zur Effizienz der Kreditmärkte beitragen. Es spricht einiges dafür, dass das tatsächliche landwirtschaftliche Kreditvolumen häufig niedriger ausfallen wird, als es aus gesamtwirtschaftlicher Sicht wünschenswert wäre. Dennoch sprechen sowohl theoretische Gründe als auch die Ergebnisse empirischer Untersuchungen gegen eine aktive Rolle des Staates bei der Vergabe von landwirtschaftlichen Krediten.

U. Koester
Universität Kiel, Kiel, Deutschland
E-Mail: UKoester@ae.uni-kiel.de

S. von Cramon-Taubadel (✉)
Universität Göttingen, Göttingen, Deutschland
E-Mail: scramon@gwdg.de

U. Koester und S. von Cramon-Taubadel (Hrsg.), *Agrarpreisbildung*,
https://doi.org/10.1007/978-3-658-33211-2_5

5.1 Einleitung und Lernziele

Der steigende Einsatz von Kapital hat für die betriebliche und sektorale Wettbewerbsfähigkeit im Zeitablauf eine zunehmende Bedeutung erlangt. Veränderung in den Faktorpreisrelationen und technische Fortschritte erfordern vermehrten Kapitaleinsatz in landwirtschaftlichen Betrieben. Da Eigenkapital häufig nicht ausreichend zur Verfügung steht, ist zunehmender Einsatz von Fremdfinanzierung weit verbreitet. Der Kapitaleinsatz kann über Kredite, auch über andere Instrumente erweitert werden, z. B. durch persönliche Beteiligung in der Form von Personengesellschaften oder durch Verkauf von Kapitelanleihen oder Aktien bei Kapitalgesellschaften. In der marktwirtschaftlich organisierten Landwirtschaft ist aber die Erweiterung des Kapitaleinsatzes vorrangig durch Aufnahme von Krediten zu beobachten. In diesem Kapitel soll daher insbesondere auf den Kreditmarkt eingegangen werden und gezeigt werden, dass der landwirtschaftliche Kreditmarkt sich erheblich von anderen sektoralen Kreditmärkten unterscheidet und es daher auch Anlass für staatliche Eingriffe in den landwirtschaftlichen Kreditmarkt geben kann.

In diesem Kapitel soll gezeigt werden,

Übersicht

- dass die Kapitalintensität und damit der Zinssatz eine große Bedeutung für den Zusammenhang der Agrarpreise haben,
- dass die Wirksamkeit landwirtschaftlicher Kreditmärkte nicht allein mit dem Instrumentarium der Neoklassik erklärt werden kann,
- wie die Herausbildung dieser Märkte auch vom Vertrauen der Marktpartner abhängt,
- dass gut funktionierende landwirtschaftliche Kreditmärkte von großer Bedeutung für die Entwicklung der Landwirtschaft sind,
- wie gesicherte Eigentumsrechte zu einer Ausweitung landwirtschaftlicher Kreditmärkte beitragen,
- dass sich für die Landwirtschaft besondere Kreditgeber herausgebildet haben, und
- dass neben der Sicherung der Eigentumsrechte staatliche Maßnahmen die Entwicklung von ländlichen Kreditmärkten positiv oder negativ beeinflussen können.

5.2 Die Kapitalintensität in der deutschen Landwirtschaft

„Der Kapitalstock der Land-, Forstwirtschaft und Fischerei, definiert als Bruttoanlagevermögen (ohne Boden) zu Wiederbeschaffungspreisen, ist in den vergangenen Jahren deutlich angestiegen. Noch wesentlich stärker nahm der Kapitaleinsatz je Erwerbstätigen (Kapitalintensität) zu. Mit heute 552.600 Euro Kapital je Erwerbstätigen gehört die Landwirtschaft zu den kapitalintensivsten Branchen. Im produzierenden Gewerbe (Industrie) zum Beispiel fällt die Kapitalintensität mit 318.200 Euro je Erwerbstätigen deutlich niedriger aus. Im Handel sind es nur 132.400 Euro und im Baugewerbe 42.700 Euro". (DBV 2018, S. 71).

„Der Fremdkapitalbestand in der deutschen Land- und Forstwirtschaft erreichte Ende Juni 2018 mit 50,5 Milliarden Euro einen Stand, der im Vorjahresvergleich nur wenig höher lag. 84 Prozent des Kreditbestandes sind langfristige Kredite und dienen damit der Finanzierung langfristiger Investitionen. Kurz- und mittelfristige Kredite mit einer Laufzeit von unter 1 bzw. 5 Jahren spielen mit einem Anteil von 16 Prozent eine untergeordnete Rolle. Die deutsche Land- und Forstwirtschaft nutzt Fremdkapital vorwiegend zur Verbesserung ihrer wirtschaftlichen Ergebnisse. Dazu trägt auch das günstige Zinsniveau bei". (DBV 2018, S. 72).

Diese Zahlen verdeutlichen, dass die landwirtschaftlichen Betriebe über eine im Vergleich zu anderen Sektoren hohe Eigenkapitalquote verfügen. Dieses gilt nicht nur für landwirtschaftliche Haupterwerbsbetriebe, sondern auch – allerdings etwas weniger ausgeprägt – für juristische Personen. Man könnte daher erwarten, dass die deutsche Landwirtschaft im Vergleich zu anderen Sektoren leichten Zugang zur Kreditaufnahme hat. Es mag überraschen, dass ein Wirtschaftssektor, der wie oben geschildert vergleichsweise kapitalintensiv ist und durch Betriebe mit weit überdurchschnittlichen Eigenkapitalanteilen ausgezeichnet ist, dennoch im Vergleich zu anderen Sektoren erschwerten Zugang zum Kapitalmarkt hat. Die Klärung dieser Besonderheit steht im Mittelpunkt dieses Kapitels. Doch zunächst soll die Bedeutung der Zinssätze für die Agrarpreisrelationen aufgezeigt werden.

5.3 Die Bedeutung der Zinsen für die Interdependenz der Agrarpreise

Der **Zins** ist ein Preis, der vom Kreditnehmer für die Überlassung von Kaufkraft an den Kreditgeber zu zahlen ist. Während das Wort Zinsen in der Regel einen Maßstab in Geld als Gegenleistung für eine erhaltene Leistung ausdrückt, gibt der **Zinssatz** an, welchen Prozentsatz der Empfänger der Leistung pro Zeiteinheit, in der Regel ein Jahr, zu zahlen hat. Zinsen und Zinssätze sind demnach Preise, die für die Übertragung von Rechten, z. B. Verfügung über monetäre Mittel, d. h. für eine Dienstleistung, zu zahlen sind. Auch wenn es nicht offensichtlich ist, welche Bedeutung der Zinssatz für die landwirtschaftlichen Betriebe und für die Entwicklung des Agrarsektors hat, spielt der Markt für Zinsen eine besondere Rolle für die Landwirtschaft. Nobelpreisträger Theodore Schulz[1]

[1]Theodore W. Schulz erhielt den Nobelpreis für Wirtschaftswissenschaften zusammen mit Arthur Lewis im Jahr 1979. Hervorgehoben wurden seine Beiträge zur „Analysis of the role of investment in human capital for economics development, particularly in agriculture" (Nobelprize.org 2020).

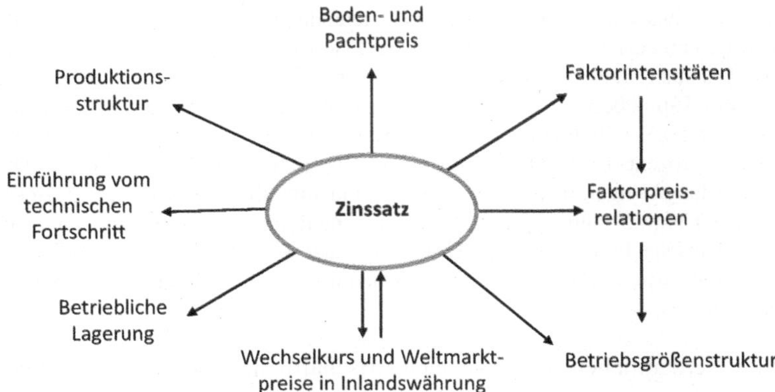

Abb. 5.1 Die Bedeutung der Zinsen für die Interdependenzen der Agrarpreise. (Quelle: Eigene Darstellung)

bezeichnete den Zinssatz sogar als den wichtigsten Preis für die Entwicklung der Landwirtschaft.

In der neoklassischen Preistheorie wird in einem ersten Ansatz die Preisbildung für homogene Güter und Dienstleistungen analysiert. Homogene Güter und Dienstleistungen sind nicht nur in allen wesentlichen materiellen und immateriellen Charakteristiken gleich, sie beinhalten, dass es aus Sicht der Vertragspartner keine Präferenzen für bestimmte Partner gibt und auch Ort und Zeit des Austausches ohne Bedeutung sind. Von Transaktionskosten wird bei dieser einfachen neoklassischen Analyse auch abgesehen. Diese Annahmen sind sinnvoll, um im einfachsten Fall die Grundsätze der Preisbildung darzustellen.

Welcher Zinssatz der Kreditnehmer zu zahlen hat, hängt insbesondere von der Bereitschaft des Kreditgebers ab, einzelnen Kreditnehmern Kaufkraft zur Verfügung zu stellen. Unterschiede zwischen den einzelnen Zinssätzen, (d. h. den Preisen für Kredite mit unterschiedlichen Laufzeiten) werden insbesondere durch die unterschiedliche Höhe der Transaktionskosten bestimmt. Da der Kreditnehmer durch einen bestimmten Kreditvertrag in die Zukunft reichende Zahlungsverpflichtungen übernimmt, ist das Vertrauen in dessen zukünftige Zahlungsbereitschaft und Zahlungsfähigkeit von Bedeutung. Kredite sind daher nicht homogen, sondern heterogen. Es ist daher verständlich, dass es zu jedem Zeitpunkt in einer Volkswirtschaft eine Vielzahl von unterschiedlichen Zinssätzen gibt. Die Unterschiede werden weitgehend durch die unterschiedliche Höhe der Transaktionskosten bestimmt.

Trotz der Vielzahl von unterschiedlichen Zinssätzen in einer marktwirtschaftlich orientierten Volkswirtschaft wird im Folgenden zunächst aus didaktischen Gründen von einem repräsentativen Zinssatz ausgegangen. Diese (realitätsferne) Annahme erleichtert die Analyse der Bedeutung des Zinssatzes für die Interdependenzen der Agrarprodukt-

und Faktorpreise und für die Entwicklung des Agrarsektors. Die folgende Abb. 5.1 zeigt die Bedeutung des Zinssatzes für einzelne Agrarpreise.

Auf die Bedeutung des Zinssatzes für die Pacht- und Bodenpreise wurde in Kap. 3 über die Bodenpreisbildung im Detail eingegangen. An dieser Stelle soll lediglich vermerkt werden, dass in einer Volkswirtschaft mit extrem niedrigen Zinssätzen und erwarteten Bodenpreissteigerungen die Bodenpreise auch dann steigen werden, wenn in den laufenden Perioden die in den effizientesten landwirtschaftlichen Betrieben erwirtschafteten Gewinne gegen Null tendieren. Investitionen in Landkäufe können *ex post* sinnvoll sein, wenn sich die Erwartungen steigender Bodenpreise bestätigen.

Investitionen in landwirtschaftliche Nutzflächen von Nichtlandwirten und die Ausweitung von Kapitalgesellschaften werden durch niedrige Zinssätze und positive Erwartungen von Bodenpreisänderungen verstärkt. Steigende Bodenpreise, die durch niedrige Zinssätze und positive Preiserwartungen gefördert werden, haben auch einen direkten Einfluss auf die Pachtpreise. Zwar wird der potenzielle Pächter sich am Deckungsbeitrag oder der Grundrente bei der Zahlungsbereitschaft für Landpacht orientieren, er wird aber häufig im Wettbewerb um Landflächen mit Käufern von Land unterliegen; die Zahlungsbereitschaft von Landkäufern wird nicht nur von der Ertragsfähigkeit der Landflächen bestimmt, sondern eben auch von erwarteten Preissteigerungen für landwirtschaftliche Flächen.

Die Bedeutung der Zinssätze für die Faktorpreisrelation und den Strukturwandel
Die Höhe des Zinssatzes hat nicht nur einen Einfluss auf den Bodenpreis und damit den spezifischen landwirtschaftlichen Produktionsfaktor, sondern auch auf die **Faktorpreisrelation** zwischen dem Preis für die Vergabe von Krediten und dem Preis für Arbeit. Niedrige Zinsen reduzieren die Produktionskosten von kapitalintensiv produzierten landwirtschaftlichen Produkten und sind zum Vorteil für größere Betriebseinheiten, die meist kapitalintensiver produzieren als kleinere Betriebseinheiten. Niedrige Zinssätze können damit den **Strukturwandel** zu größeren Betriebseinheiten beschleunigen. Diese Wirkung wird insbesondere dann eintreten, wenn Entscheidungen über die Betriebsübergabe getroffen werden. Potenzielle Betriebsnachfolger werden bei niedrigen Zinssätzen verstärkt zu Investitionen in Sachkapital und Boden neigen und damit wahrscheinlich den landwirtschaftlichen Strukturwandel und die Abnahme der Zahl der landwirtschaftlichen Betriebe beschleunigen.

Wie oben ausgeführt, wird bei niedrigen Zinssätzen und erwarteten Preissteigerungen für landwirtschaftliche Nutzflächen die Wettbewerbsfähigkeit von Familienbetrieben auf dem Pachtmarkt zugunsten von Kaufflächen sinken. Zwar könnten Flächen, die von Nichtlandwirten erworben werden auch an Familienbetriebe verpachtet werden, doch deutet die tatsächliche Entwicklung in der Bundesrepublik nicht auf eine Wanderung der Flächen zu diesen Betrieben hin. Die Erfahrung zeigt, dass nicht landwirtschaftliche Investoren dazu neigen, größere Flächen am gleichen Standort zu kaufen und diese in bestehende landwirtschaftliche Betriebe als Pachtflächen oder als Anteilseigner einzubringen. Familienbetriebe sind dagegen mehr interessiert, im Umkreis ihres Betriebes

Land zu pachten und damit ihren Betrieb am gegebenen Standort zu vergrößern. Als Ergebnis stellt sich daher ein, dass bäuerliche Familienbetriebe durch niedrige Zinsen an Wettbewerbsfähigkeit gegenüber Großbetrieben verlieren.

Die Bedeutung des Zinssatzes für die betriebliche Lagerung von saisonalen Produkten

Lagerung bedeutet implizit eine Investition in Form der gelagerten Produkte. Die Kosten der Lagerung werden damit auch durch die Höhe der Zinssätze bestimmt. Perioden niedriger Zinssätze werden daher zu erhöhter Lagerung von saisonalen Produkten beitragen und damit auch einen Einfluss auf die saisonale Entwicklung der Preise haben.

Interdependenzen zwischen Zinssätzen, Wechselkursen und Agrarpreisrelationen

Wechselkurse sind Preise für Devisen (ausländische Zahlungsmittel). Diese Preise sind vor allem für die Preisbildung von Produkten, die international gehandelt werden, von Bedeutung. Der Wechselkurs eines Landes wird u. a. von der Differenz der Zinssätze im Inland und Ausland bestimmt. Sind die Zinssätze in der EU z. B. niedriger als in anderen Ländern, insbesondere in den USA, wird *ceteris paribus* ein Export von Kapital von der EU in die USA eintreten. In den USA steigt damit das Angebot an Devisen (Euro) mit der Folge, dass der US Preis für Devisen sinkt und damit der Dollar aufgewertet und der Euro abgewertet wird. Die Abwertung des Euros beinhaltet, dass die Weltmarktpreise für Agrarerzeugnisse in Euro steigen und die EU auf den Weltmärkten für diese Produkte wettbewerbsfähiger wird. Andersherum verhält es sich, wenn die Zinssätze in der EU höher als in den USA sind.

Da die EU Landwirtschaft weitgehend international handelbare Güter produziert, spielen Zinsdifferenzen und Wechselkurse eine wichtige Rolle bei der Agrarpreisbildung. Wechselkurse werden allerdings nicht ausschließlich von der Differenz der Zinssätze im Inland und Ausland bestimmt. Der Wert insbesondere einer Leit- und Reservewährung wie dem US-Dollar hängt auch von mitunter volatilen Erwartungen bezüglich des zukünftigen Wirtschaftswachstums, des Investitionsklimas und der zukünftigen Ausrichtung der Wirtschaftspolitik ab.

Die Bedeutung der Zinssätze für die Einführung von technischen Fortschritten

Es kann vermutet werden, dass **technischer Fortschritt** vornehmlich durch Druck und Anreizmechanismen eingeführt wird.[2] Da der technische Fortschritt meist an Investitionen gebunden und/oder auch mit unsicheren Erwartungen verbunden ist, haben Zinssätze auch einen Einfluss auf die Rate und das Ausmaß seiner Einführung. Niedrige Zinssätze führen zu niedrigen Kosten der Investition einer neuen Technologie und zu

[2]Die Bedeutung des technischen Fortschritts für die Agrarpreisbildung ist Thema von Kap. 6.

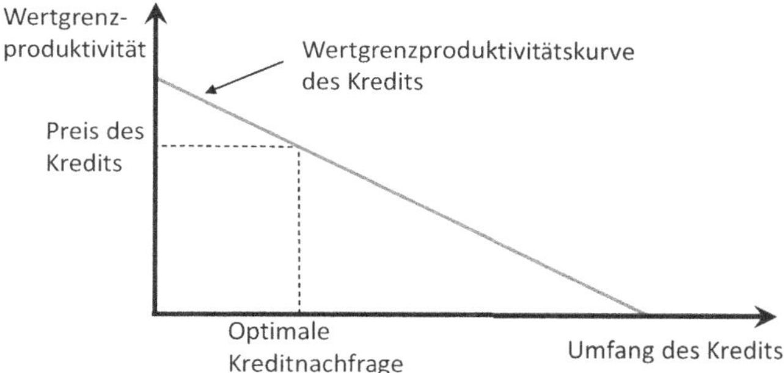

Abb. 5.2 Nachfragekurve nach Krediten bei vollkommener Information. (Quelle: Eigene Darstellung)

höheren diskontierten zukünftigen Erträgen der Innovation. Diese Zusammenhänge tragen auch dazu bei, dass niedrige Zinssätze, auch wenn diese von zahlreichen Landwirten als positiv angesehen werden, den Strukturwandel beschleunigen können.

5.4 Preisbildung auf landwirtschaftlichen Kreditmärkten bei neoklassischer Betrachtungsweise

Bei neoklassischer Betrachtung gilt, dass die einzelnen Wirtschaftssubjekte über alle für die Entscheidung notwendigen Informationen verfügen. Der Kreditmarkt funktioniert daher wie jeder andere Markt für die im Produktionsprozess eingesetzten Faktoren, und es gelten die Grundlagen der Grenzproduktivitätstheorie, wie sie in Kap. 2 erläutert werden. Wenn Kredite für den Kauf von Kapitalgütern (Maschinen, Gebäude) oder Betriebsmittel (Saatgut, Düngemittel, Pflanzenschutzmittel, Kraftfutter u. a.) benötigt werden, wird die Wertgrenzproduktivität des Kapitals mit dem zu zahlenden Zinssatz verglichen. Der Einsatz des Kapitals ist in der Volkswirtschaft optimal, wenn die **Wertgrenzproduktivität** in allen Produktionseinheiten gleich ist. In diesen Denkmodellen wird vereinfachend angenommen, dass Kenntnisse über die Wertgrenzproduktivitäten der kurzfristig und langfristig angelegten Kredite vollkommen bekannt sind und damit Unsicherheit und Risiko keine Bedeutung für die Entscheidung haben, und dass die Grenzproduktivität des Kapitals unabhängig von der begrenzten Teilbarkeit einzelner Investitionsprojekte ist. Es ergibt sich die Nachfragekurve in Abb. 5.2.

Für Investitionen landwirtschaftlicher Betriebe oder des Agrarsektors insgesamt liegt allerdings häufig keine kontinuierlich verlaufende Grenzproduktivitätskurve des Kapitals vor. Kapitaländerungen erfolgen häufig in Sprüngen, auch weil einige Investitionen nicht beliebig teilbar sind. Man kann die alternativen Investitionsvorhaben, die zu unterschiedlichen Renditen (Wertgrenzproduktivitäten) führen, nach der Höhe der Rendite ordnen. Bei hohen Zinssätzen werden nur die Investitionsobjekte realisiert, die eine hohe Rendite

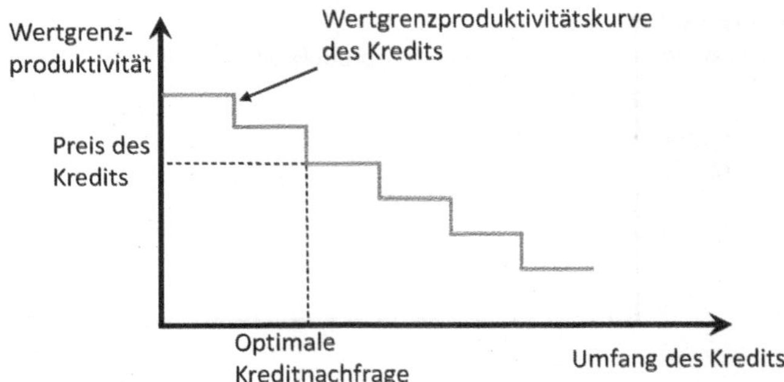

Abb. 5.3 Nachfragekurve nach Krediten bei unvollkommener Information und diskontinuierlichem Verlauf der Wertgrenzproduktivitätskurve. (Quelle: Eigene Darstellung)

abwerfen, andere Maßnahmen werden zurückgestellt. Eine entsprechend stufige Grenzproduktivitätskurve für Kredite wird in Abb. 5.3 dargestellt.

Vollkommene Informationen werden auch bezüglich der Entscheidung anderer Investoren im gleichen Sektor unterstellt. Dies ist aber häufig eine unrealistische Annahme. Es kann z. B. sein, dass durch den Aufbau einer anderen Biogasanlage eines Wettbewerbers die länger bestehende Anlage durch verteuerten Zukauf von benötigten Rohstoffen abwertet wird.

Von besonderer Bedeutung ist die vernachlässigte Annahme von Transaktionskosten in der neoklassischen Analyse der landwirtschaftlichen Kreditmärkte. Kreditgeber sind in der Regel nur mittelbar an der Rentabilität der vorgenommenen Investitionen oder Betriebsmittelkäufe interessiert; sie interessieren sich in erster Linie für die Sicherheit der Rückzahlungen der Schuldner. Vertrauen in das Verhalten des potenziellen Kreditnehmers ist daher von großer Bedeutung; dieses Vertrauen wird bei Familienmitgliedern und bei Personen, mit denen in der Vergangenheit gute Erfahrungen gemacht wurden, größer sein als bei potenziellen Schuldnern, die erstmals auf dem Kreditmarkt aktiv werden wollen.

Auf diese kurzen Anmerkungen bezüglich der allgemeinen Grenzen der neoklassischen Analyse für landwirtschaftliche Kreditmärkte wird im Folgenden ausführlicher eingegangen.

5.5 Besonderheiten der Nachfrage nach landwirtschaftlichen Krediten

Unvollkommene Informationen über die zukünftige Marktsituation spielen je nach Fristigkeit und Verwendung der Kredite eine unterschiedliche Rolle. Zunächst soll die Nachfrage nach kurzfristigen Krediten betrachtet werden.

5.5.1 Die Nachfrage nach kurzfristigen Krediten

Kurzfristige Kredite können lediglich für Konsumzwecke oder auch für den Kauf von Betriebsmitteln nachgefragt werden. Da die landwirtschaftlichen Einkommen als Folge von Produktions- oder Produktpreisschwankungen in einzelnen Jahren erheblich unterhalb der erwarteten Einkommen liegen können, können die Einkommen in weniger entwickelten Ländern nicht stets ausreichend für eine gesunde Ernährung sein. Die Nachfrager nach Konsumkrediten haben in solchen Situationen kaum die Möglichkeit, auf den legalen Märkten kreditiert zu werden; sie können häufig keine Sicherheiten bieten, und die Anbieter können auch nicht Vertrauen auf der Grundlage vergangener Kreditgeschäfte aufbauen. Kleinkreditnehmer in diesen Ländern sind daher häufig auf Kredite von Freunden und Verwandten oder auch von Kreditoren, die auf illegalen Märkten Kredite zu erheblich höheren Zinsen als die offiziellen Kreditgeber anbieten. Da Kreditaufnahme in der Regel mit Unsicherheit verbunden ist und nicht gesicherte Rückzahlung die Existenz gefährden kann, versuchen insbesondere Inhaber kleiner landwirtschaftlicher Betriebe, bei ihren Anbauentscheidungen so weit wie möglich, die Selbstversorgung aus eigener Produktion auch bei schlechten Ernten oder sehr niedrigen Preisen zu sichern. Die Integration der Landwirtschaft in eine arbeitsteilige Volkswirtschaft durch Spezialisierung und damit die Realisierung potenzieller Produktivitätsfortschritte hängt somit auch von der Funktionsweise der Kreditmärkte ab.

Die Nachfrage nach kurzfristigen Krediten zur Überbrückung von kurzfristigen Liquiditätsproblemen, um z. B. Waren auf Lager zu nehmen und zu erwartet höheren Preisen zu späteren Zeitpunkten verkaufen zu können, ist bei wenig entwickelten Kreditmärkten nur begrenzt möglich. Die Folge ist, dass Landwirte entweder relativ hohe Zinsen für die kurzfristigen Kredite zahlen müssen, um ihre Produkte vorrübergehend lagern zu können, oder sie müssen geringere durchschnittliche Verkaufspreise im Jahresverlauf akzeptieren.

Eine vergleichbare Marktsituation liegt vor, wenn Landwirte kurzfristige Kredite für den Kauf von Betriebsmitteln (z. B. Düngemittel, Pflanzenschutzmittel, Medikamente für die Gesundung kranker Tiere) einsetzen wollen. Auch für diese Kredite gilt häufig bei wenig entwickelten Ländern oder Ländern im Übergang von Plan- zu Marktwirtschaften, dass auf den offiziellen Märkten keine Sicherheiten angeboten werden können und nur die Kreditaufnahme auf informellen Märkten als Alternative verbleibt. Da aber die Rentabilität dieser Kredite nicht mit Sicherheit ermittelt werden kann und den Landwirten zu Beginn der Intensivierung noch nicht umfangreiche Erfahrungen über die Wirkung der Betriebsmittel vorliegen, wird die tatsächliche Kreditnachfrage geringer sein, als aus gesamtwirtschaftlicher Sicht wünschenswert wäre.

5.5.2 Die Nachfrage nach langfristigen Krediten

Die Nachfrage nach langfristigen Krediten ergibt sich durch Änderungen der Faktorpreisrelationen zwischen den Faktoren Arbeit, Kapital und Boden. Diese Relationen ändern sich zum einen durch Änderung der Faktorpreise außerhalb der Landwirtschaft und zum andern durch Einführung neuer Technologien in der Landwirtschaft und in anderen Sektoren der Volkswirtschaft.

Wirtschaftswachstum in einer Volkswirtschaft ist mit steigenden Löhnen verbunden. Damit steigen auch die Opportunitätskosten für den Einsatz von Arbeitskräften, während der Preis für den Kapitaleinsatz relativ sinkt. Die optimale Kombination zwischen Arbeit und Kapital ändert sich damit bei der Zielsetzung Gewinnmaximierung zugunsten des Faktors Kapital mit der Folge einer erhöhten Kreditnachfrage. In diesem Fall werden insbesondere Kredite für **Vertiefungsinvestitionen** nachgefragt. Bei Vertiefungsinvestitionen wird beabsichtigt, den Einsatz der außer dem Kapital eingesetzten Faktoren zu verringern, also die Kapitalintensität (Relation zwischen Kapital und anderen Faktoren) zu verändern und damit die Wertgrenzproduktivität der Arbeit zu erhöhen. Da in diesem Fall vornehmlich Arbeitskräfte freigesetzt werden, sind Betriebe mit Vertiefungsinvestitionen weitgehend in die Volkswirtschaft integrierte Einheiten. Sie werden daher einen leichteren Zugang zu formalen Kreditmärkten haben. Doch auch in solchen Fällen hängt der Zinssatz von dem in der Vergangenheit erworbenen Vertrauen des Kreditnehmers ab und von der Besicherung der Kredite, z. B. durch Hypotheken oder Kreditversicherungen.

Steigende Löhne außerhalb der Landwirtschaft erhöhen die Opportunitätskosten der Arbeit. Landwirte haben daher Anreize, durch Betriebsvergrößerungen das Arbeitseinkommen zu erhöhen. Für eine Vielzahl von Betrieben sind aber die Möglichkeiten, durch Vertiefungsinvestitionen die Arbeitseinkommen zu erhöhen, begrenzt. Diese Betriebe werden daher versuchen, ihr Einkommen durch **Erweiterungsinvestitionen** zu erhöhen. Eine Erweiterungsinvestition liegt vor, wenn der Kapitalstock bei gegebenem Einsatz anderer Faktoren erweitert und dadurch eine Produktions- und Einkommenssteigerung erwartet wird. So wird durch Zukauf oder Pacht von Boden, dem Bau eines größeren Milchviehstalls oder dem Bau einer Biogasanlage die Produktionskapazität erweitert und das erwartete Einkommen erhöht.

Für einzelne landwirtschaftliche Betriebe sind im Vergleich zu nicht-landwirtschaftlichen Betrieben die Möglichkeiten für rentable Erweiterungsinvestitionen begrenzt. Das notwendige Investitionsprojekt erfordert in der Regel nicht nur physisches Kapital in Form von Maschinen, Gebäuden und Vieh, sondern auch eine Aufstockung der landwirtschaftlichen Nutzfläche. Eine Erhöhung der landwirtschaftlichen Nutzfläche ist einzelnen Betrieben aber nur dann möglich, wenn andere Betriebe bereit sind, Bodenflächen durch Verpachtung oder Verkauf abzugeben. Wachsen einzelner Betriebe ist daher häufig nur durch Weichen anderer Betriebe möglich. Daraus folgt, dass die Nachfrage einzelner landwirtschaftlicher Betriebsleiter nach Krediten für Erweiterungsinvestitionen nicht nur lediglich auf einer ökonomischen Wirtschaftlichkeitsberechnung beruht, sondern auch auf der augenblicklichen und erwarteten Situation auf dem Bodenmarkt. Da aber keine Sicherheit bezüglich der Ausprägung der für die Wirtschaftlichkeitsberechnung wichtigen Variablen besteht, geht in die Berechnungen stets auch eine subjektive Einschätzung der zukünftigen Entwicklung dieser Variablen ein. Es ist einleuchtend, dass fachfremde potenzielle Kreditoren häufig nicht über ausreichende Fachkenntnisse verfügen, um die vorgelegten Wirtschaftlichkeitsberechnungen zu beurteilen. Es kann vermutet werden, dass die Finanzierung von Investitionen umso mehr von verbürgten Sicherheiten durch Eigenkapital (einschließlich Boden) abhängig ist, je geringer die fachliche Kompetenz der Beurteilung durch Kreditoren ist. Kann der Nachfrager nach Krediten diese nicht durch relativ wertbeständiges Vermögen absichern, werden Kreditoren entweder wegen des erhöhten Risikos einen höheren Zinssatz fordern oder Kredite gar nicht vergeben.

5.5.3 Die Bedeutung des sektorspezifischen Kapitaleinsatzes für die Nachfrage nach Krediten

Unvollkommene Information zum Zeitpunkt der Investitionsentscheidung kann gelegentlich zu einer Korrektur der Wirkungen der Investition führen. Die Revisionen vergangener Investitionsentscheidungen sind umso kostspieliger, je weiter die Verkaufspreise der Investitionsobjekte unter den Buchwerten liegen. Diese Situation wird bei mittel- und langfristigen Investitionen häufig vorliegen. Ein großer Anteil der landwirtschaftlichen Maschinen kann nur im Agrarsektor eingesetzt werden. Liegt der Grund der falschen Investitionsentscheidung in der Vergangenheit an zu hoch eingeschätzten Preiserwartungen, wird die Nachfrage nach den zum Verkauf anstehenden Maschinen eher niedriger sein als in der Vergangenheit. Die Folge wird ein Wiederverkaufspreis sein, der unterhalb des Buchwertes liegt. Es kann daher sein, dass trotz der niedrigen Rendite zu Buchwerten eine weitere Nutzung des Investitionsobjektes bei den gegebenen Marktwerten wirtschaftlich sinnvoll ist. Die Reinvestitionsentscheidung ist bei Gewinnmaximierung nicht an Buchwerten, sondern an Markt- bzw. Opportunitätskosten zu orientieren. Allerdings kann trotz der positiven Rentabilität der Investition die Finanzierung des Kapitaldienstes gefährdet sein und damit auch für den Kreditgeber ein Risiko entstehen.

Investitionen in Landerwerb für landwirtschaftliche Nutzung sind wegen der Langlebigkeit des Bodens mit besonderen Risiken verbunden. Geringfügige Änderungen der Diskontierungsfaktoren oder unsichere Erwartungen zukünftiger Landpreise können zu erheblichen Änderungen der Zahlungsbereitschaft der potenziellen Investoren führen und eine Reversibilität der falschen Entscheidung in der Vergangenheit sehr kostspielig machen. Sektorspezifische Investitionen sind wegen einer zukünftig möglichen negativen Differenz zwischen Buch- und Marktwerten mit besonderen privaten Risiken verbunden.

Daher liegt die private Nachfrage nach landwirtschaftlichen Krediten unterhalb der Nachfrage bei vollkommener Information.

Die Nachfrage der Landwirte wird trotz relativ hoher Eigenkapitalquote im Vergleich zu gewerblichen Unternehmen durch einen hohen Anteil von Kapitalgütern mit geringem **Liquiditätsgrad** gekennzeichnet. Der Liquiditätsgrad bezeichnet die Eigenschaften von Vermögensobjekten im Hinblick auf ihre Geldnähe (leicht in Geld umzuwandeln) oder Geldferne (schwer in Geld umzuwandeln). Nicht monetäre landwirtschaftliche Vermögensobjekte weisen generell geringe Liquiditätsgrade auf; dies gilt mitunter auch kurzfristig für landwirtschaftliche Nutzflächen. Wenn ein Landwirt eine Insolvenz abwenden will, müsste er Vermögenswerte –laut Insolvenzrecht – innerhalb von drei Wochen liquidieren. Diese Möglichkeit besteht aber bei Boden nicht immer. Da für einen Kreditgeber die Liquiditätsnähe der zur Sicherung der Kredite zur Verfügung stehenden Vermögensobjekte von Bedeutung ist, haben einzelne Landwirte trotz einer hohen Eigenkapitalquote häufig nur eingeschränkten Zugang zu den Kreditmärkten.

Die große Unsicherheit bezüglich der potenziellen Investoren einerseits und der Kapitalgeber andererseits kann auf landwirtschaftlichen Kreditmärkten zu Marktversagen führen. Unsicherheit über zukünftige Entwicklungen kann die Kreditgeber anregen, die Konditionen für Agrarkredite zu erhöhen und dadurch die Nachfrager nach Agrarkrediten abhalten, Kredite aufzunehmen. Das tatsächliche Kreditvolumen kann daher niedriger sein, als es aus gesamtwirtschaftlicher Sicht wünschenswert wäre. Die Differenz beruht darauf, dass die Unsicherheit aus betriebswirtschaftlicher Sicht größer ist als aus gesamtwirtschaftlicher Sicht. In einer Volkswirtschaft gibt es zu jedem Zeitpunkt eine Vielzahl von Investitionen; einige werden aus betrieblicher Sicht zu einer Rendite führen, die unter der erwarteten Rendite liegt und bei anderen Investitionen kann die tatsächliche Rendite sogar höher als erwartet liegen.

Unvollkommene Informationen in der Vergangenheit, z. B. für den Kauf von Maschinen, können zu Investitionsentscheidungen führen, die aus heutiger Sicht als Fehler angesehen werden. Investitionen in neue Gebäude oder Landzukauf haben eine lange Nutzungsdauer und können daher leicht zu Fehlentscheidungen führen. Zum einen ist die Prognose der Rendite einer langfristigen Investition auf volatilen Produktmärkten mit großer Unsicherheit behaftet. Zum anderen können heutige langfristige Investitionen durch neue Entwicklungen in der Technik wie auch durch agrarpolitische und außenwirtschaftliche Regelungen in der Zukunft unrentabel werden.

Wenn z. B. während einer Phase der Umstrukturierung der Landwirtschaft als Folge des Wechsels von einem planwirtschaftlichen zu einem mehr marktwirtschaftlichen System außerordentlich hohe langfristige Kredite benötigt werden, ist die mangelnde Information bezüglich der Rentabilität von Investitionen von besonderer Bedeutung. Da wachsende landwirtschaftliche Betriebe auf langfristige Investitionen angewiesen sind, sind die Unsicherheit und das Risiko für die Landwirtschaft größer als für viele andere nicht landwirtschaftliche Betriebe. Unzureichende Informationen führen somit zu Transaktionskosten. Die Nachfragekurve nach Krediten liegt daher unterhalb der Nachfragekurve bei vollkommener Information.

Die Nachfrage nach landwirtschaftlichen Krediten hängt auch von der Stabilität der erwarteten Produktpreise ab. Je höher die erwartete **Preisvolatilität** ist, umso größer sind das Risiko und damit die Bedeutung unvollkommener Information. Die Volatilität der Produktpreise hat für die landwirtschaftlichen Produzenten der EU durch die engere Kopplung der EU Preise an die Weltmarktpreise zugenommen.[3] Sowohl das Niveau der zukünftigen Preise als auch ihre Volatilität können weniger sicher vorhergesagt werden. Liquiditätsprobleme können daher bei offenen Märkten eher auftreten als bei staatlich gesicherten Marktpreisen. Landwirte werden bei offenen Märkten Anreize erhalten, höhere Liquiditätsreserven zu bilden und/oder eine geringere Marktnachfrage nach Krediten wegen temporärer Liquiditätsengpässe entfalten.

5.6 Betriebliche Alternativen zur Kreditaufnahme

Für einzelne Nachfrager haben sich in den letzten Jahren zunehmend Alternativen zur Kreditaufnahme entwickelt. Diese Alternativen sind vornehmlich Substitute für den Kauf von Maschinen. Im Folgenden werden die Alternativen Leasing, Lohnunternehmer, Maschinenringe und Erzeugergemeinschaften dargestellt.

In Transformationsökonomien mit beschränktem Eigentum an Boden und/oder nicht aktiven Landmärkten gibt es häufig die Möglichkeit, durch **Leasing** Maschinen einzusetzen. Der Anbieter dieser Möglichkeit bleibt Eigentümer und der Leaser ist Nutzer der Maschine. Der Preis für die Nutzung kann aus dem laufenden Betriebsergebnis gezahlt werden und eine Kreditaufnahme erübrigt sich. Die Möglichkeit des Leasings von Maschinen hat sich in Transformationsökonomien verbreitet, weil die potenziellen Kreditnehmer nicht genügend Sicherheiten bieten konnten und die Marktzinsen aus diesem Grund, aber auch gelegentlich wegen gesamtwirtschaftlicher Gründe, z. B. makroökonomische Instabilität und geringes Vertrauen in eine positive gesamtwirtschaftliche und sektorale Entwicklung, relativ hoch waren.

Lohnunternehmer bieten landwirtschaftliche Maschinen einer Vielzahl von Landwirten einschließlich der Arbeitserledigung an. Sie bilden sich vornehmlich in Regionen mit klein- bis mittelgroßen Betrieben heraus. Der Lohnunternehmer kann eine höhere Auslastung der Maschinen erreichen, als es ein einzelner Landwirt könnte. Hinzu kommt, dass der Lohnunternehmer in der Regel eine höhere fachliche Kompetenz bei der Bedienung und Wartung der Maschinen aufweist als einzelne Landwirte. Lohnunternehmer haben sich vornehmlich in mittelgroßen landwirtschaftlichen Betriebsstrukturen durchgesetzt.

Eine Gruppe von Landwirten kann sich in einem **Maschinenring** vereinen und gemeinsam Maschinen kaufen. Diese Alternative bietet sich an, wenn die Nutzflächen

[3]Die Bedeutung der Preisvolatilität für die Agrarpreisbildung wird in Kap. 10 erläutert.

der einzelnen Mitglieder relativ klein sind und somit nur eine geringe Auslastung der Maschinen bei lediglich einzelbetrieblicher Nutzung möglich ist. Die gemeinsame Finanzierung wird wahrscheinlicher zu einer stabilen Gemeinschaft führen, wenn die Interessendivergenz zwischen den Mitgliedern nicht zu unlösbaren Konflikten führt. Diese Situation kann vorliegen, wenn sich die Mitglieder laut Satzung oder Geschäftsordnung auf eine Reihenfolge der Nutzung der Maschinen einigen und die Nutzung in den einzelnen Betrieben nicht nur auf eine kurze Zeitperiode beschränkt ist (Stichwort saisonale Arbeitsspitzen). Die Interessendivergenzen sind erwartungsgemäß größer, wenn die Betriebsgrößen der Mitglieder sehr unterschiedlich sind.

Erzeugergemeinschaften sind ähnlich wie Maschinenringe ein Zusammenschluss landwirtschaftlicher Betriebe. Sie beschränken sich aber nicht nur, mitunter sogar gar nicht, auf die Nutzung gemeinsam finanzierter Maschinenkäufe. Da der Zusammenschluss zum Ziel hat, zu einer Gewinnsteigerung der Mitglieder beizutragen, z. B. durch gemeinsamen Absatz von Spezialkulturen, kann von Erzeugergemeinschaften sogar ein Investitionsschub mit erhöhter Kreditnachfrage von Mitgliederbetrieben ausgehen.

5.7 Besonderheiten bezüglich des Angebots von landwirtschaftlichen Krediten

5.7.1 Private Kreditgeber

Private Kreditgeber sind natürlich an einer sicheren Zahlung des Kapitaldienstes interessiert. Da einzelne Kreditgeber aber keine sicheren Informationen über die Rentabilität der Verwendung der Kredite haben und ihnen häufig die Kenntnisse fehlen, um Rentabilitätsberechnungen zu überprüfen, spielen für die Vergabe von landwirtschaftlichen Krediten neben der vom Kreditnehmer vorgelegten Wirtschaftlichkeitsberechnung andere Faktoren eine Rolle, darunter insbesondere das Vertrauen in die Kreditwürdigkeit des Kreditnachfragers. Die Kreditwürdigkeit hängt sowohl von objektiven Kriterien als auch den subjektiven Einschätzungen des Kreditors ab.

Als objektives Kriterium wird die Information über die Bedienung der Kredite in der Vergangenheit angesehen. Dieses Kriterium kann aber nur dann verwendet werden, wenn leicht zugängliche und zuverlässige Informationen über das Verhalten des Kreditnachfragers in der Vergangenheit vorliegen. Liegen solche Informationen nicht vor, wie z. B. in Transformationsökonomien in den ersten Jahren der Anpassung an marktwirtschaftliche Institutionen, wird die Bereitwilligkeit, Kredite zu geben, eingeschränkt sein. Dieser Effekt hat auch dazu beigetragen, dass der Übergang von der Planwirtschaft zur Marktwirtschaft nur sehr begrenzt zu bäuerlichen Agrarstrukturen in Transformationsökonomien geführt hat. Objektive Informationen über die Kreditwürdigkeit sind ohnehin begrenzt vorhanden, wenn der Kreditnehmer ein landwirtschaftliches Unternehmen gründen will. Die Kredite sind häufig sehr umfangreich und werden zum großen Teil zu Investitionen in Sachgüter und Boden mit geringem Liquiditätsgrad benötigt. Die Bereitwilligkeit, Kredite zu vergeben, wird besonders eingeschränkt sein, wenn es kein Privateigentum an Boden gibt oder die Bodenmärkte nicht sehr aktiv sind. Die Besonderheiten der landwirtschaftlichen Kreditmärkte haben dazu geführt, dass im Verlauf der wirtschaftlichen Entwicklung unterschiedliche Personen und Organisationen eine Rolle auf den landwirtschaftlichen Kreditmärkten spielten.

Die historische Entwicklung landwirtschaftlicher Kredite begann in vielen Ländern außerhalb des Bankensektors. Kleinkredite, die vor allem zur Überbrückung von Liquiditätsengpässen einzelner Landwirte vor den Erntezeitpunkten oder für den Einsatz ertragsteigender Betriebsmittel, z. B. Düngemittel, benötigt wurden, basierten häufig auf Lieferanten von Betriebsmitteln oder Händlern, die enge Liefer- und Kaufbeziehungen zu den einzelnen Landwirten hatten. Das Vertrauen in die Zahlungsbereitschaft der Kreditnehmer war für diese Verträge von grundsätzlicher Bedeutung. Vertrauen kann aber nur aufgebaut werden, wenn man den potenziellen Vertragspartner seit einiger Zeit kennt und daher von seiner Vertragstreue überzeugt ist. Historisch ist belegt, dass im Zuge der wirtschaftlichen Entwicklung Kreditvereinbarungen zunächst zwischen Verwandten und Freunden entstanden und später auf informelle, nicht geregelte Märkte verlagert wurden. Es ist daher verständlich, dass die Entwicklung von Kreditmärkten zeitlich hinter derjenigen von Produktmärkten hinterherhinkte. So wurde die erste deutsche Bank, die Fugger-Bank, erst 1486 gegründet. Sie konzentrierte sich vornehmlich auf Kredite und Einlagen von großen Unternehmen. Selbst die Gründung der ersten Sparkassen in Deutschland im Jahr 1738 war für die Landwirtschaft von geringer Bedeutung, zum einen wegen der gewählten Standorte in Städten und zum anderen wegen der Vergabe von Krediten nach vorherigen Einlagen. Für die deutsche Landwirtschaft begann der Übergang von informalen Kreditmärkten zu offiziellen Kredittransaktionen zwischen Banken und Kreditnehmern erst mit der Gründung der ersten ländlichen Kreditgenossenschaften in Form der Raiffeisenbanken.

Vor diesem Hintergrund verwundert es nicht, dass in ehemals planwirtschaftlichen Ländern der Umfang der Kreditmarkttransaktionen während einer langen Transformationsphase erheblich geringer war als in traditionellen marktwirtschaftlichen Ländern. Da aber insbesondere durch die notwendige Umstrukturierung der Landwirtschaft der landwirtschaftliche Kreditbedarf aus gesamtwirtschaftlicher Sicht relativ hoch war, hat in der Mehrzahl der Transformationsländer der Staat entweder als direkter Kreditor auf den Kreditmärkten eingegriffen oder er subventionierte private Kreditoren indirekt durch Zahlung an Banken oder durch staatliche Sicherung der Bankkredite.

5.7.2 Vor- und nachgelagerte Marktpartner als Kreditanbieter

Oben wurde erwähnt, dass Lieferanten von Betriebsmitteln oder Händler zu den ersten Kreditgebern der Landwirtschaft zählten. In diesen Fällen, z. B. heute noch in einigen Entwicklungsländern, wird der Preis für diese Kredite, häufig in Form von realen Gütern, z. B. Getreide, festgelegt. Für den Anbieter eines solchen Kredites ist es ein Vorteil, dass der Kreditnehmer in der Regel keine oder wenige alternative Angebote einholen kann und der Anbieter daher bei der Preissetzung eine Diskriminierung vornehmen kann. Der Anbieter hat die Möglichkeit, sein spezielles Risiko im Einzelfall in der Preissetzung zu berücksichtigen. Gesamtwirtschaftlich führen diese Kredite aber zu dem Nachteil, dass der Wettbewerb auf dem landwirtschaftlichen Kreditmarkt begrenzt ist und die Kreditnehmer höhere Zinssätze zu zahlen haben.

Vertragslandwirtschaft beruht auf Verträgen zwischen landwirtschaftlichen Unternehmen und nichtlandwirtschaftlichen Unternehmen, die Agrarrohprodukte für Weiterverarbeitung übernehmen. Da die Abnehmer der Agrarprodukte an besonderer Qualität und Menge bestimmter Produkte interessiert sind, geben sie häufig den landwirtschaftlichen Produzenten auch bestimmte Produktionsverfahren vor. Es ist daher naheliegend, dass diese Unternehmen auch in den landwirtschaftlichen Produktionsprozess eingreifen. Diese Unternehmen verfügen über neueste Informationen über die Situation auf den landwirtschaftlichen Betrieben und können daher die Kreditwürdigkeit des landwirtschaftlichen Betriebes relativ gut abschätzen. Es ist daher weit verbreitet, dass Vertragslandwirtschaft häufig mit Kreditvergabe an landwirtschaftliche Betriebe verbunden ist.

Ob Landwirte gut beraten sind, diese Kreditbeziehungen zu nutzen, hängt von den Alternativen ab. Bei relativ hohen Zinssätzen für Kredite und niedrigen Zinssätze für vorhandene Eigenmittel kann der Verzicht auf Inanspruchnahme dieser Kredite günstiger sein. Aus Sicht des landwirtschaftlichen Unternehmens besteht auch die Gefahr, dass der Weiterverarbeiter ungünstige Bedingungen für die Abnahme des Agrarproduktes (z. B. niedrige Preise, hohe Abschläge für Qualitätsmängel oder restriktive Lieferbedingungen) durchsetzt. Andererseits, wenn der Weiterverarbeiter auf eine zuverlässige und ausreichende Versorgung mit landwirtschaftlichen Agrarprodukten angewiesen ist, weil er spezifische Investitionen in Verarbeitungskapazitäten (z. B. spezielle Maschinen) und dem Aufbau eines Markennamens getätigt hat, dann wird er ein Interesse daran haben, günstige Bedingungen für die Abnahme des Agrarprodukts anzubieten, um Lieferanten an sich zu binden und ihr Bestehen am Markt zu sichern.[4]

5.7.3 Mikrofinanzorganisationen als Anbieter von Krediten

Mikrofinanzorganisationen haben seit den 1970er Jahren insbesondere in Entwicklungsländern und einigen Transformationsökonomien an Bedeutung gewonnen. Der bengalische Unternehmer Muhammad Yunus hat zur Verbreitung dieser Unternehmensform wesentlich beigetragen und für seine Leistung im Jahr 2006 den Friedensnobelpreis erhalten.

[4]Für eine ausführliche Diskussion dieser verschiedenen Szenarien siehe Sexton (2013) sowie Adjemian et al. (2016).

Die Grundidee beruht auf folgenden Überlegungen: Es gibt in einzelnen Ländern, insbesondere in Entwicklungsländern und Transformationsökonomien, viele potenzielle Unternehmer, die nur über geringe Ersparnisse verfügen und auch nicht über Vermögen mit hohem Liquiditätsgrad. Diese Menschen werden daher von den Geschäftsbanken als nicht kreditwürdig betrachtet, selbst wenn sie hochprofitable Investitionen planen. Diese Nachteile sind insbesondere in ländlichen Regionen von Bedeutung. In diesen Regionen gibt es häufig keine oder nur eine kleine Zahl von Geschäftsbanken. Hinzu kommt, dass die Geschäftsbanken häufig keine Mitarbeiter haben, die über genügend fachliche Kenntnisse verfügen, um die Wirtschaftlichkeit der vorgesehenen Investitionsobjekte durch die potenziellen Kreditnachfrager beurteilen zu können.

Mikrofinanzorganisationen setzen an beiden Gründen für die Unterentwicklung ländlicher Kreditmärkte an. Es werden Bankangestellte geschult, um potenzielle Kredite in ländlichen Regionen zu beurteilen. Die Kreditwürdigkeit wird aber nicht nur auf der Grundlage der erwarteten Rentabilität der Investitionen ermittelt, sondern auch durch persönliche Besuche der Antragsteller in ihren Häusern. Die persönliche Beurteilung des Kreditantragstellers und seiner Familie durch den Bankangestellten sind von Bedeutung für die Kreditwürdigkeit. Um weiterhin das Risiko unterlassener Rückzahlung zu verringern, vergeben Mikrofinanzorganisationen zunächst (beim ersten Antrag) nur kurzfristige Kredite mit geringem Kreditvolumen an einzelne Kreditnehmer. Wurde dieser Kredit fristgerecht bedient, können spätere Kredite mit längerer Laufzeit und Kreditvolumen folgen. Die Kreditwürdigkeit der Kreditnehmer wird im Zeitablauf auch durch die Gründung von Gemeinschaften, die gemeinsam für die Rückzahlung der Kredite bürgen, erhöht. Hierdurch steigen auch das Volumen der Kredite und damit das Ausmaß der Investitionen. Auf diese Weise haben Mikrofinanzorganisationen dazu beigetragen, dass Kleinlandwirte selbst bei geringen Ersparnissen Kredite erhalten. Dies hat zu höheren Investitionen in ländlichen Regionen geführt und damit zur Einkommenssteigerung von relativ armen Bevölkerungsgruppen.

5.8 Marktwirtschaftliche Lösungen zur Verbesserung der Funktionsfähigkeit landwirtschaftlicher Kreditmärkte

Die Funktion landwirtschaftlicher Kreditmärkte hat sich in marktwirtschaftlichen Ländern durch institutionelle Änderungen auf der Nachfrage- und der Angebotsseite verbessert. Diese Änderungen beinhalteten zum einen eine Änderung des Verhaltens der Kreditnehmer und deren Möglichkeit, Kredite durch Sach- oder Bodenvermögen abzusichern und zum anderen die Gründung neuer Organisationen aufseiten der landwirtschaftlichen Betriebe und der Anbieter von Krediten. Hierzu gehören die landwirtschaftlichen Kreditgenossenschaften und die Mikrofinanzinstitutionen, die oben beschrieben wurden. Aber darüber hinaus auch verbesserte Informationssysteme.

Landwirtschaftliche Betriebe in der alten Bundesrepublik haben im Vergleich zu nichtlandwirtschaftlichen Unternehmen einen hohen Eigentumsanteil am Sach- und

Bodenvermögen des Betriebes. Es ist daher wenig verwunderlich, dass es in der Vergangenheit nur ausnahmsweise Insolvenzen landwirtschaftlicher Betriebe in Deutschland gegeben hat[5]. Eine Überschuldung einzelner Betriebe wird häufig erst durch Ableben des Eigentümers oder die geplante Übergabe des Betriebes offensichtlich. Diese Bestandsaufnahme könnte zu der Folgerung führen, dass landwirtschaftliche Betriebe wenig Probleme haben, Kredite aufzunehmen. Diese Aussage ist aber an die Marktfähigkeit des landwirtschaftlichen Vermögens, insbesondere des Bodens, gebunden. Ist in einzelnen Ländern, z. B. Entwicklungs- oder Transformationsländern, das Bodenrecht nicht geklärt und/oder sind die Rechtsansprüche nicht einfach durchsetzbar und gibt es keinen aktiven Bodenmarkt, ist die Besicherung der Kredite durch Pfandbriefe nur beschränkt oder gar nicht möglich.

Besondere Probleme bereitete die Kreditierung landwirtschaftlicher Kredite in den Neuen Bundesländern und in den Transformationsländern. In den Neuen Bundesländern entstanden zum Teil neue Betriebseinheiten lediglich auf der Basis von Pacht in Form von Genossenschaften oder juristischen Personen. Diese Betriebe hatten besondere Probleme, Kredite abzusichern. In den neuen Betrieben der ehemaligen Sowjetunion wurde zwar der Boden durch Zuteilung der Eigentumsrechte weitgehend privatisiert, aber zunächst ohne rechtlich spezifizierte Eigentumsrechte. Ehemalige Arbeitnehmer auf den Kolchosen oder Sowchosen erhielten zwar Anrecht auf Zuteilung einer im Umfang spezifizierten landwirtschaftlichen Fläche, aber ohne Angabe der Lage der Fläche. Die neuen Eigentümer konnten daher keine Kredite durch Hypotheken absichern. Da die ehemaligen Großbetriebe zunächst vornehmlich als Genossenschaften fortgeführt wurden, die die landwirtschaftliche Nutzfläche von den Kleineigentümern gepachtet hatten, war der Zugang zu privaten Krediten begrenzt. Es ist daher verständlich, dass die Länder der ehemaligen Sowjetunion nach Möglichkeiten suchten, um die Kreditaufnahme der Landwirte zu erleichtern und so den Umstrukturierungsprozess der Landwirtschaft zu beschleunigen (siehe hierzu die weiter unten folgenden Aussagen).

Marktwirtschaftliche Möglichkeiten den Zugang zu Kleinkrediten zu erleichtern, wurden bereits oben angesprochen. Im Folgenden sollen Entwicklungen in Regionen mit privater bäuerlicher oder großbetrieblicher Landwirtschaft angesprochen werden.

Oben wurde bereits angesprochen, dass Kreditgeber in einzelnen Fällen einen Kredit versagen, weil sie unsicher sind, ob der Kreditnehmer auch mit hoher Wahrscheinlichkeit

[5]Nach Informationen des Statistischen Bundesamtes (2018, 2019) gab es in den Jahren 2018 und 2019 im Wirtschaftsbereich Land- und Forstwirtschaft und Fischerei in Deutschland lediglich 93 bzw. 97 Insolvenzen, d. h. in beiden Jahren weniger als 0,04 % der über 250,000 landwirtschaftliche Betriebe in Deutschland. Es kann vermutet werden, dass die (geringe) Zahl aus wirtschaftlicher Sicht überhöht ist. Nach deutschem Recht muss eine Insolvenz angemeldet werden, wenn fällige finanzielle Verpflichtungen nicht innerhalb von drei Wochen bedient werden können. Es kann vermutet werden, dass viele insolvente Landwirte die Insolvenz hätten vermeiden können, wenn sie zuvor landwirtschaftliche Nutzflächen verkauft hätten.

Tab. 5.1 Erfolgsgrößen von Betrieben in Schleswig–Holstein, die einzelbetriebliche Investitionsförderung erhalten haben, im Zieljahr (4. Jahr nach der Investition)

Angabe	1. Quartil	2. Quartil	3. Quartil	4. Quartil
Geförderte Investition (DM)	262757	273156	255962	264278
Arbeitseinkommen je AK im Zieljahr (DM)	12192	39571	61064	109415
Im BVP geplantes AK-Einkommen (DM)	37606	39346	40599	41563
Gewinn im Zieljahr (DM)	23389	62273	90647	122514
Im BVP geplanter Gewinn (DM)	74262	76422	77402	81248
Eigenkapital (DM)	801467	796867	830789	767079
Fremdkapital (DM)	284671	313949	288504	340969
Eigenkapitalbildung	-26552	2994	27127	36305

Quelle: Striewe et al. (1996, S. 431). AK = Arbeitskraft; BVP = Betriebsverbesserungsplan. Die Berechnungen wurden für 309 von 1988 bis 1990 geförderten Betriebe in Schleswig–Holstein durchgeführt. Die Quartile wurden mittels des Arbeitseinkommens je Arbeitskraft im Zieljahr gebildet: die Grenze zwischen dem 1. und dem 2. Quartil liegt bei 30 029 DM; zwischen dem 2. und dem 3. Quartil bei 50 662 DM; zwischen dem 3. und dem 4. Quartil bei 73 331 DM.

die Kredite vertragsgemäß bedienen wird. Die Gründe für die Unsicherheit können vielfältig sein. Der Kreditor kann unsicher sein über die erwartete Rentabilität der Kredite und damit über die ausreichende Zahlungsfähigkeit des Kreditnehmers; er kann auch befürchten, dass die sektorale und gesamtwirtschaftliche Lage sich zu Ungunsten des Kreditnehmers verändert; weiterhin kann die Unsicherheit durch mögliche persönliche und familiäre Umstände bedingt sein. Diese Gründe zeigen die Bedeutung von nicht ausreichender Information an.

Folglich kann man die Funktion des Kreditmarktes stärken, wenn man durch spezielle Maßnahmen zur **Verbesserung der Information** die Bereitschaft zur Kreditvergabe und -aufnahme erhöht. Diese Bedingung kann z. B. durch Beratung und *ex ante* Evaluierung verbessert werden. Banken können durch Kreditberater die Kreditwürdigkeit überprüfen. Diese Überprüfung konzentriert sich bei wenig geschulten Beratern vornehmlich auf die Sicherheit der Rückzahlung, kann aber auch bei nicht ausreichend zur Verfügung stehenden Aktiva die Rentabilität von Investitionen einschließen. Die Überprüfung der Kreditanträge mit einem differenzierten Wirtschaftsplan setzt voraus, dass die Kreditnehmer in der Lage sind, einen realistischen und glaubwürdigen Wirtschaftsplan aufzustellen und die Kreditberater der Bank auch genügend Sachkenntnis haben, um die Anträge zu beurteilen. Aus Sicht der Landwirte empfiehlt es sich ohnehin, einen Kredit nur auf der Grundlage eines Investitionsplans zu beantragen. Es kann aber sein, dass einzelne Kreditnehmer nicht über ausreichende Fachkenntnisse verfügen, um einen überzeugenden Investitionsplan aufzustellen. Ein landwirtschaftlicher Beratungsdienst kann bei der Erstellung von Investitionsplänen hilfreich sein, wenn die Berater entsprechend ausgebildet sind. Eine staatliche Finanzierung der Ausbildung von landwirtschaftlichen

Beratern und deren Tätigkeit kann somit zur Verbesserung der Funktionsfähigkeit landwirtschaftlicher Kreditmärkte beitragen.

Banken werden ebenfalls nur dann verstärkt in die Vergabe von Agrarkrediten einsteigen, wenn sie auf qualifizierte Sachverständige zurückgreifen können. Kreditgeber sind gut beraten, wenn sie sich auf die durch landwirtschaftliche Berater erstellten oder zumindest überprüften Wirtschaftlichkeitsberechnungen nicht verlassen. Landwirtschaftliche Berater können dazu neigen, die Wirtschaftlichkeit einer Investition zu positiv darzustellen, da sie möglicherweise von den landwirtschaftlichen Betrieben direkt bezahlt werden oder ihnen zumindest näherstehen als den Kreditgebern. Interessenkonflikte können daher von Bedeutung sein.

Interessenkonflikte bei der Erstellung der Kreditanträge können verstärkt erwartet werden, wenn die Kredite erheblich subventioniert sind und damit der Antragsteller einen besonderen Vorteil durch die Kreditzusage hat. Diese Vermutung wird durch die *ex post* Bewertung der Rentabilität der geförderten Betriebe in der Bundesrepublik bestätigt. Tab. 5.1 zeigt eine Auswertung der Wirtschaftlichkeit von geförderten Investitionen in Schleswig–Holstein. Zum Zeitpunkt der Antragstellung und Bewilligung der Investitionsförderung waren die geförderten Betriebe nach Angabe ihrer sog. Betriebsverbesserungspläne bezüglich des im Zieljahr (4. Jahr nach der Investition) geplanten Einkommens je Arbeitskraft sehr ähnlich. Im Zieljahr waren aber erhebliche Unterschiede sichtbar. Ein Viertel der Betriebe, die sogar ein höheres Eigenkapital als 50 % der anderen geförderten Betriebe hatten und zudem ein geringeres Fremdkapital aufwiesen als 75 % der geförderten Betriebe, erzielten in Durchschnitt nur 12.192 DM Arbeitseinkommen pro Arbeitskraft statt die geplanten 37.606 DM. Zudem zeigten diese Betriebe im Zieljahr ein schrumpfendes Eigenkapital (−26.552 DM), sowie wesentlich niedrigere Gewinne (23.389 DM) als in den Betriebsverbesserungsplänen vorgesehen (74.262 DM). Diese Betriebe haben somit trotz des hohen Subventionswertes (Höhe der monetären Begünstigung durch die staatliche Förderung) Eigenkapital verloren.

Da in der Landwirtschaft eingesetztes Kapital nicht auch im Eigentum der Bewirtschafter sein muss, bietet sich die Möglichkeit für Lohnunternehmer an, den Landwirten Maschinenleistungen verbunden mit Arbeitseinsatz anzubieten. In diesem Fall muss allerdings der Lohnunternehmer darauf vertrauen können, dass die erbrachten Leistungen auch bezahlt werden. Auch hier ist daher das Vertrauen die Grundlage der vertraglichen Bindungen. Da dieses Vertrauen in ehemaligen planwirtschaftlichen Ländern meist nicht durch Erfahrungen aufgebaut werden konnte, haben sich Lohnunternehmer in diesen Ländern nur langsam etabliert. Gleiches gilt für betriebliche Kooperationen beim Maschineneinsatz und bei der Bewirtschaftung. In traditionellen marktwirtschaftlichen Ländern wie der Bundrepublik sind Lohnunternehmer oder Maschinenringe weit verbreitet.

Eine besondere Form der Lösung der landwirtschaftlichen Kreditprobleme in großbetrieblicher Landwirtschaft in Osteuropa und Zentralasien ist die Bereitstellung von Maschinen durch Leasingverträge. Auch diese Verträge bauen auf der Grundlage von Vertrauen auf. Die Landwirte erhalten z. B. vom Eigentümer, in der Regel dem

Fabrikanten, die Maschinen zu Beginn einer Ernte oder Aussaat, können aber häufig den jährlichen Leasingpreis erst nach der Ernte zahlen. Der Eigentümer muss demnach darauf vertrauen, dass er auch zu den vereinbarten Zeiten die jährlichen Zahlungen erhält. Dieses Vertrauen ist größer, wenn das leasende Unternehmen durch eine saubere Buchführung und Kontobewegungen belegen kann, dass es profitabel geführt wird.

Maßnahmen zur Verbesserung der Informationsgrundlage auf Kreditmärkten können aufgrund staatlicher aber auch privater Initiativen entstehen. In der Bundesrepublik gibt es wie in vielen anderen marktwirtschaftlichen Ländern eine Organisation, die Informationen über die Kreditwürdigkeit einzelner Akteure sammelt, die ***Schufa* (Schutzgemeinschaft für allgemeine Kreditsicherung).** Diese Organisation war zunächst in den zwanziger Jahren durch eine private Initiative gegründet und später als Verbund von Banken zu einer Holding AG umgewandelt worden. Ihre Aufgabe besteht in der Sammlung von Informationen zum Zahlungsverhalten einzelner Akteure. Zahlungsausfälle können gemeldet werden und potenzielle Kreditgeber erhalten zu geringen Kosten Auskunft über die Kreditwürdigkeit potenzieller Kunden. Der Grundgedanke der Gründer war, dass Akteure, z. B. Kunden von Stromlieferanten, bei nicht fristgemäßer Zahlung auch bei Zahlungsverpflichtungen gegenüber anderen Kreditgebern unzuverlässig sein können. Schon allein die Kenntnis, dass ein Eintrag bei der Schufa bei nicht Einhaltung der Zahlungsverpflichtungen drohen könnte, erhöht daher die Opportunitätskosten für nicht Einhaltung von Kreditverträgen. Spätere Kreditverträge würden dann gar nicht oder nur zu höheren Zinssätzen möglich.

Solche Organisationen wie die Schufa sind ein geeignetes Instrument, um die Funktionsfähigkeit von Kreditmärkten zu verbessern. Es wird aber nicht in allen Ländern eine solche Organisation auf Grundlage privater Initiative wie in Deutschland entstehen. Es ist möglich, dass die Gründungskosten zu Anfang relativ hoch sind und die Einnahmen basierend auf Gebühren für die Informationsübergabe an potenzielle Kreditgeber erst nach einer längeren Zeitperiode zu Gewinnen führen. Es kann daher sinnvoll sein, dass entsprechende Start-up Unternehmen staatliche Unterstützung erhalten.

5.9 Staatliche Eingriffe in den Markt zur Lösung des Marktversagens auf landwirtschaftlichen Kreditmärkten

Es ist aus ökonomischer Sicht unbestritten, dass auf landwirtschaftlichen Kreditmärkten Marktversagen vorliegen und daher der Einsatz von Fremdkapital in der Landwirtschaft aus gesamtwirtschaftlicher Sicht zu gering sein kann. Staatliche Eingriffe auf einem Markt können aber auch durch bestimmte politische Ziele begründet sein.

Im Folgenden sollen einzelne Ursachen des Marktversagens auf den landwirtschaftlichen Kreditmärkten im Hinblick auf den aus gesamtwirtschaftlicher Sicht optimalen Mitteleinsatz untersucht werden. Als optimal wird der Mitteleinsatz bezeichnet, wenn er die Ursache des Marktversagens und die Erreichung politischer Ziele so effizient wie möglich beseitigt. Es ist daher bei der Überprüfung der einzelnen Maßnahmen auch auf die Nebenwirkungen, z. B. durch aus gesamtwirtschaftlicher Sicht ineffiziente Nutzung des durch die Kredite finanzierten Kapitals, zu achten. Asymmetrische Informationen zwischen Kreditnehmer und Kreditgeber können ein besonderes Problem staatlicher Eingriffe in den Kreditmarkt sein.

5.9.1 Gründe für staatliche Eingriffe in ländlichen Kreditmärkten

Eine Begründung für staatliche Eingriffe in ländlichen Kreditmärkten kann vorliegen, wenn die gesamtwirtschaftliche Rendite als höher angenommen wird als die private Rendite. Oben wurde darauf hingewiesen, dass wahrscheinlich selbst risiko-neutral eingestellte Landwirte die Verluste durch mögliche Preis- oder Produktionsschwankungen stärker negativ bewerten, als dies aus gesamtwirtlicher Sicht der Fall sein wird. Gesamtwirtschaftlich gibt es eine Vielzahl von risikobehafteten Aktivitäten und negative Kovarianzen zwischen den einzelnen Risiken können sich tendenziell ausgleichen. Außerdem ist die wirtschaftliche Bedeutung eines einzelnen Risikos für den einzelnen Landwirt höher als für die gesamte Volkswirtschaft. Es kann vermutet werden, dass einzelne Landwirte weniger risikobehaftete Investitionen tätigen, als es aus gesamtwirtschaftlicher Sicht bei der Zielsetzung Maximierung des Sozialprodukts wünschenswert wäre. Es kann daher nachvollzogen werden, dass zahlreiche Regierungen den Landwirten zinsverbilligte Kredite zur Verfügung stellen.

Bei der Beurteilung dieser Maßnahme kann zunächst festgestellt werden, dass durch die Maßnahme die Risikoaversion einzelner Landwirte nicht zielgerichtet verringert wird. Es wird lediglich ein Symptom des Marktversagens angesprochen. Zielgerichtete Politikmaßnahmen sollten jedoch auf die Ursache des Problems, in diesem Fall Unsicherheit bezüglich künftiger Ereignisse (niedrigere Preise als erwartet oder geringere Produktion als erwartet), abzielen. Adäquate Instrumente wären in diesem Fall: Förderung der Etablierung und Funktionsweise von Terminmärkten, staatlich finanzierte Marktvorausschauen, oder subventionierte Versicherungen (wie in Deutschland bei Hagelschäden üblich). Denkbar wäre auch, dass man Kooperationen von Landwirten mit unterschiedlicher Produktionsrichtung fördert, um auf einzelbetrieblicher Ebene einen Ausgleich der Gesamtrisiken zu ermöglichen.

Nicht zielgerichtete Maßnahmen können auch wenig effizient sein, weil die Bürokratie nicht ausreichende Informationen hat, um Kredite zu subventionieren, die wegen mangelnder Risikobereitschaft nicht zu gesamtwirtschaftlich gewünschten Investitionen führen könnten. Natürlich können potenzielle Kreditnehmer nur dann gefördert werden, wenn die Förderwürdigkeit in einem Antrag belegt wird. Die Bürokratie hat nur begrenzte Möglichkeiten, die Richtigkeit der Angaben zu überprüfen. Hinzu kommt, dass die Kredite auch für andere Investitionen verwendet werden können, als im Antrag niedergelegt. Der Verwaltungsaufwand dürfte für diese permanente Form des staatlichen Eingreifens auf den landwirtschaftlichen Kreditmärkten recht hoch sein; daher findet man diese Form der Begründung für Zinssubventionierung der Landwirtschaft nur ausnahmsweise.

Die Begründung für weitverbreitete Zinssubventionen stellt nur selten auf das Produktions- oder Preisrisiko ab. Stattdessen wird als Begründung häufig angegeben,

- dass die Effizienz des Agrarsektors gesteigert werden soll,
- dass Junglandwirte eine spezielle Förderung benötigen,
- dass die Einkommen oder insbesondere die Arbeitseinkommen erhöht werden sollen,
- dass die Produktion von positiven Umwelteffekten gesteigert werden soll,
- dass Betriebe in benachteiligten Regionen besonders gefördert werden sollen,
- dass der Selbstversorgungsgrad von bestimmten Produkten durch Produktionsausweitung als Folge der Kreditsubventionierung erhöht werden soll,
- dass Landwirte die Möglichkeit erhalten sollten, um durch Aufbau von Lagerkapazitäten von saisonalen Preissteigerungen zu profitieren.

5.9.2 Ausmaß und Probleme der Investitionsförderung in der Bundesrepublik Deutschland und der EU

Wie oben bereits erwähnt zeigt Tab. 5.1 deutlich die geringe Effektivität und Effizienz der Investitionsförderung in Deutschland. Bei der Darstellung in Tab. 5.1 konnten zudem wichtige Nebenwirkungen nicht berücksichtigt werden. Hierzu zählt die Erhöhung der Preise für Land und Milchquoten aufgrund der Förderung und damit die verringerten Wachstumschancen der nicht geförderten Betriebe. Die Erhöhung der Effizienz der Landwirtschaft insgesamt ist damit verringert worden.

Koester und Forstner (2015, S. 53) fassen das Ergebnis der Evaluierungsberichte wie folgt zusammen:

> „Die Investitionsförderung ist ein wichtiges Instrument der Agrarpolitik, pro Jahr werden etwa 2 500 Betriebe mit einem Investitionsvolumen von etwa 750 Millionen Euro unterstützt. Seit dem Jahr 2000 wird die Förderung einer Evaluation unterzogen. Die bisherigen Bewertungsergebnisse sind ernüchternd: Aus betriebswirtschaftlicher Sicht waren die geförderten Investitionen häufig nicht rentabel, weil entweder die Projekte in den Anträgen „schöngerechnet" oder nicht ökonomische Investitionsziele verfolgt wurden. Empirische Analysen zeigen, dass die Rentabilitätsentwicklung von geförderten und nicht geförderten Unternehmen vielfach keinen Unterschied aufwies oder Differenzen sogar zu Ungunsten geförderter Betriebe ausfielen. Hohe Mitnahmeeffekte von 30 bis 50 Prozent lassen die bisherige Förderung aus gesamtwirtschaftlicher Sicht noch ungünstiger erscheinen. Zudem lässt sich der politisch gewünschte Strukturwandel mit der Förderung kaum steuern.
>
> In der aktuellen ELER-Förderperiode sollen Wissenstransfer und Innovation – insbesondere durch Partnerschaften von Wissenschaft, Beratung und Praxis – verstärkt zur Verbesserung der Produktivität und Effizienz im Agrarbereich beitragen. Dieser Ansatz ist im Vergleich zur jahrelang praktizierten Massenförderung neu. In Deutschland zielt die Investitionsförderung nun verstärkt darauf ab, Leistungen für das Gemeinwohl,

konkret Tier-, Umwelt- und Klimaschutz, zu fördern. Dadurch steigt zwar die Konsistenz der Förderung, da nicht mehr die Masse, sondern besondere Investitionen mit höheren Zuschüssen gefördert werden. Gleichzeitig wird es aber schwieriger, die Fördereffizienz zu messen und zu bewerten: Die große Vielfalt an Zielen bei der Auswahl von förderfähigen Investitionen zu berücksichtigen, wird die Verwaltung vor große Probleme stellen."

5.10 Schlagwörter und Begriffe

- Erweiterungsinvestition
- Erzeugergemeinschaften
- Faktorpreisrelation
- Faktorintensität
- Lagerung
- Leasing
- Liquiditätsgrad
- Lohnunternehmer
- Maschinenringe
- Mikrofinanzorganisationen
- Preisvolatilität
- *Schufa* (Schutzgemeinschaft für allgemeine Kreditsicherung)
- Strukturwandel
- Technischer Fortschritt
- Vertiefungsinvestition
- Vertragslandwirtschaft
- Wechselkurse
- Wertgrenzproduktivität
- Zins, Zinssatz

5.11 Übungsaufgaben

Fragen

1. Erklären Sie, warum Geschäftsbanken, die in Städten angesiedelt sind, zurückhaltend bei der Vergabe von Krediten an Landwirte sind.
2. Erklären Sie, warum Landwirte häufig höhere Zinssätze für Kredite zahlen müssen, als Unternehmer aus dem nicht-landwirtschaftlichen Bereich.
3. Aus welchen Gründen könnte es aus gesamtwirtschaftlicher Sicht gerechtfertigt sein, Subventionen für bestimmte landwirtschaftliche Investitionen zu zahlen?
4. Die russische Regierung hatte vor einigen Jahren ein spezielles Kreditprogramm beschlossen, um Landwirten Anreize für den Bau von Getreidesilos zu geben. Die

offizielle Begründung war, dass Landwirte die Möglichkeiten haben sollten, durch Lagerhaltung von Getreide höhere Gewinne zu erzielen. Diskutieren Sie mögliche Wirkungen dieses Kreditprogramms.

5. Erklären Sie, warum subventionierte Kredite für den Bau von Kuhställen zur Zeit der Garantiemengenregelung (Quotierung) zu steigenden Boden- und Quotenpreisen führten und zum Nachteil kleiner Familienbetriebe war, die Einkommenssteigerungen durch Ausweitung der Anbauflächen und der Milchproduktion erreichen wollte.
6. Diskutieren Sie die Wirksamkeit von Investitionsbeihilfen für landwirtschaftliche Betriebe als Mittel zur Förderung ländlicher Entwicklung. Denken Sie dabei insbesondere an die unterschiedlichen Wirkungen von Vertiefungs- und Erweiterungsinvestitionen.

Literatur

Adjemian MK, Saitone TL, Sexton RJ (2016) A Framework to Analyse the Performance of Thinly Traded Agricultural Commodity Markets. American Journal of Agricultural Economics 98: 581–596.

DBV (Deutscher Bauernverband) (2018) Situationsbericht 2018/19. Deutscher Bauernverband e. V. Berlin.

Koester U, Forstner B (2015) Agrarinvestitionsförderung – Wohl oder Übel? LandInForm 4: 53.

Nobelprize.org (2020) Theodore W. Schultz: Facts. https://www.nobelprize.org/prizes/economic-sciences/1979/schultz/facts/. Zugegriffen am 13. November 2020.

Sexton RJ (2013) Market Power, Misconceptions, and Modern Agricultural Markets. American Journal of Agricultural Economics 95: 209–219.

Statistisches Bundesamt (versch. Jg.) Unternehmen und Arbeitsstätten: Insolvenzverfahren. Fachserie 2 Reihe 4.1 Statistisches Bundesamt, Wiesbaden. https://www.destatis.de/DE/Themen/Branchen-Unternehmen/Unternehmen/Gewerbemeldungen-Insolvenzen/Publikationen/_publikationen-innen-insolvenzen.html. Zugegriffen am 13. November 2020.

Striewe L, Loy J-P, Koester U (1996) Analyse und Beurteilung der einzelbetrieblichen Investitionsförderung in Schleswig-Holstein. Agrarwirtschaft 45: 423–434.

6 Technischer Fortschritt in der Landwirtschaft und Agrarpreise

Ulrich Koester und Stephan von Cramon-Taubadel

Zusammenfassung

Der technische Fortschritt ist eine der treibenden Kräfte der Preisentwicklung und des Strukturwandels in der Landwirtschaft. In diesem Kapitel werden zunächst Definitionen und Klassifizierungen des technischen Fortschritts – z. B. in arbeitssparenden, neutralen und kapitalsparenden Fortschritten – präsentiert. Anschließend werden die Auswirkungen des technischen Fortschritts auf landwirtschaftliche Faktor- und Produktpreise in geschlossenen und offenen Volkswirtschaften erörtert. In dem letzten Abschnitt des Kapitels werden Methoden zur Messung des technischen Fortschritts und damit verbundene theoretische und empirische Herausforderungen thematisiert, und es werden ausgewählte Schätzungen der Rate des technischen Fortschritts aus der Literatur präsentiert.

6.1 Einleitung und Lernziele

Die meisten Agrarerzeugnisse – ob Rindfleisch, Weizen, Eier oder Äpfel – haben sich im Laufe der neueren Geschichte grundsätzlich physisch wenig geändert. Wie diese Erzeugnisse erstellt werden, d. h. mit welchen Methoden und mit welchen Produktionsfaktoren,

U. Koester (✉)
Universität Kiel, Kiel, Deutschland
E-Mail: UKoester@ae.uni-kiel.de

S. von Cramon-Taubadel
Universität Göttingen, Göttingen, Deutschland
E-Mail: scramon@gwdg.de

U. Koester und S. von Cramon-Taubadel (Hrsg.), *Agrarpreisbildung*,
https://doi.org/10.1007/978-3-658-33211-2_6

hat sich dagegen mitunter extrem verwandelt. Die Produktionsfunktion, die Grundlage vieler Überlegungen und Ableitungen in den vorherigen Kapiteln war, ist demnach ständigen Verschiebungen und Veränderungen unterworfen. Diese durch technischen Fortschritt verursachten Verschiebungen und Veränderungen sind nach wie vor eine treibende Kraft der sektoralen Austauschverhältnisse und damit auch des landwirtschaftlichen Strukturwandels.

In diesem Kapitel soll gezeigt werden:

Übersicht

- wie der technische Fortschritt definiert und klassifiziert wird,
- welche sektorale und gesamtwirtschaftliche Bedeutung der technische Fortschritt in einer geschlossenen und in einer offenen Volkswirtschaft hat,
- wie sektorale Fortschrittsraten die Entwicklung des Agrarpreisniveaus im Zeitablauf beeinflusst,
- dass es Möglichkeiten aber auch Grenzen der Quantifizierung des technischen Fortschritts in der Landwirtschaft gibt.

6.2 Zum Begriff ‚technischer Fortschritt'

Unter **technischem Fortschritt** versteht man die Einführung neuer Produktionsverfahren, die es ermöglichen:

a) mit gegebenem Faktoreinsatz eine größere Produktionsmenge zu erstellen bzw. eine gegebene Produktionsmenge mit geringerem Faktoreinsatz zu erzeugen,
b) mit gegebenem Faktoreinsatz gleiche Mengen von Produkten einer höheren Qualität zu erzeugen,
c) durch qualitativ verbesserten Faktoreinsatz die Produktionsmenge zu erhöhen,
d) bislang unbekannte Produkte zu schaffen oder aus anderen Regionen in den Produktionsprozess aufzunehmen.

Technischer Fortschritt a) führt bei bisher bekannten Produkten zu einer Verlagerung der Produktionsfunktion nach oben (von f_0 auf f_1 in Abb. 6.1 links) bzw. zu einer Verschiebung der Isoquanten gegen den Ursprung (von I_0 auf I_1 in Abb. 6.1 rechts). Technischer Fortschritt nach d) führt zur Entstehung einer völlig neuen Produktionsfunktion mit dazugehörigen *Isoquanten.* Die Fälle b) und d) lassen sich zwar gedanklich voneinander trennen, sind aber oft schwer zu unterscheiden. Eine neue Weizensorte mit erhöhtem Proteingehalt kann als Qualitätsverbesserung (b), aber auch als völlig neues Produkt (d) gesehen werden. Wenn die neue Sorte in der Mühlenwirtschaft als Input eingesetzt wird und eine größere Menge herkömmlichen Weizens ersetzen kann, führt sie

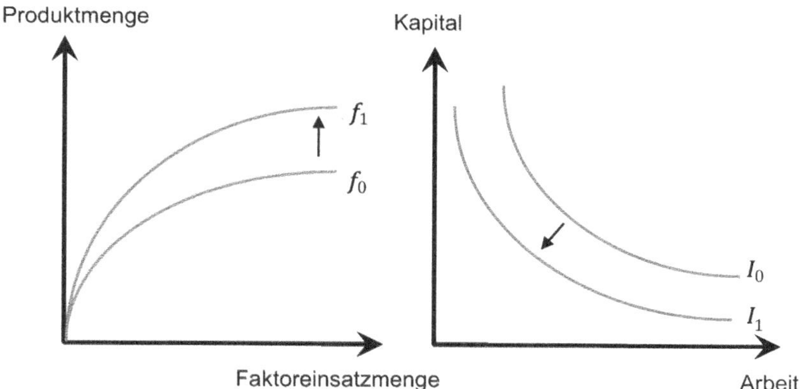

Abb. 6.1 Wirkung technischer Fortschritte auf die Produktionsfunktion und die Isoquanten. (Quelle: Eigene Darstellung)

dort zu einer Produktionssteigerung bei gegebenem Faktoreinsatz (a), sie kann aber auch als eine qualitative Verbesserung des Faktoreinsatzes interpretiert werden (c). Technische Fortschritte in der Landwirtschaft können auch zu einer verbesserten Kenntnis über die Produkt-Faktorbeziehungen und zu neuen oder qualitativ verbesserten Faktoreinsatzmengen führen.

Technische Fortschritte liegen auch vor, wenn landwirtschaftliche Betriebe zwar nicht die Produktionsmenge und die betrieblichen Produktionskosten einzelner Agrarprodukte verändern, aber z. B. durch Kooperation mit anderen Betrieben Kapazitäten des Betriebsleiters freisetzen oder durch die Nutzung von neuen Informationstechnologien innerbetriebliche und außerbetriebliche Transaktionskosten verringern; beides bedeutet eine Reduzierung des Faktoreinsatzes. Beispielsweise können so die Transaktionskosten, die bei der Vermarktung von Agrarprodukten oder beim Einkauf von Vorleistungen entstehen, durch neue Informationstechnologien oder auch die Nutzung von Organisationen wie z. B. Warenterminmärkte gesenkt werden.

Schließlich liegen technische Fortschritte auch vor, wenn neue Verfahren dazu führen, dass die Produktion umweltfreundlicher und weniger gesundheitsschädlich für die beteiligten Arbeitskräfte wird oder wenn Nutztiere artgerechter gehalten werden. Diese letzten Beispiele machen deutlich, dass technischer Fortschritt aus betriebswirtschaftlicher Sicht nicht unbedingt zu einer höheren gesamtwirtschaftlichen Produktivität führen muss. Ein neues Verfahren, das betriebliche Produktionskosten reduziert, aber gleichzeitig zusätzliche negative Externalitäten z. B. in Form von Umweltschäden erzeugt, kann bei umfassender Bewertung aller Kosten und Nutzen aus gesamtwirtschaftlicher Sicht einen technischen Rückschritt darstellen. Ein solcher Fall kann z. B. vorliegen, wenn die zu zahlenden Faktorpreise nicht den gesamtwirtschaftlichen Schattenpreisen entsprechen.

In Abb. 6.1 wurde implizit unterstellt, dass der technische Fortschritt unabhängig von der Faktorkombination wirkt und daher die neue Isoquante I_1 in der Abbildung bei jeder Faktorkombination mit gleichem absoluten Abstand unterhalb der Isoquante ohne technischen Fortschritt (I_1) liegt. Diese Änderung wird aber in der Realität meistens nicht vorliegen. Die im Folgenden diskutierten Klassifikationen setzen an der Wirkung des technischen Fortschritts auf den Verlauf der neuen Isoquante ohne Anpassungsreaktion an.

6.3 Ausgewählte Klassifikationen technischer Fortschritte

Es gibt eine Vielzahl von möglichen Klassifikationen technischer Fortschritte. Im Folgenden werden einige ausgewählte Klassifikationen dargestellt und erläutert.

6.3.1 Klassifikation technischer Fortschritte nach Brinkmann (1922)

Mechanisch-technischer Fortschritt bewirkt meist eine Substitution von menschlicher Arbeit durch Kapital. Die ersten Fortschritte dieser Art (z. B. Pflüge) haben die Fläche, die ein einzelner Landwirt bearbeiten konnte, ausgedehnt; spätere Fortschritte (z. B. Erntemaschinen) haben auch die Menge an harter physischer Arbeit, die Landwirte leisten müssen, reduziert. In der Landwirtschaft der heutigen Industrieländer kommen diese Fortschritte insbesondere solchen Betrieben zugute, die entweder Arbeitskräfte entlassen können oder in denen der Betriebsleiter aufgrund der durch die Mechanisierung erzielten Zeitersparnis im Betrieb eine nebenberufliche Erwerbstätigkeit aufnehmen kann. Im Allgemeinen sind es jedoch die großen Betriebe, die von mechanisch-technischen Fortschritten am stärksten profitieren, da das Minimum der totalen Durchschnittskosten vieler neuer Produktionsverfahren (z. B. Flüssigfütterung in der Schweinemast, Laufstall in der Milchviehhaltung und Melkroboter, 6-Reiher-Zuckerrübenvollernter) erst bei größeren Produktionsmengen erreicht wird (siehe Abb. 6.2).

Biologisch-technische Fortschritte sind in erster Linie züchterische Fortschritte, wie z. B. Erhöhung der Milchleistung pro Kuh, Steigerung der Flächenerträge im Ackerbau oder qualitative Verbesserung von Produkten. Oftmals bewirken sie eine Erhöhung der Faktorproduktivität und führen damit zur Anhebung der optimalen speziellen Intensität aller eingesetzten Faktoren. Einige biologisch-technische Fortschritte zielen dagegen auf eine Verminderung des Faktoreinsatzes ab; z. B. hat die Züchtung von Zuckerrüben, die durch Monogermsaat angebaut werden können, den Arbeitsaufwand verringert. Zuckerrübenanbau war bis in die 50er Jahre des vorigen Jahrhunderts eine arbeitsintensive Aktivität und daher auch für kleinere landwirtschaftliche Betriebe geeignet. Inzwischen ist der Zuckerrübenanbau kapitalintensiv und die Produktion daher auf Großbetriebe konzentriert.

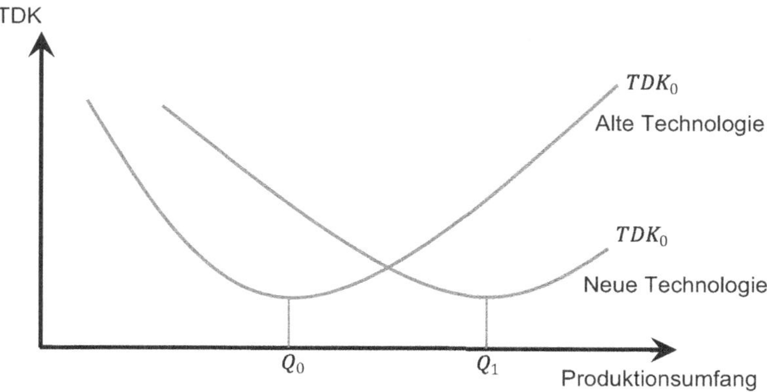

Abb. 6.2 Totale Durchschnittskosten (TDK) bei unterschiedlichen Produktionsverfahren. (Quelle: Eigene Darstellung)

Organisatorisch-technische Fortschritte beinhalten z. B. die Aufnahme neuer Bewirtschaftungssysteme, wie z. B. Personengesellschaften oder auch Kapitalgesellschaften. Sie beruhen im Wesentlichen auf einer verbesserten Ausnutzung der vorhandenen Produktionskapazitäten (vor allem der Maschinen und der Familienarbeitskräfte). Ein Beispiel für organisatorisch-technische Fortschritte ist die Einführung der EDV in der Betriebsleitung, mit der sowohl Steuerung und Überwachung von Produktionsabläufen als auch Managementaufgaben vorgenommen werden können. Andere Beispiele für organisatorische technische Fortschritte sind die verstärkte Beanspruchung von Lohnunternehmern, die Bildung von Maschinenringen und die Zusammenarbeit mit landwirtschaftlichen Beratern. Von besonderer Bedeutung sind die Wirkungen eines verbesserten Managements landwirtschaftlicher Betriebe. Die Auswertung von Wirtschaftszahlen landwirtschaftlicher Betriebe zeigt, dass es in Industrieländern selbst bei hoch qualifizierten Betriebsleitern erhebliche Unterschiede in den realisierten Produkt-Faktormengenrelationen gibt. Generell ist aber zu beobachten, dass Betriebsleiter mit einer überdurchschnittlichen Ausbildung zu einer verbesserten Effizienz des Faktoreinsatzes beitragen und eine höhere Wirtschaftlichkeit erzielen als Betriebsleiter mit weniger Ausbildung.

Für viele ökonomische Betrachtungen ist die oben skizzierte Klassifikation technischer Fortschritte nach Brinkmann zu unscharf. Zum einen lassen sich einige Neuerungen nicht eindeutig in das Schema von Brinkmann einordnen: die als *precision agriculture* bekannte EDV-gesteuerte Verknüpfung von Aussaat, Düngung und Ernte z. B. verbindet Elemente des mechanisch-technischen und des organisatorisch-technischen Fortschritts. Zum anderen behandelt die Klassifikation technischer Fortschritt nach Brinkmann nur die Ansatzpunkte des Fortschrittes und nicht seine ökonomischen Wirkungen auf Faktoreinsatz- und Produktionsmengen. Daher sollen im Folgenden einige alternative Klassifikationen dargestellt werden.

6.3.2 Produktionssteigernde versus kostenverringernde technische Fortschritte

Laut Definition können technische Fortschritte sowohl zur Erhöhung der Produktionsmenge bei gegebenem Faktoreinsatz als auch zu einer Verringerung des Faktoreinsatzes bei konstanter Produktionsmenge führen. Technische Fortschritte führen damit *ceteris paribus* stets zu einer Reduzierung der Stückkosten und damit auch langfristig bei gegebenen Faktor- und Produktpreisen zu einer Ausdehnung der Produktionsmenge. Dabei ist es hinsichtlich der mittel- und langfristigen Wirkungen unerheblich, ob der Fortschritt zunächst zu einer Reduzierung der Faktoreinsatzmenge bei gegebener Produktionsmenge oder sofort zu einer Produktionssteigerung führt.

Aus betrieblicher Sicht ist aber von Bedeutung, welche betrieblichen Anpassungen mit der Einführung der technischen Fortschritte notwendig sind; nicht alle Betriebe haben die gleichen Anpassungsfähigkeiten und -Möglichkeiten. Für den einzelnen Betrieb wird je nach betrieblicher Anpassungsfähigkeit entweder die Übernahme **kostensenkender technischer Fortschritte** oder die Übernahme **produktionssteigernder technischer Fortschritte** vorteilhafter sein. Für die Übernahme neuer Technologien ist die betriebliche Arbeitsverfassung von Bedeutung. Bäuerliche Familienbetriebe, die z. B. den betrieblichen Arbeitseinsatz kurzfristig nicht reduzieren können, werden an **arbeitssparenden technischen Fortschritten** weniger interessiert sein als Lohnarbeitsbetriebe, die den betrieblichen Faktoreinsatz leichter variieren können. Erstere werden daher technische Fortschritte vorziehen, die zu einer Produktionssteigerung, ohne Reduzierung des Faktoreinsatzes, führen.

Änderungen der sektoralen und gesamtwirtschaftlichen Rahmenbedingungen, wie z. B. die Einführung von Produktionsquoten oder Flächenstilllegungen, werden auch zu einer geänderten Bewertung der relativen Vorzüglichkeit technischer Fortschritte aus betrieblicher Sicht beitragen. Wird die Produktionsmenge z. B. durch Quoten eingeschränkt, sinkt die Attraktivität produktionssteigernder technischer Fortschritte aus betrieblicher Sicht. So hätte z. B. die Einführung des Hormons BST in der Milchproduktion aufgrund des begrenzenden Faktors Milchquote in der EU[1] letztlich einen Abbau der Zahl der Milchkühe zur Folge gehabt. Eine reduzierte Auslastung der gegebenen und anderweitig nur begrenzt nutzbaren Stallkapazitäten im Milchsektor wären die Folge gewesen. Die Kosteneinsparung wäre also geringer ausgefallen als ohne Quotierung der Milchproduktion. Diese Folgen haben wahrscheinlich dazu beigetragen, dass BST in der EU nicht zugelassen wurde (wobei auch andere Argumente bei dieser Entscheidung eine Rolle gespielt haben). Eine Quotierung führt allerdings nicht dazu, dass jeder technische Fortschritt an Attraktivität verliert. Moderne Fütterungssysteme können Kosten sparen bei unveränderter Produktionsmenge z. B. an Fleisch oder

[1]Das Milchquotensystem der EU wurde 1984 eingeführt und 2013 wieder abgeschafft.

Milch. Ferner kann eine Quote die Stabilität und die Höhe der betrieblichen Gewinne erhöhen und damit auch die Investitionsfähigkeit der Betriebe stärken. Als Folge konnten Investitionen in kostensenkenden technischen Fortschritt steigen.

Produktionsquoten für Milch und Zucker wurden in der EU und anderswo eingeführt mit dem Ziel, das Angebot künstlich zu begrenzen und somit die am Markt erzielten Preise zu erhöhen. Monopolisten schränken auch das Angebot ein, um höhere Preise zu erzielen, und auch sie werden daher zunächst faktorsparende technische Fortschritte bevorzugen, da produktionssteigernde technische Fortschritte zu sinkenden Produktpreisen führen und somit die positiven Wirkungen des technischen Fortschritts aus betrieblicher Sicht schmälern oder, in Abhängigkeit von der Preiselastizität der Nachfrage, gar zunichtemachen können.

Diese Beispiele zeigen: je nach Rahmenbedingungen können kostensparende bzw. produktionssteigernde technische Fortschritte unterschiedlich vorzüglich erscheinen. Die Nachfrage nach einzelnen Arten der technischen Fortschritte kann daher betrieblich, regional und national unterschiedlich sein. Die Stärke der Nachfrage nach kostensparenden bzw. produktionssteigernden Innovationen wird wiederum die Schwerpunkte der Produktentwicklung und angewandten Forschung, vielleicht sogar die Grundlagenforschung, beeinflussen. Ökonomen sprechen in diesem Zusammenhang vom induzierten technischen Fortschritt, der unten in Abschn. 6.3.4 wieder aufgegriffen wird.

6.3.3 Neutrale und nicht-neutrale technische Fortschritte

Die gebräuchlichste Klassifikation in neutrale und nicht-neutrale technische Fortschritte geht auf Hicks (1932) zurück.[2] Für die Klassifizierung technischer Fortschritte nach Hicks ist entscheidend, wie sich das Verhältnis der Grenzproduktivitäten der Faktoren Arbeit und Kapital durch die Innovation bei unveränderten Faktorpreisen verändert. Werden beide Grenzprodukte proportional erhöht, liegt Hicks-**neutraler technischer Fortschritt vor.**

Anders verhält es sich, wenn die Grenzproduktivität des einen Faktors durch technischen Fortschritt relativ stärker steigt als die des anderen. Hicks spricht dann von **nicht-neutralem Fortschritt.** Wird z. B. die Grenzproduktivität der Arbeit relativ stärker gesteigert als die des Kapitals, wird bei unveränderten Faktorpreisen der Einsatz von Arbeit im Produktionsprozess im Vergleich zum Kapital vorzüglicher. Sofern beide Faktoren gegeneinander substituierbar sind, werden die Produzenten mehr Arbeit in Relation zum Kapital einsetzen, sodass sich die Faktorintensität verändert. In diesem Fall liegt der Definition nach Hicks zufolge **kapitalsparender** (bzw. **arbeitsvermehrender**)

---

[2]Weitere Klassifikationen in neutrale und nicht-neutrale Fortschritte stammen von Harrod (1942) sowie von Solow (1956); diese werden im Folgenden jedoch nicht behandelt.

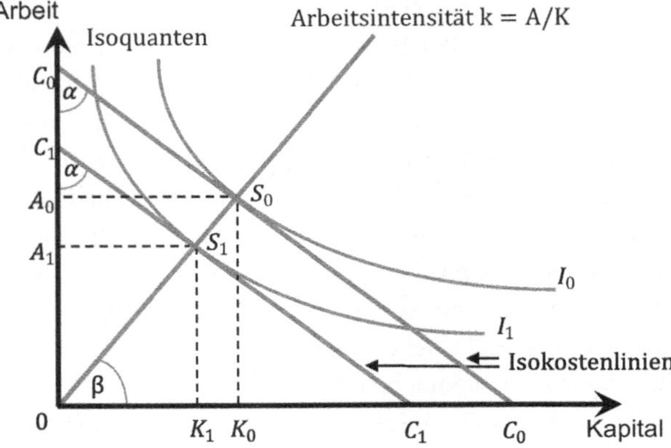

Abb. 6.3 Hicks-neutraler technischer Fortschritt. (Quelle: Eigene Darstellung)

Fortschritt vor. Im umgekehrten Fall, wenn die Grenzproduktivität des Kapitals relativ stärker steigt als die der Arbeit, wirkt der technische Fortschritt **arbeitssparend** bzw. kapitalvermehrend.

Abb. 6.3 zeigt die Wirkung von Hicks-neutralen technischen Fortschritten für den Fall, dass es nur zwei Produktionsfaktoren gibt. In der Ausgangssituation wird mit der Faktoreinsatzkombination (K_0, A_0) der Produktionspunkt S_0 auf der Isoquanten I_0 realisiert. Die Arbeitsintensität (k=Verhältnis zwischen Arbeits- und Kapitalmenge) ergibt sich aus der Steigung des Fahrstrahls vom Ursprung zu S_0, d. h. $k = \tan(\beta) = \frac{A_0}{K_0}$. Die Faktorpreisrelation lässt sich aus der Definition der Isokostenlinie C_0 ableiten:

$$C = KP_K + AP_A \tag{6.1}$$

mit:

C = Kosten,
K = Kapitaleinsatz
A = Arbeitseinsatz
P_K = Preis für den Kapitaleinsatz,
P_A = Preis für Arbeitseinsatz.

Wird kein Kapital eingesetzt ($K = 0$) berechnet sich die eingesetzte Arbeitszeit A wie folgt: $A = \frac{C}{P_A}$ (Gl. 6.1 mit $K = 0$).

Analog gilt bei $A = 0$, dass $K = \frac{C}{P_K}$. Hieraus ergibt sich:

$$tan(\alpha) = \frac{\frac{C}{P_A}}{\frac{C}{P_K}} = \frac{P_K}{P_A} \tag{6.2}$$

Durch technischen Fortschritt verschiebt sich die Isoquante I_0 gegen den Ursprung, d. h., mit geringerem Faktoreinsatz kann die gleiche Outputmenge erstellt werden. An

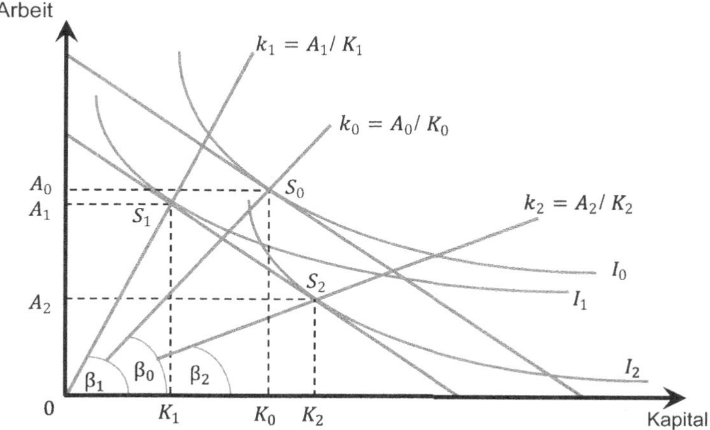

Abb. 6.4 Nicht-neutrale Fortschritte nach Hicks. (Quelle: Eigene Darstellung)

dem Berührungspunkt der neuen Isoquanten I_1 mit der Isokostenlinie C_1 ergibt sich der Optimalpunkt S_1. Da sich die Arbeitsintensität bei unveränderter Faktorpreisrelation nicht geändert hat (tan $(\beta) = \frac{A_1}{K_1} = \frac{A_0}{K_0}$), handelt es sich in Abb. 6.3 um Hicks-neutralen technischen Fortschritt.

In Abb. 6.4 sind die nicht-neutralen technischen Fortschritte nach Hicks grafisch dargestellt. Die Ausgangslage ist gekennzeichnet, wie in Abb. 6.3, durch die Faktoreinsatzkombination (K_0, A_0) mit dem Produktionspunkt S_0 auf der Isoquanten I_0. Der Übergang zur Isoquanten I_1 stellt bei einer unveränderten Faktorpreisrelation einen kapitalsparenden technischen Fortschritt dar. Im neuen Optimalpunkt S_1 entspricht die Faktorintensität $\tan(\beta_1)$. Im Vergleich zur Ausgangssituation wird bei unveränderter Faktorpreisrelation relativ mehr Arbeit und relativ weniger Kapital in der Produktion eingesetzt. Dagegen beinhaltet der Sprung von S_0 zu S_2 einen arbeitssparenden technischen Fortschritt; hier wird entsprechend tan (β_2) eine kapitalintensivere Faktorkombination gewählt und nicht nur relativ, sondern sogar absolut mehr Kapital eingesetzt als in der Ausgangssituation.

6.3.4 Induzierter und autonomer technischer Fortschritt

Die Unterscheidung in **autonome und induzierte technische Fortschritte** geht ebenfalls auf Hicks zurück und ist eng verknüpft mit der Klassifikation in neutrale und nichtneutrale Fortschritte. Technischer Fortschritt wird als **autonom** bezeichnet, wenn er nicht aus ökonomischen Druck- und Anreizmechanismen resultiert, sondern quasi wie Manna vom Himmel fällt. Ein solcher Fall könnte z. B. vorliegen, wenn durch Öffnung der Grenzen im Inland bisher nicht zur Verfügung stehende Technologien aus dem Ausland eingeführt werden. Die Entdeckung der sog. Gen-Schere CRISPR-Cas9, von der weitreichende Folgen für die landwirtschaftliche Züchtungsforschung erwartet werden, geht auf Grundlagenforschung an Bakterien in den 1980er Jahren zurück und kann daher auch als autonomer technischer Fortschritt betrachtet werden (siehe hierzu Jakobs 2016). **Induzierter** Fortschritt ist dagegen die Folge bestimmter Knappheitsrelationen. Durch gezielte Forschung und/oder Produktentwicklung wird z. B. versucht, die Kosten der Produktion zu verringern, indem vor allem der Einsatz relativ knapper Produktionsfaktoren effizienter gestaltet wird. Vernon Ruttan und Yujiro Hayami haben grundlegende Beiträge zum Thema induzierter Fortschritt *(induced innovations)* in der Landwirtschaft geleistet (Otsuka und Runge 2011).

Anreize für die Entwicklung und Einführung technischer Fortschritte erfolgen nicht nur über relative Knappheiten auf den Faktormärkten, sondern auch, wie oben für den Fall einer Produktionsquote erläutert, durch Gegebenheiten auf den Produktmärkten. Z. B. können Forschungsaktivitäten durch staatliche Preisstützung für bestimmte Agrarprodukte in diesen Bereichen gegenüber weniger oder nicht gestützten Produkten gelenkt werden. Ob aber dieser Effekt eintritt, hängt auch von der Wirkung der Preisstützung auf den Strukturwandel ab. Höhere Preise ermöglichen es einigen Betrieben, die bei gegebenen Preisen Grenzanbieter sind, in der Produktion zu verbleiben. Das Wandern der Fläche zum effizienteren Bewirtschafter wird daher gehemmt. Die Wirkung auf das Angebot und Nachfrage von technischen Fortschritten ist daher nicht eindeutig. Es kann angenommen werden, dass die effizienteren Betriebe auch bei erschwertem Zugang zu Flächenerweiterung expandieren wollen. Sie werden bei begrenzter Möglichkeit der Flächenerweiterung verstärkt auf die Einführung bodensparender technischer Fortschritte angewiesen sein. Die erhöhte Nachfrage nach diesen Fortschritten wird zu einer stärkeren Ausschöpfung des vorhandenen Potenzials dieser Fortschritte beitragen.

De Janvry und Dethier (1985) differenzieren induzierte technische Fortschritte weiter in rein preisinduzierte Innovationen und solche, die aufgrund von institutionellen Gegebenheiten entstehen. Dabei ist zu beachten, dass die Preisrelationen infolge der institutionellen Rahmenbedingungen gegenüber echten Marktpreisrelationen verzerrt sein können. In Entwicklungsländern wird z. B. Exportprodukten, mit denen Devisen erwirtschaftet werden können, oft mehr Forschungsaktivität gewidmet als Produkten für den heimischen Markt. Agrarprodukte, die vornehmlich von Kleinerzeugern für die Subsistenz erzeugt werden, sog. *orphan crops* wie beispielsweise Hirse, Maniok und Süßkartoffel, werden in der privaten Forschung häufig vernachlässigt, weil sie nur geringe Gewinne für kommerzielle Züchter und Anbieter von Saatgut und andere Vorleistungsgüter versprechen. In diesem Zusammenhang kommt der nationalen und internationalen öffentlichen Agrarforschung eine besonders große Bedeutung zu.

Die Art des technischen Fortschritts hat zudem Auswirkungen auf die Rentabilität des **Technologietransfers.** Eine bestimmte Technologie kann in einem Land gewinnbringend sein, aber nicht auch in anderen Ländern. Durch die Forschung wird versucht, die Produktionskosten bei gegebenem Faktoreinsatzverhältnis, z. B. gekennzeichnet durch den Fahrstrahl k_2 in Abb. 6.4., zu verringern. Induzierte Fortschritte werden die Isoquanten daher vorwiegend in der Nähe der gegebenen Faktorintensität gegen den Ursprung verschieben. Volkswirtschaften, die mit einer anderen Faktorintensität produzieren, z. B. entsprechend dem Fahrstrahl k_1, werden demnach von den im Bereich um den Fahrstrahl k_2 wirksamen Fortschritten weniger profitieren. So werden technische Fortschritte z. B. im Bereich des sogenannten *precision agriculture* in Ländern, wo Getreide noch auf kleinen Flächen und sehr arbeitsintensiv angebaut wird, kaum rentabel sein.

6.3.5 Technische Fortschritte durch die Aufnahme neuer Produkte in den landwirtschaftlichen Produktionsprozess

Die landwirtschaftliche Produktionszusammensetzung hat sich in einzelnen Ländern der Welt erheblich durch die Aufnahme neuer Produkte erweitert. Die neuen Produkte wurden zum Teil aus anderen Regionen eingeführt – wie z. B. bei der Übernahme der sog. *new world crops* wie Kartoffel-, Mais- und Sonnenblumenproduktion in Europa. Neue Produkte entstehen auch durch genetische Veränderungen zuvor bekannter Produkte. Die Agrarforschung hat zu erheblicher Steigerung der Getreideerträge und der Erträge anderer Produkte sowie tierischer Leistungen beigetragen und die sog. grüne Revolution entfacht. Die genetische Veränderung einzelner landwirtschaftlicher Nutzpflanzen hat zu einer Ausweitung der regional produzierten Agrarprodukte geführt. So ist es inzwischen selbst in der Mongolei möglich, bei relativ kurzer Vegetationsperiode von nur drei Monaten, Kartoffeln und einige Gemüsearten anzubauen; die Konsumstruktur im Land hat sich bereits nach wenigen Jahren von vornehmlich tierischen zu mehr pflanzlicher Produkten geändert.

Technische Fortschritte haben nicht nur gezielte direkte Effekte auf die landwirtschaftliche Produktion; sie ergeben sich auch als indirekte Wirkung von Fortschritten im vor- und nachgelagerten Bereich sowie von sektorübergreifenden Fortschritten. Beispiele für Fortschritte in nachgelagerten Sektoren sind die Ausweitung des sog. weißen Sortiments auf dem Milchmarkt und der Vielzahl von verarbeiteten Kartoffelprodukten, sowie Innovationen in der Lagerung und Logistik von Agrarerzeugnissen und Lebensmitteln. In dem der Landwirtschaft vorgelagerten Bereich haben neue Produkte im Angebot von Futtermitteln, Pflanzenschutzmitteln und Saatgut zu einer Änderung der landwirtschaftlichen Produktion beigetragen. Beispiele für die Bedeutung sektorübergreifender technischer Fortschritte reichen von Neuerungen in Kommunikationssystemen mit der Folge sinkender Transaktionskosten bis zu Robotik, Navigation (GPS) und künstlicher Intelligenz.

6.4 Die Wirkungen technischer Fortschritte auf das sektorale Preisniveau

Die Auswirkungen technischer Fortschritte in einem Sektor hängen u. a. von der relativen Bedeutung des Sektors in der Volkswirtschaft ab. Dies gilt einerseits wegen der Rückwirkung einer veränderten landwirtschaftlichen Nachfrage nach Produktionsfaktoren auf die Faktorpreise innerhalb der Gesamtwirtschaft, andererseits wegen der Wirkungen von Angebotsausweitungen auf die Produktpreise. Im Folgenden werden anhand von zwei Beispielen die sektoralen Wirkungen technischer Fortschritte dargestellt. Dabei wird zunächst eine offene und dann eine geschlossene Volkswirtschaft betrachtet. In beiden Fällen wird von einem relativ kleinen Agrarsektor ausgegangen, d. h. vom Agrarsektor sollen keine Rückwirkungen auf die Preise für Arbeit und Kapital oder den Wechselkurs ausgehen.

6.4.1 Wirkung sektoraler technischer Fortschritte in einer offenen Volkswirtschaft mit relativ kleinem Agrarsektor

Es wird ein relativ kleines Land im Sinne der Außenhandelstheorie angenommen. Der betrachtete Sektor übt keinen Einfluss auf das Niveau der internationalen Preise aus. Für die inländischen Erzeuger sind die Preise des unterstellten Freihandels gegeben. Bei gegebenen Preisen reagieren aus Sicht des Inlandes sowohl die internationale Importnachfrage als auch das ausländische Exportangebot völlig elastisch. Inländische Produktionssteigerungen führen somit nicht zu Preissenkungen.

Wie aus der Grenzproduktivitätstheorie bekannt, ist der fallende Abschnitt der Wertgrenzproduktivitätskurve (*WGP*) ab dem Schnittpunkt mit der Wertdurchschnittspro duktivitätskurve (*WDP*) bei vollständiger Konkurrenz auf Produkt- und Faktormärkten identisch mit der Faktornachfragekurve (siehe Kap. 2). In Abb. 6.5 werden die Auswirkungen des technischen Fortschritts auf den landwirtschaftlichen Arbeitseinsatz veranschaulicht. Verschiebt sich durch technischen Fortschritt die Wertgrenzproduktivitätskurve nach außen (von WGP_0 zu WGP_1), werden mehr Faktoren nachgefragt, und zwar so lange, bis die *WGP* der Arbeit wieder dem Faktorpreis P_A entspricht. Da die Landwirtschaft – laut Annahme – nur eine kleine Rolle in der Volkswirtschaft spielt, gehen von ihr keine Effekte auf P_A (das gesamtwirtschaftliche Lohnniveau) aus. Der Arbeitseinsatz steigt daher von A_0 auf A_1 an. Entsprechendes gilt für den Kapitalmarkt; hier gehen ebenfalls von Änderungen der landwirtschaftlichen *WGP* des Kapitals keine spürbaren Effekte auf das gesamtwirtschaftliche Zinsniveau aus.

Auf dem Bodenmarkt ist die Wirkung des technischen Fortschritts aber anders. Da Boden ein sektorspezifischer und im Angebot begrenzter Produktionsfaktor ist, führen Änderungen der *WGP* und damit der Faktornachfrage zu Preissteigerungen für Boden (siehe Kap. 3). Bei völlig unelastischem Bodenangebot $\overline{B}$, wie in Abb. 6.6 dargestellt, erfolgt die Anpassungsreaktion nur über den Bodennutzungspreis P_B. Dabei muss zwischen zwei in Abb. 6.6 skizzierten Effekten unterschieden werden:

- **1. Effekt:** Die Grenzproduktiv*i*tät des Bodens steigt als direkte Wirkung des technischen Fortschritts. Als Folge steigt die Wertgrenzproduktivität des Bodens von WGP_0 auf WGP_1 und der Bodenpreise steigt von P_B^0 auf P_B^1.

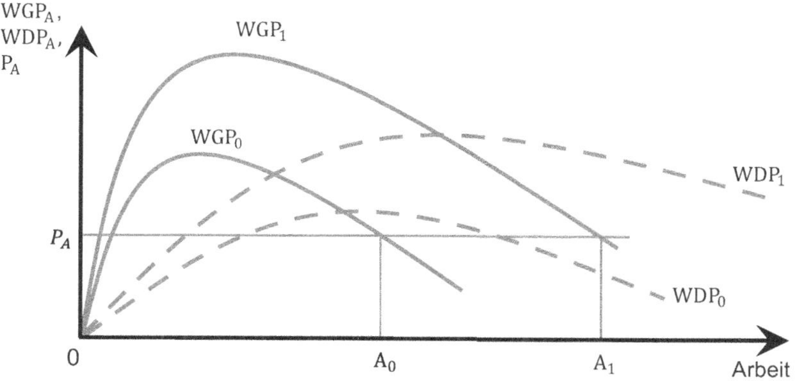

WGP = Wertgrenzproduktivität der Arbeit = $\frac{\delta Q}{\delta A} * P_Q$

WDP = Wertdurchschnittsprodukt der Arbeit = $\left(\frac{Q}{A}\right) * P_Q$

P_A=Faktorpreis für Arbeit (Lohnansatz)

Q= Produktionsmenge

P_Q=Produktpreis

Abb. 6.5 Auswirkungen technischer Fortschritte im Agrarsektor in einer offenen Volkswirtschaft auf den landwirtschaftlichen Arbeitseinsatz eines kleinen Landes. (Quelle: Eigene Darstellung)

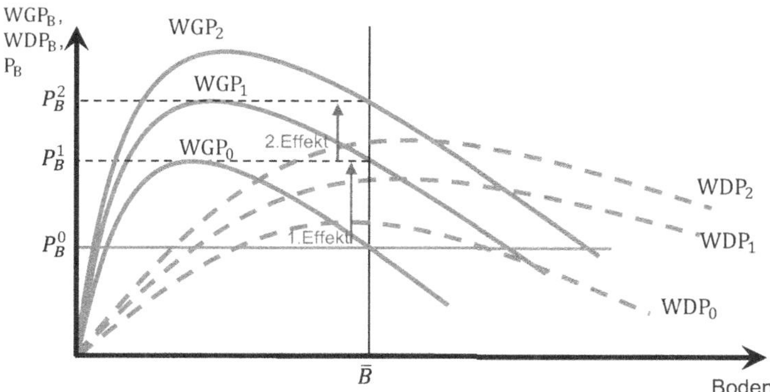

Abb. 6.6 Auswirkungen technischer Fortschritte im Agrarsektor in einer offenen Volkswirtschaft auf den landwirtschaftlichen Bodeneinsatz eines kleinen Landes. (Quelle: Eigene Darstellung)

- **2. Effekt:** Die Grenzproduktivität des Bodens steigt weiter als Folge erhöhter Faktorintensität, da pro Bodeneinheit mehr Kapital, Arbeit und Vorleistungsgüter eingesetzt werden (aufgrund der in Abb. 6.5 dargestellten Anpassungen). Die Wertgrenzproduktivität und der Preis des Bodens steigen weiter auf WGP_2 bzw. P_B^2

Zusammenfassend kann festgehalten werden, dass in einer offenen Volkswirtschaft mit relativ kleinem Agrarsektor technische Fortschritte in der Landwirtschaft bei variablen Produktionsfaktoren zu höherer Faktornachfrage und bei sektoral-fixen Produktionsfaktoren zu höheren Faktorpreisen führen. Technische Fortschritte führen unter diesen Bedingungen zu einem erhöhten Einsatz von anderen Produktionsfaktoren, und zu steigenden Bodennutzungspreisen.

6.4.2 Geschlossene Volkswirtschaft mit relativ kleinem Agrarsektor

In diesem Fall ist der Preis des Agrarprodukts nicht vom Weltmarkt gegeben, sondern bildet sich als Ergebnis des Zusammenspiels von Angebot und Nachfrage im Inland. Bei einem Produktionsanstieg infolge technischer Fortschritte verschiebt sich die Angebotskurve nach rechts und der Preis des Agrarprodukts sinkt. In Kap. 4 wurde ein einfaches Modell der Bestimmung der Agrarpreise im Zeitablauf in Abhängigkeit von Einkommensänderungen und dem technischen Fortschritt entwickelt und folgende Gleichung für die Entwicklung der Agrarpreise abgeleitet (vgl. Abschn. 4.7, Gl. 4.16):

$$\frac{dP}{P} = \left(\frac{1}{\varepsilon^S - \varepsilon^D}\right)\left(\eta\frac{dY}{Y} - \frac{dT}{T}\right). \tag{6.1}$$

mit.

Y = Einkommen,
P = Agrarpreis,
η = Einkommenselastizität der Nachfrage,
ε^D = Preiselastizität der Nachfrage, und
ε^S = Preiselastizität des Angebots.

Diese Gleichung macht deutlich, dass der Technische Fortschritt $\left(\frac{dT}{T} > 0\right)$ ceteris paribus (d. h., wenn $\frac{dY}{Y} = 0$) eine negative Wirkung auf den Agrarpreis hat in Abhängigkeit von den Preiselastizitäten der Nachfrage und des Angebots. Die kurzfristig positive Wirkung der technischen Fortschritte für innovative Betriebe wird daher mittel- und langfristig als Folge sinkender Preise vermindert. Bezüglich der Faktornachfrage treten drei Effekte auf:

- **1. Effekt:** Technischer Fortschritt führt zu einer Erhöhung der Wertgrenzproduktivität und damit höherer Faktornachfrage.
- **2. Effekt:** Die Ausweitung der Produktionsmengen führt zu Produktpreissenkungen; dadurch sinkt die Wertgrenzproduktivität aller Faktoren.
- **3. Effekt:** Infolge der Änderung der Grenzproduktivität unterschiedlicher Faktoren können sich die Faktorintensitäten ändern.

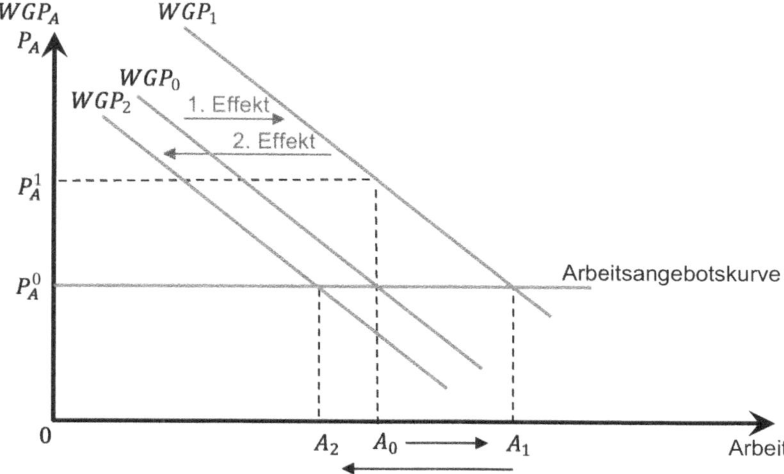

Abb. 6.7 Effekte des technischen Fortschritts auf den Arbeitsmarkt in einer geschlossenen Volkswirtschaft bei preisunelastischer Nachfrage. (Quelle: Eigene Darstellung)

Die ersten beiden Effekte sind in Abb. 6.7 für den Faktor Arbeit dargestellt. Zunächst wird durch technischen Fortschritt die Grenzproduktivität der Arbeit erhöht und somit die Faktornachfragekurve (Wertgrenzproduktivitätskurve) nach rechts verschoben (von WGP_0 auf WGP_1). Bei kurzfristig konstantem Arbeitseinsatz würde zunächst das Lohnniveau von P_A^0 auf P_A^1 steigen. Da aber das Arbeitsangebot zumindest langfristig vollkommen elastisch ist, kommt es aufgrund der gestiegenen Nachfrage nach Arbeit (nach einer Anpassungsphase) zu einem neuen Gleichgewicht mit gestiegenem Arbeitseinsatz A_1 und Lohnniveau P_A^0. Durch die Erhöhung der Produktionsmenge und damit fallendem Produktpreis sinkt jedoch die Wertgrenzproduktivität wieder; wenn die Produktpreise prozentual stärker sinken als die Grenzproduktivität prozentual gestiegen ist, so wird die Wertgrenzproduktivitätskurve nach Berücksichtigung beider Effekte links von WGP_0 liegen (WGP_2 in Abb. 6.7). Nach allen Anpassungen liegt der Arbeitseinsatz demnach bei A_2. Dabei wird das Steigen der Grenzproduktivität, das zum 1. Effekt in Abb. 6.7 führt, als direkte Auswirkung des technischen Fortschritts bezeichnet, und die Preissenkung, die zum 2. Effekt führt, als indirekte Wirkung.

Technische Fortschritte werden sich in einer geschlossenen Volkswirtschaft insbesondere in fallenden Preisen für die fixen Faktoren niederschlagen. In Abb. 6.8 ist die Wirkung auf den Bodennutzungspreis dargestellt. Neben den beiden soeben für den Faktor Arbeit dargestellten Effekten tritt hier der oben genannte dritte Effekt durch die Änderung der Faktorintensität auf. Der verringerte Einsatz anderer variablen Faktoren wie Arbeit führt zu einem zusätzlichen Sinken der Wertgrenzproduktivität des Bodens (von WGP_2 auf WGP_3). Bei vollkommen unelastischem Bodenangebot werden sich daher technische Fortschritte in einer geschlossenen Volkswirtschaft in fallenden Bodennutzungspreisen niederschlagen.

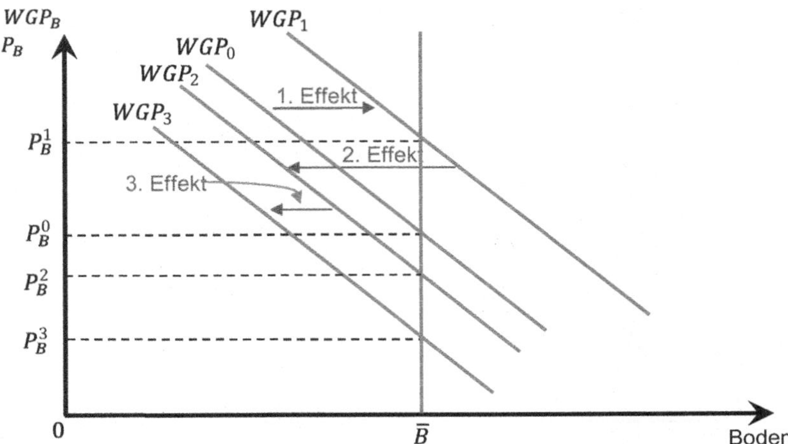

Abb. 6.8 Effekte des technischen Fortschritts auf den Bodenmarkt in einer geschlossenen Volkswirtschaft bei preisunelastischer Nachfrage. (Quelle: Eigene Darstellung)

6.5 Technischer Fortschritt und Preisänderungen für landwirtschaftliche Produkte

Im vorherigen Abschnitt wurde darauf hingewiesen, dass in einer geschlossenen Volkswirtschaft der durch den technischen Fortschritt verursachten Produktionsanstieg zu Preissenkungen für Agrarerzeugnisse führt. Aus der in Kap. 4 abgeleiteten Gl. (4.16) kann der *ceteris paribus*-Effekt der Rate des technischen Fortschritts auf das Agrarpreisniveau wie folgt zusammengefasst werden:

$$\frac{dP}{P} = -\left(\frac{1}{\varepsilon^S - \varepsilon^D}\right)\frac{dT}{T} \tag{6.3}$$

Die Änderung des Preisniveaus der Agrarprodukte insgesamt sowie die Änderung der einzelnen Preise als Folge einer gegebenen Rate des technischen Fortschritts hängen somit von den Preiselastizitäten des Angebots und der Nachfrage ab.

Cochrane (1958) hat die grundlegenden Zusammenhänge zwischen technischen Fortschritten und der Agrarpreisentwicklung in der sogenannten **Tretmühlentheorie** beschrieben: Technische Fortschritte führen zu einer Senkung der Produktionskosten und damit zu höheren Gewinnchancen. Aufgrund der unterschiedlichen Betriebsleiterfähigkeiten und unterschiedlichen Risikobereitschaft werden jedoch einige Unternehmer neue Produktionsverfahren früher einsetzen als andere. Diese frühen Innovatoren profitieren am meisten von der Übernahme technischer Fortschritte, da die Steigerung der sektoralen Produktionsmenge nur gering ist und somit die durch Gl. 6.3 bestimmten Rückwirkungen auf das Preisniveau noch nicht spürbar werden. Daher realisieren die frühen Innovatoren sogenannte **Pioniergewinne.** Je weiter sich jedoch die Innovation verbreitet, desto mehr steigt die sektorale Produktion und desto eher werden technische Fortschritte zu Produktpreissenkungen führen. Dadurch werden **Grenzproduzenten,** deren Durchschnittskosten bei den gesunkenen Preisen nicht mehr gedeckt sind, gezwungen, ihre Produktion zu senken oder aus der Produktion ganz auszuscheiden. Die Tretmühle dreht sich immer weiter, da die Produktpreissenkungen den Druck erhöhen, nach weiteren Innovationen zu suchen und diese einzuführen. Was für den einzelnen Unternehmer rational ist, führt auf sektoraler Ebene zu Anpassungsdruck und Strukturwandel.

Die Tretmühlentheorie von Cochrane kann den durch technische Fortschritte entstehenden Abwanderungsdruck aber nur für den Fall einer geschlossenen Volkswirtschaft oder eines großen Landes erklären. Im Fall einer kleinen, offenen Volkswirtschaft ist die Wirkung des technischen Fortschritts auf das Angebot oder die Nachfrage auf dem Weltmarkt vernachlässigbar. Aus Sicht eines solchen Landes sind sowohl ε^A als auch ε^N in Gl. 6.3 unendlich und die Änderung des Preisniveaus demnach gleich Null. Sektorale Fortschritte eines kleinen Landes werden daher zu keinen Preisänderungen und keinen Tretmühleneffekte bei international handelbaren Gütern führen.

In dem von Cochrane skizzierten Fall einer geschlossenen Volkswirtschaft ließe sich argumentieren, dass die Übernahme von Fortschritten aus gesamtwirtschaftlicher Sicht positiv zu beurteilen ist; es werden insgesamt weniger Ressourcen für die Erstellung von Agrargütern benötigt. Allerdings können soziale Härten in der Form von sinkenden Einkommen zum einen bei den Landwirten eintreten, welche die technischen Fortschritte nicht einführen, und zum anderen selbst bei den Landwirten, die durch Einführung technischer Fortschritte zu einer Erhöhung der gesellschaftlichen Wohlfahrt beitragen. Ob solche Härten eintreten, hängt insbesondere von der Mobilität des Faktors Arbeit ab, d. h. mit welcher Geschwindigkeit Arbeitskräfte aus der Landwirtschaft in anderen Sektoren abwandern, damit die in der Landwirtschaft erwirtschafteten Einkommen sich auf weniger verbleibende Arbeitskräften verteilen.[3] Ist die Mobilität des Faktors Arbeit nicht ausreichend, kann aus Gründen der Fairness und im Einklang mit den Prinzipien der sozialen Marktwirtschaft versucht werden, mit Mitteln der Agrarpolitik soziale Härten zu mindern.

In einer kleinen offenen Volkswirtschaft entsteht aber – wie oben gezeigt wurde – durch technische Fortschritte kein zusätzlicher Abwanderungsdruck wie in einer geschlossenen Volkswirtschaft, da Produktpreise nicht sinken und Faktoreinsatzmengen entweder steigen (variable Faktoren) oder zumindest konstant bleiben (Boden). Natürlich muss die Welt insgesamt als geschlossene Volkswirtschaft betrachtet werden. Auf globalem Niveau bietet daher die Tretmühlentheorie von Cochrane eine (Teil-)Erklärung für das beobachtete langfristige Sinken der realen Weltmarktpreise für Agrargüter sowie für den Abwanderungsdruck und Strukturwandel in der Landwirtschaft aller Länder

[3]Faktoren, die die Mobilität des Faktors Arbeit in der Landwirtschaft beeinflussen, werden in Kap. 4 diskutiert.

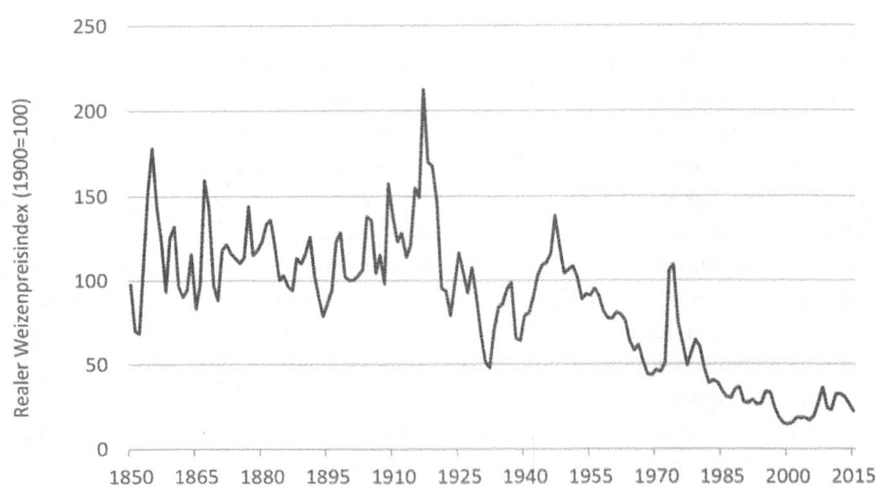

Abb. 6.9 Index der langfristigen Entwicklung der realen Weizenpreise (1850–2018). (Quelle: Jacks 2019, Eigene Darstellung)

weltweit. Abb. 6.9 zeigt am Beispiel von Weizen, dass die Weltmarktpreise für Agrarprodukte seit ca. 100 Jahren einen fallenden Trend folgen.

Dieser Trend ist umso bemerkenswerter, wenn bedacht wird, dass die Weltbevölkerung im gleichen Zeitraum sich mehr als vervierfacht hat (s. Abb. 6.10). Fallende Preise trotz steigender Weltbevölkerung waren nur möglich, weil es im gleichen Zeitraum einen anhaltend starken technischen Fortschritt in der Landwirtschaft gegeben hat. Dieser technische Fortschritt hat Produktionssteigerungen ermöglicht, die noch stärker verliefen als das Bevölkerungswachstum. Dadurch hat der technische Fortschritt in der Landwirtschaft auch zur Bekämpfung (aber leider nicht zur kompletten Beseitigung) des Hungers in der Welt beigetragen. Nach Angaben der FAO (2020) ist die Zahl der Unterernährten zwischen 2000/2002 und 2017/2019 von 833 Mio. Menschen (13,4 % der Weltbevölkerung) auf 673 Mio. Menschen (8,8 % der Weltbevölkerung) gefallen.

Allerdings zeigt die Vergangenheit, dass die Weltmarktpreise im Zeitablauf nicht kontinuierlich gefallen sind, wie in Abb. 6.9 zu erkennen ist. In Perioden stark gestiegener Preise, wie beispielsweise Anfang der 70er Jahre, wurde immer wieder von einigen Wissenschaftlern prognostiziert, dass die Zeiten fallender Weltmarktpreise für Agrarprodukte vorbei seien. Solche Prognosen werden häufig als **neo-Malthusianisch** bezeichnet, nach Thomas R. Malthus, der Ende des 18. Jahrhunderts langfristig steigende Agrarpreise und infolge dessen Hungersnöte und Kriege vorhersagte (Malthus 1798). Malthus hat jedoch den technischen Fortschritt im Zuge der industriellen Revolution nicht vorhersehen können, der zu einer erheblichen Ausdehnung der globalen Agrarerzeugung führte und eine Ära von langfristig fallenden Agrarpreisen einläutete.

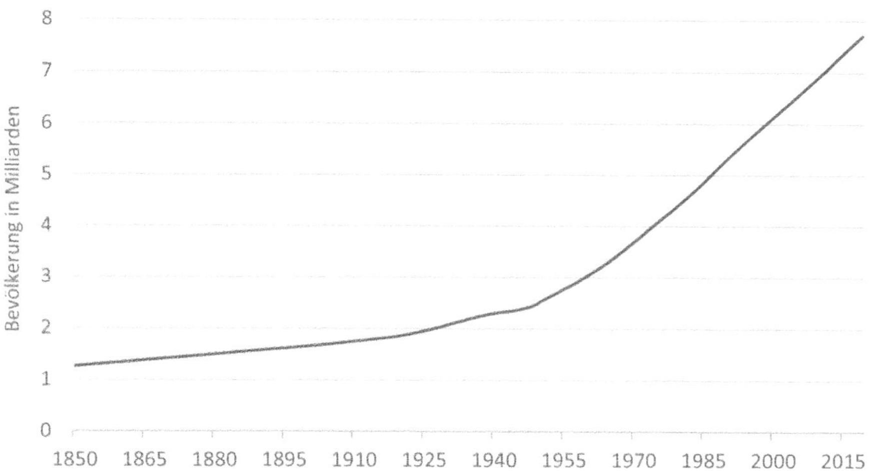

Abb. 6.10 Die Entwicklung der Weltbevölkerung seit 1850. (Quelle: Our World in Data (2020), Eigene Darstellung)

Wie Fuglie et al. (2012, S. 1) schreiben: *„Improving agricultural productivity has been the world's primary defence against a Malthusian crisis"*. Es gab zwar immer wieder Preisanstiege in Abweichung von diesem langfristigen Trend, aber diese waren stets von relativ kurzer Dauer; weiterhin kann überzeugend gezeigt werden, dass diese Trendabweichungen häufig durch politische Maßnahmen verursacht bzw. verstärkt wurden. So wurde der Agrarpreisanstieg Anfang der 1970er Jahre durch die rapide Erhöhung der Preise für Erdöl nach der Gründung des Exportkartells OPEC der ölproduzierenden Länder verstärkt oder gar ausgelöst. Eine verstärkende Wirkung hatte beispielsweise auch das 1970 eingeführte sogenannte LIFT-Programm (Lower Inventories For Tomorrow) der kanadischen Regierung, welche die Inlandsproduktion von Getreide drosselte.

Die sog. Agrarpreiskrise ab 2007/08 wurde wiederum durch die von zahlreichen Ländern geförderte Produktion von Bioenergie angeheizt (Stichwort **Teller-Tank-Konflikt**). Auch diese Hochpreisphase wurde von einigen Beobachtern (z. B. von Witzke 2008) als Trendwende und Beginn einer neuen Ära langfristig steigender Agrarpreise gedeutet. Aber inzwischen deutet vieles darauf hin, dass es sich um eine weitere vorübergehende Episode handelte. Abb. 6.11 zeigt die Entwicklung der Weltmarktpreise für verschiedene Agrarprodukten seit 1990 sowie die entsprechenden Prognosen der OECD und FAO bis 2027. Die Abbildung zeigt zum einen, dass die Hochpreisphase, die 2007/08 begann, bis 2015 größtenteils abgeklungen war, und zum andern, dass die OECD und FAO für die nahe Zukunft relativ konstante oder leicht fallende Preise für die wichtigsten Agrarprodukte prognostizieren. Allerdings kann man aus der Vergangenheit eine Trendwende hin zu anhaltend steigenden Agrarpreisen nicht für immer ausschließen. Der

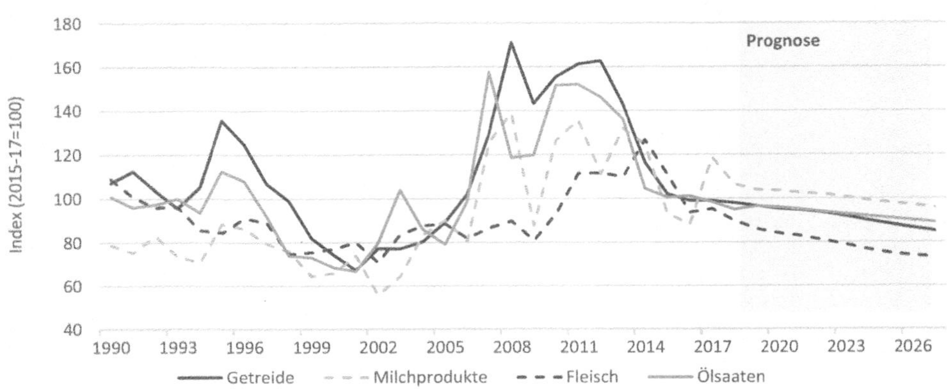

Abb. 6.11 Tatsächliche und prognostizierte Realpreisentwicklung von ausgewählten Agrarprodukten. (Quelle: OECD/ FAO (2018), eigene Darstellung)

Klimawandel aber auch eine Verlangsamung der Rate des technischen Fortschritts bei weiterhin steigender Weltbevölkerung sind Faktoren, die einen anhaltend positiven Agrarpreistrend auslösen und tragen könnten.

6.6 Die Messung des technischen Fortschrittes im Agrarsektor: Methoden und ausgewählte Ergebnisse

Die Ausführungen im vorherigen Abschnitt haben die Bedeutung der Rate des technischen Fortschritts in der Landwirtschaft für die Entwicklung des Agrarpreisniveaus und damit sowohl für den Strukturwandel in der Landwirtschaft als auch für die Bekämpfung des Hungers weltweit verdeutlicht. Erkenntnisse über die Rate des technischen Fortschritts in der Vergangenheit sowie über die Bestimmungsfaktoren, die diese Rate beeinflussen, könnten daher eine Grundlage für Prognosen über weitreichende zukünftige Entwicklungen liefern. Wenn z. B. die neo-Mathusianische Aussage stimmt, dass die Rate des technischen Fortschritts in der Landwirtschaft abnimmt (s. Abschn. 6.6.2 unten), dann steht die Ernährung einer wachsenden Weltbevölkerung in den kommenden Jahrzehnten vor noch größeren Herausforderungen als in der Vergangenheit. Vor diesem Hintergrund ist es wenig überraschend, dass die Quantifizierung und Erklärung des technischen Fortschritts seit vielen Jahrzehnten einen hohen Stellenwert in der agrarökonomischen Forschung beansprucht.

Im Folgenden wird zunächst einen kurzen Überblick über die Methoden gegeben, die zur Messung des technischen Fortschritts entwickelt wurden. Dabei werden einige methodische Herausforderungen beschrieben, die eine belastbare Messung des technischen Fortschritts erschweren. Anschließend werden die Ergebnisse ausgewählter empirischer Studien über die Rate des technischen Fortschritts in der Landwirtschaft präsentiert.

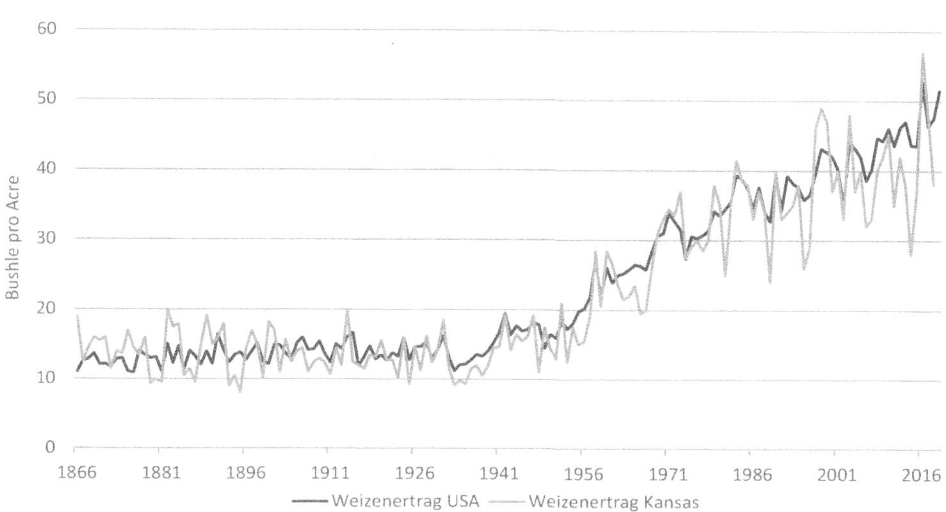

Abb. 6.12 Die Entwicklung der Weizenerträge in den USA und im US-Bundesstaat Kansas von 1866 bis heute (Bushel/ Acre). 2019 (Quelle: USDA-NASS (2020), eigene Darstellung)

6.6.1 Die Quantifizierung des technischen Fortschrittes in der Landwirtschaft: Methoden und Herausforderungen

In vielen praktischen Diskussionen werden die Entwicklungen von Hektarerträgen, Milchleistungen und ähnliche Kennzahlen als Indiz für den technischen Fortschritt in der Landwirtschaft herangezogen. Abb. 6.12 zeigt z. B. die Entwicklung der Weizenerträge (in Bushel pro Acre) in den USA insgesamt und in dem US-Bundesstaat Kansas seit 1866. Das Bushel ist ein in den USA gebräuchliches Volumenmaß für Getreideerzeugnisse – eine Tonne Weizen entspricht etwa 36,7 Bushel.

In Abb. 6.12 wird deutlich, dass die Weizenerträge von 1866 bis etwa 1950 annähernd konstant waren und außerdem eine hohe Instabilität aufwiesen. Die regionale Instabilität (dargestellt am Beispiel von Kansas) war höher als die nationale; in einem großen Flächenstaat wie die USA gleichen sich regionale Ertragsschwankungen tendenziell aus, was zur Stabilisierung des nationalen Ertragsniveaus führt. In den 1950er Jahren setzte dann in den USA wie in sehr vielen Regionen der Welt ein Strukturbruch in der Entwicklung der Erträge ein. Die Weizenerträge stiegen kontinuierlich von Jahr zu Jahr und die Instabilität der Produktion war geringer als vor 1950.[4] Der technische Fortschritt hat also nicht nur zu Ertragssteigerungen geführt, sondern auch zu einem geringeren Produktionsrisiko.

[4]Die absoluten jährlichen Ertragsschwankungen in Abb. 6.12 sind nach 1950 gestiegen, aber die relativen Ertragsschwankungen haben abgenommen, da das Ertragsniveau insgesamt deutlich gestiegen ist. Vor 1950 betrug die durchschnittliche absolute prozentuale Ertragsänderung gegenüber dem Vorjahr in den USA (in Kansas) 7,2 % (15,5 %). Nach 1950 betrug sie nur noch 4,7 % (12,8 %).

Erträge pro Flächeneinheit, Milchleistungen pro Kuh und Gewichtszunahmen pro Einheit Futter in der Mast stellen sogenannte **partielle Faktorproduktivitäten** dar. Partielle Faktorproduktivitäten geben die Relation zwischen der Produktionsmenge eines bestimmten Produktes und der Einsatzmenge eines bestimmten Faktors an. Partielle Faktorproduktivitäten werden vom technischen Fortschritt beeinflusst, aber nicht ausschließlich. Erhöhte Weizenerträge können das Ergebnis von Züchtungsfortschritten sein, aber auch von einem erhöhten Einsatz von Dünger oder einer schlagkräftigeren Landtechnik. Häufig wirkt ein verbessertes Saatgut nur dann, wenn gleichzeitig die Einsatzmengen anderer Faktoren, z. B. Düngung und Bewässerung, angehoben werden. Weizenerträge können auch steigen, weil Landwirte knappe Produktionsfaktoren (z. B. besonders fruchtbare Flächen) zugunsten des Weizenanbaus umwidmen, mit der Folge stagnierender oder gar fallender Erträge bei anderen Ackerfrüchten. Da nicht jede Steigerung einer partiellen Faktorproduktivität auf technischen Fortschritt zurückzuführen ist, kann die Rate des technischen Fortschritts anhand von partiellen Faktorproduktivitäten nicht adäquat gemessen werden.

Stattdessen versuchen Forscher, die Rate des technischen Fortschritts anhand der sog. **totalen Faktorproduktivität** (*TFP*) zu messen. Die *TFP* in Periode t wird definiert als das Verhältnis eines Index für die gesamte Produktion in Periode t zu einem Index sämtlicher in t eingesetzten Faktoren:

$$TFP_t = \frac{f(Y_{1t}, Y_{2t}, \ldots, Y_{mt})}{g(X_{1t}, X_{2t}, \ldots, X_{nt})} \tag{6.4}$$

In Gl. 6.4 stellt $f(.)$ eine Funktion dar, welche die m Erzeugnisse des Produktionsprozesses zu einem Index für die gesamte Produktion aggregiert; analog dazu stellt $g(.)$ eine Aggregationsfunktion für die n eingesetzten Produktionsfaktoren. Die Veränderung der *TFP* über einen bestimmten Zeitraum ist daher ein Maßstab für diejenigen Veränderungen der gesamten Produktion, die nicht auf Veränderungen des Faktoreinsatzes zurückgeführt werden können. Durch die Berücksichtigung sämtlicher Produktionsfaktoren und sämtlicher Erzeugnisse werden Fehlinterpretationen, die bei der Verwendung partieller Produktivitätsmaße entstehen können, vermieden.

So einleuchtend das Konzept der *TFP* ist, so schwierig ist die Umsetzung des Konzepts in empirischen Analysen.[5] Zunächst müssen geeignete Funktionen $f(.)$ und $g(.)$ für die Aggregation der Erzeugnisse bzw. Produktionsfaktoren definiert werden. Häufig werden Preise als Gewichte bei der Aggregation verwendet. Die aggregierte Faktoreinsatzmenge beispielsweise ist demnach der Faktorpreis multipliziert mit der

[5]Die Literatur zum Thema Produktivitätsentwicklungen und -Messung in der Landwirtschaft ist sehr umfangreich. Einen Überblick bieten Fuglie et al. (2012), darin insbesondere Zhao et al. (Kap. 4) sowie Fuglie (Kap. 16). Eine weitere anschauliche Quelle ist Ghosh und Kraay (2000).

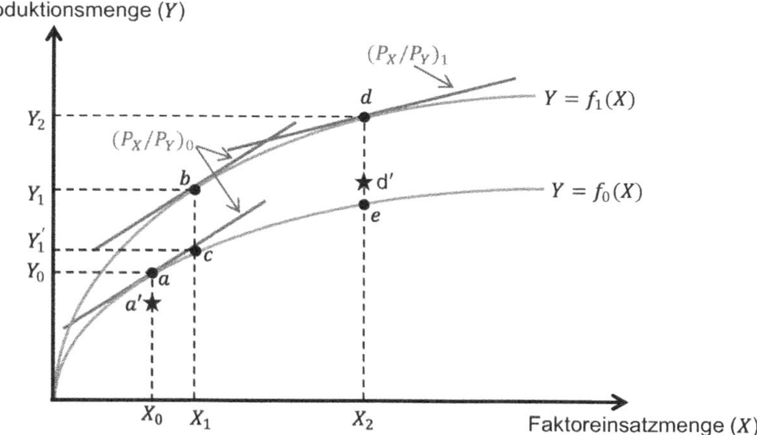

Abb. 6.13 Herausforderungen bei der Messung des technischen Fortschritts. (Quelle: Eigene Darstellung)

Faktoreinsatzmenge summiert über alle *n* eingesetzten Produktionsfaktoren, mit anderen Worten der monetäre Wert des gesamten Faktoreinsatzes. Es stellt sich allerdings die Frage, von welchem Jahr oder welcher Periode die verwendeten Preise/Gewichte stammen sollen; Preise verändern sich im Zeitablauf, aber die Indizes $f(.)$ und $g(.)$ sollen lediglich Änderungen der mengenmäßigen Erzeugung bzw. des Faktoreinsatzes erfassen. Verschiedene Verfahren der Indexbildung stehen zur Verfügung, auf die hier nicht näher eingegangen werden kann. Die Verfahren, die aus theoretischen Gründen vorzuziehen sind (z. B. die Bildung von Indexzahlen nach Fisher- oder Tornqvist), stellen aber vergleichsweise hohe Ansprüche an Datenverfügbarkeit und Datenqualität.

Selbst wenn es gelingt, das Problem der Aggregation adäquat zu lösen, bleiben weitere Herausforderungen, die eine Quantifizierung der Rate des technischen Fortschritts erschweren. Einige dieser Herausforderungen werden im Folgenden anhand der Abb. 6.13 erläutert.

In Abb. 6.13 wird von einer adäquaten Aggregation ausgegangen. *X* stellt demnach ein Index für die gesamte Faktoreinsatzmenge und *Y* ein Index für die gesamte Produktionsmenge dar. In der Ausgangssituation wird Produktionsmenge Y_0 mit Faktoreinsatz X_0 produziert, wir beobachten daher Punkt *a* auf der Produktionsfunktion$Y = f_0(X)$. Das Verhältnis Faktorpreis zu Produktpreis $(P_x/P_Y)_0$ tangiert die Produktionsfunktion in Punkt*a*; die Bedingung für ein Gewinnmaximum ist demnach erfüllt.[6]

[6]Zur Erinnerung: Der Gewinn $\pi = P_Y * Y - P_X * X$. Die Bedingung erster Ordnung für den gewinnmaximierenden Faktoreinsatz eines Mengenanpassers ist $\frac{\partial \pi}{\partial X} = P_Y * \frac{\partial Y}{\partial X} - P_X = 0$. Daraus folgt $\frac{\partial Y}{\partial X} = \frac{P_X}{P_Y}$ bzw. Grenzproduktivität (die Steigung der Produktionsfunktion) gleich das Verhältnis Faktor- zu Produktpreis.

Führt der technische Fortschritt zu einer Verlagerung der Produktionsfunktion von $Y = f_0(X)$ zu $Y = f_1(X)$, ergibt sich ein neues Gewinnmaximum, das durch Punkt b gekennzeichnet ist. Die Produktionsmenge steigt von Y_0 auf Y_1. Einen Teil dieser Steigerung (von Y_0 auf Y_1') ist allerdings Folge der Erhöhung des Faktoreinsatzes (von X_0 aufX_1) und nicht des technischen Fortschritts; lediglich die Erhöhung von Y_1' auf Y_1 ist auf eine Erhöhung der *TFP* zurückzuführen.

Die korrekte Zerlegung dieser Effekte wird komplizierter, wenn sich das Verhältnis Faktorpreis zu Produktpreis in dem gleichen Zeitraum verändert, in dem der technische Fortschritt stattfindet. Fällt dieses Verhältnis beispielsweise auf $\left(P_x/P_y\right)_1$ (d. h. die Produktion wird insgesamt rentabler, da der Faktorpreis im Verhältnis zum Produktpreis sinkt), so ergibt sich ein neues Gewinnmaximum in Punkt d mit Faktoreinsatz X_2 und ProduktionsmengeY_2. Einen Teil der gesamten Produktionssteigerung von Y_0 auf Y_2 geht auf der Erhöhung des Faktoreinsatzes von X_0 auf X_2 zurück, und nur die Mehrproduktion zwischen den Punkten e und d ist eine Folge des technischen Fortschritts. Der Punkt e wird allerdings nie beobachtet, sondern muss geschätzt werden (wie hoch wäre die Produktion, wenn wir mit der Technologie von damals und den Faktoreinsatz von heute produzieren würden). Hierzu müssen Annahmen z. B. über die mathematische Form und Eigenschaften der Produktionsfunktion getroffen werden.

Eine weitere Schwierigkeit besteht darin, dass in den Aufführungen bisher von Ineffizienzen und der Heterogenität der Produzenten abgesehen wurde. In der Realität schaffen es Betriebe selten (nie?) genau auf der Produktionsfunktion zu wirtschaften, z. B. weil sie mit unterschiedlichen Managementfähigkeiten ausgestattet sind, weil Preise und Erwartungen sich auch innerhalb einer Produktionsperiode verändern können, und weil unerwartete Schocks (z. B. Witterung) eintreten können, um nur einige Einflussfaktoren zu nennen. Angenommen wir beobachten in der Ausgangssituation den Punkta', der unterhalb der Produktionsfunktion $Y = f_0(X)$ liegt. Der Abstand zwischen a und a' stellt Ineffizienz dar, eine zusätzliche Produktionsmenge, die bei korrekter Umsetzung der gegebenen Technologie erzeugt werden könnte, die aber aus oben genannten Gründen nicht erzeugt wird. Nach Einführung des technischen Fortschritts beobachten wir z. B. den Punktd', der unterhalb der Produktionsfunktion $Y = f_1(X)$ liegt. Der relative Abstand zwischen d und d' (die Ineffizienz nach Einführung der neuen Technologie) ist möglicherweise größer als der relative Abstand zwischen a unda', da die Produzenten zunächst den Umgang mit der neuen Technologie erlernen und diese an ihre speziellen Bedingungen anpassen müssen. Um die Veränderung der *TFP* korrekt zu ermitteln, muss von Beobachtungen wie a' und d' auf die Lage der Produktionsfunktion vor bzw. nach Einführung des technischen Fortschritts geschlossen werden; dies erfordert weitere Annahmen (z. B. über die Heterogenität der Produzenten und die Verteilung und Ursachen der Ineffizienz).

Schließlich sollen vier weitere Herausforderungen im Zusammenhang mit der Quantifizierung des technischen Fortschritts genannt werden, die nach wie vor Gegenstand von Forschungsbemühungen sind.

1. Die Quantifizierung des Kapitaleinsatzes und des Arbeitseinsatzes stellen besondere Herausforderungen dar. Die Menge und der Preis eines eingesetzten Düngemittels z. B. können relativ einfach ermittelt werden, aber der Preis einer Traktorstunde oder eines Stallgebäudes hängt von Annahmen über den Wert des Traktors bzw. des Stalls sowie die Abschreibungsrate ab. Beim Faktor Arbeit muss die Qualifikation der eingesetzten Arbeitskräfte berücksichtigt werden, da unterschiedliche Arbeitskräfte mit unterschiedlichen Kenntnissen und Fähigkeiten ausgestattet sind.
2. Wenn man das Ausmaß des technischen Fortschritts im Zeitablauf quantifizieren möchte, müssen auch Qualitätsänderungen bei den eingesetzten Faktoren und den produzierten Erzeugnissen berücksichtigt werden. So hat sich die Qualität des Faktors Arbeit im Zeitablauf durch die Ausbildung besser qualifizierte Arbeitskräfte erhöht. Die Qualität des Kapitaleinsatzes ändert sich auch im Zeitablauf, z. B. durch höhere Leistungsfähigkeit der Maschinen. Auch bei Agrarerzeugnissen finden Qualitätsänderungen statt; im Zeitablauf wurde unter anderem die Lagerfähigkeit, die Homogenität, und die Sicherheit vieler Agrarprodukte verbessert. Als Ergebnis des technischen Fortschritts kann es sogar zum Einsatz bzw. zur Produktion von bisher unbekannten Produktionsfaktoren (z. B. Melkroboter) und Erzeugnissen (z. B. Biogas) kommen. Qualitätsverbesserungen und neue Produktionsfaktoren bzw. Erzeugnisse sind häufig das Ergebnis des technischen Fortschritts; werden diese Verbesserungen nicht adäquat berücksichtigt, kommt es zu Verzerrungen bei der Messung der TFP.
3. Manche Produktionsprozesse dauern länger als ein Jahr. Eine neu angelegte Obstplantage beispielsweise muss eventuell einige Jahre anwachsen, bevor sie marktfähige Outputs erzeugt. Die Produktivität einer solchen Kultur kann bei der üblichen jährlichen Betrachtung in frühen Jahren sehr niedrig erscheinen, in späteren entsprechend sehr hoch.
4. Um die Wirkung des technischen Fortschritts umfassend zu quantifizieren müssen sämtliche Erzeugnisse eines Produktionsprozesses berücksichtigt werden, auch solche, die schwer zu messen und bewerten sind. Hierzu gehören z. B. die Umwelteffekte eines Produktionsprozesses, darunter sowohl die positiven (wie z. B. der Erhalt einer offenen Kulturlandschaft durch Milchviehhaltung in Bergregionen), als auch die negativen (z. B. die Nitratbelastung des Grundwassers, oder der Rückgang des Artenvielfalts in intensiven Ackerbauregionen). Ohne belastbare Angaben über das Ausmaß dieser Umwelteffekte und ihre Kosten im Zeitablauf werden die Produktivität einer Technologie und die Rate des technischen Fortschritts unter- bzw. überschätzt. In diesem Zusammenhang verwenden viele Forscher statt TFP lieber den Begriff **multifactor productivity** (MFP), um zu verdeutlichen, dass ihre Berechnungen zwar viele Produktionsfaktoren und Erzeugnisse eines Produktionsprozesses berücksichtigen, aber nicht alle.

6.6.2 Ausgewählte empirische Ergebnisse

Angesichts der vielen zum Teil grundlegenden Herausforderungen, die im vorherigen Abschnitt geschildert wurden, müssen die Ergebnisse quantitativer Studien über die Rate des technischen Fortschritts in der Landwirtschaft mit Vorsicht interpretiert werden. Alston et al. (2010, S. 479–480) fassen die Lage wie folgt zusammen:

> „Agricultural productivity is interesting and important but surprisingly difficult to measure meaningfully and discuss in simple and definitive terms. [...] The implications of a change in TFP can depend on the source of the change. In addition, measurement issues have implications for the interpretation of the measures. At best we can measure MFP indexes that may be only rough approximations in some cases for the TFP concepts that we have in mind. In practice, even the simplest productivity measures can be fraught with difficulty of measurement and interpretation once we allow for the complexities of heterogeneous inputs and outputs and multiyear production processes."

Trotz dieser Mahnungen macht die Forschung zum Thema *TFP*-Messung Fortschritte, und der Vergleich verschiedener Ergebnisse kann Hinweise auf die Bestimmungsgründe der Unterschiede zwischen Ländern und auf Entwicklungen im Zeitablauf geben. Eines der wichtigsten Fragen, die sich angesichts der globalen Bedeutung der Rate des technischen Fortschritts in der Landwirtschaft stellt, ist die, ob sie zu- oder abnimmt. Alston et al. (2010, S. 481) kommen beispielsweise zu dem Schluss, dass *„we cannot escape the conclusion that agricultural productivity growth has slowed, especially in the world's richest countries"*. Andere Autoren, kommen allerdings zu weniger pessimistischen Ergebnissen. Tab. 6.1 fasst einige Ergebnisse aus neueren Analysen dieser Autoren zusammen.

Die Schätzungen des USDA-ERS (2020) in Tab. 6.1 basieren auf einer Analyse mit vergleichsweise aggregierten Daten der FAO über Faktoreinsatz und Produktion in der Landwirtschaft. Dieser Ansatz hat den Vorteil, dass es einen Vergleich zwischen Ländern auf Basis einheitlicher Daten und Methodologie ermöglicht. Die Schätzungen von Alston et al. (2015) sind indes das Ergebnis einer detaillierten Studie mit disaggregierten Daten für die USA (74 verschiedene Agrarerzeugnisse und 58 Produktionsfaktoren in 48 US-Bundesstaaten).

Zunächst fallen die deutlichen Unterschiede zwischen den Schätzungen für die USA auf. Die von Alston et al. (2015) geschätzten TFP-Wachstumsraten sind am höchsten in den Jahrzehnten vor der Jahrhundertwende; bei den Schätzungen des USDA ist es umgekehrt. Diese Unterschiede unterstreichen die Tatsache, dass die Ergebnisse von TFP-Schätzungen abhängig von den verwendeten Methoden und Datengrundlagen sind. Auffallend ist auch, dass unabhängig von Methode und Datengrundlagen die TFP sich im Zeitablauf nicht stetig entwickelt. Die besonders sprunghaften Schätzungen für Deutschland in Tab. 6.1 sind mitunter auf die Wiedervereinigung zurückzuführen, die zu einem ausgeprägten (und statistisch schwer zu erfassenden) Strukturbruch in der Faktorausstattung und der Produktion der deutschen Landwirtschaft geführt hat.

Tab. 6.1 Das jährliche Wachstum der landwirtschaftlichen TFP in der Welt, den USA und Deutschland (in %)

Zeitraum	Welt (USDA-ERS 2020)	USA (USDA-ERS 2020)	USA (Alston et al. 2015)	Deutschland (USDA-ERS 2020)
1941–1950			1,58	
1951–1960			2,26	
1961–1970	0,12	0,33	1,66	2,09
1971–1980	0,34	0,81	2,32	0,85
1981–1990	0,76	0,67	1,66	3,30
1991–2000	1,61	2,38	1,26	1,97
2001–2007	1,78	2,10	0,83	1,10
2001–2010	1,72	2,10		1,64
2011–2015	1,15	1,81		1,43

Quelle: Eigene Berechnungen mit USDA-ERS (2020) und Alston et al. (2015)

Der internationale Vergleich in Abb. 6.14 zeigt, dass es zwischen den aufgeführten 24 Ländern erhebliche Unterschiede in den Wachstumsraten der TFP gibt. Besonders auffallend sind die anhaltend hohen Wachstumsraten in China, die von der Wirkung der in den 1970er Jahren eingeführten radikalen Wirtschaftsreformen in diesem Land zeugen. Auch in Brasilien wächst seit mehreren Jahrzenten die Produktivität der Landwirtschaft beständig. Die Ergebnisse für Russland bis Mitte-Ende der 1990er Jahre sind mit besonderer Vorsicht zu genießen, da die Auflösung der Sowjetunion und die Transformation von Plan- zu Marktwirtschaft einen starken Strukturbruch auch in der Qualität der offiziellen Statistik verursacht haben. Seit der Jahrhundertwende verzeichnet die Produktivität auch der russischen Landwirtschaft starke Wachstumsraten. Abb. 6.14 zeigt auch, dass die Streuung der Wachstumsraten nach 2000 geringer ist als zuvor. Diese Entwicklung deutet darauf hin, dass die zunehmende Globalisierung zu einer stärkeren Verbreitung und Nutzung technischer Fortschritte in der Landwirtschaft beiträgt.

6.7 Schlagwörter und Begriffe

- Arbeitssparende und kapitalsparende technische Fortschritte
- Autonome und induzierte technische Fortschritte
- Biologisch-technische, mechanisch-technische und organisatorisch-technische Fortschritte
- Grenzproduzenten
- Klassifikationen nach Brinkmann und Hicks

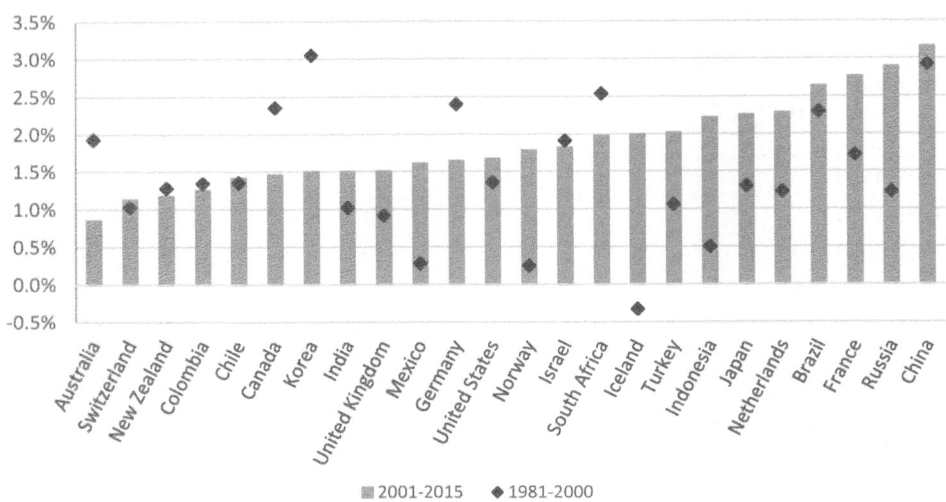

Abb. 6.14 Internationaler Vergleich der Entwicklung der totalen Faktorproduktivität. (Quelle: Eigene Berechnungen mit USDA Economic Research Service: International Agricultural Productivity Database s. Tab. 6.1)

- Kostensenkende und produktionssteigernde technische Fortschritte
- Multifactor productivity
- Neo-Malthusianisch
- Neutrale und nicht-neutrale technische Fortschritte
- New world crops
- Orphan crops
- Partielle Faktorproduktivität
- Pioniergewinne
- Technologietransfer
- Teller-Tank-Konflikt
- Totale Faktorproduktivität
- Tretmühlentheorie

6.8 Übungsaufgaben

Fragen

1. In einer geschlossenen Volkswirtschaft mit zwei Sektoren werden zwei Güter produziert, eines mit den Produktionsfaktoren Boden, Arbeit und Kapital, das andere mit den Faktoren Arbeit und Kapital. Wie wirkt sich neutraler technischer

Fortschritt in dem ersten Sektor auf Faktoreinsatzmengen und Preise in den beiden Sektoren aus?
2. Erklären Sie, ob ein Land, das internationalen Handel betreibt, auch ohne technische Fortschritte den Wohlstand im Zeitablauf aufrechterhalten kann, wenn andere Länder technische Fortschritte einführen.
3. Die Entwicklung der Faktorintensitäten in der Landwirtschaft zeigt, dass im Zeitablauf immer mehr Kapital und weniger Arbeit im Produktionsprozess eingesetzt worden sind. Kann man aus dieser Tatsache bereits schließen, dass die technischen Fortschritte im Agrarbereich arbeitssparend waren?
4. Wie wirkte sich die Einführung der Milchkontingentierung auf die Richtung des technischen Fortschritts in der Milchproduktion aus, bei
   a) Begrenzung der Produktionsmenge von Milch?
   b) Begrenzung der abzuliefernden Fettmenge?
5. Eine empirische Untersuchung hat ergeben, dass deutsche Unternehmen, die sehr innovativ sind, ihre Beschäftigung nicht verringert, sondern erhöht haben. Wie können Sie den Sachverhalt erklären? (Hinweis: Denken Sie an die Preiswirkungen der technischen Fortschritte!)
6. Erklären Sie, warum technische Fortschritte die relativen Vorteile von bäuerlichen Familienbetrieben verringern oder gar umkehren.
7. Erklären Sie, warum – trotz hoher Ausgaben für die Forschung – die technische Fortschrittsrate in der Agrarproduktion der planwirtschaftlichen Länder geringer war als diejenige in den marktwirtschaftlich ausgerichteten Ländern.
8. Welche technischen Fortschritte in der Landwirtschaft werden ihres Erachtens in den kommenden 10 (25) Jahren eine besonders wichtige Rolle spielen, und welche Folgen werden diese Fortschritte für den Faktoreinsatz und den Strukturwandel haben?

Literatur

Alston J, Babcock B, Pardey P (Hrsg.) (2010) The Shifting Patterns of Agricultural Production and Productivity Worldwide. Midwest Agribusiness Trade and Research Information Center, Iowa State University, Ames.

Alston J, Andersen MA, Pardey P (2015) The Rise and Fall of U.S. Farm Productivity Growth, 1910–2007. University of Minnesota Department of Applied Economics Staff Paper P15–02. University of Minnesota, St. Paul.

Brinkmann T (1922) Die Ökonomik des landwirtschaftlichen Betriebs. In: Grundriß der Sozialökonomie, VII. Abteilung, Tübingen.

Cochrane WW (1958) Farm prices – myth and reality. University of Minnesota Press, Minneapolis.

De Janvry A, Dethier J-J (1985) Technological innovation in agriculture: The political economy of its rate and bias. Consultative Group on International Agricultural Research (CGIAR), Study Paper No. 1. The World Bank, Washington DC.

FAO (Food and Agriculture Organisation) (2020) FAOSTAT Suite of Food Security Indicators. FAO, Rome. https://www.fao.org/faostat/en/#data/FS. Zugegriffen am 14. November 2020.

Fuglie KO (2012) Productivity Growth and Technology Capital in the Global Agricultural Economy. In: Fuglie KO, Wang SL, Ball VE (Hrsg) (2012) Productivity Growth in Agriculture: An International Perspective, CAB International, Wallingford UK.

Fuglie KO, Wang SL, Ball VE (Hrsg) (2012) Productivity Growth in Agriculture: An International Perspective, CAB International, Wallingford UK.

Ghosh SR, Kraay A (2000) Measuring growth in total factor productivity. *PREM Notes* No. 42. Economic Policy. The World Bank, Washington DC. https://documents.worldbank.org/curated/en/418451468336625510/Measuring-growth-in-total-factor-productivity. Zugegriffen am 15. November 2020.

Harrod RF (1942) Towards a Dynamic Economics: Some Recent Developments of Economic Theory and their Application to Policy. Macmillan, London.

Hicks JR (1932) The Theory of Wages. Macmillan, London.

Jacks DS (2019) From Boom to Bust: A Typology of Real Commodity Prices in the Long Run. Cliometrica 13: 202–220. Individuelle Datenreihen abrufbar unter https://www.sfu.ca/~djacks/data/boombust/index.html.

Jakobs A (2016) Die vergessenen Pioniere. Neue Zürcher Zeitung, 23. Oktober 2016.

Malthus TR (1798) An Essay on the Principle of Population, as it Affects the Future Improvement of Society. Johnson, London.

OECD-FAO (2018) OECD-FAO Agricultural Outlook. OECD, Paris. http://dx.doi.org/https://doi.org/10.1787/agr-outl-data-en. Zugegriffen am 13. Oktober 2019.

Otsuka K, Runge CF (Hrsg) (2011) Can Economic Growth Be Sustained?: The Collected Papers of Vernon W. Ruttan and Yujiro Hayami. Oxford University Press, Oxford.

Our World in Data (2020) World population by region. Global Change Data Lab. https://ourworldindata.org/search?q=world+population. Zugegriffen am 14. November 2020.

Solow RF (1956) A contribution to the theory of economic growth. Quarterly Journal of Economics 70: 65–94.

USDA-ERS (United States Department of Agriculture Economic Research Service) (2020) International Agricultural Productivity Database 1961–2015. USDA, Washington DC. https://www.ers.usda.gov/data-products/international-agricultural-productivity/. Zugegriffen am 23. Oktober 2019.

USDA-NASS (United States Department of Agriculture National Agricultural Statistics Service) (2019) Quick Stats. USDA, Washington DC. https://quickstats.nass.usda.gov/. Zugegriffen am 13. Oktober 2019.

von Witzke H (2008) Teure Lebensmittel: Strohfeuer oder neuer Megatrend auf den Weltagrarmärkten? Zukünftige Entwicklung von Nachfrage und Produktion. Humboldt-Universität, Berlin. https://www.agrar.hu-berlin.de/de/institut/departments/daoe/ihe/Veroeff/IndV_Agrar_lang.pdf. Zugegriffen am 11. November 2020.

Zhao S, Sheng Y, Gray EM (2012) Measuring Productivity of the Australian Broadacre and Dairy Industries: Concepts, Methods and Data. In: Fuglie KO, Wang SL, Ball VE (Hrsg) (2012) Productivity Growth in Agriculture: An International Perspective, CAB International, Wallingford UK.

Preisbildung bei unvollkommener Konkurrenz

7

Christoph Weiss

Zusammenfassung

Die überwiegende Zahl der Märkte der Agrar- und Ernährungswirtschaft ist durch unvollkommenen Wettbewerb gekennzeichnet. Konzentration und Marktmacht können wichtige Folgen für die Preisbildung und damit die gesamtwirtschaftliche Wohlfahrt haben. Dieses Kapitel zeigt, wie sich Preise in unterschiedlichen Marktformen und bei verschiedenen unternehmerischen Strategien bilden. Des Weiteren wird analysiert, unter welchen Bedingungen Absprachen und Kartelle zwischen Unternehmen zu erwarten sind. Methoden zur empirischen Messung von Marktmacht werden erläutert und ihre Vor- und Nachteile gegeneinander abgewogen. Schließlich gibt das Kapitel einen kurzen Überblick über Institutionen, Ansätze und Probleme der Wettbewerbspolitik zur Verhinderung der Entstehung bzw. der Ausübung von Marktmacht in der Praxis.

7.1 Einleitung und Lernziele

Vollkommene Konkurrenz auf Märkten ist dadurch charakterisiert, dass die Handlungen einzelner Wirtschaftssubjekte für alle anderen Wirtschaftssubjekte irrelevant sind. Jeder Einzelne kann das Gesamtergebnis (z. B. die Preise) auf einem Markt nicht unmittelbar beeinflussen; im Begriff des **atomistischen Marktes** wird dies auch bildlich ausgedrückt. Diese Marktform ist weniger als Beschreibung tatsächlicher Märkte gedacht,

C. Weiss (✉)
Wirtschaftsuniversität Wien, Wien, Österreich
E-Mail: cweiss@wu.ac.at

U. Koester und S. von Cramon-Taubadel (Hrsg.), *Agrarpreisbildung*,
https://doi.org/10.1007/978-3-658-33211-2_7

sondern als Gedankenexperiment zur möglichst einfachen Beschreibung einer Extremsituation. In der überwiegenden Zahl von Märkten der Agrar- und Ernährungswirtschaft spielen die Handlungen einzelner Anbieter sehr wohl eine wesentliche Rolle für das Gleichgewicht auf dem Gesamtmarkt: Konkurrenz ist typischerweise unvollkommen.

Zahlreiche Beispiele aus der Wertschöpfungskette der Land- und Ernährungswirtschaft, von der Erzeugung wichtiger Vorleistungen bis zum Konsum des Endproduktes, können dies verdeutlichen. Der Weltmarkt der Produktion von Mineraldünger beispielsweise wird von etwa zehn international tätigen Unternehmen dominiert. Hohe Entwicklungskosten für neues Saatgut sind ein wesentlicher Grund für die zunehmende Marktkonzentration im Bereich der Pflanzenzüchtung; auch hier sind weltweit nur noch wenige Anbieter tätig. Besonders ausgeprägt ist der Konzentrationsprozess auch im Lebensmitteleinzelhandel. Handelsketten können im Einkauf in Verhandlungen mit den Nahrungsmittelproduzenten möglicherweise ihre Verhandlungsmacht geltend machen. Zudem wirft die hohe Anbieterkonzentration im Lebensmitteleinzelhandel die Frage auf, ob Konsumenten überhöhte Preise für einzelne Lebensmittel zahlen.

In diesem Kapitel wird gezeigt:

Übersicht

- wie sich Preise in unterschiedlichen Marktformen bilden und welche Folgen unvollkommene Konkurrenz (Marktmacht) für die Güterpreise hat,
- welche Auswirkungen unterschiedliche unternehmerische Strategien für das Marktgleichgewicht haben,
- welche Faktoren die Intensität des Wettbewerbs in einem Markt beeinflussen, und unter welchen Bedingungen Absprachen zwischen Unternehmen eher zu erwarten sind,
- wie man die Marktmacht von Unternehmen messen kann und welche Probleme sich dabei in der Praxis ergeben,
- ob und wie die Ausübung von Marktmacht im Rahmen der Wettbewerbspolitik verhindert werden kann, und
- wie Wettbewerbspolitik in der EU funktioniert und welche Probleme auftreten.

Wie erwähnt sind im Extremfall perfekter Konkurrenz die Güterpreise aus der Sicht der einzelnen Anbieter exogen gegeben; das Verhalten der Anbieter wird daher ausschließlich auf eine kostenminimale Produktion von Gütern abzielen. Auf Märkten mit unvollständigem Wettbewerb ist die Entscheidungsfindung der Anbieter komplexer, zumal ein einzelner Anbieter durch sein Verhalten den Marktpreis beeinflussen kann. Damit stellt sich die Frage nach dem optimalen Preis. Für die Preisbestimmung sind zwei Aspekte besonders relevant: (a) die Reaktion der Konsumenten auf (geänderte) Preise sowie (b) die Reaktion der Konkurrenten auf (geänderte) Preise. Bevor wir uns ausführlich mit der strategischen Interaktion zwischen Anbietern beschäftigen, soll im Folgenden kurz das Verhalten der Konsumenten geschildert werden.

7.2 Konsumentenverhalten

"Essentially, all models are wrong, but some are useful".
Box und Draper (1987, S. 424).

Die Kenntnis des Konsumentenverhaltens ist unabdingbar für zielgerichtete Unternehmensentscheidungen sowie für die ökonomische Analyse unternehmerischer Preisentscheidungen bei unvollständiger Konkurrenz. Aufgrund der Bedeutung des Themas ist die ökonomische Literatur dazu sehr umfangreich. Eine detaillierte Darstellung muss aus Platzgründen an dieser Stelle unterbleiben;[1] als Basis für die nachfolgende Analyse des Unternehmensverhaltens soll lediglich ein einfaches Modell der Nachfrage nach differenzierten Produkten vorgestellt werden.

Konkret nehmen wir an, dass die Präferenzen eines repräsentativen Konsumenten für jene n Güter, für die eine partialanalytische Untersuchung der Preisbildung durchgeführt werden soll, durch eine **quadratische Nutzenfunktion** beschrieben werden kann (Häckner 2000):

$$U(q, q_0) = \sum\nolimits_{i=1}^{n} s_i q_i - \frac{1}{2}\left(\sum\nolimits_{i=1}^{n} q_i^2 - 2d \sum\nolimits_{j=1}^{n} q_i q_j\right) + q_0 \text{ für } i \neq j \qquad (7.1)$$

Diese Nutzenfunktion beinhaltet auch den Nutzen, welcher durch den Konsum sonstiger Produkte entsteht. Dieser fließt additiv in die Nutzenfunktion ein und wird durch ein zusammengesetztes Güterbündel q_0 repräsentiert. Dieses Güterbündel ist unabhängig von den n Gütern, d. h. es besteht weder eine komplementäre noch eine substitutive Beziehung zu diesen n Gütern). Der Preis dieses Güterbündels wird auf Eins normiert ($p_0 = 1$). Der Parameter $d \in [-1{,}1]$ misst das Ausmaß der horizontalen Differenzierung der Produkte i und j aus der Menge der n Güter.[2] Dabei spielt es keine Rolle, ob die Produkte objektiv verschieden sind (d. h. unterschiedliche physische Charakteristika aufweisen) oder nur aufgrund der subjektiven Wahrnehmung des repräsentativen Konsumenten als verschieden angesehen werden. Bei $d = 0$ sind die Produkte unabhängig und jeder Anbieter genießt Monopolmacht für sein Produkt. Der niedrigste Wert des Parameters ($d = -1$) beschreibt den Fall perfekter Substitute (keine Differenzierung der Produkte), und eine komplementäre Beziehung zwischen den Produkten wird durch $d > 0$ beschrieben. Der Parameter s_i wird als Maß der Produktqualität, auch vertikale Differenzierung genannt, interpretiert. *Ceteris paribus* führt ein Anstieg von s_i zu einer Zunahme des Grenznutzens des Konsums einer Einheit von Gut i.

---

[1]Eine umfassende Darstellung der ökonomischen Theorie sowie der empirischen Analyse des Nachfrageverhaltens ist in Deaton (1986) zu finden. Angus Deaton erhielt 2015 den Alfred-Nobel-Gedächtnispreis für Wirtschaftswissenschaften „for his analysis of consumption, poverty, and welfare" (Nobelprize.org 2020).

[2]Die Substituierbarkeit ist demnach zwischen allen Produkten identisch und wird durch einen einzigen Parameter abgebildet. Mit anderen Worten, die Produkte sind verschieden, aber sie sind alle voneinander gleich verschieden. Dies stellt eine wesentliche Einschränkung des Modells dar.

Unter Berücksichtigung der Budgetbeschränkung $y = \sum_{i=1}^{n} p_i q_i + q_0$ resultieren daraus die folgenden linearen Nachfragefunktionen für die n Güter (s. Anhang 7.1 für die Herleitung dieser Funktionen):

$$p_i = s_i - q_i + d \sum_{j=1}^{n} q_j \quad (7.2)$$

$$\text{bzw. } q_i = \sigma_i - \beta p_i + \delta \sum_{j=1}^{n} p_j \text{ für } j \neq i \quad (7.3)$$

Die Nachfragefunktion Gl. 7.3 resultiert aus der Umformung der inversen Nachfragefunktion Gl. 7.2, wobei die folgenden Parameterrestriktionen gelten:

$$\sigma_i = \frac{[1 - d(n-2)]s_i + d\sum_{j=1}^{n} s_j}{(1+d)[1 - d(n-1)]},$$

$$\beta = \frac{1 - d(n-2)}{(1+d)[1 - d(n-1)]} \text{ und} \quad (7.4)$$

$$\delta = \frac{-d}{(1+d)[1 - d(n-1)]}$$

Bei unabhängigen Produkten ($d = 0$) ist die nachgefragte Menge für Gut i lediglich vom eigenen Preis p_i und nicht vom Preis anderer Produkte p_j abhängig ($\sigma_i = s_i$, $\beta = 1$ und $\delta = 0$). Nähern sich zwei Produkte i und j der Extremsituation perfekter Substitute an ($d \to -1$), so folgt aus Gl. 7.4 $\beta \to \infty$ und $\delta \to \infty$; die Konsumenten reagieren unendlich preissensitiv auf Preisänderungen beider Produkte. Im Normalfall unvollkommener Substitute ($-1 < d < 0$), von dem wir im Folgenden ausgehen werden, gilt $\beta > \delta > 0$ (für $n \geq 2$).

Der Einfluss von Qualitätsunterschieden zwischen Produkten wird mit dem Parameter σ_i abgebildet. Sind die n Substitute von gleicher Qualität (d. h. die Produkte sind horizontal, aber nicht vertikal differenziert), so ist $s_i = s_j$ und $\sigma = \frac{s}{1-d(n-1)} > 0$. Bei unterschiedlicher Produktqualität steigt σ_i mit der Qualität des Produktes i (s_i) und sinkt mit der Qualität der Konkurrenzprodukte (s_j). Gelingt es Unternehmen i, die subjektiv wahrgenommene Qualität des eigenen Produkts (s_i) durch Werbung zu erhöhen, so steigt σ_i und damit die Nachfrage nach dem eigenen Produkt q_i in Gl. 7.3, während σ_j und die Nachfrage nach dem Konkurrenzprodukt q_j sinken. In einem solchen Fall sprechen wir von **räuberischer Werbung.** Von **kooperativer Werbung** sprechen wir, wenn eine positive Beziehung zwischen den Werbeausgaben von i und der Nachfrage nach den Gütern von j besteht.[3]

[3]Gasmi et al. (1992) untersuchen den Markt für Pepsi Cola und Coca-Cola in den USA und stellen fest, dass Werbeausgaben an diesem Markt einen räuberischen Effekt ausüben. Laut Rojas (2008) haben Werbeausgaben am amerikanischen Biermarkt hingegen überwiegen kooperative Effekte.

Das soeben geschilderte Model der Nachfrage ist eingeschränkt, z. B. durch die Annahme einer quadratischen Nutzenfunktion sowie die Annahme einer identischen Substituierbarkeit d zwischen allen Produkten. Aber das Model ist vergleichsweise einfach und eignet sich deshalb als Ausgangsbasis für die folgende Analyse von strategischen Interaktionen zwischen Anbietern von differenzierten Produkten.

7.3 Kurzfristige strategische Interaktionen im Duopol

Das charakteristische Merkmal von Märkten mit unvollständigem Wettbewerb besteht in der strategischen Interaktion der Wirtschaftssubjekte: das Verhalten eines Akteurs beeinflusst das Verhalten des anderen Akteurs, und umgekehrt. Auch sehr große Anbieter mit hohen Marktanteilen werden sehr genau darauf achten, was die Konkurrenten tun und ihr eigenes Verhalten darauf abstimmen. In dieser Hinsicht unterscheiden sich Märkte mit unvollkommener Konkurrenz von einem Monopol bzw. von einem Wettbewerbsmarkt.[4]

Grundsätzlich lassen sich zwei Arten von Wettbewerb (Typen strategischer Interdependenz) unterscheiden: Wettbewerb mit **strategischen Substituten** und Wettbewerb mit **strategischen Komplementen.**[5] Bezeichnen wir mit x_i die Aktion des Wirtschaftssubjektes i (z. B. die Produktion einer bestimmten Menge, die Festsetzung eines Preises, der Höhe der Werbeausgaben bzw. jener für Forschung und Entwicklung etc.), so wird entweder $\frac{\partial x_j}{\partial x_i} < 0$ (bei strategischen Substituten) oder $\frac{\partial x_j}{\partial x_i} > 0$ (bei strategischen Komplementen) gelten. Wie im nächsten Abschnitt gezeigt wird, ist die Beziehung der Anbieter bei Mengenwettbewerb beispielsweise durchwegs durch strategische Substitute charakterisiert, während bei Preiswettbewerb typischerweise strategische Komplementarität zwischen den Handlungen der Anbieter besteht. Welche Form von Wettbewerb auf Märkten vorliegt, ist besonders für die Beurteilung der relativen Vorzüglichkeit strategischer (langfristiger) Entscheidungen relevant.

7.3.1 Wettbewerb bei strategischen Komplementen (Preiswettbewerb)

Die Preisbestimmung ist (kurzfristig) eine der wichtigsten unternehmerischen Entscheidungen. Dabei muss neben der Zahlungsbereitschaft der Konsumenten und den

[4]Es wird davon ausgegangen, dass der Leser/die Leserin mit der ökonomischen Analyse des Verhaltens von Monopolisten und den Folgen dieses Verhaltens vertraut ist. Anhang 7.2 enthält eine kurze Analyse der Monopolsituation für den Mehr-Produkt-Fall.

[5]Die Begriffe strategische Substitute und strategische Komplemente bezeichnen die Beziehungen zwischen Handlungen von Unternehmen und dürfen nicht mit den Begriffen Substitute oder Komplemente verwechselt werden, welche die Beziehungen zwischen Gütern beschreiben.

Produktionskosten des Unternehmens auch die Reaktion der Konkurrenten berücksichtigt werden. Um dies in einem einfachen Modell zu verdeutlichen, gehen wir vorerst von einem Duopol ($n = 2$) aus. Die beiden Anbieter bieten differenzierte Produkte an, welche sie zu konstanten Grenzkosten ($c_1' \equiv \frac{\partial c_i(q_i)}{\partial q_i}$) und fixen Kosten ($f_i$) erzeugen. Welchen Preis sollen die beiden Anbieter ($i = 1{,}2$) wählen, wenn sie ihren Profit maximieren wollen und sich simultan entscheiden müssten (also den Preis des Konkurrenten nicht beobachten können)? Die Lösung dieser Frage ist eng mit dem Namen des französische Mathematikers Joseph **Bertrand** verbunden, der als erster den Preiswettbewerb in einem Duopol analysierte.

Unter Berücksichtigung der Nachfrage der Konsumenten in Gl. 7.3 lautet das Profitmaximierungsproblem des ersten Anbieters:

$$\max_{p_1} \pi_1 = \left(p_1 - c_1'\right)q_1 - f_1 = \left(p_1 - c_1'\right)(\sigma_1 - \beta p_1 + \delta p_2) - f_1.$$

Die Bedingung erster Ordnung für ein Profitmaximum ist $\frac{\partial \pi_1}{\partial p_1} = \sigma_1 - 2\beta p_1 + \delta p_2 + \beta c_1' = 0$. Für jeden Preis des ersten Anbieters (p_1), der diese Bedingung erfüllt, muss gelten:

$$p_1 = \frac{\sigma_1 + \delta p_2 + \beta c_1'}{2\beta} \equiv R_1 \tag{7.5}$$

Aus Gl. 7.5 ist sichtbar, dass der optimale (gewinnmaximale) Preis des ersten Anbieters von den Parametern der Nachfragefunktion (σ_1, δ und β), von den eigenen Grenzkosten c_1', sowie vom Verhalten des Konkurrenten (ausgedrückt durch den von ihm gewählten Preis p_2) abhängig ist. Da das tatsächliche Verhalten des Konkurrenten (also sein Preis p_2) bei simultanen Entscheidungen nicht beobachtbar ist, muss der Anbieter auf den erwarteten Preis seines Konkurrenten reagieren. Die optimale Preisentscheidung eines Anbieters in Abhängigkeit des Verhaltens seines Konkurrenten wird als **Reaktionsfunktion** oder *best response function* des Unternehmens (R_1) bezeichnet. Aus der Reaktionsfunktion wird deutlich, dass die beste (profitmaximierende) Antwort von Anbieter 1 auf eine Preiserhöhung des Konkurrenten in der Anhebung des Preises seines Produktes besteht: $\frac{\partial p_1}{\partial p_2} = \frac{\delta}{2\beta}$, wobei $0 < \frac{\delta}{2\beta} < 1$ gilt (da $\beta, \delta > 0$ und $0 < \delta < \beta$ für $n \geq 2$ aus Gl. 7.4 folgt). Steigt der Preis von Gut 2, so wird Anbieter 1 einen Anstieg der Nachfrage nach seinem Gut erwarten, weshalb er seinen Preis anheben wird. Da Aktion (p_2) und Reaktion (p_1) in die gleichen Richtungen gehen, gilt, dass Preise strategische Komplemente sind, sofern es sich bei den betrachteten Gütern um Substitute handelt (d. h. $d < 0$ und deshalb $\delta > 0$).

Die Situation des zweiten Anbieters lässt sich analog beschreiben. Auch dessen optimale Preisentscheidung wird von den Charakteristika der Nachfrage, den Produktionskosten sowie dem erwarteten Verhalten des Konkurrenten abhängig sein. Aus der Profitmaximierung für den zweiten Anbieter folgt analog:

$$p_2 = \frac{\sigma_2 + \delta p_1 + \beta c_2'}{2\beta} \equiv R_2 \tag{7.6}$$

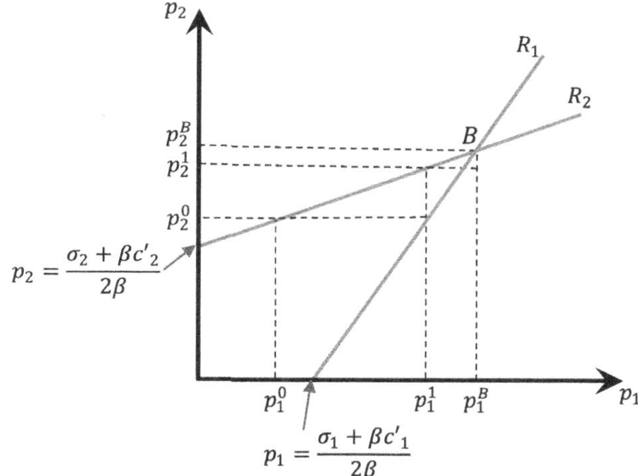

Abb. 7.1 Reaktionsfunktion in einem Duopol mit Preiswettbewerb. (Quelle: Eigene Darstellung)

Gibt es auf diesem Markt ein Gleichgewicht, und wenn ja, welche Preise für die beiden Güter werden dabei gewählt? Zur Beantwortung dieser Frage und zur einfacheren Interpretation des Ergebnisses ist eine grafische Darstellung hilfreich.

Abb. 7.1 zeigt die zuvor ermittelten Reaktionsfunktionen der beiden Anbieter. Wie erwähnt reagiert Anbieter i auf eine Preissteigerung seines Konkurrenten j ebenfalls mit einer Anhebung des Preises seines Produktes, wobei $\frac{\partial p_i}{\partial p_j} < 1$ gilt. Angenommen, der erste Anbieter erwägt die Wahl eines Preises von p_1^0 für sein Produkt. Ob dieser Preis tatsächlich die bestmögliche Entscheidung für Anbieter 1 ist, wird u. a. davon abhängen, wie der Konkurrent auf diesen Preis reagiert. Abb. 7.1 verdeutlicht, dass die beste Reaktion von Anbieter 2 in der Wahl eines Preises von p_2^0 auf seiner Reaktionsfunktion R_2 liegt. Wenn Anbieter 1 diese Reaktion des Konkurrenten richtig antizipiert, so wird er zu dem Ergebnis kommen, dass ein Preis von p_1^0 aus seiner Sicht nicht die beste Entscheidung war. Reagiert sein Konkurrent darauf wie erwähnt mit einem Preis p_2^0, so wäre darauf die beste Antwort des ersten Anbieters nicht p_1^0 sondern p_1^1 (auf der Reaktionsfunktion R_1).

Identische Überlegungen wird der erste Anbieter für verschiedene Preise anstellen. Bei jedem Preis wird er versuchen, die Reaktion des Konkurrenten zu antizipieren, und dann fragen, ob seine Entscheidung vor diesem Hintergrund tatsächlich optimal war. Dabei wird er zu dem Ergebnis kommen, dass es in der beschriebenen Situation nur einen einzigen Preis gibt, bei dem er unter Berücksichtigung der optimalen Reaktion des Konkurrenten selber auch eine optimale, d. h. gewinnmaximierende Entscheidung getroffen hat. Dieser Preis ist p_1^B. Auf diesen Preis wird der Konkurrent mit p_2^B antworten. Wenn der erste Anbieter dies korrekt antizipiert, wird er feststellen, dass er mit der Preiswahl p_1^B tatsächlich das Beste getan hat, was er tun konnte; es gibt keine Möglichkeit, seine Profite weiter zu steigern (gegeben das Verhalten des Konkurrenten, i.e. p_2^B).

Der zweite Anbieter wird ähnliche Gedankenexperimente anstellen. Auf diese Weise wird auch er zu dem Ergebnis kommen, dass der Preis p_2^B die eigenen Profite maximiert unter Berücksichtigung der optimalen Reaktion des Konkurrenten (Anbieter 1). Die Preiskombination (p_1^B, p_2^B) ist die einzige Kombination, bei der die beiden Kontrahenten ihre Preisentscheidung nicht mehr verändern wollen, gegeben das Verhalten des jeweiligen Konkurrenten; bei diesen Preisen gibt es kein sog. ex-post-Bedauern. Die Entscheidung des ersten Anbieters zur Wahl von p_1^B ist unter der Bedingung optimal, dass der Konkurrent p_2^B wählt. Genau diese Entscheidung des zweiten Anbieters (p_2^B) ist gleichzeitig die optimale Antwort, wenn Anbieter 1 tatsächlich p_1^B wählt. Diese Form des Gleichgewichts wird als **Nash-Bertrand-Gleichgewicht** bezeichnet.[6]

In unserem Beispiel lässt sich das Gleichgewicht durch die Lösung der beiden Gleichungen (R_1 und R_2) berechnen:

$$p_i^B = \frac{2\beta\left(\sigma_i + \beta c_i'\right) + \delta\left(\sigma_j + \beta c_j'\right)}{4\beta^2 - \delta^2} \quad \text{für } i,j = 1{,}2 \text{ und } i \neq j \tag{7.7}$$

Im einfachen Fall einer symmetrischen Nachfrage ($\sigma_1 = \sigma_2 = \sigma$) sowie identischen Grenzkosten ($c_1' = c_2' = c'$) werden die beiden Anbieter den (gleichen) Preis $p^B = \frac{\sigma + \beta c'}{2\beta - \delta}$ wählen. Der Preis eines Gutes im Gleichgewicht wird ansteigen, wenn die Zahlungsbereitschaft der Konsumenten bzw. die Produktqualität (σ) steigt, die Preissensitivität der Konsumenten (β) sinkt und die Grenzkosten der Produktion (c') steigen. Ferner spielt das Ausmaß der Produktdifferenzierung eine wichtige Rolle: je stärker die Produkte differenziert sind, umso höher ist der Preis im Gleichgewicht. Im Extremfall völlig unabhängiger Produkte ($d = 0$) entspricht der Preis $p^B = \frac{\sigma + c'}{2}$ (da $\delta \to 0$ und $\beta = 1$ wenn $d \to 0$). In Anhang 7.2 wird bewiesen, dass dies der Preis p^M ist, den ein Monopolist bestimmen würde; bei völlig unabhängigen Produkten hat schließlich jeder Anbieter Monopolmacht. Sind die beiden Güter hingegen perfekte Substitute ($d = -1$) so folgt aus Gl. 7.4 $\delta = \beta$ bzw. $\beta \to \infty$ und damit $p^B = \frac{\sigma}{\beta} + c' = c'$. In diesem Extremfall entspricht der Preis in einem Duopol den Grenzkosten und die Duopolisten erwirtschaften keine Gewinne.

Bei differenzierten Produkten und unterschiedlichen Produktionstechnologien der beiden Anbieter lassen sich die Gewinne im Gleichgewicht wie folgt berechnen:

$$\pi_i^B = \frac{\beta[2\beta\sigma_i - (2\beta^2 - \delta^2)c_1' + \delta(\sigma^2 + \beta c_j')]^2}{[4\beta^2 - \delta^2]^2} - f_i. \tag{7.8}$$

Dabei ist $2\beta^2 - \delta^2 > 0$ da $\beta > \delta$. Die Gewinne eines Anbieters steigen, wenn die eigenen Grenzkosten (c_i) und Fixkosten (f_i) sinken: Prozessinnovation zur Reduktion der eigenen Produktionskosten ist demnach eine zentrale unternehmerische Strategie im

---

[6]John Forbes Nash war ein US-amerikanischer Mathematiker, der im Jahr 1994 zusammen mit Reinhard Selten und John Harsanyi den Alfred-Nobel-Gedächtnispreis für Wirtschaftswissenschaften erhielt. Seine Lebensgeschichte ist 2001 durch den Spielfilm *A Beautiful Mind* einem breiteren Publikum bekannt geworden.

Preiswettbewerb. Des Weiteren wird die Profitabilität von Unternehmen auch wesentlich vom Ausmaß der Produktdifferenzierung bestimmt. Während bei homogenen Produkten (perfekten Substituten) die Preise den Grenzkosten entsprechen und damit die Gewinne der Anbieter auf null sinken, resultiert bei maximaler Differenzierung ($\delta = 0 \Rightarrow \beta = 1$) der Monopolgewinn $\pi_i = \frac{(\sigma_i - c_1')^2}{4} - f_i$ (siehe auch Anhang 7.2).

In der Wettbewerbspolitik wird häufig der sog. **Lerner-Index** (Lerner 1934) als Maß der Marktmacht von Unternehmen berechnet. Dieser Index gibt an, wie stark die Preise die Grenzkosten übersteigen. Für den Fall einer symmetrischen Nachfrage ($\sigma_1 = \sigma_2 = \sigma$) sowie identischen Grenzkosten ($c_1' = c_2' = c'$) erhalten wir:

$$L^B = \frac{p^B - c'}{p^B} = \frac{\sigma + (\delta - \beta)c'}{\sigma + \beta c} \tag{7.9}$$

Sind die Produkte perfekte Substitute ($d = -1$, $\delta = \beta$ bzw. $\beta \to \infty$) ist der Lerner-Index gleich Null. Ansonsten steigt der Lerner-Index mit dem Ausmaß der Produktdifferenzierung an.

Fallbeispiel 1: Preisbildung und Produktdifferenzierung bei Joghurt

In einer empirischen Analyse untersuchen Loy und Weiss (2019) den Einfluss der Produktdifferenzierung auf die Preisbildung auf dem deutschen Joghurt-Markt. Die Autoren beobachten die Preise von 30 verschiedenen Joghurt-Produkten in 432 Geschäften über einen Zeitraum von 312 Wochen und erstellen ein Maß für die Produktdifferenzierung unter Verwendung verschiedener Charakteristika der Produkte (Fettgehalt, Kaloriengehalt, Geschmack, Markenname etc.). Auf Basis dieser Daten wird der Einfluss der Rohmilchpreise (als wesentliche Komponente der Grenzkosten der Produktion von Joghurt) sowie der Produktdifferenzierung auf die Joghurtpreise ökonometrisch gemessen. Dabei zeigt sich (a), dass der Preis eines bestimmten Produktes ceteris paribus umso höher ist, je stärker sich dieses Produkt von den Konkurrenzprodukten unterscheidet, und (b) dass die Joghurtpreise im Zeitablauf signifikant mit dem Rohmilchpreis steigen. Diese Ergebnisse bestätigten zwei wichtige Vorhersagen, die anhand des Duopolmodells soeben abgeleitet wurden: sowohl die Grenzkosten als auch das Ausmaß der Produktdifferenzierung haben einen positiven Effekt auf das Preisniveau. ◀

7.3.2 Wettbewerb bei strategischen Substituten (Mengenwettbewerb)

Während im vorherigen Abschnitt der Preis eines Gutes die Entscheidungsvariable (x_i) des Anbieters i war, wollen wir nun eine Situation betrachten, in der die beiden Konkurrenten simultan die produzierte Menge wählen. Dies wird als Cournot-Wettbewerbbezeichnet.[7] Unter Verwendung der Nachfragefunktion (Gl. 7.2) lautet das Profitmaximierungsproblem von Anbieter 1: $\max_{q_1} \pi_1 = (p_1 - c_1')q_1 - f_1 = (s_1 - q_1 + dq_2 - c_1')q_1 - f_1$. Die Bedingung erster Ordnung ist: $\frac{\partial \pi_1}{\partial q_1} = s_1 - 2q_1 + dq_2 - c_1' = 0$. Daraus ergibt sich die folgende Reaktionsfunktion des ersten Anbieters:

$$q_1 = \frac{s_1 + dq_2 - c_1'}{2} \equiv R_1 \tag{7.10}$$

Handelt es sich bei den betrachteten Produkten um Substitute ($d < 0$), so verdeutlicht die Reaktionsfunktion, dass die beste (i.e. profitmaximierende) Antwort von Anbieter 1 auf eine Erhöhung von q_2 in einer Reduktion der eigenen Produktionsmenge (q_1) besteht: $\frac{\partial q_1}{\partial q_2} = \frac{d}{2} < 0$. Durch einen Anstieg von q_2 wird der Marktpreis sinken, weshalb Anbieter 1 seine angebotene Menge reduzieren wird. Da Aktion und Reaktion in unterschiedliche Richtungen gehen, ist der Beweis erbracht, dass Mengen strategische Substitute sind (sofern es sich bei den betrachteten Gütern um Substitute ($d < 0$) handelt).

Ebenso lässt sich eine Reaktionsfunktion für den zweiten Anbieter wie folgt berechnen: $q_2 = \frac{s_2 + dq_1 - c_2'}{2} \equiv R_2$. Das **Cournot-Nash-Gleichgewicht** wird im Schnittpunkt der beiden Reaktionskurven realisiert: $q_i^C = \frac{2(s_i - c_i') + d(s_j - c_j')}{4 - d^2}$. Für den einfacheren Fall einer symmetrischen Nachfrage ($s_1 = s_2 = s$) sowie identischen Grenzkosten ($c_1' = c_2' = c'$) werden die beiden Anbieter die gleiche Menge $q_1^C = q_2^C = q^C = \frac{s - c'}{2 - d} > 0$ für $s > c'$ anbieten. Daraus resultiert ein Gleichgewichtspreis von $p^C = \frac{s + (1-d)c'}{2 - d}$, ein Profit von $\pi_i^C = \frac{(s - c')^2}{(2 - d)^2}$ bzw. ein Lerner-Index von $L^C = \frac{s - c'}{s + (1-d)c'}$. Analog zum Gleichgewicht in einem Bertrand-Duopol wird das Gleichgewicht in einem symmetrischen Cournot-Duopol in Abb. 7.2 grafisch dargestellt.

Der Marktpreis eines Gutes im Gleichgewicht wird ansteigen, wenn die Zahlungsbereitschaft der Konsumenten bzw. die Produktqualität (s) steigt, die Grenzkosten der Produktion (c') steigen bzw. die Produkte der beiden Anbieter differenzierter und damit schlechter substituierbar sind, d. h. je höher der Parameter d ist ($\frac{\partial p^C}{\partial d} > 0$). Bei unabhängigen Produkten ($d = 0 \Rightarrow s = \sigma$) entspricht der Preis $p^C = \frac{s + c'}{2} = \frac{\sigma + c'}{2}$ dem Monopolpreis p^M, im Fall perfekter Substitute ($d = -1$) gilt $p^C = \frac{s + 2c'}{3}$.

Ein Vergleich der Ergebnisse bei Preiswettbewerb und Mengenwettbewerb zeigt, dass die Preise und Profite der Anbieter bei Preiswettbewerb niedriger sind. Bertrand-Wettbewerb kann daher als aggressiver als Cournot-Wettbewerb bezeichnet werden. Dies wird besonders bei homogenen Produkten deutlich. In diesem Fall (bei perfekten Substituten) gilt $d \to 1$. Der Preisaufschlag auf die Grenzkosten ist bei Preiswettbewerb $L^B = 0$, bei Mengenwettbewerb $L^C = \frac{s - c'}{s + 2c'} > 0$ und im Monopol $L^M = \frac{s - c'}{s + c'}$, wobei $L^B < L^C < L^M$ gilt.

---

[7]Antoine-Augustin Cournot (1801–1877) war ein französischer Mathematiker und Wirtschaftstheoretiker, der erstmals im Rahmen eines formalen Modells die strategische Interaktion zweier Konkurrenten sowie das resultierende Gleichgewicht auf dem Produktmarkt beschrieben hat.

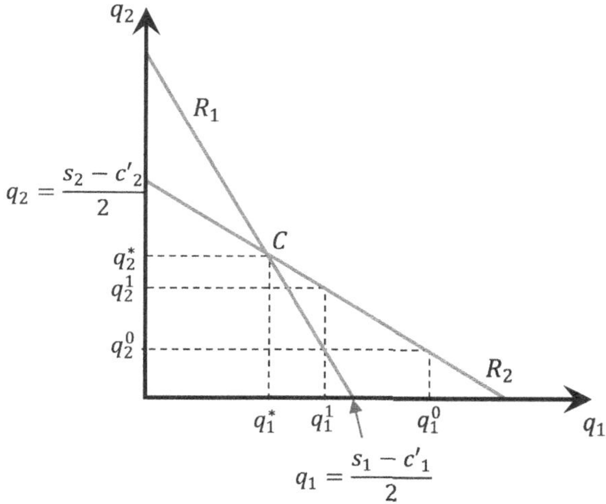

Abb. 7.2 Reaktionsfunktionen in einem Cournot-Duopol. (Quelle: Eigene Darstellung)

7.4 Kurzfristige strategische Interaktionen im Oligopol

Die Darstellung strategischer Interaktionen im Duopol im vorigen Abschnitt basiert auf einer Reihe von vereinfachenden Annahmen (beispielsweise die Annahme einer quadratischen Nutzenfunktion und die daraus resultierenden linearen Nachfragefunktionen in Gl. 7.1 und 7.2). In diesem Abschnitt betrachten wir ein Oligopol, d. h. einen Markt mit $n > 2$ identischen Anbietern, anhand eines allgemeineren Modells. Die Zahlungsbereitschaft der Konsumenten sei durch die Nachfragekurve $p(Q)$ gegeben, die Produktionskosten eines Anbieters i sind durch variable Kosten $c_i(q_i)$ sowie fixe Kosten f_i beschrieben. Aus dem Optimierungsproblem für Anbieter i $\max \pi_i = p(Q)q_i - c_i(q_i) - f_i$ folgt die Bedingung erster Ordnung: $\frac{\partial \pi_i}{\partial q_i} = \frac{\partial p(Q)}{\partial Q} \frac{\partial Q}{\partial q_i} q_i + p(Q) - c'_1(q_i) = 0$, wobei $c'_i(q_i) \equiv \frac{\partial c_i(q_i)}{\partial q_i}$ die Grenzkosten für Anbieter i symbolisiert. Der Ausdruck $\frac{\partial Q}{\partial q_i}$ erfasst dabei, wie sich die gesamte angebotene Menge (Q) als Folge der Änderung der angebotenen Menge des Anbieters i verändert. Wenn Unternehmen i eine zusätzliche Einheit des Gutes anbietet und alle anderen Unternehmen in Summe ihr Angebot um einen Wert von θ verändern, so gilt $\frac{\partial Q}{\partial q_i} = 1 + \theta$. Der Parameter θ wird als Parameter **konjekturaler Variation** bezeichnet. Für θ gilt $-1 \leq \theta \equiv \frac{\partial Q_{-i}}{\partial q_i} \leq n - 1$ (mit $Q_{-i} = \sum_{j=1}^{n} q_j$ für $i \neq j$). Dieser Parameter misst, wie alle anderen Anbieter in Summe auf eine Mengenänderung von Anbieter i reagieren. Auch hier gilt, dass diese Reaktion der Konkurrenten für i nicht beobachtbar ist; θ ist demnach die von i vermutete Reaktion der Konkurrenten auf die eigene Mengenänderung. Aus der Bedingung erster Ordnung folgt daraus:

$$p(Q) = -\frac{\partial p(Q)}{\partial Q}(1 + \theta)q_i + c'_i(q_i) \tag{7.11}$$

Durch Erweiterung und Umformung für den Fall von n identischen Anbietern (also für $c_i'(q_i) = c'(q)$ und $q_i = q = \frac{Q}{n}$) resultiert daraus:

$$p(Q) = -\frac{\partial p(Q)}{\partial Q}\frac{p(Q)}{p(Q)}\frac{Q}{Q}(1+\theta)q + c'(q) = \frac{1}{\varepsilon}(1+\theta)\frac{q}{Q}p(Q) + c'(q) \quad (7.12)$$

wobei $\varepsilon = \left|\frac{\partial Q}{\partial p(Q)}\frac{p(Q)}{Q}\right|$ den Absolutwert der Eigenpreiselastizität der Nachfrage symbolisiert, welche wiederum vom Ausmaß der Substituierbarkeit der Produkte abhängig ist. Somit erhalten wir als Gleichgewichtspreis:

$$p(Q) = \frac{c'(q)}{1-(1+\theta)/\varepsilon n} = \mu c'(q) \quad (7.13)$$

Der Gleichgewichtspreis im Oligopol wird vom Niveau der Grenzkosten ($c'(q)$) und dem Preisaufschlag oder ***mark-up*** $\mu = \frac{1}{1-(1+\theta)/\varepsilon n}$ beeinflusst. Die Höhe dieses Preisaufschlages wiederum ist von drei Faktoren abhängig:

a) Die Eigenpreiselastizität der Nachfrage (ε): Je geringer die absolute Preiselastizität der Nachfrage (d. h. je dringender Konsumenten das Produkt kaufen möchten) ist, umso höher wird der Gleichgewichtspreis sein. Die Preiselastizität der Nachfrage verdeutlicht auch den Effekt der Produktdifferenzierung: je besser die Produkte substituierbar sind, umso preiselastischer wird die Nachfrage sein (aus $d \to -1$ folgt aus Gl. 7.4 $\beta \to \infty$ und damit $\varepsilon \to \infty$) und umso niedriger ist der Preis im Gleichgewicht.
b) Die Zahl der Anbieter (n): Je höher die Zahl der Konkurrenten ist, desto niedriger wird der Preis im Gleichgewicht sein.
c) Das Verhalten der Anbieter (θ): Diesem letzten Punkt wollen wir etwas mehr Aufmerksamkeit schenken, zumal das Verhalten der Konkurrenten der einzig neue Aspekt des Oligopolmodells gegenüber dem zuvor beschriebenen Duopol-Modell darstellt.

Das Verhalten der Konkurrenten wird hier durch θ abgebildet, man spricht deshalb von einem konjekturalen Variationsmodell. Besonders aggressives Verhalten der Konkurrenten wäre durch einen Parameter $\theta = -1$ dargestellt. Versucht Anbieter i beispielsweise seine Produktion um eine Einheit zu senken, um den Preis zu erhöhen, so impliziert ein Parameter $\theta = -1$, dass dieser Versuch von den Konkurrenten vollständig kompensiert wird. Wie aus Gl. 7.13 leicht zu sehen ist, wird bei $\theta = -1$ der *mark-up* $\mu = 1$. Damit entspricht der Preis den Grenzkosten. Grenzkostenpreise entstehen bei $\theta = -1$ unabhängig von der Zahl der Konkurrenten im Markt (solange $n > 1$) sowie unabhängig von der Höhe der Preiselastizität der Nachfrage. Dies verdeutlicht eine wichtige Erkenntnis: Die Zahl der Unternehmen allein ist kein ausreichender Indikator, um die Intensität des Wettbewerbs auf einem Markt zu beurteilen. Wie oben für den Duopolfall gezeigt wurde, können bereits zwei Unternehmen auf einem Markt ausreichen, um perfekten Wettbewerb und damit effiziente Ergebnisse zu garantieren. Die Wettbewerbspolitik muss sich dementsprechend am Verhalten der Unternehmen und nicht ausschließlich an der Marktstruktur (Anzahl und relative Größe der Unternehmen) orientieren.

Perfekter Wettbewerb ($p = c'(q)$) wird auch das Ergebnis eines atomistischen Marktes sein; d. h. wenn $n \to \infty$. Ferner lässt sich durch die obige Oligopol-Preisgleichung auch der andere Extremfall, jener des Monopols, darstellen. Ein Parameter $\theta = n - 1$ impliziert, dass das Verhalten des betrachteten Anbieters völlig synchron mit dem der Konkurrenten läuft. Eine Ausdehnung (Reduktion) der Menge des Unternehmens i um eine Einheit wird von allen Konkurrenten kopiert, jeder erhöht (reduziert) die Menge um eine Einheit und die Menge Q_{-i} steigt (sinkt) damit um weitere $n - 1$ Einheiten. Wir sprechen hier von **kollusivem Verhalten,** wie es sich beispielsweise bei Absprachen zwischen den Anbietern ergeben würde. In diesem Fall entspricht der Preis im Oligopol exakt jenem im Monopol $p = \frac{c'(q)}{1+1/\varepsilon} = p^M$.

Ein Verhaltensparameter von $\theta = 0$ wird als Cournot-Nash-Verhalten bezeichnet. Bei diesem Wert geht Anbieter i davon aus, dass seine Konkurrenten nicht auf eine Veränderung seiner Ausbringungsmenge reagieren würden.

Anhand des Modells der konjekturalen Variation lassen sich auch die unterschiedlichen Paradigmen der Wettbewerbspolitik verdeutlichen. Aus Gl. 7.6 lässt sich der Lerner-Index der Marktmacht eines einzelnen Anbieters i wie folgt errechnen: $L_i^{KV} = \frac{p(Q)-c'(q_i)}{p(Q)} = \frac{1}{\varepsilon}(1+\theta)\frac{q_i}{Q} = \frac{1}{\varepsilon}(1+\theta)r_i$, wobei $0 < r_i = q_i/Q \leq 1$ den Marktanteil von Anbieter i symbolisiert.

Der mit dem Marktanteil der einzelnen Anbieter gewichtete aggregierte Lerner-Index für den Gesamtmarkt ist damit

$$L^{KV} = \sum\nolimits_{i=1}^{n} r_i L_i^{CV} = \sum\nolimits_{i=1}^{1} \frac{1}{\varepsilon}(1+\theta) r_i^2 = \frac{1+\theta}{\varepsilon} \sum\nolimits_{i=1}^{n} r_i^2 = \frac{1+\theta}{\varepsilon} HHI \quad (7.14)$$

wobei $HHI = \sum_{i=1}^{n} r_i^2$ den **Herfindahl–Hirschman-Index** der Anbieterkonzentration darstellt. Dieser liegt zwischen $1/n$ (bei einem gleichen Marktanteil aller Anbieter von $r_i = r = 1/n$) und 1 (im Monopolfall bei $r_i = 1$ und $n = 1$).

Gl. 7.14 lässt sich auf unterschiedliche Weise interpretieren. Bei gegebenem Verhalten der Konsumenten (beschrieben durch die Preiselastizität der Nachfrage ε) wird der Preisaufschlag auf die Grenzkosten in einem Markt mit zunehmender Anbieterkonzentration (gemessen durch den Herfindahl–Hirschman-Index HHI) ansteigen. Somit wären wettbewerbspolitische Eingriffe sinnvoll, welche einen (zu starken) Anstieg der Anbieterkonzentration unterbinden (z. B. durch die Verhinderung von Unternehmenszusammenschlüssen bzw. die Zerschlagung von marktmächtigen Anbietern). Diese Sichtweise wird von der sogenannten Harvard-Schule der Wettbewerbspolitik vertreten. Die entgegengesetzte Sichtweise der Chicago-Schule liest Gl. 7.14 in der umgekehrten Richtung. Marktmacht ist nicht die Ursache eines hohen Lerner-Index. Vielmehr resultieren sowohl ein hoher Wert des Herfindahl–Hirschman-Index als auch ein hoher Lerner-Index aus der besonderen Effizienz (ausgedrückt durch niedrige Grenzkosten) der Anbieter. Eine Übernahme eines ineffizienten Anbieters durch einen effizienten Konkurrenten ist auch für Konsumenten vorteilhaft; die Zerschlagung von effizienten Anbietern mit hohen Marktanteilen wäre mit Wohlfahrtsverlusten verbunden. Verschiedenen Sichtweisen und z. T. gegensätzlichen Empfehlungen von Ökonomen in wettbewerbspolitischen Fragen liegen häufig die unterschiedlichen Interpretationen von Gl. 7.14 zu Grunde.

Der entscheidende Vorteil des eben dargestellten Modells besteht darin, dass die gesamte Bandbreite des Wettbewerbsverhaltens (von vollkommener Konkurrenz bis zum Monopol) durch einen Parameter (θ) abgebildet wird. Die Folgen unternehmerischen Verhaltens für das Marktergebnis (Preise, Mengen und Profite im Gleichgewicht) können einfach analysiert werden. Allerdings – und darin liegt der wesentliche Nachteil des Modells – wird das unternehmerische Verhalten nicht erklärt; der Parameter θ ist exogen. Warum und unter welchen Bedingungen Unternehmen aggressiv agieren oder sich absprechen, bleibt unbeantwortet.

Hinzu kommt, dass in statischen Modellen, wie zuvor erwähnt, nicht im engeren Sinn von Reaktionen gesprochen werden kann. Alle Aktivitäten und deren Auswirkungen finden simultan statt und langfristige (strategische) Entscheidungen von Unternehmen bleiben definitionsgemäß ausgeblendet.

7.5 Das langfristige strategische Verhalten von Unternehmen

Wenn in einem Modell nur ein einziger Zeitpunkt betrachtet wird, kann keine Unterscheidung zwischen taktischen (kurzfristigen) und strategischen (langfristigen) Entscheidungen getroffen und damit viele wesentliche Fragen nicht beantwortet werden. Zum Beispiel: Welche Strategien können Unternehmen wählen, um einen Konkurrenten aus dem Markt zu drängen (oder dessen Markteinstieg zu verhindern)? Unter welchen Umständen sind Unternehmenszusammenschlüsse zwischen Anbietern eine profitable Strategie? Wie stark soll sich ein neues Produkt von den bisher vorhandenen Produkten unterscheiden, und soll hohe oder niedrige Qualität angeboten werden? Wie viel soll für Werbung oder die Verbesserung der Produktionstechnologie investiert werden? Diese und viele andere strategische Fragen verändern die Rahmenbedingungen, in denen die Anbieter ihre kurzfristigen (taktischen) Entscheidungen treffen (z. B. über die optimale Höhe der Preise bzw. die zu produzierende Menge).

Strategische Fragen werden in der modernen Industrieökonomie im Rahmen von zwei- oder mehrstufigen Spielen analysiert. Dabei zeigt sich, dass die Entscheidung für oder gegen eine bestimmte strategische Maßnahme wesentlich von der Art des Wettbewerbs (strategische Komplemente oder Substitute) beeinflusst wird. Ohne auf die Details des Modells näher einzugehen, soll dies anhand eines einfachen Beispiels verdeutlicht werden. Der Einfachheit halber wird wieder der Fall eines Duopols angenommen.

Betrachten wir die strategische Entscheidung des Anbieters 1 zur Investition in die Verbesserung seiner Produktionstechnologie. Ausgaben für Forschung und Entwicklung (F&E) zur Verbesserung der Produktionstechnologie (in Periode t_1) sind aus der Sicht des Anbieters fixe Kosten. Wenn die Forschungs- und Entwicklungsanstrengungen erfolgreich sind, so steht diesem Anbieter in den folgenden Perioden t_2 eine effizientere

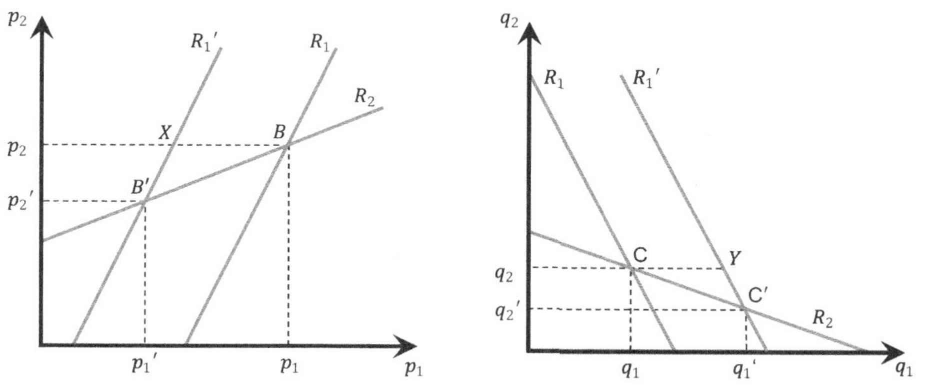

Abb. 7.3 Direkte und indirekte Effekte von Ausgaben in F&E. (Quelle: Eigene Darstellung)

Produktionstechnologie im Wettbewerb mit seinen Konkurrenten zur Verfügung; die Grenzkosten von Anbieter 1 werden sinken. Dies bringt ihm einen Wettbewerbsvorteil in den folgenden Perioden und beeinflusst seine Preis- bzw. Mengenentscheidungen (taktischen Entscheidungen). Jedoch muss er bei seiner strategischen Entscheidung auch berücksichtigen, wie Anbieter 2 auf sein Verhalten reagieren wird. Die beiden Diagramme in Abb. 7.3 zeigen im Falle eines Duopols, dass die Reaktion des Konkurrenten in Periode t_2 je nach Art des Wettbewerbs unterschiedlich ausfallen kann und dies für die Beurteilung der relativen Vorzüglichkeit einer bestimmten strategischen Entscheidung eine wesentliche Rolle spielt.

Die Reduktion der Grenzkosten des ersten Anbieters (als Ergebnis seiner vermehrten F&E Anstrengungen) führt zu einer Verhaltensänderung von Anbieter 1 bei der Bestimmung seines optimalen Preises bzw. seiner optimalen Menge. Bei Preiswettbewerb wird die Reduktion der Grenzkosten den Anbieter motivieren, den Preis des eigenen Gutes zu senken. Diese Reaktion geht aus Gl. 7.5 hervor, in der $\frac{\partial p_1}{\partial c_1'} = \frac{1}{2} > 0$ ist: bei einem gegebenen Preis des Konkurrenten (p_2) sinkt der Preis p_1 mit c_1'. Dies ist im linken Diagramm von Abb. 7.3 durch die Verschiebung der Reaktionsfunktion von R_1 auf R_1' dargestellt. Auf eine Preisreduktion von Gut 1 wird Anbieter 2 ebenfalls mit einer Preisreduktion für sein Gut antworten. Die Anpassung der Preise in Periode t_2 als Folge der Grenzkostenreduktion lassen sich somit als Anpassungsprozess von Punkt B in das neue Gleichgewicht im Punkt B' in der Abbildung verdeutlichen. Für die Gesamtbeurteilung dieser strategischen Entscheidung durch Anbieter 1 ist zu beachten, dass hier zwei gegenläufige Effekte wirksam sind. Einerseits steigt der Profit von Anbieter 1 durch die Reduktion der eigenen Produktionskosten bzw. die damit verbundene Anpassung seines Preises. Dieser direkte Effekt entspricht der Bewegung von Punkt B zum Punkt X. Andererseits wirkt die Anpassungsreaktion des Konkurrenten (indirekter oder strategischer Effekt) in die entgegengesetzte Richtung; die Preissenkung des

Konkurrenten reduziert die Nachfrage für das Gut des ersten Anbieters und schmälert damit dessen Profite. Dieser strategische Effekt unter Berücksichtigung der Reaktion des Konkurrenten entspricht der Bewegung von Punkt X nach B'.

Im Vergleich dazu wird die gleiche strategische Entscheidung bei Mengenwettbewerb direkte und indirekte Effekte auslösen, die sich gegenseitig verstärken. Im rechten Diagramm von Abb. 7.3 ist zu erkennen, dass die Reduktion der Grenzkosten bei Mengenwettbewerb zu einer Ausdehnung der angebotenen Menge für Anbieter 1 führen wird, da sich seine Reaktionsfunktion nach rechts von R_1 auf R_1' verschiebt. Diese Verschiebung ergibt sich aus $\frac{\partial q_1}{\partial c_1} = -\frac{1}{2} < 0$ in Gl. 7.10. Die dadurch ausgelöste Reaktion von Anbieter 2 wird aus der Sicht von Anbieter 1 erfreulich sein: Anbieter 2 wird aus eigenem Interesse die angebotene Menge seines Gutes reduzieren, worauf Anbieter 1 mit einer erneuten Mengenausdehnung reagieren wird, so dass eine Anpassung von dem ursprünglichen Gleichgewich C t auf das neue Gleichgewicht C' erfolgt. Sowohl der direkte ($C \to Y$) als auch der indirekte (strategische) ($Y \to C'$) Effekt haben hier eine profitsteigernde Wirkung für Anbieter 1.

Dieses Beispiel verdeutlicht, dass die Profitabilität einer langfristigen (strategischen) Entscheidung eines Anbieters wesentlich von der Art des Wettbewerbs (strategische Komplemente oder strategische Substitute) bestimmt wird.[8] Die Form des Wettbewerbs auf einem Markt beeinflusst somit nicht nur kurzfristig die Höhe der Preise bzw. Mengen, sondern ist auch für die Beurteilung der relativen Vorzüglichkeit langfristiger unternehmerischer Strategien und somit für die Entwicklung von Preisen und Mengen im Zeitablauf entscheidend. Die beschriebenen Effekte sind nicht nur für die Analyse der Auswirkungen von Forschung und Entwicklung relevant, sondern auch für andere strategische Entscheidungen wie zum Beispiel Werbung, das Outsourcing von Produktionsprozessen, die Bündelung und Koppelung von Produkten und die strategische Handelspolitik.

7.6 Erweiterungen und Modifikationen

7.6.1 Die Entscheidung zwischen Preis- vs. Mengenwettbewerb sowie gemischte Oligopole

Welche Strategie (preis- oder mengensetzendes Verhalten) soll der Anbieter wählen? Unter welchen Bedingungen wäre es für einen Anbieter profitabel, den optimalen Preis zu suchen und die Konsumenten entscheiden zu lassen, welche Menge sie konsumieren möchten

[8]Fudenberg und Tirole (1984) zeigen, dass darüber hinaus auch die Unterscheidung hinsichtlich der unmittelbaren Wirkung einer Strategie auf die Profite des Konkurrenten wichtig ist. In der eben beschriebenen Situation, in der Anbieter 1 in F&E investiert, wird dies die Profite seines Konkurrenten schmälern. Solche Strategien werden als *tough* bezeichnet. Eine Strategie wird hingegen als *soft* bezeichnet, wenn dadurch der Profit des Konkurrenten ansteigt.

(Bertrand-Wettbewerb)? Wann wäre die alternative Strategie der Fixierung der optimalen Menge (Cournot-Wettbewerb) relativ vorzüglich? Und was passiert, wenn sich die Anbieter für unterschiedliche Strategien entscheiden? Während wir bisher die Form des Wettbewerbs (Preis- oder Mengenwettbewerb) exogen vorgegeben haben, wollen wir nun die Wahl zwischen diesen beiden Strategien als eine unternehmerische Entscheidung untersuchen.

Es lässt sich zeigen, dass bei unvollständiger Information über die Nachfrage der Konsumenten die relative Vorzüglichkeit preis- oder mengensetzendes Verhalten entscheidend von der vorhandenen Produktionstechnologie abhängt. Ist die Produktionstechnologie durch stark ansteigende Grenzkosten charakterisiert (weil beispielsweise die Anpassung der Menge kurzfristig mit hohen Zusatzkosten verbunden ist), so ist die Wahl der Menge relativ vorzüglich. Würde in dieser Situation hingegen der Preis gewählt, so müsste jede Nachfrageschwankung durch eine Anpassung der Mengen aufgefangen werden, was bei stark ansteigenden Grenzkosten mit hohen zusätzlichen Kosten verbunden wäre. Sind jedoch die Grenzkosten konstant oder nur geringfügig steigend, so gewinnt preissetzendes Verhalten an relativer Vorzüglichkeit. Steigende Grenzkosten sind *ceteris paribus* in Branchen mit hoher Kapazitätsauslastung oder auch bei einer kurzfristigen Betrachtungsweise zu erwarten, während konstante bzw. nur geringfügig steigende Grenzkosten in Branchen mit freien Kapazitäten bzw. in einer langfristigen Betrachtungsweise plausibler sind.

Was passiert, wenn einzelne Anbieter unterschiedliche Strategien wählen? Während ein Anbieter sich für eine Preisstrategie entscheidet, wählt sein Konkurrent eine Mengenstrategie. In diesem Fall, der als ein Beispiel eines gemischten Oligopols bezeichnet wird, kann gezeigt werden, dass sich mengensetzendes Verhalten gegenüber preissetzendem Verhalten als dominante Strategie durchsetzen wird. Insgesamt hat sich die Annahme von mengensetzendem Verhalten insbesondere bei relativ homogenen Produkten als Ausgangspunkt zahlreicher anwendungsorientierter Arbeiten etabliert. Wie Shapiro (1989, S. 346) resümiert: *„For homogenous goods, Cournot's model remains the workhorse oligopoly theory"*.

7.6.2 Wettbewerb bei endogener Marktstruktur

In der bisherigen Analyse von Märkten mit unvollständigem Wettbewerb sind wir von einer exogen vorgegebenen Marktstruktur (Anzahl der Konkurrenten, Produktionstechnologie sowie Präferenzen der Konsumenten) ausgegangen. Diese exogen vorgegebene Marktstruktur bestimmt das Verhalten der Anbieter (Aggressivität des Wettbewerbs durch die Wahl der Preise und Mengen, Werbeausgaben, Investitionen, etc.) und damit das Marktergebnis (Preise, Mengen und Profite). Diese Vorgangsweise, die dem klassischen *structure-conduct-performance* (SCP) Ansatz der Industrieökonomie entspricht, blendet jedoch die Tatsache aus, dass Anbieter bei besonders schlechter Performance aus dem Markt ausscheiden bzw. neue Anbieter durch hohe Profite in einer Branche angelockt werden. Die Zahl der Anbieter ist daher langfristig von ihrem Verhalten und Erfolg abhängig, und somit endogen. Ebenso wird der Versuch der Anbieter zur Verbesserung ihrer Produktionstechnologie (durch Forschung und Entwicklung) sowie zur Beeinflussung der Präferenzen der Konsumenten (z. B. durch Werbung) die Produktionstechnologie sowie das Nachfrageverhalten der Konsumenten verändern; auch diese Effekte werden im SCP-Ansatz ausgeblendet.

Um die Rückwirkungen von Entscheidungen der Anbieter auf die Marktstruktur entsprechend berücksichtigen zu können, werden zwei- oder mehrstufige Modelle verwendet. Dabei werden in einer ersten Stufe des Modells die langfristigen (strategischen) Entscheidungen (Zahl der Konkurrenten bzw. der angebotenen Produkte am Markt, Höhe der Ausgaben für Werbung bzw. Forschung und Entwicklung etc.) modelliert und auf dieser Basis in einer zweiten Stufe die kurzfristigen (taktischen) Entscheidungen (Wahl der Preise bzw. der produzierten Mengen) beschrieben. Die Lösung dieser Modelle erfolgt durch Rückwärtsinduktion – zuerst wird die Lösung für die zweite Stufe (die kurzfristigen Entscheidungen) für beliebige Entscheidungen aus der ersten Stufe gesucht. Unter Berücksichtigung der optimalen taktischen (kurzfristigen) Entscheidungen wird danach die Lösung für die erste Stufe des Modells (die langfristigen strategischen Entscheidungen) gesucht. Das folgende Fallbeispiel illustriert dieses Vorgehen, in dem die Zahl der Anbieter auf einem regionalen Markt (als eine wesentliche Komponente der Marktstruktur) endogen bestimmt wird.

Fallbeispiel 2: Wettbewerb zwischen Restaurants

Der Außer-Haus-Verzehr hat sich in den letzten Jahrzehnten in den entwickelten Volkswirtschaften als ein wesentlicher Wirtschaftsfaktor der Ernährungswirtschaft etabliert. In einem zweistufigen Modell beschreibt Schiff (2015) das Verhalten von Anbietern und deren Kunden in einem räumlichen Modell. Die Anbieter müssen dabei zwei Entscheidungen treffen: die langfristige (strategische) Entscheidung betrifft die Frage, ob ein neues Restaurant in einer Stadt eröffnet werden soll und wenn ja, mit welcher Cuisine/Küche bzw. an welchem Ort der Stadt. Unter Berücksichtigung dieser langfristigen Entscheidungen aller Konkurrenten sowie des Konsumverhaltens der Konsumenten werden in einer zweiten Stufe des Spieles die kurzfristigen Preisentscheidungen getroffen. Unter der Annahme, dass Restaurants nur dann in den Markt eintreten, wenn die Profite positiv sind (bzw. sie im Fall negativer Profite aus dem Markt ausscheiden), errechnet Schiff sogenannte Eintrittsschwellen („entry thresholds"). Diese bezeichnen die für einen profitablen Markteintritt erforderliche Zahl der Konsumenten in einer bestimmten Region. Je größer die Zahl der Konsumenten in einer bestimmten Region (bzw. je höher ihre Kaufkraft), umso größer wird auch die Zahl der Restaurants in dieser Region sein. Die Höhe der entry thresholds wird u. a. von den Präferenzen der Konsumenten für eine bestimmte Küche abhängig sein. Während ein Restaurant mit einer auf ein breites Publikum ausgerichteten Standard-Küche bereits in einer vergleichsweise kleinen Stadt profitabel wirtschaften kann, wird ein auf den spezifischen Geschmack nur weniger Konsumenten ausgerichtetes Lokal nur in einer vergleichsweise großen Stadt überleben.

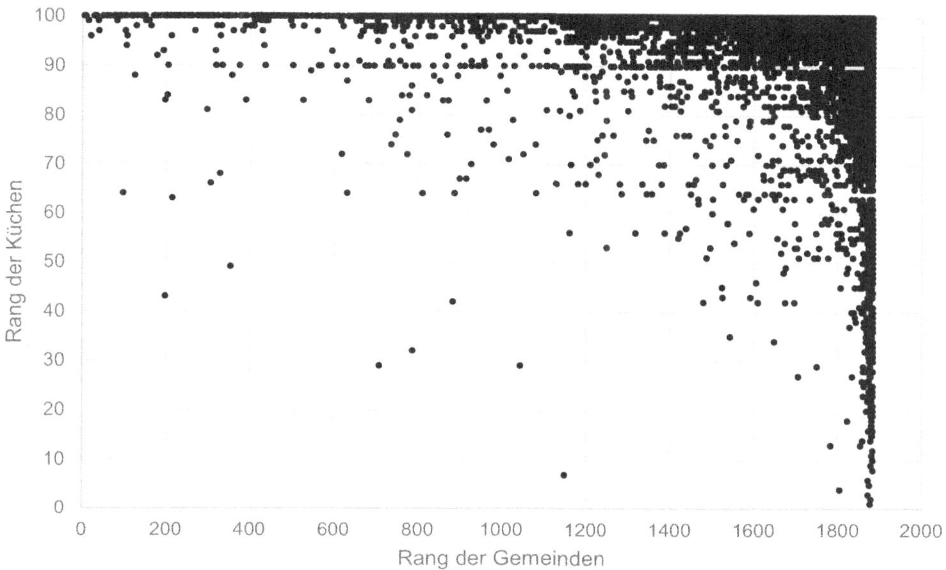

Abb. 7.4 Zusammenhang zwischen dem Rang einer Gemeinde bezüglich der Zahl der angebotenen Küchen und dem Rang einer bestimmten Küche. (Quelle: Pennerstorfer et al. (2020, S. 48), eigene Darstellung)

Pennerstorfer et al. (2020) testet diese Hypothese anhand von Beobachtungen für 101 verschiedene Küchen von 24.454 Restaurants in 1883 Gemeinden in Österreich (Abb. 7.4). Auf der horizontalen Achse (Rang der Gemeinden) sind Gemeinden je nach ihrem Rang hinsichtlich der Zahl der unterschiedlichen Küchen geordnet. Den Rang 1 (links) erhält jene Gemeinde mit der geringsten Zahl an verschiedenen Küchen. Auf der vertikalen Achse (Rang der Küchen) sind die Küchen je nach ihrer Verbreitung in den verschiedenen Gemeinden gereiht. Den Rang 1 (unten) erhält jene Küche mit der geringsten Verbreitung in den 1883 österreichischen Gemeinden. Jeder Punkt repräsentiert somit eine Gemeinde/Küche Kombination. Es ist ersichtlich, dass Gemeinden mit vielen Restaurants (Positionen weit rechts im Diagramm) auch eine größere Vielzahl an verschiedenen Küchen aufweisen. Jene Gemeinden, mit wenigen Restaurants bieten hingegen nur gängige Küchen mit weiter Verbreitung und einem entsprechend hohen Rang. ◀

7.6.3 Wettbewerb im Zeitablauf

Eine gravierende Einschränkung statischer Wettbewerbsmodelle besteht in der Vernachlässigung der Zeit: Alle Entscheidungen werden simultan getroffen, es gibt weder eine Zukunft (für die man beispielsweise bereit wäre, in der Gegenwart zu investieren) noch eine Vergangenheit (aus der Wirtschaftssubjekte für ihre gegenwärtigen Entscheidungen lernen könnten). Wie spieltheoretische Modelle gezeigt haben, ist das Verhalten der Wirtschaftssubjekte jedoch stark davon abhängig, ob diese auf einem Markt nur ein einziges Mal aktiv sind oder ob sie wiederholt aufeinandertreffen. Im zweiten Fall, bei **wiederholten Spielen,** ist eine Unterscheidung zwischen Spielen mit einer endlichen und bekannten Zahl von Wiederholungen und Spielen mit einem unbekannten Endzeitpunkt (sogenannten **Superspielen**) wichtig. Die Anwendung von Superspielen bringt besonders für die Frage der Wahrscheinlichkeit von Absprachen zwischen Anbietern und Kartellen wesentliche neue Erkenntnisse. Während Absprachen zwischen Anbietern in einem statischen Modell bzw. in Modellen mit bekanntem Endzeitpunkt nicht adäquat erklärt werden können, lassen sich unter Verwendung von wiederholten Spielen eine Reihe von empirisch gut belegten Hypothesen über das Auftreten und die Dauerhaftigkeit von Absprachen (kollusivem Verhalten) und Kartellen ableiten. Ohne näher auf die einzelnen Argumente und Details einzugehen, legt die vorhandene Literatur die folgenden zehn stilisierten Tatsachen nahe (vgl. Feuerstein 2005):

I. Eine geringe Zahl von Anbietern und hohe Markteintrittsbarrieren erleichtern kollusives Verhalten.
II. Große Unterschiede in den Marktanteilen einzelner Anbieter erschweren kollusive Absprachen.
III. Eine häufige Interaktion zwischen Anbietern und eine hohe Frequenz der Preisanpassung erleichtern kollusives Verhalten.
IV. Eine hohe Transparenz auf Märkten erleichtert die Aufrechterhaltung kollusiver Absprachen.
V. Bei einer gegebenen Anzahl von Anbietern werden Absprachen eher auf wachsenden Märkten aufrechterhalten.
VI. Nachfrageschwankungen (z. B. ausgeprägte saisonale Schwankungen) reduzieren die Wahrscheinlichkeit von Absprachen.
VII. Innovationen (Produkt- und Prozessinnovationen) erschweren die Aufrechterhaltung von Absprachen.
VIII. Ausgeprägte Unterschiede in der Kostenstruktur bzw. in den Kapazitätsbeschränkungen zwischen den Anbietern erschweren kollusives Verhalten.
IX. Multi-Markt-Kontakte (d. h. eine Situation, in der sich die gleichen Anbieter mit breiteren Produktpaletten auf verschiedenen Märkten gegenüberstehen) erleichtern kollusives Verhalten.
X. Eine hohe Preiselastizität der Nachfrage reduziert die Wahrscheinlichkeit von Absprachen und Kartellen zwischen Anbietern.

Die empirische Literatur hat sich intensiv mit der Analyse von verschiedenen Kartellen innerhalb der Ernährungswirtschaft beschäftigt. Besonders ausführlich wurden dabei das Lysine-Kartell sowie das Zitronensäure-Kartell untersucht (vgl. Fallbeispiel 3). Levenstein und Suslow (2006) bieten einen ausführlichen Überblick über den Erfolg und die Dauer von Kartellen.

Fallbeispiel 3: Das Lysine Kartell und andere Beispiele aus der Ernährungswirtschaft

Mitte der 1990er Jahre wurden Preisabsprachen für Lysin, einer Aminosäure, die in der Tierproduktion Anwendung findet, zwischen den fünf weltweit agierenden Anbietern dieses Produktes getroffen. Die beteiligten Unternehmen stammten aus den USA (ADM), Japan (Ajinomoto und Kyowa Hakko Kogyo) sowie Korea (Sewon America Inc. und Cheil Jedang Ltd.). Ein führender Mitarbeiter von ADM, Mark Whitacre, zeichnete die Gespräche zwischen den Kartellmitgliedern für das FBI auf Tonband auf. Die amerikanische Wettbewerbsbehörde verhängte hohe Geldstrafen gegen ADM, verantwortliche Manager des Unternehmens wurden zu Gefängnisstrafen verurteilt. Die Geschichte des Lysine-Kartells ist in einer Verfilmung des Buches *The Informant* mit Matt Damon in der Hauptrolle zu sehen. Eine ausführliche ökonomische Aufarbeitung des Lysine-Kartells ist in zahlreichen Studien versucht worden (darunter z. B. Bolotova et al. 2008).

Weitere Beispiele von Geldbußen aufgrund von unterschiedlichen Formen von Absprachen und Kartellen gibt es in verschiedenen Branchen der Ernährungswirtschaft. Folgende Fälle seien beispielhaft genannt: der europäische Markt für Zitronensäureprodukte (Europäische Kommission 2001), der Kaffeemarkt (Bundeskartellamt 2009), der Markt für Milch- und Molkereiprodukte (Bundeswettbewerbsbehörde 2013b), der Biermarkt (Bundeskartellamt 2014a), die Wursterzeugung (Bundeskartellamt 2014b), die Zuckerherstellung (Bundeskartellamt 2014c) sowie der Lebensmittelhandel (u. a. Bundeswettbewerbsbehörde 2013a; Bundeskartellamt 2016). ◀

7.6.4 Wettbewerb im Raum

Konsumenten sind divers und haben unterschiedliche Präferenzen und budgetäre Möglichkeiten. Diese Heterogenität der Konsumenten wird durch die Annahme eines repräsentativen Konsumenten in den zuvor beschriebenen Modellen in den Abschnitten Abschn. 7.2 und 7.4 vollständig ausgeblendet. Zwar werden auch im Modell des repräsentativen Konsumenten verschiedene Produkte angeboten, zumal dieser repräsentative Konsument durch eine Präferenz für Vielfalt charakterisiert ist.[9] Typisch für Modelle des repräsentativen Konsumenten ist jedoch die implizite Annahme, dass

[9]Die Präferenz für Vielfalt des repräsentativen Konsumenten ist aus dessen Nutzenfunktion zu erkennen. In Gl. 7.1 sinkt der Grenznutzen eines Gutes i mit der konsumierten Menge dieses Gutes q_i, und er steigt mit der Menge des Substitutes q_j. Folglich stiftet ein ausgewogenes Güterbündel (bei dem das Gesamtbudget gleichmäßig auf die verschiedenen Güter aufgeteilt wird) einen höheren Nutzen als ein spezialisiertes Güterbündel (bei dem das gesamte Budget für ein Produkt ausgegeben wird).

alle angebotenen Güter gleich gut substituierbar sind: alle Produkte auf dem Markt sind gleich verschieden (vgl. Fußnote 2), und jedes einzelne Produkt steht mit allen anderen Produkten in einer gleich intensiven Konkurrenzbeziehung (globaler Wettbewerb). In der Realität werden jedoch einzelne Produkte in einem engen Konkurrenzverhältnis stehen (wenn die Konsumenten zwischen diesen Produkten leicht substituieren können), während andere Produkte kaum miteinander konkurrieren.

Die Verschiedenheit der Produkte kann sich sowohl auf die räumliche als auch auf die sachliche Ebene beziehen. Differenzierung auf der räumlichen Ebene findet statt, wenn die Transportkosten für bestimmte Güter hoch sind, sodass einzelne Anbieter in einer bestimmten geografischen Region in einem intensiveren Wettbewerb um Konsumenten stehen als Anbieter aus anderen Regionen. Differenzierung auf einer sachlichen Ebene wird anhand des folgenden Fallbeispiels für den Markt für Cerealien verdeutlicht.

Fallbeispiel 4: Produktdifferenzierung am Markt für Cerealien

Die Position einzelner Produkte oder Dienstleistungen wird in der betriebswirtschaftlichen Literatur häufig in Form von sogenannten *perceptual maps* dargestellt (Kotler und Keller 2012). Am Beispiel des Marktes für Cerealien in den USA lässt sich der lokalisierte Wettbewerb zwischen verschiedenen Produkten gut verdeutlichen (Abb. 7.5).

Verschiedene Produkte werden hier in einem zweidimensionalen Raum anhand der Charakteristika *Healthfulness* und *Sweetness* positioniert. Demnach würde beispiels-

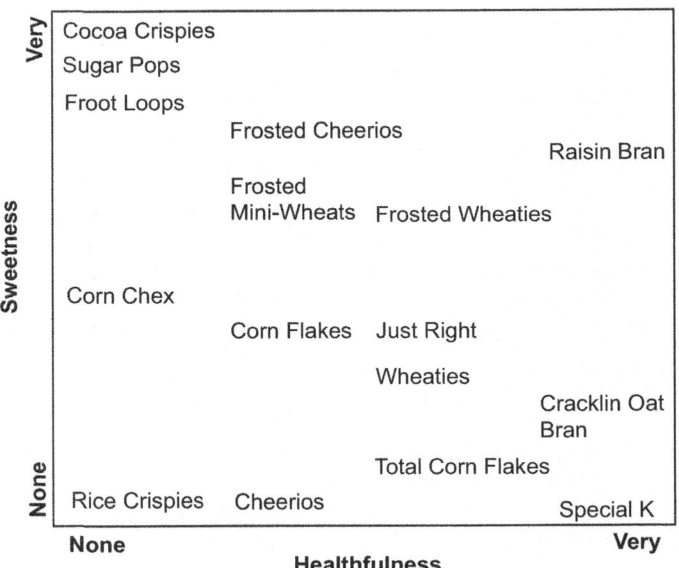

Abb. 7.5 Perceptual map für den Markt für Cerealien in den USA. (Quelle: Pindyck (2011), eigene Darstellung)

weise das Produkt *Special K* als vergleichsweise enges Substitut zu *Total Corn Flakes* angesehen werden und entsprechend intensiv um jene Konsumenten konkurrieren, die Cerealien mit einem hohen Wert am Charakteristikum *Healthfulness* und einen geringen Wert am Charakteristikum *Sweetness* präferieren. Im Vergleich dazu wäre der Wettbewerb um Konsumenten zwischen *Special K* und *Cocoa Crispies* lediglich schwach ausgeprägt. ◀

Modelle der Produktdifferenzierung berücksichtigen die Tatsache, dass Konsumenten verschieden sind, weil sie sich an unterschiedlichen Standorten befinden oder unterschiedliche Präferenzen über bestimmte Charakteristika von Gütern haben. Die Verschiedenartigkeit der Produkte sowie der Konsumenten lassen sich durch eine Positionierung im Raum darstellen, wobei der Begriff Raum sich hier auf Standort oder Charakteristika des Produkts bezieht. Wettbewerb auf dem Gütermarkt herrscht hier nur zwischen benachbarten Anbietern bzw. zwischen Gütern mit ähnlichen Charakteristika. In beiden Fällen findet daher ein lokaler Wettbewerb statt, in der die Nachfrage nach einem Produkt stark auf die Preise ähnlicher (benachbarter) Produkte aber nur schwach auf die Preise anderer Produkte reagiert.

7.7 Empirische Analysen zur Marktmacht

"Market power is like the wind. You can feel it but you cannot see it".
Kohls und Uhl (2002, S. 270).

7.7.1 Structure-conduct-performance-Ansatz

(Wie) kann die Existenz von Marktmacht empirisch nachgewiesen werden? In der industrieökonomischen Literatur werden unterschiedliche Methoden verwendet. Wie oben beschrieben geht der traditionelle SCP-Ansatz der Industrieökonomie von der Annahme exogen gegebener Rahmenbedingungen (z. B. die Zahl der Anbieter) aus. Diese beeinflussen das Verhalten einzelner Anbieter (Preise sowie Mengen der produzierten Güter), welches wiederum das Marktergebnis (z. B. Gewinne, Wohlfahrtseffekte) determiniert. So zeigt Gl. 7.13 beispielsweise, dass der Marktpreis im Gleichgewicht sowohl von der Marktstruktur (der Zahl der Anbieter n, den Grenzkosten c', sowie den Präferenzen der Konsumenten ausgedrückt durch die Preiselastizität der Nachfrage ε) als auch vom Verhalten der Anbieter (vom Parameter konjekturaler Variation θ) bestimmt wird. Auf der Basis dieser Überlegungen untersuchen empirische Analysen den Zusammenhang zwischen Indikatoren der Marktstruktur und dem Marktergebnis, um darauf aufbauend Rückschlüsse auf das Verhalten der Anbieter (der auf dem Markt zum Ausdruck gebrachten Marktmacht) zu ziehen. Das folgende Fallbeispiel illustriert dieses Vorgehen.

Fallbeispiel 5: Marktmacht in der US-Ernährungswirtschaft

Empirische SCP-Analysen versuchen einen direkten Zusammenhang zwischen der Marktstruktur (Anbieterkonzentration) und dem Marktergebnis (z. B. der Höhe der Profite) herzustellen. Als Beispiel einer klassischen SCP-Analyse sei die Arbeit von Zellner (1989) kurz vorgestellt. Der Autor analysiert auf der Basis von Querschnittsdaten für 75 Branchen der US-amerikanischen Ernährungswirtschaft den Einfluss verschiedener Strukturmerkmale dieser Branchen auf deren Verhalten (die Ausgaben für Werbung sowie den Umfang der Produktinnovationen) sowie das Marktergebnis (gemessen durch die Profitabilität der Unternehmen). Ein Teil seiner Ergebnisse ist in der folgenden Schätzgleichung dargestellt (Zellner 1989, S. 113):

$$\text{Lerner} - \text{Index} = \underset{(0{,}31)}{-\,1{,}76} + \underset{(2{,}82)}{14{,}82\mathit{Growth}} + \underset{(3{,}96)}{0{,}40\mathit{CR}4} + \underset{(1{,}72)}{1{,}22\mathit{ASR}} + \underset{(2{,}49)}{0{,}13\mathit{Brands}} - \underset{(1{,}85)}{1{,}58\mathit{Innov}.}$$
$$+ \underset{(1{,}91)}{0{,}16\mathit{COR}} - \underset{(2{,}67)}{0{,}99\mathit{Disp}.}$$

Die Werte in Klammern sind die t-Statistiken der geschätzten Koeffizienten.

Der *Lerner-Index* Gl. 7.9 wurde unter Verwendung der Durchschnittskosten der Produktion errechnet. Zellner beobachtet einen signifikant positiven Einfluss der Wachstumsrate der Branche (*Growth*), der Unternehmenskonzentration gemessen durch den Anteil der vier größten Anbieter am Gesamtumsatz der Branche (*CR*4), der Werbe-Umsatzrelation (*ASR*), der Produktdifferenzierung gemessen durch die Anzahl der unterschiedlichen Produkte (*Brands*), sowie der Kapitalintensität (*COR*). Ferner stellt der Autor einen signifikant negativen Effekt der Innovationstätigkeit (die Variable *Innov* misst die Zahl der neuen Produkte in einer Branche) sowie einem Indikator der geographischen Dispersion (*Disp*) auf die Profitabilität der Branchen fest. ◀

Die Analyse, die in Fallbeispiel 5 dargestellt wird, beruht auf eine Querschnittsregression über eine große Zahl unterschiedlicher Branchen. Eine Schwäche solcher Analysen ist, dass sie eine für alle Branchen identische Wirkung der Marktstruktur auf das Marktergebnis unterstellt. Hinzu kommt, dass die Ursache für den positiven Effekt der Anbieterkonzentration auf die Höhe der Profite unklar bleibt. Diese kann sowohl durch die Ausübung von Marktmacht in hoch konzentrierten Branchen als auch durch eine höhere Effizienz von Unternehmen in konzentrierten Branchen bedingt sein. Diese Schwächen des traditionellen SCP-Ansatzes werden durch empirische Analysen der Preise (an Stelle der Profite) auf der Basis von Unternehmensdaten innerhalb einer bestimmten Branche umgangen, wie folgendes Beispiel veranschaulicht.

Fallbeispiel 6: Marktmacht im Lebensmitteleinzelhandel in Vermont

Auf der Basis von Preisbeobachtungen von 121 repräsentativen Produkten im August 1981 bildet Cotterill (1986) einen Preisindex für einzelne Supermärkte in 18 verschiedenen Regionen des Bundesstaats Vermont in den USA. Die Unterschiede in den Preisen zwischen den Supermärkten werden auf verschiedene

Charakteristika der Supermärkte und insbesondere auf regionale Unterschiede in der Anbieterkonzentration zurückgeführt. Die folgende Gleichung zeigt die Ergebnisse eines der geschätzten Modelle (Cotterill 1986, S. 383).

$$PI = \underset{(5{,}49)}{99{,}837} + \underset{(2{,}72)}{8{,}912}HHI + \underset{(0{,}82)}{2{,}241}Indep + \underset{(2{,}10)}{0{,}007}Size + \underset{(0{,}33)}{4{,}665}Sales/Size + \underset{(0{,}36)}{0{,}002}Dist - \underset{(0{,}17)}{0{,}017}Popgr + 0{,}044 Income$$

Der Preisindex (*PI*) der Lebensmittel steigt signifikant mit dem Herfindahl-Hirschman-Index (*HHI*) der Supermärkte innerhalb eines regionalen Marktes und ist bei unabhängigen Supermärkten ($Indep = 1$) sowie bei Supermärkten mit hohem Umsatz je Fläche (*Sales/Size*) signifikant höher. Die Größe der Supermärkte (*Size*, gemessen durch die Fläche), die Wachstumsrate der Bevölkerung in einer Region (*Popgr*) sowie das durchschnittliche Pro-Kopf-Einkommen einer Region (*Income*) haben keinen signifikanten Einfluss auf den Preisindex. Cotterill (1986, S. 385) schließt aus dieser Analyse: „*The estimated structure-price relationships suggest that firms with strong market positions enjoy high profits because they raise prices rather than lower unit costs*". ◀

Die Vorzüge des traditionellen SCP-Ansatzes im Vergleich zu neueren empirischen Ansätzen werden in Caves (2007) ausführlich gewürdigt. Besonders hervorzuheben ist dabei die Tatsache, dass dieser Ansatz eine Bewertung der Wettbewerbsintensität über unterschiedliche Branchen hinweg zulässt, während moderne Ansätze häufig ausschließlich Unternehmen innerhalb einer einzelnen Branche analysieren. Darin liegt jedoch auch gleichzeitig eine Schwäche: bei einem Vergleich unterschiedlicher Branchen ist es kaum möglich, die Besonderheiten jeder einzelnen Branche adäquat zu berücksichtigen. Weiterhin muss die im SCP-Ansatz bereits oben erwähnte Annahme exogener Marktstrukturen kritisch angemerkt werden. Dies blendet die Tatsache aus, dass Anbieter bei besonders schlechter Performance aus dem Markt ausscheiden werden bzw. neue Anbieter angelockt werden, wenn die Profite in einer Branche hoch sind. Ebenso wird der Versuch der Anbieter zur Verbesserung ihrer Produktionstechnologie (Prozessinnovation) sowie zur Beeinflussung der Präferenzen der Konsumenten (z. B. durch Werbung und/oder Produktinnovationen) ausgeblendet. Und schließlich wird im Rahmen des SCP-Ansatzes eine Identifikation des Verhaltens der einzelnen Anbieter nicht versucht: es wird lediglich der Zusammenhang zwischen Marktstruktur und Marktergebnis untersucht. Im Gegensatz zu den später vorgestellten Ansätzen wird lediglich eine reduzierte Form des Modells geschätzt.[10]

[10]Reiss und Wolak (2007) widmen sich ausführlich der Unterscheidung zwischen der Schätzung eines Modells in „Strukturform" bzw. in „reduzierter Form" sowie den Vor- und Nachteilen der beiden Ansätze.

7.7.2 Direkte Messung des Lerner-Index

Eine Messung von Marktmacht wäre unmittelbar möglich, wenn neben den Preisen der Güter auch die Grenzkosten der Anbieter beobachtbar wären. In diesem Fall kann der Lerner-Index $L_i = \frac{p_i - c_i'}{p_i}$ direkt berechnet werden, welcher unmittelbar Auskunft über den Preisaufschlag eines Anbieters i gibt. Verlässliche Informationen über die Grenzkosten der Anbieter sind jedoch nur in den wenigsten Fällen verfügbar. Der in empirischen Studien vielfach gewählte pragmatische Ausweg aus diesem Dilemma, die Approximation der Grenz- durch die (variablen) Durchschnittskosten, wird jedoch zu systematischen Verzerrungen führen, da lediglich bei konstanten Grenzkosten und Fixkosten von Null die Grenz- den Durchschnittskosten entsprechen.

Besonders problematisch ist in diesem Zusammenhang die Tatsache, dass bei der Ermittlung der Grenzkosten der Anbieter nicht bloß statistische Ungenauigkeiten auftreten können, sondern vielmehr, dass (marktmächtige) Anbieter einen Anreiz haben, die Grenzkosten verzerrt anzugeben. Dies ist in Abb. 7.6 für den einfachen Fall konstanter Grenzkosten verdeutlicht.

In einem Markt werden bei einer Nachfrage D_0 der Preis p_0 sowie die Menge Q_0 beobachtet. Diese Preis-Mengen-Kombination kann das Resultat eines Monopolmarktes sein, bei dem die Grenzkosten c'^M betragen. Jedoch kann die identische Preis-Mengen-Kombination auch das Ergebnis perfekten Wettbewerbs sein, wenn die Grenzkosten c'^W entsprechen. Sofern die Grenzkosten nicht beobachtbar sind, lässt sich aus der Beobachtung der Preise und Mengen zu einem Zeitpunkt noch keine Aussage über die Marktstruktur ableiten. Verfügt ein Anbieter tatsächlich über Marktmacht, so hat er einen starken Anreiz, seine Grenzkosten zur Verschleierung dieser Tatsache gegenüber einer Wettbewerbsbehörde überhöht anzugeben. Phlips (1996) nennt diesen Sachverhalt ***indistinguishability theorem*** und formuliert „10 Gebote" für marktmächtige Anbieter in Wettbewerbsverfahren gegenüber den Wettbewerbsbehörden. Das fünfte Gebot etwa lautet *„Thou shalt exaggerate the level of costs"* (S. 509). Neben acht weiteren

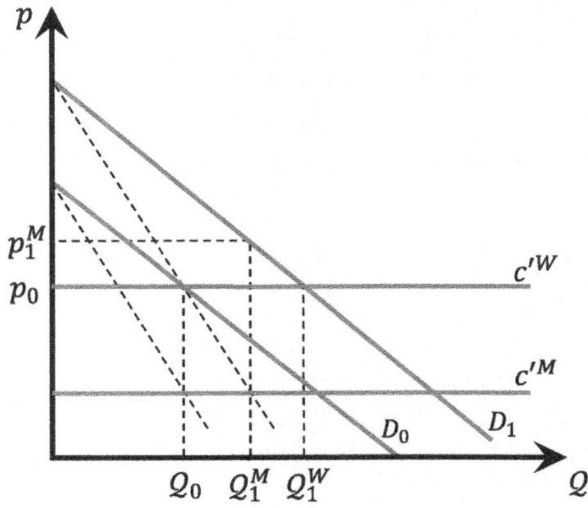

Abb. 7.6 Identifikation von Marktmacht durch Nachfrageschocks. (Quelle: Eigene Darstellung)

Empfehlungen für verzerrte Angaben gegenüber den Wettbewerbsbehörden lautet das 10. Gebot schließlich: *„Thou shalt otherwise tell the truth"* (S. 510).

Jedoch lassen sich Hinweise über das Ausmaß der Marktmacht von Unternehmen selbst bei Unkenntnis der Grenzkosten erzielen, wenn wir die Reaktion der Anbieter auf exogene Schocks beobachten. Betrachten wir vorerst die Reaktion der Anbieter auf einen exogenen Nachfrageschock. Steigt die Nachfrage beispielsweise auf D_1 an, so würden ceteris paribus bei einem Wettbewerbsmarkt (und konstanten Grenzkosten von c'^W) die Preise nicht reagieren, sondern lediglich die gehandelte Menge auf Q_1^W steigen. In einem Monopol mit konstanten Grenzkosten von c'^M indes würde der Nachfrageschock zu einer Erhöhung der Preise auf p_1^M führen. Die in Abb. 7.6 beschriebene Situation kann für den Fall steigender statt konstanter Grenzkosten (Breshnahan 1982) und für differenzierte Produkte (Nevo 1998) erweitert werden. Somit können aus der Anpassung des Marktes bei Nachfrageschwankungen Rückschlüsse auf die Marktstruktur gezogen werden.

7.7.3 Preistransmissionsanalysen

Selbst wenn die Grenzkosten der Anbieter nicht exakt gemessen werden können, so können doch häufig Faktoren identifiziert werden, welche die Grenzkosten der Anbieter beeinflussen. Der Preis verschiedener Milchprodukte im Handel wird beispielsweise wesentlich vom Erzeugerpreis von Milch in der landwirtschaftlichen Produktion abhängen (vgl. Fallbeispiel 1). Der Erzeugerpreis von Milch ist nicht die einzige, aber doch eine wesentliche, Komponente der Grenzkosten der Molkereien. Analog zu dem zuvor präsentierten Ansatz, bei dem Marktmacht aus der Preisanpassung auf Nachfrageschocks identifiziert wurde, versuchen empirische Studien aus der Preistransmission von Kostenschocks Hinweise auf die Existenz von Marktmacht zu gewinnen. In Kap. 9 werden vertikale Preiszusammenhänge in der Lebensmittelkette analysiert, z. B. die Frage wie die Margen der Verarbeiter und des Einzelhandels auf eine Veränderung des Preises für Schlachtschweine oder für Mahlweizen reagieren. Unter anderem wird dort gezeigt, dass sich das Ausmaß von Marktmacht aus einer Preistransmissionsanalyse lediglich unter erheblichen Einschränkungen identifizieren lässt.

7.7.4 Produktionstheoretische Ansätze

Ausgehend von Hall (1988) versuchen produktionstheoretische Ansätze die Grenzkosten (c') bzw. den *mark-up* ($\mu = \frac{p}{c'}$) der Anbieter durch eine ökonometrische Schätzung einer Produktions- bzw. Kostenfunktion zu ermitteln. Im einfachsten Fall nehmen wir an, dass für die Produktion einer Menge q lediglich zwei Produktionsfaktoren, ein variabler Faktor (l) sowie ein fixer Faktor (k) erforderlich sind. Die Produktion $q = q(l, k)$ ist mit Kosten $c = wl + rk$ verbunden, wobei w und r die Faktorpreise der beiden Produktionsfaktoren symbolisieren. Das Kostenminimierungsproblem unter der Nebenbedingung der Produktion einer vorgegebenen Menge ($\overline{q}$) lässt sich durch die folgende Lagrange-Funktion abbilden: $\min L = wl + rk + \lambda[\overline{q} - q(l,k)]$. Daraus ergibt sich als Bedingung erster Ordnung für den variablen Faktor $\frac{\partial L}{\partial l} = w - \lambda \frac{\partial q(l,k)}{\partial l} = 0$. Nach Erweiterung um $\frac{l}{q(l,k)}$ und Umformung erhalten wir $\frac{w}{\lambda} \frac{l}{q(l,k)} = \frac{\partial q(l,k)}{\partial l} \frac{l}{q(l,k)}$. Aus der Lagrange-Funktion wird deutlich, dass $\lambda = \frac{\partial L}{\partial \overline{q}}$ gilt. Der Lagrange-Multiplikator gibt also an, wie sich die Kosten mit der vorgegebenen Menge $\overline{q}$ verändern und entspricht damit den Grenzkosten ($\lambda = c'$). Unter Verwendung der Definition für den *mark-up* $\mu = \frac{p}{c'} = \frac{p}{\lambda}$ erhalten wir schließlich $\mu = \frac{\partial q(l,k)}{\partial l} \frac{l}{q(l,k)} / \frac{w}{p} \frac{l}{q(l,k)} = \frac{\xi}{\frac{wl}{pq(l,k)}}$, wobei $\xi \equiv \frac{\partial q(l,k)}{\partial l} \frac{l}{q(l,k)}$ die Produktionselastizität des variablen Faktors (l) darstellt. Diese Produktionselastizität des variablen Produktionsfaktors kann aus der Schätzung einer Produktionsfunktion ermittelt werden[11]. Das Verhältnis aus der geschätzten Produktionselastizität und dem Anteil der Ausgaben für den variablen Produktionsfaktor (wl) am Umsatz ($pq(l,k)$) ergibt somit ein Maß für den *mark-up* ($\mu = \frac{p}{c'}$) bzw. in weiterer Folge für den Lerner-Index (da $L = \frac{\mu-1}{\mu}$ gilt).

Produktionstheoretische Ansätze sind besonders gut für die Analyse von Märkten geeignet, in denen die Produktionstechnologie ökonometrisch gut abgebildet werden kann (d. h. wenn geeignete Daten sowie gute Kenntnisse über die Produktionstechnologie vorliegen). Wie das folgende Fallbeispiel zeigt, können durch diesen Ansatz spezielle Produktionsbedingungen (wie steigende Skalenerträge in der Produktion) erkannt und entsprechend berücksichtigt werden. Steigende Skalenerträge führen beispielsweise dazu, dass systematische Unterschiede in den Preisaufschlägen zwischen großen und kleinen Anbietern bestehen.

Fallbeispiel 7: Marktmacht am deutschen Biermarkt

Der Markt für Bier war bereits wiederholt Schauplatz von Anbieterkartellen bzw. Kartellverfahren der Wettbewerbsbehörden gegen Brauunternehmen (Bundeskartellamt 2014a, 2016). Auf der Basis von Daten von 197 Brauereien über einen Zeitraum von 13 Jahren schätzen Karagiannis et al. (2018) eine besonders flexible Form einer Produktionsfunktion (eine sogenannte translogarithmische Produktionsfunktion) und errechnen daraus Produktionselastizitäten für drei Produktionsfaktoren (Arbeit, Vorleistungen und Kapital). Aus Produktionselastizität des variablen Faktors Vorleistungen und dem Anteil der Ausgaben für Vorleitungen am Gesamtumsatz der Unternehmen errechnen die Autoren einen durchschnittlichen *mark-up* von 1.65; dies entspricht einem Lerner-Index von $L = 0{,}4$. Die ökonometrische Schätzung der

[11]Aus einer Cobb–Douglas Produktionsfunktion $q = \tau l^{\alpha} k^{\gamma}$ lässt sich beispielsweise die Produktionselastizität ($\xi = \alpha$) aus der Schätzung einer linearen Funktion $\ln(q) = \ln(\tau) + \alpha \ln(l) + \gamma \ln(k)$ direkt bestimmen. In empirischen Analysen wird die Produktionselastizität häufig durch eine ökonometrische Schätzung einer Kostenfunktion (duale Betrachtung) ermittelt.

translogarithmischen Produktionsfunktion weist ferner auf steigende Skalenerträge hin. Steigende Skalenerträge in der Produktion führen dazu, dass besonders große Brauereien einen hohen Preisaufschlag auf die Grenzkosten und damit einen höheren Lerner-Index realisieren können. Die Berechnungen der Autoren ergeben für große Brauereien (mit einer jährlichen Produktion von über 100.000 hl) einen Lerner-Index von $L = 0{,}47$ im Vergleich zu einem Wert von $L = 0{,}28$ für kleine Brauereien (mit einer jährlichen Produktion von weniger als 25.000 hl). ◀

7.7.5 Nachfrageanalysen: Marktmacht bei differenzierten Produkten

Wie in Abschn. 7.4 gezeigt wurde, lässt sich der Lerner-Index aus einem Modell konjekturaler Variation wie folgt errechnen (vgl. Gl. 7.14): $L = \frac{p-c'}{p} = \frac{1+\theta}{\varepsilon} HHI$. Die linke Seite der Gleichung zeigt, dass für die Quantifizierung von L Informationen über Preise (p) und Grenzkosten (c') erforderlich sind – eine Abschätzung der Grenzkosten wird in den zuvor beschriebenen Ansätzen versucht. Wie die rechte Seite der Gleichung zeigt, ist eine Berechnung von L auch ohne Kenntnis der Grenzkosten durch die Identifikation von θ, ε und HHI möglich. Dabei sind Informationen über die Marktanteile der einzelnen Anbieter zur Berechnung des Herfindahl–Hirschman-Index (HHI) in der Praxis meist relativ einfach verfügbar. Unter Verwendung konkreter Annahmen hinsichtlich des Verhaltens der Konkurrenten, ausgedrückt durch den Parameter konjekturaler Variation (θ), lässt sich der Lerner-Index durch eine ökonometrische Schätzung der Preiselastizität der Nachfrage (ε) ermitteln.

Die ökonometrische Schätzung der Preiselastizität ist bei homogenen Gütern vergleichsweise einfach. Bei differenzierten Produkten hingegen wird die Messung von Marktmacht durch die Fülle von Substitutionsmöglichkeiten wesentlich erschwert. Bei einer Vielzahl von Unternehmen, die wiederum jeweils mehrere unterschiedliche Produkte anbieten, kann auf einzelnen Märkten die Zahl der zu bestimmenden Substitutionsparameter (Kreuzpreiselastizitäten) sehr leicht die Zahl der Beobachtungen übersteigen. Auf dem Markt für Frühstückscerealien werden beispielsweise mehr als 50 unterschiedliche Produkte angeboten. Unter Berücksichtigung der Tatsache, dass die unkompensierten Kreuzpreiselastizitäten zwischen zwei Produkten nicht symmetrisch sein müssen, würde somit die Berechnung von 2500 Eigen- und Kreuzpreiselastizitäten erforderlich sein. Die Herausforderung für die empirische Analyse besteht darin, sparsame, aber dennoch flexible, Nachfragesysteme zu formulieren.

Mehrstufige Modelle (hierarchische Entscheidungsmodelle) sind eine Möglichkeit zur Reduktion der Komplexität des empirischen Modells. Dabei wird unterstellt, dass Haushalte ihre Konsumentscheidungen in verschiedenen Schritten (Stufen) treffen. Auf der obersten Stufe wird beispielsweise entschieden, welcher Anteil des Budgets auf Frühstückscerealien (relativ zu anderen Nahrungsmitteln) entfallen soll. Auf der nächsten Stufe wird eine Aufteilung in verschiedene Kategorien von Cerealien (für Kinder, Erwachsene, Bioprodukte etc.) vorgenommen. In einer letzten Stufe fallen dann die Entscheidungen für einzelne Produkte innerhalb einer Kategorie. Auf diesem Weg kann die Gesamtzahl der Substitutionsbeziehungen deutlich eingeschränkt werden. Gleichzeitig besteht weiterhin die Möglichkeit zur vollständigen Abbildung aller Substitutionsmöglichkeiten zwischen Produkten innerhalb einzelner Kategorien. Ein Beispiel für diese Vorgangsweise wird in Fallbeispiel 8 beschrieben.

Fallbeispiel 8: Marktmacht auf dem U.S. amerikanischen Biermarkt (1)

Hausman et al. (1994) ermitteln Preiselastizitäten auf dem US-amerikanischen Biermarkt in einem dreistufigen Ansatz. Auf einer ersten Stufe wird die Nachfrageelastizität für die Gesamtnachfrage nach Bier aus der Schätzung einer doppel-logarithmischen Nachfragefunktion berechnet. Die Punktschätzung der Eigenpreiselastizität auf der Ebene des Gesamtmarktes beträgt −1,37. In der zweiten Stufe wird die Nachfrage nach Bier in drei Segmente gegliedert (*premium, popular* und *light*). Hier werden Eigen- und Kreuzpreiselastizitäten (erneut unter Verwendung einer doppel-logarithmischen Nachfragefunktion) unter der Annahme einer konstanten Gesamtnachfrage nach Bier berechnet. Die Punktschätzer für die Eigenpreiselastizitäten betragen etwa −2,7 für *premium* sowie *popular beer* und −2,4 für *light beer.* In der dritten Stufe wird die Nachfrage nach den verschiedenen Marken (und damit die Substitutionsbeziehungen innerhalb der drei Segmente) mit einem *Almost Ideal Demand System* geschätzt. Die geschätzten Eigenpreiselastizitäten unterscheiden sich zwischen den verschiedenen Biermarken und liegen im Intervall zwischen −3,5 und −5,0. Die Ergebnisse dieser Arbeit verdeutlichen auch, dass die Höhe der Eigenpreiselastizitäten vom Aggregationsniveau der Analyse abhängt. Je höher das Aggregationsniveau der verwendeten Daten, umso eingeschränkter sind die Substitutionsmöglichkeiten der Konsumenten und umso niedriger werden die Eigenpreiselastizitäten sein. ◀

Alternativ kann das **Dimensionalitätsproblem** bei der Nachfrageanalyse auch durch die Annahme reduziert werden, dass die Substituierbarkeit zwischen bestimmten Produkten von den Charakteristika der Produkte abhängt. Ein Beispiel hierfür zeigt Fallbeispiel 9.

Fallbeispiel 9: Marktmacht auf dem U.S. amerikanischen Biermarkt (2)

Rojas (2008) untersucht ein natürliches Experiment, um Hinweise über die Intensität des Wettbewerbs auf dem US-amerikanischen Biermarkt zu gewinnen. Im Jahr 1991 wurde die Umsatzsteuer für inländisches sowie importiertes Bier in den USA verdoppelt. Der Autor analysiert die Konsumnachfrage nach Bier auf der Basis von Daten über Preise und Mengen von 64 verschiedenen Biersorten in 58 Städten der USA für einen Zeitraum von 20 Quartalen (1988–1992). Das Dimensionalitätsproblem bei der Bestimmung der Vielzahl der Substitutionsmöglichkeiten wird durch den sogenannten *Distance-Metric*-Ansatz gemildert. Dabei werden kontinuierliche und diskrete Charakteristika der verschiedenen Produkte erhoben und daraus Distanzen im Charakteristika-Raum zwischen jeweils zwei Produkten i und j berechnet und aggregiert. Rojas verwendet die folgenden kontinuierlichen Charakteristika: den Alkoholgehalt, die räumliche Verbreitung einer Marke sowie die Packungsgröße. Hinzu kommen verschiedene diskrete Charakteristika (die Produktsegmente Leichtbier, Lager, etc. sowie der Markenname der Produkte). Die Distanz im n-dimensionalen Charakteristika-Raum (bei n verschiedenen Charakteristika) zwischen den Produkten i und j ist $D_{ij} = \left[\sum_{n=1}^{N} (i_n - j_n)^2\right]^{\frac{1}{2}}$, wobei i_n (j_n) das n-te Charakteristikum des Produktes i (j) symbolisiert. Bei der ökonometrischen Schätzung der Kreuzpreiselastizitäten wird unterstellt, dass die Kreuzpreiselastizität zwischen den Produkten i und j eine lineare Funktion der Distanz der beiden Produkte im Charakteristika-Raum (D_{ij}) ist. Auf der Basis der Eigen- und Kreuzpreiselastizitäten berechnet Rojas im Rahmen eines Modells der konjekturalen Variation (vgl. Abschn. 7.4) Indikatoren der Wettbewerbsintensität (Lerner-Index) und vergleicht den Erklärungsgehalt unterschiedlicher Wettbewerbsmodelle. Hinsichtlich der empirischen Methode stellt der Autor zusammenfassend fest: *„As in previous work, the inference conducted in this paper depends crucially on the precision of demand estimates. The distance metric method employed here is effective in reducing the number of cross-price and cross-price effects, but it relies heavily in the researcher's ability to have data on all product characteristics that effectively determine substitution effects. Results may change if there are important unobserved product characteristics“* (Rojas 2008, S. 26). ◀

7.7.6 Marktanalysen in struktureller Form

Für eine Identifikation von Marktmacht ist die simultane Analyse von Angebots- (Kosten-) und Nachfragefunktionen im Rahmen eines strukturellen Modells am besten geeignet (vorausgesetzt, die dafür erforderlichen umfangreichen Daten sind verfügbar). Dieser Ansatz wird häufig im Rahmen der „Neuen Empirischen Industrieökonomie“ ***(New Empirical Industrial Organization,* NEIO*)*** nicht nur in industrieökonomischen Arbeiten zur Messung von Marktmacht, sondern auch in neueren betriebswirtschaftlichen Arbeiten zur Analyse der Wirkungen von verschiedenen Marketingaktivitäten verwendet.

Fallbeispiel 10: NEIO am Bananenmarkt

Die Arbeit von Deodhar und Sheldon (1995) stellt eine der ersten Anwendungen der strukturellen Marktanalyse im Rahmen des NEIO-Ansatzes dar. Der Weltmarkt für Bananen wurde in der analysierten Zeitperiode (1970–1992) von wenigen Anbietern dominiert; mehr als 70 % des Marktes in Deutschland wurde von drei Anbietern

(United Brands, Standard Fruit und Noboa) beherrscht. Die Autoren verwenden ein einfaches NEIO-Modell, um das Ausmaß der Marktmacht dieser Anbieter auf dem deutschen Bananenmarkt zu messen.

Ausgangspunkt ist Gl. 7.11. Für den Fall n identischer Anbieter mit konstanten Grenzkosten (c') folgt daraus: $p(Q) = -\frac{\partial p(Q)}{\partial Q}(1+\theta)\frac{Q}{n} + c'$. Die Autoren gehen von der folgenden linearen Marktnachfragefunktion aus:$Q = \alpha_0 + \alpha_1 p + \boldsymbol{Z\beta}$, wobei Z einen Vektor mit exogenen Einflussfaktoren symbolisiert. Die Autoren argumentieren ferner, dass das Angebot an Bananen auf dem deutschen Markt durch konstante Grenzkosten charakterisiert ist: $c' = \gamma_0 + \boldsymbol{X\delta}$, wobei X einen Vektor exogener Einflussfaktoren symbolisiert. Nach Einsetzen der Grenzkosten in die oben abgeleitete Preisgleichung erhalten wir: $p(Q) = -\frac{\partial p(Q)}{\partial Q}(1+\theta)\frac{Q}{n} + \gamma_0 + \boldsymbol{X\delta} = \gamma_1 Q + \gamma_0 + \boldsymbol{X\delta}$, wobei unter Verwendung der Nachfragefunktion $\gamma_1 = -\frac{\partial p(Q)}{\partial Q}\frac{(1+\theta)}{n} = -\frac{1}{\alpha_1}\frac{(1+\theta)}{n}$ gilt. Eine ökonometrische Schätzung der Nachfrage- und Angebotsfunktion auf der Basis von jährlichen Beobachtungen für die Periode 1970 bis 1992 ergibt Punktschätzer für $\alpha_0, \alpha_1, \gamma_0, \gamma_1$ sowie die Vektoren $\boldsymbol{\beta}$ und $\boldsymbol{\delta}$. Konkret ermitteln die Autoren die folgenden Parameterwerte: $\alpha_1 = -0{,}32$ und $\gamma_1 = 0{,}91$. Daraus ergibt sich ein Indikator der Wettbewerbsintensität von $\lambda = \frac{1+\theta}{n} = -a_1\gamma_1 = 0{,}29$. Wenn von drei (dominanten) Anbietern auf dem Markt ausgegangen wird, ($n = 3$), so folgt daraus $\theta = -0{,}13$. Das Verhalten der Anbieter auf diesem Markt weicht deutlich von perfekter Konkurrenz ($\theta = -1$) sowie kollusivem Verhalten ab (bei $n = 3$ wäre $\theta = n - 1 = 2$) und entspricht in etwa einem Cournot-Nash-Verhalten ($\theta = 0$). Deodhar und Sheldon (1995, S. 345) stellen zusammenfassend fest: „… *the hypothesis of perfect competition and collusive behaviour could be rejected, but the hypothesis of Cournot-Nash behaviour could not be rejected*“. ◄

Einen Überblick über zahlreiche weitere empirische Anwendungen des NEIO-Ansatzes für unterschiedlichste Märkte der Agrar- und Ernährungswirtschaft geben Digal und Ahmadi-Esfahani (2002), Sheldon und Sperling (2003) sowie Perekhozhuk et al. (2017). Ein Beispiel für die Anwendung struktureller Modelle in der Agrar- und Ernährungswirtschaft ist Kim und Cotterill (2008) für den Markt für Käse. Diese Arbeit ist auch deshalb besonders interessant, weil hier das Ergebnis eines strukturellen Modells mit jenem der Schätzung eines Modells in reduzierter Form verglichen und die Bedeutung von Kenntnissen des strukturellen Modells für die Ableitung von Schlussfolgerungen über die Ausübung von Marktmacht verdeutlicht wird.

In diesem Abschnitt haben wir nur einen kurzen Überblick über eine sehr umfangreiche Literatur gegeben, die sich mit verschiedenen Ansätzen zur Messung von Marktmacht beschäftigt. Die Forschung zu diesen Themen ist nach wie vor sehr aktiv, nicht zuletzt, weil belastbare empirische Ergebnisse über die Existenz und den Umfang von Marktmacht von großer Bedeutung für die Wettbewerbspolitik sind. Im anschließenden letzten Abschnitt dieses Kapitels werden einige wichtige Aspekte der Wettbewerbspolitik und der für die Umsetzung dieser Politik vorgesehenen Institutionen dargestellt.

7.8 Wettbewerbspolitik und Institutionen

7.8.1 Bedeutung der Wettbewerbspolitik und institutioneller Rahmen

In einer Marktwirtschaft bildet die **Wettbewerbspolitik** einen Eckstein der Wirtschaftspolitik. Über mittelalterliche Bestimmungen zur Zunftordnung, zu Kartell- und Monopolverboten lassen sich wettbewerbsökonomische Fragestellungen zurückverfolgen bis zum Codex Hammurapi.[12] In modernen Volkswirtschaften stehen wettbewerbspolitische Fragen häufig im Zentrum der wirtschaftspolitischen Diskussion.[13]

Im Vergleich zu anderen Teilbereichen der Wirtschaftspolitik ist die europäische Integration im Bereich der Wettbewerbspolitik sehr weit fortgeschritten. Dies liegt nicht zuletzt an der Tatsache, dass ein wesentlicher Teil des ökonomischen Geschehens auf einer supranationalen Ebene stattfindet und konkrete Fragen, die im Bereich der Wettbewerbspolitik auftauchen, sehr häufig über nationalstaatliche Grenzen hinausreichen.

Eine Besonderheit der Wettbewerbspolitik im europäischen Kontext besteht darin, dass nicht nur die Legislative, sondern auch die Exekutive auf europäischer Ebene angesiedelt ist. So setzt die EU-Kommission (gemeinsam mit den Wettbewerbsbehörden der Mitgliedstaaten) auch die EU-Wettbewerbsvorschriften durch, wobei für diese exekutiven Aufgaben innerhalb der Kommission in erster Linie die Generaldirektion Wettbewerb zuständig ist. Die Kommission ist gleichzeitig Untersuchungsbehörde, Anklägerin und Entscheidungsbehörde erster Instanz. Die Generaldirektion Wettbewerb hat weitreichenden Einfluss sowohl bei der Beurteilung von Subventionen durch Mitgliedstaaten als auch bei Zusammenschlussverfahren sowie der Kartell- und Missbrauchsaufsicht. Davon sind auch multinationale Unternehmen betroffen, die ihren Sitz nicht in der EU haben, aber im EU-Binnenmarkt aktiv sind. Die Entscheidungen der Kommission können vor den europäischen Gerichtshöfen bekämpft werden.

Aufgrund seiner Bedeutung für den Aufbau und Erhalt des gemeinsamen Marktes sind die grundlegenden Bestimmungen des europäischen Wettbewerbsrechtes unmittelbar im Vertrag über die Arbeitsweise der Europäischen Union geregelt. Artikel 101 des Vertrags regelt das Verbot von horizontalen und vertikalen *„Vereinbarungen zwischen Unternehmen, Beschlüsse von Unternehmensvereinigungen und aufeinander abgestimmte Verhaltensweisen, welche den Handel zwischen Mitgliedsstaaten zu beeinträchtigen geeignet sind und eine Verhinderung, Einschränkung oder Verfälschung des Wettbewerbs innerhalb des Binnenmarkts bezwecken oder bewirken“* (Europäische

[12] Der Codex Hammurapi ist die älteste vollständig erhaltene Sammlung von Rechtssprüchen und wurde in Babylon im 18. Jahrhundert vor Christus erstellt.

[13] Einen ausführlichen Überblick über die wesentlichen Themen der Wettbewerbspolitik bieten u. a. Motta (2004), Bishop und Walker (2009) sowie Schmidt und Haucap (2013).

Kommission 2012, Art. 101). Darunter fallen beispielsweise Absprachen über An- oder Verkaufspreise oder die Aufteilung von Absatzmärkten oder Versorgungsquellen. Artikel 102 regelt das Verbot der *„missbräuchliche Ausnutzung einer beherrschenden Stellung auf dem Binnenmarkt oder auf einem wesentlichen Teil desselben durch ein oder mehrere Unternehmen, soweit dies dazu führen kann, den Handel zwischen Mitgliedsstaaten zu beeinträchtigen“* (Europäische Kommission 2012, Art. 102). Als Beispiel kann die Entscheidung eines marktbeherrschenden Unternehmens genannt werden, Preise unter den durchschnittlichen totalen Kosten festzulegen, mit dem Ziel Wettbewerber auszuschalten. Darüber hinaus fällt die zuvor genannte Fusionskontrolle in den Wirkungsbereich von Artikel 102.

In den Mitgliedstaaten der EU ist eine doppelte Wettbewerbsaufsicht eingerichtet: einerseits beschäftigt sich die EU-Kommission mit Fällen von supranationaler Bedeutung, andererseits widmen sich die nationalen Kartellbehörden überwiegend Fällen, welchen keine Bedeutung für den Handel zwischen den Mitgliedsstaaten zukommt. Zumal es keine präzise Trennung der Zuständigkeiten gibt, kann es vor allem bei bedeutenden Fällen zu parallelen Verfahren kommen – davon ausgenommen ist die Kontrolle von Zusammenschlüssen, die entweder auf EU-Ebene oder auf nationaler Ebene durchzuführen ist (siehe nächster Abschnitt).

7.8.2 Teilbereiche der Wettbewerbspolitik

Die europäische Wettbewerbsordnung (sowie auch jene der meisten entwickelten Volkswirtschaften) steht auf drei Säulen: **Missbrauchsaufsicht, Kartellbekämpfung** und **Zusammenschlusskontrolle.** Die Ansätze Missbrauchsaufsicht und Kartellbekämpfung sind überwiegend *ex post* orientiert. In beiden Bereichen tritt die Behörde erst dann auf den Plan, wenn ökonomischer Schaden schon entstanden ist (oder zumindest vermutet wird). Dagegen versucht die Zusammenschlusskontrolle, die Entstehung einer marktbeherrschenden Stellung von Anbietern ex ante zu verhindern.

a) Ex-ante-Ansätze: Kartell- und Missbrauchsverfahren
Verfahren gegen horizontale und vertikale Wettbewerbsbeschränkungen werden durch einen Antrag einer berechtigten Partei eingeleitet. Kernpunkt eines solchen Antrags muss ein konkretes Begehren sein, also die Abstellung eines Verhaltens (z. B. Preisabsprachen) oder die Feststellung, dass eine Wettbewerbsbeschränkung vorliegt. In der Praxis liefern die Wettbewerbsbehörden selbst wesentliche Beweise – nach Durchführung eigener Ermittlungen – zur Aufdeckung von Wettbewerbsbeschränkungen. Legen Unternehmen entgegen der gesetzlichen Verpflichtung Unterlagen nicht vor oder kommen sie Behördenaufträgen nicht nach, können Zwangsgelder verhängt werden.

Die Missbrauchsaufsicht wird häufig als vergleichsweise zahnloses Instrument der Wettbewerbspolitik angesehen. Illegale Kartelle und Absprachen finden im Geheimen statt und nur selten werden schriftliche Unterlagen erstellt. Entsprechend schwer sind diese aufzudecken und nachzuweisen. Insiderwissen oder Kenntnisse über verbotene Absprachen für die Aufdeckung illegaler Kartelle haben eine große Bedeutung. Die jüngeren Reformen des Wettbewerbsrechts hoffen besonders auf die Wirkung der sogenannten Kronzeugenregelung. Dabei kann die Wettbewerbsbehörde Kartellteilnehmern, die durch ihre Kooperation dazu beitragen, ein Kartell aufzudecken, die Geldbuße erlassen oder reduzieren (Bonusregelung). Inzwischen wird beispielsweise in Deutschland etwa die Hälfte aller Kartellverfahren des Bundeskartellamtes durch Hinweise von Kronzeugen ausgelöst. Darüber hinaus erzeugt die Bonusregelung Unsicherheit in den Kartellkreisen. Kartellmitglieder können nicht mehr sicher sein, dass ihre illegale Absprache unentdeckt bleibt, was die Stabilität eines Kartells schwächen kann. Eine systematische empirische Untersuchung über die Effekte der 1996 eingeführten Kronzeugenregelung im EU-Wettbewerbsrecht (Brenner 2009) auf der Basis von 61 Kartellurteilen der Europäischen Kommission im Zeitraum zwischen 1990 und 2003 zeigt beispielsweise, dass durch die Kronzeugenregelung die Höhe der Kartellstrafen signifikant angestiegen sowie die Prozessdauer signifikant gesunken ist. Eine ähnliche statistische Analyse für die USA ist in Miller (2009) zu finden.

b) Ex-post-Ansatz: Zusammenschlusskontrolle
Von den drei Säulen der Wettbewerbspolitik kommt der Zusammenschlusskontrolle wahrscheinlich die größte Bedeutung zu; sie zielt im Kern darauf ab, die Entstehung marktbeherrschender Stellungen von Unternehmen durch Unternehmenszusammenschlüsse zu verhindern. Zusammenschlüsse von Unternehmen müssen, wenn der Jahresumsatz der beteiligten Unternehmen sogenannte Aufgreifschwellen überschreitet, bei der Wettbewerbsbehörde zur Überprüfung gemeldet werden und unterliegen während des gesamten Prüfverfahrens einem Vollzugsverbot. Diese Aufgreifschwellen regeln auch, ob die Zusammenschlusskontrolle durch die Wettbewerbsbehörde auf EU- oder auf nationaler Ebene durchgeführt wird.[14] Für die Entscheidungen der Wettbewerbsbehörden gibt es – und das ist ungewöhnlich im Rechtssystem – Entscheidungsfristen.

Im nationalen Zusammenschlussverfahren müssen sich die Amtsparteien in Phase I (Vorprüfverfahren) innerhalb von einem Monat entscheiden, ob sie einen Prüfungsantrag stellen, wenn das Zusammenschlussvorhaben zu einer marktbeherrschenden Stellung führen kann bzw. eine bestehende Marktbeherrschung verstärkt. Wird ein solcher Antrag gestellt, so tritt das Verfahren in Phase II (Hauptprüfung) ein. Die zuständige Wettbewerbsbehörde muss innerhalb von 4 bis 5 Monaten den Zusammenschluss untersagen oder – allenfalls unter Auflagen – genehmigen. Ein rechtswidrig durchgeführter Zusammenschluss kann Geldbußen nach sich ziehen und zur rechtlichen Ungültigkeit des Zusammenschlusses führen.

[14]Ausschlaggebend dafür ist im Wesentlichen, in welchen geografischen Regionen die am Zusammenschluss beteiligten Unternehmen ihre Umsätze erzielen (vgl. dazu ausführlicher Schmidt und Haucap 2013).

Auf Grund der kurzen Frist zur Beurteilung eines Unternehmenszusammenschlusses insbesondere in Phase I können Wettbewerbsbehörden kaum detaillierte empirische Analysen durchführen. Für eine erste grobe Abschätzung der Preiseffekte eines Zusammenschlusses sind die Ergebnisse des Modells der konjekturalen Variation (Abschn. 7.4) hilfreich. Der Lerner-Index für einen Markt im Gleichgewicht $L = \frac{1+\theta}{\varepsilon} HHI$ (vgl. Gl. 7.14) macht deutlich, dass bei unverändertem Verhalten der Anbieter (gemessen durch den Parameter θ) und bei konstanter Preiselastizität der Nachfrage (ε) der Preis-Aufschlag auf die Grenzkosten (L) durch die Veränderung der Marktanteile der Anbieter und damit durch die Veränderung des Herfindahl–Hirschman-Index (HHI) bestimmt wird.

In den „Leitlinien zur Bewertung horizontaler Zusammenschlüsse gemäß der Ratsverordnung über die Kontrolle von Unternehmenszusammenschlüssen" gibt die Europäische Kommission (2004) einige Anhaltspunkte für eine Prüfung von horizontalen Unternehmenszusammenschlüssen auf der Basis des Herfindahl–Hirschman-Index. *„Für die Kommission stellen sich in der Regel keine horizontalen Wettbewerbsbedenken in einem Markt, dessen HHI nach dem Zusammenschluss unterhalb von 1000 liegt. Derartige Märkte bedürfen in der Regel keiner genaueren Untersuchung. Das Gleiche gilt für Vorhaben, bei denen der HHI nach dem Zusammenschluss zwischen 1000 und 2000 und der Deltawert*[15] *unterhalb von 250 liegt, oder wenn der HHI oberhalb von 2000 und der Deltawert unter 150 liegt, es sei denn, besondere Umstände …"* liegen vor, die im Absatz 20 der Leitlinien explizit aufgeführt sind.

Eine grundlegende Voraussetzung für die Berechnung des HHI (bzw. für fundierte Entscheidungen der Wettbewerbsbehörden im Allgemeinen) ist jedoch eine korrekte Bestimmung der Marktanteile der einzelnen Anbieter und damit eine sorgfältige Abgrenzung von Märkten. Fragen der Marktabgrenzung stehen in vielen Verfahren der Wettbewerbsbehörden im Zentrum der Diskussion.

7.8.3 Kriterien der Marktabgrenzung

Inwieweit eine missbräuchliche Verwendung von Marktmacht vorliegt bzw. die Entstehung einer marktbeherrschenden Stellung durch einen Unternehmenszusammenschluss nachgewiesen werden kann, ist entscheidend davon abhängig, wie eng (bzw. weit) der relevante Markt definiert wird. Die an einem Zusammenschluss beteiligten Unternehmen haben verständlicherweise ein Interesse an einer möglichst weiten

[15] „Deltawert" bezeichnet die Veränderung des HHI durch den zu prüfenden Zusammenschluss. Bleibt der Marktanteil der nicht direkt am Zusammenschluss beteiligten Anbieter konstant, so ergibt sich die Veränderung des HHI ausschließlich durch die Addition der Marktanteile der beteiligten Unternehmen. Unter den genannten Annahmen ist eine rasche Ersteinschätzung der Auswirkungen eines Zusammenschlusses möglich.

Definition des Marktes[16], während Akteure, die einen Zusammenschluss verhindern möchten, Vorteile aus einer engen Marktabgrenzung ziehen würden.

In der Wettbewerbspolitik werden zwei Dimensionen der Marktabgrenzung unterschieden: sachliche und räumliche Marktabgrenzung. In beiden Fällen zielt die Marktabgrenzung auf das Ausmaß der Verhaltenseinschränkung der Konkurrenten. *„Die Abgrenzung eines Marktes in sowohl seiner sachlichen als auch seiner räumlichen Dimension hat zum Zweck, zu ermitteln, welche konkurrierenden Unternehmen tatsächlich in der Lage sind, dem Verhalten der beteiligten Unternehmen Schranken zu setzen und sie daran zu hindern, sich jeglichem effektivem Wettbewerb zu entziehen"* (Europäische Kommission 1997, Absatz 2). Die Wettbewerbswirkung wird dabei durchwegs auf der Ebene der Preisbildung betrachtet. Entscheidend ist, inwieweit die Möglichkeit zur Anhebung der Preise durch Anbieter eingeschränkt wird. Der Aspekt der Marktabgrenzung und der Marktmacht sind hier also eng verwoben.

Zur Verdeutlichung betrachten wir die Frage der räumlichen Marktabgrenzung in einer Situation, in der die beiden einzigen Produzenten A und B jeweils ein identisches Produkt an unterschiedlichen Orten anbieten. Der Transport zu den Kunden ist mit Kosten verbunden. Wenn die geografische Entfernung zwischen A und B so groß ist, dass die Aktivitäten (z. B. die Bestimmung des Produktpreises) des Produzenten B die Wettbewerbssituation für das Produkt von A nicht beeinflussen, dann müssen wir von zwei (geographisch) getrennten Märkten ausgehen; der Anbieter A kann sich auf seinem Markt als Monopolist verhalten. Wird jedoch die Wettbewerbssituation für den Produzenten A von den Aktivitäten des Anbieters B beeinflusst (z. B., weil die Transportkosten gesunken sind und sich die Verkaufsgebiete der beiden Anbieter somit überlappen), so ist eine Monopolsituation für A nicht mehr vorhanden. Die Aktivitäten des Anbieters B haben eine disziplinierende Wirkung für den Anbieter A, der die Preise für sein Produkt nicht beliebig erhöhen kann, ohne fürchten zu müssen, dass ein erheblicher Teil seiner Kunden an B verloren geht. Die beiden Produkte sind somit in einen (geografischen) Markt zusammenzufassen.

Analog ist eine Abgrenzung des relevanten Produktmarktes in sachlicher Dimension vorzunehmen: „Der sachlich relevante Markt umfasst alle jene Erzeugnisse und/oder Dienstleistungen, die vom Verbraucher hinsichtlich ihrer Eigenschaften, Preise und ihres vorgesehenen Verwendungszwecks als austauschbar oder substituierbar angesehen werden" (Europäische Kommission 1997, Absatz 7). Der relevante Markt wird schließlich aus der Kombination von sachlichem und räumlichem Markt bestimmt. Zur Durchführung der Abgrenzung in räumlicher und sachlicher Dimension werden drei Kriterien verwendet:

---

[16]Als Beispiel einer sehr weiten Definition des relevanten Marktes durch ein Unternehmen kann die Marktabgrenzung von Coca-Cola verwendet werden, die im Wall Street Journal im Jahr 1997 abgedruckt wurde: *"The company's (Coke) executives are fond of saying that every human needs to consume an average of 64 oz of fluid each day ... to survive. Of that total, Coke calculates it now accounts for less than two ounces."* (Wall Street Journal, May 8, 1997).

a) Charakteristika und Eigenschaften der Produkte

Die Kommission ist hinsichtlich dieses Kriteriums zur Marktabgrenzung sehr vorsichtig. *„Durch Analyse der Merkmale und des Verwendungszwecks des Produkts kann die Kommission in einem ersten Schritt den Umfang der Untersuchung möglicher Substitute eingrenzen. Produktmerkmale und Verwendungszweck reichen jedoch nicht aus, um zu entscheiden, ob zwei Produkte Nachfragesubstitute sind. Funktionale Austauschbarkeit oder ähnliche Merkmale sind als solche noch keine ausreichenden Kriterien, denn die Kundenreaktion auf Änderungen bei den relativen Preisen kann auch von anderen Faktoren abhängen"* (Europäische Kommission 1997, Absatz 36). Hinsichtlich dieser „Kundenreaktion auf Änderungen der relativen Preise" ist zwischen einer Substituierbarkeit auf der Angebots- und der Nachfrageseite zu unterscheiden.

b) Nachfragesubstituierbarkeit

Die Europäische Kommission misst der Nachfragesubstituierbarkeit zu Recht die höchste Bedeutung bei. Die Substitution der Nachfrager ist der unmittelbarste und effektivste disziplinierende Faktor für die Anbieter von Produkten. Analysen der Nachfragesubstituierbarkeit untersuchen, welche Alternativen (Substitute) für Konsumenten existieren und in welchem Umfang Konsumenten bei einer Preiserhöhung zu diesen Substituten wechseln würden. Um als Substitut zu gelten, ist es nicht erforderlich, dass alle Konsumenten zum alternativen Produkt wechseln. Wesentlich ist vielmehr, ob die Zahl der wechselnden Konsumenten groß genug ist. Jene Konsumenten, die am ehesten wechseln, werden auch als marginale Konsumenten bezeichnet. Wenn eine genügende Zahl von Konsumenten wechselt, ist eine Preiserhöhung für den Anbieter nicht attraktiv (er verliert zu viele Konsumenten).

c) Angebotssubstituierbarkeit

Der Preissetzungsspielraum der Anbieter wird jedoch auch dann beschränkt sein, wenn eine ausreichende Angebotssubstituierbarkeit besteht. Darunter ist zu verstehen, dass Anbieter rasch und ohne hohe Zusatzkosten auf eine Preiserhöhung eines Konkurrenten reagieren können, indem sie ebenfalls das betrachtete Produkt herstellen oder auf einem bestimmten Markt anbieten. Was konkret unter rasch und ohne hohe Zusatzkosten gemeint ist, kann nur von Fall zu Fall geklärt werden. Angebotssubstituierbarkeit wird in der Praxis besonders dann eine gewichtige Rolle spielen, wenn Anbieter eine große Palette differenzierter Produkte anbieten.[17] Die quantitative Bedeutung der Angebotssubstituierbarkeit wird auch aus den Innovationsstatistiken der Unter-

[17]So zählen z. B. Schuhe unterschiedlicher Größe zu einem Markt. Denn auch wenn aus der Sicht der Konsumenten ein Wechseln von Schuhgröße 43 auf 39 nicht ohne erhebliche Kosten (physische Schmerzen) durchgeführt werden kann (Nachfragesubstituierbarkeit), ist es für Anbieter vergleichsweise einfach, Schuhe unterschiedlicher Größe anzubieten.

nehmen deutlich. So zählt ein erheblicher Teil der Produktinnovationen der deutschen Ernährungsindustrie zu den sogenannten *me too* Innovationen, also dem Versuch der Anbieter, in profitable Produktbereiche der Konkurrenz vorzudringen.

7.8.4 Instrumente und Methoden der Marktabgrenzung

In der ökonomischen Literatur wurden zahlreiche Instrumente und Methoden vorgeschlagen, um die zuvor genannten Kriterien der Marktabgrenzung anzuwenden. Die Kommission folgt hinsichtlich dieser Methoden keiner starren Rangordnung, sie erwähnt explizit, dass sie allen Formen des empirischen Nachweises gegenüber offen ist (vgl. Europäische Kommission 1997, Absatz 25). Für viele Instrumente hat die Anwendung komplexer ökonometrischer Verfahren in den letzten Jahren erheblich an Bedeutung gewonnen. Die für die Wettbewerbspolitik relevanten Informationen sind vielfach nicht direkt in Form von natürlichen Experimenten auf Märkten beobachtbar und können nur mittels indirekter Inzidenz erfasst werden.

Die hier beschriebenen Verfahren der Marktabgrenzung dienen häufig auch als Instrumente in Verfahren zum Nachweis von Marktmachtmissbrauch. Im Folgenden wird primär die Anwendung auf Fragen der Marktabgrenzung diskutiert, zusätzliche Aspekte bei der Anwendung zur Messung der Marktmacht oder Fragen des Marktmachtmissbrauches werden gesondert angesprochen.

a) Preisbasierte Marktabgrenzungsverfahren

Klassische Ökonomen stellen bei der Marktabgrenzung das **Gesetz des einheitlichen Preises (Law of One Price – LOP)** in den Vordergrund.[18] Auf dieser Vorstellung basiert auch der von Horowitz (1981) vorgeschlagene Test auf uniforme Preisentwicklung. Demnach können sich die aktuellen Preise innerhalb eines (räumlichen) Marktes zwar wegen unterschiedlicher Raumüberwindungskosten und Zufallseinflüssen unterscheiden, die Preise würden sich aber im Zeitablauf einheitlich bewegen und feste Abstände zueinander aufweisen.

In den empirischen Anwendungen werden häufig partielle Korrelationen zwischen den Preisen verschiedener Produkte errechnet, um daraus Aussagen über die Zugehörigkeit zum gleichen Markt zu treffen. Wenn zwei Produkte A und B enge Substitute

[18]Das LOP besagt, dass unter den Voraussetzungen der Abwesenheit von Handelshemmnissen, freiem Wettbewerb und Preisflexibilität identische Güter an unterschiedlichen Orten zum gleichen Preis verkauft werden. Wenn sich die Preise identischer Güter an verschiedenen Orten hingegen unterschieden, so sind diese Orte nicht Teil des gleichen geografischen Marktes. „It is well known that by *market* economists mean, not a certain place where purchases and sales are carried on, but an entire territory of which the parts are so united by the relations of unrestricted commerce that prices there take the same level throughout, with ease and rapidity" (Cournot 1897, S. 51–52).

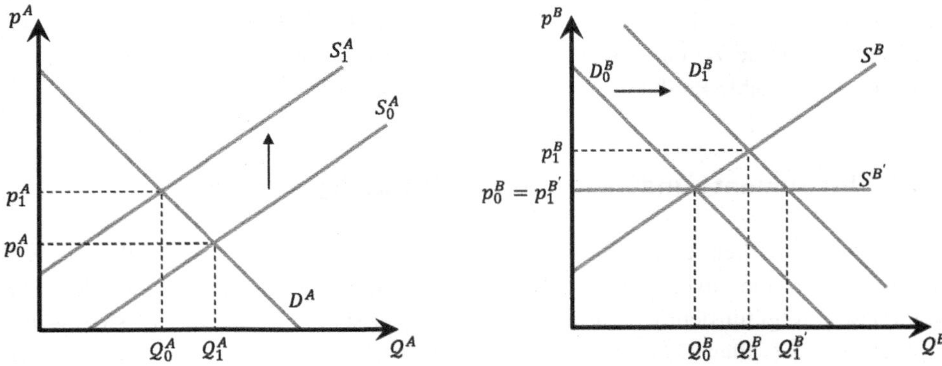

Abb. 7.7 Preisbasierte Marktabgrenzung. (Quelle: Eigene Darstellung)

darstellen, dann sollten auch die Preise der beiden Produkte hoch korreliert sein. Führt beispielsweise in Abb. 7.7 ein Kostenanstieg für Produkt *A* zu einer Verschiebung der Angebotskurve von S_0^A nach S_1^A, wird der Preisanstieg für Produkt *A* zu einer vermehrten Nachfrage nach Produkt *B* führen; die Nachfrage für Produkt *B* wird sich von D_0^B nach D_1^B verschieben. Bei einer Angebotskurve für Gut *B* von S_B wird deshalb auch für das Produkt *B* ein Preisanstieg zu beobachten sein (von p_0^B auf p_1^B). Die positive Korrelation der Preisänderungen zwischen den beiden Produkten wird umso stärker sein, je enger die Substitutionsbeziehung zwischen den beiden Produkten ist.

Aktuellere Anwendungen preisbasierter Methoden der Marktabgrenzung verwenden fortgeschrittene Verfahren der Zeitreihenanalyse (Granger Kausalitätstests sowie Kointegrations-Methoden), bei denen eine bessere Bestimmung der Kausalitätsrichtung und eine bessere Abbildung der Dynamik der Preisbeziehungen zwischen verschiedenen Gütern sowie eine Unterscheidung zwischen einer kurzfristigen und einer langfristigen Preisanpassung möglich ist.[19] Die Vorzüge der Preiskorrelationsanalyse liegen in der einfachen Durchführbarkeit, guten intuitiven Nachvollziehbarkeit (die besonders bei Verfahren vor Gericht relevant ist) sowie der geringen Datenerfordernis.

Jedoch gibt es auch erhebliche Schwächen dieser Vorgangsweise. So unterscheiden sich auf vielen Märkten die Listenpreise von den tatsächlichen Transaktionspreisen. Die Frequenz der Preisbeobachtungen kann zu unterschiedlichen Ergebnissen in der Berechnung der Korrelationskoeffizienten führen. Zwischen den Preisen mancher Produkte können starke statistische Beziehungen (ein hoher Korrelationskoeffizient) bestehen, ohne dass tatsächlich ein Zusammenhang zwischen den Produkten (weder Angebots- noch Nachfragesubstituierbarkeit) gegeben ist (Scheinkorrelation). Ferner gibt es keinen gut begründbaren Referenzwert, mit dem die Höhe der berechneten Kor-

[19] Ähnliche Verfahren werden auch in der Analyse vertikaler Preisbeziehungen angewandt; einen Einstieg in Zeitreihenverfahren zur ökonometrischen Analyse von Preisen bietet Kap. 9, Abschn. 5.

relationskoeffizienten verglichen werden könnte (Benchmarking). Und schließlich gibt es ein Interpretationsproblem bei der Verwendung der preisbasierten Marktabgrenzungsverfahren, welches in Abb. 7.7 sichtbar wird. Denn ein Preisanstieg bei Gut A (von p_0^A auf p_1^A) und der dadurch ausgelöste Nachfrageanstieg bei Produkt B (von D_0^B auf D_1^B) wird nur dann einen Preisanstieg bei Gut B auslösen, sofern die Angebotsfunktion für Gut B steigend verläuft. Dies wird dann der Fall sein, wenn die Angebotssubstitution zwischen Gut A und B vergleichsweise schwach ausgeprägt ist. Ist es jedoch den Anbietern leicht und ohne hohe Zusatzkosten möglich, die Produktion von Gut A nach Gut B zu verlagern, dann wird die Korrelation in den Preisänderungen zwischen den beiden Produkten niedrig sein. Bei einer horizontalen Angebotsfunktion für das Gut B ($S^{B\prime}$) werden die Preise für dieses Gut sogar unverändert bleiben. Eine empirische Analyse würde einen schwach ausgeprägten (oder keinen) Zusammenhang der Preise der beiden Produkte gerade in einem Markt nahelegen, der durch eine hohe Angebotssubstituierbarkeit charakterisiert ist.

Das wesentliche Problem preisbasierter Verfahren der Marktabgrenzung, welches auch im Diagramm deutlich wird, besteht in der Tatsache, dass das Niveau der Preise verschiedener Güter und damit auch die statistische Beziehung zwischen den Preisen dieser Güter stark von den Angebots- und Nachfragebedingungen auf einem Markt abhängig sein wird. Informationen über das Nachfrageverhalten der Konsumenten (die Preiselastizität der Nachfrage) sowie die Produktionskosten der Anbieter finden jedoch in den preisbasierten Verfahren der Marktabgrenzung keinen Eingang.

b) Der SSNIP-Test (HM-Test)

Der SSNIP- *(**s**mall but **s**ignificant **n**on-transitory **i**ncrease in **p**rice)* oder HM-Test *(**h**ypothetical-**m**onopoly-Test)* wurde 1984 in den Merger-Guidelines des US-Departments of Justice fest etabliert und nimmt in den Richtlinien der Europäischen Kommission (1997) zur Definition und Abgrenzung des relevanten Marktes eine zentrale Rolle ein. Dieser Test ist inzwischen zu einem der wichtigsten Instrumente zur Marktabgrenzung bei Unternehmenszusammenschlüssen geworden.

Das Grundprinzip des Tests lässt sich an folgendem Beispiel einer Abgrenzung in sachlicher Hinsicht verdeutlichen. Um zu klären, ob zwei Produkte A und B zu einem Markt zusammengefasst werden sollen, unterstellen wir, dass das Produkt A von einem (hypothetischen) Monopolisten angeboten wird. Der SSNIP-Test prüft, ob es für diesen Monopolisten profitabel wäre, die Preise (ausgehend vom bestehenden Preisniveau) um 5 bis 10 % zu erhöhen. Ist eine Preissteigerung profitabel, weil die Nachfrage nach dem Produkt A als Folge des Preisanstieges nur geringfügig abnimmt, dann wären die Produkte A und B als getrennte Märkte zu betrachten. Ist hingegen die Preissteigerung nicht profitabel, weil die Konsumenten sehr stark zum Konkurrenzprodukt B ausweichen (oder den Konsum des Produktes überhaupt einstellen), so wäre der Markt mit einer alleinigen Berücksichtigung von Produkt A zu eng definiert. Produkt A und B bilden einen gemeinsamen Markt.

Bei mehr als zwei Produkten läuft dieser Prozess iterativ ab. Ausgangspunkt ist die engste Definition eines Marktes, im Fall eines Unternehmenszusammenschlusses typischerweise das (die) wesentliche(n) Produkt(e) der beiden Anbieter. Für diese kleinste Menge an Produkten, dem sogenannten Kandidatenmarkt, wird geprüft, ob eine kleine aber signifikante Preiserhöhung eines hypothetischen Monopolisten profitabel wäre. Ist dies nicht der Fall, so werden weitere Produkte zum Kandidatenmarkt hinzugenommen (das nächstbeste Substitut) und der Test wiederholt. Als relevanter Markt wird dann die engste Zusammenfassung von Produkten definiert, bei welcher es für einen hypothetischen Monopolisten profitabel wäre, eine kleine, aber signifikante und dauerhafte Preiserhöhung durchzusetzen.

Welches Ausmaß einer Preiserhöhung tatsächlich klein aber signifikant ist, lässt sich nicht allgemein beantworten und wird von verschiedenen Faktoren abhängen: die üblichen Preisschwankungen in einer Branche, das allgemeine Inflationsniveau, aber auch die Substituierbarkeit der Produkte auf der Angebots- und Nachfrageseite. Das U.S. Department of Justice verwendet eine 5 %-ige Preissteigerung, die EU-Kommission geht je nach Produkt von einer 5 bis 10 %-igen Preissteigerung aus. Ähnlich offen ist auch die Frage, über welchen Zeitraum die Prüfung der Profitabilität vorgenommen werden muss. Wird der Zeitraum sehr kurz gewählt, so werden Konsumenten kaum nach alternativen Produkten suchen und Anbieter ebenso wenig in der Lage sein, in einen Markt einzutreten. Ist die Zeitperiode sehr lang, so wird eine profitable Marktstellung mit überhöhten Preisen auf kaum einem Markt zu realisieren sein. In der Praxis hat sich als relevante Zeitspanne ein Jahr etabliert, eine gute ökonomische Fundierung dafür gibt es nicht.

Zentraler Bestandteil des Tests ist die Frage, unter welchen Bedingungen eine Preiserhöhung unprofitabel ist. Bei jeder Preissteigerung wird ein Teil der Nachfrager auf den Konsum des Produktes ganz verzichten, ein anderer Teil wird zu einem Konkurrenzprodukt wechseln (Nachfragesubstitution). Gleichzeitig würden Konkurrenten ihr Angebot auf dem Markt ausdehnen bzw. neu in den Markt eintreten und damit zu einem weiteren Verlust von Marktanteilen beitragen (Angebotssubstitution). Wenn enge Nachfrage- und Angebotssubstitute existieren, so wird eine Preissteigerung zu einem starken Nachfragerückgang nach dem betrachteten Produkt führen, die residuale Nachfrage des hypothetischen Monopolisten ist somit relativ preiselastisch. Zu beachten ist ferner, dass mit diesem Nachfrageschwund auch ein Produktionsrückgang und somit eine Kostensenkung verbunden sein wird.

Im Mittelpunkt wettbewerbspolitischer Analysen steht daher die Messung der Nachfrage- und Kostenänderungen als Folge einer Preissteigerung. Wie hoch darf die Preiselastizität der Nachfrage maximal sein, damit eine Preissteigerung gerade noch (oder gerade nicht mehr) profitabel ist? Diese Frage wird mit dem Konzept der **kritischen Elastizität** (Werden 1998) bzw. dem kritischen Nachfragerückgang beantwortet.

Fallbeispiel 11: Der SNIPP-Test am Biermarkt

Im März 2016 wurde eine geplante Übernahme der weltweit zweitgrößten Brauerei (SABMiller) durch die größte Brauerei Anheuser-Busch InBev den Wettbewerbsbehörden verschiedener Länder angezeigt. Die Übernahme wurde von den Wettbewerbsbehörden auf der Basis einer räumlichen und sachlichen Marktabgrenzung ausführlich geprüft (vgl. Europäische Kommission 2016) und schließlich genehmigt. Gürkaynak und Kalkan (2017) greifen diese Übernahme auf und wenden einen SSNIP-Test zur Marktabgrenzung für den Biermarkt der Türkei an. Auf der Basis von monatlichen Umsatzdaten für 145 Produkte über einen Zeitraum von März 2013 bis März 2016 schätzen die Autoren Eigen- und Kreuzpreiselastizitäten der Nachfrage. Für das Premium-Segment des Marktes insgesamt gehen die Autoren von einer Eigenpreiselastizität auf der Ebene des Einzelhandels von $-7{,}99$ aus (dieser Wert ist deutlich höher als der von Hausmann et al. (1994) ermittelte Wert für den Biermarkt der USA – vgl. Fallbeispiel 8). Der Durchschnitt der Eigenpreiselastizitäten der einzelnen Marken ist $-12{,}83$. Für den Großhandel gehen die Autoren von einer geringeren Preiselastizität von $-3{,}47$ aus. Dieses Resultat legt nahe, dass selbst auf der Großhandelsebene die Nachfrage nach Bier immer noch sehr preiselastisch und damit der Spielraum der Brauereien zur Anhebung der Preise eingeschränkt ist. Die tatsächliche Elastizität kann mit einer **kritischen Elastizität** verglichen werden. Diese zeigt jenen Wert der Elastizität an, bei dem die Konsumenten gerade elastisch genug reagieren würden, sodass eine Preiserhöhung α für das Unternehmen nicht profitabel wäre. Die Autoren übernehmen die Formel für die Berechnung dieser kritischen Elastizität aus der Arbeit von Werden (1998): $\varepsilon^{krit} = \frac{100}{L+\alpha}$. In dem konkreten Beispiel gehen die Autoren von einem Lerner-Index von $L = 46{,}6$ Prozent für das Jahr 2015 aus. In diesem Fall würde die kritische Preiselastizität der Nachfrage bei $\alpha = 5$ bzw. $\alpha = 10$ kleiner ausfallen, als die tatsächliche Elastizität: $\varepsilon^{krit}_{\alpha=5} = \frac{100}{(46{,}6+5)} = 1{,}94 < \varepsilon = 3{,}47$ bzw. $\varepsilon^{krit}_{\alpha=10} = \frac{100}{(46{,}6+10)} = 1{,}77 < \varepsilon = 3{,}47$. „*It has been shown that actual elasticity of demand for the premium segment is higher than the critical elasticity … These findings lead to the conclusion that the relevant product market regarding beer brands in Turkey must be wider than the premium segment*“ (Gürkaynak und Kalkan 2017, S. 345). ◀

Die Anwendung des SSNIP-Tests ist vergleichsweise aufwendig. Ausgehend von der engsten Marktdefinition werden sukzessive weitere Produkte zum Kandidatenmarkt hinzugefügt und der SSNIP-Test in jeder Iteration wiederholt. In jedem einzelnen Schritt müssen die Preiselastizität der Nachfrage sowie der Lerner-Index ermittelt werden, woraus schließlich eine Aussage über die Profitabilität einer Preissteigerung abgeleitet werden kann. Dies erfordert einen erheblichen zeitlichen Aufwand, der den tatsächlich zur Verfügung stehenden Zeitrahmen in manchen Fällen übersteigen wird. Hinzu kommt, dass die Grenzkosten der Anbieter unbekannt und die Eigen- und Kreuzpreiselastizitäten der Nachfrage nur schwierig zu ermitteln sind.

Aufgrund der genannten Schwierigkeiten und des hohen Zeitdrucks, unter dem viele Entscheidungen in der wettbewerbspolitischen Praxis getroffen werden müssen, ist ein Abweichen von dem hier geschilderten Verfahren unumgänglich. So wird die Auswahl von Produkten für den Kandidatenmarkt häufig *ad hoc* getroffen, wobei der SSNIP-Test für jene Produkte durchgeführt wird, die sich auf Grund von *a priori* Vermutungen als besonders interessant erweisen. An Stelle einer ökonometrischen Berechnung von Elastizitäten tritt in einem ersten Verfahrensschritt häufig eine grobe Abschätzung an Hand von einfach zu ermittelnden Faktoren, von denen angenommen werden kann, dass diese einen Einfluss auf die Höhe der Elastizitäten ausüben. Und schließlich kann der erforderliche Informationsbedarf deutlich reduziert werden, in dem zusätzliche Verhaltensannahmen über die Aktivitäten der Unternehmen auf dem betrachteten Markt getroffen werden. Wie in Gl. 7.4 ausführlicher gezeigt, wird der Lerner-Index in einem Cournot-Modell ($\theta = 0$) mit symmetrischen Anbietern $L = \frac{p-c}{p} = \frac{1}{\varepsilon} r$ betragen, wobei r den Marktanteil der Unternehmen symbolisiert. Ist man bereit, die Annahmen dieses Modells zu akzeptieren, so lässt sich beispielsweise der Lerner-Index aus der Preiselastizität der Nachfrage und den jeweiligen Marktanteilen errechnen, eine Messung der Grenzkosten kann somit entfallen.

Eine wichtige Einschränkung des SSNIP-Tests besteht besonders dann, wenn dieser Test im Rahmen von Verfahren zur Feststellung von Marktmachtmissbrauch angewandt werden soll. Das Problem ist unter dem Begriff der ***Cellophane Fallacy*** bekannt. Dieser Begriff bezieht sich auf eine Entscheidung des U.S. Supreme Court im Fall *du Pont* aus dem Jahr 1956 zu der Frage, ob *du Pont* eine dominierende Marktstellung einnahm und diese Marktstellung missbrauchte. Wird der relevante Markt eng definiert und lediglich das Produkt Cellophan betrachtet, so hatte *du Pont* einen Marktanteil von etwa 70 %. Vertritt man die Ansicht (wie *du Pont* in dem genannten Fall), dass auch andere Verpackungsmaterialien (wie Aluminiumfolien, Wachspapier oder Polyethylene) geeignete Substitute für Cellophan sind, so würde der Marktanteil auf etwa 17 % absinken und eine dominierende Position wäre nicht zu erkennen. Der Supreme Court hat sich in seiner Entscheidung, den Markt weit zu definieren, auf die Abschätzung von Kreuzpreiselastizitäten gestützt. Eine hohe Kreuzpreiselastizität wäre ein Hinweis dafür, dass die Konsumenten alternative Verpackungsmaterialien als ausreichend gute Substitute für Cellophan ansehen.

Dieser Fall verdeutlicht ein zentrales Problem des SSNIP-Tests bei einer Anwendung auf Fragen des Marktmachtmissbrauches. Im Gegensatz zu Unternehmenszusammenschlüssen, bei denen die Möglichkeit der Entstehung von Marktmacht *ex ante* geprüft werden muss, geht es bei Verfahren zur Feststellung von Marktmachtmissbrauch um eine *ex post*-Analyse. Liegt eine missbräuchliche Verwendung von Marktmacht vor, so wird der Preis bereits zum gegenwärtigen Zeitpunkt über dem Preisniveau auf einem Wettbewerbsmarkt liegen. Ausgehend von diesem Preisniveau wäre eine weitere Preissteigerung jedoch niemals profitabel, denn ansonsten hätte das Unternehmen diese bereits durchgeführt.

Die Messung und Interpretation der Preiselastizität der Nachfrage im Sinne des SSNIP-Tests kann somit irreführend sein. Sofern es sich nicht um den Spezialfall isoelastischer Nachfragefunktionen handelt, wird die Preiselastizität der Nachfrage mit dem Preis p variieren. Besonders deutlich ist dies bei linearen Nachfragefunktionen; hier ist ε direkt proportional zu p/q. Während in einem Wettbewerbsmarkt der Preis und daher die Elastizität niedrig sein werden, ist die Preiselastizität der Nachfrage im Monopol typischerweise hoch (der Monopolist wird nie im preisunelastischen Bereich der Nachfrage anbieten). Eine hohe Preiselastizität ist somit das Resultat der Ausnutzung (des Missbrauches) von Marktmacht durch den Anbieter und darf nicht als Hinweis fehlender Marktmacht interpretiert werden, wie dies eine mechanische Anwendung des SSNIP-Tests nahelegen würde.

In einem hochkonzentrierten Markt kann daher die Nachfrageelastizität beim geltenden Preis nicht zur Abgrenzung des relevanten Marktes verwendet werden. Die Europäische Kommission trägt dieser Problematik Rechnung, indem sie argumentiert: *„Im Allgemeinen – und gerade auch bei der Untersuchung von Fusionen – wird als Preis der geltende Marktpreis zugrunde gelegt. Dies ist jedoch nicht unbedingt der Fall, wenn der geltende Preis bei fehlendem ausreichendem Wettbewerb zustande gekommen ist. Vor allem bei Untersuchungen des Missbrauchs marktbeherrschender Stellungen wird bereits berücksichtigt, dass der geltende Preis möglicherweise erheblich heraufgesetzt wurde“* (Europäische Kommission 1997, Absatz 19). Inwieweit jedoch ein Markt als hoch konzentriert eingestuft werden muss ist wiederum von der sachlichen und räumlichen Marktabgrenzung abhängig.

Dieser kurze Überblick über Wettbewerbspolitik verdeutlicht die enge Verknüpfung zwischen ökonomischer Theorie und wirtschaftspolitischer Praxis: empirische Analysen zu wettbewerbspolitischen Fragen basieren unmittelbar auf soliden mikroökonomischen Modellen. Gleichzeitig wird aber auch deutlich, dass für manche Probleme (wie z. B. die Abgrenzung von Märkten) eine theoretisch gut fundierte und den Anforderungen der wettbewerbspolitischen Praxis genügende Methode noch fehlt. In einer Zeit der Globalisierung und zunehmenden horizontalen und vertikalen Verflechtung der Produktionsprozesse wird eine korrekte Abgrenzung von Märkten auch in Zukunft eine besondere Herausforderung darstellen.

7.9 Schlagwörter und Begriffe

- Atomistischer Markt
- Cellophane Fallacy
- Cournot-Nash-Gleichgewicht
- Dimensionalitätsproblem
- Gesetz des einheitlichen Preises (Law of One Price – LOP)
- Herfindahl–Hirschman-Index
- Indistinguishability theorem
- Kartellbekämpfung
- Kollusives Verhalten
- Konjekturale Variation
- Kritische Elastizität
- Lerner-Index
- Mark-up (Preisaufschlag)

- Missbrauchsaufsicht
- Nash-Bertrand-Gleichgewicht
- New Empirical Industrial Organization (NEIO)
- Perceptual maps
- Quadratische Nutzenfunktion
- Räuberischer und Kooperativer Werbung
- Reaktionsfunktion
- SSNIP-Test (HM-Test)
- Strategische Substitute und strategische Komplemente
- Structure-conduct-performance (SCP)
- Wettbewerbspolitik
- Zusammenschlusskontrolle
- Wiederholte Spiele, Superspiele

7.10 Übungsaufgaben

Fragen

1. Die großen Landmaschinenhändler geben hohe Summen für Werbemaßnahmen aus, z. B. in landwirtschaftlichen Fachzeitschriften und auf Messen. Handelt es sich ihres Erachtens dabei eher um räuberische oder um kooperative Werbung?
2. Ihre Beraterfirma hat ermittelt, dass die Eigenpreiselastizität der Nachfrage für das Produkt ihres Kunden -0,6 beträgt. Ihr Kunde ist die einzige Firma, die berechtigt ist, in einer bestimmten Region dieses Produkt anzubieten. Sie empfehlen, dass Ihr Kunde seinen Gewinn steigern kann, indem er
   a) seine Produktion erhöht,
   b) seinen Preis senkt,
   c) seine Produktion verringert,
   d) sein Produktionsniveau so wählt, dass Grenzkosten gleich Preis sind,
   e) sein Produktionsniveau so wählt, dass Durchschnittskosten gleich Preis sind.
   Hinweis: Nur eine Antwort ist richtig.
3. In einer umfangreichen ökonometrischen Studie schätzen Gasmi et al. (1992) Nachfrage- und Kostenfunktionen für zwei Konkurrenten (*Coca-Cola Comp.* und *Pepsico Inc.*) auf dem Markt für Softdrinks in den USA über eine Zeitperiode von 1968 bis 1986. Auf der Basis der in Tab. 11 auf Seite 294 ausgewiesenen Ergebnisse ihrer Studie ergeben sich die folgenden Nachfragefunktionen: $q_{CO} = 60 - 4p_{CO} + 2p_{PE}$ und $q_{PE} = 50 - 5p_{PE} + p_{CO}$, wobei CO im Subskript für *Coca-Cola* und *PE* für *Pepsico* steht und die geschätzten Parameter gerundet wurden. Auf der Basis von Gasmi et al. (1992, Tab. 11) gehen wir ferner von konstanten Grenzkosten der beiden Anbieter aus, wobei $c_{CO} = 8$ und $c_{PE} = 7$ gilt.

a) Angenommen, *Pepsico* würde ihr Produkt zu einem Preis von $p_{PE} = 8$ anbieten. Wie hoch wäre der gewinnmaximale Preis p_{CO} des Konkurrenten *Coca-Cola*?
b) Berechnen Sie die Preise der beiden Anbieter in einem Bertrand-Gleichgewicht. Wie hoch sind die verkauften Mengen (q_{CO} und q_{PE}) im Gleichgewicht?
c) Berechnen Sie den Lerner-Index für die beiden Anbieter (L_{CO} und L_{PE}) sowie den Herfindahl-Hirschmann-Index (H) im Bertrand-Gleichgewicht

4. In einer vielzitierten Studie analysieren Genesove und Mullin (1998) die U.S. amerikanische Zuckerindustrie am Ende des 19. Jahrhunderts. Die Produktion von Zucker (Raffination) war damals durch eine einfache Technologie gekennzeichnet. Dies erlaubt den Autoren, die Grenzkosten der Anbieter zu messen. Konkret finden die Autoren: $c^N = 3{,}78$ und $c^H = 3{,}87$, wobei c^N und c^H die Grenzkosten der Produktion von 100 Pfund Zucker in der Nebensaison (N) bzw. der Hochsaison (H) symbolisiert. Auf der Basis dieser Studie wollen wir weiter annehmen, dass die Nachfrage nach dem (relativ) homogenen Produkt Zucker durch die folgenden linearen Nachfragefunktionen beschrieben werden können (vgl. Genesove und Mullin 1998, Spalte 2 in Tab. 3 auf Seite 366): $Q^N = 13{,}37 - 2{,}30p^N$ und $Q^H = 10{,}74 - 1{,}36p^H$, wobei die Preise ($p^N$ und p^H) in Cents pro 100 Pfund und die Mengen (Q^N und Q^H) in Einheiten zu 100 Pfund gemessen werden.
   a) Im Jahr 1892 ist es der *American Sugar Refining Company* (ASRC) gelungen, einen Marktanteil von 95 % zu erreichen. Angenommen, dieses Unternehmen hätte als einziges Unternehmen (Monopolist) in den USA Zucker angeboten. Welchen Preis hätte dieses Unternehmen in der Hoch- und Nebensaison für 100 Pfund Zucker verlangen müssen? Wie wäre hier der mark-up (μ) bzw. der Lerner-Index (L)?
   b) Tatsächlich lag der Preis von Zucker in der Hoch- und Nebensaison im Durchschnitt bei $p^N = 3{,}99$ und $p^H = 4{,}14$. Wie hoch waren mark-up (μ) bzw. der Lerner-Index (L) tatsächlich? Welche Faktoren könnten den (deutlichen) Unterschied zu den zuvor errechneten optimalen Monopolpreisen in Frage a) erklären?
   c) In den Folgejahren bis 1914 traten weitere Produzenten in den amerikanischen Zuckermarkt ein und die Marktanteile vom ASRC sanken kontinuierlich. Angenommen, es treten zwei weitere Konkurrenten in den Markt ein ($n = 3$). Zur Vereinfachung wollen wir annehmen, dass die drei Anbieter identisch sind. Berechnen Sie unter Verwendung der Nachfragefunktion und der Grenzkosten die Gleichgewichtspreise in der Hochsaison in einem Modell konjekturaler Variation für (i) $\theta = 0$ und (ii) $\theta = -0{,}5$.
   d. Angenommen, die Zahl der (identischen) Anbieter in diesem Markt ist $n = 3$ und der tatsächliche Preis von Zucker in der Hochsaison ist $p^H = 4{,}14$. Wie intensiv ist der Wettbewerb in dieser Branche (i.e. wie hoch muss θ tatsächlich gewesen sein, damit dieser Preis im Gleichgewicht entsteht)?
5. Die sog. ABCD-Firmen (ADM, Bunge, Cargill und Louis Dreyfus) kontrollieren einen erheblichen Teil des internationalen Getreidehandels. Welche Überlegungen sprechen dafür, dass diese Firmen sich kollusiv verhalten werden, und welche

dagegen? Denken Sie dabei auch an die von Feuerstein (2005) genannten zehn stilisierten Tatsachen. Welchen Effekt könnte die zunehmende Bedeutung des staatlichen chinesischen Lebensmittelunternehmens und Getreidehändlers Cofco haben?

Anhang

Anhang 7.1 Ableitung der (inversen) Nachfragefunktionen für *n* Güter

Für die Maximierung der quadratischen Nutzenfunktion $U(q, q_0) = \sum_{i=1}^{n} s_i q_i - \frac{1}{2}\left(\sum_{i=1}^{n} q_i^2 - 2d\sum_{i=1}^{n} q_i q_j\right) + q_0$ für $i \neq j$ unter der Budgetbeschränkung $y = \sum_{i=1}^{n} p_i q_i + q_0$ wird die Lagrange-Funktion.

$$\max L = \sum_{i=1}^{n} s_i q_i - \frac{1}{2}\left(\sum_{i=1}^{n} q_i^2 - 2d\sum_{j=1}^{n} q_i q_j\right) + q_0 + \lambda(y - \sum_{i=1}^{n} p_i q_i - q_0) \tag{7.15}$$

aufgestellt und nach den Mengen q_i bzw. q_0 sowie nach λ abgeleitet. Daraus ergibt sich

$$\frac{\partial L}{\partial q_i} = s_i - q_i + d\sum_{j=1}^{n} q_j - \lambda p_i = 0 \tag{7.16}$$

$$\frac{\partial L}{\partial q_0} = 1 - \lambda = 0 \tag{7.17}$$

$$\frac{\partial L}{\partial \lambda} = y - \sum_{i=1}^{n} p_i q_i - q_0 = 0 \tag{7.18}$$

Aus der additiven Verknüpfung des zusammengesetzten Güterbündels (q_0) mit den *n* Gütern folgt ein konstanter Wert für den Schattenpreis des Einkommens: aus Gl. 7.17 folgt $\lambda = 1$. Dies erlaubt eine partialökonomische Analyse der *n* Märkte, da Interaktionseffekte mit anderen Märkten durch den Einkommenseffekt ausgeschlossen sind. Für $\lambda = 1$ lässt sich die Nachfragefunktion für die *n* Güter aus Gl. 7.16 wie folgt darstellen: $p_i = s_i - q_i + d\sum_{j=1}^{n} q_j$. Dies entspricht Gl. 7.2 im Text. Die Nachfrage für das „zusammengesetzte Güterbündel" q_0 ergibt sich schließlich aus Gl. 7.18: $q_0 = y - \sum_{i=1}^{n} p_i q_i$.

Um aus der inversen Nachfrage (Gl. 7.2) die Nachfragefunktion (Gl. 7.3) zu finden, aggregieren wir Gl. 7.2 über alle *n* Güter: $\sum_{i=1}^{n} p_i = \sum_{i=1}^{n} s_i - \sum_{i=1}^{n} q_i - \sum_{i=1}^{n}\sum_{j=1}^{n} q_j = \sum_{i=1}^{n} s_i - \sum_{i=1}^{n} q_i - d(n-1)\sum_{i=1}^{n} q_i$.

Dabei haben wir uns die Tatsache zu Nutze gemacht, dass für $i \neq j$ gilt: $\sum_{i=1}^{n} \sum_{j=1}^{n} q_j = (n-1) \sum_{i=1}^{n} q_i$.[20] Daraus folgt $\sum_{i=1}^{n} q_i = \frac{\sum_{i=1}^{n} s_i - \sum_{i=1}^{n} p_i}{1-d(n-1)}$. Durch Einsetzen in Gl. 7.2 erhalten wir $q_i = s_i - p_i + d\left(\sum_{i=1}^{n} q_i - q_i\right)$ bzw. $q_i(1+d) = s_i - p_i + d\frac{\sum_{i=1}^{n} s_i - \sum_{i=1}^{n} p_i}{1-d(n-1)} = s_i - p_i + d\frac{\sum_{j=1}^{n} s_j - \sum_{j=1}^{n} p_j}{1-d(n-1)} + d\frac{s_i - p_i}{1-d(n-1)}$. Nach weiteren Umformungen ergibt sich daraus $q_i(1+d) = \frac{[1-d(n-1)]s_i + ds_i + d\sum_{j=1}^{n} s_j}{1-d(n-1)} - \frac{[1-d(n-1)]p_i + dp_i}{1-d(n-1)} - \frac{d\sum_{j=1}^{n} p_j}{1-d(n-1)}$. Nach Division durch $(1+d)$ und Umformungen erhalten wir schließlich Gl. 7.3 im Text:

$$q_i = \frac{[1-d(n-2)]s_i + d\sum_{j=1}^{n} s_j}{(1+d)[1-d(n-1)]} - \frac{[1-d(n-2)]p_i}{(1+d)[1-d(n-1)]} - \frac{d\sum_{j=1}^{n} p_j}{(1+d)[1-d(n-1)]} = \sigma_i - \beta p_i + \delta \sum_{j=1}^{n} p_j$$

Anhang 7.2 Preisbildung im Mehr-Produkt-Monopol

Im Folgenden betrachten wir einen Monopolisten, der als Einziger differenzierte Produkte den Konsumenten zum Kauf anbietet. Die Nachfrage der Konsumenten ist durch Gl. 7.3 gegeben. Der Monopolist maximiert den Gesamtprofit für alle n Märkte: $\Pi^M = \sum_{i=1}^{n} \pi_i^M = \sum_{i=1}^{n} \left[\left(\sigma_i - \beta p_i + \sum_{j=1}^{n} \delta p_j\right)\left(p_i - c_1'\right) - f_i\right]$ für $i \neq j$. Dabei werden mit c_1' und f_i die Grenzkosten bzw. die Fixkosten des Monopolisten gekennzeichnet. Für den einfacheren Fall $n = 2$ erhalten wir daraus als Bedingung erster Ordnung $\frac{\partial \Pi^M}{\partial p_i} = \sigma_i - 2\beta p_i + \delta p_j + \beta c_i' + \delta\left(p_j - c_j'\right) = 0$ für $i, j = 1{,}2$. Aus der Lösung dieser beiden Gleichungen ergeben sich die folgenden Preise und Mengen der beiden Güter: $p_i^M = \frac{(\beta^2-\delta^2)c_i' + \beta\sigma_i + \delta\sigma_j}{2(\beta^2-\delta^2)}$ und $q_i^M = \frac{\sigma_i - \beta c_i' + \delta c_j'}{2}$. Die Profite auf den beiden Märkten sind $\Pi^M = \pi_i^M + \pi_j^M = \frac{(\sigma_i - \beta c_i' + \delta c_j')[\beta\sigma_i - \delta\sigma_j - (\beta^2-\delta^2)c_i']}{4(\beta^2-\delta^2)} - f_i + \frac{(\sigma_j - \beta c_j' + \delta c_i')\left[\beta\sigma_j - \delta\sigma_i - (\beta^2-\delta^2)c_j'\right]}{4(\beta^2-\delta^2)} - f_j$.

Für $c_i' = c_j' = c'$, $\sigma_i = \sigma_j = \sigma$ und $f_i = f_j = f$ vereinfacht sich diese Gleichung zu $\Pi^M = \pi_i^M + \pi_j^M = 2\frac{\left[\sigma - (\beta-\delta)c'\right]^2}{4(\beta-\delta)} - 2f$. Für den Fall unabhängiger Produkte ($\delta \to 0 \Rightarrow \beta = 1$) gilt auf jedem der beiden Märkte $p_i^M = \frac{\sigma + c'}{2}$, $q_i^M = \frac{\sigma - c'}{2}$ und $\pi_i^M = \frac{(\sigma - c')^2}{4} - f$. sowie $\Pi^M = 2\pi_i^M = \frac{(\sigma - c')^2}{2\beta} - 2f$. Dies entspricht der Darstellung eines Monopolmarktes mit linearen Nachfrage- und Kostenfunktionen, wie sie in jedem einführenden Lehrbuch der Mikroökonomik zu finden ist.

---

[20]Dies lässt sich am einfachsten für den Fall von $n = 3$ verdeutlichen. Für $i \neq j$ gilt $\sum_{i=1}^{3} \sum_{j=1}^{3} q_j = (q_2 + q_3) + (q_1 + q_3) + (q_1 + q_2) = (n-1) \sum_{i=1}^{3} q_i$.

Literatur

Bishop S, Walker M (2009) The Economics of EC Competition Law: Concepts, Application and Measurement. 3. Auflage, Sweet & Maxwell, London.

Bolotova Y, Connor JM, und Miller DJ (2008) The Impact of Collusion on Price Behavior: Empirical Results from Two Recent Cases. International Journal of Industrial Organization 26: 1290–1307.

Box GEP, Draper NR (1987) Empirical Model-Building and Response Surfaces, John Wiley & Sons, New York.

Brenner S (2009) An Empirical Study of the European Corporate Leniency Program. International Journal of Industrial Organization 27: 639–645.

Breshnahan TF (1982) The Oligopoly Solution Concept is Identified. Economics Letters 10: 87–92.

Bundeskartellamt (2016) Vertikale Preisbindung im Lebensmitteleinzelhandel – Nun auch Bußgeldverfahren in der Warengruppe Bier weitgehend abgeschlossen. Pressemitteilung vom 09.05.2016. https://www.bundeskartellamt.de/SharedDocs/Meldung/DE/Pressemitteilungen/2016/09_05_2016_Bier.html. Zugegriffen am 9. Juli 2018.

Bundeskartellamt (2014a) Erste Bußgelder im Kartellverfahren gegen Bierbrauer verhängt. Pressemitteilung vom 13.01.2014. https://www.bundeskartellamt.de/SharedDocs/Meldung/DE/Pressemitteilungen/2014/13_01_2014_Fernsehbiere.html?nn=3591568. Zugegriffen am 9. Juli 2018.

Bundeskartellamt (2014b) Bundeskartellamt verhängt Bußgelder gegen Wursthersteller. Pressemitteilung vom 15.07.2014. https://www.bundeskartellamt.de/SharedDocs/Meldung/DE/Pressemitteilungen/2014/15_07_2014_Wurst.html. Zugegriffen am 9. Juli 2018.

Bundeskartellamt (2014c) Bußgelder gegen Zuckerhersteller. Pressemitteilung vom 18.02.2014. https://www.bundeskartellamt.de/SharedDocs/Meldung/DE/Meldungen%20News%20Karussell/18_02_2014_Zucker.html. Zugegriffen am 9. Juli 2018.

Bundeskartellamt, (2009) Bußgeldverfahren gegen Kaffeeröster wegen Preisabsprachen. Fallbericht vom 14.01.2010. https://www.bundeskartellamt.de/SharedDocs/Entscheidung/DE/Fallberichte/Kartellverbot/2009/B11-18-08.pdf?__blob=publicationFile&v=6. Zugegriffen am 9. Juli 2018.

Bundeswettbewerbsbehörde (2013a) BWB/K-313 Kartellgericht verhängt Geldbuße im Lebensmittelhandel. Pressemitteilung vom 3.10.2013. https://www.bwb.gv.at/de/kartelle_marktmachtmissbrauch/entscheidungen/detail/news/bwbk_313_kartellgericht_verhaengt_geldbusse_im_lebensmittelhandel/. Zugegriffen am 9. Juli 2018.

Bundeswettbewerbsbehörde (2013b) BWB/K-311 Milch- und Molkereiprodukte. Pressemitteilung vom 06.02.2013. https://www.bwb.gv.at/de/kartelle_marktmachtmissbrauch/entscheidungen/detail/news/bwbk_311_milch_und_molkereiprodukte/. Zugegriffen am 9. Juli 2018.

Caves RE (2007) In Praise of Old I.O. International Journal of Industrial Organization 25: 1–12.

Cotterill RW (1986) Market Power in the Retail Food Industry: Evidence from Vermont. The Review of Economics and Statistics 68: 379–386.

Cournot AA (1897) Researches into the Mathematical Principles of the Theory of Wealth. Translated by Nathaniel T. Bacon. The MacMillan Company, London.

Deaton A (1986) Demand Analysis. In: Griliches Z, Intriligator MD (Hrsg.) Handbook of Econometrics, Band III, Kapitel 30: 1767–1839. Elsevier, Amsterdam.

Deodhar SY, Sheldon IM (1995) Is Foreign Trade (Im)Perfectly Competitive? An Analysis of the German Market for Banana Imports. Journal of Agricultural Economics 46: 336–348.

Digal LN, Ahmadi-Esfahani FZ (2002) Market Power Analysis in the Retail Food Industry: A Survey of Methods. The Australian Journal of Agricultural and Resource Economics 46: 559–584.

Europäische Kommission (2012) Vertrag über die Arbeitsweise der Europäischen Union (Konsolidierte Fassung). Amtsblatt der Europäischen Union C 326/47. https://eur-lex.europa.eu/legal-content/DE/TXT/PDF/?uri=CELEX:12012E/TXT&from=DE. Zugegriffen am 11. November 2020.

Europäische Kommission (2016) Case M.7881 – AB INBEV / SABMILLER vom 24.5.2016. https://ec.europa.eu/competition/mergers/cases/decisions/m7881_3286_3.pdf. Zugegriffen am 28. November 2018.

Europäische Kommission (2004) Leitlinien zur Bewertung horizontaler Zusammenschlüsse gemäß der Ratsverordnung über die Kontrolle von Unternehmenszusammenschlüssen. Amtsblatt der Kommission vom 5. Februar 2004 (2004/C 31/03). https://eur-lex.europa.eu/legal-content/DE/TXT/PDF/?uri=CELEX:52004XC0205(02)&from=EN. Zugegriffen am 1. Dezember 2018.

Europäische Kommission (2001) Zitronensäure-Kartell: EU-Kommission verhängt Geldbußen gegen fünf Unternehmen. IP/01/1743 vom 5. Dezember 2001. https://europa.eu/rapid/press-release_IP-01-1743_de.htm. Zugegriffen am 9. Juli 2018.

Europäische Kommission (1997) Bekanntmachung der Kommission über die Definition des relevanten Marktes im Sinne des Wettbewerbsrechts der Gemeinschaft. Amtsblatt der Europäischen Gemeinschaft 9. Dezember 1997 (C 372/03). https://eur-lex.europa.eu/legal-content/DE/TXT/PDF/?uri=CELEX:31997Y1209(01)&from=DE. Zugegriffen am 22. Februar 2020.

Feuerstein S (2005) Collusion in Industrial Economics—A Survey. Journal of Industry, Competition and Trade 5: 163–198.

Fudenberg D, Tirole J (1984) The Fat-Cat Effect, The Puppy-Dog Ploy, and The Lean and Hungry Look. The American Economic Review 74: 361–366.

Gasmi F, Laffont JJ, Vuong Q (1992) Econometric Analysis of Collusive Behaviour in a Soft-Drink Market. Journal of Economics & Management Strategy 1: 277–311.

Genesove D, Mullin WP (1998) Testing Static Oligopoly Models: Conduct and Cost in the Sugar Industry, 1890-1914. The RAND Journal of Economics 29: 355–377.

Gürkaynak G, Kalkan E (2017) Testing Justification for Segment Based Relevant Product Market Definition in Merger Control: Evidence from Turkey. Journal of Competition Law & Economics 13: 328–345.

Häckner J (2000) A Note on Price and Quantity Competition in Differentiated Oligopolies. Journal of Economic Theory 93: 233–239.

Hall R (1988) The Relation between Price and Marginal Cost in U.S. Industry. Journal of Political Economy 96: 921–947.

Hausman J, Leonard G, Zona JD (1994) Competitive Analysis with Differentiated Products. Annales d'Économie et de Statistique 34: 159–180.

Horowitz I (1981) Market Definition in Antitrust Analysis: A Regression-Based Approach. Southern Economic Journal 48: 1–16.

Karagiannis G, Kellermann M, Pröll S, Salhofer K (2018) Markups and product differentiation in the German brewing sector. Agribusiness 34: 61–76.

Kim D, Cotterill RW (2008) Cost Pass-Through in Differentiated Product Markets: The Case of U.S. Processed Cheese. The Journal of Industrial Economics 56: 32–48.

Kohls RL, Uhl JN (2002) Marketing of Agricultural Products. 9. Auflage, Prentice Hall, Upper Saddle River.

Kotler P, Keller KL (2012) Marketing Management, 14. Auflage, Prentice Hall, Boston.

Lerner AP (1934) The Concept of Monopoly and the Measurement of Monopoly Power. The Review of Economic Studies 1: 157–175.

Levenstein MC, Suslow VY (2006) What Determines Cartel Success? Journal of Economic Literature 44: 43–95.

Loy J-P, Weiss CR (2019) Product Differentiation and Cost Pass-Through. Journal of Agricultural Economics 70: 840–858.

Miller NH (2009) Strategic Leniency and Cartel Enforcement. American Economic Review 99: 750–68.

Motta M (2004) Competition Policy: Theory and Practice. Cambridge University Press, Cambridge.

Nevo A (1998) Identification of the Oligopoly Solution Concept in a Differentiated-Products Industry. Economics Letters 59: 391–395.

Nobelprize.org (2020) Angus Deaton: Facts. https://www.nobelprize.org/prizes/economic-sciences/2015/deaton/facts/. Zugegriffen am 15. November 2020.

Pennerstorfer D, Schindler N, Weiss C, Yontcheva B (2020) Income Inequality and Product Variety: Empirical Evidence. DICE Discussion Paper No. 353, Heinrich-Heine-Universität, Düsseldorf.

Perekhozhuk O, Glauben T, Grings M, Teuber R (2017) Approaches and Methods for the Econometric Analysis of Market Power: A Survey and Empirical Comparison. Journal of Economic Surveys 31: 303–325.

Phlips L (1996) On the Detection of Collusion and Predation. European Economic Review 40: 495–510.

Pindyck RS (2011) Lecture Notes on Bundling and Brand Proliferation. MIT. https://www.mit.edu/~rpindyck/Courses/BBP_11.pdf. Zugegriffen am 8. August 2018.

Reiss PC, Wolak FA (2007) Structural Econometric Modeling: Rationales and Examples from Industrial Organization. In: Heckman JJ, Leamer EE (Hrsg.) Handbook of Econometrics, Band VI, Kapitel 64: 4277–4415. Elsevier, Amsterdam.

Rojas C (2008) Price Competition in U.S. Brewing. The Journal of Industrial Economics 56: 1–31.

Schiff N (2015) Cities and Product Variety: Evidence from Restaurants. Journal of Economic Geography 15: 1085–1123.

Schmidt I, Haucap J (2013) Wettbewerbspolitik und Kartellrecht: Eine interdisziplinäre Einführung. 10. Auflage, Oldenbourg Wissenschaftsverlag, München.

Shapiro C (1989) Theories of Oligopoly Behavior. In: Schmalensee R, Willig RD (Hrsg.) Handbook of Industrial Organization, Band 1, Kapitel 6: 329–414. North-Holland, Amsterdam.

Sheldon I, Sperling R (2003) Estimating the Extent of Imperfect Competition in the Food Industry: What Have We Learned? Journal of Agricultural Economics 54: 89–109.

Werden GJ (1998) Demand Elasticities in Antitrust Analysis. Antitrust Law Journal 66: 363–414.

Zellner JA (1989) A Simultaneous Analysis of Food Industry Conduct. American Journal of Agricultural Economics 71: 105–115.

8 Die Bedeutung von Preisbeziehungen und Preisänderungen in ausgewählten Agrarmärkten

Sebastian Hess und Ulrich Koester

Zusammenfassung

Die Preisrelationen zwischen Agrarprodukten, die wir in der Realität beobachten, weichen häufig von den optimalen Preisrelationen, die unter neoklassischen Bedingungen abgeleitet werden können, ab. In diesem Kapitel werden die Bestimmungsgründe der Relationen zwischen Agrarpreisen dargestellt. Analysiert werden Preisbeziehungen zwischen Inputs und Outputs (z. B. Futtermittel- und Fleischpreise), Preisbeziehungen zwischen substituierbaren Inputs (z. B. verschiedene Futtermittel in der Veredelung) und Preisbeziehungen zwischen Kuppelprodukten (z. B. zwischen der Fett- und Eiweißkomponente von Milch). Die Betrachtungen erfolgen anhand ausgewählter Agrarmärkte, wobei jeweils auch auf die Rolle beteiligter Institutionen und staatlicher Markteingriffe eingegangen wird.

S. Hess (✉)
Institut für Agrarpolitik und Landwirtschaftliche Marktlehre, Universität Hohenheim, Stuttgart, Deutschland
E-Mail: s.hess@unihohenheim.de

U. Koester
Universität Kiel, Kiel, Deutschland
E-Mail: UKoester@ae.uni-kiel.de

U. Koester und S. von Cramon-Taubadel (Hrsg.), *Agrarpreisbildung*,
https://doi.org/10.1007/978-3-658-33211-2_8

8.1 Einleitung und Lernziele

In diesem Kapitel werden ausgewählte Beziehungen zwischen einzelnen Agrarpreisen untersucht. Im agrarökonomischen Schrifttum spricht man statt von Preisrelationen auch häufig von **Agrarpreisgefüge.** Im Folgenden sollen die Begriffe daher synonym verwendet werden.

In Kap. 2 wurden bereits optimale Preisrelationen zwischen Produkten und Produktionsfaktoren unter neoklassischen Bedingungen dargestellt. Die Preisrelationen, die wir in der Realität beobachten werden von diesen optimalen Preisrelationen häufig abweichen, weil viele Annahmen der Neoklassik, wie z. B. vollkommene Information und vollkommener Wettbewerb in der Realität nicht zutreffen. Hinzu kommt, dass Märkte in der Realität sich selten bzw. selten lange im Gleichgewicht befinden, sondern auf Schocks und Veränderungen der Rahmenbedingungen reagieren. Störungen eines möglicherweise bestehenden Gleichgewichts entstehen z. B. durch verbesserte Informationen der einzelnen Entscheidungsträger, Verhaltensänderungen, geänderte Nachfragebedingungen, geänderte Technologien und neue Produkte sowie geänderte Institutionen, darunter auch geänderte staatliche Regelungen. Solche Störungen führen dazu, dass die bisherigen Preise und Mengen auf einem Markt nicht weiter mit der bisherigen Gleichgewichtssituation vereinbar sind und Marktprozesse dazu führen, dass sich ein neues Gleichgewicht mit angepassten Preisen und Mengen ergibt. Im Zuge dessen werden sich auch die Preisrelationen zu anderen Märkten verändern.

Im vorliegenden Kapitel soll explizit auf die Reaktion von Landwirten und Verarbeitern landwirtschaftlicher Produkte auf ausgewählte Ursachen von Agrarpreisänderungen eingegangen werden. Durch die gewählten Beispiele kann verdeutlicht werden, dass Änderungen der Preisrelationen von Agrarprodukten selbst bei gleicher Ausgangslage wie in anderen Sektoren häufig verzögert erfolgen. Die Anpassungen werden durch institutionelle Rahmenbedingungen, z. B. bestimmte Gesetze, kulturell bestimmtes Verhalten der Landwirte, aber auch durch besondere Produktionsbedingungen als Folge biologischer Prozesse und des begrenzt verfügbaren Faktors Boden verlangsamt. Hinzu kommen sektorspezifische Verhaltensweisen, spezielle Produktionsbedingungen, wie zum Teil limitationale Faktoreinsatzbedingungen (z. B. Leontief Produktionsfunktionen) und verbundene Produkte z. B. Eiweiß und Fett in der Milch sowie Stärke und Eiweiß im Getreide. Es ist nicht die Zielsetzung dieses Kapitels, eine Aussage darüber zu treffen, welche Preisrelationen sich tatsächlich in der Realität als Folge bestimmter Störungen der Ausgangssituation einstellen werden. Stattdessen soll vornehmlich gezeigt werden, wie sich Änderungen bestimmter Preisrelationen als Folge ausgewählter Störungen ermitteln und erklären lassen.

Änderungen von Agrarpreisrelationen sind nicht allein auf Änderungen ökonomischer Anreizstrukturen zurückzuführen, sondern auch durch die Wirkung bestimmter Institutionen, vor allem staatlicher Regelungen. Der Agrarsektor produziert sowohl private als auch öffentliche Güter; beides hat Bedeutung für die Erreichung agrarpolitischer Ziele. Es ist daher verständlich, dass der Staat durch eine Vielzahl staatlicher Maßnahmen (Gesetze und Verordnungen, d. h. Institutionen) in die Agrarpreisrelationen direkt oder indirekt eingreift. Gesetzte, Regelungen und Verordnungen, die für die Agrarpreisrelationen und deren Änderungen relevant sind, werden zudem nicht nur auf nationaler, sondern insbesondere auch auf supra-nationaler Ebene z. B. von der EU sowie der WTO (früher GATT) erlassen.

Hinzu kommt, dass Agrarmärkte zunehmend als Teile von Wertschöpfungsketten verstanden werden müssen. Zusätzliche Wertschöpfung entsteht dabei mit jeder zusätzlichen Verarbeitungsstufe, d. h. die Stückgutkosten steigen, aber gleichzeitig steigt auch die Wertdichte eines Produktes, wie z. B. hundert Liter Rohmilch, die zu Vollmilchpulver verarbeitet werden. Preisbeziehungen ergeben sich sowohl vertikal, d. h. zwischen Milch und Milchpulver, sowie horizontal, d. h. zwischen Rohmilch und Fleisch, oder Rohmilch und Getreide.

In diesem Kapitel werden:

Übersicht

- Preisbeziehungen zwischen Agrargütern auf gleicher Verarbeitungsstufe anhand ausgewählter Fallbeispiele erläutert,
- Preisbeziehungen zwischen Agrarrohprodukten und ihren Kuppelprodukten (z. B. Milch, Eiweiß und Fett) erklärt,
- Besondere institutionelle Ursachen für Agrarpreisänderungen anhand bedeutsamer Fallbeispiele zusammengefasst.

8.2 Preisbeziehungen zwischen Agrargütern gleicher Verarbeitungsstufe

Innerhalb neoklassischer Modelle zur Preisbildung wird aus Gründen der Vereinfachung zunächst meist von vollkommenem Wettbewerb und homogenen Gütern ausgegangen, d. h. unterschiedliche Qualitäten eines Gutes werden wie separate Güter behandelt. Im vorliegenden Abschnitt soll daher zunächst die Preisbildung bei homogenen Agrargütern (Suchgütern) untersucht werden, bevor auf heterogene Güter eingegangen wird. Danach wird anhand von Beispielen erläutert, wie sich der Wirkungsgrad von Politikmaßnahmen verändern kann, wenn Wechselwirkungen mit anderen Märkten auftreten.

8.2.1 Gleichgewichtspreis zwischen zwei Sektoren

Preisänderungen zwischen zwei Agrarmärkten, die miteinander in Verbindung stehen, können zunächst anhand eines einfachen, komparativ-statischen partiellen

Gleichgewichtsmodells untersucht werden[1]: Das folgende Modell beschreibt zwei miteinander in Wechselwirkung stehende Märkte in einer geschlossenen Volkswirtschaft, d. h. zunächst wird kein Handel berücksichtigt. Zur Veranschaulichung werden die beiden Märkte als Geflügelfleisch (F) und Getreide (G) bezeichnet, aber die Wechselwirkung zwischen den beiden Märkten sind allgemeiner Natur und können auf andere Agrarmärkte übertragen werden:

	Markt für Geflügelfleisch	**Markt für Getreide**	
Markt-Angebot	$Q_F^{Angebot} = A\, p_F^a\, p_G^{-b}$	$Q_G^{Angebot} = C\, p_G^e$	(8.1)
Markt-Nachfrage	$Q_F^{Nachfrage} = B\, p_F^{-d}$	$Q_G^{Nachfrage} = D\, p_G^{-g}\, p_F^h$	(8.2)
Konstanten	$A, B > 0$	$C, D > 0$	
Elastizitäten	$0 < \lvert a\rvert, \lvert b\rvert, \lvert c\rvert, \lvert d\rvert < 1$	$0 < \lvert e\rvert, \lvert g\rvert, \lvert h\rvert$	

Das Angebot von Geflügelfleisch F ist dabei eine Funktion des Preises p_F, welcher positiv auf die Angebotsmenge wirkt, und des Getreidepreises p_G, welcher negativ auf die Angebotsmenge von Geflügelfleisch wirkt. Dies ist einleuchtend, da Getreide ein wichtiges Futtermittel in der Geflügelproduktion ist. Steigende Getreidepreise erhöhen somit die Grenzkosten der Geflügelfleischerzeugung; dies führt *ceteris paribus* zu einer Verringerung des Angebotes von Geflügelfleisch.

Im Gegenzug wirkt sich eine Steigerung des Geflügelfleischpreises p_F zwar negativ auf die nachgefragte Geflügelfleischmenge aus, aber steht im positiven Zusammenhang mit der am Markt nachgefragten Getreidemenge. Die Nachfragegleichung für den Getreidemarkt zeigt somit, dass eine Erhöhung des Getreidepreises p_G die nachgefragte Menge zwar reduziert, aber eine Erhöhung des Geflügelfleischpreises p_F aufgrund einer Ausweitung der Geflügelfleischproduktion die nachgefragte Getreidemenge erhöht.

Durch Gleichsetzen von Angebot und Nachfrage kann nach den Gleichgewichtspreisen aufgelöst werden:

Gleichgewichtsbedingung
$$\mathrm{A}\; p_F^a p_G^{-b} = B p_G^{-d} \qquad C p_G^e = D p_G^{-g} p_F^h \tag{8.3}$$

Gleichgewichtspreise
$$p_F^* = \frac{B}{A} p_G^{\left(\frac{b-d}{a}\right)} \qquad p_G^* = \frac{D}{C} p_F^{\left(\frac{h}{e+g}\right)} \tag{8.4}$$

Man erkennt, dass die jeweiligen Gleichgewichtspreise für die Märkte F und G auch Funktionen der Preise des jeweils anderen Marktpreises sind. Die Intensität dieser Wechselwirkungen wird durch das Verhältnis der jeweiligen Angebots- und Nachfrageelastizitäten zueinander in den Exponenten bestimmt.

[1]In Anlehnung an Roningen (1997, S. 231–257) sowie Francois und Hall (1997, S. 122–155).

Der Getreidepreis hat in der Geschichte der Agrarpreis- und Marktpolitik von jeher eine besonders große Rolle gespielt. Dieser Preis wird wegen seiner Bedeutung für die menschliche Ernährung, als Futtermittel und auch als Energielieferant gelegentlich als **Eckpreis** oder Schlüsselpreis bezeichnet. Damit wird ausgedrückt, dass der Getreidepreis eine ähnliche Wirkung für das Agrarpreisgefüge hat, wie die Ecklöhne für das Lohngefüge in einer Volkswirtschaft[2].

Das Modell zeigt, wie eine Veränderung des Getreidepreises auf andere Preise des Agrarpreisgefüges wirkt. Die Wirkung ist dabei keineswegs immer linear, sondern wird je nach Konstellation der beteiligten Angebots- und Nachfrageelastizitäten nicht-lineare Zusammenhänge aufweisen, was sich in den jeweiligen Märkten als über- oder unterproportionale Preisreaktion äußern wird.

8.2.2 Ausbringungsmenge und Input-Nachfrage

Das Markt-Angebot sowie die Markt-Nachfrage in Gl. 8.1 und 8.2 bilden die Verhaltensweisen einzelner Marktteilnehmer in aggregierter Form ab, da sich Angebotsmenge und Nachfragemenge in einem Markt letztlich aus den Einzelentscheidungen der Marktteilnehmer zusammensetzen. Für die Angebotsseite gilt, dass ein typischer Geflügelhalter im Markt Gl. 8.1 seine Ausbringungsmenge an Geflügelfleisch auf Basis einer bestimmten Produktionstechnologie erzeugt. Diese beschreibt, wie Inputs (Futter) in Outputs (Fleisch) umgewandelt werden. Zur Veranschaulichung unterstellen wir hier für die Geflügelfleischproduktion die folgende, linear-homogene Cobb-Douglas Produktionstechnologie: $Q_F = Q_G^{0,5} Q_S^{0,5}$.

Geflügelfleisch Q_F wird dabei durch die Inputs Getreide (Q_G) und Sojaschrot (Q_S) als Eiweißkomponente erzeugt. Die Exponenten werden auch **Produktionselastizitäten** oder **Faktorelastizitäten** genannt und geben an, um wieviel Prozent die Geflügelfleischproduktion steigt, wenn der Einsatz des jeweiligen Inputs um 1 % gesteigert wird. Sofern konstante Skalenerträge vorliegen (d. h. Summe der Faktorelastizitäten = 1), entsprechen die Faktorelastizitäten auch den Anteilen an den Faktorausgaben, also im vorliegenden Fall würden je 50 % des Faktorausgaben auf Getreide und 50 % auf Soja entfallen.

Die zu dieser Produktionstechnologie zugehörige indirekte (oder **duale**)[3] Cobb-Douglas **Kostenfunktion** lautet wie folgt:

$$c^{min} = 2Q_F(p_G)^{0,5}(p_S)^{0,5} \tag{8.5}$$

[2]Ecklöhne werden bei Tarifverhandlungen in einer Branche stellvertretend für andere Lohngruppen ausgehandelt, d. h. Ecklöhne sind Basislöhne, aus welchen andere Tarifgruppen durch Zuschläge etc. ermittelt werden.

[3]Für eine Darstellung der mikroökonomischen Dualitätstheorie siehe z. B. Snyder et al. (2015).

Diese Funktion unterstellt, dass die Produzenten ihre Kosten stets minimieren, um Geflügelfleisch Q_F (in Tonnen) bei gegebenen Marktpreisen für Getreide (p_G) und Soja (p_S) zu erzeugen.

Leitet man Gl. 8.5 nun jeweils nach den beiden Faktorpreisen (p_G, p_S) ab, ergeben sich die (Hicksschen bzw. kompensierten) Marktnachfragen X, mit welchen die Geflügelfleischproduzenten auf dem Markt für Futtermittel auftreten. Dieser Zusammenhang wird **Shephard's Lemma** genannt:

$$\text{Faktornachfrage nach Getreide} \qquad \frac{\partial c^{min}}{\partial p_G} = Q_F(p_G)^{-0,5}(p_S)^{0,5} = X_G \tag{8.6}$$

$$\text{Faktornachfrage nach Soja} \qquad \frac{\partial c^{min}}{\partial p_S} = Q_F(p_G)^{0,5}(p_S)^{-0,5} = X_S \tag{8.7}$$

Durch Logarithmieren können die Nachfragefunktionen des typischen Geflügelfleischproduzenten nun linearisiert werden, um sie z. B. einfacher grafisch darstellen zu können. Die Linearisierung ist aber auch wichtig, um die tatsächlichen Parameter der Faktorelastizitäten anhand eines ökonometrischen Regressionsmodells bestimmen zu können, oder um die Hypothese zu testen, dass die angenommenen Faktorelastizitäten in einer Stichprobe von Geflügelproduzenten auch tatsächlich dem Wert 0,5 entsprechen. Für das Beispiel Getreide wird in Gl. 8.8 der Übergang von einer log-log-linearisierten Faktornachfrage zu einem log-log-linearen Regressionsmodell für eine Stichprobe von $i = 1, \ldots, N$ Geflügelproduzenten gezeigt:

$$ln(X_G) = ln(Q_F) - 0{,}5 ln(p_G) + 0{,}5 ln(p_S) \tag{8.8}$$

$$\widehat{y_i} = \hat{\beta}_0 - \hat{\beta}_G ln(p_G)_i + \hat{\beta}_S ln(p_S)_i + \hat{u}_i$$

Sofern Preise und Mengen in logarithmierter Form in das Schätzmodell eingehen, sind die geschätzten Koeffizienten $\hat{\beta}_G$ und $\hat{\beta}_S$ als Preiselastizitäten der Faktornachfrage interpretierbar.

Tab. 8.1 zeigt Preiselastizitäten, die für den EU Futtermittelmarkt ökonometrisch geschätzt wurden. Es zeigt sich, dass das **Getreidesubstitut** Tapioka besonders

Tab. 8.1 Preiselastizitäten der EU-Futternachfrage 1979–1998

Preisänderung von: / Mengenänderung von:	Weizen	Sonstiges Getreide	Eiweiß	Tapioka
Weizen	−1,212	1,412	−0,160	−0,040
Sonstiges Getreide	0,541	−0,704	0,137	0,026
Eiweiß	−0,105	0,233	−0,323	0,194
Tapioka	−0,264	0,440	1,956	−2,132

Quelle: Rude und Meilke (2000)

preiselastisch reagiert, d. h. eine 1 %ige Reduktion des EU-Preises (z. B. als Folge von Preissenkungen auf dem Weltmarkt) hat eine 2,1 %ige Steigerung des Tapiokaeinsatzes zur Folge.

Zudem soll erwähnt werden, dass aus der Kostenfunktion Gl. 8.5 auch die Grenzkosten der Geflügelfleischproduktion und damit für den Fall von Produktionsprozessen mit einem Output auch das Marktangebot abgeleitet werden können. Hierzu wird Gl. 8.5 nach Q_F abgeleitet:

$$\text{Grenzkosten der Geflügelfleischproduktion:} \quad \frac{\partial c^{min}}{\partial Q_F} = 2(p_G)^{0,5}(p_S)^{0,5} \qquad (8.9)$$

Gl. 8.9 zeigt, dass die Grenzkosten der Geflügelfleischproduktion von den Marktpreisen der beiden Futtermittel Getreide und Soja abhängen.

8.2.3 Agrargüter mit heterogenen Qualitäten: Hedonische Preise

Im vorherigen Abschnitt wurden Beziehungen zwischen unterschiedlichen homogenen Produkten analysiert (z. B. Getreide und Eier, oder Milch und Fleisch). Preisbeziehungen können jedoch auch zwischen unterschiedlichen Qualitäten oder Kategorien/Ausprägungen des gleichen Produkts bestehen, wie z. B. bei der Vielfalt der unterschiedlichen Weinsorten, die je nach Rebsorte, Jahrgang und Anbaulage (Terroir) voneinander verschieden sind[4]. Man spricht dann von Produktheterogenität. Marktpreisnotierungen für Agrarprodukte sind mitunter nur Durchschnitte aller tatsächlichen Transkationen. Dies bedeutet, dass z. B. nicht jedes gehandelte Kalb oder jede Dezitonne Gerste genau zu dem Preis den Besitzer gewechselt hat, der in der jeweiligen wöchentlichen Preisnotierung ausgewiesen ist. Meist werden nur mehr oder weniger repräsentative Mittelwerte der Preise für relevante Zeiteinheiten (z. B. Tagespreis, Wochenpreis, monatlicher Milchpreis) notiert. Bei schiefen Verteilungen einer Gruppe von Preisen fällt der Mittelwert nicht mit dem häufigsten Preis in einer Gruppe von Preisen (dem Modalwert) zusammen; bei mehrgipfligen Verteilungen ist die Aussagekraft des durchschnittlichen Preises womöglich überhaupt nicht aussagekräftig. Es kann daher angebracht sein, die Heterogenität der tatsächlich durchgeführten Transaktionen eingehender zu analysieren, wie folgendes Beispiel einer Auktion für Sportpferde verdeutlicht.[5]

Zwar kann über alle verkauften Pferde hinweg am Ende der Auktion ein durchschnittlicher Auktionspreis angegeben werden. Der Preis eines im Rahmen dieser Auktion verkauften Reitpferdes P_k bildet sich jedoch bei weitem nicht nur durch die Menge der

[4] Vgl. z. B. Schäufele et al. (2016).

[5] Vgl. z. B. Stowe (2013) oder Hess et al. (2014). Die Bedeutung der Produktdifferenzierung für den Wettbewerb unter unvollkommenen Wettbewerb wird in Kap. 7 ausführlich analysiert.

aufgetriebenen Pferde im Verhältnis zur Zahl der Käufer, sondern kann als Funktion eines Vektors von Leistungsmerkmalen jedes Pferdes sowie sonstiger Vermarktungseinflüsse beschrieben werden. Jedes dieser Merkmale wird mit z_n bezeichnet; alle n Merkmale sind im Merkmalsvektor Z zusammengefasst:

$$P_k(Z_k) = f(z_{1k}, z_{2k}, \ldots, z_{nk}) \quad \text{für} \quad k = 1, \ldots, K \quad \text{zum Verkauf stehender Pferde.} \tag{8.10}$$

Ein Verkäufer wird das Pferd nicht nur anbieten, sondern auch verkaufen, wenn die Grenzkosten der Aufzucht GK bei vorliegenden Leistungsmerkmalen $GK(Z_k)$ mindestens gleich dem erzielten Auktionspreis $P_k(Z_k)$ für das jeweilige Pferd sind. Aus dieser Bedingung ergibt sich die Zahl der bei einem Auktionstermin verkauften Pferde Q^{k*} , d. h. die Angebotsmenge der Pferde zu einem Auktionstermin hängt im Marktgleichgewicht (*) vom Preis $P_k(Z_k)$ und damit wiederum von den Merkmalen der einzelnen Pferde ab:

$$Q^{k*} = Q^{k*}(P, Z_1, Z_2, \ldots, Z_n) \tag{8.11}$$

Für die Nachfrageseite kann unterstellt werden, dass die unterschiedlichen Eigenschaften Z eines Pferdes für die Käuferin oder den Käufer einen entsprechenden Nutzen haben, welcher durch eine Nutzenfunktion beschrieben werden kann: $U = U(z_1, z_2, \ldots, z_n, x)$, wobei x ein Vektor ist, der alle sonstigen, mit den Eigenschaften des Pferdes nicht im Zusammenhang stehenden, nutzenstiftenden Güter umfasst (z. B. Entfernung des Auktionsplatzes vom Heimatort, Eintrittsgeld bei der Auktion etc.). Käufer von Reitpferden maximieren somit ihren Nutzen, indem sie bestimmte Eigenschaften der Pferde nachfragen. Jedoch müssen sie die Begrenzung ihres Budgets (I) berücksichtigen:

$$I = P^x x + P(z_1, z_2, \ldots, z_n) \tag{8.12}$$

Bei den Ausgaben für bestimmte erwünschte Eigenschaften eines zum Verkauf angebotenen Sportpferdes müssen somit die Ausgaben für alle anderen Eigenschaften dieses Pferdes und für alle weiteren Ausgaben mit einbezogen werden.

Für jedes Merkmal z_n eines Pferdes gilt, dass Angebot $S_z(z_n)$ und Nachfrage $D_z(z_n)$ die im Gleichgewicht (*) gehandelte Menge dieses Merkmals $S_z^*(z_n) = D_z^*(z_n)$ bestimmen. In einem Markt mit vielen Anbietern und Nachfragern bildet sich somit implizit ein Gleichgewichtspreis $P_z^*(z_n)$ für jedes der unterschiedlichen Merkmale $z_1, z_2, \ldots, z_n$.

Diese impliziten Merkmalspreise werden nur selten separat ausgewiesen, sondern gehen in die gesamte Preisbildung eines Pferdes k ein und können im Preisvektor aggregiert werden: $P_k(Z_k)$. Beispielsweise würde im Rahmen einer Sportpferdeauktion nicht ermittelt, um wieviel der Pferde-Auktionspreis je 1000 € Preisgeld steigt, die das Pferd bisher gewonnen hat. Es ist jedoch möglich, die Gleichgewichtspreise für jedes Merkmal $P_z^*(z_n)$ anhand der Ergebnisse der Auktion empirisch zu ermitteln. Dazu wird das sogenannte **Hedonische Preismodell** verwendet, welches heterogene Marktpreise für individuelle Transaktionen innerhalb einer gemeinsamen Produktkategorie (zum Beispiel Sportpferde) als Funktion der Gleichgewichtspreise aller relevanten Ausprägungsformen des Produktes erklärt (wobei die Preise jeweils als Durchschnittspreise für ein Attribut anzusehen sind):

$$P_k^*(Z^*) = f(z_{1k}^*, z_{2k}^*, \ldots, z_{nk}^*) \tag{8.13}$$

Hedonische Preismodelle haben in der empirischen Marktanalyse eine große praktische Bedeutung. Dazu wird der Gl. 8.13 ein stochastischer Fehlerterm hinzugefügt und sie wird als lineares Regressionsmodell ökonometrisch geschätzt:

$$\widehat{P_k^*}(Z^*) = \hat{\beta}_0 + \hat{\beta}_1 z_{1k}^* + \hat{\beta}_2 z_{2k}^* + \ldots + \hat{\beta}_n z_{nk}^* + \hat{u}_k \tag{8.14}$$

Am Beispiel einer Sportpferdeauktion würden auf der linken Seite der Gleichung die beobachteten Auktionspreise für eine Stichprobe von $k = 1, \ldots, K$ Sportpferden stehen. Auf der rechten Seite der Gleichung würden die Merkmale jedes Pferdes k, wie zum Beispiel Größe, Geschlecht, Farbe, Sprungleistung und gewonnene Preisgelder als erklärende Variablen z_{nk} eingetragen. Die für diese Merkmale geschätzten Regressionskoeffizienten $\hat{\beta}_n$ würden die marginale Steigerung des Auktionspreises P_k^* für ein durchschnittliches Pferd angeben, wenn sich das entsprechende Attribut z_n um eine Einheit erhöht.

Hedonische Preismodelle dienen zur ökonometrischen Schätzung der Preisauf- bzw. abschläge, welche ein bestimmtes Produktattribut am Markt erzielt. Hedonische Preisanalyse ist somit eine Methode zur Analyse des Marktwertes heterogener Produkte. Dabei können Schätzgleichungen wie in Gl. 8.14 auch zur Ermittlung des Marktwertes z. B. von Immobilien, Agrarflächen, Gebrauchtfahrzeugen usw. verwendet werden und finden sich zunehmend auf Internetseiten von entsprechenden Marktportalen.

8.2.4 Die praktische Bedeutung von Substituierbarkeit in Agrarmärkten

Die Bedeutung des Agrarpreisgefüges auf Ebene der gleichen Verarbeitungsstufe wird auch deutlich, wenn man betrachtet, inwiefern ein bestimmtes Agrargut durch andere Agrargüter substituiert, d. h. ersetzt werden kann. Die Berechnung der Wettbewerbsfähigkeit von Getreidesubstituten soll aufgrund ihrer großen Bedeutung für den Futtermittelsektor im Folgenden beispielhaft erläutert werden. Zur Berechnung der Wettbewerbsfähigkeit benötigt man Informationen über den Nährstoffgehalt der Futtermittel sowie über die Futtermittelpreise.

In der Praxis kommt dabei neben EDV-gestützten LP-Modellen zur Optimierung industrieller Futtermischungen auch die **Methode nach Löhr** zur Bewertung der Preiswürdigkeit von Futtermitteln zum Einsatz. Bei dieser Methode berücksichtigt man zwei Nährstoffe, z. B. Eiweiß und Energie. Für Milchvieh wird der Energiegehalt eines Futtermittels auf Basis von Megajoule Netto-Energie Laktation (MJ NEL) ausgewiesen. MJ NEL gibt an, welchen Energiegehalt Tierfutter in Joule/kg hat, sofern es für die Milchproduktion umgesetzt werden kann. Eiweiß wird entsprechend des Rohproteingehalts gemessen. Die Methode von Löhr kann entweder verwendet werden, um beispielsweise zu errechnen, wie viel Weizen und Sojaschrot ein kg eines anderen Futtermittels ersetzen können. Alternativ kann anhand der zwei Vergleichsfuttermittel Weizen und Sojaschrot errechnet werden, bis zu welchem Marktpreis ein substituierendes Futtermittel konkurrenzfähig wäre. Zur Anwendung der Methode nach Löhr benötigt man Informationen über die Rohprotein- und Energiegehalte sowie die Preise von Weizen, Soja und dem jeweiligen Vergleichsfuttermittel. Dies wird in dem Beispiel in Tab. 8.2 demonstriert, bei welchem ermittelt werden soll, bis zu welchem Preis von Rapsextraktionsschrot dieses Futtermittel als Substitut für eine Mischung aus Sojaschrot und Weizen konkurrenzfähig wäre.

Nach der Methode zur Ermittlung der Preiswürdigkeit von Futtersubstituten nach Löhr geht man wie folgt vor:

Ansatz:

$$\text{Sojaschrot:} \quad 425x + 7{,}59y = 28 \tag{8.15}$$

$$\text{Weizen:} \quad 121x + 7{,}49y = 14 \tag{8.16}$$

Durch Auflösen einer der beiden Gleichungen nach einer Variablen und Einsetzen in die andere Gleichung können nun diejenigen Werte für x und y gefunden werden, die das Gleichungssystem lösen. Für die Werte aus Tab. 8.2 ergibt sich:

$$y = 1{,}1312 \quad \text{Preisfaktor Energie}$$

$$x = 0{,}0456 \quad \text{Preisfaktor Rohprotein}$$

Mithilfe dieser Preisfaktoren kann nun die Preiswürdigkeit substituierender Futtermittel errechnet werden, mit welcher sie die Nährstoffe Energie und Rohprotein im Vergleich zu Weizen und Sojaschrot liefern.

Für ausgewählte Futtermittel ist dies in Tab. 8.3 aufgeführt und nachfolgend für Rapsextraktionsschrot exemplarisch nachvollzogen:

$$p^{Vergleich} = (330 \cdot 0{,}0456) + (6{,}51 \cdot 1{,}1312) = 22{,}44 \tag{8.17}$$

Tab. 8.2 Vergleichsfuttergehalte in einer Milchviehration

Vergleichsfutter	g Rohprotein/kg	MJ NEL/kg Festmasse	Angenommene Marktpreise (€/dt)
Sojaschrot	425	7,59	28,00
Weizen	121	7,49	14,00

Quelle: Eigene Darstellung; basierend auf Groß (2010)

Tab. 8.3 Preiswürdigkeit ausgewählter Futtermittel für Rinder im Vergleich zu Weizen und Soja

Futtermittel	g Rohprotein/kg	MJ NEL/kg Festmasse	Errechneter Vergleichspreis (€/dt)
Rapsextraktionsschrot	330	6,51	22,44
Melasse-Schnitzel	115	6,93	13,09
Milchleistungsfutter 18/3	180	6,7	15,80
Körnermais	93	7,38	12,60
Erbsen	221	7,51	18,59
Gerste	109	7,11	13,02

Quelle: Eigene Darstellung nach Groß (2010)

Ist der aktuelle Marktpreis von Rapsextraktionsschrot niedriger als der ermittelte Vergleichspreis von 22,44 €/t, so ist es günstiger, Weizen und Soja durch dieses Futtermittel zu ersetzen. Liegt der Marktpreis von Rapsextraktionsschrot jedoch höher als der Vergleichspreis, würden Energie und Rohprotein aus dem Rapsextraktionsschrot vergleichsweise teuer bezogen als aus Weizen und Sojaschrot.

Ob in der Fütterung nun tatsächlich Rapsextraktionsschrot oder die Futtermischung aus Weizen und Soja verwendet wird, hängt natürlich auch von der Tierverträglichkeit ab. Auch die genaue Zusammensetzung des Eiweißes aus verschiedenen Aminosäuren in einem Futtermittel kann das Ergebnis beeinflussen. Je nach Tierart ist daher eine Substitution nur im begrenzten Maße möglich.

8.2.5 Die Wirkung von Politikmaßnahmen bei Substituierbarkeit

Während im vorangegangenen Abschnitt auf die praktische Bedeutung technischer Substituierbarkeit bei Futtermitteln im Hinblick auf ihre Preisbildung eingegangen wurde, sollen im vorliegenden Abschnitt zwei bekannte Beispiele aus der agrarökonomischen Literatur vorgestellt werden, welche zeigen, wie ungeschützte Einfuhren technischer Substitute, im Inland hergestellte und protektionierte Produkten ersetzen können und so die Wirksamkeit der protektionistischen Maßnahmen nicht nur konterkarieren, sondern darüber hinaus zu weiteren Verzerrungen führen.

8.2.5.1 Die Offene Flanke der EU Agrarmarktordnung[6]

In der Gemeinsamen Agrarpolitik der EU (GAP) sowie der daraus resultierenden **Gemeinsamen Marktorganisation** (GMO) ist der Getreidepreis grundsätzlich ein politischer Preis. Im Rahmen der Marktordnung werden Marktordnungspreise festgelegt

[6]Dieser Abschnitt beruht auf Koester (1988).

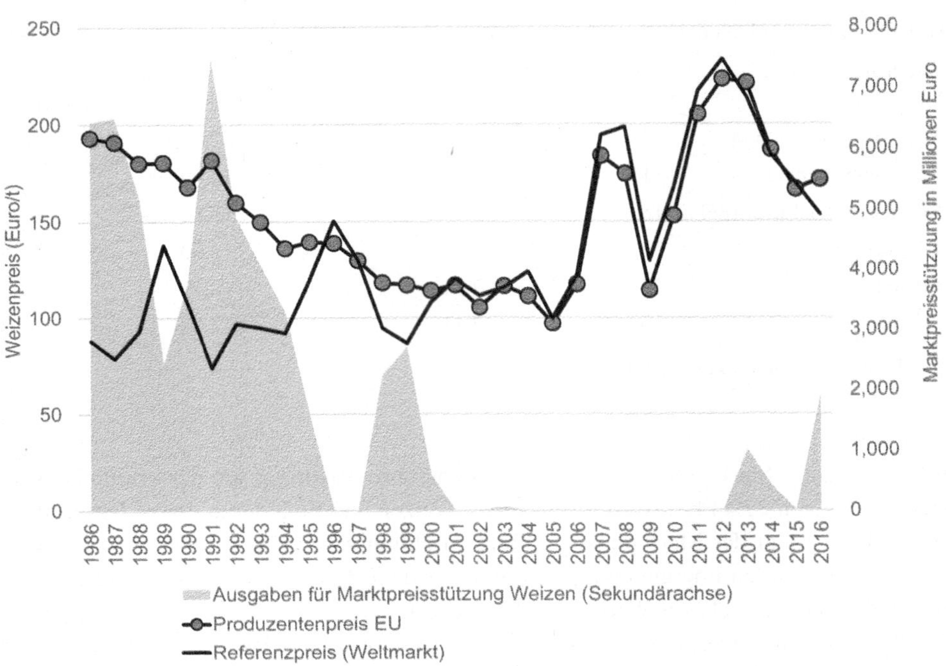

Abb. 8.1 EU-Getreidepreis und Weltmarktpreis im Zeitablauf. (Quelle: OECD (2018), eigene Darstellung)

(Schwellenpreis, Interventionspreis), die in der Vergangenheit die Marktpreise innerhalb der EU weitgehend bestimmten und je nach Marktlage durch Ausgaben für Marktpreisstützung am Markt durchgesetzt werden mussten.

Im Zuge verschiedener Reformen der GAP wurden diese politischen Preise immer weiter abgesenkt, wie der fallende Produzentenpreis und die sinkenden Ausgaben für Marktpreisstützung in Abb. 8.1 erkennen lassen. Gleichzeitig ist der Weltmarktpreis etwa seit dem Jahr 2007 deutlich angestiegen. In der Folgezeit wurden weitere Ausgaben für Getreide-Marktpreisstützungen (d. h. Interventionskäufe und Exporterstattungen) immer seltener notwendig und aus einer Vielzahl von Gründen auch politisch immer weniger opportun. Die Geschichte der sog. **Offenen Flanke** reicht weiter zurück in die Anfänge der GAP, als die EU das damalige System der sog. Interventionspreise für Getreide und andere Agrarprodukte einführte.

Die Gründung der europäischen Zollunion (damals Europäische Wirtschaftsgemeinschaft – EWG) beinhaltete, dass die EU-Mitgliedländer ihre bisherigen nationalen Zölle durch neue gemeinsame EU-Zölle ersetzen würden.[7] Schon zu Beginn der 1960er Jahre,

[7]Siehe Josling et al. (1996) für eine ausführliche Diskussion der damaligen Verhandlungen.

obwohl zu diesem Zeitpunkt die genaue Ausgestaltung und Höhe der gemeinsamen EU-Zölle noch nicht endgültig feststanden, waren viele Handelspartner besorgt, dass die GAP der EU protektionistisch ausfallen würde, d. h. hohe Zölle und andere Maßnahmen aufweisen und somit zu Diskriminierung und Handelsumlenkungen führen würde. In der sog. Dillon-Runde der GATT-Verhandlungen[8], die von 1960 bis 1962 lief, verlangten diese Länder – allen voran die USA – daher Kompensation von der EU. Die EU lehnte diese Forderungen ab, war aber bereit, einige dem damaligen Anschein nach kleine Zugeständnisse zu machen, die sich im Laufe der nächsten Jahrzehnte als sehr folgenreich erweisen würden. Insbesondere erklärte sich die EU damit einverstanden, für viele Ölsaaten, Proteine und Getreideersatzstoffe zollfreie oder gering mit Zöllen belastete Einfuhren zuzulassen. Josling et al. (1996, S. 46) halten es für „...doubtful if the chief American and EEC agricultural negotiators ... realised the significance of their decision at the time it was made". Gemessen an den damaligen Handelsströmen waren die europäischen Importe dieser Produkte unbedeutend, sodass das Zugeständnis zollfreier bzw. zollreduzierter Einfuhren aus Sicht der europäischen Unterhändler unproblematisch erschien.

In Laufe der 70er Jahre wurde dieses Zugeständnis – die sog. offene Flanke der GAP – jedoch sehr wichtig für die EU-Agrarpolitik, weil sich herausstellte, dass importierte Ölsaaten, Proteine und Getreideersatzstoffe die hochgeschützten und damit teureren einheimischen europäischen Futtermittel ersetzen können. Beispielsweise sind Tapioka und Soja, passend gemischt, nahezu perfekte Ersatzstoffe für Gerste oder Mais. Die gesamten EU-Importe der sog. Getreidesubstitute stiegen von weniger als 2 Mio. t. Anfang der 60er Jahre auf über 18 Mio. t. im Jahre 1987 an (Josling et al., 1996, S. 46). Die niedrigen Einfuhrpreise für Getreidesubstitute reduzierten zudem die Nachfrage nach inländischem Getreide, wodurch sich weiterer Druck auf den Interventionspreis für Getreide ergab und die Ausgaben für Marktpreisstützung weiter erhöht wurden. Des Weiteren verdrängten zollfrei importierte Ölsaaten in der EU erzeugte Milch und Milcherzeugnisse, da niedrige Preise für importierte Ölsaaten zu niedrigen Margarinepreisen und verringerter Nachfrage nach Butter führten. Ebenso sind kostengünstige, importierte pflanzliche Proteine eine Alternative zu inländischem Magermilchpulver in Fütterungsrationen, welches ebenfalls durch das Interventionssystem im europäischen Milchsektor relativ teuer war.

Die zollfreie Einfuhr dieser Produkte hat somit eine kostengünstige Futtermittelquelle geschaffen, welche in Verbindung mit hohen internen Stützungspreisen für tierische Produkte (wie z. B. Rindfleisch, Milch) dazu geführt hat, dass die intensive Produktion von Fleisch, Milchprodukten und Geflügel insbesondere an küstennahen Standorten stark ausgeweitet wurde, eine Entwicklung, welche die räumliche Verteilung der Veredelungs-

[8]GATT ist die Abkürzung für ***General Agreement on Trade and Tariffs,*** die Vorgängerinstitution zur heutigen Welthandelsorganisation WTO ***(World Trade Organization).***

wirtschaft in Europa, z. B. im Weser-Ems-Gebiet, bis heute prägt. Die offene Flanke der GAP wurde erst durch die MacSharry-Agrarreform von 1992 und spätere Reformschritte in den Jahren 2000 und 2003, welche die EU-Getreidepreise schrittweise auf Weltmarktniveau reduzierten (siehe Abb. 8.1), geschlossen.

Die Folgen sind in Abb. 8.2 zu sehen, welches die Zusammensetzung des europäischen Mischfutters aggregiert über alle Nutztierarten für ausgewählte Jahre darstellt. Im Jahr 1990, noch vor der MacSharry-Reform, machte Tapioka als importiertes Getreidesubstitut noch 5–6 % des europäischen Mischfutters aus. Mit der Angleichung des EU-Getreidepreises an das Weltmarktniveau verschwand aber die relative Vorzüglichkeit von Tapioka; der Anteil im EU-Mischfutter ist bis 2005 auf ca. 0,5 % gesunken. Im Jahr 2018 ist Tapioka als Substitut für europäisches Getreide unbedeutend.

Ein Preisanstieg für Getreide unter EU-Bedingungen wirkt daher in der Veredelung vornehmlich über die Faktoreinsatzmengen. Steigt z. B. der Getreidepreis, so werden Getreide-Substitute relativ vorzüglicher, und es wird eine weitere Substitution von Getreide einsetzen. Die Substitutionsmöglichkeiten sind allerdings unterschiedlich, vor allen Dingen in hafennahen Regionen ist die relative Vorzüglichkeit der Getreidesubstitute größer als in hafenfernen Regionen, aber auch physiologische

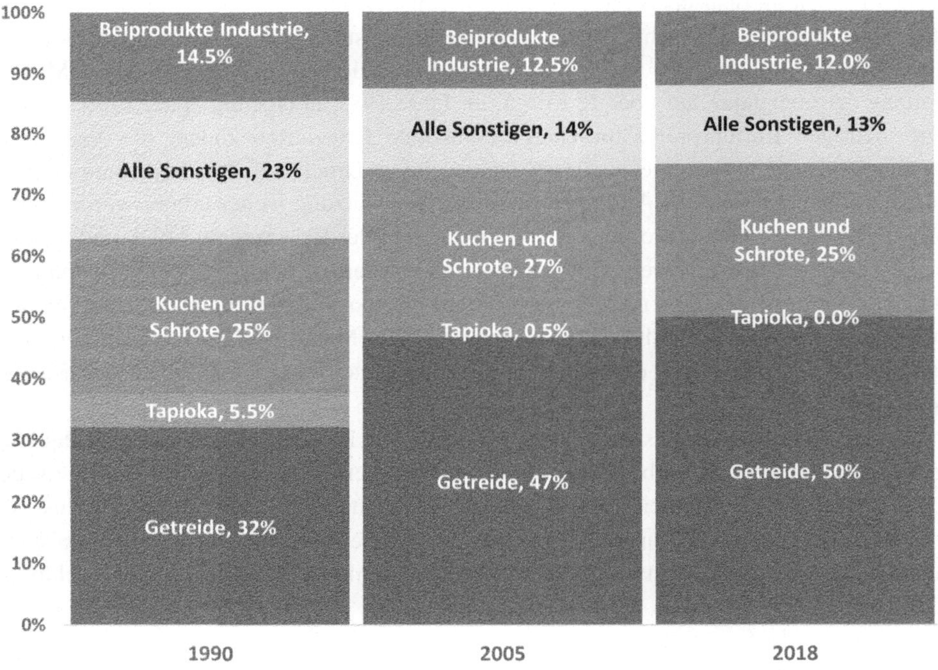

Abb. 8.2 Bestandteile von Mischfutter in der EU. (Quelle: FEFAC (2018), eigene Darstellung)

Zusammenhänge bei der optimalen Ernährung von Nutztieren setzen der Substitutionsmöglichkeit im Einzelfall Grenzen.

Bei den importierten Eiweißen gestaltet sich die Situation aufgrund der besonders hohen Eiweiß-Qualität der Sojabohne anders: der Anteil der Ölkuchen und -schrote im Mischfutter ist trotz Schließung der offenen Flanke fast konstant geblieben (25–27 %), und in dieser Kategorie nimmt Soja den größten Anteil ein, welches sowohl in Form gentechnisch veränderter als auch nicht gentechnisch veränderter Qualitäten eingeführt wird.

8.2.5.2 Zucker, Isoglucose und Biokraftstoffe

Zucker ist nicht nur ein wichtiger Rohstoff für die menschliche Ernährung, sondern auch für die Erzeugung von Bio-Kraftstoffen und als Ausgangspunkt für Produkte der chemischen Industrie. Der Rohstoff Zucker bezeichnet im Allgemeinen die Saccharose. Diese kommt insbesondere in Zuckerrüben und Zuckerrohr vor. Daneben sind Fructose und Laktose weitere wichtige Zuckerarten, die in Agrarprodukten vorkommen. Jedoch wird vor allem Saccharose als Rohstoff zur Weiterverarbeitung gewonnen.

Innerhalb der EU existieren zur Gewinnung von Saccharose sowohl Zuckerfabriken zur Verarbeitung von Rübenzucker, als auch Raffinerien zur Verarbeitung von Zuckerrohr. Letzteres wird sowohl auf einigen Inseln im karibischen Raum angebaut, welche über ehemalige europäischen Kolonialländer Teil der EU sind, als auch aus Ländern importiert, welche über einen präferenziellen Marktzugang zum EU-Zuckermarkt verfügen.

Ursprüngliches Ziel der EU Zuckermarktordnung war es, den Zuckerpreis durch eine Mengenbeschränkung des Rübenanbaus zu stützen. Als Bezugsgröße wählte man daher eine Mengenquote für Zucker, welche anteilig auf die Zuckerverarbeitung und von dort auf den Zuckerrübenanbau umgelegt wurde. Diese Quote für Rübenzucker hätte jedoch durch importierten Rohrzucker unterlaufen werden können. Zusätzlich zur Beschränkung des Rübenanbaus war daher auch ein hoher Zollschutz gegen Rohrzuckerimporte notwendig. Allerdings erhielten einige der ärmsten zuckerexportierenden Länder zollfreien Zugang zum EU-Zuckermarkt im Rahmen verschiedener Präferenzabkommen wie z. B. das EBA (***Everything but Arms Agreement*** – Alles außer Waffen) oder die EPA (***Economic Partnership Agreements***). Insgesamt lag der Selbstversorgungsgrad der EU bei Zucker trotz der Quotierung des einheimischen Rübenanbaus über 100 %, und er wurde durch die obengenannten Importe z. B. aus EBA-Ländern weiter erhöht. Besonders problematisch wurde dies, nachdem ein WTO-Panel 2005 befand, dass die EU eine größere Menge an Zucker mit Subventionen exportierte, als ihr zustand.[9]

[9]Die EU argumentierte, dass ihre Zuckerexporte überhaupt nicht subventioniert werden, aber das WTO-Panel befand, dass die EU-Zuckerexporte über die hohen Preise für Zucker auf dem EU-Binnenmarkt quersubventioniert wurden. Siehe hierzu Burrell et al. (2014).

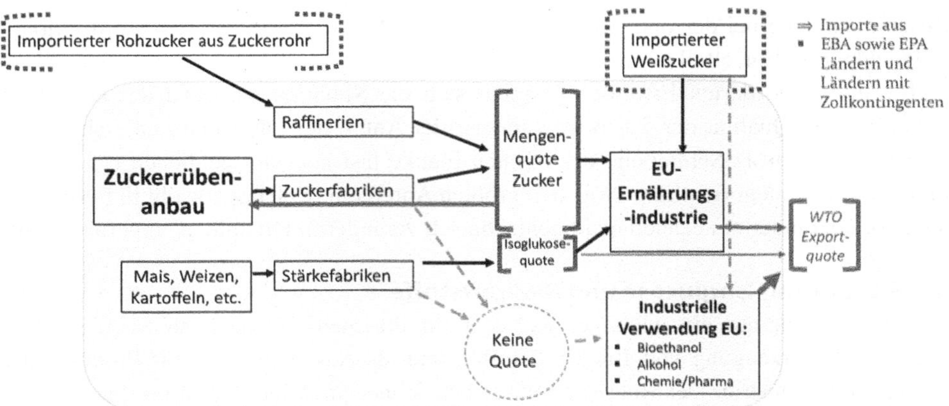

Abb. 8.3 Substitutionsbeziehungen im europäischen Zuckermarkt schematisch für den Zeitraum 2006 bis Ende des Quotensystems am 01.10.2017. (Quelle: Eigene Darstellung nach Agrosynergie (2011))

Als Ergebnis dieser Auseinandersetzung mit der WTO wurden die EU-Zuckerexporte mengenbegrenzt.

Abb. 8.3 zeigt, welche Schwierigkeiten sich für den europäischen Gesetzgeber in diesem Geflecht aus Quoten und internationalen Verpflichtungen ergaben, als der Erzeugerpreis für Zuckerrüben in der EU gestützt werden sollte, um das Einkommen der Landwirte zu verbessern. Die ovale Hintergrundfläche repräsentiert den durch Außenzölle auf Zuckerimporte geschützten EU Binnenmarkt, zu welchem einige Länder präferentiellen Zugang in Form von Zollkontingenten haben. Rechteckige Klammern symbolisieren Mengenbeschränkungen. Die industrielle Weiterverarbeitung sowie die Weiterverarbeitung in der Ernährungsindustrie bildeten bis zum Ende des Quotensystems 2017 zwei separate Marktsegmente.

Zucker kann in der nahrungsmittelverarbeitenden Industrie jedoch in Fertiggerichten und Getränken teilweise durch Fructose-haltige Glukosesirupe, welche häufig auch als Isoglukose bezeichnet werden, ersetzt werden. Aus Sicht der Ernährungsindustrie stellt Isoglukose in vielen Rezepturen ein nahezu vollkommenes Substitut für herkömmlichen Zucker dar. Isoglukose wird jedoch nicht aus Rüben oder Zuckerrohr, sondern aus stärkehaltigen Produkten wie Mais, Weizen oder Kartoffeln gewonnen. Aus diesen energiereichen Pflanzen wird zunächst die Stärke als Rohstoff extrahiert, bevor diese durch weitere chemische Verfahren in verschiedene Glukosesirupe umgewandelt wird. Hätte man in der EU-Zuckermarktordnung nur die Saccharose-Menge beschränkt, um den Erzeugerpreis für Rübenzucker zu stützen, wäre die Produktion von Isoglukose stark ausgeweitet worden und hätte mögliche Preissteigerungen für den Rübenzucker unterlaufen. Daher waren die EU-Agrarpolitiker bereit, auch die Produktionsmenge von Isoglukose zu quotieren (siehe Abb. 8.3).

Abb. 8.3 zeigt weiterhin, dass sowohl die industrielle Verarbeitung von Zucker als auch von Stärke keiner Mengenbeschränkung unterlag. Hierdurch wurde die Erzeugung von Bio- Kraftstoffen aus Zucker nicht mengenbeschränkt. Je nach Höhe des Rohölpreises konnte somit auch der Anbau von nicht mengenbeschränkten Zuckerrüben für die industrielle Verwendung attraktiv sein.

Seit dem 1. Oktober 2017 sind jedoch die Mengenbeschränkungen im europäischen Zuckermarkt aufgehoben. Rübenzucker, Rohrzucker aus Importen und Isoglukose sind somit einer freien Preisbildung unterworfen. Abb. 8.3 macht in diesem Zusammenhang deutlich, dass nicht nur Zucker und Isoglukose für die menschliche Ernährung einen Einfluss auf die Preisbildung haben, sondern auch die Nachfrage nach Stärke und Zucker seitens der Hersteller von Bio-Kraftstoffen und der verarbeitenden Industrie zur Preisbildung beitragen.

8.3 Preisbeziehungen zwischen Agrargütern und ihren Kuppelprodukten

Während im vorangegangenen Abschnitt Preisbeziehungen auf Ebene gleicher Verarbeitungsstufen untersucht wurden, soll in diesem Abschnitt die Tatsache im Fokus stehen, dass viele Agrarrohstoffe mehrere Inhaltsstoffe enthalten, die zu unterschiedlichen Zwischenprodukten bzw. Konsumgütern verarbeitet werden können. So enthalten z. B. die Ölsaaten als wichtigste Inhaltsstoffe Öl und Eiweiß. Aus der Sojabohne werden daher Öl und Sojaschrot als **Kuppelprodukte** gewonnen, die auf unterschiedlichen Märkten angeboten werden und kaum miteinander in Konkurrenz stehen. Ein anderes Beispiel betrifft den Rohstoff Milch mit den wesentlichen Inhaltsstoffen Fett und Eiweiß. In den verarbeiteten Milchprodukten sind diese beiden Rohstoffe unterschiedlich stark enthalten, z. B. in der Butter vornehmlich Fett und im Magermilchpulver vornehmlich Eiweiß.[10] Bei diesen Beispielen handelt es sich um Kuppelprodukte, die durch eine erste Verarbeitung voneinander getrennt werden müssen. Kuppelprodukte können aber auch voneinander getrennt als Ergebnis des Produktionsvorgangs auf Erzeugerebene anfallen, wie zum Beispiel Milch und Fleisch als Ergebnis der Milchviehhaltung.

[10]In Kap. 9 werden Preiszusammenhänge zwischen Agrar- und Lebensmittelprodukten auf unterschiedlichen Verarbeitungsstufen, sogenannte vertikale Preiszusammenhänge, ausführlich erläutert. Die Preiszusammenhänge zwischen Sojabohnen und den verarbeiteten Kuppelprodukten Sojaöl und -Schrot sowie zwischen Milch und Butter und Magermilchpulver können auch als Beispiel der vertikalen Preisbildung angesehen werden.

8.3.1 Das Angebot von Kuppelprodukten

In Abschn. 8.2 standen zwei Märkte miteinander in Verbindung, weil ein Output (Getreide oder Sojaschrot) in das andere Output (Geflügelfleisch) als Input eingeht. Der umgekehrte Fall liegt vor, wenn durch einen Produktionsprozess zwei Outputs erzeugt werden, ohne dass ein Teil der verwendeten Inputs eindeutig einem der beiden Outputs zugeordnet werden könnte.

Tatsächlich erzeugen die meisten Produktionsprozesse, welche auf der Nutzung von Agrarsystemen beruhen, stets mehrere Outputs gleichzeitig und verwenden dazu einen oder mehrere Inputs, von denen wiederum zumindest einige in nicht **allokierbarer** Form vorliegen. Dies bedeutet, dass nicht zugeordnet werden kann, mit welchem Anteil ein nicht allokierbarer Produktionsfaktor Z in Output Q_1 bzw. Q_2 eingeht.[11]

Die nachfolgende Gleichung beschreibt in impliziter Form ein Produktionssystem, welches zwei Outputs auf Basis von zwei Inputs erzeugt. Der Produktionsfaktor Q^x ist dabei allokierbar, d. h. seine Einsatzmengen können den jeweiligen Outputmengen von Q_1 und Q_2 zugeordnet werden.

$$F(\mathrm{Q}_1, \mathrm{Q}_2, Q^x, \mathrm{Z}) = 0 \tag{8.18}$$

Der Faktor Z wird von beiden separaten Produktionsprozessen gemeinsam genutzt. Die beiden Produktionsprozesse können daher auch in Form der nachfolgenden Produktionsfunktionen dargestellt werden, welche durch Z verbunden sind und bei denen gilt $Q^x = Q_1^x + Q_2^x$.

$$\mathrm{Q}_1 = f^1\left(Q_1^x, \mathrm{Z}\right) \tag{8.19}$$

$$\mathrm{Q}_2 = f^2\left(Q_2^x, \mathrm{Z}\right) \tag{8.20}$$

Ein typisches Beispiel für einen Produktionsprozess gemäß Gl. 8.18 ist die Erzeugung von Milch (Q_1) und Rindfleisch (Q_2) durch Futter (Q^x), welches bei Kenntnis der physiologischen Zusammenhänge rechnerisch den beiden Outputs zugeordnet werden kann, und der Nutzung einer Kuh (Z), welche sowohl Milch als auch Kälber produziert.

Betrachtet man das stilisierte Agrarsystem bzw. den Produktionsprozess aus Gl. 8.18 unter dem Gesichtspunkt der Profitmaximierung, ergibt sich das folgende Optimierungsproblem:

$$\pi = P_1\mathrm{Q}_1 + P_2\mathrm{Q}_2 - P^xQ_1^x - P^xQ_2^x - P^zZ \tag{8.21}$$

$$\pi = P_1f^1\left(Q_1^x, \mathrm{Z}\right) + P_2f^2\left(Q_2^x, \mathrm{Z}\right) - P^xQ_1^x - P^xQ_2^x - P^zZ \tag{8.22}$$

[11]Dieser Abschnitt beruht auf Kap. 5.5 aus Beattie et al. (2009).

Die Bedingungen erster Ordnung für ein Profitmaximum werden wie gewöhnlich ermittelt, indem man Gl. 8.22 nach den Input-Einsatzmengen differenziert und gleich Null setzt:

$$\frac{\partial \pi}{\partial Q_1^x} = P_1 \frac{\partial Q_1}{\partial Q_1^x} - P^x = 0 \tag{8.23}$$

$$\frac{\partial \pi}{\partial Q_2^x} = P_2 \frac{\partial Q_2}{\partial Q_2^x} - P^x = 0 \tag{8.24}$$

$$\frac{\partial \pi}{\partial Z} = P_1 \frac{\partial Q_1}{\partial Z} + P_2 \frac{\partial Q_2}{\partial Z} - P^z = 0 \tag{8.25}$$

Verschiebt man P^z in Gl. 8.25 auf die rechte Seite, ergibt sich eine Bedingung, welche zeigt, dass der Preis pro Einheit eines nicht allokierbaren Faktors (hier: Kuh) gleich den Wertgrenzprodukten der beiden Outputs im Hinblick auf die Einsatzmenge von Z sein muss. Der (Grenz-)Wert einer Kuh ist demnach gleich der Summe ihrer partiellen Grenz-Markterlöse für Milch und Fleisch.

Durch simultanes Lösen von Gl. 8.23, 8.24 und 8.25 für die Inputmengen Q_1^x, Q_2^x, Z erhält man die unkompensierten Faktor-Nachfragefunktionen (nach Marshall):

$$Q_1^{x*} = g^1(P_1, P_2, P^x, P^z) \tag{8.26}$$

$$Q_2^{x*} = g^2(P_1, P_2, P^x, P^z) \tag{8.27}$$

$$Q^{z*} = g^z(P_1, P_2, P^x, P^z) \tag{8.28}$$

Diese Nachfragefunktionen werden als unkompensiert bezeichnet, da sie sowohl den Substitutionseffekt als auch den Output-Änderungseffekt erfassen und somit die Gesamtänderung der Nachfrage abbilden[12].

Die Gleichungen Gl. 8.26–8.28 zeigen, dass die Nachfrage nach jedem einzelnen Faktor nicht nur eine Funktion seines Preises, sondern auch der beiden Outputpreise und des Preises für den nicht allokierbaren Faktor ist. Setzt man die Faktornachfragefunktionen nun wieder in die Produktionsfunktionen Gl. 8.19 und 8.20 ein, so ergeben sich die Output-Angebotsfunktionen Gl. 8.29 und 8.30, welche wiederum jeweils Funktionen beider Outputpreise und der Preise für die beiden Produktionsfaktoren sind:

$$Q_1^* = f^1\left(Q_1^{x*}, Q^{z*}\right) = f^1(P_1, P_2, P^x, P^z) \tag{8.29}$$

[12]Im Gegensatz dazu existieren auch kompensierte Nachfragefunktionen (nach Hicks), welche nur den Substitutionseffekt abbilden. Näheres findet sich z. B. in Beattie et al. (2009) oder Snyder et al. (2015).

$$Q_2^* = f^2\left(Q_2^{x*}, Q^{z*}\right) = f^2(P_1, P_2, P^x, P^z) \quad (8.30)$$

Dies bedeutet beispielsweise, dass das Angebot des Outputs Q_2^* = Rindfleisch nicht nur vom Rindfleischpreis und dem Futterpreis, sondern auch von dem Milchpreis P_1 abhängt, da Fleischproduktion und Milchproduktion über den nicht allokierbaren Faktor Kuh (Z) verbunden sind.

Ob es sich bei einem Input tatsächlich um einen solchen nicht allokierbaren Faktor handelt, dessen Einsatzmengen den entsprechenden Outputs nicht zugeordnet werden können, liegt dabei sowohl im Ermessen des Betrachters als auch an den beteiligten Transaktionskosten zur Ermittlung separater Marktpreise sowie in der zur Verfügung stehenden technischen Analysegenauigkeit. So könnten Milchproduktion und Fleischproduktion auf Basis einer Kuh bei entsprechender physiologischer Analysegenauigkeit zwar womöglich auf ihre molekularen Umsetzungsprozesse zurückgeführt und auf dieser Ebene voneinander getrennt werden, aber dies würde nichts daran ändern, dass im realen Marktgeschehen die lebende Kuh als relevante Produktionseinheit nur einen einzelnen Marktpreis hat.

8.3.2 Preiszusammenhänge bei Kuppelprodukten am Beispiel Milch

Im Folgenden soll der Preiszusammenhang zwischen den Kuppelprodukten Butter und Magermilchpulver und dem Rohprodukt Milch beispielhaft dargestellt werden. Die Analyse ist natürlich auch auf andere Märkte, wie z. B. den Ölsaatenmarkt, übertragbar. In Abb. 8.4 werden Eckdaten zu der Verarbeitung von Milch dargestellt.

Die Tatsache, dass in Rohprodukten unterschiedliche Inhaltsstoffe enthalten sind und diese Inhaltsstoffe auf den Märkten auch unterschiedlich bewertet werden, stellt für die praktische Agrarpolitik besondere Probleme dar, eröffnet aber auch besondere Spielräume. Auch dies kann insbesondere an dem Beispiel Milch dargestellt werden. Da die

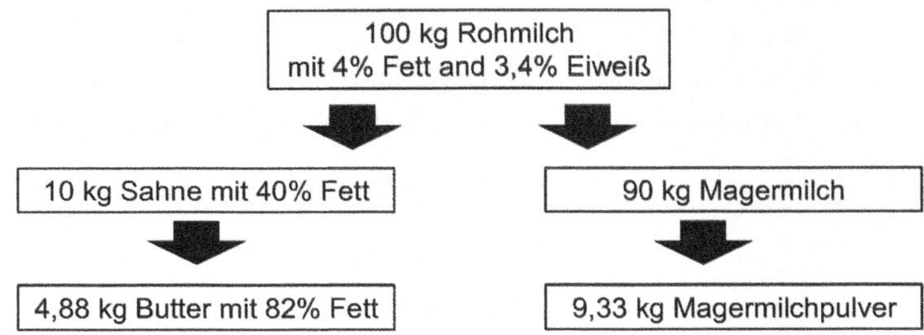

Abb. 8.4 Technisch bedingter Zusammenhang zwischen Milchprodukten unterschiedlicher Verarbeitungsstufe (vereinfacht); ohne die Berücksichtigung technisch bedingter Ausbeutungsverluste. (Quelle: Eigene Darstellung nach DairyCo (2014))

wertbestimmenden Bestandteile der Milch vor allem Fett und Eiweiß sind, ist die Marktnachfrage nach dem Rohprodukt Milch eine abgeleitete Nachfrage aus der Nachfrage nach milchfetthaltigen Produkten und nach eiweißhaltigen Produkten auf dem Konsumgütermarkt.

Würde z. B. von der Milch lediglich die Fettkomponente verwertet werden können, so ergäbe sich der Auszahlungspreis für Milch aus dem Butterpreis, der auf dem Konsumgütermarkt zu erzielen ist, abzüglich der Verarbeitungs- und Handelsspanne, dividiert durch einen **Transformationskoeffizienten,** der angibt, wie viel kg Milch zur Herstellung von 1 kg Butter benötigt werden. Wenn die Molkereien aber außerdem andere Komponenten, insbesondere die Eiweißkomponente, verarbeiten und auf dem Markt verkaufen können, so wird sich auch ein möglicher Auszahlungspreis für die Eiweißkomponente in der Milch errechnen lassen. Die Grenzverwertung für das Rohprodukt Milch $V^{Rohmilch}$ ergibt sich daher wie in Gl. 8.31 dargestellt aus der Verwertung der unterschiedlichen Inhaltsstoffe der Milch.

$$V^{Rohmilch} = bP^{Butter} - bc^{Butter} + dP^{MMpulver} - dc^{MMpulver} \tag{8.31}$$

Die in Gl. 8.31 verwendeten Symbole sowie beispielhafte Annahmen über Preise und die technisch bedingten Umwandlungsfaktoren von Rohmilch in Butter und Magermilchpulver werden in Tab. 8.4 aufgeführt.

In Tab. 8.5 ist die Ermittlung der Grenzverwertung für das Rohprodukt Milch $V^{Rohmilch}$ anhand der Werte aus Tab. 8.4 und gemäß Gl. 8.31 nachvollzogen. Der Marktwert für das Rohprodukt Milch $V^{Rohmilch}$ ergibt sich somit aus unterschiedlichen Kombinationen der Preise für Fett und für Eiweiß und anderen wertbestimmenden Inhaltsstoffen der Milch.

Tab. 8.4 Annahmen für die Verarbeitung von 100kg Rohmilch mit 4 % Fett und 3,4 % Eiweiß

Symbol in Gl. 8.31	Bedeutung	Berechnung
V	Errechnete Grenzverwertung des eingesetzten Rohstoffes	Wird errechnet aus Gl. 8.31
P	Marktpreise	Es können aktuelle Marktpreise oder z. B. EU Interventionspreise eingesetzt werden
b	Technischer Transformations-koeffizient	4,88 kg Butter aus 100kg Rohmilch zu 4 % Fett oder 20,49 kg Milch/kg Butter (siehe Abb. 8.4)
c	Produktions- und Transportkosten ohne Kosten der Rohmilch	32,03 €/100kg Butter 43,47 €/100kg Magermilchpulver
d	Technischer Transformations-koeffizient	9,33 kg Magermilchpulver aus 100 kg Rohmilch zu 4 % Fett oder 10,72 kg Milch/kg Magermilch-pulver (siehe Abb. 8.4)

Quelle: Eigene Darstellung basierend auf DairyCo (2014)

Diese errechnete Grenzverwertung für das Rohprodukt Milch $V^{Rohmilch}$ sollte unter bestimmten Annahmen den Auszahlungspreis an Landwirte widerspiegeln.

Spiegelt die in Tab. 8.5 errechnete Grenzverwertung für das Rohprodukt Milch $V^{Rohmilch}$ auch tatsächlich die in der Realität gezahlten Milchpreise an Landwirte? Aus Abb. 8.5 geht hervor, dass der mittlere, an Landwirte in der EU gezahlte monatliche Rohmilchpreis nur Näherungsweise der errechneten Grenzverwertung für Rohmilch entspricht.

Tab. 8.5 Die Berechnung der Grenzverwertung von Rohmilch durch Butter und Magermilchpulver in der EU am Juni 2018 (ungewichtetes Mittel) anhand von Gl. 8.31 und den Werten aus Tab. 8.4

Butterpreis (€/kg)	5,82
Herstellungskosten Butter ohne Rohmilchansatz (€/kg)	0,32
Magermilchpulver-Preis (€/kg)	1,52
Herstellungskosten Magermilch ohne Rohmilchansatz (€/kg)	0,43
Rechnerischer Rohmilchwert (€/kg)	**0,37**

Quelle: Eigene Berechnungen anhand von Gl. 8.31 und den Werten aus Tab. 8.4

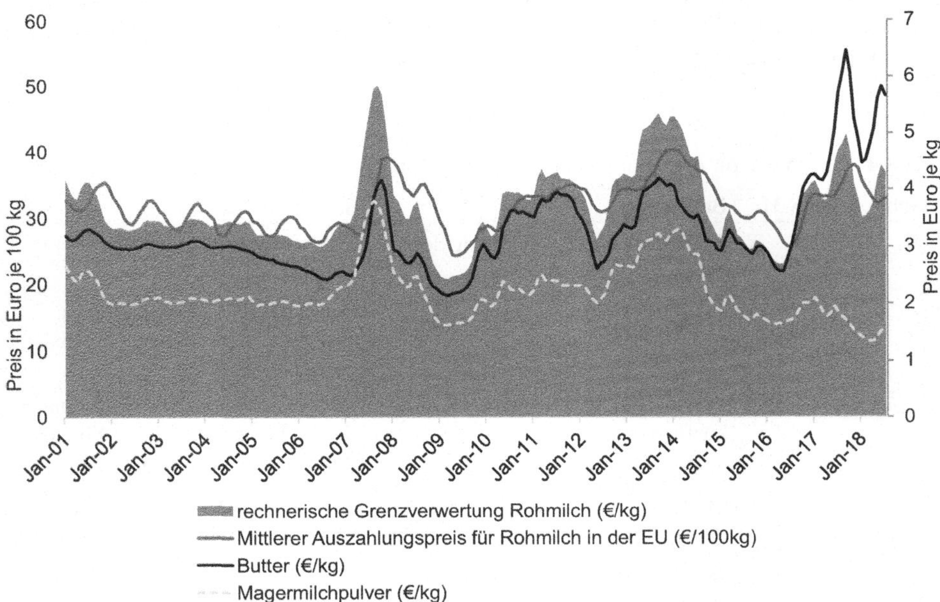

Abb. 8.5 Errechnete Grenzverwertung der EU-Rohmilch aus Butter und Magermilchpulver im Vergleich zum mittleren EU-Milchauszahlungspreis an Landwirte. (Quelle: Europäische Kommission (2020b), eigene Darstellung)

Insbesondere seit dem Jahr 2007 kann beobachtet werden, dass der Auszahlungspreis dem Verlauf der Grenzverwertung mit einer Verzögerung von einigen Monaten folgt. Zudem unterschreitet der Auszahlungspreis die Spitzen der rechnerischen Grenzverwertung und überschreitet die Täler. Für diese Beobachtungen können u. a. die folgenden Gründe angeführt werden:

1. Molkereien versuchen, den Auszahlungspreis an Landwirte im Zeitablauf zu glätten.
2. Die Molkereiverwertung richtet sich im Einzelfall auch nach dem Preis für unterschiedliche Käsesorten; Käse enthält Eiweiß und Fett. Zudem erzielen unterschiedliche Käsespezialitäten unterschiedlich hohe Preisaufschläge. Insbesondere die Bedeutung der Verwertung von Rohmilch im Käse hat für die Bildung des Auszahlungspreises einiger Molkereien in den vergangenen Jahren stark zugenommen.

8.3.3 Wirkung von Politikmaßnahmen

In diesem Abschnitt wird untersucht, wie die Wirkungsweise politischer Markteingriffe durch die Märkte miteinander verbundener Agrarprodukte beeinflusst werden können.

8.3.3.1 Das Interventionspreissystem im europäischen Milchmarkt

Über viele Jahrzehnte stützte die EU Agrarpolitik nicht nur den Getreidepreis über ein Interventionspreissystem, sondern versuchte auch, den Milch-Auszahlungspreis für Landwirte durch Preisvorgaben für Butter (Fettkomponente) und Magermilchpulver (Eiweißkomponente) zu stützen (siehe vorangegangener Abschnitt). Während die Intervention bei Getreide aufgrund der vorangegangenen Absenkung des Interventionspreises und der Weltmarktlage in den ersten beiden Dekaden nach der Jahrtausendwende kaum noch angewendet wurde (siehe Abb. 8.1), spielt das Interventionspreissystem im europäischen Milchsektor nach wie vor eine relativ wichtige Rolle während der wiederholt auftretenden sog. Milchpreiskrisen.[13]

Bei der Beeinflussung des Milchauszahlungspreises durch den Staat geht man zweckmäßigerweise von Markteingriffen für interventionsfähige Verarbeitungsprodukte aus, da der Rohstoff Milch nicht langfristig gelagert werden kann und auch kurzfristig hohe Lagerkosten verursacht. Die staatlichen Eingriffe beschränken sich auf die Hauptkomponenten Fett und Eiweiß; es gibt keine Intervention für Käse oder andere Molkereiprodukte. Tab. 8.6 zeigt eine Beispielrechnung, anhand derer deutlich wird, dass die EU-Interventionspreise für Butter und Magermilchpulver im Jahr 2015 in etwa einen Rohmilchwert von 19,7 Cent/kg sicherten. Der Rohmilchpreis für Milcherzeuger kann somit weder direkt durch Interventionskäufe gestützt werden, noch kann die Politik eine

[13]Thiele et al. (2015).

Tab. 8.6 Ableitung des möglichen Milchpreises aus den Interventionspreisen für Magermilchpulver und Butter

	Interventions- bzw. Referenzpreise	Wert	Einheit
	Referenzschwellenwert Butter	246,4	EUR/100 kg
I	Interventionspreis Butter 90 %	221,8	EUR/100 kg
II	Referenzschwellenwert Magermilchpulver	169,8	EUR/100 kg
	Transportkosten Butter/Magermilchpulver		
	Molkerei bis Interventionslager	350,0	km
III	– Transsportkostenansatz (Mittelwert)	26,6	EUR/t
	Kosten Zahlungsziel		
IVa	– Zahlungszielkosten Butter	23,7	EUR/t
IVb	– Zahlungszielkosten Magermilchpulver	18,1	EUR/t
	Vermarktungs- und Verarbeitungskosten		
V	– Vermarktungskosten, Kosten Sicherheit	10,0	EUR/t
VI	– Verarbeitungskosten, Butter/Magermilchpulver	320,0	EUR/t

Berechnung Rohstoffwert Milch Intervention:

$$\underbrace{(\mathrm{I} - (\mathrm{III}+\mathrm{IVa}+\mathrm{V}+\mathrm{VI})/20{,}49)}_{\textit{Fettkomponente (Butter)}} + \underbrace{(\mathrm{II} - (\mathrm{III}+\mathrm{IVb}+\mathrm{V}+\mathrm{VI})/10{,}72)}_{\textit{Eiweißkomponente (Magermilchpulver)}}$$

	= ife Rohstoffwert Milch frei Rampe	21,1	Cent/kg
	– Erfassungskosten Erzeuger	1,4	Cent/kg
	ife Rohstoffwert Milch Intervention ab Hof	19,7	Cent/kg

Annahmen: Der ife Rohstoffwert Milch Intervention gilt für eine Standardmilch mit 4 % Fett und 3,4 % Eiweiß; Transportweg Molkerei zum Interventionslager 350 km, Transportkosten incl. Versicherung für Butter 29,8 EUR/t, für Magermilchpulver 23,5 EUR/t; Zahlungsziel 65 Tage, Zinssatz Kontokorrent 6 %, Standardisierung mit Laktose.
Quelle: Thiele et al. (2015).

eindeutige Aussage darüber treffen, welchen Rohmilchpreis sie genau absichert. Die Beeinflussung der Erzeugerpreise für Rohmilch kommt ausschließlich durch die Intervention im Fett- und Eiweißmarkt zustande.

Dabei werden die Verkäufe von Milchprodukten an die staatlichen Interventionsläger durch die Molkereien abgewickelt. Bei Vorliegen einer Oligopsonstruktur im Milchmarkt, welche das Bundeskartellamt für Deutschland festgestellt hat[14] und die auch in vielen anderen EU Ländern beobachtet werden kann[15], besteht keine Garantie für die

[14]Bundeskartellamt (2012).

[15]Europäische Kommission (2016).

Landwirte, dass der durch Interventionsmaßnahmen abgesicherte Preis (in Tab. 8.6 rechnerisch 19,7 Cent) auch in voller Höhe als Auszahlungspreis an die Landwirte weitergegeben wird. So konnten im Jahr 2016 während einer Phase besonders niedriger EU-Milchpreise und relativ hohem Milchaufkommen (u. a. aufgrund der Abschaffung der Milchquote 2015) kurzfristig Rohmilchpreise am Spotmarkt beobachtet werden, die deutlich unterhalb des durch Interventionsmaßnahmen abgesicherten Preises lagen.

In Abb. 8.6 ist dargestellt, wie sich der rechnerische Rohmilch-Wert auf unterschiedliche Weise aus der Verwertung der beiden Hauptinhaltsstoffe Fett und Eiweiß ergeben kann. Eine **Isopreisgerade** für Milch gibt den geometrischen Ort aller Kombinationen der Preise für die Fettkomponente und die Eiweißkomponente an, die zu einem gleichen Preis für den Rohstoff Milch führen. Daraus folgt, dass die Beziehung zwischen dem Endprodukt Butter und dem Rohstoffwert für Milch nicht konstant ist, sondern auch von der Verwertung der Eiweißkomponente abhängt. Man kann den gleichen Rohstoffwert z. B. mit niedrigen Fettpreisen und hohen Eiweißpreisen, oder auch hohen Fettpreisen und niedrigen Eiweißpreisen erzielen. Die Steigung der Isopreisgerade ist durch das Mengenverhältnis der Komponenten in der Rohmilch bestimmt. Welcher Punkt auf der Isopreisgeraden verwirklicht wird, hängt von den Nachfragebedingungen auf dem Markt für milchfetthaltige Produkte und eiweißhaltige Produkte ab.

Durch den Zusammenhang über die Milchinhaltsstoffe wird durch die Preisbeeinflussung für Butter und Magermilchpulver auch Einfluss auf die Preise der nichtintervenierten Milchprodukte genommen. So führt z. B. eine Anhebung des Interventionspreises für Butter dazu, dass tendenziell Milchfett aus der Produktion anderer fetthaltiger Milchprodukte (z. B. Fettkäse) abgezogen wird; die Vorzüglichkeit der Fettverwertung in der Butterproduktion und damit die Opportunitätskosten der Fettverwertung in der Fettkäseproduktion steigen als Folge der Preissteigerung für Butter. Die Angebotskurve für Fettkäse verlagert sich also nach oben; die Angebotsmenge geht

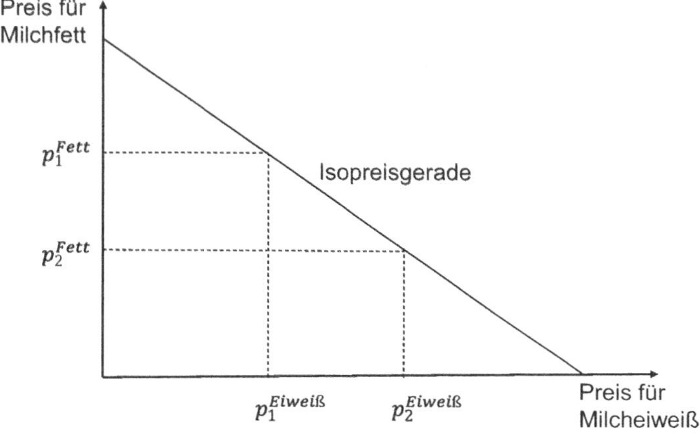

Abb. 8.6 Isopreisgerade für den Rohstoff Milch. (Quelle: Eigene Darstellung)

zurück, der Käsepreis steigt. In der Regel wird aber der Preisanstieg bei Käse kurz- und mittelfristig geringer sein als der Kostenanstieg. Ein geringerer Preisanstieg bei Käse tritt ein, wenn die Nachfrage nach Käse nicht völlig unelastisch ist und/oder das Käseangebot nicht völlig elastisch reagiert. Während die Produzenten von Interventionsprodukten bei jeder Preisanhebung direkt auch eine Erhöhung ihrer Preise verzeichnen können, müssen sich die Produzenten von nicht interventionsfähigen Milchprodukten die Preissteigerung erst über den Markt verdienen.

Es wird nun angenommen, dass sich die Nachfrage nach Milcheiweiß ausweitet, d. h. sich die Nachfragekurve nach rechts verschiebt. Als Folge hiervon steigt der Preis für Eiweiß und damit auch der Milchpreis (siehe linker Teil von Abb. 8.7). Eine Erhöhung des Milchpreises wird erwartungsgemäß zu einer Ausweitung der Milchproduktion entlang der Angebotskurve ($\text{Angebot}_{\text{Eiweiß}}$) führen. Da aber Eiweiß- und Fettkomponente in (kurzfristig) fixer Relation erzeugt werden, steigt auch die Produktion von Milchfett, d. h. die Angebotskurve auf dem Fettmarkt verschiebt sich nach rechts, und somit sinkt der Fettpreis (rechter Teil von Abb. 8.7). Es sind also zwei Preisbewegungen festzustellen, einerseits steigt der Preis der Eiweißkomponente, andererseits sinkt der Fettpreis, d. h. die Preisrelation zwischen den Komponenten verschiebt sich.

8.3.3.2 Tank oder Teller: Energieproduktion und Agrarprodukte

Die Wechselwirkungen zwischen Agrarpreisen und Energiepreisen sind in den vergangenen Jahren immer wichtiger geworden. In diesem Abschnitt sollen daher drei Aspekte dieser Wechselwirkungen beschrieben werden. Dabei wird kein Anspruch auf Vollständigkeit erhoben. Vielmehr kann der Zusammenhang zwischen Agrarpreisen und den verschiedenen Energiepreisen als Beispiel dafür angesehen werden, dass sich Agrarpreisrelationen auch durch Preispolitiken und Markteingriffe außerhalb des klassischen Agrarsektors ständig verändern und weiterentwickeln.

Die Endlichkeit fossiler Energieträger und die problematische Anreicherung von CO_2 aus nicht erneuerbaren Quellen in der Atmosphäre haben viele Regierungen weltweit

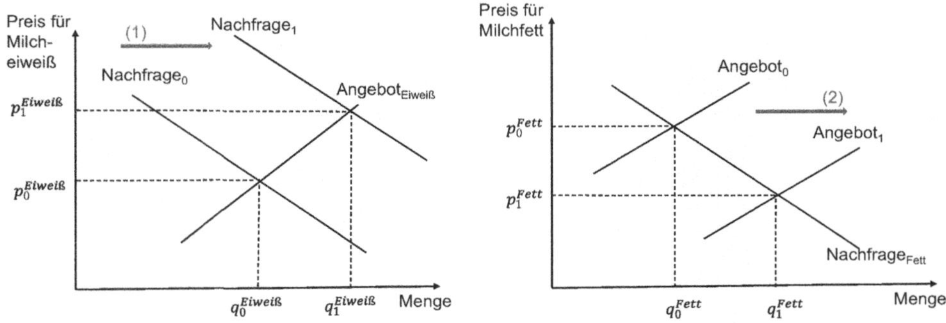

Abb. 8.7 Wirkung einer Nachfragesteigerung nach Eiweiß auf die Märkte für Milcheiweiß und Fett. (Quelle: Eigene Darstellung)

dazu veranlasst, die landwirtschaftliche Produktion nachwachsender Rohstoffe zu subventionieren. Ziel dieser Programme ist es meist, Energieträger (wie zum Beispiel Elektrizität oder Kraftstoffe) aus regenerativen Quellen am Markt gegenüber nicht erneuerbaren Energien wettbewerbsfähig zu machen.

Für Landwirte auf der ganzen Welt haben sich damit alternative Verwendungen für ihre Produktionsfaktoren Boden, Arbeit und Kapitel und damit neue Einkommensquellen ergeben. Gleichzeitig hat sich jedoch gezeigt, dass eine nennenswerte Ausweitung der Energieproduktion auf landwirtschaftlichen Flächen unmittelbar in Konkurrenz zum Anbau von Nahrungsmitteln steht (sog. **Teller-Tank Diskussion**). In den Jahren 2006 und 2007 wurde dies erstmalig in Form rasch ansteigender Weltmarktpreise für agrarische Rohstoffe deutlich (Mitchel, 2008).

Seit 2009 beispielsweise müssen im Rahmen der EU-*Renewable Energy Directive* (RED) 10 % des Treibstoffes im europäischen Straßentransport aus erneuerbaren Quellen stammen. Die Neuauflage der Direktive (RED II) verlangt bis 2030 von allen EU-Mitgliedsstaaten, dass 14 % der Energie, welche im Straßen- und Schienenverkehr verbraucht wird, aus erneuerbaren Quellen stammt (Europäische Kommission 2019). Dabei wird in der EU meist Raps für die Erzeugung von Biodiesel eingesetzt; Zuckerrüben, Weizen und Mais zur Ethanolerzeugung spielen eine geringere Rolle. In den USA hat die *Biofuel*-Politik insbesondere die Ethanolerzeugung aus Mais gefördert und damit die Weltmarktpreise für diese Produkte beeinflusst (Koirala et al. 2015), während in Brasilien bereits seit 1975 die Ethanolerzeugung aus Zuckerrohr im Rahmen des staatlichen *Proálcool*-Programms gefördert wird (Andrietta et al. 2007).

An der europäischen Förderung von Biodiesel wird nicht nur deren Auswirkung auf die Preise für Ölsaaten kontrovers diskutiert, sondern auch die Tatsache, dass zunehmend importiertes Palmöl für die EU-Biodieselproduktion verwendet wird. Die Nachfrage nach Palmöl wird u. a. durch neue Technologien verstärkt, welche die Verwendung von Palmöl gegenüber Raps erleichtern (Bureau und Swinnen 2018). Dies trägt zur Expansion von Palmölplantagen in Asien, aber zunehmend auch in Südamerika und Afrika bei. Die Ausweitung von Palmölplantagen kann zu Lasten natürlicher Ressourcen wie z. B. Biodiversität und Regenwäldern gehen. Jedoch schaffen die EU- und US-Biokraftstoffpolitik auf diese Weise auch Einkommensmöglichkeiten für Beschäftigte in den Agrarsektoren von Entwicklungsländern, was möglicher Weise zur wirtschaftlichen Entwicklung beiträgt und die Ernährungssicherheit in den entsprechenden Regionen verbessern kann.

Während Haushalte, die Netto-Erzeuger von Agrarprodukten sind, entsprechende politische Entwicklungen zur Ausweitung der Produktion von Bioenergie somit begrüßen, werden insbesondere einkommensschwache Haushalte, die einen erheblichen Anteil ihres Einkommens für den Erwerb von Nahrungsmitteln ausgeben müssen, durch globale Preissteigerungen für Nahrungsmittel negativ betroffen (Swinnen 2011).

Konkurrenz um Boden

Die regenerative Energieerzeugung kann mit der Nahrungsmittelerzeugung auch dann konkurrieren, wenn sich die entsprechenden Produktionsfaktoren Boden und Kapital nicht ausschließlich im Besitz von Landwirten befinden. Dies bedeutet, dass eine Konkurrenzbeziehung über die Entlohnung des Produktionsfaktors Boden entsteht, welcher entweder für die Produktion von Agrarrohstoffen oder für die Energieerzeugung verwendet werden kann. Hierdurch können sich wiederum Veränderungen landwirtschaftlicher Faktorpreise ergeben, was indirekt auch Auswirkungen auf die Marktpreise von Agrarprodukten hat.

Ein Beispiel hierfür ist der Einfluss von Windkraftanlagen auf landwirtschaftliche Bodenpreise in Deutschland. Vor dem Hintergrund politischer Bestrebungen zu Erhöhung des Anteils erneuerbarer Energien am nationalen Energieaufkommen werden seit einigen Jahren in vielen europäischen Ländern und so auch in Deutschland Windkraftanlagen gefördert. In Deutschland geschieht dies durch garantierte Einspeisevergütungen (Erneuerbare-Energien-Gesetz, EEG), d. h. Energiebetreiber sind zur Abnahme des Stroms aus Windkraft zu garantierten Preisen verpflichtet und legen die Mehrkosten auf die Stromverbraucher um. Windreiche Standorte sind dabei für die Errichtung von Windkraftanlagen besonders attraktiv.

Der Betrieb einer Windkraftanlage ist jedoch – anders als bei einer Biogasanlage oder bei der Erzeugung von Pflanzen für die Bio-Kraftstofferzeugung – von landwirtschaftlichen Produktionssystemen unabhängig. Land- und forstwirtschaftliche Flächen, auf denen eine Windkraftanlage steht, sind zwar nicht mehr zur landwirtschaftlichen Produktion verwendbar, aber der entsprechende Flächenbedarf ist auch für sehr große Windkraftanlagen meist relativ klein.

Jedoch können Windkraftanlagen nicht in beliebiger Nähe zueinander errichtet werden, sodass an windgünstigen Standorten Windkraftanlagenbetreiber um Stellflächen konkurrieren und entsprechend hohe Pacht- und Kaufpreise an die Landeigentümer fließen. Einiges deutet darauf hin, dass sich landwirtschaftliche Bodenpreise an bestimmten Standorten, die auch eine hohe Attraktivität für die Errichtung von Windkraftanlagen aufweisen, deutlich erhöht haben (Ritter et al. 2015).

Die zunehmende Erzeugung erneuerbarer Energien kann somit in Konkurrenz um den Produktionsfaktor Boden treten und durch eine Erhöhung der Bodenpreise auch Auswirkungen auf die Wettbewerbsfähigkeit der Agrarproduktion am jeweiligen Standort haben. In Analogie zu dem Fall der Windkraftanlagen in Deutschland könnten flächenintensive Solaranlagen in anderen Teilen der Welt mit landwirtschaftlicher Produktion um Fläche konkurrieren.

Energiepreise und die Grenzkosten der landwirtschaftlichen Produktion

Unabhängig von der Frage, ob Energie aus erneuerbaren oder nicht erneuerbaren Quellen stammt, verwenden viele landwirtschaftliche Produktionsverfahren Energie zur Heizung, Trocknung oder zum Betrieb von Maschinen. Energiepreise stellen daher für viele landwirtschaftliche Produktionszweige einen wichtigen Teil der Produktionskosten dar. Obwohl Energie gemeinhin nicht als Primärfaktor betrachtet wird und der Produktionsfaktor Boden hierbei nur indirekt berührt wird, sollen hier aufgrund der großen Bedeutung der Energiepreise für die landwirtschaftliche Produktion wichtige Zusammenhänge kurz skizziert werden:

Abb. 8.8 zeigt, dass die globale Produktion von Mineraldüngern gemäß der steigenden Agrarproduktion stetig ansteigt. Insbesondere die Produktion von Stickstoffdünger über das Haber-Bosch-Verfahren ist dabei energieintensiv. Die Düngerproduktion verbraucht etwa 2 % der Welt-Energieproduktion; während der 1990er Jahre entfielen 5 % des Welt-Erdgasverbrauchs auf das Haber-Bosch Verfahren (IFA 1998).

Während der Einfluss der globalen Mineraldüngerproduktion auf die Energiepreise somit wahrscheinlich begrenzt oder zu vernachlässigen ist, zeigt sich umgekehrt, dass insbesondere die Produktion von Stickstoffdünger in hohem Maße von den Energiepreisen abhängt.

Energiepreise wirken aber auf die Produktionskosten der Landwirtschaft bei weiten nicht nur über die Düngerpreise. Vielmehr bilden Ausgaben für Energie in Form von Treibstoffen, Heizung und Strom auch einen wesentlichen Teil der landwirtschaftlichen Produktionskosten. Dabei können Ausgaben für Treibstoffe kaum einzelnen Produktionszweigen zugeordnet werden, weshalb die Energiekosten in Abb. 8.9 als Teil der Gemeinkosten landwirtschaftlicher Betriebe in Deutschland ausgewiesen sind. Abb. 8.9 zeigt,

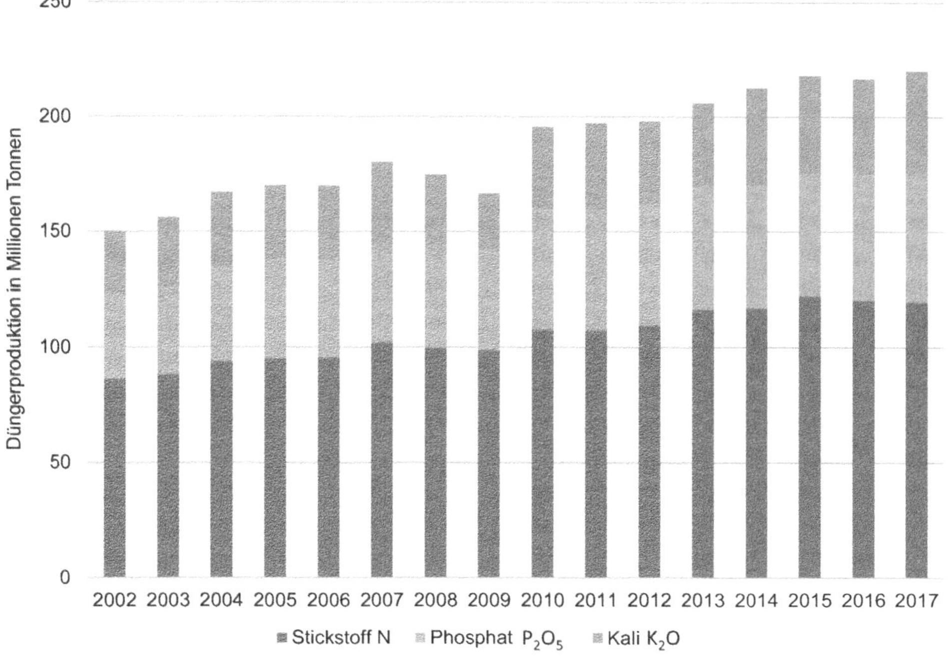

Abb. 8.8 Weltweite Produktion von Dünger. (Quelle: FAO (2020, eigene Darstellung)

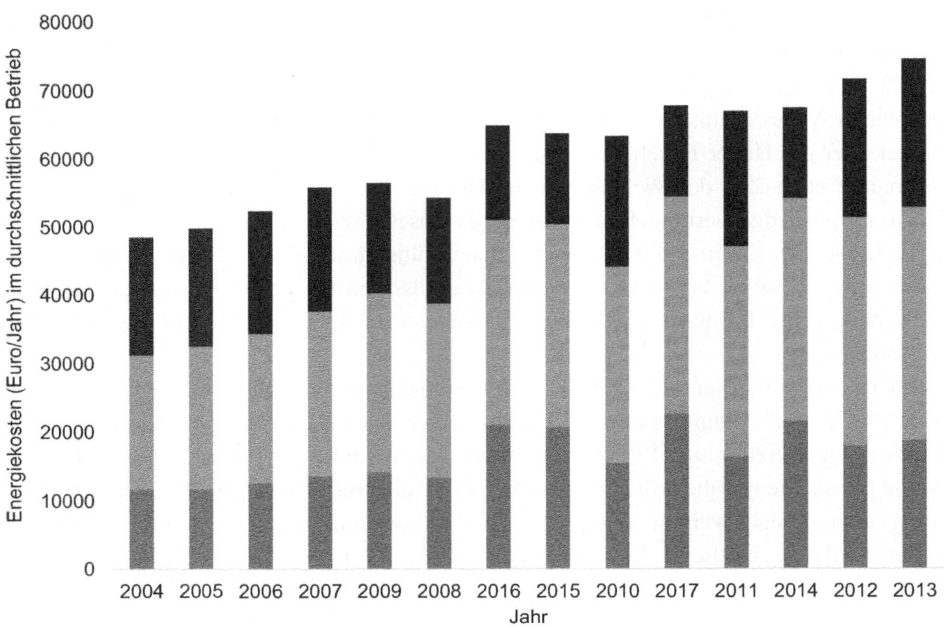

Abb. 8.9 Energiekosten als Anteil der Gemeinkosten landwirtschaftlicher Betriebe in Deutschland im FADN-Testbetriebsnetz. (Quelle: FADN-Daten (Europäische Kommission 2020a), eigene Darstellung)

dass sich die Energiekosten im Zeitablauf in etwa proportional zu den übrigen Gemeinkosten entwickelt haben und zwischen 25 und 30 % der Gemeinkosten betragen. Der Abbildung liegen Daten des offiziellen FADN *(Farm Accountancy Data Network)* Testbetriebsnetzes zugrunde, welches die EU in allen Mitgliedstaaten betreibt (Europäische Kommission 2020a). Die Werte sind Durchschnittswerte über alle Betriebstypen und Größenklassen in allen deutschen Regionen. Spezialisierte Betriebe haben daher eventuell einen von der Abb. 8.9 abweichenden höheren (z. B. Gewächshausproduktion) oder niedrigeren Energiekostenanteil.

Die Energiekosten für den Transport und die Weiterverarbeitung von Nahrungsmitteln sind ebenfalls bedeutend, aber von Fall zu Fall sehr heterogen. Neben dem Betrieb von Kühlanlagen ist z. B. die Milchpulvergewinnung durch Trocknung sehr energieintensiv.[16]

Diese Betrachtungen zeigen, dass Veränderungen der Energiepreise, wie beispielsweise durch energiepolitische Markteingriffe, erhebliche Auswirkungen auf die

[16]Pelletier et al. (2011) bieten einen umfassenden Überblick über die Energieintensität verschiedener Agrarproduktionssysteme.

Wettbewerbsfähigkeit einzelner Agrarprodukte sowie des Agrarsektors relativ zu anderen Bereichen der Volkswirtschaft haben können. Für die Zukunft muss allerdings eventuell in Betracht gezogen werden, dass sich über einen vermehrten Handel mit Emissionszertifikaten auch neue Einkommensquellen für die Landwirtschaft ergeben könnten: anders als andere energieintensive Sektoren könnten in Zukunft viele landwirtschaftliche Betriebe von der Möglichkeit zur Schaffung von CO_2-Senken profitieren, sofern mit ansteigenden Energiepreisen auch die Preise für CO_2-Emissionszertifikate steigen würden (vgl. Sands et al. 2011).

8.4 Schlagwörter und Begriffe

- Agrarpreisgefüge
- Allokierbar
- Duale Kostenfunktion
- Eckpreis
- EBA *(Everything But Arms)*
- EPA *(Economic Partnership Agreements)*
- Faktorelastizitäten, Produktionselastizitäten
- GATT *(General Agreement on Trade and Tariffs)*
- Gemeinsame Marktordnung der EU Agrarpolitik
- Getreidesubstitute
- Hedonische Preismodell
- Isopreisgerade
- Kuppelprodukte
- Methode nach Löhr
- Offene Flanke
- Shephard's Lemma
- Teller-Tank Diskussion
- Transformationskoeffizient
- WTO *(World Trade Organization)*

8.5 Übungsaufgaben

Fragen

1. Im Jahr 2017 erreichten die Butterpreise in der EU einen sehr hohen Stand. Dennoch stieg die Butterproduktion zunächst kaum an. Kann dieses Verhalten der Molkereien dadurch erklärt werden, dass der Käsepreis gleichzeitig ebenfalls relativ hoch war?
2. In der EU fordern viele Supermarktketten und z. T. Molkereien von Landwirten den Einsatz von nicht gentechnisch verändertem Soja. Diskutieren Sie, welche

Wirkung diese Maßnahme auf das Angebot und die Nachfrage von heimischen Eiweißpflanzen haben wird.

3. Die Schweinemäster in einer geschlossenen Volkswirtschaft haben die Produktionsfunktion $Q = x_{Arbeit}^{0,2} x_{Futter}^{0,8}$. Wenn der Marktpreis für Schweinefleisch $P = 20$ €/dt beträgt, wie hoch sind dann Arbeitslohn und Futterpreis je Einheit?
4. Nehmen Sie an, die EU möchte nach Ende der Milchquote die Produktionssteigerungen bei Milch durch eine Preisanhebung für Rindfleisch bremsen. Diskutieren Sie die kurz- und langfristig zu erwartende Wirkung dieser Maßnahme.
5. Erläutern Sie, warum in der Funktion $c^{min} = 2Qw_G^{0,5} w_E^{0,5}$ die Produktionskosten zwar eine Funktion der Output-Menge *(Q)* und Input-Preise sind, aber keine Inputmengen vorkommen.
6. Angenommen, der Weizenpreis liegt in der EU bei 15 €/dt und der Preis für nicht gentechnisch verändertes Soja steigt auf 40 €/dt. Berechnen Sie anhand der Methode von Löhr und den Angaben in Tab. 8.3, bis zu welchem Marktpreis europäische Erbsen und Körnermais jeweils noch als Substitute eingesetzt werden können.
7. Die EU hat durch die Senkung der Getreidepreise zu einer Verringerung der Nachfrage nach importierten Futtermitteln beigetragen. Diskutieren Sie, wie sich als Folge der Änderung der EU-Getreidemarktpolitik die Preisrelationen auf dem Weltmarkt für pflanzliche Öle und pflanzliches Fett verändert haben.
8. Datenübung/Internet: Suchen Sie in agrarökonomischen Studien nach Zusammenstellungen von Preiselastizitäten der Nachfrage. Eine vielleicht hilfreiche Quelle ist USDA-ERS (2019). Vergleichen Sie die Elastizitäten für verschiedene Ölsaaten-Produkte in der EU und in China. Unterstellen Sie, dass beide Regionen auf dem Weltmarkt wichtige Importeure für Ölsaaten sind. Wie interpretieren Sie die jeweiligen Elastizitäten?
9. Datenübung/Internet: Übernehmen Sie die frei verfügbaren Preisdaten über Milch-Auszahlung sowie Butter und Magermilchpulver von dem *Milk Market Observatory* (Europäische Kommission 2020b) in ein Tabellenkalkulationsprogramm. Berechnen Sie die Variationskoeffizienten der Preisreihen für jeden Monat über EU Länder hinweg und diskutieren Sie das Ergebnis.
10. Datenübung/Internet: Verwenden Sie die Daten des *Milk Market Observatory* (Europäische Kommission 2020b) sowie Gl. 8.31 und die Angaben in Tab. 8.4, um die Rohmilchverwertung zu berechnen. Stellen Sie diese dem mittleren EU-Auszahlungspreis in einer Grafik gegenüber und diskutieren Sie das Ergebnis.

Literatur

Agrosynergie (2011) Evaluation of CAP Measures Applied to the Sugar Sector. Report prepared for the European Commission. https://ec.europa.eu/info/sites/info/files/food-farming-fisheries/key_policies/documents/ext-eval-sugar-synth-sum_2011_en.pdf. Zugegriffen am 30. November 2020.

Andrietta MGS, Andrietta SR, Steckelberg C, Stupiello E (2007) Bioethanol – Brazil, 30 years of Proálcool. International Sugar Journal 109: 195–200.

Beattie B, Taylor R, Watts MJ (2009) The Economics of Production. Krieger Publishing Company, Florida.

Bundeskartellamt (2012) Sektoruntersuchung Milch. Abschlussbericht gemäß § 32e GWB – Januar 2012. https://www.bundeskartellamt.de/SharedDocs/Publikation/DE/Sektoruntersuchungen/Sektoruntersuchung%20Milch%20-%20Abschlussbericht.pdf?__blob=publicationFile&v=4. Zugegriffen am 30. November 2020.

Bureau JC, Swinnen J (2018) EU policies and global food security. Global food security 16: 106–115.

Burrel A, Himics M, Van Doorslaer B, Ciaian P, Shrestha, S (2014) EU sugar policy: A sweet transition after 2015? EU Joint Research Centre Scientific and Policy Report EUR 26530 EN. https://publications.jrc.ec.europa.eu/repository/bitstream/JRC76619/jrc%20tr%20sugar_study_pubsy_v6.pdf. Zugegriffen am 30. November 2020.

DairyCo (2014) Review of Dairy Market Indicators. Report produced by Ken Burgess Associates on behalf of AHDB/DairyCo. https://projectblue.blob.core.windows.net/media/Default/Market%20Intelligence/dairy/Files/Prices/Wholesale%20prices/Dairy%20market%20indicators%20review%20full%20report-2014.pdf. Zugegriffen am 30. November 2020.

Europäische Komission (2016) Report from the Commission to the European Parliament and the Council: Development of the dairy market situation and the operation of the "Milk Package" provisions. https://eur-lex.europa.eu/resource.html?uri=cellar:8ae294cd-b2f7-11e6-9e3c-01aa75ed71a1.0010.02/DOC_1&format=PDF. Zugegriffen am 30. November 2020.

Europäische Kommission (2019) Renewable Energy – Recast to 2030 (RED II). https://ec.europa.eu/jrc/en/jec/renewable-energy-recast-2030-red-ii. Zugegriffen am 30. November 2020.

Europäische Kommission (2020a) FADN - Farm Accountancy Data Network https://ec.europa.eu/agriculture/rica/. Zugegriffen am 30. November 2020.

Europäische Kommission (2020b) Milk Market Observatory: EU historical prices per EU country. https://ec.europa.eu/agriculture/market-observatory/milk_en. Zugegriffen am 30. November 2020.

FAO (Food and Agriculture Organization of the United Nations) (2020) FAOSTAT – Food and Agriculture Data. https://www.fao.org/faostat/en/#home. Zugegriffen am 30. November 2020.

FEFAC (Europäischer Verband Der Mischfutterindustrie) (2018) Feed & Food Statistical Yearbook 2018. https://fefac.eu/wp-content/uploads/2020/07/feedfood2018.pdf. Zugegriffen am 30. November 2020.

Francois J, Hall H (1997) Partial Equilibrium Modeling. In: Francois J, Reinert K. (Hrsg.) Applied Methods for Trade Policy Analysis: A Handbook. Cambridge University Press, Cambridge.

Groß D (2010) Preiswürdigkeit von Futtermitteln (Rinder) mit Berechnungsprogramm. https://www.dlr.rlp.de/internet/global/themen.nsf/ALL/1E4E76E878B0F3F9C12576EF004472E8?OpenDocument. Zugegriffen am 30. November 2020.

Hess S, Surry Y, Kron R, Liljenstolpe C, Lindberg G, Andersson H (2014) A hedonic analysis of the price for horse riding lessons in Sweden. Journal of Outdoor Recreation and Tourism 7: 65–74.

IFA (International Fertilizer Industry Association) (1998) The Fertilizer Industry, World Food Supplies and the Environment. IFA, Paris. https://large.stanford.edu/courses/2014/ph240/yuan2/docs/1998_IFA_UNEP_worldfoodsupplies.pdf. Zugegriffen am 30. November 2020.

Josling TE, Tangermann S, Warley TK (1996) Agriculture in the GATT. MacMillan, London.

Koester U (1988) An Inventory of Disharmonies in EC Agricultural Policy Measures. Diskussionsbeiträge Nr. 62, Institut für Agrarpolitik und Marktlehre der Christian-Albrechts-Universität zu Kiel.

Koirala KH, Mishra AK, D'antoni JM, Mehlhorn J (2015). Energy prices and agricultural commodity prices: Testing correlation using copulas method. Energy 81: 430–436.

Mitchel D (2008) A note on rising food prices. World Bank Policy Research Working Paper 4682. The World Bank, Washington DC.

OECD (2018) Producer and Consumer Support Estimates Database. www.oecd.org/tad/agricultural-policies/producerandconsumersupportestimatesdatabase.htm. Zugegriffen am 30. November 2020.

Pelletier N, Audsley E, Brodt S, Garnett T, Henriksson P, Kendall A, Kramer KJ, Murphy D, Nemecek T, Troell M (2011) Energy Intensity of Agriculture and Food Systems. Annual Review of Environment and Resources 36: 223–246.

Rude J, Meilke K (2000) Implications of CAP Reform for the European Union's Feed Sector. Canadian Journal of Agricultural Economics 48: 411–420.

Ritter M, Hüttel S, Walter M, Odening M (2015) Der Einfluss von Windkraftanlagen auf landwirtschaftliche Bodenpreise. Berichte über Landwirtschaft 93: 1–16.

Roningen V (1997) Multi-Market, Multi-Region Partial Equilibrium Modeling. In: Francois J, Reinert K. (Hrsg.) Applied Methods for Trade Policy Analysis: A Handbook. Cambridge University Press, Cambridge.

Sands R, Westcott P, Price JM, Beckman J, Leibtag E, Lucier G, McBride WD, McGranahan D, Morehart M, Roeger E, Schaible G (2011) Impacts of Higher Energy Prices on Agriculture and Rural Economies. Economic Research Report 262236, United States Department of Agriculture, Economic Research Service, Washington DC.

Schäufele I, Herrmann R, Szolnoki G (2016) Erzielen Weine mit höherer Qualität höhere Preise? Eine Hedonische Preisanalyse zur DLG Bundesweinprämierung. German Journal of Agricultural Economics 65: 132–150.

Snyder C, Nicholson W, Stewart R (2015) Microeconomic theory: Basic principles and extensions. Centage Learning EMEA, Andover, UK.

Stowe CJ (2013) Breeding to sell: a hedonic price analysis of leading Thoroughbred sire stud fees. Applied Economics 45: 877–885.

Swinnen J (2011) The right price of food. Development Policy Review 29: 667–688.

Thiele H, Richards E, Burchadi, H (2015) Expertise Kriseninstrumente im Milchmarkt. Studie im Auftrag des Ministeriums für Ländlichen Raum und Verbraucherschutz Baden-Württemberg. Institut für Ernährungswirtschaft (ife), Kiel. https://www.ife-ev.de/attachments/article/71/Endbericht%20Kriseninstrumente%20Mai%202015.pdf. Zugegriffen am 30. November 2020.

USDA-ERS (United States Department of Agriculture, Economic Research Service) (2019). Commodity and Food Elasticities. USDA, Washington DC. https://www.ers.usda.gov/data-products/commodity-and-food-elasticities.aspx. Zugegriffen am 30. November 2020.

9 Vertikale Preisbeziehungen – Beziehungen zwischen Erzeuger- und Verbraucherpreisen

Stephan von Cramon-Taubadel

Zusammenfassung

Über den Anteil der Landwirte an den Verbraucherausgaben und über die Art und Weise, wie Preisänderungen auf Erzeugerebene an den Konsumenten weitergegeben werden, wird viel und kontrovers diskutiert. Mit dem Geld, das Verbraucher für Lebensmittel ausgeben, werden nicht nur die in diesen Lebensmitteln enthaltenen landwirtschaftlichen Rohprodukte entgolten, sondern auch die vielen Sach- und Dienstleistungen, die den Rohprodukten im Zuge ihrer Verarbeitung und Vermarktung hinzugefügt wurden. 2018 erhielten Landwirte in Deutschland von jedem Euro, den Verbraucher für Lebensmittel ausgegeben haben, durchschnittlich 20,8 Cent. In diesem Kapitel wird gezeigt, welche Faktoren die vertikale Preisbildung bestimmen und den Anteil der Landwirtschaft an den Verbraucherausgaben für Lebensmittel beeinflussen. Des Weiteren werden Faktoren diskutiert, die die Geschwindigkeit und mögliche Asymmetrie von Preisanpassungen in der Lebensmittelkette bestimmen. In einem Abschnitt des Kapitels werden die Auswirkungen der in vielen Bereichen der Ernährungswirtschaft vorhandenen hohen Konzentration auf die vertikale Preisbildung untersucht. Schließlich wird erläutert, mit welchen empirischen Methoden Ökonomen die vertikale Preisbildung analysieren.

S. von Cramon-Taubadel (✉)
Universität Göttingen, Göttingen, Deutschland
E-Mail: scramon@gwdg.de

U. Koester und S. von Cramon-Taubadel (Hrsg.), *Agrarpreisbildung*,
https://doi.org/10.1007/978-3-658-33211-2_9

9.1 Einleitung und Lernziele

Mit wenigen Ausnahmen kaufen Verbraucher in Industrieländern nur wenige Lebensmittel direkt vom Acker bzw. vom Stall. Stattdessen werden die meisten Agrarerzeugnisse am Ende eines langen und mehrstufigen Weges *from the farm to the fork* konsumiert. Auf diesem Weg werden die Agrarerzeugnisse sortiert, geprüft, transportiert, gelagert, verpackt und in Einzelhandelsregale gestellt, aber in der Regel auch physisch transformiert, verarbeitet und mit anderen Produkten kombiniert: aus Äpfeln wird Saft gewonnen; aus Schlachtrindern verschiedene Teilstücke, Wurstwaren und Leder; aus Tomaten, Zwiebeln, Broccoli und anderen Zutaten eine vegetarische Pizza.

Mit dem Geld, das Verbraucher für Lebensmittel ausgeben, werden demnach nicht nur die in diesen Lebensmitteln enthaltenen landwirtschaftlichen Rohprodukte entgolten, sondern auch die vielen Sach- und Dienstleistungen, die den Rohprodukten im Zuge ihrer Verarbeitung und Vermarktung hinzugefügt wurden. 2018 erhielten Landwirte in Deutschland von jedem Euro, den Verbraucher für Lebensmittel ausgegeben haben, 20,8 Cent (vgl. Abb. 9.1). Dieser Anteil variiert allerdings erheblich. Zum einen nach Produkt: Getreideerzeuger erhielten 4,1 Cent von jedem Euro, den Verbraucher für Brot

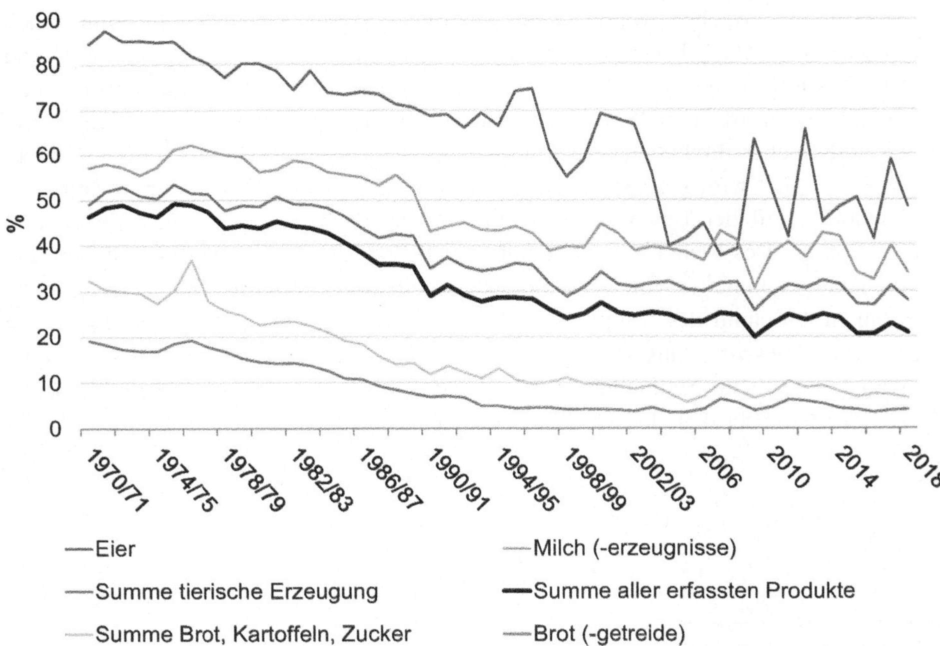

Abb. 9.1 Anteil der Verkaufserlöse der Landwirtschaft an den Verbraucherausgaben in Deutschland (in Prozent). (Quelle: Thünen Institut (2020), eigene Darstellung. Bis einschließlich 1990/91 nur früheres Bundesgebiet. Nach dem Wirtschaftsjahr 2004/05 Wechsel zu Kalenderjahren)

ausgegeben haben; Erzeuger von Eiern dagegen 48,5 Cent von den Konsumausgaben für Schaleneier. Zum anderen im Zeitablauf, denn dieser Anteil folgt auch seit Jahrzehnten einem fallenden Trend: Anfang der 1970er Jahre erhielten die Landwirte in Deutschland 47,5 Cent von jedem Euro (bzw. DM), den die Verbraucher für Lebensmittel ausgaben, mehr als zweimal so viel als die oben genannten 20,8 Cent aus dem Jahr 2018. Allerdings ist aus Abb. 9.1 ersichtlich, dass der Anteil der Landwirtschaft an den Verbraucherausgaben sich seit etwa 10 Jahren stabilisiert hat und bei Eiern sogar wieder leicht ansteigt.[1]

Über den Anteil der Landwirte an den Verbraucherausgaben und über die Art und Weise, wie Preisänderungen auf Erzeugerebene an den Konsumenten weitergegeben werden, wird viel und kontrovers diskutiert. Nicht selten wird argumentiert, dass aufgrund der besonderen Struktur der Lebensmittelkette zwischen Landwirtschaft und Verbrauch (viele Landwirte und Konsumenten, aber dazwischen häufig nur wenige marktmächtige Verarbeitungs- und Einzelhandelsunternehmen) insbesondere Landwirte unter übermäßigen Preis- und Wettbewerbsdruck geraten. Ein typischer Vorwurf an die lebensmittelverarbeitende Industrie ist, dass sie Preissteigerungen bei landwirtschaftlichen Rohprodukten (die ihre Margen reduzieren) schneller und vollständiger an den Konsumenten weiterreichen würden als Preissenkungen (die ihre Margen erhöhen). Es wird auch beklagt, dass Verbraucher Lebensmittel nicht angemessen wertschätzen, und dass ihr auf Billigprodukte ausgerichtetes Kaufverhalten, durch die Kette an die Landwirte weitergereicht, letztere zusätzlich unter Druck setzen. Gelegentlich werden auch Forderungen nach Mindestpreisen gestellt, die dafür sorgen sollen, dass Lebensmittel nicht unter ihren Herstellungskosten angeboten werden dürfen. In den letzten Jahren war diese Diskussion in Deutschland Anlass für verschiedene sog. Lebensmittelgipfel und Spitzengespräche unter Beteiligung hochrangiger Politiker und Vertreter der Landwirtschaft, Verarbeitungsindustrie, Einzelhandel und Verbraucher.[2]

Vor dem Hintergrund dieser teils sehr hitzig geführten Diskussionen kann es hilfreich sein, die Möglichkeiten und Grenzen der ökonomischen Analyse der sog. **vertikalen Preisbildung** in der Lebensmittelkette auszuloten.[3] Einige der oben angeschnittenen Themen, wie z. B. die Definition einer angemessenen Wertschätzung für Lebensmittel, entziehen sich der ökonomischen Analyse. Die Ökonomie kann dennoch

[1]Die Ermittlung von Zahlen über den Anteil der Landwirte an den Verbraucherausgaben ist ein komplexes Unterfangen. Sinabell (2005) diskutiert die damit verbundenen statistischen Herausforderungen. Schnepf (2015) präsentiert umfangreiche Zahlen und Fakten zur Entwicklung der Anteil der Landwirte an den Verbraucherausgaben in den USA.

[2]So z. B. am 3. Februar 2020 im Bundeskanzleramt: siehe https://www.agrarheute.com/politik/live-merkel-kloeckner-altmaier-treffen-lebensmittelwirtschaft-564454.

[3]Preisbeziehungen entlang der Kette zwischen Landwirtschaft und Verbraucher werden häufig als vertikale Preisbeziehungen bezeichnet, um sie von räumlichen, auch horizontal genannten, Preisbeziehungen zu unterscheiden.

Modelle formulieren, die Einblicke darin gewähren, wie Preise auf vertikal miteinander verschränkten Märkten unter bestimmten Bedingungen aufeinander reagieren, welche Faktoren diese Reaktionen bestimmen, und welche Folgen diese Reaktionen für die Akteure in der Lebensmittelkette haben. Die Transmission von Preissignalen in der Kette ist nicht zuletzt auch als Instrument der Informationsweiterleitung in einer Marktwirtschaft für deren effizientes Funktionieren ganz entscheidend. Daher wird in diesem Kapitel ein Überblick über die ökonomische Analyse von Preisbeziehungen zwischen landwirtschaftlichen Rohprodukten einerseits und den entsprechenden Lebensmittelprodukten auf höheren Vermarktungsstufen andererseits, z. B. im Großhandel oder im Einzelhandel, angeboten.

In diesem Kapitel soll gezeigt werden:

- welche Faktoren die vertikale Preisbildung bestimmen und demnach den Anteil der Landwirtschaft an den Verbraucherausgaben für Lebensmittel beeinflussen,
- wie sich diese Faktoren im Zeitablauf verändert haben – warum die Landwirte in Deutschland Anfang der 70er Jahre 47,5 Cent von jedem Euro erhielten, den die Verbraucher für Lebensmittel ausgegeben haben, und 2018 nur noch 20,8 Cent,
- mit welchen Modellen und empirischen Methoden Ökonomen die vertikale Preisbildung auf Agrar- und Lebensmittelmärkten analysieren,
- welche Faktoren die Geschwindigkeit bestimmen, mit der Preisänderungen an einer Stelle in der Vermarktungskette an anderen Stellen weitergereicht werden,
- welchen Einfluss die in vielen Bereichen der Ernährungswirtschaft vorhandene hohe Konzentration auf die vertikale Preisbildung hat (setzen Verarbeitungs- oder Einzelhandelsunternehmen ihre Marktmacht ein, um die vertikale Preisbildung zuungunsten von Landwirten und/oder Verbrauchern zu verzerren?),
- was unter dem Begriff asymmetrische Preistransmission zu verstehen ist, und wodurch asymmetrische Preistransmission auf Agrarmärkten entstehen kann.

9.2 Bestimmungsgründe für die langfristige Entwicklung der Marktspanne

Zunächst sollen die wesentlichen Bestimmungsgründe für die oben beschriebene negative Entwicklung des Anteils der Landwirtschaft an den Verbraucherausgaben für Lebensmittel erläutert werden. Die Verbraucherausgaben für ein Lebensmittelprodukt bestehen aus dem Erlös des Landwirts für das von ihm erzeugte Rohprodukt sowie den Erlösen der Anbieter der **komplementären Sach- und Dienstleistungen,** die dem Rohprodukt in der Kette hinzugefügt werden. Folgende Formel verdeutlicht diesen Zusammenhang.

$$P_{Verbr} = P_{Roh}\alpha_{Roh} + \sum_{i=1}^{k} P_i\alpha_i \tag{9.1}$$

Dabei bezeichnet P_{Verbr} den Preis pro Einheit des fertigen Konsumprodukts (Verbraucherpreis), und P_{Roh} den Preis pro Einheit des landwirtschaftlichen Rohprodukts. α_{Roh} ist ein **Transformationskoeffizient,** der angibt, wie viele Einheiten des Rohprodukts benötigt werden, um eine Einheit des Konsumprodukts herzustellen. Der Anteil der Landwirtschaft an den Verbraucherausgaben für das Lebensmittel ist demnach das Verhältnis $\frac{P_{Roh}\alpha_{Roh}}{P_{Verbr}}$. Die **Stückspanne** $\sum_{i=1}^{k} P_i\alpha_i$ ist die Summe der Ausgaben für $i = 1,2,\ldots k$ komplementäre Sach- und Dienstleistungen, die dem landwirtschaftlichen Rohprodukt hinzugefügt werden, mit P_i als Preis pro Einheit der jeweiligen Leistung und α_i als entsprechender Transformationskoeffizient. Abb. 9.2 zeigt diese Zusammenhänge beispielhaft für das Produkt Trinkmilch in Deutschland im Oktober 2018. Ausgehend von einem Verbraucherpreis von 69 Cent/Liter werden die Kosten für die von den Landwirten gelieferte Rohmilch (30 Cent/Liter) sowie für die verschiedenen komplementären Sach- und Dienstleistungen zwischen Hof und Einzelhandel (insgesamt 39 Cent/Liter) dargestellt.

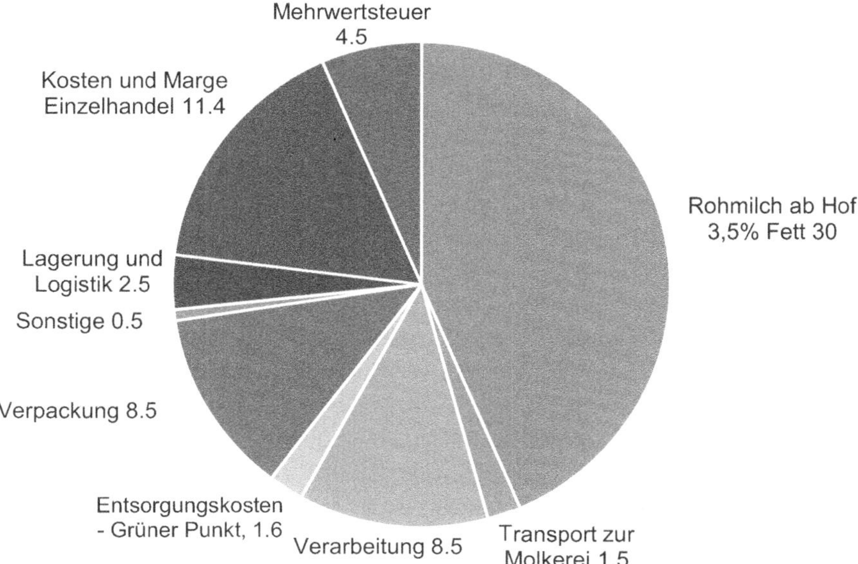

Abb. 9.2 Die Zusammensetzung des Preises für Trinkmilch in Deutschland (Oktober 2018, in Cent/Liter). (Quelle: Institut für Ernährungswirtschaft (2018), eigene Darstellung)

Wird nun P_{Verbr} in Gl. 9.1 mit der insgesamt nachgefragten Menge des Konsumprodukts Q_{Verbr} multipliziert, ergibt sich

$$P_{Verbr} Q_{Verbr} = P_{Roh} \alpha_{Roh} Q_{Verbr} + \sum_{i=1}^{k} P_i \alpha_i Q_{Verbr} \tag{9.2}$$

bzw.

$$\text{Verbraucherausgaben} = P_{Roh} Q_{Roh} + \sum_{i=1}^{k} P_i Q_i \tag{9.3}$$

da $\alpha_{Roh} Q_{Verbr}$ die zur Herstellung von Q_{Verbr} benötigte Menge des landwirtschaftlichen Rohprodukts Q_{Roh} darstellt, und $\alpha_i Q_i$ analog dazu die insgesamt benötigte Menge Q_i des Sach- bzw. Dienstleistung i.

Die Summe $\sum_{i=1}^{k} P_i Q_i$ in Gl. 9.3 wird als **Marktspanne** bezeichnet. Diese Formel macht deutlich, dass die Marktspanne aus einem **Preisgerüst** $\{P_1, P_2, \ldots, P_k\}$ und einem **Mengengerüst** $\{Q_1, Q_2, \ldots, Q_k\}$ besteht. Die Bestimmungsgründe der Marktspanne lassen sich entsprechend unterteilen in solche, die das Mengengerüst verändern, und solche, die das Preisgerüst verändern (Koester 2016, S. 142 ff.), wobei es auch Faktoren gibt, die beides verändern.

9.2.1 Veränderungen des Mengengerüsts

a) Steigende Einkommen. Die Nachfrage nach den meisten Lebensmitteln ist in Industrieländern wie Deutschland bekanntlich einkommensunelastisch. Die Nachfrage nach komplementären Sach- und Dienstleistungen ist in der Regel einkommenselastischer. Die Nachfrage nach komplementären Sach- und Dienstleistungen weitet sich demnach in Folge einer Einkommenserhöhung stärker aus, als die Nachfrage nach landwirtschaftlichen Rohprodukten. Wir fragen mit steigendem Einkommen beispielsweise nicht unbedingt mehr Kartoffeln nach, aber wir gehen häufiger in Restaurants essen und bezahlen mehr für verschiedene Zubereitung der Kartoffel. Die Mengen Q_i in Gl. 9.3 werden ausgeweitet bzw. die Anzahl k der hinzugefügten Sach- und Dienstleistungen wächst und die Marktspanne steigt.
b) Strukturen und Präferenzen der Haushalte. Parallel zur volkswirtschaftlichen Entwicklung und Einkommenssteigerungen ist es nicht nur in Industrieländern zu weitreichenden Änderungen der Struktur und der Präferenzen von Haushalten gekommen. Frauen, die traditionell in vielen Gesellschaften den Lebensmitteln viele komplementäre Sach- und Dienstleitung (in der Regel unentgeltlich) hinzugefügt haben, sind zunehmend berufstätig und verbringen weniger Zeit bei der Zubereitung von Mahlzeiten. Ihre Opportunitätskosten sind gestiegen, und damit auch die Zahlungsbereitschaft der Haushalte für sog. ***convenience*-Produkte,** Lebensmittel,

die höher verarbeitet sind und sich einfacher bzw. schneller zubereiten lassen. Dies führt ebenfalls zu einer Erhöhung von k in Gl. 9.3: Sach- und Dienstleistungen, die früher in den Haushalten (unentgeltlich) hinzugefügt wurden, werden ausgegliedert und stattdessen in der Kette zwischen Landwirt und Verbraucher (entgeltlich) hinzugefügt.

c) Funktionsausgliederung aus den landwirtschaftlichen Betrieben. Auch die landwirtschaftlichen Betriebe haben Funktionen bei der Verarbeitung von Lebensmittel im Laufe der Zeit ausgegliedert. Während nicht wenige Betriebe früher Milch zu Butter und Käse verarbeiteten, oder z. B. selbst geschlachtet und Wurstwaren hergestellt haben, hat die Spezialisierung dazu geführt, dass diese Funktionen von Verarbeitungsunternehmen übernommen wurden. Bezogen auf Gl. 9.3 bedeutet dies, dass das vom Landwirt verkaufte Rohprodukt früher häufig weniger ‚roh' war, und einige der k Sach- und Dienstleistungen von den landwirtschaftlichen Betrieben selbst hinzugefügt wurden und somit nicht Bestandteile der Marktspanne waren.

Steigende Einkommen und die Ausgliederung von Verarbeitungsschritten aus den Haushalten führen zu einer Erhöhung der Marktspanne, aber die Erlöse der Landwirte bleiben *ceteris paribus* gleich. Wenn allerdings landwirtschaftliche Betriebe Funktionen ausgliedern und im Zeitablauf Produkte verkaufen, die immer weniger verarbeitet sind, dann fallen zunächst die Preise und die Erlöse, die in der Landwirtschaft erzielt werden. Letzteres bedeutet aber nicht notwendigerweise, dass der Wohlstand der landwirtschaftlichen Haushalte fällt. Selbst verarbeiten und vermarkten kostet Zeit und andere Ressourcen, die eingespart werden, wenn diese Funktionen ausgegliedert werden. Haushaltsmitglieder können andere, lohnendere Arbeit nachgehen oder mehr Freizeit genießen. Ferner kann die Spezialisierung zu Effizienzsteigerungen und einer besseren Ausnutzung von Skalenerträgen in der Agrarerzeugung führen, die die Rentabilität des Betriebs insgesamt erhöhen.

9.2.2 Veränderungen des Preisgerüsts

Auch Veränderungen des Preisgerüsts können die Marktspanne beeinflussen. Die über viele Jahrzehnte andauernde **Verschlechterung der sektoralen Austauschverhältnisse** der Landwirtschaft anderen Sektoren gegenüber bedeutet, dass die Preise für Agrarerzeugnisse im Vergleich zu den Preisen für viele Industrieprodukte und Dienstleistungen gefallen sind. Fällt P_{Roh} im Verhältnis zu einem entsprechenden Index der Preise $\{P_1, P_2, \ldots, P_k\}$ in Gl. 9.3, kommt es zu einer Ausweitung der Marktspanne. Staatliche Eingriffe können dabei auch eine Rolle spielen, etwa wenn die Preise für landwirtschaftliche Rohprodukte gestützt werden, wie es in vielen Industrieländern lange der Fall war, und heute teilweise noch ist. Der stetige Abbau staatlicher Preisstützung, wie in der EU seit der sog. MacSharry-Reform von 1993, hat demnach zu einer Ausweitung der Marktspanne beigetragen.

Steuern und Abgaben können auch zu einer Ausweitung der Marktspanne beitragen. Im obigen Beispiel Trinkmilch (Abb. 9.2) beträgt die Mehrwertsteuer 4,5 Cent/Liter bzw. ca. 11,5 % der Marktspanne; weitere 1,6 Cent/Liter (4,1 % der Marktspanne) sind den Entsorgungskosten für Milchverpackungen (das sog. Grüne Punkt-System in Deutschland) zuzurechnen. Bei einigen Konsumprodukten landwirtschaftlichen Ursprungs (z. B. Zigaretten) beträgt der Steueranteil mehr als die Hälfte des Verbraucherpreises. Die staatliche Regulierung der Lebensmittelverarbeitung gehört auch zu den Bestimmungsfaktoren der Marktspanne. Hygienevorschriften z. B., oder erhöhte Dokumentations- und Kennzeichnungspflichten im Zusammenhang mit der vorgeschriebenen Rückverfolgbarkeit von Lebensmitteln können sowohl das Mengengerüst als auch das Preisgerüst ausweiten und somit zu einer Ausweitung der Marktspanne beitragen.

Oben wurden vor allem Faktoren diskutiert, die zu einer Ausweitung der Marktspanne im Zeitablauf beitragen. Wie in Abb. 9.1 ersichtlich, folgt der Anteil der Landwirtschaft an den Verbraucherausgaben für Lebensmittel in der Tat seit Jahrzehnten einem fallenden Trend, d. h. die Marktspanne ist gewachsen. Die oben diskutierten Faktoren müssen aber nicht zwangsweise nur in Richtung Ausweitung der Marktspanne wirken. Wie oben angemerkt, gibt es Anzeichen, dass der Anteil der Landwirtschaft an den Verbraucherausgaben für Lebensmittel sich seit etwa 10 Jahren stabilisiert hat (vgl. Abb. 9.1). Dazu beigetragen hat die Tatsache, dass der Trend sinkender realer Agrarpreise sich verlangsamt und zumindest Phasenweise (Stichwort sog. Agrarpreiskrise 2007/08) umgekehrt hat. Der Koch-Boom hat dazu geführt, dass viele Haushalten wieder weniger verarbeitete Lebensmittel einkaufen und selbst aufwändiger zubereiten; die Zahl der landwirtschaftlichen Betriebe, die Agrarerzeugnisse direkt an Verbrauchern verkauft (Hofläden, Wochenmärkte, Lieferdienste) hat zugenommen.

Ob diese Trends anhalten, bleibt abzusehen. Die Corona-Krise wird voraussichtlich zu einem zumindest vorrübergehenden Rückgang der Marktspanne führen, zum einen aufgrund der damit einhergehenden Einkommensrückgänge, aber auch weil das außer-Haus Essen (z. B. in Restaurants und Betriebskantinen) aufgrund der Infektionsschutz-Restriktionen stark zurückgegangen ist. Bei Obst und Gemüse führen fehlende Saisonarbeitskräfte in Deutschland und der gesamten EU zu einer Angeboteverknappung und deutlichen Preissteigerungen, die die Marktspanne bei diesen Produkten besonders reduzieren dürfte. Längerfristig werden Veränderungen der Struktur und der Funktionen des Handels (Stichwort neue Plattformen wie der online-Handel) Auswirkungen auf die Höhe und Entwicklung der Marktspanne ausüben.

9.3 Das Model von Gardner

Im vorherigen Abschnitt wurden Faktoren diskutiert, die die Spanne zwischen Verbraucher- und Erzeugerpreise für Lebensmittel langfristig beeinflussen. Hierzu gehören vor allem technologische Entwicklungen und Veränderungen der Präferenzen der Haushalte sowohl der Verbraucher als auch der landwirtschaftlichen Erzeuger. Diese Faktoren haben langfristig dazu geführt, dass immer mehr komplementäre Sach- und Dienstleistungen in der Kette zwischen Landwirt und Verbraucher hinzugefügt wurden. Im Folgenden wird von gegebenen Technologien, Präferenzen und Strukturen ausgegangen und die Beziehungen zwischen Erzeuger- und Verbraucherpreisen untersucht – die sog. vertikalen Preisbeziehungen. Ziel ist ein besseres Verständnis der Faktoren, die beeinflussen, ob und wie vollständig Verbraucherpreise und Erzeugerpreise aufeinander reagieren.

9.3.1 Grundlagen

Ausgangspunkt für einen Großteil der Literatur zu vertikalen Preisbeziehungen in den letzten Jahrzehnten ist ein von Gardner (1975) veröffentlichtes Modell des *farm-retail price spread,* wie die Differenz zwischen Verbraucher- und Erzeugerpreise im Englischen häufig genannt wird. In Gardners Modell produzieren lebensmittelverarbeitende Unternehmen (die Verarbeiter) unter Bedingungen des vollkommenen Wettbewerbs ein fertiges Konsumprodukt x anhand von zwei Inputs; ein landwirtschaftliches Rohprodukt a und ein nicht-landwirtschaftliches Input (oder Bündel der komplementären Sach- und Dienstleistungen) b. Die erste Gleichung in dem Modell ist eine entsprechende linear-homogene[4] Produktionsfunktion, die das Angebot des Konsumprodukts x darstellt:

$$x = f(a, b) \quad \text{(Angebot des Konsumprodukts } x\text{)} \tag{9.4}$$

In Gegensatz zu der bisherigen Betrachtung ist diese Produktionsfunktion nicht notwendigerweise limitational, d. h. a und b müssen nicht in fixen Proportionen kombiniert werden. Diese fixen Proportionen wurden oben (vgl. Gl. 9.2) durch die Transformationskoeffizienten α_{Roh} und α_i vorgegeben. Stattdessen lässt die Produktionsfunktion in Gl. 9.4 in Abhängigkeit von der Höhe der Substitutionselastizität σ mehr oder weniger Substitution zwischen den Inputs zu. σ kann als Maßstab für die Krümmung der Isoquanten einer Produktionsfunktion interpretiert werden und ist definiert als:

$$\sigma = \frac{\partial(a/b)/(a/b)}{\partial(P_b/P_a)/(P_b/P_a)} \tag{9.5}$$

Aus Gl. 9.5 wird ersichtlich, dass die Substitutionselastizität anzeigt, welche proportionale Anpassung des Faktoreinsatzverhältnisses (a/b) durch eine 1-%ige Veränderung des Faktorpreisverhältnisses (P_b/P_a) ausgelöst wird. Ist die Produktionstechnologie limitational, führen auch große Veränderungen des Faktorpreisverhältnisses zu keiner Anpassung des Faktoreinsatzes und die Substitutionselastizität beträgt 0 (Abb. 9.3 links).

[4]Siehe Anhang 3 in Kap. 2.

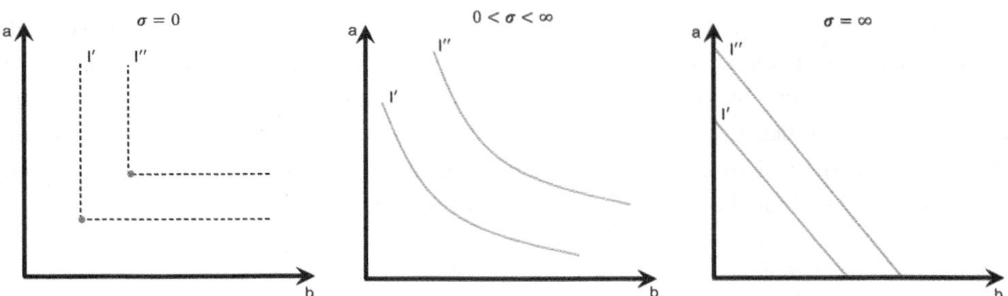

Abb. 9.3 Verschiedene Isoquanten und Elastizitäten der Faktorsubstitution. (Quelle: Eigene Darstellung)

Sind die Isoquanten gerade, führt eine sehr geringe Veränderung des Faktorpreisverhältnisses zu einem Sprung von einer Ecklösung mit $(a/b) = 0$ zu der anderen Ecklösung mit $(a/b) = \infty$ (oder umgekehrt), und die Substitutionselastizität beträgt ∞ (Abb. 9.3 rechts). Für die in Lehrbüchern üblicherweise abgebildeten, vom Ursprung aus betrachtet konvexen Isoquanten gilt $0 < \sigma < \infty$ (Abb. 9.3 mitte).

Die Substitutionselastizität hängt von der Produktionstechnologie ab, und ist in vielen Verfahren der Lebensmittelverarbeitung relativ niedrig. Für die Produktion von Kartoffelchips (x) wird eine bestimmte Menge Kartoffeln (a) gebraucht; diese können kurzfristig nicht bzw. nur sehr bedingt dadurch ersetzt werden, dass mehr komplementäre Sach- und Dienstleistungen wie Arbeit, Energie und Kapital aus dem Bündel (b) eingesetzt werden. Der technische Fortschritt kann allerdings mittel- und langfristig selbst in der Lebensmittelverarbeitung größere Faktorsubstitutionen ermöglichen (z. B. die Züchtung von Kartoffelsorten, deren Form eine höhere Ausbeute bei der Herstellung von Kartoffelchips erlaubt).

Des Weiteren kann die Höhe der Substitutionselastizität auch durch Institutionen beeinflusst werden. Ein Beispiel hierfür ist das deutsche Reinheitsgebot für Bier, dass bestimmte Faktorsubstitutionen (z. B. Gerste durch Mais oder Reis, wie es in anderen Ländern zulässig ist) gesetzlich verbietet.[5] Ein anderes Beispiel sind Standards für die Nutzung von natürlichen und naturidentischen Inhaltsstoffen (Fallbeispiel 1).

---

[5]Das Beispiel Reinheitsgebot zeigt übrigens, dass Gesetze, die Substitutionsmöglichkeiten bei der Herstellung von Lebensmitteln einschränken, mitunter auch aus protektionistischen Gründen eingeführt oder beibehalten werden. Lange Zeit war es gesetzlich verboten, Biere, die im Ausland nicht nach dem Reinheitsgebot gebraut wurden, in Deutschland unter der Bezeichnung Bier zu verkaufen. Die Durchsetzung des Reinheitsgebots schränkte demnach die ausländische Konkurrenz auf dem deutschen Biermarkt ein. Der Europäische Rechnungshof hat 1987 entschieden, dass dieses Verbot gegen die Warenverkehrsfreiheit im EU-Binnenmarkt verstößt, und fortan durften ausländische Biere, die nicht nach dem Reinheitsgebot gebraut wurden, in Deutschland als Bier zum Verkauf angeboten werden (Richter, 2017).

Fallbeispiel 1: Standards und Substitutionsmöglichkeiten bei der Herstellung von Himbeerjoghurt

Möchte man 100 kg Himbeerjoghurt herstellen, gibt es verschiedene technische Möglichkeiten das Produkt entsprechend zu aromatisieren (Ahlers, 2019). Zum einen können frische Himbeeren verwendet werden, wodurch Kosten von etwa 31,50 € entstehen. Natürliches Himbeeraroma aus Himbeeren gewonnen kostet dagegen etwa 12,50 €. „Natürliches Aroma Typ Himbeere", welches z. B. aus Pilzkulturen und Sägespänen gewonnen wird, kostet etwa 3,75 €. Schließlich kostet naturidentisches Himbeeraroma, das aus künstlichen Grundstoffen hergestellt wird, etwa 0,06 €. Diese verschiedenen technischen Möglichkeiten schaffen zunächst viel Spielraum (und erhebliche finanzielle Anreize), das landwirtschaftliche Rohprodukt Himbeere durch andere, nicht-landwirtschaftliche Inputs zu substituieren. Je nachdem, wie das Endprodukt beworben werden soll, gelten allerdings gesetzliche Regelungen, die diese Substitutionsmöglichkeiten einschränken. Soll „natürliches Himbeeraroma" auf dem Etikett stehen, so muss das Aroma zu nicht weniger als 95 % aus Himbeeren gewonnen worden sein, d. h. entweder frische Himbeeren oder natürliches Himbeeraroma zum Einsatz kommen (Verbraucherzentrale, 2016). Allerdings darf „natürliches Aroma" auf dem Etikett stehen, wenn z. B. ausschließlich natürliches Aroma Typ Himbeer verwendet wurde. Verbrauchervertreter bezeichnen letzteres als irreführend und engagieren sich für striktere Kennzeichnungspflichten, die die Transparenz für Verbraucher erhöhen aber auch die Substitutionsmöglichkeiten in der Lebensmittelverarbeitung weiter einschränken würden. ◀

Die Produktionsfunktion in Gl. 9.4 beschreibt das Angebot des Konsumproduktes x als Funktion der Einsatzmengen a und b. Das Modell von Gardner wird durch fünf weitere Gleichungen vervollständigt, die die Nachfrage nach x sowie das Angebot und die Nachfrage nach den Produktionsfaktoren a und b beschreiben.

$$x = g(P_x) \quad \text{(Nachfrage nach dem Konsumprodukt } x\text{)} \tag{9.6}$$

$$a = h(P_a) \quad \text{(Angebot des landwirtschaftlichen Rohprodukts } a\text{)} \tag{9.7}$$

$$\frac{\partial(f(a,b))}{\partial a} P_x = P_a \quad \text{(Nachfrage nach dem landwirtschaftlichen Rohprodukt } a\text{)} \tag{9.8}$$

$$b = k(P_b) \quad \text{(Angebot des nichtlandwirtschaftlichen Inputs } b\text{)} \tag{9.9}$$

$$\frac{\partial(f(a,b))}{\partial b} P_x = P_b \quad \text{(Nachfrage nach dem nichtlandwirtschaftlichen Input } b\text{)} \tag{9.10}$$

Dabei bezeichnen g, h und k Funktionen, die lediglich plausible, allgemeine Bedingungen erfüllen müssen (z. B. die Nachfrage nach x fällt mit steigendem P_x, d. h.

$\partial(g(P_x))/_{\partial P_x} < 0$). Gleichungen Gl. 9.8 und 9.10 beschreiben die abgeleitete Nachfrage nach den Produktionsfaktoren a und b unter Bedingungen des vollkommenen Wettbewerbs.[6] Das Modell umfasst somit insgesamt sechs Gleichungen Gl. 9.4 sowie Gl. 9.6 bis 9.10) und sechs Unbekannte (die Mengen x, a und b, sowie die entsprechenden Preise P_x, P_a, und P_b).

Komparativ-statische Analysen werden anhand des Modells durchgeführt, indem zunächst alle Gleichungen total differenziert und linearisiert werden. Diese Schritte werden im Anhang 1 ausführlich dargestellt.[7] Aus Gl. 9.7 zum Beispiel entsteht:

$$\dot{a} = \varepsilon_{a,P_a} \dot{P}_a \tag{9.7‘}$$

mit $\dot{a} = {}^{da}/_{a}$, $\dot{P}_x = {}^{dP_x}/_{P_x}$ und ε_{a,P_a} die Eigenpreiselastizität des Angebots von a.

Im englischen wird dies häufig die ***equilibrium displacement*-Form einer Gleichung** genannt, weil sie dazu verwendet werden kann, durch Schocks ausgelöste Übergänge zwischen Gleichgewichtszustände zu untersuchen. Dabei muss betont werden, dass Gleichungen wie Gl. 9.7‘ lediglich lokale Annäherungen darstellen. Sie bieten gute Approximationen des Verhaltens der jeweils abgebildeten Variablen, wenn kleine Änderungen (beispielsweise 5 oder 10 %) simuliert werden. Da wir jedoch die genaue mathematische Form der zugrundeliegenden Funktion (im vorliegenden Fall die Angebotsfunktion $a = h(P_a)$) nicht kennen, kann die Annäherung in Gl. 9.7‘ bei größeren Änderungen zunehmend ungenau werden. *Equilibrium displacement*-Modelle sind sehr nützliche Werkzeuge für die Untersuchung des Verhaltens von interdependenten Variablen in der Ökonomie; Anwendungen, in denen die Folgen von großen Veränderungen wie Verdopplungen oder Halbierung von Preisen oder Mengen simuliert werden sollen, sind jedoch mit großer Vorsicht zu genießen.

9.3.2 Die Elastizität der vertikalen Preistransmission – die Reaktion auf Erzeugerpreisänderungen

Mit der in Anhang 1 dargestellten *equilibrium displacement*-Form des Modells von Gardner können die Auswirkungen verschiedener exogener Schocks untersucht werden. Um zum Beispiel die Auswirkungen einer Veränderung des Preises des landwirtschaftlichen Rohprodukts a auf den Preis des Konsumproduktes x zu ermitteln, wird die Angebotsgleichung für a Gl. 9.7 durch $\dot{P}_a = \dot{\overline{P}}_a$ ersetzt, mit $\dot{\overline{P}}_a$ eine exogen vorgegebene

---

[6]In Gl. 9.8 und 9.10 steht Grenzprodukt*Outputpreis = Wertgrenzprodukt auf der linken Seite, und Faktorpreis auf der rechten Seite. Siehe die Erläuterung der Grenzproduktivitätstheorie in Kap. 2.

[7]Es handelt sich hierbei methodisch um die gleichen Schritte, die z. B. in Abschn. 4.2 von Kap. 3 verwendet wurden (um die Auswirkungen einer Produktpreisanhebung auf die Bodenpreise abzuleiten), oder auch in Abschn. 7 von Kap. 4 (um den Einfluss des Einkommens und des technischen Fortschritts auf das Agrarpreisniveau zu modellieren).

proportionale Änderung des Preises von a. Eine solche exogene Änderung könnte z. B. dadurch ausgelöst werden, dass der Staat den Stützpreis des landwirtschaftlichen Rohstoffs a anpasst, wie die EU es früher mit den Interventionspreisen für Agrarprodukte jährlich vornahm. Anschließend wird das System für die sog. **Elastizität der vertikalen Preistransmission,** $\dot{P}_x/\dot{P}_a$ (im Folgenden E_{P_x,P_a}), gelöst. Das Ergebnis lautet:[8]

$$E_{P_x,P_a} = \frac{S_a(\sigma + \varepsilon_{b,P_b})}{\varepsilon_{b,P_b} + S_a\sigma - S_b\eta_{x,P_x}} \tag{9.11}$$

mit $S_i = \frac{iP_i}{xP_x}$, der Kostenanteil des Produktionsfaktors i, σ die bereits erläuterte Elastizität der Substitution zwischen den Faktoren a und b, ε_{i,P_i} die Eigenpreiselastizität des Angebots des Faktors i, und η_{x,P_x} die Eigenpreiselastizität der Nachfrage nach dem Konsumprodukt x.

Da alle Termen in Gl. 9.11 mit Ausnahme der Eigenpreiselastizität der Nachfrage nach x (die aber in der Gleichung mit einem Minuszeichen versehen ist) positiv sind, können wir schließen, dass $E_{P_x,P_a} > 0$. Zudem lässt sich wie folgt beweisen, dass $E_{P_x,P_a} < 1$:

$$\begin{aligned}
&E_{P_x,P_a} < 1 \text{ wenn } S_a(\sigma + \varepsilon_{b,P_b}) < \varepsilon_{b,P_b} + S_a\sigma - S_b\eta_{x,P_x}\\
&S_a\sigma + S_a\varepsilon_{b,P_b} < \varepsilon_{b,P_b} + S_a\sigma - S_b\eta_{x,P_x}\\
&S_a\varepsilon_{b,P_b} - \varepsilon_{b,P_b} < -S_b\eta_{x,P_x}\\
&(S_a - 1)\varepsilon_{b,P_b} < -S_b\eta_{x,P_x}\\
&(1 - S_a)\varepsilon_{b,P_b} > S_b\eta_{x,P_x}\\
&\varepsilon_{b,P_b} > \eta_{x,P_x}
\end{aligned}$$

da unter Bedingungen des vollständigen Wettbewerbs $P_a a + P_b b = P_x x$ und damit $S_a + S_b = 1$ bzw. $S_b = 1 - S_a$.[9]

$\varepsilon_{b,P_b} > \eta_{x,P_x}$ wird unter normalen Bedingungen ($\varepsilon_{b,P_b} > 0$ und $\eta_{x,P_x} < 0$) immer zutreffen. Somit gilt $0 < E_{P_x,P_a} < 1$. Mit anderen Worten, eine 1-%ige Steigerung des Preises des landwirtschaftlichen Rohstoffs a führt zu einer positiven aber weniger als 1-%igen Steigerung des Preises des verarbeiteten Konsumprodukts x.

Dieses Ergebnis klingt zunächst plausibel. Wenn Autoreifen im Preis um X % steigen, wird der Preis eines Neuwagens um weniger als X % steigen; wenn die Tomatenpreise um Y % steigen, wird der Preis einer Pizza um weniger als Y % steigen.[10] Der soeben

---

[8]Gleichung (19) in Gardner (1975).

[9]Siehe Gleichung (2.81) in Anhang 3 von Kap. 2. Wenn bei einer linear-homogenen Produktionsfunktion alle Faktoren nach ihren marginalen Produktionsbeiträgen entlohnt werden, gibt es kein Residualeinkommen.

[10]Wie Kinnucan und Zhang (2015) jedoch zeigen, behaupten auch angesehene Agrarökonomen gelegentlich, dass die Elastizität der vertikalen Preistransmission im Idealfall (sog. *perfect vertical price transmission*) Eins betragen sollte. Und in Diskussionen mit Landwirten und Konsumenten wird auch nicht selten aus dem Bauch behauptet, dass wenn z. B. Schlachtschweine 5 % günstiger werden, die Preise für Schweinekotelett und Nackensteak an der Fleischtheke auch um 5 % fallen müssten.

erbrachte Beweis kann leicht modifiziert werden, um zu zeigen, dass $E_{P_x,P_a} = 1$ nur dann gelten wird, wenn $\varepsilon_{b,P_b} = \eta_{x,P_x}$, was niemals zutreffen wird solange die Nachfrage nach x mit steigendem Preis P_x fällt und die angebotene Menge von b mit steigendem Preis P_b ansteigt.

Gl. 9.11 lässt sich unter bestimmten Bedingungen vereinfachen. Ist die Elastizität der Faktorsubstitution sehr niedrig ($\sigma \to 0$) ergibt sich

$$E_{P_x,P_a} = \frac{S_a(\sigma + \varepsilon_{b,P_b})}{\varepsilon_{b,P_b} + S_a\sigma - S_b\eta_{x,P_x}} = \frac{S_a(0 + \varepsilon_{b,P_b})}{\varepsilon_{b,P_b} + S_a 0 - S_b\eta_{x,P_x}} = \frac{S_a\varepsilon_{b,P_b}}{\varepsilon_{b,P_b} - S_b\eta_{x,P_x}} \quad (9.12)$$

Ist ferner der Kostenanteil des landwirtschaftlichen Rohprodukts am Konsumprodukt (S_a) relativ groß, dann folgt aus $S_a + S_b = 1$, dass S_b relativ klein ist. Ist zudem die Nachfrage nach dem Konsumprodukt unelastisch, dann wird das Produkt $S_b\eta_{x,P_x}$ im Nenner von Gl. 9.12 fast vernachlässigbar ausfallen, und es ergibt sich

$$E_{P_x,P_a} \approx \frac{S_a\varepsilon_{b,P_b}}{\varepsilon_{b,P_b}} = S_a \quad (9.13)$$

Ein Beispiel, in dem die soeben genannten Bedingungen zutreffen, ist die Verarbeitung von Weizen zu Mehl. Aus einer Tonne Weizen lassen sich ca. 0,75 t Mehl (Typ 550 nach der deutschen Bezeichnung) erzeugen. Die Möglichkeiten, Weizen durch Arbeit, Kapital und andere Inputs zu substituieren sind zumindest kurzfristig sehr begrenzt.[11] Des Weiteren ist der Kostenanteil von Weizen am Wert des Konsumprodukts Mehl relativ hoch, und die Preiselastizität der Nachfrage nach dem Grundnahrungsmittel Mehl ist niedrig. Fallbeispiel 2 zeigt ein empirisches Beispiel für Weizen- und Mehlpreise in der Ukraine in den Jahren 2000–2004.

Fallbeispiel 2: Die Elastizität der vertikalen Preistransmission zwischen Weizen und Mehl in der Ukraine

Brümmer et al. (2009) untersuchten wöchentliche ukrainische Weizen und Mehlpreise von Juli 2000 bis November 2004. In der folgenden Grafik ist ersichtlich, dass diese Preise sich anscheinend parallel entwickeln. Die großen Niveauänderungen der Preise sind im Wesentlichen darauf zurückzuführen, dass die Ukraine sowohl im Jahr 2000 als auch im Jahr 2003 sehr schlechte Weizenernten einfuhr und in diesen Jahren entsprechend Importparitätspreise statt Exportparitätspreise für Weizen im Inland herrschten.

Der durchschnittliche Weizenpreis über den Beobachtungszeitraum betrug 766 ukrainische Hryvnia (UAH)/t; der durchschnittliche Mehlpreis 1275 UAH/t. Da

[11] Langfristig könnten vielleicht Getreidemühlen mit einer höheren Mehlausbeute entwickelt werden, aber die die entsprechenden Technologien gelten inzwischen als ausgereift.

aus einer Tonne Weizen etwa 0,75 t Mehl gewonnen werden können, werden 1,33 t Weizen benötigt, um eine Tonne Mehl zu produzieren. Diese 1,33 t Weizen kosteten im Beobachtungszeitraum durchschnittlich 1021 UAH (= 1,33 t * 766 UAH/t); der Kostenanteil des Weizens in der Mehlerzeugung betrug demnach 0,80 (= 1021 UAH/1275 UAH). Somit gelten in diesem Fall alle oben genannten Bedingungen für das vereinfachte Ergebnis $E_{P_x,P_a} \approx S_a$: eine niedrige Substitutionselastizität σ, ein relativ hoher Kostenanteil S_a des landwirtschaftlichen Rohprodukts a, sowie eine preisunelastische Nachfrage nach dem Konsumprodukt x (Grundnahrungsmittel Mehl). Demzufolge müsste nach dem Modell von Gardner die Elastizität der vertikalen Preistransmission zwischen Weizen und Mehl etwa $S_a = 0{,}80$ betragen. Und in der Tat, eine einfache Regression zwischen den in Abb. 9.4 dargestellten logarithmierten Weizen- und Mehlpreisen führt zu folgenden Ergebnissen:

$$lnP_t^{Mehl} = 1{,}790 + \left(0{,}808 * lnP_t^{Weizen}\right)$$

Die geschätzte Elastizität der vertikalen Preistransmission zwischen Weizen und Mehl beträgt demnach 0,808 (Standardfehler 0,015), was nahe an dem erwarteten Wert von 0,8 liegt. ◀

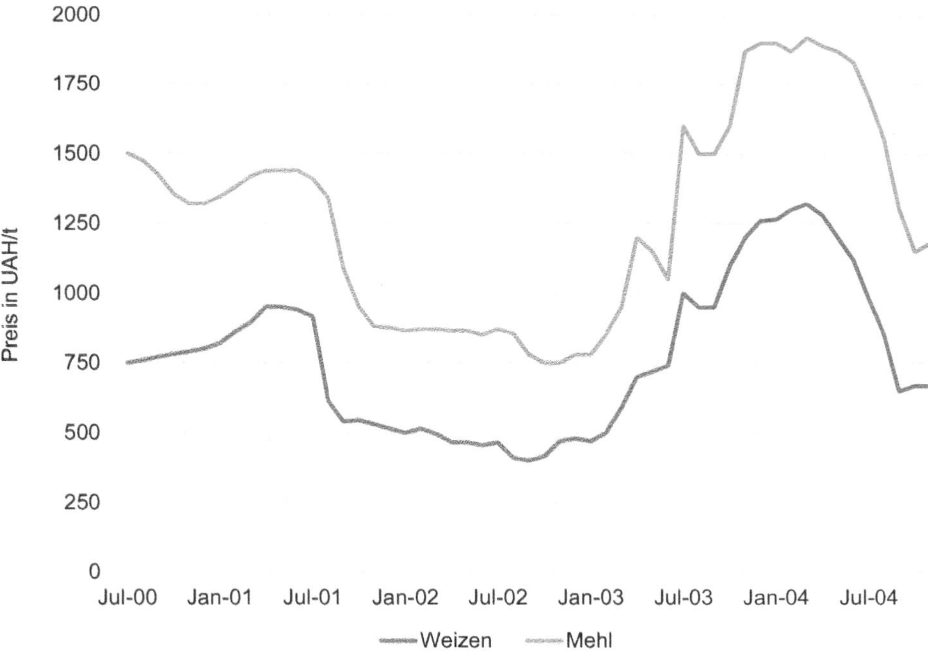

Abb. 9.4 Wöchentliche Mahlweizen- und Mehlpreise in der Ukraine (Juli 2000 bis November 2004, in UAH (ukrainische Hryvnia) pro Tonne). (Quelle: Brümmer et al. (2009), eigene Darstellung)

9.3.3 Die Elastizität der vertikalen Preistransmission – die Reaktion auf Verbraucherpreisänderungen

Im vorherigen Abschnitt wurde die Elastizität der vertikalen Preistransmission ausgehend von einer exogenen Veränderung des Erzeugerpreises abgeleitet und untersucht. Diese Elastizität kann als Erzeugerpreiselastizität des Verbraucherpreises bezeichnet werden und soll im Folgenden $E_{P_x,\underline{P_a}}$ gekennzeichnet werden, um zu verdeutlichen, dass der Erzeugerpreis P_a Auslöser der Preisanpassungen ist. Diese Elastizität war besonders wichtig, als früher in der EU die Agrarminister jährlich die Interventionspreise für Agrarerzeugnisse verhandelten und die Auswirkungen von Erhöhungen bzw. Senkungen des Interventionspreises auf die Verbraucherpreise ermittelt werden sollten.

Mit dem Modell von Gardner kann eine weitere Elastizität der vertikalen Preistransmission abgeleitet werden, und zwar $E_{\underline{P_x},P_a}$. Diese kann als Verbraucherpreiselastizität der Erzeugerpreise bezeichnet werden und unterstellt, dass eine exogene Veränderung des Verbraucherpreises die Preisanpassungen ausgelöst hat.[12]

$$E_{\underline{P_x},P_a} = \frac{\sigma + S_a\varepsilon_{b,P_b} + S_b\varepsilon_{a,P_a}}{\sigma + \varepsilon_{b,P_b}} \tag{9.14}$$

Da alle Parameter in Gl. 9.14 unter normalen Bedingungen größer null sind, wird $E_{\underline{P_x},P_a}$ stets größer null sein. Es lässt sich auch zeigen, dass $E_{\underline{P_x},P_a} < 1$ gilt, wenn $\varepsilon_{b,P_b} > \varepsilon_{a,P_a}$. Diese Bedingung dürfte in den allermeisten landwirtschaftlichen Anwendungen zutreffen, insbesondere in einem Industrieland in der die Lebensmittelverarbeitung ein relativ kleiner Sektor ist und als Mengenanpasser auf den Märkten für viele der komplementären Sach- und Dienstleistungen in b (z. B. Kapital, Energie) auftritt.[13] Somit gilt analog zu $0 < E_{P_x,\underline{P_a}} < 1$ auch $0 < E_{\underline{P_x},P_a} < 1$. Aber $E_{\underline{P_x},P_a} \neq E_{P_x,\underline{P_a}}$: die Elastizität der vertikalen Preistransmission unterscheidet sich je nachdem, ob die Preisanpassungen durch eine Veränderung des Erzeugerpreises oder eine Veränderung des Verbraucherpreises ausgelöst wurden.

Nehmen wir z. B. folgende Werte für die Modellparameter an: $\sigma = 0{,}5$; $\varepsilon_{a,P_a} = 1$; $\varepsilon_{b,P_b} = 2$; $\eta_{x,P_x} = -0{,}5$; $S_a{=}0{,}5$. Dann ist $E_{P_x,\underline{P_a}} = 0{,}5$, aber $E_{\underline{P_x},P_a} = 0{,}8$. D. h., eine Erhöhung des Erzeugerpreises um 1 % führt zu einer Erhöhung des Verbraucherpreises um 0,5 %, aber eine Erhöhung des Verbraucherpreises um 0,5 % führt zu einer Erhöhung

[12]Gl. 9.15 ist die Inverse von Gleichung (18) in Gardner (1975).

[13]Ist $\varepsilon_{b,P_b} = \infty$, d. h. das Angebot aller komplementären Sach- und Dienstleistungen unendlich preiselastisch, so gilt $E_{\underline{P_x},P_a} = E_{P_x,\underline{P_a}} = S_a$, unabhängig von den Werten aller anderen Parametern in den Gl. 9.12 und 9.15. Kurzfristig ist allerdings nicht davon auszugehen, dass komplementäre Sach- und Dienstleistungen, die z. B. von spezialisierten Fachkräften oder in speziellen Verarbeitungsanlagen erbracht werden, unendlich elastisch angeboten werden.

des Erzeugerpreises um nur 0,625 %. Kinnucan und Zhang (2015, S. 733, Tab. 1) führen diesen Vergleich von $E_{P_x,\underline{P_a}}$ und $E_{\underline{P_x},P_a}$ für verschiedene plausible Parameterkonstellationen durch, und immer ist $0 < E_{P_x,\underline{P_a}} < E_{\underline{P_x},P_a} < 1$.

Welche Elastizität der vertikalen Preistransmission sollte in welchen Situationen zur Anwendung kommen: $E_{P_x,\underline{P_a}}$ oder $E_{\underline{P_x},P_a}$? Die Antwort lautet: es kommt auf die Quelle des exogenen Schocks an, mit anderen Worten auf den Auslöser der Preisanpassungen. In Fallbeispiel 2 oben wurde das Beispiel Weizen und Mehl in der Ukraine präsentiert. Da Weizen handelbar ist und die Ukraine aktiv am internationalen Weizenhandel teilnimmt, ist es plausibel anzunehmen, dass der Weizenpreis aus Sicht der Ukraine exogen auf dem Weltmarkt vorgegeben wird. Mehl wird dagegen aufgrund seiner höheren Verderblichkeit und Transportkosten viel weniger als Weizen und überwiegend nur lokal gehandelt. Der ukrainische Markt für Mehl dürfte demzufolge vergleichsweise abgeschottet und stabil sein. Daher kann angenommen werden, dass die meisten Schocks, die auf die vertikale Preisbeziehung Weizen-Mehl in der Ukraine wirken, auf dem Weltweizenmarkt entstehen, und die Elastizität $E_{P_x,\underline{P_a}}$ daher an geeignetsten ist. Werden dagegen die vertikalen Preisbeziehungen zwischen Erzeuger- und Verbraucherpreise für Schweinefleisch in Deutschland untersucht, so entstanden in letzter Zeit einige folgenreiche Schocks (beispielsweise der Ausbruch und die Verbreitung der afrikanischen Schweinepest in China) nicht auf Ebene des Rohprodukts a, sondern auf Ebene des verarbeiteten Produkts x. Die Folgen solcher Schocks lassen sich besser mit der Elastizität $E_{\underline{P_x},P_a}$ untersuchen.

9.4 Vertikale Preisanpassungen unter unvollkommenem Wettbewerb

Eine wichtige Annahme des Modells von Gardner ist die des vollkommenen Wettbewerbs. Die Beobachtung hoher Konzentrationen sowohl in vielen Branchen der Lebensmittelverarbeitung als auch im Lebensmitteleinzelhandel wecken Zweifel an dieser Annahme. Gewiss, eine hohe Konzentration ist keine hinreichende Bedingung für die Ausübung von Marktmacht. Ob Konzentration zu Preisabsprachen oder anderem kollusiven Verhalten führt hängt vom Verhalten der Akteure ab. Aber wie bereits in Kap. 7 erläutert wurde (s. Kap. 7, Fallbeispiel 3) hat das Bundeskartellamt in den letzten 20 Jahren Geldbußen aufgrund von unterschiedlichen Formen von Absprachen in mehreren Branchen der Ernährungswirtschaft verhängt, darunter Milch- und Molkereiprodukte, der Kaffeemarkt, die Wursterzeugung, die Zuckerherstellung sowie der Lebensmitteleinzelhandel.

Verschiedene Autoren haben daher das Modell von Gardner erweitert, um Marktmacht zu berücksichtigen. In diesen Beiträgen wird auf das Konzept der konjekturalen Variationen zurückgegriffen, das in Kap. 7 eingeführt wurde. Im Falle eines Oligopols misst der Parameter konjekturale Variation (θ), wie alle anderen Anbieter in Summe auf eine Mengenänderung von Anbieter i reagieren:

$$\theta = \frac{\partial X_{-i}}{\partial x_i} \quad \text{mit} \quad X_{-i} = \sum_{j=1}^{n} x_j \quad \text{für} \quad i \neq j \tag{9.15}$$

θ misst demnach wie die anderen Unternehmen ihr Angebot des Konsumprodukts x anpassen, wenn das Unternehmen i von insgesamt $i = \{1,2,\ldots,n\}$ Unternehmen eine zusätzliche Einheit von x anbietet. $\theta = -1$ stellt aggressives Verhalten der Konkurrenten dar; wenn i sein Angebot um eine Einheit senkt, um den Preis zu erhöhen, wird dieser Versuch von den anderen Unternehmen vollständig kompensiert. In diesem Fall ist das Marktergebnis identisch mit dem Ergebnis unter vollkommenen Wettbewerb. Am anderen Extrem bedeutet $\theta = n - 1$, dass alle Unternehmen ihr Angebot um die gleiche Menge erhöhen oder senken, was abgestimmtem oder kollusivem Verhalten entspricht. In diesem Fall Verhalten sich die Unternehmen zusammen wie ein Monopolist.

In seiner Erweiterung des Modells von Gardner unterstellt Weldegebriel (2004), dass die Verarbeiter den Verbrauchern gegenüber Oligopolmacht ausüben können. Er fügt daher den Parameter θ als Maßstab für die Umsetzung der Oligopolmacht seitens der Verarbeiter in das Modell ein. Weldegebriel unterstellt aber auch, dass die Verarbeiter den Erzeugern des Rohprodukts a gegenüber Oligopsonmacht ausüben können. Dazu greift er wieder auf das Konzept der konjekturalen Variationen zurück und definiert:

$$\phi = \frac{\partial A_{-i}}{\partial a_i} \quad \text{mit} \quad A_{-i} = \sum_{j=1}^{n} a_j \quad \text{für} \quad i \neq j \tag{9.16}$$

ϕ misst, wie die anderen Unternehmen ihre Nachfrage nach dem Rohprodukt a anpassen, wenn das Unternehmen i eine zusätzliche Einheit von a nachfragt. Wie θ liegt auch ϕ in dem Bereich zwischen -1 und $n - 1$. $\phi = -1$ bedeutet, dass wenn i weniger a nachfragt, um Druck auf den Preis von a auszuüben, die anderen Unternehmen ihre Nachfrage um einen identischen Betrag erhöhen, das Bestreben von i demnach konterkarieren. $\phi = n - 1$ bedeutet, dass die Unternehmen sich absprechen und zusammen so verhalten, als wären sie ein Monopsonist.

Diese Erweiterungen haben Konsequenzen für einige der Gleichungen in dem Modell von Gardner. Aus Gl. 9.8 zum Beispiel, welche die Nachfrage nach dem landwirtschaftlichen Rohprodukt a beschreibt, wird:

$$\frac{\partial (f(a,b))}{\partial a} P_x \left(1 + \frac{(1+\theta)}{\eta_{x,P_x}} \frac{x_i}{x}\right) = P_a \left(1 + \frac{(1+\phi)}{\varepsilon_{a,P_a}} \frac{a_i}{a}\right) \tag{9.17}$$

Gilt $\theta = \phi = -1$, dann verhalten sich die Verarbeitungsunternehmen gegenseitig aggressiv, d. h. die Versuche eines Unternehmens i, Marktmacht auszuüben, werden von den anderen Unternehmen stets konterkariert. In diesen Fall reduziert sich Gl. 9.17 wieder auf die unter vollkommenen Wettbewerb geltende Gl. 9.8. Gelingt es den n Verarbeitungsunternehmen dagegen, sich perfekt abzusprechen, dann gilt $\theta = \phi = n - 1$.

Unter der Annahme n identischer Unternehmen[14], sind $\frac{x_i}{x} = \frac{a_i}{a} = \frac{1}{n}$, und Gl. 9.17 kann vereinfacht werden zu:

$$\frac{\partial(f(a,b))}{\partial a} P_x \left(1 + \frac{1}{\eta_{x,P_x}}\right) = P_a \left(1 + \frac{1}{\varepsilon_{a,P_a}}\right) \tag{9.18}$$

Gl. 9.18 beschreibt die Faktornachfrage eines Unternehmens, dass sowohl Monopolist beim Verkauf von x als auch Monopsonist beim Einkauf von a ist.[15]

Nachdem diese Ergänzungen vorgenommen wurden, wird das Modell wieder gelöst. Es zeigt sich, dass die Erzeugerpreiselastizität des Verbraucherpreises folgende Form annimmt:[16]

$$E_{P_x,\underline{P_a}} = \frac{(1+\delta)S_a(\sigma + \varepsilon_{b,P_b})}{(1-\mu)(\varepsilon_{b,P_b} + S_a\sigma) - S_b\eta_{x,P_x}} \tag{9.19}$$

Die Parameter δ und μ in Gl. 9.19 sind Funktionen der Parameter konjekturaler Variationen θ bzw. ϕ. Unter Bedingungen des vollkommenen Wettbewerbs sind $\delta = \mu = 0$ und Gl. 9.19 reduziert sich auf Gl. 9.11 das Ergebnis des einfachen Modells von Gardner. δ und μ sind allerdings auch abhängig von den genauen funktionalen Formen der Nachfrage nach x und des Angebots von a: die Definition von δ enthält einen Term $\frac{\partial \varepsilon_{a,P_a}}{\partial P_a}$ und die Definition von μ enthält einen Term $\frac{\partial \eta_{x,P_x}}{\partial P_x}$.[17] Diese Termen geben an, wie die Preiselastizität des Angebots von a bzw. der Nachfrage nach x sich verändern, wenn der entsprechende Preis (P_a bzw. P_x) geändert wird. Für iso-elastische Funktionen sind diese Terme definitionsgemäß gleich Null. Für lineare und andere Funktionsformen ist dies aber nicht der Fall; die Preiselastizitäten variieren entlang der entsprechenden Kurven.

Aufgrund dieser Abhängigkeit von der genauen Funktionsform der Angebots- und Nachfragekurven können keine allgemeingültigen Aussagen über die Auswirkungen von Marktmarkt auf vertikale Preisanpassungen getroffen werden. Weldegebriel (2004) zeigt, dass die Erzeugerpreiselastizität des Verbraucherpreises $E_{P_x,\underline{P_a}}$ unter Bedingungen des Oligopols und/oder Oligopsons je nach Verhalten der Verarbeitungsunternehmen, sowie

---

[14]Die Annahme identischer Unternehmen muss nicht getroffen werden, um das Modell zu entwickeln, aber sie vereinfacht die Analyse.

[15]Die Parameter θ und ϕ sind einfache mathematische Ausdrücke für eine Vielzahl möglicher unternehmerische Strategien, zu denen es eine sehr umfangreiche Literatur gibt. Siehe hierzu z. B. Belleflamme und Peitz (2015, Kapitel 17).

[16]Gleichung (19) in Weldegebriel (2004).

[17]Vgl. Gleichungen (13) und (14) in Weldegebriel (2004).

je nach funktionaler Form der Nachfrage nach x und des Angebots von a, höher aber auch niedriger ausfallen kann, als unter Bedingungen des vollkommenen Wettbewerbs. Wenn zum Beispiel die Funktionsformen linear sind, das Angebot von a relativ preiselastisch ($\varepsilon_{a,P_a} > 1$), und die Nachfrage nach x relativ preisunelastisch ($-1 < \eta_{x,P_x} < 0$), dann führt die Ausübung von Oligopolmacht dazu, dass $E_{P_x,\underline{P_a}}$ im Vergleich zur einer Situation mit vollkommenen Wettbewerb höher ausfällt. Bei Ausübung von Oligopsonmacht wird hingegen $E_{P_x,\underline{P_a}}$ niedriger ausfallen. Eine eindeutige Aussage darüber, welcher Effekt dominiert, kann nur im Lichte einer ausführlichen Analyse des Verhaltens der Konsumenten (der Nachfragekurve $x = g(P_x)$), der landwirtschaftlichen Erzeuger (der Angebotskurve $a = h(P_a)$), sowie der Verarbeitungsunternehmen (der konjekturalen Variationen θ und ϕ) getroffen werden.

Fallbeispiel 3: Marktmacht in der ukrainischen Mühlenindustrie?

In Fallbeispiel 2 wurden folgende Kleinst-Quadrat-Schätzergebnisse für die vertikale Preistransmission zwischen Weizen- und Mehlpreisen in der Ukraine präsentiert:

$$lnP_t^{Mehl} = 1{,}790 + \left(0{,}808 * lnP_t^{Weizen}\right)$$

Es wurde angemerkt, dass die geschätzte Elastizität der vertikalen Preistransmission zwischen Weizen und Mehl von 0,808 sehr nah an dem Wert von $S_a = 0{,}80$ liegt, der laut dem Modell von Gardner unter Bedingungen des vollkommenen Wettbewerbs zu erwarten wäre. Können wir aus dieser Übereinstimmung die Schlussfolgerung ziehen, dass die Unternehmen der Mühlenindustrie in der Ukraine keine Marktmacht ausüben? Die einfache Antwort auf diese Frage ist leider ‚nein'.

Zunächst muss festgestellt werden, dass die Mühlenindustrie in der Ukraine konzentriert ist: 2019 haben laut Latifundist.com (2020) 10 Unternehmen ca. 47 % des Mehls in der Ukraine produziert (0,7674 von insgesamt 1,630 Mio. t.). Einige Unternehmen werden von wirtschaftlich und politisch sehr einflussreichen sog. Oligarchen kontrolliert. Kollusives Verhalten, z. B. Preisabsprachen aber auch Gebietsabsprachen, bei denen konkurrierende Unternehmen den Markt in geografische Gebiete untereinander aufteilen, ist daher nicht auszuschließen. Es kann sein, dass einige Mühlenunternehmen sowohl Oligopsonmacht beim lokalen Einkauf von Weizen als auch Oligopolmacht beim Verkauf von Mehl ausüben, und dass die entsprechenden Auswirkungen auf die vertikalen Preistransmission sich in etwa ausgleichen, mit der Folge, dass die geschätzte Elastizität nur zufällig der unter vollkommenen Wettbewerb zu erwartenden Elastizität ähnelt. Wie Weldegebriel (2004, S. 113) zusammenfasst: „*without knowledge of the functional forms of retail demand and farm input supply, little can be inferred from the numerical value of a price transmission coefficient. In particular, it is not generally possible to attribute low (or high) values of the price transmission coefficient to market power*". ◀

9.5 Empirische Methoden zur Messung von vertikalen Preisanpassungsprozessen

In diesem Abschnitt wird ein kurzer Überblick über die empirischen Methoden gegeben, die in den meisten Studien über vertikale (und räumliche) Preisanpassungsprozesse verwendet werden. Das *workhorse*-Modell in diesen Studien ist das sog. **Fehlerkorrekturmodell** (FKM), das im Folgenden kurz erläutert werden soll.[18]

Das FKM dominiert die empirische Literatur über Preisanpassungsprozessen seit spätestens Mitte der 1990er Jahre.[19] Davor wurden Zusammenhänge zwischen Preisen auf unterschiedlichen Verarbeitungsstufen häufig mit einfachen Korrelationskoeffizienten oder mit Kleinst-Quadrat-Regressionen analysiert. Diese Methoden wurden aber kritisiert, weil sie anfällig waren für Fehlinterpretationen. Preise auf unterschiedlichen Verarbeitungsstufen können miteinander korreliert sein, weil Landwirte, Verarbeiter und Konsumenten unter Bedingungen des mehr oder weniger vollkommenen Wettbewerbs auf Märkten aufeinandertreffen und ihre Interaktionen zu Preiszusammenhängen führen, wie sie in den vorherigen Abschnitten abgeleitet wurden. In solchen Fällen spricht man davon, dass die Preise auf verschiedenen Verarbeitungsstufen zusammenhängen, weil die Märkte, auf denen sie gebildet werden, integriert sind.

Aber Preise können auch miteinander korreliert sein, weil die Inflation in einem Land stark ist, und alle nominellen Preise daher auch bei fehlender Marktintegration ähnlich steigenden Trends folgen. Außerdem können Preise korreliert sein, weil der Staat in die Preisbildung eingreift, in dem er feste Margen oder Preisformeln vorschreibt (z. B., dass der Mehlpreis genau 120 % des Mahlweizenpreises betragen muss).

Schließlich besteht zudem die Gefahr der sog. **Scheinkorrelation,** die auftreten kann, wenn Zeitreihenvariablen (wie z. B. Preise) nicht stationär sind. Eine stationäre Zeitreihe hat einen konstanten Mittelwert sowie eine konstante Varianz und konstante Kovarianzen unabhängig davon, welchen zeitlichen Ausschnitt der gesamten Reihe betrachtet wird. Eine stationäre Zeitreihe kann vorübergehend nach oben oder nach unten von ihrem langfristigen Mittelwert abweichen, wird aber stets zurück zu diesem Mittelwert tendieren. Viele ökonomische Variablen wie Preise sind dagegen durch nichtstationäres Verhalten gekennzeichnet; sie steigen oder fallen über längere Perioden und zeigen keine inhärente Tendenz zu einem zentralen Wert zurückzukehren. Granger

---

[18]Das Fehlerkorrekturmodell ist ein Schlüsselelement der sog. Kointegrationsanalyse, die einen Zweig der (Zeitreihen)Ökonometrie bildet. Eine umfassende Einführung in der Kointegrationsanalyse würde den Rahmen dieses Kapitels sprengen. Eine ausführliche aber für Agrarökonomen auch zugängliche Einführung mit Anwendungsbezug bieten Hendry und Juselius (2000, 2001).

[19]Die erste in einem führenden agrarökonomischen Journal veröffentlichte Anwendung ist Ardeni (1989).

und Newbold (1974) haben in einer bahnbrechenden Studie gezeigt, dass wenn X_t und Y_t zwei voneinander unabhängige nicht-stationäre Zeitreihen sind (mit $t = 1,2,\ldots T$ Beobachtungen) und die Regression $Y_t = \beta_0 + \beta_1 X_t$ geschätzt wird, die (eigentlich zutreffende) Nullhypothese H_0: $\beta_1 = 0$ viel zu häufig abgelehnt wird.[20] Das bedeutet, dass Regressionen zwischen nicht-stationären Variablen häufig signifikante Beziehungen vortäuschen, die eigentlich nur statistische Artefakte darstellen. Da viele Preise nicht-stationäre Eigenschaften haben, sind auch Regressionen wie $P_t^A = \beta_0 + \beta_1 P_t^B$ anfällig für das Phänomen der Scheinkorrelation.

Zusammengefasst bedeutet eine hohe Korrelation oder eine signifikante Regression zwischen zwei Preisen nicht unbedingt, dass diese Preise tatsächlich in einer von Marktprozessen und das Verhalten von ökonomischen Akteuren bestimmten Gleichgewichtsbeziehung miteinander verbunden sind. Einfache Korrelationskoeffizienten und Kleinst-Quadrat-Schätzungen sind nicht in der Lage, zwischen Preiszusammenhängen, die auf integrierten Märkten entstehen, und solchen, die auf andere Ursachen oder gar Scheinkorrelationen zurückzuführen sind, zu unterscheiden.

Als diese Erkenntnisse sich in der Literatur durchgesetzt haben, fingen Ökonometriker an, dynamische Regressionsmodelle mit verzögerten sog. Lag-Termen (z. B. $P_t^A = \beta_0 + \beta_1 P_t^B + \beta_2 P_{t-1}^B + \beta_3 P_{t-1}^A$) oder Modelle in Differenzen (z. B. $\Delta P_t^A = \beta_0 + \beta_1 \Delta P_t^B$, mit $\Delta X_t = X_t - X_{t-1}$) zu schätzen. Schließlich haben Engle und Granger (1987) gezeigt, dass das FKM ein geeignetes Modell ist, um Beziehungen zwischen nicht-stationären Zeitreihen zu schätzen. Ein einfaches FKM für zwei Preisreihen P^R und P^K (R soll das landwirtschaftliche Rohprodukt und K das Konsumprodukt kennzeichnen) hat folgender Gestalt:

$$\Delta P_t^K = \alpha_A \left(P_{t-1}^K - \beta_0 - \beta_1 P_{t-1}^R \right) + \delta_{K1} \Delta P_{t-1}^K + \delta_{R1} \Delta P_{t-1}^R \qquad (9.20)$$

Die abhängige Variable auf der linken Seite von Gl. 9.20 (ΔP_t^K) misst die Änderung in P^K zwischen der vorherigen und der jetzigen Periode. Der Term in Klammern auf der rechten Seite von Gl. 9.20 erfasst Abweichungen von der langfristigen Gleichgewichtsbeziehung $P_t^K = \beta_0 + \beta_1 P_t^R$ zwischen P^K und P^R. Die nicht-stationäre Preisreihen P^K und P^R sind nur dann durch eine stabile langfristige Gleichgewichtsbeziehung miteinander verbunden, wenn die Abweichungen von dieser Langfristbeziehung ($P_{t-1}^K - \beta_0 - \beta_1 P_{t-1}^R$, die sog. Fehler) stationär sind und somit stets zu ihrem Mittelwert von Null tendieren. $\beta_1 = {}^{\partial P^K}/_{\partial P^R}$ ist der langfristige Preisanpassungskoeffizienten;

[20]In dem Experiment von Granger und Newbold (1974) mit nicht-stationären Variablen vom Typ random walk wurde die wahre Nullhypothese H_0: $\beta_1 = 0$ bei einem Signifikanzniveau von 5 % in ca. 75 % der Fälle abgelehnt. Im Jahr 2003 erhielt Clive W.J. Granger, zusammen mit Robert F. Engle, den Nobel Memorial Prize in Economic Sciences in Anerkennung seiner vielfältigen Beiträge zur Analyse von ökonomischen Zeitreihen, darunter auch zur Schätzung und Interpretation von Fehlerkorrekturmodellen.

werden die Preise vor der Schätzung logarithmiert, stellt β_1 die Elastizität der vertikalen Preistransmission dar.

Befinden sich die Preise im Gleichgewicht, dann ist $P_t^K = \beta_0 + \beta_1 P_t^R$ und somit $P_t^K - \beta_0 - \beta_1 P_t^R = 0$. Wird das langfristige Gleichgewicht vorübergehend gestört, etwa durch einen unerwarteten Schock, dann gilt $P_t^K - \beta_0 - \beta_1 P_t^R \neq 0$. Der Parameter α_A (im Englischen häufig *adjustment parameter* genannt, im folgenden Anpassungsparameter) misst wie P^K in der nächsten Periode reagiert, um einen Teil der entstandenen Abweichung vom Gleichgewicht bzw. des Fehlers zu korrigieren. Ist z. B. P^K relativ zu P^R zu groß, dann entsteht eine positive Abweichung vom langfristigen Gleichgewicht ($P_t^K - \beta_0 - \beta_1 P_t^R > 0$). Ein $\alpha_A = -0{,}5$ ($-0{,}20$) führt dann beispielsweise dazu, dass P^K in der nächsten Periode fällt, um 50 % (20 %) des Fehlers zu korrigieren. α_A muss demnach kleiner Null sein damit ein zu hohes (niedriges) P^K in der nächsten Periode nach unten (oben) korrigiert wird und das langfristige Gleichgewicht nach der Störung wieder angestrebt wird.

Die beiden verzögerten Preisänderungsterme auf der rechten Seite von Gl. 9.20, $\delta_{K1}\Delta P_{t-1}^K$ und $\delta_{R1}\Delta P_{t-1}^R$, messen kurzfristige dynamische Interaktionen zwischen den Preisen. Gl. 9.20 enthält nur jeweils eine verzögerte Preisänderung, aber in empirischen Anwendungen können weitere Verzögerungen hinzugefügt werden.

Ein ähnliches FKM kann für Änderungen des Rohproduktpreises P^R aufgestellt werden:

$$\Delta P_t^R = \alpha_B\left(P_{t-1}^K - \beta_0 - \beta_1 P_{t-1}^R\right) + \gamma_{K1}\Delta P_{t-1}^K + \gamma_{R1}\Delta P_{t-1}^R \tag{9.21}$$

Ist P^K relativ zu P^R zu groß ($P_t^K - \beta_0 - \beta_1 P_t^R > 0$), so muss P^R in der nächsten Periode steigen, um einen Beitrag zur Korrektur der Abweichung vom langfristigen Gleichgewicht zu leisten. Daher muss $\alpha_B > 0$ in Gl. 9.21 gelten. Die Summe $|\alpha_A|+\alpha_B$ misst demnach wie schnell die Preise P^K und P^R zusammen reagieren, um vorübergehende Abweichungen vom Gleichgewicht zu korrigieren. Die Gleichungen Gl. 9.20 und 9.21 zusammen bilden ein sog. Vektor-FKM (in der Literatur mit VECM für ***Vector Error Correction Model*** abgekürzt). Die Gleichungen in einem VECM werden in der Regel simultan geschätzt mit einer Methode, die von Johansen (1991) entwickelt wurde.

Fallbeispiel 4: Ein VECM für Weizen- und Mehlpreise in der Ukraine

In Fallbeispiel 2 wurde die Elastizität der vertikalen Preistransmission zwischen Weizen- und Mehlpreisen in der Ukraine mittels folgender einfachen Kleinst-Quadrat-Regression geschätzt: $lnP_t^{Mehl} = 1{,}790 + \left(0{,}808 * lnP_t^{Weizen}\right)$. Es könnte allerdings sein, dass die verwendete Preise nicht-stationär sind (s. Abb. 9.4) und diese Regressionsergebnisse daher lediglich eine Scheinkorrelation widerspiegeln. Um diese Möglichkeit auszuschließen durchläuft eine typische Analyse von Preisanpassungsprozessen folgende Schritte. Erstens werden die einzelnen Preisreihen auf nicht-stationarität getestet. Hierzu werden sog. Einheitswurzel-Tests *(unit root tests)* verwendet. Sind beide Reihen nicht-stationär, besteht die Gefahr einer Scheinkorrelation. Daher wird im zweiten Schritt getestet, ob Abweichungen von der geschätzten Langfristbeziehung zwischen den Preisen stationär sind. Hierzu werden sog. **Kointegrations-Tests** verwendet. Sind die Abweichungen stationär, kann Scheinkorrelation ausgeschlossen werden; es besteht eine valide, interpretierbare Langfristbeziehung zwischen den Preisen. In diesem Fall kann drittens ein VECM für diese Preise geschätzt werden.

Die technischen Details dieser verschiedenen Test- und Schätzverfahren können an dieser Stelle nicht erläutert werden. Neben den bereits erwähnten Beiträgen von Hendry und Juselius (2000, 2001) ist Rapsomanikis et al. (2003) eine hilfreiche Quelle. Für die Ukrainischen Weizen- und Mehlpreisen zeigen erstens die Ergebnisse von Einheitswurzel-Tests, dass beide Preise nicht-stationär sind. Kointegrations-Tests ergeben zweitens, dass es eine valide Langfristbeziehung zwischen diesen Preisen gibt – die oben dargestellten Regressionsergebnissen sind daher nicht auf Scheinkorrelation zurückzuführen. Schließlich kann drittens das folgende VECM für die Preise geschätzt werden (Standardfehler in Klammern):

$$\Delta lnP_t^{Mehl} = \underset{(0{,}023)}{-0{,}124}\left(lnP_{t-1}^{Mehl} - \underset{(0{,}246)}{1{,}607} - \underset{(0{,}037)}{0{,}835}lnP_{t-1}^{Weizen}\right) + \underset{(0{,}061)}{0{,}367}\Delta lnP_{t-1}^{Mehl} + \underset{(0{,}049)}{0{,}024}\Delta lnP_{t-1}^{Weizen}$$

$$\Delta lnP_t^{Weizen} = \underset{(0{,}036)}{0{,}002}\left(lnP_{t-1}^{Mehl} - \underset{(0{,}246)}{1{,}607} - \underset{(0{,}037)}{0{,}835}lnP_{t-1}^{Weizen}\right) + \underset{(0{,}094)}{0{,}208}\Delta lnP_{t-1}^{Mehl} + \underset{(0{,}074)}{0{,}203}\Delta lnP_{t-1}^{Weizen}$$

Die geschätzte Langfristbeziehung in dem VECM ($lnP_t^{Mehl} = 1{,}607 + (0{,}835 * lnP_t^{Weizen})$) unterscheidet sich von der Langfristbeziehung, die oben in Fallbeispiel 2 präsentiert wurde. Die Unterschiede entstehen, weil das VECM nicht mit der Kleinst-Quadrat-Methode, sondern mit einem Maximum-Likelihood-Verfahren geschätzt wird. Die Unterschiede sind aber geringfügig und führen zu keiner Veränderung der entscheidenden Ergebnisse, insbesondere der geschätzten Elastizität der vertikalen Preistransmission, die weiterhin etwas mehr als 0,8 beträgt.

Die geschätzten Anpassungsparameter $\alpha_{Mehl} = -0{,}124$ und $\alpha_{Weizen} = 0{,}002$ zeigen an, dass der Mehlpreis reagiert, wenn es zu Abweichungen vom langfristigen Gleichgewicht zwischen den Weizen- und Mehlpreisen kommt, und zwar um etwa 12,4 % der Abweichung pro Woche. Der Weizenpreis hingegen reagiert nicht (der geschätzte Wert von 0,2 % pro Woche ist sehr klein und statistisch insignifikant). Dieses Ergebnis war zu erwarten, denn wie oben bereits erläutert hängt der Weizenpreis in der Ukraine vom Weltmarkt ab, während der Mehlpreis sich auf dem ukrainischen Mehlmarkt bildet. Entsteht ein Ungleichgewicht zwischen den Weizen- und Mehlpreisen in der Ukraine kann nicht erwartet werden, dass der wesentlich größere Weltmarkt für Weizen nennenswert darauf reagiert; stattdessen wird sich der vergleichsweise kleine ukrainische Mehlmarkt anpassen müssen, um das Gleichgewicht wiederherzustellen (der Hund wedelt mit dem Schwanz, nicht andersherum). Die Korrektur eines entstandenen Ungleichgewichts um ca. 12,4 % pro Woche ist nicht sonderlich schnell. Eine mögliche Erklärung für dieses Ergebnis könnte darin liegen, dass Mühlen den Weizen, den sie benötigen, nicht wöchentlich in kleinen Chargen einkaufen. Stattdessen erwerben sie meistens größere Partien in größeren zeitlichen Abständen. D. h. das Mehl, das eine Mühle heute verkauft, wurde wahrscheinlich aus Weizen gemahlen, dass vor mehreren Wochen oder gar Monaten eingekauft wurde. Daher kann es dauern, bis Preissignale auf diesem Markt weitergegeben werden. ◀

Die Verwendung von Fehlerkorrekturmodellen bzw. VECM zur Schätzung von Preisanpassungsprozessen bietet insgesamt mehrere Vorteile. Zum einen können echte Gleichgewichtsbeziehungen von Scheinkorrelationen unterschieden werden. Zum anderen wird nicht nur die langfristige Gleichgewichtsbeziehung geschätzt, sondern auch die kurzfristigen Reaktionen der Preise auf Abweichungen von diesem Gleichgewicht. Auf diese Weise können Erkenntnisse über die Verläufe und die Geschwindigkeit von Preisanpassungsprozessen gewonnen werden.

9.6 Asymmetrische vertikale Preisanpassungen

Eine Preisanpassung ist **asymmetrisch,** wenn das Ausmaß und/oder die Geschwindigkeit der Reaktion eines Preises auf eine Änderung eines anderen Preises von der Richtung der auslösenden Preisänderung abhängt. In Abb. 9.5 ist beides der Fall – die Reaktion von P_x auf eine Erhöhung von P_a ist nach zwei Perioden abgeschlossen und beträgt $\beta^{\uparrow}$, aber die die Reaktion von P_x auf eine Senkung von P_a ist erst nach vier Perioden abgeschlossen und beträgt $\beta^{\downarrow} < \beta^{\uparrow}$. Diese Art von Asymmetrie wird häufig **rockets and**

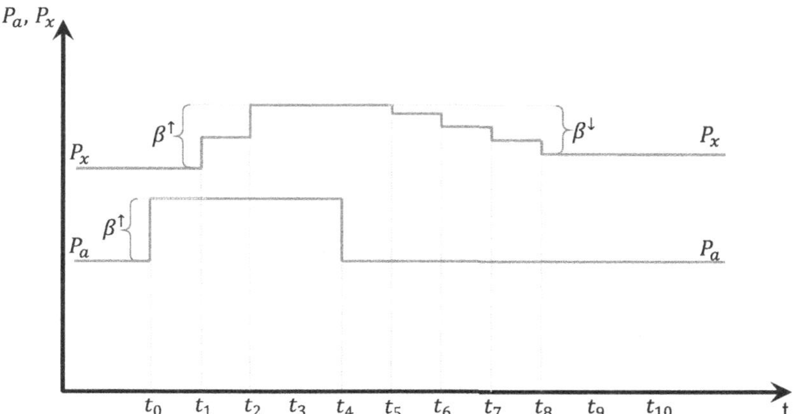

Abb. 9.5 Ein Beispiel für asymmetrische vertikale Preisanpassungen. (Quelle: Eigene Darstellung)

feathers genannt, womit angedeutet werden soll, dass Preise schnell aufsteigen (wie Raketen), aber nur langsam wieder fallen (wie Federn).

Nicht selten wird *rockets and feathers*-Verhalten unterstellt: Autofahrer oder auch Haushalte, die mit Öl heizen, behaupten, die Preise von Benzin bzw. Heizöl würden schneller steigen, wenn die Preise für Rohöl steigen, als sie fallen würden, wenn die Preise für Rohöl fallen. Schweinemäster behaupten gelegentlich, dass Schlachtunternehmen und der Einzelhandel ihre Marktmacht dazu nutzen würden, um Preissteigerungen für Schlachtschweine, die ihre Margen reduzieren, schnell an die Verbraucher weiterzureichen, während sie Preissenkungen für Schlachtschweine nur langsam an die Verbraucher weiterreichen, um länger von den zwischenzeitlich ausgedehnten Margen zu profitieren. Fallbeispiel 5 zeigt, dass es sogar empirische Belege für asymmetrische vertikale Preistransmission vom Typ rockets and feathers auf dem Markt für Schlachtschweine gibt, die diese Behauptungen anscheinend untermauern.

Fallbeispiel 5: Asymmetrische Preisanpassungen auf dem Markt für Schlachtschweine in Deutschland

Von Cramon-Taubadel (1998) untersucht die vertikale Preisanpassung zwischen Erzeugerpreisen für Schlachtschweine und Großhandelspreisen für Schweineteilstücke in Norddeutschland anhand von wöchentlichen Daten im Zeitraum zwischen Januar 1990 und Februar 1993. Er verwendet folgende asymmetrische Spezifikation des FKM:

$$\Delta P_t^{Groß} = \alpha_{Groß}^{+}\left(u_{t-1}^{+}\right) + \alpha_{Groß}^{-}\left(u_{t-1}^{-}\right) + \delta_1 \Delta P_{t-1}^{Groß} + \gamma_1 \Delta P_{t-1}^{Erz} + \gamma_2 \Delta P_{t-2}^{Erz} + \gamma_4 \Delta P_{t-4}^{Erz} \tag{9.22}$$

mit $u_t = P_t^{Groß} - \beta_0 - \beta_1 P_t^{Erz}$, der Abweichung von der langfristigen Gleichgewichtsbeziehung zwischen dem Großhandelspreis für Teilstücke ($P^{Groß}$) und dem Erzeugerpreis für Schlachtschweine (P^{Erz}). Mögliche Asymmetrie wird dadurch aufgefangen, dass die Abweichung vom Gleichgewicht u_t in zwei Komponenten zerlegt wird. Die Komponente u_t^+ nimmt die positiven Werte von u_t an, und ist sonst stets gleich Null; die Komponente u_t^- nimmt umgekehrt die negativen Werte von u_t an, und ist sonst stets gleich Null:

$$u_t^+ = \begin{cases} u_t \;\forall\; u_t > 0 \\ 0 \;\forall\; u_t \leq 0 \end{cases} \quad \text{und} \quad u_t^- = \begin{cases} u_t \;\forall\; u_t < 0 \\ 0 \;\forall\; u_t \geq 0 \end{cases}$$

Das entsprechende symmetrische FKM

$$\Delta P_t^{Groß} = \alpha_{Groß}(u_t) + \delta_1 \Delta P_{t-1}^{Groß} + \gamma_1 \Delta P_{t-1}^{Erz} + \gamma_2 \Delta P_{t-2}^{Erz} + \gamma_4 \Delta P_{t-4}^{Erz} \tag{9.23}$$

ist eine restringierte Form des asymmetrischen FKM in Gl. 9.22 in der die Restriktion $\alpha_{Groß}^{+} = \alpha_{Groß}^{-}$ gilt (da $u_t^+ + u_t^- = u_t$). Die entsprechende Nullhypothese

H_0: $\alpha^{+}_{Groß} = \alpha^{-}_{Groß}$ kann daher mittels eines F-tests geprüft werden. Im vorliegenden Fall kann diese Nullhypothese mit etwa 2 % Irrtumswahrscheinlichkeit abgelehnt werden. Folgende (vereinfachte) Schätzergebnisse für das asymmetrische FKM werden präsentiert (Auszüge aus von Cramon-Taubadel, 1998, Tab. 2; Standardfehler in Klammern):

$$\Delta P^{Groß}_{t} = \underset{(0{,}041)}{-0{,}057}(u^{+}_{t-1}) - \underset{(0{,}083)}{0{,}270}(u^{-}_{t-1}) + \underset{(0{,}062)}{0{,}164}\Delta P^{Groß}_{t-1} + \underset{(0{,}054)}{0{,}114}\Delta P^{Erz}_{t-1} - \underset{(0{,}045)}{0{,}093}\Delta P^{Erz}_{t-2} - \underset{(0{,}035)}{0{,}107}\Delta P^{Erz}_{t-4}$$

Diese Ergebnisse deuten auf eine rockets and feathers-Asymmetrie hin. $u_t > 0$ bedeutet, dass der Großhandelspreis $P^{Groß}$ relativ zum Erzeugerpreis P^{Erz} zu hoch liegt, d. h. es liegt eine überdurchschnittliche hohe Marge der Schlachtunternehmen vor. Ist dies der Fall, kommt es nur zu einer relativ kleinen und statistisch insignifikanten Korrektur ($\alpha^{+}_{Groß} = -0{,}057$). $u_t < 0$ bedeutet, dass der Großhandelspreis $P^{Groß}$ relativ zum Erzeugerpreis P^{Erz} zu niedrig liegt, d. h. es liegt eine unterdurchschnittlich hohe Marge vor. In diesem Fall kommt es zu einer ca. fünfmal größeren Korrektur ($\alpha^{-}_{Groß} = -0{,}270$). Abweichungen vom langfristigen Gleichgewicht, die zu einer Ausdehnung der Marge führen, werden demnach signifikant langsamer korrigiert, als solche, die die Marge reduzieren. Hochrechnungen für Deutschland insgesamt, berechnet unter der Annahme, dass die Preisanpassung symmetrisch gewesen wäre mit einem Anpassungsparameter von $\alpha^{+}_{Groß} = \alpha^{-}_{Groß} = -0{,}270$, zeigen, dass die Schlachtspanne insgesamt um ca. 28 Mio. € pro Jahr durch die asymmetrische Preisanpassung ausgedehnt wurde. ◀

Allerdings beweisen Ergebnisse wie sie in Fallbeispiel 5 präsentiert wurden keineswegs, dass die Unternehmen der deutschen Schlachtbranche Marktmacht genutzt haben, um ihre Margen und somit ihre Gewinne im Beobachtungszeitraum auszudehnen. Um die Begriffe des klassischen *structure-conduct-performance* (SCP-Ansatz, s. Kap. 7, Fußnote 10) zu verwenden: wir beobachten eine bestimmte Markt<u>struktur</u> (viele Schweinemäster, aber wenige große Schlachtunternehmen) und ein bestimmtes Markt<u>ergebnis</u> (asymmetrische vertikale Preisanpassungen). Aber das <u>Verhalten</u> der Schlachtunternehmen zwischen Struktur und Ergebnis beobachten wir nicht. Allein die Tatsache, dass Asymmetrie empirisch festgestellt werden kann beweist nicht, dass die Unternehmen sich abgesprochen oder ihr Verhalten sonst koordiniert haben, um vertikale Preisanpassungen zu ihren eigenen Gunsten asymmetrisch zu gestalten. Es wäre daher voreilig, die beobachtete asymmetrische vertikale Preisanpassung auf Marktmacht zurückzuführen. Diese vorsichtige Schlussfolgerung gilt umso mehr, weil zum einen asymmetrische Preisanpassungen nicht notwendigerweise eine Folge der Ausübung von Marktmacht sein müssen, sondern auch andere Ursachen haben können, und zum anderen, weil Marktmacht nicht notwendigerweise zu *rockets and feathers*-Verhalten führen muss.

9.6.1 Alternative Ursachen für asymmetrische Preisanpassungen

Asymmetrische Preisanpassungen können auch entstehen, wenn Marktmacht nicht vorhanden ist. Verschiedene alternative Modelle wurden in der Literatur vorgeschlagen.[21] Eine mögliche Erklärung für asymmetrische Preisanpassungen könnte laut Kinnucan und Forker (1987) die Agrarpolitik sein. Werden die Landwirte in einem Land traditionell durch Preisstützungsmaßnahmen begünstigt, werden Verarbeitungsunternehmen im Fall einer Erzeugerpreissenkung erwarten, dass der Staat stützend eingreift, und dass die Erzeugerpreissenkung daher nur von kurzer Dauer sein wird. Entsprechend werden sie die Verkaufspreise ihrer Konsumprodukte bei Erzeugerpreissenkungen nicht anpassen. Sie werden jedoch davon ausgehen, dass Erzeugerpreissteigerungen eher von Dauer sind und die daraus folgenden Kostensteigerungen an ihren Kunden weiterreichen. Im Ergebnis wird es zu asymmetrischen Preisanpassungen vom Typ rockets and feathers kommen, die nicht auf Marktmacht zurückzuführen sind.

Eine weitere alternative Erklärung für asymmetrisch Preisanpassungen schlagen Ball und Mankiw (1994) vor. In ihrem Modell verursacht Inflation in Verbindung mit sog. **Menükosten** asymmetrische Preisanpassungen. Unter Menükosten werden die Kosten verstanden, die in einem Unternehmen anfallen, wenn es Preisänderungen vornimmt. Im ursprünglichen Wortsinn sind dabei die Kosten gemeint, die entstehen, wenn ein Restaurant seine Preise anpassen möchte und daher die Speisekarten bzw. Menüs neugestalten muss. Für andere Unternehmen geht es analog um die Anpassung von Preislisten, Katalogen, Webseiten und ähnlichem. Als Folge von Menükosten wird ein Unternehmen nicht jede kleine Änderung der Inputkosten zum Anlass nehmen, seine Verkaufspreise anzupassen. Stattdessen werden die Verkaufspreise nur dann angepasst, wenn die Gewinneinbußen aufgrund von Inputkostenänderungen die Menükosten überschreiten. Oder die Verkaufspreise werden in regelmäßigen, häufig saisonalen Abständen angepasst (z. B. der Winterkatalog, die Herbstkollektion, die Spargelkarte, usw.).[22]

In dem Modell von Ball und Mankiw müssen Unternehmen sowohl Menükosten als auch Inflation bei ihrer Preisfestsetzung berücksichtigen. Wenn alle Preise zunächst unverändert bleiben, führt Inflation dazu, dass die Margen der Unternehmen im

[21]Überblicke über die Literatur zu asymmetrischen Preisanpassungsprozessen bieten Frey und Manera (2007) sowie Meyer und von Cramon-Taubadel (2004). Loy et al. (2016) geben einen umfassenden neueren Überblick über die verschiedenen Ursachen für asymmetrische vertikale Preisanpassungen, die in der Literatur vorgeschlagen wurden.

[22]Zu häufige Anpassungen von Verkaufspreisen werden auch vermieden, wenn befürchtet wird, dass sie Kunden verwirren oder verärgern könnten. Rotemberg (2010) argumentiert, dass diese Gefahr besonders bei lagerfähigen Produkten gegeben ist: kommt es zu Preissteigerungen bei einem lagerfähigen Produkt werden Konsumenten sich darüber ärgern, dass sie es nicht früher gekauft haben; kommt es zu Preissenkungen werden sie sich darüber ärgern, dass sie nicht länger gewartet haben.

Zeitablauf real abnehmen. Nach einer gewissen Zeit sind ihre Margen so weit gesunken, dass die Unternehmer ihre Verkaufspreise trotz Menükosten anpassen. Kommt es aber vorher zu einer Inputpreissenkung, so wirkt diese der Inflation entgegen; sie führt zu einer Erhöhung der Margen, die eine Anpassung der Verkaufspreise hinauszögern lässt, eventuell sogar überflüssig macht. Kommt es stattdessen vorher zu einer Inputpreiserhöhung, so werden die Margen zusätzlich verkleinert (Inflation und die Inputpreiserhöhung verstärken sich gegenseitig), und die Unternehmer werden schneller zu dem Schluss kommen, dass Verkaufspreiserhöhungen vonnöten sind. Es entsteht der Eindruck, dass Inputpreisänderungen nicht oder seltener zu Anpassungen der Verkaufspreise führen als Inputpreiserhöhungen, obwohl keine Marktmacht im Spiel ist.

Eine weitere Erklärung für asymmetrische Preisanpassungen, die in der Literatur vorgeschlagen wird, bezieht sich auf sog. ***stock-out*-Kosten.** Ein *stock-out* findet statt, wenn ein Produkt, das normalerweise zum Sortiment eines Einzelhändlers gehört, ausverkauft wird und daher vorübergehend nicht angeboten werden kann. Kommt es zu einem *stock-out* entstehen Kosten für den Einzelhändler in Form von Umsatzrückgängen. Es entsteht aber auch die Gefahr, dass Kunden das fehlende Produkt bei der Konkurrenz (z. B. eine andere Einzelhandelskette) suchen und finden, und womöglich insgesamt zu der Konkurrenz wechseln. Wie Gaur und Park (2007, S. 227) feststellen: *„in practice, customers do react substantially and negatively to poor service (e.g., stock-outs), which may lead them to switch retailers on subsequent trips"*. Diese Gefahr ist besonders groß bei verderblichen Grundnahrungsmitteln wie z. B. Frischmilch, die Haushalte nicht in großen Mengen lagern können, und die sie daher unbedingt vorfinden möchten, wenn sie Einkäufe tätigen.

Um die Gefahr eines stock-outs zu reduzieren, könnten Einzelhändler daher insbesondere bei verderblichen Produkten dazu neigen, ihre Verkaufspreise nur langsam reduzieren, wenn ihre Einkaufspreise fallen, um die Nachfrage nicht zu sehr anzuheizen. Steigen dagegen die Einkaufspreise, werden Einzelhändler diese Kostensteigerung schneller an ihre Kunden weiterreichen. Diese Asymmetrie wird nicht vorkommen oder geringer ausgeprägt sein bei Produkten, die einfacher und günstiger zu lagern sind.[23]

Schließlich kann eine mögliche Erklärung für asymmetrische Preisanpassungen aus den oben dargestellten Ergebnissen des Modells von Gardner abgeleitet werden. In Abschn. 9.3.3 wurde erläutert, dass die Elastizität der vertikalen Preistransmission höher ist, wenn die Preisanpassungen von einer Veränderung des Preises des Konsumprodukts x ausgelöst wurden anstatt von einer Veränderung des Preises des landwirtschaftlichen Rohprodukts a ($E_{P_x,\underline{P_a}} < E_{\underline{P_x},P_a}$). Werden im Verlaufe eines Untersuchungszeitraums Preissenkungen überwiegend durch Schocks auf dem Markt für a ausgelöst, während

[23]Slonim und Gabarino (2009) entwickeln ein formales Modell, in der die Stärke der entstehenden Asymmetrie der vertikalen Preisanpassung unter anderem von der Lagerfähigkeit/Verderblichkeit des Produkts abhängt.

Preissteigerungen überwiegend als Folge von Schocks auf dem Markt für x entstehen, so kann es auch unter Bedingungen des vollständigen Wettbewerbs zu Asymmetrie vom Typ *rockets and feathers* kommen.

9.6.2 Muss Marktmacht unbedingt zu Asymmetrie vom Typ *rockets and feathers* führen?

Zunächst ist vorstellbar, dass Unternehmen, die Oligopolmacht ausüben können, Absprachen treffen, die zu asymmetrischen vertikalen Preisanpassungen vom Typ *rockets and feathers* führen. Natürlich könnten solche Unternehmen einfach absprechen, ihre Verkaufspreise permanent anzuheben, um somit ihre Margen dauerhaft zu erhöhen. Wenn sie jedoch befürchten, dass ein solches Verhalten den Wettbewerbsbehörden schnell auffallen könnte, so könnten sie *rocket and feathers*-Verhalten eventuell als subtilere und weniger auffällige Möglichkeit betrachten, ihre Marktmacht in Gewinne zu verwandeln.

Allerdings ist Kollusion mit dem Ziel der Preismanipulation nicht das einzige Verhalten, das auf konzentrierten Märkten entstehen kann. Stellen wir uns z. B. ein Oligopol vor, das aus einem finanzstarken Unternehmen besteht, welches auf umfangreiche Reserven zurückgreifen kann, sowie aus einigen weiteren Unternehmen, die in finanziell schwächeren Lagen und zum Teil hoch verschuldet sind. In einer solchen Situation könnte das finanzstarke Unternehmen eventuell bereit sein, kurzfristig auf Gewinne zu verzichten, um einige Konkurrenten vom Markt zu verdrängen und so seinen Marktanteil mittel- bzw. langfristig auszubauen. Verfolgt das Unternehmen eine solche Strategie, so wird es sich voraussichtlich nicht auf Absprachen einlassen, die die Umsetzung einer asymmetrischen Preisanpassung vom Typ *rockets and feathers* zum Ziel haben. Denn *rockets and feathers*-Verhalten hat das Ziel, die durchschnittlichen Margen im Zeitablauf auszudehnen, was den Druck auf die finanzschwächere Konkurrenz reduzieren würde. Stattdessen könnte das finanzstarke Unternehmen versuchen, eine genau umgekehrte Asymmetrie umzusetzen. Demnach würde dieses Unternehmen, wenn die Erzeugerpreise fallen und die Margen der Unternehmen entsprechend vergrößert werden, seine Verkaufspreise sofort reduzieren, um den wirtschaftlichen Druck auf seine Konkurrenten aufrechtzuerhalten. Steigen die Erzeugerpreise, was die Margen in der Branche reduziert, könnte das Unternehmen seine Verkaufspreise unverändert lassen und Verluste vorübergehend in Kauf nehmen in der Erwartung, dass einige Konkurrenten hierdurch in so starke finanzielle Schieflage geraten, dass sie ausscheiden müssen. Das Ergebnis wäre genau das Gegenteil von *rockets and feathers*.

Als Fazit kann festgehalten werden, dass asymmetrische Preisanpassungen nicht unbedingt auf die Ausübung von Marktmacht hinweisen, und dass Marktmacht nicht unbedingt zu Asymmetrie vom Typ *rockets and feathers* führen muss. Das folgenden Fallbeispiel beschreibt eine Studie, die entsprechende Ergebnisse für den Milchmarkt in Deutschland präsentiert.

Fallbeispiel 6: Preistransmission und Marktmacht auf dem Milchmarkt in Deutschland

Loy et al. (2016) analysieren einen umfangreichen Datensatz von wöchentlichen Preisdaten von 90 verschiedenen Marken von Milch (Ein Liter Packung mit 3,5 % Fettgehalt) in 327 Geschäften im Zeitraum von 2005 bis 2008. Der Verkaufspreis im Handel wird ganz wesentlich vom Einkaufspreis (also dem Milchpreis der Molkereien) bestimmt. Die Autoren untersuchen, inwieweit ein Zusammenhang zwischen einer unterschiedlichen Anpassung der Milchpreise im Einzelhandel (in den 327 Geschäften) auf den Milchpreis der Molkereien und verschiedenen Kennzahlen der Marktmacht (und anderen Strukturmerkmalen eines Marktes) besteht.

In einer ersten Stufe wird für jedes Produkt (eine Milchmarke in einem Geschäft wird im Folgenden als „Produkt" bezeichnet) ein FKM geschätzt. Dabei werden sowohl symmetrische (α) als auch asymmetrische Anpassungsparameter (α^+ und α^-) geschätzt (s. Fallbeispiel 5). Diese geben an, wie schnell die Preise auf Abweichungen vom langfristigen Gleichgewicht reagieren, und ob diese Preisreaktionen bei Preissteigerungen und Preissenkungen symmetrisch sind. In einem zweiten Schritt werden die in der ersten Stufe des Modells geschätzten Anpassungsparameter als endogene Variable in Querschnittsregressionen verwendet. Anhand dieser Querschnittsregressionen möchten die Autoren prüfen, ob es eine systematische Beziehung zwischen der Geschwindigkeit der vertikalen Preisanpassung oder dem Ausmaß der geschätzten Asymmetrie einerseits und Kennzahlen der Marktmacht und anderen Merkmalen der Milchmärkte andererseits gibt.

Dabei beobachten die Autoren eine negative Korrelation zwischen einem Maß der Marktmacht der Händler (Preis-Kosten-Marge) und der Geschwindigkeit der Preisanpassung. D. h. mit zunehmender Marktmacht wird die Anpassung der Preise im Handel bei einer Änderung der Preise der Molkereien langsamer. Die Autoren finden zudem klare Hinweise auf asymmetrische Preisanpassungen vom Typ *rockets and feathers*. Sie stellen jedoch fest, dass das Ausmaß dieser Asymmetrie mit zunehmender Marktmacht abnimmt. Dieses Ergebnis widerspricht der gängigen Hypothese, wonach Asymmetrie vom Typ *rockets and feathers* eine Folge der Ausübung von Marktmacht darstelle. Schließlich stellen die Autoren fest, dass die Preisanpassungsasymmetrie bei Frischmilch signifikant stärker ausgeprägt ist als bei haltbarer Milch. Sie interpretieren dieses Ergebnis als möglicher Hinweis auf die Bedeutung von *stock-out*-Kosten als Ursache von asymmetrischer vertikale Preistransmission. ◀

9.7 Folgen für die Agrar- und Ernährungspolitik

Wie in der Einleitung dieses Kapitels angemerkt wurde, wird die vertikale Preisbildung kontrovers diskutiert. Nicht selten werden politische Eingriffe wie Mindestpreise für Landwirte, Verbote des Verkaufs von Lebensmitteln unter Herstellungskosten und

Einschränkungen der Marktmacht von Verarbeitungs- und Einzelhandelsunternehmen gefordert. Welche Schlussfolgerungen für die Agrar- und Ernährungspolitik können im Lichte der in diesem Kapitel dargestellten ökonomischen Konzepte und Modelle gezogen werden?

Wettbewerbspolitik
Zunächst wurde oben erläutert, dass die Auswirkungen der Marktmacht auf vertikale Preisanpassungsprozesse komplex sind. Die Ausübung von Marktmacht kann Elastizitäten der vertikalen Preistransmission erhöhen aber auch reduzieren. Sie kann zu asymmetrische Preisanpassungen führen, diese können jedoch auch andere Ursache haben. Die empirische Analyse von Preisen auf unterschiedlichen Ebenen der Lebensmittelkette, z. B. mittels Fehlerkorrekturmodellen, kann wichtige Einblicke in Preisanpassungsprozesse gewähren, aber nur bedingt Hinweise auf das Vorhandensein und die Ausübung von Marktmacht generieren. Eine wirksame Wettbewerbspolitik muss daher, wie in Kap. 7 ausführlich erläutert, auch auf andere Analyseverfahren und Instrumente zurückgreifen. In diesem Kapitel wurden vertikale Preisbeziehungen in der Lebensmittelkette analysiert. Marktteilnehmer verhandeln jedoch nicht nur über Preise, sondern auch über andere Vertragskonditionen wie z. B. Liefer- bzw. Absatzgarantien, Liefertermine sowie Zu- und Abschläge für bestimmte Qualitätsmerkmale. Auch aus diesem Grund können Analysen, die ausschließlich auf Basis von Preisdaten durchgeführt werden, nur eine Zutat in umfassenden Untersuchungen zur Existenz und zu Folgen von Marktmacht darstellen.

Die Lebensmittelverarbeitung und der Lebemsmitteleinzelhandel in Deutschland sind durch hohe Konzentration gekennzeichnet. Konzentration bedeutet nicht automatisch, dass Marktmacht ausgeübt wird. Allerdings hat das Bundeskartellamt in den letzten Jahrzenten viele Branchen der Lebensmittelverarbeitung und auch den Lebensmitteleinzelhandel untersucht, und Verfahren nicht selten mit der Verhängung von Bußgeldern abgeschlossen. Es deutet demnach einiges auf die Existenz von Wettbewerbsverzerrungen in der Lebensmittelkette in Deutschland hin, die auch Folgen für vertikale Preiszusammenhänge (die Höhe der Marge, die Geschwindigkeit und Symmetrie von Preisanpassungen) haben könnten. Dies unterstreicht die Bedeutung einer mit angemessenen Instrumenten und ausreichend Ressourcen ausgestatteten Wettbewerbspolitik.

Mindestpreise und andere Eingriffe in die Preisbildung
Wie in Abschn. 9.2 erläutert wurde gibt es nachvollziehbare Gründe für die Ausdehnung der Marktspanne bei Lebensmitteln im Zeitablauf, die in technologischen Entwicklungen, allgemeine Einkommenssteigerungen und Präferenzänderungen der Haushalte liegen. Die Ausdehnung der Marktspanne liefert daher an sich zunächst keine Begründung für staatliche Eingriffe.

In vielen Diskussionen wird argumentiert, dass die Lebensmittelpreise in Deutschland zu niedrig sind und dass die Politik korrigierend in die Preisbildung eingreifen sollte.

Aussagen wie die des Präsidenten des Deutschen Bauernverbandes Rukwied („Lebensmittel dürfen nicht zu Schnäppchenpreisen verramscht werden" (DBV, 2020)) stoßen in der Bevölkerung auf Zustimmung; in einer im Februar 2020 durchgeführten Umfrage (Heinrich, 2020) befürworteten 73 % der Befragten ein Verbot des Verkaufs von Lebensmitteln zu Preisen, die unterhalb der Herstellungskosten liegen.

Die Umsetzung eines solchen Verbots wäre allerdings mit erheblichen Schwierigkeiten und Nebeneffekten verbunden. Zum einen verkennen Hinweise auf „die" Herstellungskosten, dass die Landwirtschaft heterogen ist. Die Herstellungskosten eines Liters Milch oder einer Tonne Weizen variieren zum Teil erheblich, sowohl regional als auch von Betrieb zu Betrieb. Würden durchschnittliche Herstellungskosten als Mindestpreis im Lebensmitteleinzelhandel herangezogen werden, so würden Lebensmittel weiterhin zu Preisen verkauft werden, die unterhalb der Herstellungskosten der Betriebe liegen, die zu überdurchschnittlichen Kosten produzieren. Wenn stattdessen die Herstellungskosten des Grenzanbieters zur Bestimmung des Mindestpreises herangezogen werden sollten, würden sehr hohe Margen in der Lebensmittelkette entstehen.

Des Weiteren würde die Durchsetzung eines Mindestpreises im Einzelhandel alleine nicht unbedingt zu höheren Preisen oder einem höheren Anteil der Landwirte an den (gestiegenen) Verbraucherausgaben führen. Hierzu müsste der Staat nicht nur die Einzelhandelspreise, sondern die Preisgestaltung entlang der gesamten Lebensmittelkette regulieren. Auf jeden Fall kann nicht davon ausgegangen werden, dass die prozentuale Erhöhung der Erzeugerpreise gleich der prozentualen Erhöhung der Verbraucherpreise wäre. Denn wie oben abgeleitet wurde, wird die entsprechende Elastizität nur unter sehr restriktiven Bedingungen den Wert Eins annehmen.

Zum anderen ist zwar vorstellbar, dass Mindestpreise für vergleichsweise einfache Lebensmittel wie Milch, Eier und Mehl festgelegt werden könnten, aber eine solche Festlegung wäre wesentlich komplizierter für hochverarbeitete Lebensmittel, die aus mehreren Rohprodukten zusammengestellt werden. Um Mindestpreise für Produkte wie Tiefkühlpizzen und Müslimischungen zu definieren, die gewährleisten, dass die (wie auch immer definierten) Herstellungskosten von sämtlichen Zutaten nicht unterschritten werden, müsste der Staat umfangreiche und stets aktuelle Informationen über Preise, Rezepturen und die Kosten von komplementären Sach- und Dienstleistungen verfügen. Es sind große Zweifel angebracht, ob der Staat in der Lage wäre, diese Informationen zu beschaffen und effektiv zu verwenden. In den planwirtschaftlichen Ländern Osteuropas wurde vor 1989 versucht, die Preisen und Margen entlang der gesamten Lebensmittelkette zu kontrollieren; das Ergebnis waren Mangelwirtschaft, eine häufig sehr eingeschränkte Produktvielfalt, und erhebliche Ineffizienzen im System.

Die Rufe nach Mindestpreisen und Dumpingverbote gehen zudem meistens implizit von einem abgeschotteten deutschen Markt aus und berücksichtigen selten Interaktionen mit dem Handel. In einem einheitlichen, offenen EU-Markt ist nicht alles, was unter deutschen Herstellungskosten angeboten werden kann, automatisch mit Dumping gleichzusetzen. Es handelt sich z. B. nicht um Dumping, wenn ein Verarbeitungsunternehmen sowohl vergleichsweise teure Rohstoffe aus Deutschland als auch günstigere

Rohstoffe aus dem EU-Ausland verwendet, und das Endprodukt dann auf Basis einer Mischkalkulation zu einem Preis verkauft, der den Herstellungskosten der in Deutschland erzeugten Rohstoffen nicht vollständig deckt. Ebenso wenig handelt es sich um Dumping, wenn ein Verarbeitungsunternehmen ein Produkt in Deutschland anbietet, das ausschließlich auf Basis von im EU-Ausland erzeugten Rohstoffen produziert wurde, die zu niedrigeren Herstellungskosten als in Deutschland erzeugt wurden.[24]

Liegen Wettbewerbsverzerrungen in der Lebensmittelkette vor, so sollten diese mit den Instrumenten des Wettbewerbsrechts und nicht mit Mindestpreisen bekämpft werden. Unter Umständen können Gesetze und Programme einen Beitrag leisten, die es den Landwirten erleichtern, sich zu koordinieren, um ihre Belange in Verhandlungen mit der lebensmittelverarbeitenden Industrie besser durchzusetzen. Geht es bei den Forderungen nach Mindestpreisen letztlich um die Sorge, dass einige landwirtschaftlichen Betriebe sonst nicht überlebensfähig sind, so hat die Erfahrung in der EU in den 1960er bis 1990er Jahren deutlich gezeigt, dass sich der Strukturwandel auch mit einer sehr umfassenden, hohen und teuren Preisstützung nicht aufhalten lässt.

9.8 Schlagwörter und Begriffe

- Asymmetrische Preisanpassung
- *Convenience*-Produkte
- Elastizität der vertikalen Preistransmission
- *Equilibrium displacement*-Form einer Gleichung
- Fehlerkorrekturmodell
- Kointegrations-Tests
- Komplementäre Sach- und Dienstleistungen
- Marktspanne
- Mengengerüst
- Menükosten
- Preisgerüst
- *Rockets and feathers*
- *Stock-out*-Kosten
- Stückspanne
- Transformationskoeffizient
- *Vector Error Correction Model*
- Verschlechterung der sektoralen Austauschverhältnisse
- Vertikale Preisbildung

[24]Vorausgesetzt natürlich, die importierten Rohstoffe wurden unter Einhaltung der in der EU geltenden und unter der Mitwirkung Deutschlands beschlossenen Qualitätsstandard (Gesundheit, Tierwohl, Umwelt usw.) erzeugt.

9.9 Übungsaufgaben

Fragen

1. Bestimmungsgründe der Marktspanne.
   a) Diskutieren Sie die Auswirkungen zukünftiger technologische Entwicklungen (z. B. die Digitalisierung) und neuer Regulierungen (z. B. Kennzeichnungspflichten für Lebensmittel) auf die Größe der Marktspanne bzw. den Anteil der Landwirtschaft an den Verbraucherausgaben für Lebensmittel.
   b) In den vorhandenen Quellen, die Auskunft über den Anteil der Landwirtschaft an den Verbraucherausgaben für Lebensmittel in Deutschland geben, wird nicht unterschieden zwischen konventioneller und ökologischer Erzeugung. Für welche Produkte wird der Anteil der Landwirtschaft an den Verbraucherausgaben höher liegen? Begründen Sie Ihre Antwort.
2. Folgendes Fehlerkorrekturmodell wurde geschätzt anhand von wöchentlichen Erzeugerpreisen für Schlachtschweine (P^{Erz}) und Großhandelspreise für Schweineteilstücke in Norddeutschland ($P^{Groß}$) im Zeitraum Januar 1990 und Februar 1993 (Standardfehler in Klammern):

$$\Delta lnP_t^{Groß} = \underset{(0{,}045)}{-0{,}100}\big(lnP_{t-1}^{Groß} - \underset{(0{,}047)}{0{,}746} - \underset{(0{,}043)}{0{,}676}lnP_{t-1}^{Erz}\big) + \underset{(0{,}093)}{0{,}006}\Delta lnP_{t-1}^{Groß} + \underset{(0{,}058)}{0{,}249}\Delta lnP_{t-1}^{Erz}$$

$$\Delta lnP_t^{Erz} = \underset{(0{,}086)}{0{,}016}\big(lnP_{t-1}^{Groß} - \underset{(0{,}047)}{0{,}746} - \underset{(0{,}043)}{0{,}676}lnP_{t-1}^{Erz}\big) - \underset{(0{,}172)}{0{,}166}\Delta lnP_{t-1}^{Groß} + \underset{(0{,}110)}{0{,}327}\Delta lnP_{t-1}^{Erz}$$

   a) Wie hoch ist laut Schätzung die Elastizität der Transmission zwischen Erzeuger- und Großhandelspreisen?
   b) Welche der beiden Preise reagiert laut Schätzung auf Abweichungen vom langfristen Gleichgewicht zwischen den Erzeuger- und Großhandelspreisen?
   c) Gehen Sie davon aus, dass die Preise zunächst im Gleichgewicht sind und der Erzeugerpreis 2,00 €/kg beträgt. Ein Ausbruch der Afrikanischen Schweinepest in Polen führt zu einem Anstieg der Erzeugerpreise in Deutschland um 0,25 €/kg. Beschreiben sie die Anpassungspfade der beiden Preise. Nach etwa wie viele Wochen werden die Preise sich wieder im Gleichgewicht befinden?
3. Politische Eingriffe.
   a) Am 4. Juni 2009 verabschiedete das Parlament der Ukraine Gesetz Nr. 1447-VI *"On amendments to certain laws of Ukraine respecting the improvement of state regulation of the agricultural market"*. Eine Klausel des Gesetzes sieht die Begrenzung der Marktspanne in der Lebensmittelkette auf maximal 20 % vor. Diskutieren Sie die Umsetzbarkeit und mögliche Auswirkungen des Gesetzes auf den Agrar- und Lebensmittelsektor in der Ukraine.
   b) Nivievskyi und von Cramon-Taubadel (2011) berichten davon, dass lokale Administrationen in Belarus die Milcherzeuger in ihren jeweiligen Gebieten

zwingen, ihre gesamte Milch an bestimmte lokale Molkereien abzuliefern, auch wenn andere Molkereien z. B. in benachbarten Gebieten höhere Auszahlungspreise für die Milch anbieten. Welche Auswirkungen für die Milcherzeuger aber auch für die Entwicklung des Milchsektors insgesamt würden Sie von einer solchen Regelung erwarten?

Anhang: Die Lösung des Modells von Gardner

Die sechs Ausgangsgleichungen des Modells von Gardner (1975) sind:

$$x = f(a, b) \text{ (Angebot des Konsumprodukts } x\text{)} \tag{9.4}$$

$$x = g(P_x) \text{ (Nachfrage nach dem Konsumprodukt } x\text{)} \tag{9.6}$$

$$a = h(P_a) \text{ (Angebot des landwirtschaftlichen Rohprodukts } a\text{)} \tag{9.7}$$

$$\frac{\partial(f(a, b))}{\partial a} P_x = P_a \text{ (Nachfrage nach dem landwirtschaftlichen Rohprodukt } a\text{)} \tag{9.8}$$

$$b = k(P_b) \text{ (Angebot des nichtlandwirtschaftlichen Inputs } b\text{)} \tag{9.9}$$

$$\frac{\partial(f(a, b))}{\partial b} P_x = P_b \text{ (Nachfrage nach dem nichtlandwirtschaftlichen Input } b\text{)} \tag{9.10}$$

Diese Gleichungen werden in *equilibrium displacement*-Form gestellt, in dem sie total differenziert werden und alle Unbekannten in proportionale Änderungen umgewandelt werden. Für Gl. 9.4 führt das zu folgenden Schritten, wobei eine mit Punkt versehene Variable (z. B. $\dot{x}$) die proportionale Veränderung dieser Variable darstellt ($\dot{x} = {}^{dx}/_{x}$):

$dx = \frac{\partial(f(a,b))}{\partial a} da + \frac{\partial(f(a,b))}{\partial b} db$ (Gl. 9.4 total Differenzieren)

$\frac{dx}{x} = \frac{\partial(f(a,b))}{\partial a} \frac{a}{x} \frac{da}{a} + \frac{\partial(f(a,b))}{\partial b} \frac{b}{x} \frac{db}{b}$ (durch $\frac{1}{x}$ und $\frac{a}{a}$ bzw. $\frac{b}{b}$ ergänzen)

$\frac{dx}{x} = \frac{P_a}{P_x} \frac{a}{x} \frac{da}{a} + \frac{P_b}{P_x} \frac{b}{x} \frac{db}{b}$ (Gl. 9.8 und 9.10 einsetzen)

$\frac{dx}{x} = S_a \frac{da}{a} + S_b \frac{db}{b}$ ($S_i = \frac{iP_i}{xP_x}$, der Kostenanteil des Produktionsfaktors i)

$$\dot{x} = S_a \dot{a} + S_b \dot{b} \; (\frac{dx}{x} = \dot{x}; \; \frac{da}{xa} = \dot{a}; \; \frac{db}{b} = \dot{b}) \tag{9.24‘}$$

Gl. 9.6, 9.7 und 9.9 haben alle die gleiche Form und werden wie folgt linearisiert: $m = l(P_m)$ mit $m = \{x, a, b\}$ und l die entsprechende Funktion g, h, bzw. k

$dm = \frac{\partial(l(P_m))}{\partial P_m} dP_m$ (total differenzieren)

$\frac{dm}{m} = \frac{\partial(l(P_m))}{\partial P_m} \frac{P_m}{m} \frac{dP_m}{P_m}$ (durch $\frac{1}{m}$ und $\frac{P_m}{P_m}$ ergänzen)

$\dot{m} = \varepsilon_{m,P_m} \dot{P}_m$ (mit ε_{m,P_m} die entsprechende Eigenpreiselastizität der Nachfrage nach x bzw. des Angebots nach a oder b)

Diese Ableitungen ergeben daher:

$$\dot{x} = \eta_{x,P_x} \dot{P}_x (\eta_{x,P_x} \text{ ist die Eigenpreiselastizität der Nachfrage nach } x) \quad (9.6‘)$$

$$\dot{a} = \varepsilon_{a,P_a} \dot{P}_a \ (\varepsilon_{a,P_a} \text{ ist die Eigenpreiselastizität des Angebots von } a) \quad (9.7‘)$$

$$\dot{b} = \varepsilon_{b,P_b} \dot{P}_b \ (\varepsilon_{b,P_b} \text{ ist die Eigenpreiselastizität des Angebots von } b) \quad (9.9‘)$$

Die Linearisierung der Gl. 9.8 und 9.10 ist etwas komplizierter, da sie Ableitungen der Grenzprodukte $\frac{\partial(f(a,b))}{\partial a}$ bzw. $\frac{\partial(f(a,b))}{\partial b}$ (d. h. zweite Ableitungen der Produktionsfunktion $x = f(a,b)$) erfordert. Folgende Notation vereinfacht die Präsentation: $\frac{\partial(f(a,b))}{\partial a} = f_a$, und $\frac{\partial(f(a,b))}{\partial b} = f_b$. Gl. 9.8 ist demnach:

$P_a = f_a P_x$

$dP_a = \frac{\partial P_a}{\partial P_x} dP_x + \frac{\partial P_a}{\partial f_a} df_a$ (total differenzieren)

$dP_a = f_a dP_x + P_x df_a$ ($\frac{\partial P_a}{\partial P_x} = f_a$, und $\frac{\partial P_a}{\partial f_a} = P_x$)

$dP_a = f_a dP_x + P_x \left(\frac{\partial f_a}{\partial a} da + \frac{\partial f_a}{\partial b} db \right)$ (df_a auflösen)

$\frac{dP_a}{P_a} = f_a \frac{dP_x}{P_a} + \frac{P_x}{P_a} (f_{aa} da + f_{ab} db)$ (durch $\frac{1}{P_a}$ ergänzen, $\frac{\partial f_a}{\partial a} = f_{aa}$, $\frac{\partial f_a}{\partial b} = f_{ab}$)

$\frac{dP_a}{P_a} = \frac{P_a}{P_x} \frac{dP_x}{P_a} + \frac{P_x}{P_a} (f_{aa} da + f_{ab} db)$ ($f_a = \frac{P_a}{P_x}$ von Gl. 9.8)

An dieser Stelle werden folgende Definitionen der Substitutionselastizität nach Allen (1938, S. 343) verwendet: $\sigma = -\frac{b}{a} \frac{f_a f_b}{x f_{aa}}$ und $\sigma = \frac{f_a f_b}{x f_{ab}}$ bzw. $f_{aa} = -\frac{b}{a} \frac{f_a f_b}{\sigma x}$ und $f_{ab} = \frac{f_a f_b}{\sigma x}$.

$$\dot{P}_a = \frac{P_a}{P_a} \frac{dP_x}{P_x} + \frac{P_x}{P_a} \left(-\frac{b}{a} \frac{f_a f_b}{\sigma x} da + \frac{f_a f_b}{\sigma x} db \right)$$

$\dot{P}_a = \dot{P}_x - \frac{P_x}{P_a} \frac{b}{a} \frac{P_a P_b}{P_x P_x} \frac{1}{\sigma x} da + \frac{P_x}{P_a} \frac{P_a P_b}{P_x P_x} \frac{1}{\sigma x} db$ ($f_a = \frac{P_a}{P_x}$ und $f_b = \frac{P_b}{P_x}$ von Gl. 9.8 bzw. 9.10)

$\dot{P}_a = \dot{P}_x - \frac{P_x}{P_a} \frac{b}{a} \frac{P_a P_b}{P_x P_x} \frac{1}{\sigma x} da + \frac{P_x}{P_a} \frac{P_a P_b}{P_x P_x} \frac{1}{\sigma x} \frac{b}{b} db$ (letzter Term auf der rechten Seite durch $\frac{b}{b}$ ergänzen)

$\dot{P}_a = \dot{P}_x - \frac{bP_b}{xP_x} \frac{1}{\sigma} \frac{da}{a} + \frac{bP_b}{xP_x} \frac{1}{\sigma} \frac{db}{b}$ (vereinfachen)

$$\dot{P}_a = \dot{P}_x - \frac{S_b}{\sigma} \dot{a} + \frac{S_b}{\sigma} \dot{b} \quad \left(\frac{bP_b}{xP_x} = S_b \right) \quad (9.25‘)$$

Analog dazu kann Gl. 9.10 überführt werden in

$$\dot{P}_b = \dot{P}_x + \frac{S_a}{\sigma} \dot{a} - \frac{S_a}{\sigma} \dot{b} \quad (9.10‘)$$

Die sechs Gleichungen des Modells in *equilibrium displacement*-Form sind demnach zusammengefasst:

$$\dot{x} = S_a\dot{a} + S_b\dot{b} \tag{9.4'}$$

$$\dot{x} = \eta_{x,P_x}\dot{P}_x \tag{9.6'}$$

$$\dot{a} = \varepsilon_{a,P_a}\dot{P}_a \tag{9.7'}$$

$$\dot{P}_a = \dot{P}_x - \frac{S_b}{\sigma}\dot{a} + \frac{S_b}{\sigma}\dot{b} \tag{9.8'}$$

$$\dot{b} = \varepsilon_{b,P_b}\dot{P}_b \tag{9.9'}$$

$$\dot{P}_b = \dot{P}_x + \frac{S_a}{\sigma}\dot{a} - \frac{S_a}{\sigma}\dot{b} \tag{9.10'}$$

bzw. in Matrizenform

$$\begin{bmatrix} 1 & 0 & -S_a & 0 & -S_b & 0 \\ 1 & -\eta_{x,P_x} & 0 & 0 & 0 & 0 \\ 0 & 0 & 1 & -\varepsilon_{a,P_a} & 0 & 0 \\ 0 & -1 & S_b/\sigma & 1 & -S_b/\sigma & 0 \\ 0 & 0 & 0 & 0 & 1 & -\varepsilon_{b,P_b} \\ 0 & -1 & -S_a/\sigma & 0 & S_a/\sigma & 1 \end{bmatrix} * \begin{bmatrix} \dot{x} \\ \dot{P}_x \\ \dot{a} \\ \dot{P}_a \\ \dot{b} \\ \dot{P}_b \end{bmatrix} = \begin{bmatrix} 0 \\ 0 \\ 0 \\ 0 \\ 0 \\ 0 \end{bmatrix}$$

Literatur

Ahlers F (2019) Verantwortung bei FRoSTA. Vortrag anlässlich des ttz Zukunftsforums „Wie und was essen wir morgen?“ ttz Bremerhaven, am 12. und 13. Juni, 2019.

Allen RGD (1938) Mathematical Analysis for Economists. Macmillan & Co., London.

Ardeni P (1989) Does the Law of One Price hold for Commodity Prices? American Journal of Agricultural Economics 71: 661–669.

Ball L, Mankiw NG (1994) Asymmetric Price Adjustment and economic Fluctuations. The Economic Journal 104: 247–261.

Belleflamme P, Peitz M (2015) Industrial Organization: Markets and Strategies. Cambridge University Press, Cambridge.

Brümmer B, von Cramon-Taubadel S, Zorya S (2009) The impact of market and policy instability on price transmission between wheat and flour in Ukraine. European Review of Agricultural Economics 36: 203–230.

DBV (Deutscher Bauernverband) (2020): Bauernverband zum Lebensmittelgipfel. Pressemitteilung am 3. Februar 2020. https://www.bauernverband.de/fileadmin/user_upload/dbv/pressemitteilungen/2020/KW_06/2020-027_LEH.pdf. Zugegriffen am 15. August 2020.

Engle RF, Granger CWJ (1987) Co-integration and error-correction: Representation, estimation and testing. Econometrica 55: 251–276.

Frey G, Manera M (2007) Models of Asymmetric Price Transmission. Journal Economic Surveys 21: 349–415.

Gardner BL (1975) The Farm-Retail Price Spread in a Competitive Food Industry. American Journal of Agricultural Economics 57: 399–409.

Gaur V, Park Y-H (2007) Asymmetric consumer learning and inventory competition. Management Science 53: 227–240.

Granger CWJ, Newbold P (1974) Spurious Regressions in Econometrics. Journal of Econometrics 2: 111–120.

Heinrich R (2020) Eine Studie zur politischen Stimmung im Auftrag der ARD-Tagesthemen und der Tageszeitung DIE WELT. https://www.infratest-dimap.de/fileadmin/user_upload/DT2002_Bericht.pdf. Zugegriffen am 18. August 2020.

Hendry DF, Juselius K (2000) Explaining Cointegration Analysis: Part I. The Energy Journal 21: 1–42.

Hendry DF, Juselius K (2001) Explaining Cointegration Analysis: Part II. The Energy Journal 22: 75–120.

Institut für Ernährungswirtschaft (2018) Wert und Kosten der Trinkmilch (Oktober 2018). Institut für Ernährungswirtschaft Kiel e.V. https://www.ife-ev.de/index.php/ife-publikationen/branchenuebersicht-milch. Zugegriffen am 2. August 2020.

Johansen S (1991) Estimation and Hypothesis Testing of Cointegration Vectors in Gaussian Vector Autoregressive Models. Econometrica 59: 1551–1580.

Kinnucan HW, Forker OD (1987) Asymmetry in Farm-Retail Price Transmission for major Dairy Products, American Journal of Agricultural Economics 69: 285–292.

Kinnucan HW und Zhang D (2015) Notes on farm-retail price transmission and marketing margin behavior. Agricultural Economics 46: 729–737.

Koester U (2016) Grundzüge der landwirtschaftlichen Marktlehre. 5. Auflage, Verlag Franz Vahlen, München.

Latifundist.com (2020) Flour production 2019: Ukraine's market leaders. https://latifundist.com/en/novosti/48774-nazvany-top-10-proizvoditelej-muki-v-ukraine-v-2019-g. Zugegriffen am 14. August 2020.

Loy J-P, Glauben T, Weiss CR (2016) Asymmetric Cost Pass-Through? Empirical Evidence on the Role of Market Power, Search and Menu Costs. Journal of Economic Behavior and Organization 123: 184–192.

Meyer J, von Cramon-Taubadel S (2004) Asymmetric Price Transmission. Journal of Agricultural Economics 55: 581–611.

Nivievskyi O, von Cramon-Taubadel S (2011) Dairy Supply Chain in Belarus – Bottlenecks and scope for improvements. Studie für BE Berlin Economics GmbH im Auftrag des Bundesministeriums für Ernährung, Landwirtschaft und Verbraucherschutz.

Rapsomanikis G, Hallam D, Conforti P (2003) Market Integration and Price Transmission in Selected Food and Cash Crop Markets of Developing Countries: Review and Applications. FAO, Rome. https://www.fao.org/3/y5117e/y5117e06.htm. Zugegriffen am 9. August 2020.

Richter E (2017) Viel Wirbel um Nichts: Deutscher Biermarkt hat EU-Urteil verkraftet. EU-Info. Deutschland. https://www.eu-info.de/dpa-europaticker/278212.html. Zugegriffen am 18. August 2020.

Rotemberg J (2010) Altruistic dynamic pricing with customer regret. Scandinavian Journal of Economics 112: 646–672.

Schnepf R (2015) Farm-to-Food Price Dynamics. Congressional Research Service (CRS) Report R40621. Washington DC. www.crs.gov. Zugegriffen am 28. Juli 2020.

Sinabell F (2005) Marktspannen und Erzeugeranteil an den Ausgaben für Nahrungsmittel. Studie des Österreichischen Instituts für Wirtschaftsforschung im Auftrag des Bundesministeriums für Land- und Forstwirtschaft, Umwelt und Wasserwirtschaft. https://www.wifo.ac.at/jart/prj3/wifo/resources/person_dokument/person_dokument.jart?publikationsid=25398&mime_type=application/pdf. Zugegriffen am 28. Juli 2020.

Slonim R, Garbarino E (2009) Similarities and differences between stockpiling and reference effects. Managerial and Decision Economics 30: 351–371.

Thünen Institut (2020) Anteil der Verkaufserlöse der Landwirtschaft an den Verbraucherausgaben für Nahrungsmittel inländischer Herkunft in Deutschland. https://www.thuenen.de/media/institute/ma/Downloads/Tabelle1_Anteilsberechnung_2018.pdf. Zugegriffen am 1. August 2020.

Verbraucherzentrale (2016) Lebensmittelklarheit. Aromastoffe: viele Geschmack, weniger natürliche Zutaten. https://www.lebensmittelklarheit.de/informationen/aromastoffe. Zugegriffen am 26. Juli 2020.

von Cramon-Taubadel S (1998) Estimating asymmetric price transmission with the error correction representation: An application to the German pork market. European Review of Agricultural Economics 25: 1–18.

Weldegebriel HT (2004) Imperfect Price Transmission: Is Market Power Really to Blame? Journal of Agricultural Economics 55: 101–114.

Preisvolatilität auf Agrarmärkten 10

Bernhard Brümmer

Zusammenfassung

Die Volatilität der Preise auf Agrarmärkten hat über lange Jahre kaum Aufmerksamkeit in der EU-Agrarpolitik erfahren, war aber auf der internationalen Ebene schon lange ein bedeutsames Thema. Erst mit den Reformen der EU-Agrarpolitik ab 1992 wurden auch die europäischen Märkte nach und nach in den internationalen Agrarhandel integriert, sodass sich heute auf den wichtigsten Agrarmärkten die internationalen Preisschwankungen auch in den EU-Erzeugerpreisen widerspiegeln. In diesem Kapitel wird zunächst erläutert, wie Agrarpreisvolatilität definiert wird und welche Faktoren die Agrarpreisvolatilität bestimmen. Anschließend werden Modelle und empirische Methoden zur Messung und Analyse der Preisvolatilität auf Agrarmärkten dargestellt. Zum Schluss wird der Handlungsbedarf, der sich aus Agrarpreisvolatilität für Erzeuger und Agrarpolitiker ergibt, diskutiert.

In memoriam Dr. Stefan Busse (†2020)

B. Brümmer (✉)
Department für Agrarökonomie und Rurale Entwicklung,
Universität Göttingen, Göttingen, Deutschland
E-Mail: bbruemm@gwdg.de

U. Koester und S. von Cramon-Taubadel (Hrsg.), *Agrarpreisbildung*,
https://doi.org/10.1007/978-3-658-33211-2_10

10.1 Einleitung und Lernziele

Die Volatilität der Preise auf Agrarmärkten hat über lange Jahre kaum Aufmerksamkeit in der EU-Agrarpolitik erfahren. Erst seit etwa zwei Jahrzehnten erhält dieses Thema auch in der EU wieder Aufmerksamkeit. Auf der internationalen Ebene hingegen war die Auseinandersetzung mit Preisvolatilität schon lange ein bedeutsames Thema, vor allem aus entwicklungspolitischer Perspektive. Bereits in den 1970er Jahren kam es zu erheblichen Preisschwankungen auf den meisten Rohstoffmärkten, die zum Teil in Verbindung mit der ersten Ölpreiskrise des Herbstes 1973 standen, zum anderen Teil aber auch auf den jeweiligen Marktbedingungen[1] basierten.

Ein bedeutender Faktor für die erneute Auseinandersetzung mit **Agrarpreisvolatilität** war sicherlich die sog. Agrarpreiskrise der Jahre 2007 und 2008, als die Preise für die wichtigsten Getreidearten (Weizen, Mais und Reis) zunächst schlagartig anstiegen, um dann innerhalb relativ kurzer Zeit wieder drastisch nachzulassen. Im Nachgang dieser Preisentwicklung wurde die Volatilität der Nahrungsmittelpreise dann gar auf Ebene der G20 zum Thema, was in 2011 sogar zu einem Aktionsplan zum Umgang mit Agrarpreisvolatilität führte.

Die Tatsache, dass die Preisspitze in 2007/08 zum Wiederaufflackern des Interesses an Preisvolatilität in Politik und Wissenschaft führte, deutet bereits auf eine häufig zu beobachtende Verquickung von Preisniveau und Preisvolatilität hin. Auch manche der Maßnahmen, die vordergründig zur Bekämpfung der Preisvolatilität ins Feld geführt werden, zielen tatsächlich eher auf eine Beeinflussung des Preisniveaus ab, wenn beispielsweise im Umfeld niedriger Preise eine Marktstützung gefordert wird.

Für Entscheidungsträger in den landwirtschaftlichen Wertschöpfungsketten, von den Landwirten über die Akteure in den vor- und nachgelagerten Sektoren bis hin zum Verbraucher, und für die Träger der Agrarpolitik ist eine empirische Kenntnis der Volatilitätsprozesse wichtige Voraussetzung für angemessene Reaktionen auf Agrarpreisvolatilität.

In diesem Kapitel soll gezeigt werden:

Übersicht

- wie der Begriff Agrarpreisvolatilität konzeptionell definiert und interpretiert werden kann,
- welche theoretischen Bestimmungsgründe der Preisvolatilität auf Agrarmärkten von besonderer Bedeutung sind,

[1]Besonders hervorzuheben sind hier die Entwicklungen auf dem Weizenmarkt – dort kam es zu einer besonders intransparenten Marktlage beim damals bedeutsamen Export von US-Weizen in die Sowjetunion, die auch unter dem Namen *The Great Grain Robbery* bekannt wurde.

- mit welchen Modellen und empirischen Methoden Ökonomen die Preisvolatilität auf Agrar- und Lebensmittelmärkten analysieren,
- welcher Handlungsbedarf sich aus Agrarpreisvolatilität für Erzeuger, entlang der Wertschöpfungskette und aus Sicht der Agrarpolitik ergibt.

10.2 Konzeptionelle Vorüberlegungen

Das Konzept der Preisvolatilität ist in der Literatur zu Finanzmärkten in der Mitte des vorherigen Jahrhunderts entwickelt worden, wenn auch die Auseinandersetzung mit schwankenden Preisen schon ein Thema der frühen nationalökonomischen Schriften war. So setzte sich bereits Adam Smith 1789 mit der Rolle des Handels für die Stabilität der Getreidepreise auseinander und gelangte zum Ergebnis, dass der freie Handel mit Getreide eine stabilere Versorgung bei wenig schwankenden Preisen ermöglichte (Smith 1793). Ein wichtiger Unterschied, der sich erst in der jüngeren Literatur abzeichnete, lag aber in der feineren Unterteilung von Preisschwankungen, die auf vielerlei Ursachen zurückgehen können, in einen Anteil, der im Wesentlichen von Marktteilnehmern erwartet werden kann, und einen Anteil, der für die Marktteilnehmer unerwartet ist. Nur dieser letzte Anteil wird in der modernen Auffassung als Preisvolatilität begriffen. Es bietet sich daher folgende Definition auf der Konzeptebene an:

- **Preisvolatilität** ist ein Maß für von den Marktteilnehmern nicht vorhersehbare Abweichungen der Marktpreise vom erwarteten Preisniveau. Sie spiegelt daher den unerwarteten Anteil der gesamten Preisschwankungen wider.

Ausgehend von dieser Definition lassen sich anhand von Preisdaten verschiedene Konzepte zur empirischen Schätzung von Agrarpreisvolatilität entwickeln. Hierzu ist eine statistische Definition für das Volatilitätsmaß notwendig. Da man mit der Volatilität die unerwarteten Schwankungen vom Preisniveau gesondert betrachten und auch zunächst die Richtung der Preisschwankungen außer Acht lassen möchte, bietet sich eine statistische Maßzahl an, die auf den zweiten Momenten der Preisverteilung beruht. Im Allgemeinen wird dazu für eine Preisreihe $p_t = \{p_1, p_2, \ldots, p_n\}$ die Standardabweichung der ersten Differenzen der logarithmierten Preisreihen verwendet:

$$\text{Volatilität} = \sqrt{\frac{\sum_{t=1}^{n} \left(\Delta lnp_t - \overline{\Delta lnp_t}\right)^2}{n-1}} \tag{10.1}$$

mit $\Delta \ln p_t = \ln p_t - \ln p_{t-1}$ und $\overline{\Delta lnp_t} = \sum_{t=1}^{n} \frac{\Delta lnp_t}{n}$. Da $\Delta \ln p_t$ auch als relative Veränderung der Preise von Periode $t-1$ nach t (der sog. **Return**) aufgefasst werden kann, ergibt sich die Maßeinheit der so definierten Volatilität zu Prozent. Diese Definition beinhaltet bereits eine simple Zerlegung der Preisänderungen in einen erwarteten Bestandteil (Mittelwert der Returns, $\overline{\Delta lnp_t}$) und einen unerwarteten Anteil (Schwankungen um diesen Mittelwert).

Was ist nun genau gemeint, wenn eine so definierte Volatilität mit beispielsweise 2 % angegeben wird? Diese Frage stellt, wie Goldstein und Taleb (2007) gezeigt haben, sowohl erfahrene Banker als auch Studierende vor Herausforderungen. Offensichtlich hängt die Interpretation von der Wahrscheinlichkeitsverteilung ab, die für die Returns angenommen werden kann. Bei einer Normalverteilung gilt näherungsweise, dass gut zwei Drittel der Realisationen der Returns in einem Intervall von plus/minus einer Standardabweichung um den Mittelwert liegen sollten. Bei einer Studentschen t-Verteilung mit drei Freiheitsgraden sind dies hingegen nur noch etwa 60 %. Nicht zulässig ist hingegen die Interpretation der Volatilität als durchschnittliche absolute Änderung, auch wenn dies vielen Marktteilnehmern intuitiv naheliegender erscheint (Goldstein und Taleb 2007).

Aus der Definition der Preisvolatilität ergibt sich auch, dass Preisniveau und Preisvolatilität als getrennte Konzepte zu behandeln sind. Auf Agrarmärkten ergibt sich allerdings häufig aufgrund bestimmter Charakteristika dieser Märkte vor allem durch die Rolle der Lagerfähigkeit ein Muster, in dem das Auftreten von volatilen Preisen typischerweise mit einem überdurchschnittlich hohen Preisniveau einhergeht. Dies steht im Gegensatz zu vielen Finanzmärkten, auf denen das Auftreten von erhöhter Preisvolatilität eher bei unterdurchschnittlicher Preishöhe zu beobachten ist. Dieser Zusammenhang soll im Folgenden näher beleuchtet werden.

10.3 Theoretische Grundlagen

Warum treten auf den Märkten für lagerfähige Agrarprodukte unerwartete Preisschwankungen vor allem auf, wenn die Preise überdurchschnittlich hoch sind? Ein einfacher Erklärungsansatz beruht auf der dämpfenden Rolle der Lagernachfrage in Verbindung mit der Tatsache, dass negative Lagerbestände (d. h. die Einlagerung einer noch nicht eingefahrenen Ernte) per Konstruktion nicht möglich sind. Die Darstellung des Modells in Abb. 10.1 folgt Wright (2011)[2], der die Gesamtnachfrage nach einem lagerfähigen Produkt (z. B. Weizen) nach zwei Bestandteilen unterscheidet. Die Marktnachfrage, die den laufenden Verbrauch des Guts widerspiegelt, weist einen relativ steilen Verlauf auf. In Abb. 10.1 ist sie in blauer Farbe gekennzeichnet. Die Lagernachfrage hat

[2]Die Aufteilung des insgesamt verfügbaren Bestandes eines Gutes in Marktnachfrage und Eigennachfrage, die auch dem Ansatz von Wright zugrunde liegt, lässt sich auf eine lange Tradition in der Volkswirtschaftslehre zurückführen. So wendet Schneider (1949) diese Technik auf die Analyse der Herausbildung des Zinssatzes an. Er verweist dabei auf ein Lehrbuch von Wicksteed (1910), in dem diese Vorgehensweise für die Güternachfrage eingesetzt wird.

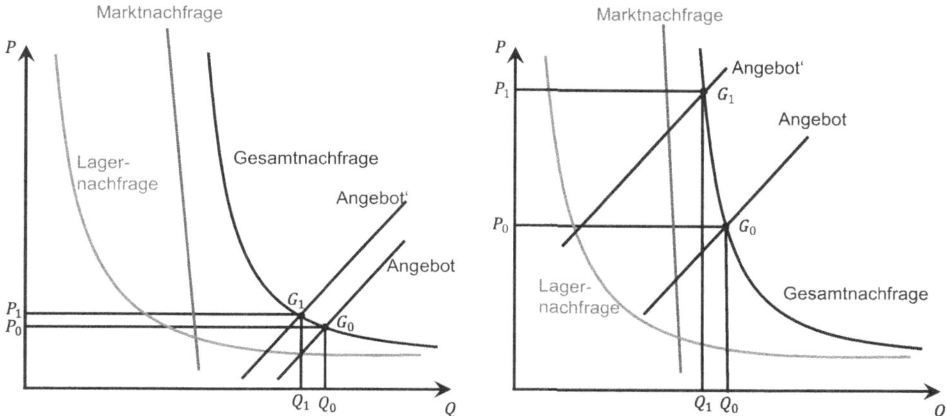

Abb. 10.1 Lagerhaltung, Preishöhe und -volatilität. (Quelle: Wright (2011), eigene Darstellung)

typischerweise einen anderen Verlauf, der sich aus den spekulativen Motiven der Lagerhalter ergibt. Diese werden bei einem Preisniveau, das als relativ gering wahrgenommen wird, relativ viel Ware auf Lager nehmen, in der Erwartung, dass in der Zukunft die Preise wieder höher sein werden, so dass nach Abzug der Lagerkosten eine gewinnbringende Auslagerung möglich ist. Bei bereits als sehr hoch wahrgenommen Preisen werden die potentiellen Lagerhalter die Wahrscheinlichkeit noch weiter steigender Preise jedoch als wesentlich geringer wahrnehmen, so dass sie dann nur vergleichsweise wenig Ware für spekulative Lagerhaltung nachfragen werden. Allerdings werden auch in einer solchen Situation gewisse Mengen eingelagert, so dass eine normale Lagerhaltung, die zur Aufrechterhaltung des Betriebs notwendig ist, weiterhin vorhanden ist. Diese normalen Lagermengen bezeichnet man auch als ***working stocks.*** Insgesamt ergibt sich so ein stetig flacher werdender Verlauf der Lagernachfrage, die in der Abbildung in grauer Farbe eingezeichnet ist.

In Abb. 10.1 ist im linken Panel eine Situation mit gefüllten Lagerbeständen dargestellt, die Gesamtnachfrage ist auf Lager- und Marktnachfrage aufgeteilt. Der Marktpreis P_0 ist relativ niedrig. Das Angebot wird als kurzfristig fix angesehen, die erwartete Produktion wird durch Q_0 angegeben. Im rechten Panel hingegen liegt ein deutlich geringeres erwartetes Angebot vor, so dass beim erwarteten Marktpreis von P_0 die Lagernachfrage nur einen geringen Anteil an der Gesamtnachfrage ausmacht – die Lagermenge entspricht nur noch der Menge, die als *working stocks* für den reibungslosen Betrieb angesehen wird, und Lagerhaltung aus spekulativen Gründen findet kaum mehr statt.

Wie wirkt nun ein unerwarteter Schock auf die Preisbildung in diesen unterschiedlichen Szenarien? Als Beispiel kann eine geringer als erwartet ausfallende Erntemenge aufgrund von widrigen Erntebedingungen dienen. Bei gut gefüllten Lagerbeständen und niedrigen Preisen (linkes Panel) zeigt sich, dass die Preise kaum reagieren. Der Mengenausfall wird durch die spekulative Lagerhaltung, die im Gleichgewicht sehr preiselastisch ist, fast vollständig kompensiert. Die Preisvolatilität ist entsprechend gering. Bei höheren Preisen (rechtes Panel) findet sich hingegen eine deutlich stärkere Preisreaktion. Da die Lagerbestände bereits auf das Niveau der *working stocks* gefallen sind, entfällt die kompensierende Wirkung der spekulativ motivierten Lagernachfrage, sodass sich der Mengenausfall deutlich stärker in gestiegenen Preisen niederschlägt. Die Preisvolatilität ist entsprechend hoch.

Daraus ergibt sich das bereits oben angedeutete Muster der Agrarpreisvolatilität auf Märkten für lagerfähige Produkte: Bei hohen Preisen, die typischerweise mit niedrigen Lagerbeständen einhergehen, ist eine eher höhere Preisvolatilität zu erwarten, während bei niedrigen Preisen und den damit assoziierten hohen Lagerbeständen eine niedrigere Volatilität vorherrschen sollte.

Es ist aus Abb. 10.1 auch ersichtlich, dass das Ausmaß des Schocks, im Beispiel also des Ernteausfalls, die Preisschwankungen verursacht. Gerade auf Agrarmärkten spielt daher auch die Größe des Marktes eine erhebliche Rolle für die Anfälligkeit gegen unerwartete Preisschwankungen. Gehen wir zunächst von zwei identischen Ländern aus, die sich in einer Autarkiesituation befinden. Schwankungen in der Erntemenge werden dann in beiden Ländern zu höheren Preisen führen, aufgrund der als identisch angenommenen Nachfragekurven geschieht dies im gleichen Maße. Wenn beide Länder nun in freien Handel miteinander treten und wir Transport- und Transaktionskosten vernachlässigen, werden diese Schwankungen in den Erntemengen im integrierten Handelsraum meist kleiner ausfallen als in den vorher getrennten Märkten, da sie in der Regel nicht vollständig untereinander korreliert sind. Daraus erklärt sich die größere Preisstabilität auf regional integrierten Märkten gegenüber national isolierten Märkten. Mit Blick auf die Stabilität des Konsums wurden diese Vorteile der regionalen Integration von Koester (1986) herausgearbeitet.

Wie wirken sich nun Phasen gesteigerter Preisvolatilität auf die Akteure auf den Agrar- und Lebensmittelmärkten aus? Für Landwirte stellt Preisvolatilität zunächst ein Problem des **einzelbetrieblichen Risikomanagements** dar. Volatile Agrarpreise stellen eine Quelle substantieller Unsicherheit für die Erlöse von landwirtschaftlichen Betrieben dar, die sich meist umso stärker auswirken, je höher spezialisiert ein Betrieb auf eine bestimmte Produktionsrichtung ist. Aber selbst bei stabilen Produktpreisen können unerwartete Preisänderungen auf den Märkten für landwirtschaftliche Produktionsfaktoren zu stark schwankenden Produktionskosten führen, sodass zumindest temporär die Gewinn- oder gar die Produktionsschwelle nicht mehr erreicht wird. Aus Sicht der Landwirte kann somit gesteigerte Preisvolatilität die **Rentabilität** gefährden. Auch die **Stabilität** und die **Liquidität** werden offensichtlich durch Preisvolatilität negativ beeinflusst. Bei stark schwankenden Input- und Outputpreisen variieren die Gewinne stärker und zur Sicherstellung der Zahlungsfähigkeit wird zu jedem Zeitpunkt ein höheres Liquiditätspolster als bei stabilen Preisen notwendig. Für Unternehmen der vor- und nachgelagerten Wirtschaftsbereiche ergeben sich grundsätzlich ähnliche Herausforderungen. Bei wenig diversifizierten Unternehmen, die sehr stark mit der

Landwirtschaft verflochten sind (z. B. Molkereien), können die Auswirkungen relativ stärker ausfallen, vor allem, wenn nur eine sehr geringe Eigenkapitalausstattung vorliegt.

Aus gesamtwirtschaftlicher Sicht ergeben sich ebenfalls negative Auswirkungen von exzessiver Preisvolatilität, wie eine komparativ-statische Analyse der Wohlfahrtsänderungen im Vergleich von stabilen und schwankenden Preisen aufzeigt. Bereits Sandmo (1971) zeigt auf, dass risikoaverse Anbieter auf eine volatilere Preisverteilung mit einer geringeren Angebotsmenge als im Fall deterministischer Preise reagieren. Weiter dämpft Volatilität die Investitionsneigung, weil die zukünftigen Zahlungsströme unsicherer werden, bis hin zum Totalausfall einer Investition. Dies verstärkt die bereits bei statischer Betrachtung vorhandene dämpfende Wirkung auf das Angebot.

Auch auf Verbraucherseite zeigen sich negative Wirkungen. Zunächst zeigt eine direkte Betrachtung der Veränderung in der Konsumentenrente in einem Zwei-Periodenmodell, dass die Verbraucher im Szenario mit konstanten Preisen schlechter gestellt sind als im Szenario mit symmetrisch schwankenden Preisen (Waugh 1944)[3]. Samuelson (1972) zeigt jedoch auf, dass sich die Situation bei der Betrachtung von schwankenden Preisen, wie sie sich bei der Verteilung einer konstanten Erntemenge über die Zeit einstellen würden, umkehrt und auch die Verbraucher eine Nutzenminderung durch instabilere Preise erfahren.

Damit fällt exzessive Preisvolatilität in die Kategorie des relativen Marktversagens, sodass zumindest theoretisch durch staatliche Eingriffe eine Verbesserung der Wohlfahrt erreicht werden könnte.[4] Allerdings besteht gerade in diesem Bereich auch eine große Gefahr von relativem und absolutem Staatsversagen. Bevor diese Optionen in Abschn. 10.5 ausführlich diskutiert werden, soll aber nun zunächst die Empirie betrachtet werden.

10.4 Empirische Schätzung von Volatilitätsmaßen auf Agrarmärkten

10.4.1 Methoden

Konzeptionelle Vorüberlegungen

Wie bereits im einführenden Teil skizziert, stehen verschiedene Methoden zur Schätzung von Preisvolatilität zur Verfügung. Allen Ansätzen gemeinsam sind allerdings einige konzeptuelle Erwägungen, die hier zunächst erörtert werden sollen. Hierbei wird

[3]Die Konsumentenrente ist eine quadratische Funktion des Preisniveaus. Daher gewinnen Konsumenten mehr, wenn die Preise um einen bestimmten Betrag fallen, als sie verlieren, wenn die Preise um den gleichen Betrag steigen.

[4]Dies gilt bei Annahme einer linearen Nachfragefunktion.

die oben eingeführte Definition von Volatilität als Standardabweichung der relativen unerwarteten Preisänderung zugrunde gelegt. So betonen Andersen et al. (2010, S. 69), dass die Messung dieser so definierten Volatilität die Unterscheidung zwischen *„the component of a given price increment that represents a return innovation as opposed to an expected price movement"* erfordert. Damit wird es notwendig, die Preisschwankungen in erwartete und unerwartete Komponenten zu zerlegen. Wir können also nicht einfach jede beobachtete Preisschwankung als Volatilität einordnen. Vielmehr bedingt die Notwendigkeit der Unterscheidung zwischen unerwarteter und erwarteter Komponente, dass wir Preisvolatilität nie direkt beobachten können, sondern sie anhand eines Modells für die erwarteten Preisänderungen auf Basis von Marktdaten geschätzt werden muss. Diese Modellierung der erwarteten Preisbewegung macht es daher notwendig, dass für die Messung von Preisvolatilität vorab eine Reihe von Entscheidungen getroffen werden muss.

Die Schätzung der statistisch definierten Agrarpreisvolatilität kann entweder auf historischen Daten beruhen oder anhand eines Prognosemodells in die Zukunft gerichtet sein. Auch kann der zugrundeliegende Prozess der Preisbildung entweder auf einem nicht-parametrischen oder einem parametrischen Modell basieren. Bei Letzterem wird in der Regel ein Zeitreihenmodell unterstellt. Alternativ kann aus der aktuellen Bewertung von Finanzderivaten wie Optionsscheinen eine implizite Volatilität abgeleitet werden, die sowohl für die rückwärts- wie auch für die vorwärtsgerichtete Schätzung von Volatilität geeignet ist. In Tab. 10.1 wird ein Überblick über diese Maße gegeben, bevor eine detaillierte Erläuterung dieser einzelnen Aspekte folgt.

Schätzung der erwarteten Preisbewegungen: Eine Modellierung des Preisprozesses ist für die geforderte Unterscheidung zwischen unerwarteten und erwarteten Preisänderungen erforderlich. Dies gilt aus mehreren Gründen auf Agrarmärkten noch in viel stärkerem Maße als auf Finanzmärkten. Erstens handelt es sich im Agrarbereich meist um lagerfähige Güter mit saisonalen Mustern, für die häufig Preisreihen relativ niedriger Frequenz vorliegen. Diese Saisonalität kann sowohl angebotsseitig, z. B. durch Produktionszyklen mit einmaliger Ernte wie bei Getreide oder Eiweißpflanzen, als auch nachfrageseitig, z. B. durch saisonale Nachfragespitzen, wie sie häufig auf Fleischmärkten vorhanden sind (Stichwort Grillsaison), bedingt sein. Zweitens wird in der finanzwirtschaftlichen Literatur häufig angenommen, dass die erwarteten Returns

Tab. 10.1 Überblick über verschiedene Ansätze zur empirischen Messung der Volatilität auf Agrarmärkten

	Parametrisch	Nicht-parametrisch	Bewertungsbasiert
Rückwärtsgerichtet	GARCH Stochastische Volatilität (SV)	Realisierte Volatilität	Implizite Volatilität aus historischen Preisen
Vorwärtsgerichtet	Vorhersagen aus GARCH/SV		Implizite Volatilität aus aktuellen Preisen

Quelle: Eigene Darstellung

gleich null sind, was jedoch im Agrarbereich zumindest kritisch zu hinterfragen ist. Drittens liegen vor allem auf Kassamärkten im Agrarbereich häufig nur solche Preisinformationen vor, die eine Mischform von tatsächlichen Spotpreisen und längerfristigen, kontraktbasierten Handelsgeschäften darstellen, z. B. bei Zucker oder Milch. Hier ist dann das zu einem bestimmten Zeitpunkt beobachtete Preissignal nicht vollständiger Ausdruck der den Marktteilnehmern zur Verfügung stehenden Informationen, sodass eine Berücksichtigung von weiteren Fundamentalfaktoren für die Modellierung der erwarteten Preisbewegung in Betracht gezogen werden sollte.

Vorwärts- oder rückwärts- (historisch) gerichtete Betrachtung: Bei einer vorwärtsgerichteten Perspektive geht es um die Schätzung unter Verwendung der Informationsmenge, die zum Zeitpunkt der Volatilitätsschätzung auch den Marktteilnehmern zur Verfügung gestanden hat. Hier wird also basierend auf einem geschätzten Modell die Volatilität prognostiziert. Auch die erwarteten Preisänderungen werden somit bei dieser Herangehensweise ausschließlich anhand der zum jeweiligen Zeitpunkt vorhandenen Daten modelliert. Bei einer rückwärtsgerichteten Perspektive nutzt man hingegen alle Informationen, die für den gesamten Betrachtungszeitraum zur Verfügung stehen, um die erwarteten Preisänderungen und dann auch die historische Preisvolatilität zu schätzen. Abb. 10.2 stellt schematisch die unterschiedliche Herangehensweise beider Ansätze dar. Oberhalb des zentralen Zeitstrahls ist die vorwärtsgerichtete Perspektive dargestellt, unterhalb die rückwärtsgerichtete Herangehensweise.

Je nach der Zielsetzung, mit der die Schätzung der Preisvolatilität erfolgen soll, bietet sich die vorwärtsgerichtete oder die historische Perspektive als besonders vorteilhaft an. Erstere ist bei einer Volatilitätsanalyse mit Blick auf zukünftige Marktentwicklungen

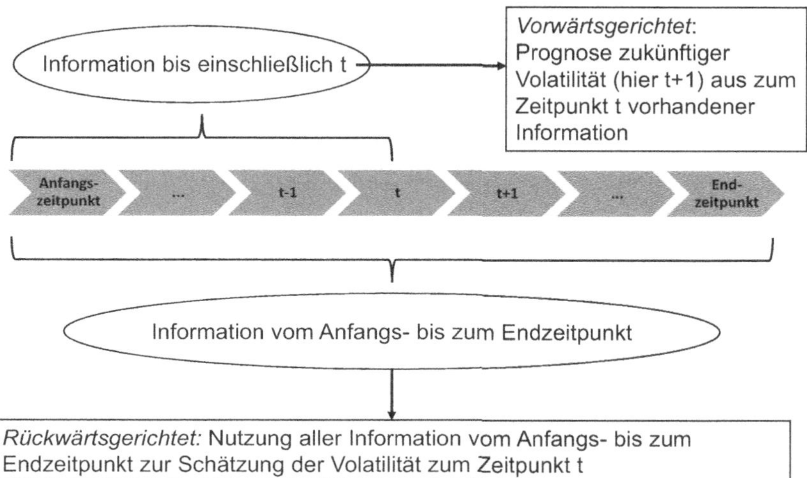

Abb. 10.2 Schematische Darstellung von vorwärts- und rückwärtsgerichteter Volatilitätsmessung anhand eines Zeitstrahls. (Quelle: Eigene Darstellung)

alternativlos. So sind beispielsweise die Volatilitätsindices der Chicago Board Options Exchange für den amerikanischen Aktienmarkt (VIX) oder der Deutschen Börse AG für die im DAX notierten Aktien (VDAX-NEW) bekannte Beispiele für die vorwärtsgerichtete Betrachtung. In beiden Fällen werden die Preisbewegungen für die nächsten 30 Tage anhand eines implizites Volatilitätsmaßes, das auf Optionspreisen basiert, geschätzt. Die historische Untersuchung ist vor allem dann interessant, wenn die Entwicklung der Agrarpreisvolatilität und ihrer Triebkräfte für einen bestimmten Zeitraum im Vordergrund steht, um beispielsweise die Rolle bestimmter Faktoren für sich ändernde Muster der Preisvolatilität zu untersuchen. So gab beispielsweise die obengenannte Agrarpreiskrise 2007/08 Anlass für viele Studien, welche rückblickend die Bestimmungsgründe der damaligen Erhöhung des Preisniveaus und der Preisvolatilität untersuchten, darunter politisch relevante Triebkräfte wie Biotreibstoffe, Spekulation auf Warenterminmärkten oder handelspolitische Markteingriffe (ein Überblick findet sich in Brümmer et al. 2016c).

Zeitskala: Die zeitliche Frequenz der Preisdaten hat einen direkten Einfluss auf die Schätzung. In der Regel wird die Modellierung des Preisprozesses in derselben Frequenz vorgenommen, in der auch alle Daten vorliegen. Stehen beispielsweise Tagesdaten zur Verfügung, so wird die Modellierung der erwarteten Returns auch meist in dieser Frequenz vorgenommen.[5] Von dieser Frequenz des Datensatzes zu unterscheiden ist der zeitliche Horizont des Volatilitätsmaßes, der sich durchaus von der Frequenz im Datensatz unterscheiden kann oder sich per Konstruktion des Schätzverfahrens unterscheiden muss. Schließlich ist auch bei der Interpretation der geschätzten Volatilität die zeitliche Bezugsgröße festzulegen. Häufig findet sich in der Literatur die annualisierte Volatilität; wenn der Zeithorizont des geschätzten Volatilitätsmaßes beispielsweise börsentäglich (bei 256 Börsentagen im Jahr) ist, ist eine Multiplikation mit dem Faktor $16 = \sqrt{256}$ notwendig, um zur annualisierten Volatilität zu gelangen. Es ist also die Quadratwurzel der Zahl der Datenpunkte pro Jahr mit der geschätzten Volatilität zu multiplizieren.

Schätzmethodik

Verschiedene Schätzmethoden stehen zur Verfügung, die sich zunächst danach unterscheiden lassen, ob direkte Preisnotierungen für das Agrargut, dessen Volatilität bestimmt werden soll, genutzt werden, oder ob es für dieses Produkt Finanzderivate, z. B. Optionen, gibt, die auf hinreichend liquiden Märkten gehandelt werden. Im letzteren Fall kommt in den Optionspreisen indirekt die Erwartung der Marktteilnehmer über die aktuelle Volatilität zum Ausdruck, so dass die beobachteten Preise für die Finanzderivate genutzt werden können, um die so genannte **implizite Volatilität** zu schätzen. Dazu muss ein Modell für die Bewertung der Volatilität durch die Marktteilnehmer unterstellt

[5]Es gibt allerdings Ansätze, die hiervon abweichen, wie z. B. mixed data sampling, MIDAS (Engle et al. 2013). Für eine Anwendung im Agrarbereich siehe Brümmer et al. (2016a).

werden. Der wohl bekannteste Ansatz basiert auf der Black–Scholes-Gleichung[6] zur Bewertung von Optionen (Black und Scholes 1973). Das Modell beschreibt ursprünglich, wie bei bekannter Ausgestaltung einer Option in Bezug auf Laufzeit und Basispreis, bei gegebener Bewertung des Basiswerts, bei bekanntem risikofreiem Zinssatz und bei gegebener Volatilität die faire Bewertung für eine Option ermittelt werden kann. Bei der impliziten Volatilität wird hingegen die beobachtete Bewertung einer Option am Markt als gegeben genommen und ermittelt, bei welcher Volatilität diese Bewertung als fair anzusehen ist; der so ermittelte Wert der Volatilität wird dann als Schätzung der impliziten Volatilität genutzt. Auf Agrarmärkten ist diese implizite Volatilität nicht besonders häufig, da gerade im europäischen Kontext nicht immer liquide Warenterminmärkte und die zugehörigen Optionen vorhanden sind (vgl. Kap. 11, 5).

Wenn also nur Preise der Agrargüter, deren Volatilität ermittelt werden soll, zur Verfügung stehen, können implizite Volatilitäten nicht ermittelt werden. Die Volatilität muss dann direkt aus den beobachteten Güterpreisen geschätzt werden. Dies kann entweder über **parametrische oder nichtparametrische Ansätze** geschehen. Die Grundidee der nichtparametrischen Modelle ist intuitiv einleuchtend: Auf effizienten Märkten spiegeln die aktuellen Preise die gesamte öffentliche Information wider. Die erwartete Preisänderungen, die dann über einen bestimmten Zeitraum zu beobachten sind, können als konstant angenommen werden. Daher spiegelt sich die Volatilität in der Variation der Preisänderungen um einen konstanten Wert wider, so dass die empirisch zu beobachtende Standardabweichung der Preise über einen bestimmten Zeitraum gerade dieses Volatilitätsmaß widerspiegeln sollte (Andersen und Bollerslev 1998). Ist man beispielsweise an der täglichen Volatilität interessiert und hat Zugriff auf intra-tägliche Preisnotierungen, dann sollte die Standardabweichung der Returns innerhalb dieses einen Tages einen unverzerrten Schätzer der gesuchten Preisvolatilität liefern. Grundsätzlich lässt sich dieses Vorgehen auch auf niederfrequentere Preisreihen übertragen, um z. B. anhand von werktäglichen Preisen eine monatliche Volatilität als Standardabweichung aus den täglichen relativen Preisänderungen zu schätzen. Allerdings ist die statistische Fundierung der realisierten Volatilität auf eine hohe Frequenz der Preise ausgelegt, denn sie wird in der Theorie aus der integrierten Volatilität eines zeitkontinuierlichen Prozesses hergeleitet (Andersen und Teräsvirta 2009). Für Agrargüter, vor allem auf Kassamärkten, auf denen Preise bestenfalls täglich, häufig aber mit viel geringerer Frequenz vorliegen, erscheint der Nutzen der realisierten Volatilität daher begrenzt.

[6]Die Gleichung wurde von Fischer Black, Robert C. Merton und Myron S. Scholes gemeinsam entwickelt und sollte an sich auch den Namen von Merton tragen. Dies ist aber in der Literatur nicht gängige Praxis, da Merton keine eigenständige Publikation zu der Gleichung veröffentlicht hatte. Als 1997 der Wirtschaftsnobelpreis für dieses Modell verliehen wurde, ging der Preis dann sowohl an Merton als auch an Scholes; Black war bereits 1995 verstorben und konnte daher den Preis nicht mehr empfangen.

Liegt der Schwerpunkt der Analyse aber auf Futures-Preisen mit hoher Frequenz, ist die Messung der Preisvolatilität mit Hilfe der realisierten Volatilität oft die beste Wahl.

Die Struktur, die in einem parametrischen Modell ihren Ausdruck findet, ermöglicht in unserem Kontext daher einen guten Kompromiss zwischen begrenzter Datenverfügbarkeit und relevanter Frequenz des Volatilitätsmaßes. In der Empirie dominieren Zeitreihenmodelle[7], die eine explizite Modellierung des Prozesses für diejenigen Modellparameter beinhalten, die für die Volatilität des Preisprozesses von Bedeutung sind. Auf den meisten Märkten gilt, dass die Preisvolatilität im Zeitablauf nicht konstant ist, sondern variiert. Daher wird in der empirischen Volatilitätsanalyse in der Regel ein Preisprozess postuliert, bei dem die bedingte Standardabweichung als variabel angesehen wird. In der einfachsten Variante ergibt sich das so genannte **ARCH-Modell** (Engle 1982). Wie oben ausgeführt ist es gerade auf Agrarmärkten wichtig, die erwarteten Preisschwankungen von den unerwarteten Preisschwankungen zu unterscheiden. Dies erfordert aus ökonometrischer Sicht, dass der Mittelwertprozess der Returns so zu modellieren ist, dass die Residuen u_t frei von Autokorrelation und stationär sind. Wenn diese Bedingungen erfüllt sind, dann bildet dieser Mittelwertprozess die erwarteten Preisschwankungen ab. Dann lässt sich ein ARCH(q)-Modell für diese Residuen durch eine multiplikative Struktur beschreiben:

$$\mathrm{u_t} = \varepsilon_t \sigma_t \tag{10.2}$$

$$\varepsilon_t \sim i.i.d.N(0,1) \tag{10.3}$$

$$\sigma_t^2 = \omega + \sum\nolimits_{i=1}^{q} \alpha_i u_{t-i}^2 \qquad (10.3)$$

Hierbei gibt ε_t eine unabhängig und identisch[8] standardnormalverteilte Zufallsvariable an. ω und $\alpha_i, i = 1 \ldots q$, sind zu schätzende Parameter. σ_t^2 ist die bedingte Varianz; die Wurzel daraus ergibt das übliche Volatilitätsmaß. Die Annahme als identisch und unabhängig standardnormalverteilte Zufallsvariable gestattet die Schätzung mit Hilfe von Maximum-Likelihood-Verfahren. Andere Verteilungen sind möglich, und in der Praxis häufig empfehlenswert, so z. B. die Studentsche t-Verteilung. Dies liegt daran, dass vom Betrag her große Returns häufiger beobachtet werden als dies bei Vorliegen einer Standardnormalverteilung theoretisch zu beobachten wäre: Die Residuenverteilung weist sogenannte *fat tails* auf. Daher ist die t-Verteilung, die einen höheren Anteil

[7]Dieser Abschnitt soll nur eine kurze, nicht-technische Einführung in die Schätzmethodik beinhalten, der zur Interpretation der in der empirischen Literatur erzielten Ergebnisse ausreichen sollte. Die zugrundeliegende Ökonometrie wird ausführlich z. B. in Lütkepohl und Krätzig (2004) oder Poon (2005) behandelt.

[8]Aus der englischsprachigen Literatur hat sich dafür die Abkürzung *i.i.d.* (independently and identically distributed) eingebürgert, wie in Gl. 10.3 verwendet.

extremer Residuen zulässt, oft die bessere Wahl, zumal sie als Spezialfall die Standardnormalverteilung umfasst.

Wie aus obiger Gleichung ersichtlich, wird in einem ARCH(q)-Modell die bedingte Varianz σ_t^2 als Funktion der mit den zu schätzenden Parametern α_i gewichteten verzögerten quadrierten Residuen dargestellt. Damit ergibt sich eine bedingte Varianz, die zu jedem Zeitpunkt t einen anderen Wert annehmen kann, bedingt auf die zum Zeitpunkt t verfügbare Informationsmenge. Die unkonditionale Varianz ergibt sich zu

$$\sigma^2 = \frac{\omega}{1 - \sum_{i=1}^{q} \alpha_i} \tag{10.5}$$

und erfordert als Stationaritätsbedingungen, dass $\omega > 0$ und $\sum_{i=1}^{q} \alpha_i < 1$. Die Parameter α_i messen dabei den Einfluss, den in einer Periode entstehende neue Informationen auf die Volatilität in folgenden Perioden ausüben. Gleichzeitig wird sich die bedingte Varianz eher in sog. ***volatility clusters*** auf einem bestimmten Niveau bewegen, so dass sich hohe Werte für σ_t^2 zu einem bestimmten Zeitpunkt häufig in zeitlicher Nähe von ebenfalls erhöhten Werten für $\sigma_{t+1}^2, \sigma_{t+2}^2, \ldots$ finden. Dies entspricht der empirischen Beobachtung, dass Volatilität im Zeitablauf nicht gleichmäßig bleibt. Wenn erhöhte Volatilität auftritt, dann geschieht dies häufig gleich für eine längere Phase, so dass es zur Clusterung von Volatilität kommt.

Kaum ein anderes Zeitreihenmodell ist so oft erweitert worden wie das ARCH-Modell, für dessen Entwicklung Robert Engle 2003 auch mit dem Wirtschaftsnobelpreis ausgezeichnet wurde. Einige für die Analyse von Agrarpreisvolatilität wichtige Erweiterungen sollen noch kurz in chronologischer Reihenfolge vorgestellt werden.

Das **GARCH-Modell** (Bollerslev 1986): Die wohl wichtigste Erweiterung, jedenfalls gemessen an der Zahl der Zitationen, ist die Erweiterung des ARCH-Modells durch die Aufnahme von verzögerten bedingten Varianzen in der Gleichung für die bedingte Varianz selbst.

$$\sigma_t^2 = \omega + \sum_{i=1}^{q} \alpha_i u_{t-i}^2 + \sum_{j=1}^{p} \beta_j \sigma_{t-j}^2 \tag{10.6}$$

Die Parameter α_i geben unverändert die Auswirkungen neuer Informationen auf die bedingte Varianz an, während die Parameter β_j nun ein unmittelbares Maß für die Persistenz der Volatilität darstellen. In der Praxis erweist sich bereits das einfachste GARCH-Modell mit $p = q = 1$ häufig als ausreichend, um die Dynamik in der Preisvolatilität auf Agrarmärkten abzubilden, vor allem wenn eine flexible Verteilungsannahme für die Residuen getroffen wird.

Asymmetrie: In den theoretischen Vorüberlegungen wurde bereits ausgeführt, dass aufgrund der Rolle der spekulativen Lagerhaltung eine asymmetrische Reaktion der Volatilität lagerfähiger Agrargüter auf neue Informationen zu erwarten ist. Bei sehr niedrigen Lagerbeständen kann es dazu kommen, dass bereits ein relativ geringer Zuwachs an Informationen zu kräftigen unerwarteten Preisausschlägen führt, während bei gut gefüllten Lägern der Spekulanten die Auswirkung neuer Informationen eher gering ausfallen dürfte. Dies legt nahe, dass vor allem Nachrichten, die in Zeiten bereits hoher Preise weiter in Richtung steigender Preise weisen, die Volatilität erhöhen werden. Nachrichten, die hingegen auf Preisrückgänge weisen, tragen weniger stark zu einer Erhöhung der Volatilität bei. Dieser Mechanismus findet sich auch auf Finanzmärkten, allerdings mit umgekehrten Vorzeichen. Dort führen unerwartete Preissenkungen des jeweiligen Wertpapiers zu einem Anschwellen der Volatilität. Unbenommen der Richtung ist es also vorteilhaft, das GARCH-Modell derart zu erweitern, dass Preisänderungen nach oben, also positive Residuen der Returns, einen anderen Einfluss auf die bedingte Varianz ausüben als Preisänderungen nach unten (negative Residuen der Returns). Es gibt mittlerweile eine Vielzahl von Modellen, die solche Asymmetrien gestatten. Die wichtigsten sind das exponentielle GARCH-Modell (EGARCH: Nelson 1991), das GJR-Modell (Glosten et al. 1993) und das TGARCH-Modell (Zakoian 1994). Beim EGARCH wird nicht die bedingte Varianz, sondern der natürliche Logarithmus der bedingten Varianz als Funktion von quadrierten Residuen und verzögerten Werten dargestellt. Weiter wird der Einfluss der quadrierten Residuen in einen Effekt der Preisänderungsrichtung und einen Effekt der Größenordnung der Preisänderung aufgeteilt. Im GJR-Modell wird wiederum die bedingte Varianz auf der linken Seite der Gleichung belassen. Die erwünschte Asymmetrie wird durch eine Aufspaltung der Parameter α_i erreicht, indem anstelle der einfachen Summe $\sum_{i=1}^{q} \alpha_i u_{t-i}^2$ eine zusätzliche binäre Variable D_t^- eingeführt wird, die den Wert eins für negative Werte von u_t und sonst null annimmt. Die erweiterte Form lautet dann $\sum_{i=1}^{q} \alpha_i u_{t-i}^2 + \gamma_i D_t^- u_t^2$, und ein einfacher Test auf Asymmetrie kann auf die statistische Signifikanz der Parameter γ_i abstellen. Im TGARCH wird ähnlich vorgegangen; hier treten die bedingte Standardabweichung an die Stelle der bedingten Varianz und die absoluten Änderungen an die Stelle der quadrierten Residuen.

Abschließend sollen noch die Modelle, die in der Literatur unter der Modellierung der stochastischen Volatilität firmieren, kurz erwähnt werden. Sie unterscheiden sich von den GARCH-Modellen vor allem dadurch, dass in die Gleichung für die bedingte Varianz ein zusätzlicher Fehlerterm eingeführt wird. Dies ermöglicht die empirisch oft relevanten *fat tails* und Asymmetrie, wird aber mit einer deutlich komplexeren Schätzmethodik erkauft. Daher haben sich diese Ansätze trotz ihrer theoretischen Vorzüge in der empirischen Agrarmarktanalyse kaum etablieren können und sollen hier nicht weiter behandelt werden. Eine Einführung findet sich z. B. in Shephard und Andersen (2009).

10.4.2 Ausgewählte Ergebnisse

Ausmaß der Preisvolatilität auf wichtigen Agrarmärkten

Wie oben ausgeführt, gibt es selbst für ein einzelnes Agrarprodukt nicht die eine Agrarpreisvolatilität, mit der sich alle Aspekte unerwarteter Preisbewegungen umfassend darstellen ließen. Daher ist die folgende Auswahl als subjektiv in Bezug auf die Abgrenzung der Agrarmärkte und in Bezug auf die getroffene Wahl bei den oben diskutierten

Kriterien zu betrachten. Dennoch wird es wohl allgemein nachvollziehbar sein, wenn wir den Blick zunächst auf die Getreidemärkte richten, und hier auf den Weizenmarkt. Weizen stellt sowohl ein wichtiges Erzeugnis als auch, in Form von Futterweizen, ein wichtiges Produktionsmittel in der Landwirtschaft dar. Auch ist der internationale Handel bei Weizen seit Jahrhunderten etabliert und mittlerweile in gut integrierten, globalen Angebotsketten organisiert. Daher wird der Weizenpreis als sog. **Eckpreis** für die Agrarmärkte angesehen, so dass eine genauere Betrachtung gerechtfertigt erscheint. Diese soll anhand von wöchentlichen Kassamarktdaten für amerikanischen Weichweizen (SRW No2), fob Golf von Mexiko, geschätzt werden. Dieser Preis, auch wenn er nicht die vollständigen Preisdynamiken für alle bedeutenden Exportregionen wiedergeben kann, wird zumeist als Annäherung für den Weltweizenpreis betrachtet, da über den Golf von Mexiko der Großteil der amerikanischen Weizenexporte abfließt. Abb. 10.3 gibt das Preisniveau in US$ je Tonne (linke vertikale Achse) und die anhand eines GJR-GARCH-Modells geschätzte annualisierte Volatilität in Prozent (rechte Achse) an.

Es wird deutlich, dass die Volatilität der Preise für US-Exportweizen im Zeitablauf stark schwankt. Es stechen drei Phasen hervor, in denen die Volatilität mehr als 50 % erreicht. Die erste dieser Phasen beginnt im März 2008 und bleibt bis in den Mai bestehen; auch im weiteren Verlauf des Jahres 2008 ist noch vereinzelt ein hohes

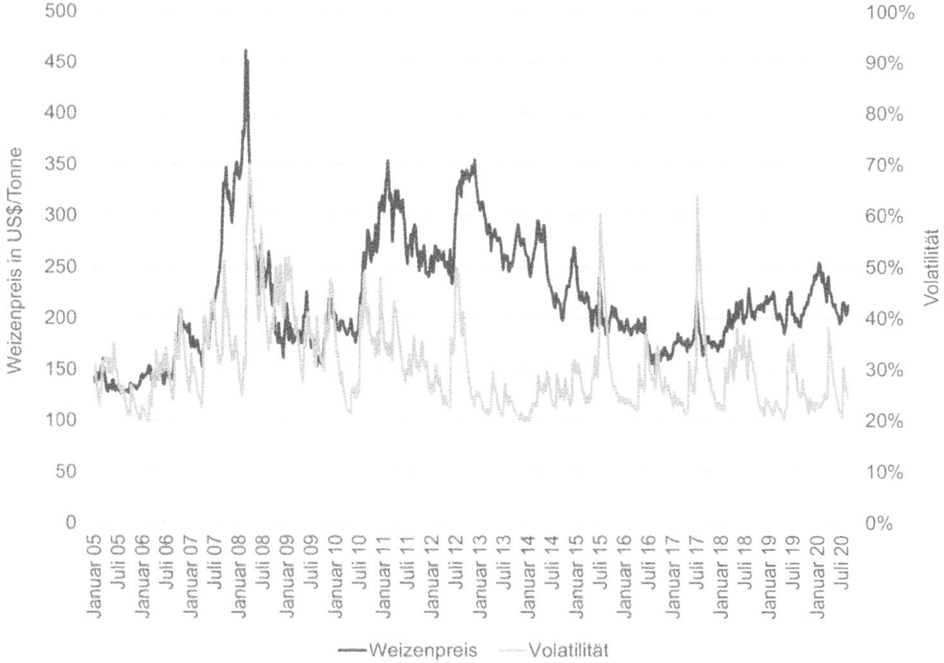

Abb. 10.3 Wöchentliche Preise und Volatilität für US-Weizen, Golf von Mexico, 2005–2020. Quelle: Eigene Berechnungen anhand von FAO (2020)

Volatilitätsniveau zu beobachten. Diese Phase geht mit der Agrarpreiskrise einher, und ist unmittelbar mit einem dem vorherigen Preisanstieg ab Mitte März 2008 folgenden Zusammenbruch verbunden. Zwei weitere Spitzen in der Volatilität finden sich im Juli 2015 und 2017; auch hier wiederholt sich das Muster schnell ansteigender Preise, gefolgt von einem schnellen Preisrückgang.

In der Abbildung sind auch Anzeichen einer Saisonalität bei der Volatilität sichtbar. Die höchsten Volatilitäten eines Jahres werden häufig um den Monat Juni beobachtet, d. h. unmittelbar vor der neuen Ernte auf der nördlichen Halbkugel, wo ein Großteil des exportfähigen Weizens produziert wird (USA, Kanada, Schwarzmeerregion, EU). In dieser Zeit reagieren die Märkte besonders empfindlich auf neue Informationen (Wetter, erste Ernteergebnisse), bis belastbare Angaben über Umfang und Qualität der Ernte vorliegen.

Die Weizenpreise in der EU waren über einen weiten Zeitraum hinweg durch das System der Gemeinsamen Agrarpolitik von diesen Preisschwankungen abgeschottet, da hier durch variable Importabschöpfungen und Exporterstattungen ein politisch gesetzter Preis durchgesetzt werden sollte. Dies galt auch für andere Getreidearten, Milch, Zucker und Rindfleisch (die detaillierten Mechanismen finden sich beispielsweise in Koester (2016) erläutert). Dies entspricht letztlich einem Export von Preisinstabilität aus der EU hin zu den globalen Märkten. Neben den direkten Preiseffekten der Gemeinsamen Agrarpolitik hat auch dieser Volatilitätsexport zu Konflikten mit den Handelspartnern, vor allem anderen großen Agrarexporteuren, geführt. Erst mit den Reformen zu Beginn dieses Jahrtausends wurden auch die europäischen Märkte nach und nach in den internationalen Agrarhandel integriert, so dass sich heute auf den wichtigsten Agrarmärkten die internationalen Preisschwankungen auch in den europäischen Erzeugerpreisen widerspiegeln.

Fallbeispiel 1: Variable Einfuhrabschöpfungen in der EU und internationale Preisvolatilität

In einer empirischen Analyse für den Maismarkt untersuchen Berger et al. (2019) den Zusammenhänge zwischen den variablen Einfuhrabschöpfungen der EU und einem internationalen Maispreis. Die variable Einfuhrabschöpfung wurde mit der Einführung der Gemeinsamen Agrarpolitik in der Agrarhandelspolitik der EU verankert, um den hohen Zielpreis, der für die Getreidepreise in der EU politisch gewünscht war, in einer Importsituation mit schwankenden Weltmarktpreisen zu schützen. Er entspricht einem variablen Zoll, der so bemessen wurde, dass die Lücke zwischen EU-Inlandspreis und Weltmarktpreis zu jedem Zeitpunkt überbrückt wurde. Damit wurden Importe in die EU auf einem Niveau begrenzt, auf dem sie keinen zusätzlichen Preisdruck auf dem europäischen Inlandsmarkt ausüben konnten. Der Marktpreis konnte nicht unter das politisch gewünschte Zielniveau fallen. Damit koppelte sich die EU, bei Mais ein großer Importeur im Sinne der Handelstheorie, vom internationalen Marktgeschehen ab, so dass internationale Preisänderungen keine Reaktionen in Angebot und Nachfrage in der EU nach sich zogen. Der Beitrag der EU zum Verarbeiten von internationalen Schocks entfiel also auf dem Maismarkt, wie auch auf allen anderen Agrarmärkten, in denen die EU als großes Land zu betrachten war.

Berger et al. (2021) schätzen ein EGARCH-Modell, in dem die variablen Einfuhrabschöpfungen als exogene Variable in der Gleichung für die Volatilität betrachtet wird. Für den Zeitraum von 2002 bis 2017 analysieren sie den Preiszusammenhang zwischen EU- und argentinischen Maispreisen mit Blick auf den Einfluss der Einfuhrabschöpfungen auf die Preisvolatilität in beiden betrachteten Märkten. Dabei stellen sie fest, dass die Einfuhrabschöpfung, übersetzt in einen prozentualen Wertzoll, einen proportional gleichen Einfluss auf beiden Märkten hat, allerdings mit umgekehrtem Vorzeichen: In dem Maße, wie die Einfuhrabschöpfung die Volatilität in der EU mindert, erhöht sie die Volatilität auf dem argentinischen Markt. ◄

Determinanten von Agrarpreisvolatilität

Warum weisen Agrarpreise eine ausgeprägte Volatilität auf, wie gerade für den Weizenmarkt illustriert, und warum ist diese Volatilität im Zeitablauf nicht gleichbleibend? Die Ursachen können in den Spezifika des betrachteten Marktes begründet sein, aber auch jenseits dieses Marktes liegen. Letztere Ursachen werden in der Literatur als **Volatilitäts-Spillover** bezeichnet, wörtlich also als Überschwappen von Volatilität aus anderen Märkten. Unter den marktspezifischen Faktoren wurde in Abschn. 10.3 bereits auf die Rolle der Lagerhaltung und auf die oft absolut niedrigen Angebots- und Nachfrageelastizitäten verwiesen. Im Fokus dieses Abschnitts sollen daher die Determinanten stehen, die außerhalb des jeweiligen Einzelmarktes liegen.

Spillovers von anderen Agrar- und Vorleistungsmärkten: Die Preise von verschiedenen Agrarmärkten können vielfältige Verknüpfungen aufweisen, die auf angebots- oder auf nachfrageseitige Ursachen zurückzuführen sein können. In der Nachfrage können Agrarprodukte untereinander substituierbar sein, z. B. sind die verschiedenen Futtergetreide in der Regel sehr gut gegeneinander auszutauschen. Ähnliches gilt für pflanzliche Öle (Raps-, Soja-, Palm-, Sonnenblumenöl, etc.) oder Fleischprodukte. Die Substituierbarkeit bedingt, dass die Preisniveaus zwischen diesen Märkten horizontal über die Produkte integriert sind; diese Verknüpfung im Niveau der Preise pflanzt sich auch auf die unerwarteten Preisänderungen fort. Die relative Stärke dieser Volatilitäts-Spillover wird neben dem Ausmaß der Substitutionsmöglichkeiten auch davon abhängen, wie die Preisfindung auf den jeweiligen Märkten organisiert ist. Spielen Kontrakte und Warenterminmärkte eine bedeutende Rolle, dann ist insbesondere kurzfristige Preisvolatilität stärker auf den jeweiligen Einzelmarkt begrenzt.

Auch angebotsseitig sind Verknüpfungen vorhanden. Die direkte Verknüpfung von Agrarprodukten, die um gemeinsame Produktionsfaktoren konkurrieren (Ackerland, Stallkapazitäten, etc.), spielt für die Weitergabe von Volatilität zwischen Märkten keine besonders große Rolle, denn die Anbauplanung oder die Stallbelegung vollzieht sich in der Regel auf längeren zeitlichen Horizonten, sodass keine unmittelbare Wirkung auf kurzfristige Volatilität zu erwarten ist. Anders verhält es sich bei der Verarbeitung von Agrarprodukten entlang von Angebotsketten, die zu vertikalen Preisbeziehungen führt. Als Beispiel können Futtermittel dienen, deren unerwarteten Preisschwankungen sich über Anpassungsreaktionen im Angebotsverhalten auch in Preisvolatilität bei Fleisch niederschlagen können. Auch andere Vorleistungen wie Düngemittel oder Treibstoff, bei denen ebenfalls aufgrund der relativ unelastischen Angebots- und Nachfragekonstellation mit hoher Volatilität zu rechnen ist, können so zur Volatilität bei Agrarprodukten beitragen.

Beziehungen zu **Energiemärkten:** Die Energiemärkte, vor allem für fossile Brennstoffe, verdienen eine etwas detailliertere Betrachtung, da hier neben der oben beschriebenen Verknüpfung über ihre Verwendung als Vorleistung in der Agrarproduktion durch den Ausbau der Biotreibstoffpolitiken in den letzten Jahrzehnten eine neue Dimension hinzugetreten ist. Die politisch geförderte Erzeugung von Bioethanol vor allem aus den Rohstoffen Mais (USA) und Zucker (Brasilien) sowie Biodiesel auf Basis pflanzlicher Öle (Raps-, Soja-, Palmöl) sorgt für eine zusätzliche horizontale Verknüpfung zwischen den Märkten für fossile Energie und den Ausgangsstoffen für die Biotreibstoffgewinnung. Der Rohölmarkt – als bedeutendster Energiemarkt – ist von relativ hoher Preisvolatilität gekennzeichnet. Gleichzeitig ist das Handelsvolumen um Größenordnungen höher als auf den Agrarmärkten, so dass die empirische Literatur meist zu dem Schluss gelangt, dass die Volatilität unidirektional von den Energie- hin zu den Agrarmärkten übertragen wird. Dieses Muster findet sich sowohl für Biodiesel und die zugehörigen Ausgangsprodukte (Busse et al. 2012; Brümmer et al. 2016b) als auch im Bioethanolkomplex (Serra et al. 2011).

Agrar- und handelspolitische Eingriffe: Die Bioenergiepolitik ist nicht das einzige Politikfeld, in dem staatliche Eingriffe Folgen für die Preisvolatilität auf Agrarmärkten nach sich ziehen können. Hier spielen insbesondere die nicht beabsichtigten Nebenwirkungen von Markteingriffen eine entscheidende Rolle. Das Beispiel von inländischer Preisstabilisierung, wie in der EU lange praktiziert, wurde bereits genannt, stellt aber keinen Einzelfall dar. Heute unterliegen solche inländischen, handelsverzerrenden Politiken den Verpflichtungen im Rahmen des *Agreement on Agriculture* in der WTO. Hier sind auch Regeln für die Handelspolitiken im Bereich der Importzölle und der Exportsubventionen festgelegt. Es fehlen aber weitgehend analoge Beschränkungen im Bereich der Exportbeschränkungen. Führt nun ein großer Exporteur kurzfristig eine Exportbeschränkung ein, wie es beispielsweise Russland und die Ukraine für Weizen seit 2006 mehrmals getan haben, so ist neben der Wirkung auf das internationale Preisniveau auch eine Wirkung auf die Preisvolatilität zu erwarten. Diese Wirkung wird dadurch verstärkt, dass oft die Regeln, unter denen die Exporteinschränkung umgesetzt wird, bei plötzlichen Entscheidungen der Handelspolitiker oft nicht transparent dargelegt sind. Dies kann sogar bewusst geschehen, um inländischen Exporteuren einen Vorteil zu verschaffen. Damit tragen unilaterale Exportbeschränkungen zu höherer Unsicherheit im Weltagrarhandel bei und verstärken somit die Preisvolatilität.

Institutionelle Rahmenbedingungen und Markttransparenz: Neben den speziellen Politikeingriffen, die nach Williamson (2000) als Institutionen 2. Ordnung aufgefasst werden können, spielen auch die weiter gefassten Rahmenbedingungen der Agrarmärkte, vor allem aus dem Bereich der *embedded institutions* oder Institutionen 1. Ordnung nach Williamson, eine wichtige Rolle für die Agrarpreisvolatilität.[9] Wenn bestimmte Normen in der Landwirtschaft dafür sorgen, dass das private Risikomanagement nur eingeschränkt funktioniert, so ist in der Konsequenz mit zusätzlicher Preisvolatilität aufgrund von reduzierten Produktionsmengen zu rechnen. Wird beispielsweise die Funktionsweise von Warenterminmärkten aufgrund einer grundlegenden Ablehnung von Spekulation mit Nahrungsmitteln durch zu starre Regulierung eingeschränkt, so fehlen Landwirten und Landhandel wichtige Absicherungsinstrumente, sodass diese Akteure nicht nur mit höherer Preisvolatilität konfrontiert sind, sondern auch stärker von deren Folgen betroffen sind.

Ein spezieller Aspekt betrifft die Markttransparenz. Wie oben gezeigt, sind Informationen über Lagerbestände von entscheidender Bedeutung für das Ausmaß, in dem Mengenänderungen auf die Marktpreise einwirken. In vielen Ländern, aber auch unter privaten Akteuren, ist das Ausmaß, in dem diese Informationen überhaupt erhoben, geschweige denn öffentlich zur Verfügung gestellt werden, sehr stark eingeschränkt. In manchen Staaten unterliegen sogar Informationen über öffentliche Lagerbestände einer Geheimhaltungspflicht, da sie als strategisch bedeutend eingestuft werden. Auch herrscht wenig Klarheit darüber, welche Lagerbestände zu einem bestimmten Zeitpunkt auf dem Transportweg gebunden ist. Aufgrund der erheblichen Laufzeiten im interkontinentalen Seehandel können diese Bestände, gemessen am gesamten Lagerbestand, einen nicht unerheblichen Teil ausmachen. Insgesamt wird somit ein Teil der insgesamt vorhandenen Informationsmenge zu privater Information gemacht, sodass diese bei einer marktbasierten Preisbildung nicht vollständig in die aktuellen Marktpreise eingeht. Auf Basis der öffentlich verfügbaren Information sind daher unerwartete Preisschwankungen in stärkerem Umfang zu erwarten, als dies der Fall wäre, wenn die private Information öffentlich gemacht würde.

Finanzialisierung der Agrarmärkte: Die Agrarpreiskrise von 2007/08 hat eine intensive Diskussion über die Rolle der sogenannten Finanzialisierung der Agrarmärkte ausgelöst. Mit Finanzialisierung (engl. financialisation) ist in diesem Zusammenhang allgemein eine zunehmende Bedeutung von Finanzmärkten bei Agrargütern gemeint. Der Zufluss von Liquidität zu Warenterminmärkten für Agrarprodukte, eine stärkere Rolle von institutionellen Anlegern, vor allem von Index- und Hedgefonds, auf Agrarmärkten

[9]Williamsons Systematik von Institutionen wird in Kap. 1 erläutert (vgl. Abb. 1.6).

sowie ein größeres Engagement von Akteuren ohne unmittelbare Beziehung zu den Wertschöpfungsketten können je nach Produkt in unterschiedlicher Kombination zur Finanzialisierung gezählt werden[1010]Große Medienaufmerksamkeit erlangte beispielsweise die Aussage des Fondsmanagers Michael Masters vor dem US-amerikanischen Senat, in der er die später sog. Masters-Hypothese formulierte, „*that Institutional Investors are one of, if not the primary, factors affecting commodities' prices today*" (Masters 2020). Siehe auch die Diskussion über die Rolle der Spekulation bei der Preisbildung auf Terminmärkten in Kap. 11.. Auch wenn anfänglich die Diskussion vor allem auf das Preisniveau abstellte, hat sie sich in der Folge mehr in Richtung Volatilität bewegt und wurde vereinfachend in der allgemeinen Berichterstattung auf die Preisvolatilität treibende Wirkung von Spekulation reduziert. Überzeugende empirische Belege für diesen Zusammenhang fehlen allerdings trotz einer Vielzahl von Studien in der letzten Dekade bis heute (Will et al. 2015). So erscheint nach dem heutigen Stand der Forschung ein substantieller Anstieg der Preisvolatilität durch die Finanzialisierung eher unwahrscheinlich.

Makroökonomische Faktoren: Schließlich kann auch das makroökonomische Umfeld für Änderungen in der Preisvolatilität sorgen. Unerwartete Preisänderungen bei Agrargütern können beispielsweise durch ein instabiles Preisniveau hervorgerufen werden, wie es in Volkswirtschaften auftritt, die unter hohen Inflationsraten leiden. Hier liegt oftmals auch ein enger Zusammenhang mit dem Wechselkurs vor, da Änderungen in Wechselkursen die Folgen von unterschiedlichen Inflationsentwicklungen zwischen Währungsräumen sind. Besondere Bedeutung hat hier in der Regel der Wechselkurs zum US-Dollar, da ein Großteil des internationalen Agrarhandels in dieser globalen Leitwährung abgerechnet wird. In Ländern, die sehr stark von Exporteinnahmen bei Agrar- und Energiegütern abhängig sind, kann es zu einer Wechselwirkung von Preisvolatilität bei Rohstoffen und der sog. *Dutch Disease* kommen, da die Terms of Trade dieser Volkswirtschaften durch die Preisvolatilität sehr stark schwanken können, was wiederum nachteilig auf die gesamtwirtschaftliche Entwicklung wirkt (Cavalcanti et al. 2015).

10.5 Handlungsbedarf für Landwirte, weitere Akteure in landwirtschaftlichen Wertschöpfungsketten und Träger der Agrarpolitik

10.5.1 Einzelbetriebliche Perspektive

Agrarpreisvolatilität bedeutet aus Erzeugersicht, dass neben den in der Landwirtschaft vorhandenen Produktionsrisiken auch die Schwankungen der Verkaufspreise beim Risikomanagement auf der Erlösseite Berücksichtigung finden sollte. Analoges gilt für Volatilität der Preise für landwirtschaftliche Produktionsmittel auf der Kostenseite. Neben der subjektiven Risikoaversion lassen sich einige allgemeine Empfehlungen aussprechen, die sich allerdings nicht von den allgemeinen Prinzipien des Risikomanagements unterscheiden.

Agrarpreisvolatilität fällt in den allermeisten Fällen in den Bereich des Risikos im Sinne von Knight.[11] Es lässt sich in der Regel eine Wahrscheinlichkeitsverteilung und deren Parameter für die betriebliche Planung unterstellen. Hierzu gehört das Einholen von Marktinformationen beispielsweise aus privaten und öffentlichen **Marktinformationssystemen,** aus der Fachpresse oder aus wissenschaftlichen Quellen. An Instrumenten zur Minderung des Risikos lassen sich einzelbetriebliche, marktbasierte oder politische Ansätze verwenden. Zu den einzelbetrieblichen Ansätzen gehört zunächst der Einsatz von Planungsmethoden, bei denen neben der Rentabilität auch Liquidität und Stabilität zu betrachten sind. Daraus ergibt sich in der Regel die Notwendigkeit, Bankbeziehung zu prüfen und ggf. neu aufzustellen. Auf der Ebene der Produktion gehören Diversifizierung der Produktionsverfahren oder der Aufbau von Lagerkapazitäten zum Instrumentarium. Diese beiden Beispiele machen allerdings auch deutlich, dass Maßnahmen in diesem Bereich mit Opportunitätskosten einhergehen, die erheblich sein können.

Zu den marktbasierten Mechanismen gehören Vorabverkäufe von Agrarprodukten (z. B. Vorernteverkauf von Feldfrüchten) bzw. Vorabkäufe von landwirtschaftlichen Produktionsmitteln (z. B. Sojaschrot in der Schweinemast). In der Landwirtschaft sind solche vertraglichen Regelungen beispielsweise in Form von Forwardkontrakten relativ weit. Auch eine Preisabsicherung über Warenterminmärkte ist möglich, wird aber in der Landwirtschaft als direktes Instrument weit seltener genutzt.[12] Schließlich sind auch Versicherungslösungen denkbar, wobei diese in der Regel nicht auf das alleinige Ziel der Preisstabilisierung ausgerichtet sein sollten, sondern ganzheitlich auf die Gewinnsituation des landwirtschaftlichen Unternehmens, besser noch auf die Vermögenssituation der Unternehmerfamilie des Landwirts.

10.5.2 Wertschöpfungskettenperspektive

Die Rolle von vertikalen Beziehungen innerhalb von Wertschöpfungsketten für den Umgang mit Preisvolatilität wurde bereits im vorangehenden Abschnitt deutlich,

[11]Frank H. Knight war ein amerikanischer Ökonom, der in seinem 1921 veröffentlichtes Buch „Risk, Uncertainty and Profit" (Knight 1921) zwischen Risiko und Unsicherheit unterschieden hat. Risiko und Unsicherheit sind beide dadurch gekennzeichnet, dass zukünftiger Ergebnisse unbekannt sind, aber im Falle von Risiko ist die Wahrscheinlichkeitsverteilung der möglichen Ergebnisse bekannt. Wird eine faire Münze geworfen, so liegt Risiko vor; bei der Frage, ob bzw. wann es zu einem Ausbruch der Afrikanischen Schweinepest in Deutschland kommt, herrschte dagegen bis September 2020 Unsicherheit. Zu Knights Schülern gehörten die Nobelpreisträger Milton Friedman, George Stigler und James Buchanan.

[12]Forward- und Warenterminkontrakte werden ausführlich in Kap. 11 erläutert.

als auf die Bedeutung von Liefer- und Abnahmeverträge verwiesen wurde. Darüber hinaus sind vor allem in Sektoren, in denen die Weiterverarbeitung von Agrargütern in der Regel über einen einzelnen oder sehr wenige Abnehmer erfolgt, weitergehende Möglichkeiten zur Minderung von Preisvolatilität verfügbar. Beispiele für Subsektoren, in denen solch ein Flaschenhals von Bedeutung ist, sind Milch, Zucker und zum Teil Fleisch (in Deutschland v. a. Geflügel, international auch Schweinefleisch). Abnahmeverträge zu vorab festgelegten Preisen stellen einen relativ niedrigen Grad an vertikaler Integration dar; eine vollständige Integration der landwirtschaftlichen Produktion und der Weiterverarbeitung in einem einzelnen Unternehmen entspräche der maximal möglichen vertikalen Integration. Aufgrund der oft beobachteten positiven Korrelation von Vorleistungs- und Produktpreisen lassen sich dann die Auswirkungen von Preisvolatilitäten aus Sicht des integrierten Unternehmens abmildern, da beispielsweise unerwartet niedrige Produktpreise durch dann wegen der positiven Korrelation niedrigere Vorleistungspreise wenigstens teilweise ausgeglichen werden. Allerdings gilt es auch hier, die Opportunitätskosten der vertikalen Integration nicht zu vernachlässigen.

In vertikal differenzierten Wertschöpfungsketten findet sich meist eine geringe **Transmission von Preisvolatilität** entlang der Kette. Da die Marktmacht oft mit zunehmender Verarbeitungstiefe ansteigt, ergibt sich hier möglicherweise ein Ansatzpunkt für Wettbewerbspolitik.[13] Allerdings kann eine größere Preisrigidität auch mit anderen Ursachen wie z. B. psychologische Preisschwellen, Anpassungs- oder Menükosten[14] in Zusammenhang stehen. Unabhängig vom Ausmaß der Marktmacht kann die spezifische Preisbildung bei verschiedenen Produkten sehr unterschiedliche Folgen für die Weitergabe von Preisvolatilität haben. So ist bei Anbau von Zuckerrüben zumindest ein Basispreis in aller Regel fixiert, während das in der Milchwirtschaft weit verbreitete Verwertungsmodell, bei dem der Preis des Vormonats nachträglich anhand der erzielten Verwertung der Milchprodukte bestimmt wird, quasi *ex post* aktuelle Preisvolatilität in die Vergangenheit transmittiert. Dies gilt insbesondere, wenn ein großer Teil der Verwertung der Molkerei nicht über vertragliche Beziehungen zum Lebensmitteleinzelhandel abgesichert wird. Hier könnten alternative Preisbestimmungsmodelle die Konsequenzen von Preisvolatilität abmildern.

10.5.3 Agrarpolitische Perspektive

Die (zumindest in der EU) gestiegenen Herausforderungen durch Agrarpreisvolatilität haben eine Diskussion um den agrarpolitischen Handlungsbedarf ausgelöst. Dabei

[13]Preisbildung bei unvollkommener Konkurrenz wird ausführlich in Kap. 7 behandelt.

[14]Menükosten werden ausführlich in Kap. 9 erläutert.

wurden diverse Instrumente diskutiert, von denen die auf der internationalen Ebene wichtigsten hier kurz benannt und kritisch bewertet werden. Der Fokus auf die internationale Ebene erscheint wichtig, solange wir von nationalen oder regionalen Agrarmärkten ausgehen, die weitestgehend in den globalen Agrarhandel integriert sind. Dies ist seit Mitte der 00er Jahre auf den wichtigsten EU-Agrarmärkten der Fall.

Verbesserung der Markttransparenz: Informationen können Marktteilnehmern helfen, ihre Erwartungsbildung zu verbessern. Marktinformationssysteme können hier einen Beitrag leisten. Da Marktinformation, wenn sie öffentlich zugänglich gemacht wird, den Charakter eines öffentlichen Gutes hat, besteht hier ein Ansatzpunkt für Staatseingriffe, die umso effektiver sein dürften, je mehr Handelspartner sich an solchen Initiativen beteiligen. Im Nachgang der Agrarpreiskrise von 2007/08 wurde so, angestoßen auf der Ebene der G20, das ***Agricultural Market Information System*** (AMIS 2020) auf den Weg gebracht. Hier sollen Informationen über Angebot, Nachfrage, Lagerbestände, Preisniveau und -volatilität verbunden mit Einschätzungen der gesamten Marktlage zeitnah und umfassend zur Verfügung gestellt werden. Auch auf regionaler und nationaler Ebene finden sich ähnliche Marktinformationssysteme, die aber in der Regel auch auf regionale und nationale Märkte abzielen. Eine Ausnahme stellen die ***World Agricultural Supply and Demand Estimates*** des USDA (2020) dar. Hier werden globale Marktbilanzen der Allgemeinheit zur Verfügung gestellt.

Maßnahmen zur Verbesserung der Resilienz gegenüber Preisvolatilität: Jenseits des einzelbetrieblichen Risikomanagement kann bei systemischen Risiken, so wie es bei einer globalen Steigerung der Preisvolatilität auf Agrarmärkten der Fall wäre, staatliches Handeln grundsätzlich einen Beitrag leisten, um die Produzenten und Konsumenten (Sicherheitsnetz z. B. im Rahmen des Systems der sozialen Absicherung) gegenüber den Folgen unerwarteter Preisschwankungen abzuschirmen. In der EU-Agrarpolitik werden hierzu steuerliche Maßnahmen und die Subvention von Versicherungslösungen diskutiert. Die in vielen Ländern übliche Sonderstellung der Landwirtschaft im Einkommensteuerrecht beinhaltet oft schon eine implizite Absicherung, indem das zu versteuernde Einkommen eines Kalenderjahres durch die Mittelwertbildung aus zwei Wirtschaftsjahren ermittelt wird. Bei einem progressiven Einkommensteuersystem ergibt sich so bereits eine Wirkung gegen die negativen Folgen von Preisvolatilität. Die in Deutschland von berufsständischer Seite erhobene Forderung, eine Risikoausgleichsrücklage zu bilden, verspricht darüber hinaus nur noch eine geringe Wirkung, bei gleichzeitig hohem Potenzial, ein solches Instrument zur Senkung der durchschnittlichen Steuerlast zu verwenden. Die Bezuschussung von **Versicherungen gegen Preisrisiken** wird auch häufig mit gestiegener Preisvolatilität begründet. Grundsätzlich kann auch hier, falls der private Versicherungsmarkt (einschließlich der Rückversicherungen) keine Möglichkeit der Absicherung bildet, eine Subventionierung aus gesamtwirtschaftlicher Sicht sinnvoll sein. Allerdings sollte dann eher das Gesamteinkommen als zu versichernde Größe ins Auge gefasst werden. Die lange Tradition von staatlichen

Versicherungen gegen Preisrisiken, wie sie z. B. in den USA verwendet wurden, lässt aber Zweifel an einer wohlfahrtssteigernden Umsetzung aufkommen.[15]

Multilaterale Maßnahmen zur Koordinierung von Handelspolitiken: Das Fehlen bindender Regeln in der WTO für die Einführung von **Exportbeschränkungen** hat sich in der Agrarpreiskrise als Treiber von Agrarpreisvolatilität erwiesen. Daher erscheint eine effektive Selbstverpflichtung der Handelspartner, auf solche Politikeingriffe zu verzichten, dringlich angeraten. Ein vollständiger Verzicht auf Exportbeschränkungen bei Nahrungsmitteln wird aber vermutlich schwer zu erreichen sein, denn damit würde in Phasen ansteigender Preise ein Instrument entfallen, um der Versorgung der inländischen Bevölkerung Priorität gegenüber Exporten zu gewähren. Dies ist vermutlich politökonomisch in den meisten Ländern nicht durchsetzbar. Daher sollte wenigstens die Art und Weise, in der Exportbeschränkungen weiter zulässig sind, reguliert werden und Transparenz sichergestellt sein, sodass es nicht zum vollständigen Ausschluss internationaler Exporteure kommt.

Physische Lagerhaltung zur Preisstabilisierung ***(buffer stocks)***: Die Nutzung staatlich gesteuerter Lagerhaltung zur Stabilisierung von Preisen ist fast so alt wie der Handel mit Agrargütern. Der Grundgedanke ist simpel: Der Staat hält Lagerbestände vor, steigen die Preise zu sehr an, wird Ware ausgelagert; sinken die Preise wieder, erfolgt eine Wiederaufstockung der Lagerbestände. Dieses Grundprinzip lag auch vielen der ***Commodity Agreements,*** die im 20. Jahrhundert bei einigen Agrargütern (vor allem tropische Exportgüter wie Kaffee, Kakao oder Kautschuk) abgeschlossen wurden, zugrunde. Das weitgehende Scheitern dieser Abkommen mit Blick auf das Ziel der Preisstabilisierung zeigt aber deutlich, dass die praktische Umsetzung einer koordinierten Lagerhaltungsstrategie extrem schwierig ist: Zum einen ist Lagerhaltung teuer, verstärkt durch die Verdrängung privater Lagerhaltung durch staatliche Einlagerung. Zum anderen ist das Preisniveau, ab dem Auslagerungen getätigt werden sollten, nicht objektiv zu bestimmten. Schließlich sind der Möglichkeit, mit der Freigabe von Mengen aus dem Lagerbestand Preise zu dämpfen, natürlich Grenzen dadurch gesetzt, dass negative Lagerbestände unmöglich sind. Wenn dann auch noch international koordiniert werden soll, tritt schließlich das Problem des Trittbrettfahrens hinzu. Jedes einzelne Land hat einen erheblichen Anreiz zu defektieren, solange sich allen anderen Beteiligten an die Regeln halten. In Anbetracht dieser erheblichen Herausforderungen erscheint die Wirksamkeit von staatlicher Lagerhaltung zur Verminderung von Preisvolatilität nicht gegeben. Ähnliche Vorbehalte gelten auch für die ebenfalls diskutierte Nutzung von Finanzderivaten anstelle von physischen Lagerbeständen: Zwar kann eine solche virtuelle Lagerhaltung die direkten Kosten der Lagerung vermindern, aber alle anderen genannten Probleme bestehen unverändert weiter.

[15]Überblicke über die Subventionierung von landwirtschaftlichen Versicherungen weltweit bieten Glauber (2015) und Mahul und Stutley (2010).

Es wird deutlich, dass allein die ersten beiden genannten Maßnahmen zumindest potenziell eine Möglichkeit bieten, dämpfend auf das Ausmaß an Agrarpreisvolatilität zu wirken. Daher sollte auf der internationalen Ebene auch verstärkt in diese Richtungen gedacht werden. Die Etablierung von AMIS ist gewiss ein Schritt in die richtige Richtung, allerdings bleibt der aktuelle Stand in 2020 unvollendet, sowohl in Bezug auf die Anzahl der abgedeckten Agrarmärkte als auch in Bezug auf die Detailliertheit der erfassten Marktinformationen. Auch der zweite potenzielle Bereich verspricht aktuell keinen raschen Fortschritt. Die WTO, die das einzige vorhandene multilaterale Forum ist, in welcher gemeinsam Disziplin für Agrarhandelspolitiken vereinbart werden könnte, ist zurzeit stark in ihrer Funktion beeinträchtigt.

10.6 Schlagwörter und Begriffe

- Agrarpreisvolatilität
- Agreement on Agriculture
- Agricultural Market Information System (AMIS)
- ARCH-Modell
- Asymmetrie
- Buffer stocks
- Commodity Agreements
- Dutch Disease
- Eckpreis (Weizenpreis)
- Einzelbetriebliches Risikomanagement
- Exportbeschränkungen
- Finanzialisierung der Agrarmärkte
- GARCH-Modell
- Implizite Volatilität
- Lagerhaltung
- Liquidität
- Marktinformationssysteme
- Parametrische und nicht-parametrische Ansätze
- Rentabilität
- Return
- Stabilität
- Standardabweichung der ersten Differenzen der logarithmierte Preisreihe
- Transmission von Preisvolatilität
- Versicherungen gegen Preisrisiken
- Volatility clusters
- Volatilitäts-Spillover
- Working stocks
- World Agricultural Supply and Demand Estimates

10.7 Übungsaufgaben

Fragen

1. Erklären Sie, dass bei Freihandel die Preiselastizitäten von Angebot und Nachfrage auf dem Weltmarkt (absolut) größer sind als bei Autarkie in jedem Land.
2. Theoretische Bestimmungsgründe der Preisvolatilität auf Agrarmärkten
   a. Diskutieren Sie die wichtigsten Bestimmungsgründe der Preisvolatilität auf Agrarmärkten.
   b. Zeigen Sie anhand eines geeigneten Diagramms auf, in welcher Art und Weise Volatilität von den vorhandenen Lagerbeständen beeinflusst wird.
   c. Diskutieren Sie, inwiefern regionale Integration die Preisvolatilität von Agrarprodukten beeinflussen kann.
3. Erklären Sie, dass internationaler Abkommen zur Stabilisierung der Preise einzelner Produkte, insbesondere Weizen, dazu neigen, Preise festzulegen, die oberhalb der im Durchschnitt mehrerer Jahre sich einstellenden Weltmarktpreise ohne Eingriffe liegen. Zeigen Sie, dass die auf zu hohem Niveau festgelegten Preise zu geringerem Wohlstand führen als fluktuierende Preise.
4. Empirische Schätzung der Preisvolatilität auf Agrarmärkten: Busse et al. (2011) schätzen die Preisvolatilitäten für die wichtigsten Ölsaaten und Rohöl für den Zeitraum von 1999 bis 2009 anhand eines GARCH(1,1)-Modells mit werktäglichen Daten von Warenterminmärkten.
   Folgende Ergebnisse für die konditionale Varianz $\sigma_{i,t}^2 = \omega + \alpha u_{i,t-1} + \beta\sigma_{i,t-1}^2$, mit $i = \{\text{Raps, Rohöl}\}$, werden geschätzt:
   $$\sigma_{Raps,t}^2 = 0{,}00 + 0{,}37u_{Raps,t-1} + 0{,}55\sigma_{Raps,t-1}^2$$
   $$\sigma_{Rohöl,t}^2 = 0{,}00 + 0{,}04u_{Rohöl,t-1} + 0{,}94\sigma_{Rohöl,t-1}^2$$
   a. Sind die Bedingungen für Stationarität in beiden Märkten erfüllt?
   b. Welche Gründe gibt es für die unterschiedlichen Schätzer für α und β in den beiden Gleichungen? Welcher der beiden Märkte reagiert stärker auf neue Informationen, und worin kann dieser Unterscheid begründet sein?
   c. Die Autoren finden weiter, dass die bedingte Korrelation zwischen den Returns für Raps und für Rohöl ab Mitte 2006 drastisch ansteigt, und dieser Anstieg bis 2009 anhält. Diskutieren Sie, welche Faktoren für diesen Anstieg der dynamischen Korrelation verantwortlich sein könnten.
5. Im April 2018 führte China einen Zusatzzoll in Höhe von 25 % auf Einfuhren von amerikanischen Sojabohnen ein. Dies geschah als Antwort auf amerikanische Strafzölle auf Einfuhren aus China. China war zum damaligen Zeitpunkt weltgrößter Sojaimporteur. Vor Einführung der Zölle waren die USA der Hauptlieferant von Sojabohnen nach China. Welche Auswirkungen auf die Preisvolatilität waren zu erwarten? Unterscheiden Sie zwischen den USA, China, und dem Rest der Welt.

Literatur

AMIS (2020) Agricultural Market Information System. https://www.amis-outlook.org/. AMIS Secretariat, FAO, Rome.

Andersen TG, Bollerslev T (1998) Answering the Skeptics: Yes, Standard Volatility Models do Provide Accurate Forecasts. International Economic Review 39: 885–905.

Andersen TG, Bollerslev T, Diebold FX (2010) Parametric and Nonparametric Volatility Measurement. In: Aït-Sahalia Y, Hansen LP (Hrsg.) Handbook of Financial Econometrics. North-Holland, Amsterdam.

Andersen TG, Teräsvirta T (2009) Realized Volatility. In: Mikosch T et al. (Hrsg.) Handbook of Financial Time Series. Springer, Berlin.

Berger S, Dalheimer B, Brümmer B (2021) Effects of variable EU import levies on corn price volatility. Food Policy, https://doi.org/10.1016/j.foodpol.2021.102063.

Black F, Scholes M (1973) The Pricing of Options and Corporate Liabilities. Journal of Political Economy 81: 637–654.

Bollerslev T (1986) Generalized Autoregressive Conditional Heteroskedasticity. Journal of Econometrics 31: 307–327.

Brümmer B, Dönmez A, Jamali Jaghdani T, Korn O, Magrini E, Schlüßler K (2016a) Has agricultural price volatility increased since 2007. In: Garrido A et al. (Hrsg.) Agricultural markets instability. Revisiting the recent food crises. Earthscan food and agriculture. Routledge, London.

Brümmer B, Korn O, Schlüßler K, Jamali Jaghdani T (2016b) Volatility in Oilseeds and Vegetable Oils Markets: Drivers and Spillovers. Journal of Agricultural Economics 67: 685–705.

Brümmer B, Korn O, Schlüßler K, Jamali Jaghdani T, Saucedo A (2016c): Volatility in the after-crisis period: A literature review of recent empirical research. In: Garrido A et al. (Hrsg.) Agricultural markets instability. Revisiting the recent food crises. Earthscan food and agriculture. Routledge, London.

Busse S, Brümmer B, Ihle R (2011) Emerging linkages between price volatilities in energy and agricultural markets. In: Prakash A (Hrsg.) Safeguarding food security in volatile global markets. Food and Agriculture Organization, Rome.

Busse S, Brümmer B, Ihle R (2012) Price formation in the German biodiesel supply chain: a Markov-switching vector error-correction modeling approach. Agricultural Economics 43: 545–560.

Cavalcanti TV de V, Mohaddes K, Raissi M (2015) Commodity Price Volatility and the Sources of Growth. Journal of Applied Econometrics 30: 857–873.

Engle RF (1982) Autoregressive Conditional Heteroscedasticity with Estimates of the Variance of United Kingdom Inflation. Econometrica 50: 987.

Engle RF, Ghysels E, Sohn B (2013) Stock Market Volatility and Macroeconomic Fundamentals. Review of Economics and Statistics 95: 776–797.

FAO (Food and Agriculture Organisation) (2020) GIEWS FPMA Tool. https://fpma.apps.fao.org/giews/food-prices/tool/public/#/dataset/international. Zugegriffen am 31. August 2020.

Glauber JW (2015) Agricultural Insurance and the World Trade Organization. International Food Policy Research Institute (IFPRI) Discussion Paper 01473, IFPRI, Washington DC.

Glosten LR, Jagannathan R, Runkle DE (1993) On the Relation between the Expected Value and the Volatility of the Nominal Excess Return on Stocks. The Journal of Finance 48: 1779–1801.

Goldstein DG, Taleb NN (2007) We Don't Quite Know What We Are Talking About. Journal of Portfolio Management 33: 84–86.

Knight FH (1921) Risk, Uncertainty and Profit. Houghton Mifflin, Boston.

Koester U (1986) Regional cooperation to improve food security in Southern and Eastern African countries. International Food Policy Research Institute (IFPRI) Research Report #53. IFPRI, Washington DC.

Koester U (2016) Grundzüge der landwirtschaftlichen Marktlehre. 5. Auflage. Franz Vahlen, München.

Lütkepohl H, Krätzig M (2004) Applied Time Series Econometrics. Themes in modern econometrics. Cambridge University Press, Cambridge.

Mahul O, Stutley C (2010) Government Support to Agricultural Insurance: Challenges and Opportunities for Developing Countries. World Bank, Washington DC.

Masters, MW (2020) Testimony before the Committee on Homeland Security and Governmental Affairs United States Senate. https://www.hsgac.senate.gov//imo/media/doc/052008Masters.pdf. Zugegriffen am 31. August 2020.

Nelson DB (1991) Conditional Heteroskedasticity in Asset Returns: A New Approach. Econometrica 59: 347.

Poon S-H (2005) A practical guide to forecasting financial market volatility. Wiley finance series. Wiley, Chichester.

Samuelson PA (1972) The Consumer Does Benefit From Feasible Price Stability. Quarterly Journal of Economics 86: 476.

Sandmo A (1971) On the Theory of the Competitive Firm Under Price Uncertainty. American Economic Review 61: 65–73.

Schneider E (1949) Zur Liquiditätstheorie des Zinses. Weltwirtschaftliches Archiv 62: 123–132.

Serra T, Zilberman D, Gil J-M (2011) Price volatility in ethanol markets. European Review of Agricultural Economics 38: 259–280.

Shephard NG, Andersen TG (2009) Stochastic volatility: origins and overview. In: Mikosch T et al. (Hrsg.) Handbook of Financial Time Series. Springer, Berlin.

Smith A (1793) An inquiry into the nature and causes of the wealth of nations. W. Strahan, London.

USDA (United States Department of Agriculture) (2020) World Agricultural Supply and Demand Estimates. https://www.usda.gov/oce/commodity/wasde. USDA, Washington DC.

Waugh FV (1944) Does the Consumer Benefit from Price Instability? Quarterly Journal of Economics 58: 602.

Wicksteed PH (1910) The Common Sense of Political Economy. Macmillan and Co., London.

Will MG, Prehn S, Pies I, Glauben T (2015) Is Financial Speculation with Agricultural Commodities Harmful or Helpful? The Journal of Alternative Investments 18: 84–102.

Williamson OE (2000) The New Institutional Economics: Taking Stock, Looking Ahead. Journal of Economic Literature 38: 595–613.

Wright BD (2011) The Economics of Grain Price Volatility. Applied Economic Perspectives and Policy 33: 32–58.

Zakoian J-M (1994) Threshold heteroskedastic models. Journal of Economic Dynamics and Control 18: 931–955.

11 Forward- und Futuresmärkte und ihre Bedeutung für die Agrarpreisbildung

Teresa Vollmer, Ludwig Striewe und Stephan von Cramon-Taubadel

Zusammenfassung

Produktion, Verarbeitung und Verbrauch können integriert in einem Unternehmen stattfinden, oder sie werden von unabhängigen Wirtschaftseinheiten an Märkten über Kontrakte koordiniert. In diesem Kapitel werden zwei besondere Arten von Kontrakten, Forward- und Futureskontrakte, die eine Schlüsselrolle bei der Preisbildung vieler Agrarprodukten spielen, thematisiert. Zunächst wird erläutert, wie Forwardkontrakte definiert sind und welche Vor- und Nachteile sie für Marktteilnehmer haben. Anschließend wird die Funktionsweise des Handels mit Futureskontrakten erläutert und gezeigt, wie Marktteilnehmer Risikoabsicherung über Futureskontrakte vornehmen können. Des Weiteren wird die Rolle und Bedeutung der Spekulation für den Futureshandel und die Preisbildung auf Agrarmärkten diskutiert. Schließlich wird erläutert, welche Bedingungen erfüllt sein müssen, damit der Futureshandel funktionieren kann, und insbesondere wie die erfolgreiche Etablierung eines Futuresmarkts von den institutionellen Rahmenbedingungen eines Landes abhängt.

T. Vollmer
Paderborn, Deutschland

L. Striewe
Hamburg, Deutschland

S. von Cramon-Taubadel (✉)
Universität Göttingen, Göttingen, Deutschland
E-Mail: scramon@gwdg.de

U. Koester und S. von Cramon-Taubadel (Hrsg.), *Agrarpreisbildung*,
https://doi.org/10.1007/978-3-658-33211-2_11

11.1 Einleitung und Lernziele

Die landwirtschaftliche Produktion ist die Grundlage der globalen Nahrungsmittelversorgung. Diese Produktion erfolgt in der Regel flächengebunden und damit dezentral. Landwirtschaftliche Güter müssen also transportiert werden, zum Ort der Verarbeitung und/oder zum Ort des Verbrauchs **(räumliche Transformation).**

Landwirtschaftliche Produktion erfolgt darüber hinaus zu unterschiedlichen Zeitpunkten im Jahr und oft saisonal zur jeweiligen Ernte z. B. von Getreide, Ölsaaten, Kartoffeln, Zuckerrüben oder Obst und Gemüse, bis hin zu einer kontinuierlichen Produktion von Produkten wie Milch oder Fleisch. Speziell bei den saisonal erzeugten Produkten muss die Produktion dem Verbrauch über die Lagerung angeglichen werden **(zeitliche Transformation).**

Produktion, Verarbeitung und Verbrauch können integriert in einem Unternehmen stattfinden. Der Eigenverbrauch eines Landwirts, der sein Getreide in der eigenen Schweineproduktion veredelt, ist ein Beispiel dafür. Das Gros des Getreides, die nahezu gesamte Produktion von Zuckerrüben für die Zuckerherstellung und fast alle Ölsaaten werden aber von dritten Unternehmen wie Ölmühlen, Zuckerfabriken, Mischfutterwerken, Getreidemühlen usw. verarbeitet. Diese Produkte sind dann ihrerseits entweder Grundstoffe für die Nahrungsmittelindustrie oder werden direkt an den Einzelhandel zum Verkauf an die Verbraucher weitergegeben.

Eine Koordinierung der Wirtschaftseinheiten untereinander erfolgt am Markt über Kontrakte.[1] In den Kontrakten werden dabei die unterschiedlichen Anforderungen der Vertragsparteien geregelt, wie Werksauslastung, Lagerraumverfügbarkeiten, Nutzung von Transportträgern, Qualitäten, Zahlungsmodalitäten usw. Ein zentrales Element ist darüber hinaus die Preisfindung und Preisabsicherung, an die die Unternehmen ganz unterschiedliche Ansprüche haben können **(Risikotransformation).** In diesem Kapitel werden zwei besondere Arten von Kontrakten, Forward- und Futureskontrakte, die eine Schlüsselrolle bei der Preisbildung vieler Agrarprodukten spielen, erläutert.

In diesem Kapitel wird gezeigt:

Übersicht
- wie Forwardkontrakte definiert sind und wie diese von Marktteilnehmern genutzt werden,
- welche Vor- und Nachteile Forwardkontrakte für Marktteilnehmer haben,
- wie Futureskontrakte und der Futureshandel funktionieren,
- wie Marktteilnehmer Risikoabsicherung über Futureskontrakte – das sogenannte Hedging – vornehmen können,

[1] Vgl. hierzu Coase (1937), sowie das Markt-Hierarchie Paradigma von Williamson (1985).

- dass der Getreidehandel Risikomanagementstrategien mit Hilfe von Futureskontrakten umsetzen kann, von dem auch Landwirte, die selbst nicht mit Futureskontrakten handeln, profitieren können,
- dass die Spekulation eine essentielle aber auch umstrittene Rolle auf Futuresmärkten spielt,
- dass der Futureshandel nur dann funktionieren kann, wenn die Preisbildung frei von staatlichen Interventionen als Ergebnis des Zusammenspiels von Angebot und Nachfrage stattfindet.

11.2 Der Forwardkontrakt

Bei der Kategorisierung von Verträgen kann grundsätzlich unterschieden werden in solche, die sofort erfüllt werden und andere, deren Belieferung zu einem zukünftigen Zeitpunkt erfolgt. Dabei gilt es je nach Markt zu definieren, was als sofortige Lieferung verstanden wird. Beim Erwerb eines abrufbaren Artikels im Internet nach online-Zahlung meint der Begriff „sofort" die unmittelbare Bereitstellung innerhalb weniger Sekunden oder Minuten. Kauft allerdings das Königreich Saudi-Arabien eine Schiffsladung Gerste von 60.000 t in einem deutschen Großhafen, so ist die Lieferung aufgrund der Transportzeit frühestens nach 30 Tagen möglich. Nach den Gepflogenheiten im internationalen Getreidehandel bedeutet sofort hier also in 30 Tagen. Sofort kann in diesem Zusammenhang als schnellstmögliche Lieferung der jeweiligen Ware, Menge und Qualität an den vereinbarten Lieferort mit den jeweils vereinbarten Verkehrsträgern bezeichnet werden.

Im deutschen Getreidehandel hat es sich als hilfreich erwiesen, zwischen den Begriffen sofort und prompt zu differenzieren. Geregelt ist das in den *Einheitsbedingungen im Deutschen Getreidehandel* (Deutsche Warenbörsen 2017) die seit den 1920er Jahren vornehmlich von der Arbeitsgemeinschaft der Deutschen Getreide- und Produktbörsen ausgehandelt werden. Diese stellen ein Regelwerk dar, auf das sich die Wirtschaftsbeteiligten beim Handel mit Getreide gerichtsfest verständigen können. In den *Einheitsbedingungen* wird eine **sofortige Lieferung** definiert als eine Lieferung, die innerhalb von drei Geschäftstagen nach Geschäftsabschluss erfolgt. Als **prompte Lieferung** wird eine Lieferung innerhalb von sieben Tagen nach Geschäftsabschluss bezeichnet.

Im Gegensatz zu dieser sofortigen oder prompten Lieferung spricht man von **Forwardkontrakten,** wenn ein Vertrag die *zukünftige* Lieferung oder Abnahme von Ware regelt. Abgeleitet von der Definition von sofort und prompt lässt sich ein Forwardkontrakt definieren als jede Lieferung oder Abnahme, die später als prompt erfolgt.

11.2.1 Ausgestaltung von Forwardkontrakten

Forwardkontrakte sind individuell zwischen Vertragsparteien ausgehandelte Kontrakte, in denen neben den grundsätzlich zu regelnden Vertragsparametern wie Produkt, Menge, Qualität und Erfüllungsort Angaben über den **Erfüllungstermin** oder Erfüllungszeitraum gemacht werden. Maßgeblich für einen Forwardkontrakt ist damit der Zeitpunkt oder Zeitraum der Erfüllung. Der Zeitpunkt der Festlegung des Preises eines Forwardkontraktes kann davon abweichen und ist nicht konstitutiv für einen Forwardkontrakt. Die Möglichkeiten der Vertragsausgestaltung bezüglich des Lieferzeitpunktes sind dabei genauso heterogen wie die Anforderungen der Vertragspartner an die zukünftigen Lieferungen. Anhand der im Getreidehandel üblichen Vertragsausgestaltungen werden hier einige solcher Möglichkeiten mit Beispielen erläutert.

1. Die einfachste Form ist ein Kontrakt zur Erfüllung (Lieferung oder Abnahme) zu einem bestimmten Zeitpunkt.
   Beispiel: Lieferung von 500 t, C-Weizen, Ernte 2019, **ciffo/franko** Hamburg, Erfüllungstermin 1. Hälfte Mai 2020.[2]
2. Es können aber auch ratierliche Forwardkontrakte abgeschlossen werden, die eine feste Monats- oder Halbmonatsmenge für einen bestimmten Zeitraum umfassen.
   Beispiel: Lieferung von 3.000t C-Weizen, Ernte 2019, ciffo/franko Hamburg, je 500 t pro Monat von Januar bis Juni 2020.
3. Im internationalen Handel sind darüber hinaus optionale Kontrakte üblich, bei denen dem Käufer einer Partie zur Beladung eines Seeschiffes z. B. **fob**[3] deutscher Seehafen die Option eingeräumt wird, diese Partie über einen bestimmten Zeitraum abzunehmen. Solche optionalen Kontrakte beinhalten in der Regel zusätzliche Klauseln darüber, wie und mit welchem Vorlauf dem Kontraktpartner die Erfüllung angezeigt wird und welches Lagergeld der Käufer dem Verkäufer bei späterer Abnahme zahlt. Diese werden Reports genannt und fallen täglich, halbmonatlich oder monatlich an.
   Beispiel: Kauf von 60.000 t deutschem Weizen, fob Rostock, Ernte 2019, min. 12,5 % Protein; max. 14 % Feuchtigkeit, Abnahme Februar – Mai 2020 in Käufers Wahl mit 10 Tagen Ankündigungsfrist, Preis + 0,70 EUR Report pro Halbmonat

---

[2]cif (*cost, insurance, freight*) bedeutet, dass der Käufer in einem Bestimmungshafen die Ware inklusive Kosten (*costs*) für die Versicherung (*insurance*) und die Fracht (*freight*) zahlt. Vereinbaren die Kontraktparteien darüber hinaus das Löschen des Schiffes auf Verkäufers Kosten (*free out*), so ergibt sich im Kontrakt die Klausel ciffo. Franko ist im deutschen Sprachgebrauch eine Klausel für den LKW-Verkehr zu den gleichen Bedingungen wie ciffo bei den Schiffen, d. h. sämtliche Kostenübernahme für Transport, Versicherung und Löschen des LKWs.

[3]fob (*free on board*) bedeutet, dass der Käufer die Ware an Bord eines Schiffes ab den Verschiffungshafen annimmt und sich um alle weiteren Kosten (z. B. Versicherung und Fracht) kümmert.

11.2.2 Wirtschaftliche Motive für den Abschluss von Forwardkontrakten

Im Getreidehandel sind Forwardkontrakte die Regel und **Kassakontrakte** – außerhalb der Ernteanlieferungen – eher die Ausnahme. Forwardkontrakte sind dabei das zentrale Steuerungsinstrument von Absatz, Produktion, Lagerung und Logistik zwischen den Wirtschaftsbeteiligten. Sie dienen darüber hinaus der Preisabsicherung und damit der Erlös- und Kostensteuerung.

Verarbeiter von landwirtschaftlichen Produkten wie Getreide und Ölsaaten haben häufig einen mehr oder weniger kontinuierlichen Absatz, sei es Mehl an den Einzelhandel oder die Backwarenindustrie, Mischfutter in die Landwirtschaft oder Pflanzenöl an die Ernährungs- oder Biodieselindustrie. Für die Verarbeitung ist dann über das gesamte Jahr eine ausreichende Rohstoffversorgung vorzuhalten. Diese kann zwischen zwei Ernten über Lagerbestände gewährleistet werden oder über eine kontinuierliche Zufuhr. Die eigene Lagerung bietet den Vorteil der Planbarkeit und Unabhängigkeit von der Logistik Dritter. Lagerung ist aber teuer und kapitalintensiv, weil in der Ernte die Rohstoffmenge für die gesamte Jahresproduktion finanziert werden muss. Ein Problem stellt darüber hinaus dar, dass die Verarbeitungsstandorte häufig zentral an Wasserplätzen oder in großen Zentren liegen. In der angespannten Erntelogistik ist es in der Regel kaum möglich, große Mengen Getreide von den Produktionszentren über mehrere 100 km zu diesen Standorten zu verbringen. Daher verfügen das Gros der Verarbeitungsstandorte über Lagerkapazitäten von im Verhältnis zur Produktion wenigen Wochen bis zu wenigen Monaten. Die restliche Verarbeitung wird über Forwardkontrakte mit häufig ratierlicher Abnahme am Markt eingedeckt.

Für den Verkäufer von Getreide, der in der Ernte den Lagerraum gefüllt hat, bedeutet die ratierliche Abnahme ebenfalls Planungssicherheit, weil die Nutzung des Lagerraums über das Getreidewirtschaftsjahr hinweg kalkuliert werden kann. Getreideverarbeitende Unternehmen kaufen in der Regel an das Werk geliefert, d. h. dass der Verkäufer stellt den Transportträger. Forwardkontrakte mit ratierlichen Abnahmen sind deshalb für den Verkäufer von großer Bedeutung, weil so eine kontinuierliche Auslastung der Transportträger – LKW, Bahn oder Schiff – gewährleistet werden kann. Forwardkontrakte sind damit ein zentrales Element des Kostenmanagements und der effizienten Auslastung von Lager- und Verarbeitungskapazitäten und Transportinfrastruktur.

In Forwardkontrakten genauso wie in Kassakontrakten werden alle für die Produktionsplanung relevanten Parameter abgebildet. Bei sehr großen Verarbeitern geschieht das in der Regel durch individuelle Einkaufsbedingungen. An einigen Märkten haben sich auch standardisierte Forwardkontrakte herausgebildet, die von mehreren Verarbeitern genutzt werden, in dem sich die Wirtschaftsbeteiligten auf diese Bedingungen beziehen. Die Anzahl der Parameter, die in Forwardkontrakten geregelt werden, kann mehrere Dutzende umfassen. Neben den Standardparametern wie Produkt, Menge, Termin und **Erfüllungsort** (auch **Parität** genannt), gibt es oft detaillierte Regelungen über die Transportträger, den Mechanismus des Abrufs von Teilmengen, Regelungen zu Über- oder Untermengen, Qualitätsparameter, Toleranzbereiche für diese Qualitätsparameter, Zu- und/oder Abschläge bei Qualitäten außerhalb dieser Toleranzbereiche, Stoßrecht von Partien (d. h. das Recht, eine Lieferung abzulehnen), wenn die Parameter nicht eingehalten werden, Einigungen auf das zu nutzende Qualitätsmanagementsystem, Einigungen über Kontrollen und die Art und Weise wie beprobt wird, Einigungen über die zuständige Schlichtungsinstanz bzw. Gerichtsbarkeit usw.

11.2.3 Risiken und Nachteile von Forwardkontrakten

Forwardkontrakte sind mehr oder weniger individuell ausgehandelte Kontrakte. Sowohl für einen Lieferanten als auch für den Abnehmer ist es nicht ohne weiteres möglich, aus dem Vertrag auszusteigen, sollten sich die Voraussetzungen zu Ertragserfüllung geändert haben. Der Verkäufer einer Ware kann aber durchaus versuchen, Ware zu gleichen Konditionen auf die gleiche Parität von einem Dritten zur Erfüllung seines Vertrages einzukaufen. Der ursprüngliche Verkäufer bleibt dabei Kontraktpartner des Käufers. Bei Vertragserfüllung bezahlt dann der Käufer den ursprünglichen Verkäufer und dieser wiederum den Verkäufer von dem er die Ware bezogen hat. Solche Konstrukte sind im Getreidehandel relativ häufig und werden **Handel in Kette** genannt. Es versteht sich, dass zwar alle Kontraktparameter nicht, aber der Preis bei solchen weitergereichten Verpflichtungen gleich sein müssen.

Auf bestimmten Standardparitäten haben sich über diesen Mechanismus relativ fungible Märkte gebildet. Einer der wichtigsten ist der Markt für B-Weizen und der Markt für Gerste franko/ciffo Hamburg oder der Markt für Weizen, Gerste oder Roggen franko Südoldenburg. Südoldenburg steht hier für eine Reihe von Mischfutterherstellern in der Veredelungsregion im Nordwesten Deutschlands. Hier entstehen durch den Weiterverkauf der jeweiligen Liefer- oder Abnahmeverpflichtung Ketten von 5 oder gar 10 Kontraktpartnern. Alle Abrufe der Kontrakte und auch Zahlungen müssen komplett durch eine solche Kette durchgereicht werden, was die Abwicklung kompliziert, zeitaufwendig und fehleranfällig machen kann. Andererseits hat sich so ein Markt etabliert, der bereits Preisabsicherungsfunktionen für die einzelnen Kontraktpartner bietet.

Aber auch solche Vertragsformen sind, wie alle physischen Kontrakte, mit dem Risiko der Nichterfüllung und auch dem Risiko des Zahlungsausfalls verbunden. Die Vertragspartner achten deshalb genau darauf, mit welchen Kontraktpartnern sie Geschäfte machen. In fast allen Handelshäusern steht vor dem Kontraktabschluss daher eine Einschätzung des sog. ***counter party risk,*** d. h. die Prüfung der Bonität des Vertragspartners und wie gut Kontrakte mit ihm in der Vergangenheit abgewickelt wurden.

Zusammengefasst: Forwardkontrakte sind geeignete Instrumente, um Bezug, Lagerung, Produktion, Logistik und Absatz zu planen und zu steuern. Sie dienen darüber hinaus der Preisfixierung zwischen zwei Kontraktpartnern. Diese Vertragsform ist aber sehr individuell, nur begrenzt fungibel und nur begrenzt liquide, um eine aktive Preisabsicherung für die Wirtschaftsunternehmen bieten zu können. Um diese

Nachteile auszugleichen haben sich Futuresmärkte etabliert, die, wie im folgenden Abschnitt aufgezeigt wird, zusammen mit den Forwardkontrakten sehr maßgeschneiderte Preisfindungs- und Risikoabsicherungsinstrumente bieten können.

11.3 Der Futureskontrakt

Futureskontrakte und deren Vorläufer wurden schon im 17. Jahrhundert z. B. an der Reisbörse in Osaka in Japan genutzt. In Chicago wurde im Jahr 1848 die Chicago Board of Trade (CBOT) gegründet und 1851 der erste Forwardkontrakt gehandelt (Chicago Board of Trade 1997). Ab 1865 unternahm die CBOT Schritte, diese Kontrakte zu standardisieren. Solche Kontrakte wurden **Futureskontrakte** (kurz Futures) genannt. Auch in Deutschland wurden bis 1886 Futures an der Berliner Produktenbörse gehandelt. Weil preußische Junker vermuteten, dass die niedrigen Getreidepreise auf Spekulation auf den Futuresmärkten zurückzuführen waren, setzten sie ein verschärftes Börsengesetz durch, in dessen Folge der Handel mit Futures eingestellt wurde. Es sollte bis 1993 dauern, bis eine Gesetzesnovelle auch in Deutschland den Handel mit Futures, auch **Warentermingeschäfte** genannt, ermöglichte.

11.3.1 Die Bedeutung von Futureskontrakten

Futureskontrakte werden auf eine Vielzahl von unterschiedlichen Produktgruppen gehandelt. Die *Futures Industry Association* (FIA) erfasst die Daten von 52 Börsen weltweit und veröffentlicht in ihrer jährlichen Statistik den Handel mit Futures und Optionen[4] auf Futures in sieben Produktgruppen: Aktienindizes, Aktien, Zinssätze, Währungen, Energie (darunter Strom), Agrarprodukte, Nicht-Edelmetalle und Edelmetalle. Lauf FIA (2020) wurden weltweit im Jahr 2019 knapp 34,5 Mrd. Kontrakte gehandelt, darunter gut 19 Mrd. Futures und 15 Mrd. Optionskontrakte. Mit 12,5 Mrd. Kontrakten machen Futures auf Aktienindizes ca. 36 % des weltweiten Handelsvolumens aus, gefolgt von Aktien mit 17,6 %, Zinsen mit knapp 14 % und Währungsfutures mit gut 11 %.

Der Handel von Futures auf Agrarprodukte hat in den letzten 20 Jahren eine rasante Entwicklung genommen (Abb. 11.1). Wurden nach Angaben der FIA im Jahr 2000 erst 137 Mio. Kontrakte gehandelt, waren es im Jahr 2019 1,65 Mrd. Kontrakte oder knapp 5 % des gesamten Handelsvolumens. Nordamerika und hier die USA haben in den letzten 5 Jahren einen Anteil an der Zahl der gehandelten Kontrakte von nur noch 20 bis 30 %.

[4]Eine Option ist das Recht, etwas zu einem späteren Zeitpunkt und zu einem festgelegten Preis zu kaufen oder zu verkaufen. Anders als bei Futures handelt es sich bei Optionen lediglich um ein Recht und keine Pflicht. Optionen spielen im Agrarhandel auch eine Rolle, werden aber an dieser Stelle nicht weiter behandelt. Für weitere Informationen über Optionen siehe z. B. Eller et al. (2010).

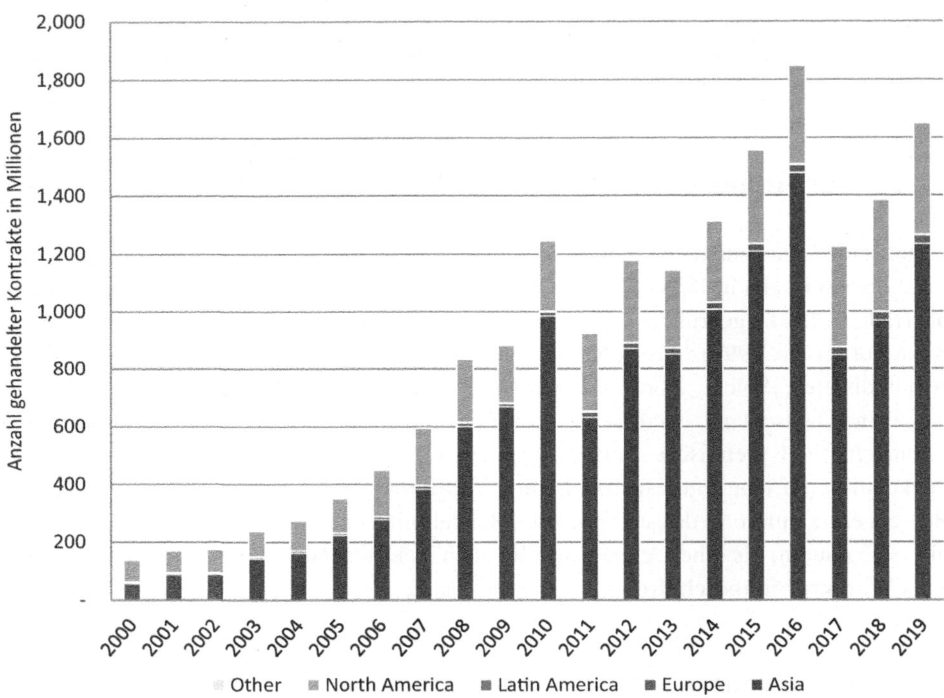

Abb. 11.1 Zahl der gehandelten Futures auf Agrarprodukte weltweit und nach Region. (Quelle. FIA (2020), Eigene Darstellung)

Asien und hier insbesondere China sind mit Abstand der wichtigste Handelsplatz für Futures auf Agrarprodukte geworden mit einem Anteil von 68 % bis 80 % des gehandelten Kontraktvolumens in den letzten 5 Jahren. In Europa hat die Zahl der gehandelten Kontrakte in den letzten 20 Jahren stetig zugenommen; von 4 Mio. im Jahr 2000 auf 14 Mio. 2010 und 27 Mio. im Jahr 2017. Im globalen Maßstab sind die Börsen in Europa allerdings weniger bedeutend mit konstant nur ca. 2 % des Handelsvolumens.

In Europa findet Futureshandel für Agrarprodukte auf mehreren Warenterminbörsen statt. Von Bedeutung sind vor allem die Euronext *(Matif – Marché à Terme International de France)* mit Futures auf Weizen, Raps, Rapsschrot und Rapsöl, Mais sowie Kontrakte auf Magermilchpulver, Süßmolkepulver, Butter und Düngemittel sowie die Liffe *(London International Financial Futures and Options Exchange),* welche ein Teil der NYSE *(New York Stock Exchange)* ist und an der Kontrakte auf Zucker und auf Futterweizen gehandelt werden.

11.3.2 Das Wesen von Futureskontrakten

Futureskontrakte sind Vereinbarungen über den Kauf oder Verkauf eines Vermögenswertes zu einem bestimmten zukünftigen Erfüllungsdatum. Dabei werden die detaillierten Kontraktspezifikationen vom Anbieter eines solchen Kontraktes, z. B. der Euronext, zuvor im Detail festgelegt. Damit verbleibt der einzige für einen Kontraktabschluss verbleibende Parameter der Preis. Aufgrund seiner für den europäischen Getreidehandel großen Bedeutung werden die Kontraktspezifikationen in Tab. 11.1 am Beispiel des Euronext MATIF-Weizen Nr. 2 Futureskontraktes (im Folgenden kurz MATIF-Weizenkontrakt) dargestellt.

Die Kontraktspezifikationen umfassen den Handelsplatz, die zuständige Clearinginstitution und eine Regelung für den Algorithmus des zentralen Orderbuchs. Hierauf wird weiter unten eingegangen. Die Kontraktspezifikationen umfassen auch die in Tab. 11.1 beschriebenen physischen Qualitätsparameter wie Wasser- und Eiweißgehalt. Auch Differenzen zu diesen Spezifikationen und deren wirtschaftliche Bewertung sind geregelt, falls solche Differenzen zulässig sind.

In den Spezifikationen geregelt ist darüber hinaus die Lieferparität mit dem Eigentumsübergang, der beim MATIF-Weizenkontrakt ***against actuals*** oder über einen ***exchange for swaps*** vollzogen werden kann. Diese Begriffe bedeuten, dass eine Andienung über physische Ware, die in einem akkreditierten Silo eingelagert wurde und die dann mit Wirkung des letzten Handelstages in Form eines Lagerscheins den Besitzer wechselt, erfolgen muss.

Als Lieferorte oder sog. Andienungsorte sind beim MATIF-Weizenkontrakt akkreditierte Silobetriebe in Rouen und Dünkirchen in Frankreich zugelassen. Während der MATIF-Weizenkontrakt nur zwei mögliche Andienungsorte vorsieht, sind es beim MATIF-Rapskontrakt insgesamt acht in Frankreich, Deutschland und Belgien. Die Entscheidung darüber, an welchem der Lieferorte die Andienung erfolgt, fällt dem Verkäufer zu. Das wird als ***seller's option*** bezeichnet; diese Regelung hat für die Preisbildung eines Futureskontraktes wichtige Implikationen, wie unten am Beispiel des MATIF-Rapskontrakts in Abschn. 11.3.5 aufgezeigt wird.

Ein Käufer weiß damit genau, welche Qualität er mindestens angedient bekommt und der Verkäufer weiß, welche Qualität er mindestens liefern muss, sollte der Kontrakt physisch beliefert **(angedient)** werden. Eine solche Andienung ist grundsätzlich möglich und erfolgt bei allen Kontrakten, die zum Ende des letzten Handelstages eines solchen Kontraktes nicht zurückgehandelt (**glattgestellt** – siehe unten) wurden. Die grundsätzliche Möglichkeit der physischen Andienung von Weizen in der oben beschriebenen Qualität zum letzten Handelstag eines Kontraktes ist zentral für die Preisbildung des Kontraktes. Sie stellt sicher, dass Weizen dieser Qualität, zu dieser Parität und zum Liefertermin des Futureskontraktes am Kassamarkt den gleichen Preis erzielt wie der Futureskontrakt, der genau diesen Weizen am letzten Handelstag wiederspiegelt. Am letzten Handelstag konvergieren also Futurespreise und Kassapreise und werden dadurch austauschbar.

Alle weiteren in Tab. 11.1 dargestellten Kontraktspezifikationen sind technischer Natur. Sie regeln die Kontraktgröße (50 t beim Weizen), die minimale Preisbewegung, die gehandelt wird (0,25 EUR cents pro t, was 12,50 EUR pro 50 t Kontrakt entspricht), die Handelszeiten, den letzten Handelstag und die genauen Abläufe bei Andienung eines Kontraktes, wie die Benachrichtigungszeiten und die Angaben, wo angeliefert wird, wenn der Verkäufer seine *seller's option* ausübt.

Tab. 11.1 Kontraktspezifikationen des Euronext MATIF-Weizen Nr. 2 Futureskontraktes

Bezeichnung des Futures	MATIF-Weizen Nr. 2 Futureskontrakt
Kontrakt Code	EBM
Handelsplatz	Paris
Clearing	LCH S.A. (ein Unternehmen mit Sitz in Paris, siehe Erläuterungen weiter unten)
Algorithmus	Das zentrale Orderbuch wendet einen Preis/Zeit-Handelsalgorithmus an, Priorität hat die erste Order zum besten Preis
Produkt	Weizen mit Herkunft EU
Wassergehalt	Max. 15 %
Bruchkörner	Max. 4 %
Auswuchs	Max. 2 %
Verunreinigungen	Max. 2 %
Fallzahl-Hagberg	Min. 220 s
Eiweißgehalt	Min. 11 % in der Trockenmasse
Spezifisches Gewicht	Min. 76 kg/hl
Differenzen	Bei Differenzen werden Abschläge laut Incograin Nr. 23 und technischen Anhang 2 fällig
Mycotoxine	Geltende EU Gesetzgebung für unbearbeitetes Getreide
Lieferung	In akkreditierten Silos in Rouen (Frankreich) und Dünkirchen (Frankreich). *Against actuals* oder *exchange for swaps*
Liefermonate	September, Dezember, März und Mai
Kontraktgröße	50 t
Währung	Euro und Eurocents pro t
Tickgröße	25 Eurocents pro t = 12,50 EUR/Kontrakt
Handelszeiten	10:45 – 18:30 (UTC + 1)
Letzter Handelstag	18:30 (UTC + 1) am zehnten Kalendertag des Liefermonats (wenn kein Geschäftstag, dann am darauffolgenden Geschäftstag)
Benachrichtigungstag	Der erste Geschäftstag nach dem letzten Handelstag
Lieferzeitraum	Jeder Geschäftstag ab dem letzten Handelstag bis zum Ende des jeweiligen Liefermonats
Lieferlimits	Werden von LCH S.A. festgelegt und 80 Tage vor dem letzten Handelstag veröffentlicht; sie sind 12 Tage vor dem letzten Handelstag des Liefermonats wirksam. Die Hinweise der LCH S.A. stehen auf der Website www.lch.com/risk-collateral-management/risk-notices zur Verfügung.

Quelle: Euronext (2020)

11.3.3 Der Handel mit Futureskontrakten

Da alle Kontraktparameter standardisiert und damit geklärt sind, geht es in den Verhandlungen über den Kontraktabschluss bei Futures nur noch um den Preis. Für den Handel zugelassen sind in der Regel Brokerhäuser oder Banken, die als Broker fungieren. Diese stellen im Auftrag ihrer Kunden Kauf- oder Verkaufsorder für einen bestimmten Kontrakt direkt in das Handelssystem der Börse ein. Der Kunde eines Brokerhauses oder einer Bank kann seine Kauf- oder Verkaufsorder in der Regel telefonisch beauftragen oder direkt über ein elektronisches Handelssystem des Brokers an der Börse platzieren.

In welcher Reihenfolge eingehende Order an der Börse platziert werden, regelt der in Tab. 11.1 beschriebene Algorithmus. Im Falle des MATIF-Weizenkontrakts z. B. stellt dieser sicher, dass der Verkaufsorder zu einem spezifischen Kontrakt und bestimmten Preis in der Reihenfolge der Einstellung in das System der Börse abgebucht wird *(first come, first served)*, sollte es zu einem Handelsabschluss kommen. Wird beispielsweise eine Order zum Verkauf von 50 Kontrakten Weizen, also 2500 t, zu einem Preis von 190 EUR/t für den Termin Mai 2020 eingestellt, dann reiht sich diese Order in andere eingegangenen Verkaufsordern zum gleichen Preis und Termin ein. Erst wenn die vor der eigenen Order in der Reihe stehenden Kontrakte von einem Käufer gekauft wurden – an der Börse spricht man von Abbuchung – stehen die 50 eigenen Kontrakte zum Verkauf an. Diese 50 Kontrakte können dann in Gänze oder in Teilmengen abgebucht werden, je nachdem, welche Kauforder (Anzahl und jeweilige Größe) in der entsprechenden Reihe stehen. In den elektronischen Handelssystemen wird die Zahl der eingestellten Verkaufs- und Kauforder für den jeweiligen Termin als Information dargestellt. Bei Kontraktabschluss, d. h. wenn das elektronische Handelssystem Kauf- und Verkaufsorder für ein gegeneinander verbindet (auch *matching* genannt), dann haben Käufer und Verkäufer rechtsverbindlich 50 t Weizen zu den benannten Spezifikationen gehandelt und werden hierüber elektronisch informiert. Dieser Handel ist gleichzeitig die letzte offizielle Notierung einer Börse. Der tägliche Schlusskurs einer Börse muss allerdings nicht unbedingt den letzten Kontraktabschluss abbilden. Oft behalten die Börsen es sich vor, den Durchschnitt einer bestimmten Zahl der letzten Kontraktabschlüsse als offiziellen Schlusskurs zu veröffentlichen.

Marktintegrität, Margin-System und der Clearingmechanismus

Der Handel eines Futures ist anonym, d. h. die jeweiligen Kontraktpartner haben keine Kenntnis von der Identität des anderen. Damit scheidet eine Bonitätsprüfung des Kontraktpartners aus. Die Integrität des Kontraktes, d. h. die unbedingte Kontrakterfüllung und der Ausgleich von Gewinnen und Verlusten, muss deshalb über einen alternativen Mechanismus gewährleistet werden. Hierzu ist an den Börsen der ***Clearingmechanismus*** entwickelt worden. An der Euronext regelt das, wie in Tab. 11.1 dargestellt, die Clearingbank LCH S.A.

Tab. 11.2 *Margin* und *margin call* in €/t bei unterschiedlichen Preisentwicklungen

Käufer			Marktpreis	Verkäufer		
Börse fragt an:	Summe Margin & Margin Call	Margin & Margin Call	Preis Euronext	Margin & Margin Call	Summe Margin & Margin Call	Börse fragt an:
Margin Call	35 €	5 €	160 €			
Margin Call	30 €	5 €	165 €			
Margin Call	25 €	5 €	170 €			
Margin Call	20 €	5 €	175 €			
Margin Call	15 €	5 €	180 €			
Margin Call	10 €	5 €	185 €			
Initial Margin	5 €	5 €	190 €	5 €	5 €	Initial Margin
			195 €	5 €	10 €	Margin Call
			200 €	5 €	15 €	Margin Call
			205 €	5 €	20 €	Margin Call
			210 €	5 €	25 €	Margin Call
			215 €	5 €	30 €	Margin Call
			220 €	5 €	35 €	Margin Call

Preis des Kontraktabschlusses zwischen Käufer und Verkäufer (→ 190 €)

Quelle: Eigene Darstellung

Der Clearingmechanismus basiert auf einem System von Einschüssen, d. h. Geld, das auf einem Treuhänderkonto bei der Clearingbank hinterlegt wird. Die Clearingbank der Börse tritt dabei als dritte Partei beim Handel auf und verlangt von beiden Vertragsparteien die Hinterlegung einer Sicherheitszahlung (die sogenannte ***Margin***) in einer bestimmten Höhe, die sich entweder als prozentualer Anteil am Kontraktwert bemisst oder als Festbetrag pro Kontrakt konzipiert ist. Der erste Einschuss bei Abschluss des Kontraktes wird ***initial margin*** genannt. Dabei hinterlegen sowohl Käufer als auch Verkäufer einen Betrag, der mindestens so groß ist, dass er den maximalen Verlust des nächsten Handelstages abdeckt. Dieser maximale Verlust ist wiederum determiniert durch die Handelslimits der Futureskontrakte, die von der Börse festgelegt werden, d. h. maximale Schwankungsbreiten der Preise innerhalb eines bestimmten Zeitraums, jenseits derer der Handel für diesen Futureskontrakt zumindest zeitweise eingestellt wird.

Der Käufer eines Futureskontraktes erleidet einen Verlust, wenn der Marktpreis für diesen Future fällt, da er mit dem Kauf des Kontrakts die Pflicht erworben hat, die dem Future zugrundeliegende Ware und Qualität zum Lieferzeitpunkt und -ort anzunehmen, diese Pflicht aber inzwischen zu einem günstigeren Preis erwerben könnte. Gehen wir von der in Tab. 11.2 dargestellten Situation aus und nehmen wir z. B. an, die *initial margin* beträgt 5 EUR/t. Bei einem Kontraktpreis des Futures von 190 EUR/t und einem inzwischen geltenden Marktpreis von 185 EUR/t deckt diese *initial margin* den Verlust von 5 EUR/t genau ab. Die Clearingbank verlangt vom Käufer dann einen Nachschuss, den sog. ***margin call,*** am Beispiel der Tab. 11.2 erneut von 5 EUR/t. Faktisch hat der Käufer des Kontraktes über dieses System stets den möglichen Verlust des nächsten Handelstages aus dem Handel des Futurekontraktes bei der Börse hinterlegt. Für den Verkäufer eines Kontraktes gilt bei steigenden Preisen die gleiche Logik, denn er erleidet bei steigenden Preisen einen Verlust: er hat sich mit dem Verkauf des Kontrakts dazu verpflichtet, die dem Future zugrundeliegende Ware und Qualität zum Lieferzeitpunkt und -ort anzudienen, könnte aber diese Verpflichtung inzwischen teurer verkaufen.

Der Handel mit Futureskontrakten kann damit viel Kapital in Form von hinterlegten *Margins* binden. Bei Preishaussen müssen Marktteilnehmer, die Futureskontrakte verkauft haben, viel Kapital in Form von Margin Calls nachschießen, wie es in der Fachsprache heißt. In den Jahren 2007/08 und auch zwischen 2010 und 2015, als die Preise für viele Agrargüter mitunter sprunghaft angestiegen sind, gerieten manche Unternehmen auf diese Weise durchaus in eine angespannte Liquiditätslage.

Verpflichtungen der Marktteilnehmer

Kommt es zu einem Vertragsabschluss zum Zeitpunkt t_0, verpflichtet sich der Verkäufer (A), die dem Future zugrundeliegende Ware und Qualität zum festgelegten Lieferzeitpunkt und -ort zu liefern. Seine Position wird als ***short*** bezeichnet.[5] Der Käufer eines Futures (B) geht hingegen eine Abnahmeverpflichtung der Ware gemäß der Kontraktspezifikationen ein. Seine Position wird als ***long*** bezeichnet. Marktteilnehmer A kann seine Lieferverpflichtung ***(short position)*** in t_1 auflösen, ohne dass B hiervon betroffen wäre, wenn er einen weiteren Marktteilnehmer (C) findet, der bereit ist, diese Lieferverpflichtung gegen Zahlung zu übernehmen. Das Ergebnis wäre, dass C nun eine *short position* und B weiterhin eine ***long position*** am Warenterminmarkt besitzt. A wäre nicht mehr am Warenterminmarkt engagiert, da er seine *short position* glattgestellt hat. Natürlich kann auch B seine Position weiterverkaufen und seine Abnahmeverpflichtung an einen weiteren Marktteilnehmer übertragen.

An einer Warenterminbörse werden die hinterlegten Sicherheiten der Verkäufer und Käufer von der Clearingbank miteinander abgeglichen und ausgeglichen. Im Beispiel der Tab. 11.2. würde der Käufer mit seiner *long position* beim Glattstellen (Verkauf seines Kontraktes) bei einem Preis von 170 EUR/t einen Verlust von 20 EUR /t realisieren. Daher würden 20 EUR /t der insgesamt 25 EUR /t hinterlegten Margin vom Clearinghouse einbehalten und zur Deckung der Gewinne des Verkäufers *(short position)* dienen. Beim Handel von Futures an der Börse muss also nicht zwangsläufig Ware ausgetauscht werden, denn es ist möglich, sich aus einer *short* oder *long position* wieder herauszukaufen, indem die Gewinne und Verluste ausgeglichen werden. In der Praxis liegt der Anteil der Kontrakte, die tatsächlich beliefert werden, in der Regel bei weniger als 1 % des Kontraktvolumens.[6]

---

[5]Eine vielleicht hilfreiche Eselsbrücke: „short" und „sell" (verkaufen) beginnen beide mit „s".

[6]Die Anzahl der jeweiligen Kontrakte eines bestimmten Produktes und Liefermonats, die an einer Börse gehandelt werden, werden als ***open interest*** bezeichnet. Die Anzahl der Transaktionen für einen bestimmten Zeitraum wird als Volumen bezeichnet.

Tab. 11.3 Charakteristika von Futures- und Forwardkontrakten

Charakteristikum	Futureskontrakte	Forwardkontrakte
Spezifikationen	Quantität, Qualität, Erfüllungsort und Zeitpunkt sind standardisiert	Individuell verhandelbar
Liquidität	Korreliert mit Handelsvolumen an der Terminbörse	Muss individuell ausgehandelt werden, nicht garantiert. Fungibilität nur auf wenigen Papiermärkten garantiert.
Integrität	Von der Börsenbehörde über die Clearingbank garantiert	Sog. *counter party risk* (Risiko der Nichterfüllung bzw. des Zahlungsausfalls) ist vom jeweiligen Kontraktpartner zu managen.
Zahlweise	Während der Laufzeit durch den Clearingmechanismus	Individuell, zumeist pauschal bei oder nach Erfüllung
Erfüllung	In der Regel Glattstellung durch entgegengesetzte Transaktionen	Physisch, Gegengeschäft oder Verlustausgleich
Transaktionskosten	Brokergebühren und Verzinsung der hinterlegten Margin	Verhandlungs- und Abwicklungskosten

Quelle: Nelson (1985, S. 17)

In Tab. 11.3 werden die zentralen Charakteristika von Forward- und Futureskontrakten noch einmal gegenübergestellt.

11.3.4 Die Preisbildung von Terminkontrakten

Im folgenden Abschnitt werden die Preisbildung von Terminkontrakten und die Verbindung zum Kassamarkt, die sich in der sogenannten **Basis** oder **Prämie**[7] ausdrückt, erläutert. Als Basis oder Prämie wird die Differenz zwischen dem aktuellen oder zukünftigen Kassapreis an einem bestimmten Ort und dem Preis eines bestimmten Futureskontraktes bezeichnet. Man unterscheidet die **Terminbasis,** die Differenz des Kassapreises zum Terminpreises zu einem bestimmten Zeitpunkt $(p_{t_0}^K - p_{t_0 \to t_1}^{FUT})$, und die ***maturity basis,*** die Differenz des Preises auf dem Kassamarkt zu dem Preis auf dem Terminmarkt zum Zeitpunkt der Fälligkeit des Kontrakts $(p_{t_1}^K - p_{t_1 \to t_1}^{FUT})$. Dabei

[7]In der Wissenschaft hat sich der Begriff Basis etabliert. Im Handel wird dagegen fast ausschließlich von der Prämie gesprochen. Beide Begriffe sollen im Folgenden synonym verwendet werden.

bezeichnen $p^{FUT}_{t_i \to t_j}$ den Futurespreis zum Zeitpunkt t_i für den Liefertermin t_j, und $p^K_{t_k}$ den Kassapreis zum Zeitpunkt t_k.

Arbitrage wirkt sich auf die Basis und somit auf die Beziehung zwischen Futures- und Kassapreisen aus. Wenn beispielsweise der Futurespreis höher als der Kassapreis für Ware mit identischen Qualitätsmerkmalen notiert, dann könnte ein Arbitrageur zum Zeitpunkt t_1 einen Futureskontrakt zum Preis $p^{FUT}_{t_1 \to t_1}$ verkaufen und ihn gleichzeitig mit soeben zum Preis von $p^K_{t_1}$ billiger erstandener Kassaware erfüllen. Tendenziell führen das durch den Arbitrageur erhöhte Angebot an Futureskontrakten zu einem geringeren Futurespreis und die erhöhte Nachfrage nach Kassaware zu einem höheren Kassapreis. Folglich führt die Arbitrage zu einer *maturity basis* von Null. Die *maturity basis* wird entsprechend kleiner (größer) Null sein, wenn die am Kassamarkt gehandelte Ware von niedrigerer (höhere) Qualität ist als im Futureskontrakt spezifiziert.

Aufgrund einer analogen Überlegung ist zu erwarten, dass in einem vollkommenen Markt die Futurespreise und die Forwardpreise nahezu identisch sind. Übersteigt beispielsweise der Forwardpreis $p^{FWD}_{t_0 \to t_1}$ den Futurespreis $p^{FUT}_{t_0 \to t_1}$, werden Arbitrageure einerseits Ware forward verkaufen und andererseits am Futuresmarkt Kontrakte kaufen mit der Absicht, zum Erfüllungszeitpunkt auf physischer Belieferung des Futureskontraktes zu bestehen. Mit der so erhaltenen Ware können sie den Forwardkontrakt erfüllen und so den bereits zu Beginn bekannten Gewinn (die Differenz zwischen $p^{FWD}_{t_0 \to t_1}$ und $p^{FUT}_{t_0 \to t_1}$, auch **Zeitbasis** genannt) realisieren. Folglich kann man davon ausgehen, dass in Forwardkontrakten von Futurespreisen abgeleitete Preise vereinbart werden, mit entsprechender Berücksichtigung von Qualitätsunterschieden.Wie dieser Zusammenhang für die Preisableitung im Getreidehandel genutzt wird, wird weiter unten dargestellt.

Wird von Qualitätsunterschieden und unterschiedlichen Lieferorten abstrahiert, so ist zu vermuten, dass die Terminbasis mit zunehmendem Zeithorizont innerhalb eines Erntejahres linear ansteigen wird. Formal kann die Beziehung zwischen einem Futurespreis $p^{FUT}_{t_0 \to t_1}$ und den Kassapreis $p^K_{t_0}$ wie folgt dargestellt werden:

$$p^{FUT}_{t_0 \to t_1} = p^K_{t_0}\left(1 + r_{t_0 \to t_1}\right) + L_{t_0 \to t_1} \tag{11.1}$$

mit

$r_{t_0 \to t_1}$ = die Opportunitätskosten einer Kapitalmenge in Höhe des Kassapreises über den Zeitraum von t_0 bis t_1, und.

$L_{t_0 \to t_1}$ = die Kosten der Lagerung pro Einheit des Gutes von t_0 bis t_1.

Gilt Gl. 11.1 nicht genau, so lassen sich sichere Gewinne realisieren. Gilt z. B.

$p^{FUT}_{t_0 \to t_1} > p^K_{t_0}\left(1 + r_{t_0 \to t_1}\right) + L_{t_0 \to t_1}$ so würde es sich lohnen, Ware jetzt am Kassamarkt zum Preis $p^K_{t_0}$ zu kaufen und gleichzeitig einen Future zum Preis von $p^{FUT}_{t_0 \to t_1}$ zu verkaufen. Bei Fälligkeit des Futures könnte dann die gelagerte Ware angedient werden. Aus dem Unterschied zwischen $p^{FUT}_{t_0 \to t_1}$ und $p^K_{t_0}$ könnten die Opportunitätskosten des Kapitals und die Kosten der Lagerhaltung mehr als gedeckt werden.

11.3.5 Die seller's option

Die *seller's option* regelt, wie oben bereits beschrieben, dass der Marktteilnehmer in der *short position* (Verkäufer) den Andienungsort aus der Liste der möglichen Andienungsorte auswählen kann. Das soll am Beispiel des MATIF-Rapskontraktes mit den acht Andienungsorten Belleville, Metz und Frouard (Frankreich) an der Mosel, Bülstringen, Vahldorf und Magdeburg am Mittellandkanal, Würzburg am Main sowie Gent in Belgien dargestellt werden.

Für die Andienung bzw. Belieferung der Kontrakte, die zum Handelsschluss nicht glattgestellt sind, wird der Verkäufer den Andienungsort wählen, an dem der Raps am günstigsten anzuliefern ist. Bis zum Jahr 2012 gab es beispielsweise in den neuen Bundesländern einen Überschuss an Raps, der über den Mittellandkanal zu den Ölmühlen am Niederrhein abtransportiert werden musste. Der Transport per Binnenschiff kostete ca. 12 EUR/t. Der Preis fob Binnenschiff Mittellandkanal lag also 12 EUR/t unter dem Preis cif am Niederrhein. Von der Mosel an den Niederrhein kann der Raps für 6 EUR/t transportiert werden, sodass fob Mosel ca. 6 EUR/t unter cif Niederrhein notierte. Die Fracht fob Großhafen Gent kostet ca. 5 EUR/t, sodass der Preis dort entsprechend 5 EUR/t unter dem Niederrhein lag. Der Preis am Mittellandkanal war abgeleitet vom höchsten Preis am Niederrhein stets der niedrigste und stellte mithin die günstigste Andienungsmöglichkeit dar. Das wurde von den Marktteilnehmern antizipiert, sodass die *maturity basis* fob Mittellandkanal stets auf 0 EUR/t hinauslief. Der MATIF-Rapskontrakt spiegelte also fob Mittellandkanal wieder, und die Andienungen erfolgten zum überwiegenden Teil am Mittelkanal.

Mittlerweile sind die Rapsverarbeitungskapazitäten in den neuen Bundesländern so stark ausgebaut und die Rapsproduktion so stark rückläufig, dass die Region sich zu einer Importregion für Raps gewandelt hat. Gleichzeitig hat sich die EU insgesamt von einem Nettoexporteur zu einem Nettoimporteur von Raps entwickelt. Der niedrigste Preis ist damit in der Regel der cif-Gent Preis, der wiederum die günstigste Andienungsmöglichkeit darstellt. Damit spiegelt der MATIF-Rapskontrakt die Parität Gent wider. Am Mittellandkanal muss für Raps auf Importbasis und Transportkosten vom Hafen Gent an den Mittellandkanal von 10 bis 14 EUR/t von den dortigen Ölmühlen eine Basis (Händler sprechen von einer Prämie) von bis zu 14 EUR/t auf den MATIF-Rapspreis gezahlt werden.

11.4 Risikomanagement mit Futuresmärkten

11.4.1 Grundlagen des Hedgings auf Futuresmärkten

Eine Absicherung des Preisrisikos für physische Ware über Futureskontrakte wird als **Hedge** bezeichnet (aus dem englischen *to hedge:* einzäunen, eingrenzen). Im Folgenden sollen die Funktionsweise eines Hedges und die damit verbundenen Risiken, sowie die Möglichkeit zur Spekulation erläutert werden.

Generell kann beim Hedging auf Futuresmärkten zwischen ***long*** und ***short hedges*** unterschieden werden. Besteht die Absicht, den Preis für den zukünftigen Verkauf physischer Ware am Kassamarkt zu fixieren, um sich vor sinkenden Preisen zu schützen, spricht man von einem *short hedge*. Ein Landwirt z. B. könnte mittels eines *short hedge* versuchen, den Verkaufspreis für seine nächste Ernte zu fixieren. Soll hingegen der Preis für einen in der Zukunft liegenden Einkauf physischer Waren festgelegt werden, so handelt es sich um einen *long hedge*, mit dem das Risiko eines ansteigenden Preisniveaus vermindert werden soll. Typische *long hedger* sind beispielsweise Verarbeiter von landwirtschaftlichen Erzeugnissen, wie Mühlen, die versuchen, ihre zukünftigen Rohstoffkosten zu fixieren.

Im Falle eines *long (short) hedge* sei vereinfachend angenommen, dass ein Händler zum Zeitpunkt t_1 physische Ware am Kassamarkt zum Preis $p_{t_1}^K$ einkaufen (verkaufen) möchte. Dazu verkauft (kauft) er zum Zeitpunkt t_0 einen Forwardkontrakt zum Preis $p_{t_0 \to t_1}^{FWD}$. Ohne Absicherung besteht ein Preisrisiko, da $p_{t_1}^K$ zum Zeitpunkt t_0 noch unbekannt ist und sich für den Händler positiv oder negativ entwickeln kann. Dieses Risiko kann durch Gegengeschäfte auf dem Futuresmarkt verringert (gehedged) werden. Dazu kauft (verkauft) der Händler zum Zeitpunkt t_0 Futureskontrakte zum Preis $p_{t_0 \to t_1}^{FUT}$ und geht somit eine *long (short) position* am Futuresmarkt ein. Der Erwerb der Futureskontrakte kann dabei als temporäres Substitut für die später vorzunehmende Transaktion am Kassamarkt betrachtet werden. Die Futuresposition wird glattgestellt, indem zum Zeitpunkt t_1 Futureskontrakte wiederum zum Preis $p_{t_1 \to t_1}^{FUT}$ verkauft (gekauft) werden. Die Gewinne oder Verluste aus den Transaktionen am Futuresmarkt werden wie oben erläutert von der Clearingstelle verrechnet und dem Händler entweder gutgeschrieben oder in Rechnung gestellt. Gleichzeitig erwirbt (veräußert) der Händler die physische Ware am Kassamarkt.

Formal kann ein *long hedge* folgendermaßen dargestellt werden:

$$\begin{aligned} \pi_H &= qp_{t_0 \to t_1}^{FWD} - qp_{t_1}^K - qp_{t_0 \to t_1}^{FUT} + qp_{t_1 \to t_1}^{FUT} \\ &= q\left(p_{t_0 \to t_1}^{FWD} - p_{t_1}^K\right) - q\left(p_{t_0 \to t_1}^{FUT} - p_{t_1 \to t_1}^{FUT}\right) \end{aligned} \tag{11.2}$$

mit

π_H = Gewinn nach dem *long hedge*,
q = Gehandelte Menge,
$p_{t_0 \to t_1}^{FWD}$ = Forwardpreis in t_0 für Lieferung in t_1,
$p_{t_1}^K$ = Kassapreis in t_1,
$p_{t_0 \to t_1}^{FUT}$ = Futurespreis in t_0 für Lieferung in t_1, und
$p_{t_1 \to t_1}^{FUT}$ = Futurespreis in t_1 für Lieferung in t_1.

Somit entspricht der Gewinn eines *long hedge* π_H der Summe der Wertänderungen der auf dem Kassa- und Futuresmarkt gehandelten Mengen. Eine Preisrisikoreduzierung kann jedoch nur dadurch erreicht werden, dass sich die Preise am Futuresmarkt $p_{t_0 \to t_1}^{FUT}$

Tab. 11.4 Position Prämie *long:* Preis sinkt, Basis unverändert

	Physisch		MATIF		Basis (EUR)	Ergebnis (EUR)
	Einkauf (EUR)	Verkauf (EUR)	Einkauf (EUR)	Verkauf (EUR)		
28. Nov. 2019	184,00			180,00	4,00	
15. Feb. 2020		180,00	176,00		4,00	
Gewinn & Verlust		−4,00		4,00	0,00	0,00

Quelle: Eigene Darstellung

bzw. $p^{FUT}_{t_1\to t_1}$ und am Kassamarkt $p^{FWD}_{t_0\to t_1}$ bzw. $p^{K}_{t_1}$ weitgehend parallel bewegen. Wie oben bereits gezeigt, werden durch die Möglichkeit zur Arbitrage entsprechende Preiszusammenhänge hergestellt. Zum einen werden sich $p^{FWD}_{t_0\to t_1}$ und $p^{FUT}_{t_0\to t_1}$ parallel bewegen, da die Zeitbasis gegen Null bzw. einen Wert tendiert, der die Qualitätsunterschiede zwischen der auf dem Forward- und der auf dem Futuresmarkt gehandelten Ware entspricht. Zum anderen werden sich auch $p^{FUT}_{t_1\to t_1}$ und $p^{K}_{t_1}$ parallel entwickeln, da die *maturity basis* gegen Null bzw. einen ähnlichen, den Qualitätsunterschieden entsprechenden Wert tendiert. Ist das der Fall, so wird ein Verlust auf dem Kassamarkt in der Regel durch einen Gewinn auf dem Futuresmarkt ausgeglichen – d. h. $\left(p^{FWD}_{t_0\to t_1} - p^{K}_{t_1}\right) \approx \left(p^{FUT}_{t_0\to t_1} - p^{FUT}_{t_1\to t_1}\right)$.

Diese Zusammenhänge sollen durch ein Beispiel verdeutlicht werden (Tab. 11.4). Ein Händler kauft am 28. November 2019 Ware für 184 EUR/t ein, ob auf dem Kassamarkt oder auf dem Forwardmarkt ist bei dieser Betrachtung unerheblich. Gleichzeitig tätigt dieser einen Verkauf (d. h. er geht eine *short position* ein) an der MATIF zu einem Preis von 180 EUR /t für den März 2020 MATIF-Weizenkontrakt. Die Basis (Prämie) liegt also bei diesem Kontrakt bei + 4 EUR /t (oder im Händlerdeutsch „bei einer 4 EUR /t über MATIF März 2020"). Der Marktteilnehmer besitzt in diesem Fall die physische Ware und hat den Preis über die MATIF abgesichert. Diese Position (physischer Ware *long, futures short*) wird als **Prämie *long*** bezeichnet. Sollte der Händler die physische Ware zunächst verkauft und den Preis durch einen Kauf eines Futurekontraktes an der MATIF abgesichert haben, so wird diese Position (physische Ware *short, futures long*) als **Prämie *short*** bezeichnet.

Zum 15. Februar 2020 ergibt sich die Möglichkeit, die physische Ware zu einem Preis von 180 EUR /t zu verkaufen. Gleichzeitig stellt der Händler den MATIF-Kontrakt glatt, d. h. er geht die Gegenposition ein und kauft den Futureskontrakt, der hier ebenfalls um 4 EUR /t gesunken ist, zurück. Da sich die Preise am Futuresmarkt und am Kassamarkt, wie oben geschildert, parallel bewegt haben (auf beiden Märkten sind sie um 4 EUR /t gefallen), hat sich die Basis nicht verändert. Ohne Hedge hätte der Händler aus dem physischen Geschäft 4 EUR /t verloren; dieser Verlust wird aber durch den Gewinn aus dem Futureskontrakt komplett ausgeglichen. Das Ergebnis ist damit 0 EUR/t und der Hedge perfekt.

Tab. 11.5 Position Prämie *long:* Preis sinkt, Basis steigt

	Physisch (Basis fob)		MATIF		Basis (EUR)	Ergebnis (EUR)
	Einkauf (EUR)	Verkauf (EUR)	Einkauf (EUR)	Verkauf (EUR)		
28. Nov. 2019	184,00			180,00	4,00	
15. Feb. 2020		180,00	174,00		6,00	
Gewinn & Verlust		−4,00		6,00		2,00

Quelle: Eigene Darstellung

Tab. 11.6 Position Prämie *long:* Preis sinkt, Basis sinkt

	Physisch (Basis fob)		MATIF		Basis (EUR)	Ergebnis (EUR)
	Einkauf (EUR)	Verkauf (EUR)	Einkauf (EUR)	Verkauf (EUR)		
28. Nov. 2019	184,00			180,00	4,00	
15. Feb. 2020		180,00	178,00		2,00	
Gewinn & Verlust		−4,00		2,00		−2,00

Quelle: Eigene Darstellung

Das gleiche Geschäft stellt sich für den Händler anders dar, wenn die Basis steigt. Dies ist der Fall, wenn der physische Kontrakt weniger stark sinkt (oder stärker ansteigt) als der Kurs an der MATIF sinkt (steigt). Im Beispiel der Tab. 11.5 sinkt der physische Preis wie im vorherigen Beispiel um 4 EUR/t, aber der MATIF Kurs fällt um 6 EUR/t. In diesem Fall steigt die Basis von 4 auf 6 EUR/t. Der Händler verliert aus dem physischen Geschäft wieder 4 EUR/t, aber in diesem Fall wird dieser Verlust durch den Gewinn von 6 EUR/t aus dem *short hedge* auf dem Futuresmarkt mehr als ausgeglichen.

Analog ergibt sich für den Händler mit der Position Prämie *long* ein Verlust, wenn der physische Preis stärker sinkt (oder weniger ansteigt) als der Kurs an der MATIF sinkt (ansteigt). In diesem Fall, der in Tab. 11.6 dargestellt wird, wird der Verlust im physischen Geschäft nicht vollständig durch einen Gewinn aus dem *short hedge* auf dem Futuresmarkt ausgeglichen. Wie im nächsten Abschnitt erläutert wird, können die in den letzten beiden Beispielen unterstellten Veränderungen der Basis durch Faktoren wie volatile Transportkosten oder wetterbedingte Veränderungen der auf dem Kassamarkt verfügbaren Qualitäten ausgelöst werden.

Ein letztes Beispiel in Tab. 11.7 soll zeigen, dass eine sinkende Basis zu einem Gewinn führt, wenn der Händler Prämie *short* statt Prämie *long* ist. In diesem Fall wird die physische Ware zunächst verkauft (physisch *short*) und der Preis über den Kauf eines Futureskontrakts (Futures *long*) abgesichert. Eine sinkende Basis führt dann zu einem

Tab. 11.7 Position Prämie *short:* Preis sinkt, Basis sinkt

	Physisch (Basis fob)		MATIF		Basis (EUR)	Ergebnis (EUR)
	Einkauf (EUR)	Verkauf (EUR)	Einkauf (EUR)	Verkauf (EUR)		
28. Nov. 2019		184,00	180,00		4,00	
15. Feb. 2020	180,00			178,00	2,00	
Gewinn & Verlust		4,00		−2,00		2,00

Quelle: Eigene Darstellung

Gewinn, da der Gewinn im physischen Geschäft größer ist als der Verlust aus dem *long hedge* auf den Futuresmarkt. Andersherum führt Prämie *short* zu Verlusten, wenn die Basis steigt.

Hedging wird häufig – allerdings unzutreffend – mit einer Versicherung verglichen. Das Versicherungsprinzip beruht auf einer Verteilung des Schadens auf viele Versicherungsnehmer. Hedging bedeutet dagegen den Ausgleich eines Risikos durch ein entgegengesetztes Geschäft. Damit ist das kombinierte Risiko kleiner ist als das Einzelne. Das Basisrisiko bleibt allerdings immer bestehen, weil die Basis steigen oder sinken kann.

11.4.1.1 Risiken des Hedgings

Das **Basisrisiko** ist ein Risiko des Hedgings, und auch auf das **Marginrisiko** wurde oben bereits eingegangen. Weitere Risiken sind das **Liquiditätsrisiko** und das **Standardmengenrisiko.** Aufgrund dieser Risiken kann im Vergleich zu einem perfekten Hedge ein zusätzlicher Verlust, aber auch ein zusätzlicher Gewinn erzielt werden. Im Folgenden werden die einzelnen Risiken nochmals formal erläutert.

Das Preisrisiko bei Transaktionen am Kassamarkt kann durch Hedging nur dann reduziert werden, wenn sich die Preise am Kassa- und am Futuresmarkt weitestgehend parallel bewegen und die Annahme einer konstanten Basis erfüllt ist. Dies entspricht in der Realität jedoch nicht dem Regelfall. Da zum Zeitpunkt t_0 die Basis in t_1 noch unbekannt ist und nicht exakt prognostiziert werden kann, kommt es zu dem sogenannten **Basisrisiko.** Tatsächlich wird also das Preisrisiko am Effektivmarkt bei einem Hedge nicht vollständig eliminiert, sondern vielmehr gegen das Basisrisiko getauscht. Handelt es sich um einen *long hedge,* so führt eine im Zeitablauf steigende Basis ($\left[p_{t_0 \to t_1}^{FUT} - p_{t_1}^{K}\right] > \left[p_{t_1 \to t_1}^{FUT} - p_{t_1}^{K}\right]$) zu einem Verlust und eine im Zeitablauf schwächere Basis ($\left[p_{t_0 \to t_1}^{FUT} - p_{t_1}^{K}\right] < \left[p_{t_1 \to t_1}^{FUT} - p_{t_1}^{K}\right]$) zu einem Gewinn. Im Falle eines *short hedge* tritt jeweils der gegenteilige Effekt ein.

Veränderung der Basis können durch eine Vielzahl an Faktoren verursacht werden. Hierzu gehören unter anderem volatile Transportkosten. Kommt es beispielsweise zu einem Anstieg der Frachtraten oder sind wetterbedingt wichtige Wasserstraßen vorrübergehend nicht befahrbar, steigen die Transportkosten erheblich, was sich auf das Kassapreisniveau auswirkt. Damit bewegen sich die Kassapreise zu einem gewissen Anteil abgekoppelt von den Futurespreisen an der Börse, sodass sich Basisschwankungen ergeben.

Auch unterschiedliche Qualitäten der Ware am Kassa- und Futuresmarkt können für Basisschwankungen ausschlaggebend sein. Während der MATIF-Weizenkontrakt einem Mindestproteingehalt von 11 % vorsieht (Tab. 11.1), kann davon ausgegangen werden, dass deutscher Qualitätsweizen im Durchschnitt der Jahre einen um etwa 1 % höheren Proteingehalt aufweist, was zu einer positiven Basis führt. Kommt es jedoch in Extremwetterjahren zu Qualitätseinbußen in Deutschland, kann das eine schwächere Basis verursachen.[8]

Auf den meisten Märkten ist die Korrelation zwischen Futures- und Kassapreis allerdings sehr hoch, sodass das Hedging in der Regel zu einer Verringerung des Preisrisikos bei Transaktionen am Kassamarkt führt. Eine Korrelation zwischen Futures und Kassapreis ist häufig sogar zwischen unterschiedlichen Produkten gegeben. So verlaufen beispielsweise Raps- und Sojapreise oft so stark positiv korreliert, dass Transaktionen am Kassamarkt für Raps mit Soja-Futures gehedged werden können. In diesem Falle ist von einem ***cross hedge*** (aus dem englischen cross: überkreuz) die Rede.

Eng mit dem Basisrisiko verbunden ist das **Liquiditätsrisiko,** das beispielsweise auf europäischen Warenterminmärkten für Milch- oder Fleischprodukte ein Problem darstellt. Die Liquidität eines Marktes ist dann gegeben, wenn hinreichend viele Marktteilnehmer, vor allem Spekulanten[9], an der Börse handeln, und vom Hedger auch größere Mengen von Kontrakten zum herrschenden Marktpreis jederzeit gehandelt und vor allem glattgestellt werden können. An einem Markt mit geringer Liquidität, also einem geringen Handelsvolumen, kann es schwierig sein, eine offene Position glattzustellen, denn – wie oben erläutert – beinhaltet jeder Kontraktabschluss auf dem Futuresmarkt ein sogenanntes *matching,* d. h. das simultane Auftreten eines Käufers und eines Verkäufers, die beide zu einem bestimmten Preis handelswillig sind. Vor allem bei einer großen Position ist die Glattstellung eventuell nur mit Preiszugeständnissen möglich, die zu einer Basisschwankung führen können.

Aus einzelbetrieblicher Sicht existiert eine weitere Form des Liquiditätsrisikos und zwar im Zusammenhang mit den bereits erwähnten *margin calls:* das **Marginrisiko.** Ein Landwirt, der sich beispielsweise durch den Verkauf von Futureskontrakten für Weizen absichern möchte *(short hedge),* wird im Falle stark steigender Preise, laufend *margin calls* nachschießen müssen. Je nach finanzieller Lage des Betriebes und Umfang der *short position* kann dies eventuell zu erheblichen Liquiditätsproblemen für einen Betrieb führen (vgl. Fallbeispiel 1 unten).

Werden nur kleine Mengen produziert oder gekauft, so kann das **Standardmengenrisiko** beim Hedging ein weiteres Problem sein. Einem Futureskontrakt liegt jeweils

[8]Zu den Bestimmungsgründen der Basis zwischen Kassapreisen für Weizen in Deutschland und dem Preis des MATIF-Weizenkontraktes siehe Prehn et al. (2016) sowie Vollmer et al. (2020).

[9]Auf die Rolle von Spekulanten auf Futuresmärkten wird in Abschn. 11.4.2 eingegangen.

eine gewisse Menge zugrunde, die sich nicht stückeln lässt. Engagiert sich ein Landwirt an der Börse, um die 25 t Weizen zu hedgen, die er ernten wird, obwohl ein MATIF-Weizenkontrakt stets 50 t entspricht, so spekuliert er am Futuresmarkt mit der 25 t Differenz aus Kontraktgröße und physischer Ware. Sichert er mit einem Kontrakt 50 t ab, obwohl er 70 t produziert, so spekuliert er mit 20 t am Kassamarkt.

11.4.1.2 Bestimmung der optimalen hedge ratio

Sichert ein Marktteilnehmer, der sich für eine Hedging-Strategie entscheidet, seine zukünftigen Transaktionen am Kassamarkt vollständig am Futuresmarkt ab, wird von einer ***hedge ratio*** von 1 gesprochen. Die *hedge ratio* wird als Anteil der Produkte eines hedgers, die am Futuresmarkt abgesichert werden, zur gesamten Menge, die am Kassamarkt gehandelt wird, definiert.

$$H_R = \frac{q_H}{q_K} \tag{11.3}$$

mit.

H_R = hedge ratio,
q_H = die am Futuresmarkt abgesicherte Menge, und
q_K = die am Kassamarkt gehandelte Menge.

Eine *hedge ratio* von 1 bedeutet, dass der Hedger kein Standardmengenrisiko eingeht. Abhängig von der individuellen Risikoeinstellung des Hedgers oder der Höhe der mit dem Hedging verbundenen Risiken kann die optimale *hedge ratio* jedoch deutlich von 1 abweichen. Sichert ein Marktteilnehmer nur einen Teil seiner am Kassamarkt gehandelten Menge ab, geht es um einen *under hedge* ($H_R < 1$). Wird hingegen eine größere Menge am Futuresmarkt abgesichert, als physisch gehandelt, spricht man von einem *over hedge* ($H_R > 1$). Zu einem *full hedge* ($H_R = 1$) kommt es, wenn die am Futures- und am Kassamarkt gehandelte Menge identisch ist. Sichert sich ein Markteilnehmer weder am Futuresmarkt noch über Forwardkontrakte ab ($H_R = 0$), so ist er laut Definition als **Spekulant** zu bezeichnen, der das Preisrisiko auf dem gesamten Umfang seiner offenen Kassamarktposition trägt.

Wie kann die optimale *hedge ratio* eines Marktteilnehmers bestimmt werden? Zunächst ist einleuchtend, dass auch ein Marktteilnehmer, dessen subjektive Risikoaversion unendlich groß ist, nicht die gesamte Menge seiner offenen Kassamarktposition an der Börse absichern wird. Die Gründe hierfür liegen in den oben thematisierten Risiken, allen voran dem Basisrisiko als der wichtigsten Risikokomponente beim Hedging. Ein risikoaverser Markteilnehmer ist nicht daran interessiert, allein das Preisrisiko, sondern das Gesamtrisiko zu minimieren. Das Gesamtrisiko setzt sich aber aus dem Preisrisiko auf dem Kassamarkt und dem Basisrisiko am Terminmarkt zusammen.[10]

[10]Vgl. Malliaris (1999, S. 40–42).

Zur Veranschaulichung kann Gl. 11.2 ($\pi_H = q(p^{FWD}_{t_0 \to t_1} - p^K_{t_1}) - q(p^{FUT}_{t_0 \to t_1} - qp^{FUT}_{t_1 \to t_1})$) wie folgt modifiziert werden:

$$\pi_H = q_K p^{FWD}_{t_0 \to t_1} - q_K p^K_{t_1} - q_H p^{FUT}_{t_0 \to t_1} + q_H p^{FUT}_{t_1 \to t_1} \tag{11.4}$$

mit

q_K = die am Kassamarkt gehandelte Menge, und
q_H = die am Futuresmarkt gehedgte Menge

Die Überlegung des Hedgers lässt sich in folgender Gleichung darstellen:

$$Var(\pi_H) = E(\pi_H - E(\pi_H))^2 \tag{11.5}$$

Mit.

$Var(\pi_H)$ = Varianz des Gewinns nach einem Hedge (π_H), und
$E(\pi_H)$ = der Erwartungswert von π_H.[11]

Wird Gl. 11.4 in Gl. 11.5 eingesetzt, so ergibt sich

$$Var(\pi_H) = E\left(\left[q_K(p^{FWD}_{t_0 \to t_1} - p^K_{t_1}) - q_H(p^{FUT}_{t_0 \to t_1} - p^{FUT}_{t_1 \to t_1})\right] - E\left[q_K(p^{FWD}_{t_0 \to t_1} - p^K_{t_1}) - q_H(p^{FUT}_{t_0 \to t_1} - p^{FUT}_{t_1 \to t_1})\right]\right)^2 \tag{11.6}$$

Da zum Zeitpunkt t_0 sowohl die am Kassamarkt gehandelte Menge q_K als auch die beiden Preise $p^{FUT}_{t_0 \to t_1}$ und $p^{FWD}_{t_0 \to t_1}$ bekannt sind, kann Gl. 11.6 wie folgt modifiziert werden

$$\begin{aligned} Var(\pi_H) &= E\left(\left[q_K(p^{FWD}_{t_0 \to t_1} - p^K_{t_1}) - q_H(p^{FUT}_{t_0 \to t_1} - p^{FUT}_{t_1 \to t_1})\right] - \left[q_K(p^{FWD}_{t_0 \to t_1} - E(p^K_{t_1})) - q_H(p^{FUT}_{t_0 \to t_1} - E(p^{FUT}_{t_1 \to t_1}))\right]\right)^2 \\ &= E\left(q_K(E(p^K_{t_1}) - p^K_{t_1}) - q_H(E(p^{FUT}_{t_1 \to t_1}) - p^{FUT}_{t_1 \to t_1})\right)^2 \end{aligned} \tag{11.7}$$

Wird Gl. 11.7 ausmultipliziert, so ergibt sich

$$\begin{aligned} Var(\pi_H) &= E\left(q_K^2(p^K_{t_1} - E(p^K_{t_1}))^2 - 2q_K q_H(p^{FUT}_{t_1 \to t_1} - E(p^{FUT}_{t_1 \to t_1}))(p^K_{t_1} - E(p^K_{t_1})) + q_H^2(p^{FUT}_{t_1 \to t_1} - E(p^{FUT}_{t_1 \to t_1}))^2\right) \\ &= q_K^2 Var(p^K_{t_1}) - 2q_K q_H Cov(p^K_{t_1}, p^{FUT}_{t_1 \to t_1}) + q_H^2 Var(p^{FUT}_{t_1 \to t_1}) \end{aligned} \tag{11.8}$$

mit

$Cov(p^K_{t_1}, p^{FUT}_{t_1 \to t_1})$ = Kovarianz zwischen $p^K_{t_1}$ und $p^{FUT}_{t_1 \to t_1}$.

Gl. 11.8 kann anschließend wie folgt geändert werden

$$Var(\pi_H) = q_K^2\left(Var(p^K_{t_1}) - 2\frac{q_H}{q_K}Cov(p^K_{t_1}, p^{FUT}_{t_1 \to t_1}) + \frac{q_H^2}{q_K^2}Var(p^{FUT}_{t_1 \to t_1})\right) \tag{11.9}$$

[11] Gl. 11.2 (bzw. Gl. 11.4) gilt für den Fall eines *long hedge*. Im Falle eines *short hedge* haben alle Termen in dieser Gleichung das umgekehrte Vorzeichen. Da diese Termen aber in Gl. 11.5 quadriert werden, gilt die folgende Ableitung der optimalen *hedge ratios* uneingeschränkt sowohl für ein *long* als auch für ein *short hedge*.

Setzt man nun Gl. 11.3 $\left(H_R = \frac{q_H}{q_K}\right)$ in Gl. 11.9 ein, ergibt sich

$$Var(\pi_H) = q_K^2\left(Var\left(p_{t_1}^K\right) - 2H_R Cov\left(p_{t_1}^K, p_{t_1 \to t_1}^{FUT}\right) + H_R^2 Var\left(p_{t_1 \to t_1}^{FUT}\right)\right) \quad (11.10)$$

Die Bedingung erster Ordnung für die Minimierung der Varianz des Gewinns π_H durch eine Anpassung der *hedge ratio* H_R^* lautet:

$$\frac{\partial Var(\pi_H)}{\partial H_R} = q_K^2\left(-2Cov\left(p_{t_1}^K, p_{t_1 \to t_1}^{FUT}\right) + 2H_R Var\left(p_{t_1 \to t_1}^{FUT}\right)\right) = 0 \quad (11.11)$$

Daraus folgt im Optimum[12]

$$H_R^* = \frac{Cov\left(p_{t_1}^K, p_{t_1 \to t_1}^{FUT}\right)}{Var\left(p_{t_1 \to t_1}^{FUT}\right)} \quad (11.12)$$

Wenn es kein Basisrisiko gibt, so sind die Preise am Kassamarkt und die Preise am Futuresmarkt perfekt korreliert. Da in einem solchen Fall die Varianz der Futurespreise und die Kovarianz der Futures- und Kassapreise identisch sind, ergibt sich eine optimale *hedge ratio* von 1. Mit steigendem Basisrisiko sinkt die Kovarianz der Futures- und Kassapreise, und somit auch die optimale *hedge ratio*. Im Extremfall wäre die Kovarianz der Futures- und Kassapreise und damit auch die optimale *hedge ratio* gleich Null.

Die optimale *hedge ratio* lässt sich auch direkt aus einer linearen Regressionsgleichung der Kassapreise auf die Futurespreise zum Zeitpunkt t_1 ablesen.

$$p_{t_1}^K = \beta_0 + \beta_1 p_{t_1 \to t_1}^{FUT} \quad (11.13)$$

Durch eine Kleinst-Quadrat-Schätzung lässt sich der Steigungskoeffizient β_1 wie folgt schätzen

$$\widehat{\beta_1} = \frac{\sum\left(p_{t_1}^K - \overline{p_{t_1}^K}\right)\left(p_{t_1 \to t_1}^{FUT} - \overline{p_{t_1 \to t_1}^{FUT}}\right)}{\sum\left(p_{t_1 \to t_1}^{FUT} - \overline{p_{t_1 \to t_1}^{FUT}}\right)^2} \quad (11.14)$$

Durch eine Erweiterung von Gl. 11.14 ergibt sich

$$\widehat{\beta_1} = \frac{\sum\left(p_{t_1}^K - \overline{p_{t_1}^K}\right)\left(p_{t_1 \to t_1}^{FUT} - \overline{p_{t_1 \to t_1}^{FUT}}\right)/(n-1)}{\sum\left(p_{t_1 \to t_1}^{FUT} - \overline{p_{t_1 \to t_1}^{FUT}}\right)^2/(n-1)} = \frac{Cov\left(p_{t_1}^K, p_{t_1 \to t_1}^{FUT}\right)}{Var\left(p_{t_1 \to t_1}^{FUT}\right)} = H_R^* \quad (11.15)$$

[12]Da die zweite Ableitung $\frac{\partial^2 Var(\pi_H)}{\partial H_R^2} = 2q_K^2 Var\left(p_{t_1 \to t_1}^{FUT}\right)$ stets positiv ist, handelt es sich um ein Minimum.

Somit kann die optimale *hedge ratio* H_R^* durch den Steigungskoeffizienten einer linearen Regressionsgleichung der Kassapreise auf die Futurespreise in t_1 ermittelt werden $\left(\widehat{\beta_1} = H_R^*\right)$.

Neben der hier demonstrierten Herleitung der optimalen *hedge ratio* aus einer klassischen linearen Regressionsgleichung stehen weitere Möglichkeiten zur Bestimmung dieser zur Verfügung. Empirische Studien zeigen, dass auch Fehlerkorrekturmodelle zur Berechnung optimaler *hedge ratios* dienen können. Im Gegensatz zu diesen zeitkonstanten Werten für H_R^* besteht zudem die Möglichkeit, zeitvariierende *hedge ratios* zu schätzen, um mögliche Veränderungen im Zeitablauf zu berücksichtigen. Angewandt werden können dazu sogenannte GARCH-Modelle (Modelle zur Berücksichtigung generalisierter, autoregressiver, konditioneller Heteroskedastizität), auf die im Folgenden jedoch nicht weiter eingegangen werden soll.[13]

Fallbeispiel 1: Optimale hedge ratios für Weizenproduzenten in Deutschland

In einer empirischen Analyse untersuchen Vollmer und von Cramon-Taubadel (2020) das Potenzial der Preisabsicherung anhand des MATIF-Weizenkontrakts als Risikomanagementinstrument für Landwirte in Deutschland. Unter anderem berechnen die Autoren zeitkonstante optimale hedge ratio. Dazu schätzen sie eine einfache Kleinstquadrat-Regression mit dem Kassapreis für Weizen fob Rostock als abhängige Variable (p_t^K) und dem Preis des MATIF-Weizenkontrakts Nr. 2 als unabhängige Variable (p_t^{FUT}). Sie verwenden wöchentliche Preisdaten von September 2001 bis April 2016. Ferner gehen sie von zwei Hedging-Strategien aus: erstens, dass der Landwirt seine Ernte direkt nach der Aussaat 12 Monate im Voraus durch den Verkauf von Futureskontrakten hedgt (d. h. eine short position eingeht), und zweitens, dass er erst im Frühjahr 6 Monate vor der Ernte hedgt. Letztere Strategie könnte sinnvoller sein, da der Landwirt im Frühjahr die abzusichernde Erntemenge besser einschätzen kann. Vollmer und von Cramon-Taubadel (2020, Tab. 2) präsentieren folgende Regressionsergebnisse (p-Werte in Klammern):

$$\underset{}{p_t^K} = \underset{(0{,}001)}{< 0{,}001} + \underset{(0{,}035)}{0{,}455}\left(p_{t+12Monate}^{FUT}\right) \qquad p_t^K = \underset{(0{,}001)}{< 0{,}001} + \underset{(0{,}028)}{0{,}375}\left(p_{t+6Monate}^{FUT}\right)$$

Demnach ist die geschätzte optimale hedge ratio 45,5 % (37,5 %) für die Strategie mit einem Zeithorizont von 12 (6) Monaten. Diese Werte unterscheiden sich kaum von solchen, die mittels Fehlerkorrekturmodellen statt Kleinstquadrat-Regressionen geschätzt werden. Die Autoren schätzen anhand verschiedener GARCH-Modelle auch zeitvariierende optimale hedge ratios, auf die hier nicht weiter eingegangen werden soll.

[13]Einen Überblick über verschiedene Methoden zur Berechnung optimaler konstanter oder dynamischer hedge ratios liefern Chen et al. (2003).

Vollmer und von Cramon-Taubadel (2020) simulieren zudem die Liquiditätsrisiken, die mit den genannten Hedging-Strategien einhergehen. Ihre Ergebnisse (vgl. Table 11) zeigen, dass insbesondere in Jahren, die durch hohe Ausschläge der Weizenpreise gekennzeichnet waren (z. B. 2006/07 und 2009/10), große margin calls von bis zu 6000 EUR pro Kontrakt entstehen konnten. Wer z. B. 500 t Weizen hedgen wollte, hätte demnach in der Lage sein müssen, zeitweise bis zu 60.000 EUR an margin calls nachzuschießen. ◀

11.4.2 Hedging vs. Spekulation

Bislang wurde davon ausgegangen, dass durch entgegengesetzte Transaktionen am Kassa- und Futuresmarkt eine Preisrisikoreduzierung erzielt werden sollte. Futureskontrakte können jedoch auch von Marktteilnehmern gehandelt werden, die keinerlei Interesse an der physischen Ware haben, d. h. die spekulieren. Spekulanten stellen neben den Arbitrageuren und den Hedgern die dritte (und häufig größte) Gruppe von Teilnehmern an Futuresmärkten dar. Spekulanten handeln am Futuresmarkt, ohne die entsprechende Ware zu besitzen, indem sie Positionen aufbauen und durch entgegengesetzte Transaktion wieder glattstellen.

Unterschieden werden kann dabei zwischen sogenannten ***short*-Spekulanten** (auch Baisse-Spekulanten genannt) und ***long*-Spekulanten** (Hausse-Spekulanten). Ein *short*-Spekulant erwartet im Zeitablauf sinkende Preise, weshalb er in t_0 am Futuresmarkt für den Zeitpunkt t_1 short geht. Er tätigt damit einen **Leerverkauf,** da er eine Lieferverpflichtung eingeht, ohne die Ware zu besitzen. In t_1 stellt er seine Futures-Position glatt und profitiert im Falle eines im Vergleich zu t_0 niedrigeren Preisniveaus. Im Gegensatz dazu setzt ein *long*-Spekulant auf in der Zukunft steigende Kurse. Er geht in t_0 am Futuresmarkt für den Zeitpunkt t_1 *long* und erwirbt so eine Kaufverpflichtung. In t_1 stellt er seine Futures-Position glatt und profitiert im Falle eines im Vergleich zu t_0 höheren Preisniveaus. Somit ergibt sich die folgende Gewinnerwartung eines *short*-Spekulanten:

$$\pi_S = q\left(p^{FUT}_{t_0\to t_1} - p^{FUT}_{t_1\to t_1}\right) \tag{11.16}$$

und folgende Gewinnerwartung eines Long-Spekulanten

$$\pi_L = q\left(-\left(p^{FUT}_{t_0\to t_1}\right) + p^{FUT}_{t_1\to t_1}\right) \tag{11.17}$$

mit

q = die am Futuresmarkt gehandelte Menge.

Diese Zusammenhänge sollen im Folgenden durch das Beispiel einer Short-Spekulation in Tab. 11.8 verdeutlicht werden. Vereinfachend sei angenommen, dass ein Händler von sinkenden Weizenpreisen zwischen November und März ausgeht. Um von diesem von ihm erwarteten Preisrückgang zu profitieren, tätigt er einen Leerverkauf. Der Händler nutzt den zu erwartenden parallelen Preisverlauf von Futures- und

Tab. 11.8 Beispiel für eine Short-Spekulation

		Futurespreis in €/t	
		Szenario 1 (€/t)	Szenario 2 (€/t)
November (t_0)	Verkauf von 1 Kontrakt (50 t) Weizen März-Kontrakt (Future)	184	184
März (t_1)	Kauf von 1 Kontrakt (50 t) Weizen März-Kontrakt (Future)	180	190
Gewinn auf dem Futuresmarkt		+4	−6

Quelle: Eigene Darstellung

Kassamärkten an dieser Stelle nicht, um physische Ware zu hedgen, sondern spekuliert bewusst auf sinkende Preise, um Gewinne am Futuresmarkt zu erzielen. Das Beispiel verdeutlicht, dass diese Strategie nicht risikominimierend ist, sondern zusätzliche Risiken birgt. In Szenario 1 tritt der vom Händler erwartete Preisrückgang ein; der Preis sinkt von 184 EUR/t im November auf nur noch 180 EUR/t im März des Folgejahres. Somit erzielt er einen Gewinn aus dem Futuresgeschäft in Höhe von 4 EUR/t. In Szenario 2 steigt der Preis auf 190 EUR/t an und der Spekulant erleidet einen Verlust am Futuresmarkt in Höhe von 6 EUR/t.

Ein Spekulant prüft die Frage, ob der im Augenblick notierte Börsenpreis aus seiner Sicht richtig ist. Zu diesem Zweck holt er Informationen über die zukünftigen Marktbedingungen ein, die den Preis des betreffenden Futureskontraktes zum Erfüllungszeitpunkt determinieren, und wertet diese aus. Falls die Auswertung zu einer (subjektiven) Preiserwartung $p_{t_1 \to t_1}^{FUT}$ führt, die vom angezeigten Preis $p_{t_0 \to t_1}^{FUT}$ abweicht, wird je nach Richtung der Abweichung *long* oder *short* spekuliert. Der Spekulationsgewinn, sofern einer realisiert wird, kann somit als Entlohnung für die erfolgreiche Suche bzw. Auswertung zukunftsrelevanter Marktinformationen interpretiert werden. Da eine falsche Preiserwartung mit einem Spekulationsverlust sanktioniert wird, muss auf die Informationsaktivitäten größte Sorgfalt verwandt werden.

Der Futurespreis für ein Agrarprodukt wie Weizen spiegelt damit offensichtlich alle den Akteuren zur Verfügung stehenden Marktinformationen zu einem bestimmten Zeitpunkt wider. Ändert sich die Informationslage aufgrund von Faktoren wie Wetterentwicklungen, Währungsentwicklungen, neuen statistischen Erkenntnissen wie Handelszahlen, politischen Änderungen, Seuchen wie ASP oder dem Coronavirus – so fließen diese Informationen ständig, täglich und sogar minütlich, in den Futurespreis ein. Die Geschwindigkeit, mit der neue Informationen über die Futuresmärkte eingepreist werden, hat einmal über die Einführung von elektronischen Handelsplattformen im Vergleich zum früher üblichen Parketthandel deutlich zugenommen. Hinzu kommt der aktive und autonome Handel über Algorithmen. Viele Unternehmen versuchen über eine weltweite Auswertung der Nachrichtenlage, des Wetters und aller Parallelmärkte selbstlernende Algorithmen zu entwickeln, die die Marktentwicklung antizipieren. Schätzungen gehen davon aus, dass im Jahr 2019 bereits 50 bis 70 % aller weltweit gehandelten Futures auf Agrarprodukten selbstständig von Algorithmen ausgelöst wurden. An der Chicago Mercantile Exchange z. B. beträgt der Anteil automatisierter Computertransaktionen am gesamten Handelsvolumen mit Futures auf Mais und Sojabohnen inzwischen über 50 %, bei Weizen und Lebendrinder über 60 % (Haynes und Roberts 2019, Tab. 3). Wegen der vergleichsweise niedrigen Transaktionskosten und der hohen Geschwindigkeit der Informationsverarbeitung können neue Informationen zu schnelleren und häufig auch stärkeren Änderungen der Preise auf Futuresmärkten im Vergleich zu den Preisen an Kassamärkten führen. Futuresmärkte können deshalb als sehr effiziente und schnelle Form des Informationsaustausches interpretiert werden.

Spekulation ist indes auch umstritten. Die sog. Agrarpreiskrise von 2007/08 hat zu erneuten Vorwürfen geführt, Spekulanten würden Preise für Grundnahrungsmittel wie Weizen bewusst manipulieren und künstlich erhöhen, um Profite auf Kosten der Hungernden zu erzielen. Stimmten diese Vorwürfe, gäbe es gute Gründe, über eine stärkere Regulierung oder gar ein Verbot des Futureshandels nachzudenken. Allerdings gibt es kaum stichhaltige theoretische oder empirische Beweise für solche Auswirkungen der Spekulation auf Futuresmärkten für Grundnahrungsmittel.

Grundsätzlich kann zwischen informierten und uninformierten Spekulanten unterschieden werden. Informierte Spekulanten haben Informationen über sog. ***fundamentals,*** d. h. Faktoren, die die Nachfrage und das Angebot beeinflussen und somit das Preisniveau eines Gutes bestimmen. Informierte Spekulanten gehen davon aus, dass sie einen Informationsvorsprung haben, oder in der Lage sind, die Implikationen einer neuen Information für die zukünftige Preisgestaltung früher bzw. besser einschätzen zu können, als andere Marktteilnehmer. Sie verwenden diesen Vorsprung, um Erwartungen über zukünftige Preise zu bilden und entsprechende *long*- bzw. *short*-Positionen einzugehen. Ihre Futurestransaktionen sorgen wie bereits erläutert dafür, dass die Futurespreise stets alle vorhandenen Marktinformationen widerspiegeln.

Uninformierte Spekulanten richten ihre Futurespositionen nicht nach den *fundamentals,* sondern nach bestimmten Mustern wie beispielsweise Trends in Preisverläufen. Sind sie z. B. davon überzeugt, dass ein anhaltend steigender Trend eingesetzt hat, gehen sie in der Erwartung weiter ansteigender Preise *long*-Positionen ein. Folgen viele Spekulanten einer solchen Strategie (Stichwort Herdenverhalten), kann die Erwartungen steigender Preise zumindest vorrübergehend selbst-erfüllend werden und die Futurespreise eines Produktes sich von den *fundamentals* entfernen – es kann zur Entstehung eine sog. Preis- oder Spekulationsblase ***(bubble)*** kommen. Möglicherweise werden solche Trends phasenweise durch den obengenannten Algorithmen-basierten Futureshandel verstärkt. Eine Spekulationsblase muss früher oder später platzen: haben sich die Futurespreise von den *fundamentals* entfernt, so können informierte Spekulanten und andere Marktteilnehmer Gegenpositionen einnehmen und sichere Gewinne erzielen.

Hierfür müssen sie aber den richtigen Zeitpunkt abpassen und einschätzen können, wann das Herdenverhalten nachlassen wird und die Preise zu ihren Fundamentalwerten zurückkehren werden.[14]

Die Literatur enthält einige empirische Belege für die Entstehung von Preisblasen auf Futuresmärkten für Grundnahrungsmittel (siehe Fallbeispiel 2). Allerdings ist die Literatur keineswegs einstimmig, und für die gelegentlich geäußerte Behauptung, die Agrarpreiskrise 2007/08 wäre maßgeblich oder gar ausschließlich von Spekulation ausgelöst worden, gibt es keine überzeugenden Belege. Im Gegenteil könnte die Preishausse sogar durch *fundamentals* erklärt werden. Das USDA (das amerikanische Landwirtschaftsministerium) veröffentlicht Einschätzung zur weltweiten Versorgungslage – d. h. Bestand, Produktion, Handel und Verbrauch – für alle wichtigen Agrarmärkte im Rahmen ihrer monatlichen *World Agricultural Supply and Demand Estimates* (WASDE) Reports (USDA, 2020). Diese Berichte haben einen sehr großen Einfluss auf die Agrarmärkte. Die Schätzung im Februar 2008 ging von einer historisch knappen Versorgungssituation aus. In Folge dieses Reports haben die Märkte ihre absolute Preisspitze erreicht. Das USDA hat dann in den weiteren Berichten diese Prognose revidiert, worauf sich die Getreidepreise rasch von ihren Höchstständen entfernten. War die Preisspitze damit Folge der Fehleinschätzung des USDA oder Käufe der spekulativ tätigen Marktakteure, die diese Prognose umgesetzt haben?

Möchte man die Existenz eine Preisblase auf einem Futuresmarkt aufzeigen, so müsste man beweisen, dass sich die Preise auf diesem Markt von den *fundamentals* entfernt haben. Es ist allerdings nicht möglich, mit 100-%iger Sicherheit auszuschließen, einen wichtigen fundamentalen Einflussfaktor übersehen zu haben. Wenn beispielsweise Robles et al. (2009, S. 2) bezogen auf die Agrarpreisekrise 2007/08 behaupten „Changes in supply and demand fundamentals cannot fully explain the recent drastic increase in food prices", so behaupten sie implizit, dass sie in der Lage sind, sämtliche relevanten *fundamentals* und ihre Auswirkungen auf das Preisniveau empirisch genau zu erfassen – eine durchaus selbstbewusste Einschätzung.

Fallbeispiel 2: Spekulation mit Agrarrohstoffen

Adämmer und Bohl (2014) untersuchen amerikanische Futuresmärkte für Mais, Sojabohnen und Weizen auf Spekulationsblasen. Dazu analysieren die Autoren den Zusammenhang zwischen den Agrarpreisen, dem Preis für Rohöl und einem Index aus verschiedenen Wechselkursen anhand monatlicher Daten der Jahre 1993 bis 2012. Rohölpreise und Wechselkurse gelten als fundamentale Einflussfaktoren auf Preise landwirtschaftlicher Rohstoffe. Es wird erwartet, dass steigende Rohölpreise zu einem Anstieg der Agrarpreise und steigende reale Wechselkurse zu einer nach-

[14]Wie Gilbert (2010, S. 4) passend schreibt: „…there is no easier way to lose money than to be right but to be right too early".

lassenden Nachfrage und somit zu sinkenden Preisen führen. Spekulationsblasen sind unter anderem dadurch gekennzeichnet, dass die sprunghaften Anstiege gefolgt von rapide abfallenden Preisen nur auf den Agrarmärkten zu finden sind, sich aber nicht in den fundamentalen Einflussfaktoren wie Rohölpreisen oder Wechselkursen wiederspiegeln. Um diese möglichen Spekulationsblasen bei Agrargütern aufzudecken, schätzen Adämmer und Bohl (2014) sog. MTAR-Modelle, auf die an dieser Stelle nicht weiter eingegangen werden soll.

Die Ergebnisse deuten auf das Vorhandensein von Spekulationsblasen am Futuresmarkt für Weizen hin. Damit bestätigen sie Erkenntnisse früherer Studien wie bspw. von Gilbert (2010) und von Gutierrez (2013). Für den Soja- und Maismarkt können Adämmer und Bohl (2014) den Einfluss von Spekulation auf die Preisentwicklung nicht eindeutig nachweisen.

Adämmer und Bohl (2014) tragen zudem zu der Debatte um den Einfluss von durch Spekulation verursachte Hochpreisphasen auf Entwicklungsländer bei. Dabei unterscheiden sie zwischen Produzenten und reinen Konsumenten von Agrarprodukten. Haushalte, die keine landwirtschaftlichen Gütern produzieren, sind anfällig für Preissteigerungen von Agrargütern. Haushalte hingegen, deren einzige Einnahmequelle häufig der Verkauf von Agrarprodukten ist, leiden unter niedrigen Preisniveaus. Generell stellen die Autoren fest, dass je höher die Abhängigkeit ärmerer Länder von importierten Nahrungsmitteln ist, desto stärker sind sie von Auswirkungen durch Preisunruhen betroffen. ◀

Eine weitere wichtige Herausforderung für Studien, die einen Einfluss der Spekulation auf die Preisbildung auf Futuresmärkten untersuchen möchten, ist die genaue Unterteilung der Marktteilnehmer in Spekulanten und Hedger. In der Theorie ist das Motiv der Spekulation deutlich von dem Motiv des Hedgings zu unterscheiden, aber in der Praxis lassen sich viele Teilnehmer nicht eindeutig der einen oder der anderen Kategorie zuweisen. Ein Händler kann gleichzeitig sowohl als Hedger als auch als Spekulant auf Futuresmärkten tätig sein, und jeder Hedge, der von der optimalen *hedge ratio* abweicht, enthält ein Element der Spekulation. Eine umfangreiche Literatur hat sich speziell mit der Aktivität und Auswirkungen der sog. *hedge funds* beschäftigt, die eindeutig als Spekulanten auf Futuresmärkten für Agrarprodukte aktiv sind, aber auch diese Literatur bietet keine eindeutigen und belastbaren Beweise für eine starke Beeinflussung der Futurespreise (siehe z. B. Sanders und Irwin 2010). Spekulatives Verhalten ist natürlich auch bei den Produzenten der Agrargüter zu beobachten, den Landwirten. Ein Landwirt ist mit der unverkauften Ernte und auch den unverkauften zukünftigen Ernten stets in einer *long position.* Und natürlich warten Landwirte nach einer schlechten Ernte wie in 2018 mit der Vermarktung ihres Getreides in Erwartung höherer Preise ab. Eine zurückhaltende Vermarktung der Landwirte kann deshalb zu steigenden Preisen führen.

Die vorhandenen empirischen Hinweise für die Existenz von Preisblasen sind Anlass, mögliche staatliche Eingriffe zur Regulierung von spekulativen Aktivitäten auf Futuresmärkten zu diskutieren, denn diese Märkte sollen der transparenten Preisbildung dienen und sie nicht verzerren. Aus der Existenz von Preisblasen auf Futuresmärkten für Grundnahrungsmittel folgt allerdings nicht notwendigerweise, dass staatliche Eingriffe gerechtfertigt sind. Marktversagen ist keine hinreichende Bedingung für staatliche Eingriffe, denn jeder Eingriff birgt auch die Gefahr von Politikversagen. Es muss daher zunächst überprüft werden, ob es staatliche Maßnahmen gibt, die praktisch umsetzbar sind, und deren Kosten nicht höher liegen als die Kosten des zu korrigierenden Marktversagens. Die Aktivität von Spekulanten ist essentiell für die Funktionsweise von Futuresmärkten als Institutionen, die der Preisfindung dienen und die eine Umverteilung von Risiken zwischen Akteuren ermöglichen, die unterschiedlich bereit sind, Risiken einzugehen bzw. zu tragen. Regulierungen mit dem Ziel der Eindämmung von exzessiver Spekulation, so einleuchtend dieses Ziel zunächst erscheinen mag, laufen daher die Gefahr, mehr Kosten als Nutzen zu verursachen. Das Thema der Spekulation auf Märkten für Grundnahrungsmittel erregt seit Jahrzehnten die Gemüter und wird mit Sicherheit weiterhin Gegenstand von wissenschaftlichen Diskursen und politischen Auseinandersetzungen bleiben.

11.4.3 Futuresmärkte als Referenzmärkte zum Preisen von Kassa und Forwardkontrakten

Landwirte in Deutschland nutzen Futuresmärkte zwar als wichtige Informationsquelle, sie nehmen aber nur selten an diesen Märkten aktiv teil. In einer von Adämmer et al. (2014) durchgeführten Umfrage gaben nur 10 % der Landwirte an, am Warenterminmarkt zu hedgen. Auch in den USA, wo viele der größten Warenterminbörsen beheimatet sind und der Futureshandel eine lange, ununterbrochene Tradition hat, nimmt das Gros der Betriebe nicht aktiv teil – Umfragen berichten häufig von Anteilen unter 10 % (siehe z. B. Carter 1999, S. 216). Als mögliche Ursachen hierfür werden kleine landwirtschaftliche Strukturen und im Vergleich dazu hohe Kosten der Eröffnung eines Kontos angeführt, d. h. zu hohe Transaktionskosten pro gehedgtem Kontrakt.[15] Der hohe Liquiditätsaufwand für die direkte Absicherung an der Börse (Stichwort *margin calls*, Liquiditätsrisiko) sowie der hohe Informationsbedarf bei der täglichen Beschäftigung mit der Börse könnte ein weiterer Grund sein (siehe hierzu Box 1 oben). Pannell et al. (2008) präsentieren Simulationsergebnisse, aus denen hervorgeht, dass das hedgen nur größere Vorteile für überdurchschnittlich risiko-averse Landwirte bringt. Landwirte in der EU erhalten sichere Direktzahlungen, die ihr Einkommen stabilisieren und somit eventuell ihre Bereitschaft erhöhen, bei der Vermarktung ihrer Produktion Risiken einzugehen, oder mit anderen Worten ihre Nachfrage nach Risikoreduktion durch Hedgen mindern.

[15]Siehe hierzu z. B. Salhofer und Zoll (2005).

Tab. 11.9 Abgeleitete Preisabsicherung durch den Agrarhandel

	Physisch (Liefermonat Okt. 20)		MATIF (Liefermonat Dez. 20)		Basis/ Prämie (EUR)	Ergebnis (EUR)
	Einkauf (EUR)	Verkauf (EUR)	Einkauf (EUR)	Verkauf		
18. Februar 2020	192,25*			189,25	3,00	
20. Oktober 2020		182,00	181,00		1,00	
Gewinn & Verlust		−10,25		+8,25	−2,00	−2,00

*Ab-Hof Preis 180,25 EUR (= 192,25 EUR abzüglich Umschlag 5 EUR und LKW-Transport 7 EUR)
Quelle: Eigene Darstellung

Entscheidend aber dürfte auch sein, dass landwirtschaftliche Betriebe den Warenterminmarkt indirekt bzw. abgeleitet nutzen können, weil die aufnehmende Hand – der Agrarhandel und Verarbeiter – von den Terminmärkten abgeleitete Forwardkontrakte anbietet. Wenn landwirtschaftliche Betriebe Absicherungsbedarf haben, können sie ihre Produktion an den Landhandel Forward verkaufen, der dann wiederum eine Absicherung über die Börse oder über liquide physische Märkte vornehmen kann. An der Euronext handelt der einzelne Termin eines Kontraktes drei Jahre; der MATIF-Weizenkontrakt für März 2020 z. B. wurde seit März 2017 gehandelt. Anfänglich sind die Umsätze bei einem neuen Kontrakt in der Regel gering, aber mit einem Vorlauf von 18 bis 24 Monaten zum Liefertermin wird der Kontrakt in der Regel so liquide, dass eine Preisabsicherung vorgenommen werden kann.

Der Hedgebedarf entsteht in diesem Konstrukt also nicht bei den Landwirten, sondern bei der aufnehmenden Hand. In Tab. 11.9 wird ein entsprechendes Beispiel dargestellt. Im Februar 2020 entscheidet ein Landwirt aufgrund der relativ hohen Preise, die für Weizen der Ernte 2020 geboten werden, eine bestimmte Menge zu diesem Niveau abzusichern. Weil der Landwirt z. T. selbst lagert, entscheidet er sich für einen Forwardverkauf für den Termin Oktober 2020, einige Monate nach der Ernte. Der MATIF-Weizenkontrakt für Dezember 2020 notiert am 18. Februar 2020 bei 189,25 EUR/t. Der erfassende Landhandel geht davon aus, dass er in Dezember 2020 eine Basis von + 3,00 EUR /t fob Seeschiff deutscher Großhafen erzielen wird, d. h. ein Preis von 189,25 EUR /t + 3,00 EUR /t = 192,25 EUR /t. Der Forwardpreis, den der Landhandel bereit ist, dem Landwirt anzubieten, leitet sich nun ab von diesem Preis, abzüglich der Kosten, die anfallen, um die Ware vom landwirtschaftlichen Betrieb auf das Seeschiff zu bringen. Werden für den Umschlag im Hafen z. B. 5,00 EUR /t angesetzt und hat der landwirtschaftliche Betrieb sein Abgangslager in einer Entfernung, die 7,00 EUR /t LKW-Fracht entspricht (ca. 60 km), so bietet der Handel dem Landwirt an diesem Tag einen Forwardkontrakt an für die Lieferung Oktober 2020 ab Hof von 192,25 EUR /t – 5,00 EUR /t – 7,00 EUR /t = 180,25 EUR /t.

Der Agrarhandel bietet also dem Landwirt einen Preis an, der sich aus dem Börsenkurs plus oder minus der erwarteten Basis ergibt. Um das Geschäft abzusichern, geht der Händler an der Börse nun die entgegengesetzte *short position* ein und verkauft den Dezember 2020 MATIF-Weizenkontrakt. Der Agrarhandel ist so in der Lage, abgeleitet von der Liquidität der Börse, den Landwirten ständig Forwardkontrakte und somit auch Preisrisikoreduzierung anzubieten.

Nehmen wir an, dass die Preise zwischen Februar und Oktober fallen, sodass der Händler den Weizen, den er vom Landwirt abholt, nur zu einem Preis von 182 EUR/t in den Export weiterverkaufen kann. Auf dem physischen Markt erleidet er daher einen Verlust von 10,25 EUR/t. Zum Zeitpunkt des Abschlusses des Forwardkontrakts mit dem Landwirt (Oktober 2020) stellt der Händler seine *short position* auf dem Terminmarkt glatt, indem er die entsprechende Menge des MATIF-Weizenkontrakts wieder zurückkauft. Der Futurespreis ist parallel zum Preis auf dem physischen Markt gefallen, allerdings nur um 8,25 EUR/t. Die Basis ist daher um 2,00 EUR/t gefallen und der Gewinn von 8,25 EUR/t auf dem Futuresmarkt kann den Verlust auf dem physischen Markt nicht vollständig ausgleichen.

Insgesamt erleidet der Händler in diesem Beispiel einen Verlust von 2 EUR/t, der sich aus einem Rückgang der Prämie zwischen Erfassungszeitpunkt und Verkaufszeitpunkt ergibt. Das Entscheidende an dem Beispiel ist aber, dass der Händler das Preisrisiko über die Erfassungsperiode aus einer Vielzahl von kleineren Erfassungskontrakten mit Landwirten an der Börse hedgt, und die entstehende Reduzierung des Preisrisikos in Form von vom Futuresmarkt abgeleiteten Forwardkontrakten an die Landwirte weiterreicht.

11.5 Voraussetzungen für das Funktionieren von Warenterminmärkten[16]

Wie in Abschn. 11.3.1 dargestellt, existieren Futuresmärkte heute für eine ganze Reihe von Produktgruppen wie Getreide, Ölsaaten, Öle, Zucker, Milch und dessen Verarbeitungsprodukte, Orangensaft, Tee, Ferkel, Fleisch usw. Damit gilt eine früher häufig geäußerte Annahme als widerlegt, nach der sich Futuresmärkte nur auf lagerfähige und standardisierbare Agrarerzeugnisse ableiten lassen. So ist Milch nicht lagerfähig und lebende Tiere lassen sich nicht standardisieren. Tatsächlich lässt sich ein Futureskontrakt auf alle möglichen Produkte definieren, für die sich ein Preis zu einem genau definierten Termin und Ort darstellen lässt. Selbst wenn für diese Produkte keine physische Andienung möglich ist – wie z. B. bei Futureskontrakten auf Schiffsrouten – kann der

[16] Vgl. hierzu vor allem Koester (1978).

Future auf Basis des so genannten *cash settlements* gehandelt werden. Dabei wird auf Basis eines transparenten und sauber dokumentierten Preises ein Ausgleich des Gewinns und Verlusts zwischen den *short*- und *long*-Händlern dieses Futures zum Zeitpunkt des Settlements vorgenommen.

Entscheidend für den Erfolg eines Futures ist, ob er vom Markt angenommen wird und, speziell bei den Agrarprodukten, einen Hedge im oben definierten Sinne zu den physischen Märkten bieten kann. Es gibt eine Vielzahl an fehlgeschlagenen Versuchen, Futuresmärkte zu etablieren. In Deutschland wurde z. B. die Warenterminbörse (WTB) in Hannover im April 1998 gestartet. Neben Kartoffeln und Schweinen wurde auch ein Weizenfuture etabliert und später wieder aufgegeben. Das lag wahrscheinlich nicht am Design des Futures, sondern an der Konkurrenz der MATIF in Frankreich. Auch für deutsche Getreidehändler ist die Korrelation des Futures in Frankreich mit den hiesigen Getreidemärkten absolut ausreichend, um ihn für die oben beschriebenen Hedgetransaktionen zu nutzen. Eine ähnliche Entwicklung nahm ein zweiter Future auf Weizen in Frankreich vor drei Jahren oder ein Warenterminkontrakt auf Sojabohnen fob Brasilien. Auch für diese Futures galt, dass ihr Scheitern nicht an der Konzeption des Futures lag, sondern daran, dass bestehende Warenterminmärkte bereits ausreichende Möglichkeit für Hedger boten und gleichzeitig sehr viel liquider waren, als die neu etablierten Kontrakte. Die notwendige Liquidität ist bei Neustart eines Futures oft nur schwer zu erreichen und stellt eine gewisse Markteintrittsbarriere für neue Futures dar.

Grundsätzlich kann davon ausgegangen werden, dass die Attraktivität eines Futures für Hedger und Spekulanten mit der Preisvarianz steigt. Gleichzeitig sollte ein Markt eine bestimmte Größe und damit auch mögliches Handelsvolumen haben. Auch dürfte die Zahl der möglichen Handelspartner an den Börsenplätzen eine Rolle spielen. Je größer die Zahl der möglichen Nutzer ist, desto geringer ist der Einfluss einiger weniger Händler auf das Preisverhalten und desto attraktiver ist der Future für die Marktteilnehmer.[17] Die Attraktivität eines Futures hängt darüber hinaus von den alternativen Preisabsicherungsmöglichkeiten ab. So existieren weltweit Futures auf Weizen, aber nach Wissen der Autoren keine Futures auf Mehl, weil die Preise der Mühlen in der Regel in großen Rahmenkontrakten mit dem Einzelhandel oder Bäckereien abgeschlossen werden.

Und nicht zuletzt hängt die erfolgreiche Etablierung eines Futures von den institutionellen Rahmenbedingungen eines Landes ab. Zunächst ist sicherzustellen, dass die Marktintegrität gewährleistet ist. Die Handelspartner müssen sich absolut sicher sein, dass es zu einem sicheren und transparenten Austausch der Gewinne und Verluste über die Clearingbank kommt. Und nicht zuletzt muss sich ein Marktteilnehmer, der die Börse für ein Hedge des Preisrisikos einer physischen Position nutzt, absolut sicher sein, dass es zu keinen administrativen Markteingriffen kommt. In der Ukraine und Russland

[17]Vgl. auch hierzu Koester (1978).

z. B. gab es in Vergangenheit einige Pläne und Versuche einen Warenterminmarkt zu etablieren. Da die Politik aber immer wieder diskretionär in die Märkte eingreift, z. B. in Form von Exportquoten oder gar -Embargos, ist das Hedging mit einem enormen Basisrisiko verbunden. Hält z. B. ein Händler eine physische *long position* im Inland und wird ein Future auf Basis einer fob Parität abgeleitet, dann läuft der Hedger die Gefahr einer Exportbeschränkung. Das physische *long* wird bei einer Exportbeschränkung im Preis sinken, während der fob Kontrakt, auf den der Hedger sein *short* basiert, steigt. Der Marktteilnehmer ist in diesem Fall auf zwei Seiten von der staatlichen Intervention getroffen. Das Hedging funktioniert über Futures mithin nur, wenn die Preisbildung frei von staatlichen Interventionen als Ergebnis des Zusammenspiels von Angebot und Nachfrage stattfinden kann.

11.6 Schlagwörter und Begriffe

- Against actuals
- Angedient
- Basis, Terminbasis, maturity basis, Zeitbasis
- Basisrisiko
- Bubble
- ciffo/franko
- Clearingmechanismus
- Counter-party risk
- Cross hedge
- Erfüllungsort
- Erfüllungstermin
- Exchange for swaps
- fob
- Forwardkontrakt
- Fundamentals
- Futureskontrakt
- Glattgestellt
- Handel in Kette
- Hedge, long hedge, short hedge, hedge ratio
- Kassakontrakt
- Leerverkauf
- Liquiditätsrisiko
- Long, long position
- Margin, margin call, initial margin
- Marginrisiko
- Open interest
- Parität

- Prämie, Prämie long, Prämie short
- Prompte Lieferung
- Räumliche Transformation
- Risikotransformation
- Seller's option
- Short, short position
- Sofortige Lieferung
- Spekulant, long-Spekulant, short-Spekulant
- Standardmengenrisiko
- Warentermingeschäfte
- Zeitliche Transformation

11.7 Übungsaufgaben[18]

Fragen

Produkt A: Mahlweizen am Kassamarkt.
Produkt B: Euronext MATIF-Weizen Nr. 2 Futureskontraktes (Liefermonat Mai 2020).
Produkt C: CBOT-Weizen Futureskontrakt (Liefermonat Mai 2020).

Im Zeitverlauf werden folgende Transaktionen von einem Landhändler durchgeführt:

1. Am 15.01.2020:
   Einkauf A: 1000 t zum Preis von 193 EUR/t
   Verkauf B: 500 t zum Preis von 195 EUR/t
   Verkauf C: 500 t zum Preis von 192 EUR/t
2. Am 15.02.2020:
   Einkauf B: 300 t zum Preis von 194 EUR/t
   Verkauf A: 300 t zum Preis von 190 EUR/t
3. Am 15.03.2020
   Einkauf C: 500 t zum Preis von 170 EUR/t
   Verkauf A: 500 t zum Preis von 171 EUR/t
4. Am 15.04.2020
   Einkauf B: 200 t zum Preis von 193 EUR/t
   Verkauf A: 200 t zum Preis von 191 EUR/t

[18]Weitere Übungsmöglichkeiten bietet das Online-Börsenspiel des BVWTM e. V. (www.boersenspiel.agric-econ.uni-kiel.de), welches darauf abzielt, ein spielerisches Erlernen der Funktionsweise von Warenterminbörsen zu ermöglichen.

Am 15.04.2020 sind alle Positionen glattgestellt.

a. Berechnen Sie nach diesen Angaben den Gewinn bzw. Verlust des Landhändlers.
b. Was wäre passiert, wenn der Landhändler nicht gehedgt hätte, also am 01.01.2020 auf dem Kassamarkt 1.000 t gekauft und am 01.04.2020 1.000 t verkauft hätte?
c. Wie ist das Handelsergebnis insgesamt zu bewerten? Hat sich das Hedging für den Landhändler gelohnt? Welche Überlegungen gehen in Ihre Antwort mit ein?

Literatur

Adämmer P, Bohl MT (2014) Speculative bubbles in agricultural prices. The Quarterly Review of Economics and Finance 55: 67–76.

Adämmer P, Bohl MT, von Ledebur E-O (2014) Die Bedeutung von Agrarterminmärkten als Absicherungsinstrument für die deutsche Landwirtschaft. Thünen Report 14, Johann Heinrich von Thünen-Institut, Braunschweig.

Carter CA (1999) Commodity futures markets: a survey. Australian Journal of Agricultural and Resource Economics 43: 209–247.

Chen S, Lee C, Shrestha K (2003) Futures hedge ratios: a review. The Quarterly Review of Economics and Finance 43: 433–465.

Chicago Board of Trade (CBOT) (1997) Commodity Trading Manual. Chicago.

Coase R (1937) The Nature of the Firm. Economica 4: 386–405.

Deutsche Warenbörsen (2017): Einheitsbedingungen im Deutschen Getreidehandel. Neufassung ab dem 1. Dezember 2017. Verlag Boysen + Mauke, Hamburg.

Eller R, Heinrich M, Perrot R, Reif M (2010) Management von Rohstoffrisiken – Strategien, Märkte und Produkte. Gabler Verlag, Wiesbaden.

Euronext (2020) Milling Wheat Derivatives. https://www.euronext.com/en/for-investors/commodities/milling-wheat. Zugegriffen am 6. Februar 2020.

FIA (Futures Industry Association) (2020) Exchange Volume Reports. www.fia.org/exchange-volume-reports. Zugegriffen am 4. Februar 2020.

Gilbert CL (2010) Speculative influences on commodity futures prices 2006–2008. United Nations Conference on Trade and Development (UNCTAD) Discussion Paper No. 197, Genf.

Gutierrez L (2013) Speculative bubbles in agricultural commodity markets. European Review of Agricultural Economics 40: 217–238.

Haynes R, Roberts JS (2019) Automated Trading in Futures Markets – Update #2. Studie für die CFTC (Commodity Futures Trading Commission), Washington DC. https://www.cftc.gov/sites/default/files/2019-04/ATS_2yr_Update_Final_2018_ada.pdf. Zugegriffen am 21. August 2020.

Koester U (1978) Terminmärkte. Handwörterbuch der Wirtschaftswissenschaften (HdWW) 8: 1–7.

Malliaris AG (1999) Foundations of Futures Markets. Elgar, Cheltenham.

Nelson R (1985) Forward and Futures Contracts as Preharvest Commodity Marketing Instruments. American Journal of Agricultural Economics 67: 15–23.

Pannell DJ, Hailu G, Weersink A, Burt A (2008) More reasons why farmers have so little interest in futures markets. Agricultural Economics 39: 41–50.

Prehn S, Steinhübel L, Glauben T (2016) Why temporary silo closures and improper contract specifications endanger the credibility of the No. 2 Milling Wheat futures. Paper presented at the 91st Annual Conference of the Agricultural Economics Society, 24–26 April 2017, Dublin, Ireland.

Robles M, Torero M, von Braun J (2009) When speculation matters. International Food Policy Research Institute (IFPRI) Issue Brief No. 57, Washington DC.

Salhofer K, Zoll M (2005) Preisabsicherung durch Warenterminhandel: Eine empirische Analyse für den deutschen Schweinemarkt. Jahrbuch der Österreichischen Gesellschaft für Agrarökonomie 14: 235–246.

Sanders DR, Irwin SH (2010) A speculative bubble in commodity futures prices? Cross-sectional evidence. Agricultural Econonomics Vol 41: 25–32.

USDA (United States Department of Agriculture) (2020). World Agricultural Supply and Demand Estimates. https://www.usda.gov/oce/commodity/wasde.

Vollmer T, Herwartz H, von Cramon-Taubadel S (2020) Measuring price discovery in the European wheat market using the partial cointegration approach. European Review of Agricultural Economics 47: 1173–1200.

Vollmer T, von Cramon-Taubadel S (2020) The Optimal Wheat Futures Hedge at the Euronext Paris from a Farmer's Perspective. German Journal of Agricultural Economics 69: 49–63.

Williamson OE (1985) The economic institutions of capitalism: firms, markets, relational contracting. The Free Press, New York.

The manufacturer's authorised representative in the EU is Springer Nature Customer Service Centre GmbH, Europaplatz 3, 69115 Heidelberg, Germany. If you have any concerns regarding our products, please contact ProductSafety@springernature.com

Printed and bound by CPI Group (UK) Ltd, Croydon, CR0 4YY

24/04/2026

02096335-0015